希特勒

　　奥地利裔德国人，著名演讲家、政治家和冒险的军事家、心理学家。纳粹党党魁和德意志第三帝国的元首兼总理，二战的发动者和头号战犯，屠杀600万犹太人。

东条英机

　　侵华日军甲级战犯，第40任日本首相，在关东军有"剃刀将军"之称，日本发动太平洋战争的有力推动者，1944年因指挥无能被解除一切职务，1948年被远东国际军事法庭处以绞刑。

墨索里尼

　　意大利王国政治家、独裁者，法西斯主义的创始人，二战元凶之一。曾任意大利王国首相，他建立的法西斯政党给意大利人民和其它国家带来了灾难。

斯大林

　　苏联政治家、军事家，国际共产主义运动活动家，苏联大元帅，曾任苏共总书记、苏联部长会议主席，对20世纪的俄国和世界产生了深远的影响。

艾森豪威尔

美国第34任总统，欧洲盟军远征军总司令、陆军参谋长和北大西洋公约组织军事委员会主席。他没有指挥过旅、师、军、集团军等军事单位，而是直接担任最高指挥官。

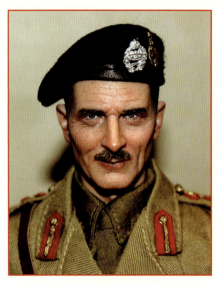

蒙哥马利

英国陆军元帅、军事家，在二战期间以成功掩护敦刻尔克大撤退而闻名于世，由他所指挥过著名的阿拉曼战役、西西里登陆和诺曼底登陆，为其军事生涯的三大杰作。

隆美尔

纳粹德国的陆军元帅，著名将领。在北非沙漠中指挥装甲部队时被塑造成超脱政治的军事天才人物，但他的骄人战绩并不能弥补他在战略决策上的不足。

山本五十六

日本海军军官，二战期间担任日本海军联合舰队司令长官，是偷袭美军珍珠港和发动中途岛海战的谋划者，支持并参与侵华战争，1943年其座机被美军飞机击落而毙命。

斯大林格勒保卫战

斯大林格勒保卫战是第二次世界大战中纳粹德意志第三帝国对争夺苏维埃社会主义共和国联盟南部城市斯大林格勒而进行的战役,时间自1942年6月28日至1943年2月2日为止。斯大林格勒保卫战是第二次世界大战东部战线的转折点,也是整个二战的转折点,以参战双方伤亡惨重及对平民牺牲的漠视而成为人类战争史上的著名战役。

阿拉曼战役

阿拉曼战役是第二次世界大战北非战场上,轴心国司令埃尔温·隆美尔所指挥的非洲装甲军团与英国伯纳德·蒙哥马利将军统领的英联邦军队在埃及阿拉曼进行的战役。此场战役后轴心国于北非战场转入战略撤退运作,成为法西斯军队在北非覆灭的开端,也是同盟国进入战略反攻阶段的开始,这场战争以英国为首的盟军的胜利而告终。

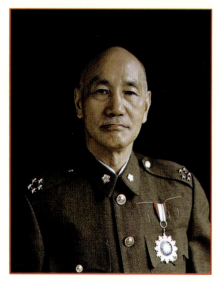

蒋介石

　　近代中国著名政治人物及军事家，名中正字介石，生于浙江奉化，逝世于台北士林官邸，曾任中华民国总统等职，带领国统区取得第二次世界大战亚洲战场的胜利。

罗斯福

　　美国第32任总统，任职长达12年。他在战争期间将美国工业完全投入战争轨道，并且积极推行了《租借法案》，援助其他盟国和苏维埃社会主义共和国联盟。

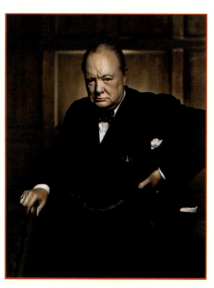

丘吉尔

　　英国著名政治家、演说家、军事家和作家，1953年诺贝尔文学奖得主，曾两度任英国首相，被认为是20世纪最重要的政治领袖之一，带领英国人民取得二战的伟大胜利。

戴高乐

　　法国著名军事家、政治家、外交家和作家，法兰西第五共和国的创建者，二战期间创建并领导自由法国政府抗击德国的侵略。法国人民尊称他为"戴高乐将军"。

世界传世藏书

【图文珍藏版】

二战通史

马博⊙主编

第一册

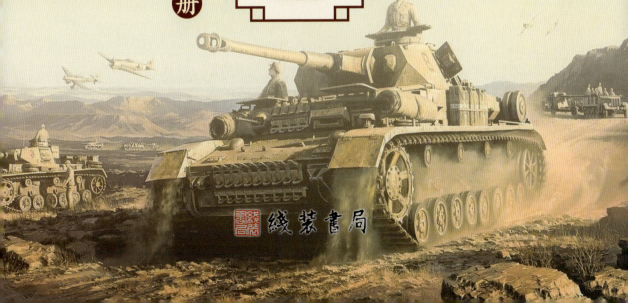

图书在版编目（ＣＩＰ）数据

二战通史：全6册 / 马博主编. − − 北京：线装书
局, 2016.3（2022.3）
　ISBN 978−7−5120−2158−7

　Ⅰ. ①二… Ⅱ. ①马… Ⅲ. ①第二次世界大战 − 历史
Ⅳ. ①K152

中国版本图书馆CIP数据核字(2016)第019741号

二战通史

主　　编：马　博
责任编辑：高晓彬
出版发行：线装書局
　　　　　地　址：北京市丰台区方庄日月天地大厦B座17层（100078）
　　　　　电　话：010−58077126（发行部）010−58076938（总编室）
　　　　　网　址：www.zgxzsj.com
经　　销：新华书店
印　　制：北京彩虹伟业印刷有限公司
开　　本：787mm×1092mm　1/16
印　　张：150
字　　数：1826千字
版　　次：2022年3月第1版第2次印刷
印　　数：3001 − 9000套

定　　价：1580.00元（全六册）

线装书局官方微信

波兰战役

　　波兰战役，也称为波德战争或德波战争，是二战欧洲战区的起点，也是世界战争史中一场著名的"闪电战"，波兰称为"1939年保卫战"或"1939年九月战役"，而德意志第三帝国称其为"波兰战役"，作战代号为"白色方案"。波兰战役是二战在西方的第一战，对二战的战局发展有着至关重要的影响。

敦刻尔克大撤退

　　敦刻尔克大撤退发生在二战初期的1940年5月，英法联军防线在德意志第三帝国机械化部队快速攻势下崩溃之后，英军在敦刻尔克这个位于法国东北部边境的港口城市进行的当时历史上最大规模的军事撤退行动。在这项代号为"发电机计划"的行动中，英国在十分危险的情形下，在一个星期左右时间里，救出了335000人，可谓是举世震惊的奇迹。

珍珠港战役

　　珍珠港战役是指由日本政府策划的一起偷袭美国军事基地的事件。1941年12月7日清晨，日本海军的航空母舰舰载飞机和微型潜艇突然袭击美国海军太平洋舰队在夏威夷基地珍珠港以及美国陆军和海军在欧胡岛上的飞机场的事件。这次袭击最终将美国卷入第二次世界大战，它是继19世纪中墨西哥战争后第一次另一个国家对美国领土的攻击。

中途岛战役

　　中途岛战役于1942年6月4日展开，是第二次世界大战的一场重要战役，也是美国海军以少胜多的著名战役。美国海军掌握了日军进攻企图，及时集中兵力，不仅在此战役中成功地击退了日本海军对中途环礁的攻击，还因此得到了太平洋战区的主动权，所以这场仗可说是太平洋战区的转折点。

前　言

　　第二次世界大战简称二战,是人类历史上爆发的最大规模的战争,也是伤亡最惨重,破坏性最强的全球性战争。这场大战,从 1939 年 9 月 1 日到 1945 年 9 月 2 日,在以德国、意大利、日本法西斯等轴心国(保加利亚、匈牙利、罗马尼亚等国)为一方,和以反法西斯同盟和全世界反法西斯力量为另一方之间展开。从欧洲到亚洲,从大西洋到太平洋,先后有 61 个国家和地区、20 亿以上的人口被卷入战争,作战区域面积 2200 万平方千米。据不完全统计,战争中军民共伤亡 9000 余万人,4 万多亿美元付诸流水。最后以美国、苏联、中国、英国等反法西斯国家和世界人民战胜法西斯侵略者赢得世界和平与进步而告终。

　　第二次世界大战是一场正义的反法西斯战争,由德意志第三帝国、意大利王国、日本法西斯挑起的,它给整个人类造成了极大的灾难。作为对战争负有不可推卸责任的国家,德日两国能否对战争进行深刻的反省,是它能否为深受战争之苦的世界人民所宽恕,并从而成为政治大国的重要条件。当欧洲国家决心翻过 60 年前那一页黑暗历史时,历史问题却仍然深深困扰着亚洲国家。

　　第二次世界大战后,德日在对待这一历史问题上采取了截然不同的态度:德意志第三帝国建立了反省战争的系统机制,对战争进行了彻底的反省;第二次世界大战后,日本却百般抵赖,自战争结束以来竭力否认其对外战争的侵略性质,歪曲给被侵略国及其人民造成的惨重灾难的历史事实。尤其是近几年来,美化其对外战争,为其对外战争侵略翻案的议论甚嚣尘上,上至日本首相、内阁官员及参众两院议员,下至数目众多的民间组织、民间团体乃至个人,掀起了这场美化侵略战争的运动,日本这一举动引起了国际社会尤其是深受日本侵略之苦的亚洲各国的警觉和强烈的反对。

　　第二次世界大战深刻地改变了人类历史。其影响广泛,涉及政治、经济、军事、外交、文化和科技各个层面。以军事科技的发展为中介,人类的智慧与自然界的能量完美地结合在一起,被极大地释放出来,战争的破坏力空前增大、战争手段空前增多、战争样式空前丰富、战争空间空前广阔。人类的战争活动由此由盲目走向自觉、由浮躁

1

走向理智、由幼稚走向成熟,进入一个新的历史阶段。总之,第二次世界大战是人类历史上一场空前绝后的死亡游戏,是人类命运的大较量。回顾战争,重温那段血与火的历史,不仅可以丰富历史知识,还能够以史为鉴,吸取教训,继而深入探讨战争与和平这一人类历史的永恒主题。

本套丛书汇集了大量的历史资料,共包括五大章内容。

第一章详细叙述了二战全过程:从"战争阴云""中国抗日""欧洲沦陷""苏德大战""血染太平洋""决战斯大林格勒""逐鹿北非""光复欧洲"和"日本投降"九个方面,力争更真实更全面地还原了那段硝烟弥漫的岁月。

第二章解密二战秘档:外交风云、决策内幕、长空角逐、碧海风波、特战疑踪、谍光秘影、军史钩沉、惊世揭秘、名将之死、历史悬案、纳粹暴行、密谋行动、逸闻趣事等;在无边的黑暗里,众多的未解和神秘静静地守候,等待那支探索火炬的亮起。离奇的谜案、战争的烟云、诡异的事件……那些沉睡在未知世界里的人和事在渐行渐近的好奇下,缓慢开启岁月的封印,褪去寂寞的外衣,展示出一幕幕尘封已久的画面……

第三章详细介绍了二战诸多名将:艾森豪威尔、麦克阿瑟、巴顿、史迪威、隆美尔、朱可夫、山本五十六、马占山、薛岳、王劲哉等。

第四章展示了二战著名武器:空军战机、海军舰船、坦克装甲车、步兵重武器、单兵轻武器、导弹及炸弹、秘密武器、核武器等。

第五章叙述了二战中的王牌部队:党卫队第1"警卫旗队"装甲师、党卫队第2"帝国"装甲师、党卫队第3"骷髅"装甲师、党卫队第5"维京"装甲师、德国国防军第1伞兵师、德国国防军"大德意志"师、德国国防军第21装甲师、德国第52战斗机联机、德国第7潜艇编队、皇家海军地中海舰队、皇家空军战斗机部队、苏联第5近卫坦克军、苏联第62集团军、美国第82空降师、美国第101空降师、美国第1步兵师、美国第2装甲师、美国第442步兵团等。

全书力争完整重现第二次世界大战的全过程,详细解读前因后果,客观点评政治经济。拨开迷雾,还原历史真相,破解重重谜团。不仅从宏观上讲述战争,而且从细微之处着眼,努力搜寻历史的蛛丝马迹,为读者呈现出不一样的战争画面。

目　录

世界传世藏书

二战通史

二战

目录

二战通史

二战

目录

五

第一章　二战全程

二战序幕：战争阴云

一、德国重返大国走上扩张之路

当战胜的协约国在 1919 年创造发疯的《凡尔赛和约》时，他们也创造了希特勒。1918 年，德国相信了美国总统威尔逊的"十四点意见"，"光荣地"放下了武器。协约国把"十四点意见"看作一纸空文，草拟了一份条约，瓜分了德国，造成了一个欧洲的政治经济疯人院。

（一）发疯的《凡尔赛和约》

从 1919 年 1 月 18 日到 1919 年 6 月 28 日，第一次世界大战战胜国在巴黎召开会议，与战败国分别签订合约，建立国际联盟，后又举行华盛顿会议，构筑了所谓的凡尔赛-华盛顿体系。

1919 年 6 月 28 日，《协约及参战各国对德和约》的签字仪式在凡尔赛宫镜厅举行。在此之前，战胜国曾为建立国际联盟的事情争吵不休，几乎对每一条条款都进行了激烈的争执。美国总统威尔逊、英国首相劳合·乔治、法国总理克里孟梭都先后以将退出和会的做法来威胁对方，而在对战败国的瓜分与削弱上，他们却有着共同的利益。

走在最前面的是法国。法德是世仇，前有 1870 年普法战争战败的耻辱，后有一战中法国作为主战场受到的重创，所以法国人试图在谈判桌上将德国肢解，并最大限度地压榨德国。他们不仅提出了在莱茵河左岸划定不设防地，而且还坚持夺取盛产铁煤的阿尔萨斯和洛林。出于对法国会过于强大的担心，英美不赞成过分削弱德国，但在瓜分和掠夺这一点上，他们没有任何异议。

整个对德合约的草拟和讨论过程都是在排除德国政府参与的情况下进行的。1919 年 5 月 7 日，和会主席克里孟梭将和约文本交给德方，在进行了一系列争论后，6 月 17 日，和会将和约最后文本交给了德国。在照会里，克里孟梭提道："今天这一条约文本，要么完全接受，要么完全拒绝。"要求在 5 天（后改为 7 天）内答复，如到期还未答复，各国将宣布停战终止，并"采取它们认为有利于强制执行和约有关条款的步骤"。为此，协约国集结了 39 个师，授权在"停战终止时，立即开始前进"。

当天，《凡尔赛和约》在柏林一经公布，便引起了极大的反感。条约极大地刺伤了德意志民族的自尊心，激起了德国人的愤怒。德国临时政府总统艾伯特声称："和约条款是不能实现和不能负担的。"总理谢德曼在一次演讲中谴

签署《凡尔赛和约》

责协约国把德国置于奴隶地位，并发誓说："谁要是签署这样的条约，谁的手指就会烂掉！"

各地纷纷举行群众集会，全国还举行了"国民哀悼周"，以示抗议，坚决要求政府不要在《凡尔赛和约》上签字。

德国国家内阁集体辞职，组成新政府，新政府提出的任何保留意见都遭到了协约国的拒绝。直到停战期限终止前 1 小时 30 分，德国才宣布无条件接受和约。

1919 年 6 月 28 日，新上任的外交部长缪勒代表走投无路的德国政府在凡尔赛宫的镜厅签署了和约。就是在这个镜厅，48 年前，在普法战争中胜利的普鲁士国王威廉一世宣布了德意志帝国的成立，法国选择在这个地方签署和约，意在雪洗国耻。

刚刚签署完和约的缪勒在接下来的谈话中马上声明，德国签署这份和约是被迫的，德国认为他在道义上并没有遵守和约的义务。缪勒的声明，并非一份简单的外交辞令，而是在一定程度上反映了德意志民族的自负和反抗。

凡尔赛对德和约共 15 部分，440 条，其主要内容包括：

第一，重新划定德国疆界，阿尔萨斯—洛林归还法国，萨尔煤矿归法国所有，15年后举行全民投票决定其归属。莱茵河右岸50～60公里以内地区划定为非军事区，德国无权设防，左岸则由协约国占领5年等等。（自此，德国领土减少13.5%，人口减少10%强。）

第二，瓜分德国所有海外殖民地，而按委任统治制交由英、法、比、日管理，限制德国军备，废除其普遍义务兵役制，陆军不得超过10万人，海军兵员不得超过1.5万人，禁止生产和输入坦克、装甲车和其他重型武器，禁止拥有潜艇及军用飞机，并规定德国拥有军舰的最多限额。

第三，规定赔偿原则和附加的经济条款。和约规定德国应赔偿协约国因战争所受的一切损失，由协约国赔偿委员会在1921年5月1日以前决定德国在30年内的赔偿总额，在此之前德国应交付协约国50亿美元的赔款。

此外，和约还规定了德国必须交出并归入赔款账内的实物清单。在附加的经济条款中，将德国重要的河流交由国际专门委员会控制，法国可免税向德国出口一定数量货物，而德国出口货物必须付税。对于这一系列的经济制裁，就连协约国自己的经济学家凯恩斯也不得不承认"凡尔赛条约有关经济的条文的内容是包罗万象的，对可以使德国目前陷于穷困或者可以阻挠德国将来发展的措施，几乎都不曾忽略。"

凡尔赛-华盛顿体系的建立，是按照战胜国的意志对战败国，特别是德国，进行的领土瓜分和划定势力范围，它的目的在于，在新的国际力量对比的基础上确定战后的国际关系格局，稳定资本主义世界的统治秩序，缓和各国危机。但是，因为在资本主义世界内部有着重重不可调和的矛盾，所以凡尔赛-华盛顿体系不会也不可能保障帝国主义的长治久安，更不会消除帝国主义的全面危机，它所掩盖的矛盾必将以新的形式表现并发展出来，进而引起新的战争。

而最具标志性的事件就是鲁尔事件。

1923年1月11日，法国伙同比利时同时出兵鲁尔，占领了几乎包括德国工业心脏地区的整个鲁尔盆地，这一时期德法矛盾以及英美与法国的矛盾迅速激化。

法国此次出兵，是以德国未能履行赔偿义务为借口的。

1921年1月，协约国向德国提出赔偿方案，在42年内偿付总共2260亿金马克的固定赔偿，及每年交付年出口值12%的不固定赔偿，被德国政府拒绝。协约国于当年3月8日占领杜塞尔多夫等鲁尔地区3个城镇，实施制裁。

4月27日，协约国赔偿委员会规定赔偿总额为1320亿金马克，分为每年支付20亿金马克的固定赔偿和交付每年出口值的26%的不定赔偿。兵临城下的德国被迫接受，但在支付了1921年的赔款后因财政困难而要求延缓偿付。

到了1922年，马克汇率大幅度下降，国内经济发展缓慢，至同年8月，与英镑比价降至 1921 年 5 月的 5%。英国建议将赔偿金额减为 500 亿马克，延期四年支付，而法比则反对削减，只同意延期两年。由此，法军出动了 3 个师，协同比利时一支部队，以德国不履行赔款为由，出兵鲁尔。

法国出兵鲁尔，引起德国极大的愤慨，德国政府当即提出严重抗议，后又鼓励鲁尔的当地居民开始"消极抵抗"运动。政府禁止居民向占领当局纳税，禁止与占领者进行贸易，当地居民也拒绝与占领者合作，拒不服从占领当局的任何命令。反抗法比的活动层出不穷，少数还发展成了流血冲突。在复活节这天，一队法国士兵闯入了当时的军火商克虏伯的一家仓库里，要求清查那里的所有车辆。工人拉响了厂里的警报器，人们从各个角落里蜂拥而来同法军对抗。工厂的主人克虏伯正待在他的办公室里，但他不愿驱散愤怒的人群。法军被工人团团包围，于是就在他们占领的大楼门口架起了一挺机枪。这时，几个克虏伯工厂的工人爬上房顶，打开了蒸汽阀门，楼内顿时蒸汽腾腾，乱作一团的法军向人群开火，当场打死 13 人，伤 50 余人。后来这些死者被德国誉为烈士，由身穿行会礼服的克虏伯矿工护送厚葬，而军火商克虏伯在被判处 15 年监禁后只坐了 6 个月的牢即得到了法方的特赦。

法国出兵鲁尔对德国造成的经济影响是巨大的。德国丧失了钢产量的 80%，煤产量的 85%，铁路运输和矿山交通的 70%，对外贸易恶化，经济陷入崩溃。实行"消极抵抗"的这一年里，近 15 万德国居民被逐出鲁尔，政府为了支持"消极抵抗"运动耗去了大量资金，马克跌到无异于废币的地步，人民生活遭到了毁灭性的打击。政治危机，社会动荡，使得德国不得不在 1924 年初取消了"消极抵抗"运动。

而占领者也不好受。占领鲁尔的法比，极力想从当地的煤炭交易和铁路运输中获得最大利益，占领当局直接接管了当地的煤矿，从本国招募工人进行开采，并且直接用万余人的工兵部队经营当地铁路，均因为行事仓促及当地居民的极力抵制而收效不大。

出兵占领鲁尔，对法比来说，实在是得不偿失。这使其自身在政治上陷入孤立（英美是不主张过分削弱德国的，自然不会支持法比这种占领行为），而法国也未能从这种占领中得到预期的收益。法国从鲁尔的掠夺所得，除去军费开支外，纯收益不过 5 亿法郎。占领鲁尔导致德国停止支付赔款，而法国在战争赔款中的份额达一半以上。

在国际上，法国的出兵行为使其国际威信大降，并危及其财政信用，法国法郎在国内外金融市场的价值下跌 25%，英美大量抛售法郎和有价证券，导致法国财政状况恶化。1924 年 8 月 16 日，协约国在英国伦敦通过了由美国金融专家查尔斯·道威斯主持起草的新赔偿计划"道威斯计划"。它规定在外国贷款的基础上，按德国的偿付能力重新确定年度赔偿额，恢复赔偿交付，从而结束了法国、比利时对德国的占领。"道威斯计划"从 9 月 1 日开始执行，法比军队陆续撤出德国鲁尔地区，到 11 月 18 日完全撤出。

鲁尔事件的爆发并非偶然，它深刻反映出战胜各国列强通过各项条约所构筑的所谓的凡尔赛–华盛顿体系的脆弱性。在这次新的利益侵害和势力范围划定中，战后欧洲国际关系又经历了一次重要改组。法国开始丧失其先前的优势地位，美国在处理赔款事宜上的作为，使其在国际事务中更具发言权，而德国开始借助英美的扶持，度过第一次世界大战结束以后最严重的经济、政治和外交危机，逐渐恢复其大国地位。

而更为主要的是，战争结束以来协约国列强对德国经济和政治上的凌辱和掠夺，特别是在《凡尔赛和约》和鲁尔事件中对德国经济和政治上的严重打击，在德国各阶层民众中激起了强烈的反感情绪，同时极端主义思潮迅速泛滥。而这，也正是希特勒和纳粹党在德国能够迅速发展的重要社会思想根源。

德国将给予协约国的，不仅是赔款，更有仇恨。

（二）德意志开始恢复元气

在鲁尔事件之前，协约国曾多次召开会议讨论有关德国的赔款问题。1923 年 1 月 2 日，协约国在巴黎召开第六次会议继续研究德国的战争赔款问题。签署和约，停止战争是困难的，但是履行合约，对德国对协约国各国，同样也很难。

1921 年，在关于赔款的一次会议上，德国政府就曾以"国内赤色革命"为借口，向协约国讨价还价，延缓赔款的时间和金额。在不久前的几个月，在伦敦召开的另一轮关于赔款的会议上，由于各国都心怀鬼胎，互相猜疑推诿，更互不相让，致使那次会议毫无结果，不得不在未形成任何决议的情况下草草收场。

那么这次会议呢？

"我国政府同意德国部分延期赔款，但延缓期限不能超过二年。"在这次会议上还是首先由法国代表发言，作为德国的世仇以及德国赔款的主要受益人，法国不仅担任着协约国赔款委员会的主席，而且一直在赔款问题上卡着德国的喉咙。法国的代表随即表示，如果德国不履行和约所规定的还款金额和期限，协约国将有权对其采取强硬措施，其中包括对德国的部分地区进行军事占领。

英国首相鲍纳·劳刚刚在国内上任不久，也出席了这次会议，并在这次会议上提出了与法国不同的观点，这着实让法国人懊恼：

对于德国偿付战争赔款问题，协约国已开会讨论多次，结果都不太令人满意。在德国延期偿付赔款问题上，我们应提出一个比较可行的方案。因此，我建议，德国延期缴付赔款的期限为 4 年，并且免除赔偿义务，也不必提交任何担保品。

另外，英国首相还提出了几项新措施：建议成立包括协约国、美国、德国和一个中立国在内的国际专家委员会，对德国的财政实施监督，建议对战胜国各国所得赔款的比例进行一次重新论证，并且提议将法国所得赔款的分配比例由 52% 削减到 42%。英国之所以这样提议，表明了英国对于法国称霸势头的忧虑，同时也动摇了法国在赔款委员会里的领导地位。

此言一出，立刻引起了法国代表的强烈反对，而且反对的不仅仅是法国代表，还有意大利、比利时代表，各方分别表明自己的观点。经过一番唇枪舌剑的争论，会议最后还是无果而终。很显然，这时的协约国已经不再像制定凡尔赛条约时那样容易达成妥协。

正当会后的德国为此次会议的无果而终暗自庆幸之时，法国和比利时为了索取赔款，不惜动用了武力，联合出兵 10 万占领了鲁尔地区，德国政府对此采取"消极抵抗"，这些上文已经提到。

鲁尔事件直到道威斯计划提出才出现了转机。

1923 年 11 月，协约国赔款委员会做出决定，成立包括美国、英国、法国、意大利和比利时在内的由各国代表组成的两个专家委员会，第一委员会负责研究有关平衡德国预算和保证通货稳定的方法，第二委员会则负责确定已经流往国外的德国资金数额以及寻求追回这些资金的途径。

查尔斯·道威斯准将曾在一战中主持美军在欧洲的军需工作，立有一定战功。停战后，他担任了美国芝加哥摩根财团的第一银行董事长。这个在一战中并不显眼的准将这次引起了全世界的注意，他担任了第一委员会主席的职位。

1924 年 4 月 9 日，道威斯负责的第一委员会经过 3 个月的艰苦工作，向赔款委员会提出了一份长达 200 页的报告书，史称"道威斯计划"，这个计划主要包括：

1. 法国必须从鲁尔撤退；

2. 赔款总额暂时不加以确定，但是 1924—1925 年度赔款为 10 亿金马克，以后逐年增加，到第 5 年起，每年支付 25 亿金马克；

3. 为平衡德国财政，保证赔款的偿付，由美国、英国两国共同给德国提供 8 亿金马克的贷款；

4. 德国赔款来源由关税、运输税、工业利润、铁路利润以及烟、酒、糖、皮革等有保证的税收构成，每年在未偿清赔款前，不准动用上述税收收入。

1924 年 6 月，德国的债权国在英国伦敦召开国际会议，讨论"道威斯计划"。会上，与会各国的分歧还是很大的，由于各国的争论，这场会议马拉松式地开了两个月，然而最终使这场会议达成各方谅解和同意的不是会议争论，而是美国代表团在会议外的精彩斡旋。

一战后，美国没有在战争赔偿方面获得债权，对此美方一直耿耿于怀。虽然美国与德方曾在 1921 年 8 月于柏林签订了《德国和美国恢复和平条约》，条约规定德国承诺给予合众国"1921 年 7 月 2 日合众国国会联合决议案中所规定的一切权利、特权、赔款、赔偿或利益，其中包括凡尔赛条约为合众国的利益而规定的一切权力和利益"，但美国的野心远非如此。

在这次调解赔款事宜中，美国显然打算以自己的外交斡旋挤入国际大国的交际圈子。因而美国人是不甘寂寞的，他们不打算坐等会议结果，而是展开了紧张的外交工作。会议期间，美国国务卿休斯以"美国法律家协会"主席的身份，率领一个由美国人和加拿大人组成的庞大代表团，来到了欧洲。

在巴黎，休斯见到了当时的法国总理普恩加莱和当时法国外长赫里欧。普恩加莱曾经在上一次巴黎赔款问题会议上表达过法国人的强硬态度，于是在这次会晤中，法国开始是持其最初立场的，但是在休斯的几度游说下，法国最后竟做出了种种让步，这确实让休斯大受鼓舞。于是休斯一鼓作气，风尘仆仆地赶到了德国柏林，把法国做出让步的消息告诉了德国人，并且说服德国政府接受了这个"道威斯计划"。

1924 年 8 月中旬，在伦敦召开的审议"道威斯计划"的协约国会议顺利闭幕。到了 8 月底，德国国会通过并接受了协约国会议的"道威斯计划"。9 月 1 日，"道威斯计划"开始正式执行。

至此，鲁尔事件得到了和平的解决。而更为重要的是，根据"道威斯计划"的约定，大量的外国资本开始涌入德国，这使得德国几近崩溃的经济有了转机，甚至有了复苏的可能。

据统计，从 1924 年到 1929 年，德国共得到的国际贷款和投资 326 亿马克，其中长期的信贷达到 108 亿马克，短期信贷则有 150 亿马克，其他投资达 68 亿马克。这一时期德国的全部资产竟然有 40% 是外国的长期贷款与投资，而这一时期德国用于支付战争赔款的总金额不过 95 亿马克。

大量国际资本的输入，使得德国衰退的经济乘势恢复并得到了发展。1925 年，"道威斯计划"开始执行的第二年，德国的经济便出现了高涨的局面，到 1928 年，达到了高峰。这一年的工业资本已经超过战前一倍多，电力生产比 1913 年增加了 6 倍，汽车产量增加了近 6 倍，铝的产量增加了 31 倍，工业总产值中生产资料的比重已经达到了 58.5%。到 1929 年，国民收入已达到了 759 亿马克，为战前的 150%，黄金储备已经达到 22.6 亿马克，超过战前的一倍多。

终于，德意志这只有气无力的鹰开始恢复元气了。

（三）擎起铁十字大旗

"法西斯"，原为古罗马长官权力的标志，通常是用红带捆绑的榆木或桦木棍棒，上面插着一柄战斧。后来用"法西斯"一词象征强权、暴力、恐怖统治，也用来指资本主义国家的极端独裁形式。

在第一次世界大战后，帝国主义国家的全面危机没有得到彻底解决，在封建主义和军国主义传统影响较强的几个国家，先后兴起了法西斯思潮和运动。随着全面危机的加深，这一运动向世界各国蔓延，直至20年代初，在国际范围内形成了世界法西斯运动的第一个浪潮，在德国主要表现为复仇主义、扩张主义和反对凡尔赛和约。

德国法西斯势力的兴起有其深刻的社会历史根源。现代德国是在容克贵族的领导下通过战争来完成统一的，这使得德国的社会和政治生活带有更多的封建色彩和军国主义传统。

第一次世界大战后，容克贵族的势力受到打击，软弱的资产阶级建立起魏玛共和国。但是在《凡尔赛和约》的束缚下，德国存在着复杂的经济、政治和民族矛盾，社会危机四伏，政局动荡不安，软弱的资产阶级无法也根本不能担当起重整河山的重任，而占统治地位的仍然是以容克贵族为首的右翼保守势力。

《凡尔赛和约》的签署对当时德国社会的影响极为深刻，这个战胜国为惩治战败国并掠夺战败国利益的条约，使德国背负上了沉重的赔偿包袱。大批中小企业破产，失业者成千上万，在德国民众中普遍存在着这样两种心理：一是因为外国势力的压迫而产生的强烈的复仇主义心理和极端的民族主义情绪。一是各阶层民众由于对现状不满而对政府软弱无力的反感和厌恶。正是在这两种心理的交织中，纳粹运动在德国才得以迅速兴起。

1919年1月，慕尼黑机车厂机工安东·德雷克斯勒与报社记者卡尔·哈勒成立了德意志工人党，此即德国纳粹的前身。1919年9月希特勒加入该党，并迅速成为该党主要领导人之一。1919年11月13日，德国工人党举行了第二次集会，一些大学生、小企业主和退伍军人，不惜自费买入场券，到会旁听。希特勒以"德国工人党"第七号委员的身份发表演讲。他提出《凡尔赛和约》是不人道的，是对德国的罪恶压迫。希特勒的演说极富煽动性，唤起了听众的民族情绪和对"凡尔赛和约"的仇恨。

1920年2月24日，希特勒在他精心组织的两千人大会上宣读并通过了《二十五点纲领》，以后这成为纳粹党的党纲。看看希特勒在这次大会上的表现，或许有助于我们明白为什么有那么多人来参加这次大会，为什么希特勒那么富有煽动性

他穿的是一件老式的蓝色外衣，很破旧。看上去他一点儿也不像演说家。开始时，他讲得很平静，没有什么加重语气的地方。他扼要地讲了近10年来的历史。然而，一旦讲到战后席卷德国的革命时，他的声音便充满了感情。他打着手势，眼睛放射出光芒。愤怒的喊声从大厅的每个角落传来。啤酒味在空中弥漫。用橡皮棍

和马鞭武装起来的士兵们——希特勒在军内的支持者——"像猎犬一样迅猛，像牛皮一样坚韧，像克虏伯公司的钢铁一样坚硬"，急忙投身战斗。捣乱者被逐出门外。厅内的秩序有所恢复，但讥笑的喊声仍然不断。希特勒恢复演讲，喊声并未令他目瞪口呆。在曼纳海姆的经历使他习惯了这类捣乱，而他似乎还从里边吸取了力量。他的精神，还有他的话，令听众感到温暖。听众开始鼓掌了，掌声湮没了怪叫声。他严厉谴责当局正在成吨成吨地印刷纸币，指责社会民主党人只会迫害小市民。"如果不姓汉梅尔伯格或伊西多尔巴赫，这样的小市民又有什么办法呢？"这句反犹太人的行话一出，支持者与反对者的喊声几乎旗鼓相当。但是，当他把攻击矛头转向东方犹太人时，掌声便湮没了喊叫声。不少人在喊："打倒犹太人！"

……

最后，他将纲领的 25 个要点交给了听众，要他们逐条地"判断"。这个纲领几乎对每人都给了一点儿什么——犹太人除外。给爱国者的是全体德国人联合起来，组成一个大帝国；解决人口过剩的办法是殖民地；在世界民族之林中德国应享受平等权利；废除凡尔赛条约；创建一支人民的军队；对犯罪分子进行"无情地斗争"，以加强法律与秩序；给工人的是废除不劳而获；战争利润归公；无偿地没收土地为社会所有；在大型企业内利润分享；给中产阶级的是对大百货商店立即实行社会化，以低廉的租金租赁给小商小贩；给老年人的是"大力提高"全国老年人的健康标准；给有"民族"思想的人是要求将犹太人当外国人对待，剥夺其公开开办办公室的权利。当国家发现无法养活全民时则将他们驱逐出境。对 1914 年 8 月 2 日后移民入境的犹太人，立即驱逐出境。

这或许正是希特勒的高明之处，也是他的阴险之处。他十分巧妙地利用了战后生活日益困窘的德国人民的心理，许以种种诱饵，并将人们仇视的焦点转移到犹太人身上。所以在这份党纲中，希特勒将极端的民族主义与种族主义联系在一起，公开宣扬日耳曼主义和反犹太主义，认为只有日耳曼血统的人才能成为德国公民，而非日耳曼血统的德国人则不仅没有"决定国家领导和法律的权利"，而且无权居住在德国，最终将被清除出未来的日耳曼国家。这样将许多社会弊端进行了转嫁，转移了人们的视线。

除了民族主义，德国法西斯举起的另一面旗帜是社会主义。为了吸引工人和下层群众，发展自己的力量，德国法西斯在其《二十五点纲领》中极力攻击资本主义、托拉斯以及大工业家和大地主，并且宣称将"取缔不劳而获的收入""取缔和没收一切靠战争发财的非法所得"，将大百货公司收归国有，租给小商人。纳粹党的这一系列宣传对于当时的中下层群众有很大的吸引力，大批的破产的中间阶层、无业的流亡无产者纷纷加入了纳粹党。

1920 年 4 月 1 日，希特勒把"德国工人党"改名为"民族社会主义德国工人党"，简称"纳粹党"。前一天，希特勒辞去了他的军职，而将全部精力投入到纳粹党的工作之中，正如他在 1918 年德国战败后立下的志向：

"我终于看清了我自己的前途，我决定投身政治。"

于是在 1920 年的夏天，希特勒开始了紧张的工作。为了巩固自己在党内的地位，他不得不在组织上采取了以下措施：

1. 自任第一主席，迫使党的其他领导人接受他提出的要求；

2. 修改党章，宣布"二十五条"为党的正式纲领；

3. 撤销党的委员会。

希特勒

为了加强对纳粹党的宣传，希特勒在党旗、党徽的设计上花了不少的心思。尽管这位阿道夫先生自小就以绘画惹人注意，也做过当画家的梦，在维也纳的艺术圈里浪迹过，并曾经以"建筑画师"自居，但是要设计一个区别于其他党派并能引起别人注意的标志来，也并非易事。

在色彩上，希特勒讨厌老魏玛共和国从前的黑红黄三色旗，而钟情于前帝国的红白黑三色旗，所以纳粹党的党旗的基色即这三种颜色。在图案上，希特勒费尽了脑筋，最后终于选中了"卐"字，这本来是 19 世纪末、20 世纪初一些民族主义团体的标志，不少志愿团部队都把"卐"作为佩带的符号。没过多久，红底白圆心中间嵌一个黑色"卐"字图案的旗帜作为纳粹党的党旗出现在了大大小小的公共场合。

对于纳粹的党旗，希特勒做了如下的解释：

"红色象征我们这个运动的社会意义，白色象征民族主义思想，'卐'字象征争取雅利安人胜利的斗争的使命。"

后来希特勒又使用方形的"卐"字旗作为纳粹的锦旗，上面写有"觉醒吧，德意志！"的字样，所有的纳粹党党员、冲锋队、党卫队的制服上也采用这个"卐"作为臂章。就这样，这个本来代表吉祥、勇敢的标志，日益成为恐怖和屠杀的吓人标志。

除了政治上的宣传，德国纳粹还开始组建军事力量。1921 年 10 月 5 日，希特勒在党内建立了自己的军事组织——冲锋队，到 1923 年，纳粹已经拥有 3 万名党徒，成为当时不可忽视的政治力量。

"德国工人党"最初的创始人，德莱克斯勒，也是希特勒的最初发现者，在希特勒即将成为纳粹党领袖的前夜，他这样评价希特勒：

权力欲和个人野心使阿道夫·希特勒先生在柏林呆了6周后回到他的岗位上来了，而他柏林之行的目的至今没有透露。他们认为时机已经成熟，可以借他背后暧昧不明的人之手，在我们队伍中间制造分裂和不和。

他的目的完全是利用民族社会党作跳板，来实现他自己的不道德的目的，篡夺领导权。

当时美国驻柏林的官员在1922年年底对希特勒及其纳粹党进行了调查后，华盛顿出示了一份包含以下内容的报告：

目前巴伐利亚最活跃的政治力量是民族社会主义工人党。它与其说是一个政党，不如说是一个群众性运动，我们必须把它视为意大利的法西斯运动在巴伐利亚的再版。

它最近取得的政治影响同它实际党员人数是完全不成正比的。

阿道夫·希特勒从一开始就是这个运动的支配力量，这个人的性格对于这个运动的成功一定是最重要的因素，他左右一个群众集会的能力是不可思议的。

这些分析和评价，不久就得到了证实。

实力的增长，使得纳粹党的野心大大增长，开始了夺权的准备。1923年2月，纳粹与其他几个极右团体组成了"祖国战斗工作联盟"，后又组成了"德国人战斗联盟"，旨在推翻魏玛共和国，撕毁《凡尔赛和约》。11月初，希特勒开始策划在巴伐利亚建立法西斯政权。

1923年11月9日的上午，在贝格勃劳凯勒啤酒馆通往慕尼黑市中心的道路上，一队人马正浩浩荡荡地前进，在队伍的前面，飘扬着一面大大的"卐"字旗和当时的高地联盟的旗帜。希特勒和前帝国将军鲁登道夫带领着将近三千人，急促地前进着，在他们身后，跟着一些卡车和一些冲锋队员，卡车上还架设好了机关枪，冲锋队员的肩上都挂着马枪，有的还配上了刺刀。

这天是德意志共和国成立纪念日，而这批人要做的，并非是为了纪念这个日子。尽管希特勒曾经多次在巴伐利亚政府面前拍着胸脯保证："我立誓，我是决不举行暴动的。"但是这个演说家的话一向是靠不住的。就在前一天晚上，希特勒和他的党徒们在贝格勃劳凯勒啤酒馆发动了暴动，在前几次暴动流产后，希特勒相当看重这次行动。希特勒本来计划将暴动时间定在11月10日到11日，但是报纸上的一则公告改变了他的计划。据报载，应慕尼黑企业团体的邀请，巴伐利亚邦长官卡尔将军将于11月8日晚，在慕尼黑东南部一家名叫贝格勃劳凯勒的啤酒馆发表施政演说。届时，驻巴伐利亚的国防军司令、联邦警察局长和政府部长及其他政要将列席会议。在希特勒看来，这是天赐良机。三政治巨头以及其他政府要员都将汇集于主席团，为什么不能将他们引入一室，说服他们就范，参与政变，若他们冥顽不灵，便将他们监禁。毫无疑问，希特勒重视的是效果。他心里非常明白，倘若没有三政治巨头的全力支持，他是不能成功地进行起义的。他无意夺取巴伐利亚政权，只是企图以猛烈的行动去唤起巴伐利亚人，以便卓有成效地与柏林抗衡。他决定用武力来劫持这三巨头，迫使他们按照纳粹党的要求一同暴动。

8日晚上的行动可以说是成功的。当晚8点半，武装纳粹将大楼团团围住。数量上处于劣势的警察，见此情景，一个个都目瞪口呆。由于对此毫无准备，他们一筹莫展。希特勒大喊道："国社党革命爆发了！大厅已被包围！谁都不准离开大厅。"接下来，希特勒向这三人表示了歉意，说："这是为了德国的利益。"他告诉他们，前警察局长波纳将出任巴伐利亚总理；以右派激进组织"战斗同盟"为基础的新国民军将由鲁登道夫指挥，而鲁登道夫将率军向柏林挺进。希特勒保证，在起义军取得政权后，三政治巨头将会行使更大的权力：卡尔将为巴伐利亚摄政；洛索夫为帝国陆军部长；赛塞尔为帝国警察部长。

在散会之前，激动的希特勒做出了如下的发言：

我现在要履行我5年前在军事医院一时成了瞎子时所立下的誓言：要不倦不休地努力奋斗，直到十一月罪人被推翻，直到在今天德国的悲惨废墟上建立一个强大的自由的光荣的德国。

由于控制了警方，罗姆又占领了军区司令部，身在贝格勃劳凯勒酒馆的希特勒，正陶醉在幸福中。后来，工兵营地传来报告说，起义部队正与工兵们争论不休。希特勒当即决定离开指挥岗位，亲自前往该地解决问题，这是严重失策。接着他又犯了一次策略性错误：让鲁登道夫将军指挥起义。希特勒一走，洛索夫将军便说他必须回办公室去下达命令。鲁登道夫觉得此要求有理，便允许洛索夫走出啤酒馆——卡尔和赛塞尔在不远处跟着。希特勒刚到兵营门口，一点作用也没起，便被驱走了。一小时后，他回到啤酒馆，发现三政治巨头已被允许脱逃，大吃一惊，刚刚到手的"猎物"全都逃之夭夭了。

洛索夫将军于凌晨2时55分向"德国所有无线电台"发出下述通电后，希特勒原来所抱的一线希望，即三政治巨头不会公开反对起义，也就破灭了。

电云：

冯·卡尔州委员、冯·赛塞尔上校和冯·洛索夫将军业已镇压希特勒起义。枪口下发表的支持无效。请勿误用上述人名。

洛索夫

局势迅速恶化，鲁登道夫与希特勒决定带领党徒向市中心进发，争取赢得居民们的支持，并占领慕尼黑的要地。可是当希特勒和鲁登道夫带领着队伍来到离陆军部不远的府邸的时候，双方发生了武装冲突，鲁登道夫当场被捕，希特勒受伤后逃走，两天后也被捕。

这次暴动虽然失败了，但希特勒此时已经成为闻名全国的政治人物，并在他被捕期间，完成了那本臭名昭著的《我的奋斗》的写作。一句话，希特勒没有就此罢休。1924年12月20日，希特勒在服刑不满9个月的情况下从监狱被提前释放，他曾经表示："我恢复活动以后，必须采取新的方针。我们将不再通过武装政变来取得政权，而是要捏着鼻子进国会同天主教议员和马克思主义者议员打交道。"

事实上，出狱后的希特勒也正是这么做的。他改变了过去暴力夺权的方针，转而依靠垄断资产阶级、军官团和容克地主，重新建立纳粹党。1926年2月，在南德班堡举行的纳粹党全德领袖会议上，希特勒压倒了党内的小资产阶级社会主义派，巩固了自己的领袖地位，使得纳粹党越来越代表垄断资产阶级的利益。到1928年，纳粹党员已经发展到9.6万人。

德国的纳粹运动没有停止，因为导致纳粹运动的种种因素没有改变。

德国法西斯的第二次浪潮很快又到来了。1929～1933年出现的经济危机席卷了整个资本主义世界，工厂停产，商店倒闭，银行破产，整个工农商业陷于瘫痪，造成了灾难性的严重后果。

在这次危机中，美国和德国所受的打击最大，其中美国的经济倒退了27年，德国的经济倒退了36年。在美国，罗斯福总统上台，开始实施新政，国家插手经济生活，对经济生活加以计划的调节。在德国，纳粹则利用经济危机中人们的愤懑情绪和不安心理，采取种种欺骗手段，掀起了声势浩大的法西斯运动。

在希特勒的授意下，纳粹声称"中等阶层是国家的中坚力量"，"要求提供充分的工作岗位，使在劳动岗位的劳动者能过富裕的生活。"1930年，纳粹出台"商店一分店税收法草案"，宣扬"保护日益受到大企业严重威胁"的个体商贩，同时提出"定货法草案"，扶助中小工商业。

1930年和1932年，纳粹又先后出台《迅速提供就业——战胜危机纲领》和《农民纲领》，宣称将保护中小企业和农民。纳粹党通过以上的宣传和政策，笼络了大批不明真相的中小资产者和农民。

另一方面，德国纳粹加强了夺权的步伐。他们利用《凡尔赛和约》签订后国内对魏玛共和国的反感心理，攻击共和制，声称要用一个新的帝国来取代。1930年，当国内因经济危机而导致政治危机时，纳粹党发起了一次选举战，数千名训练有素的演说家被派往全国各中小城市，宣传纳粹纲领，发放传单，大谈政府的无能，并做出种种诱人的允诺。

纳粹政党并非一个停留于鼓唇弄舌的政党，它所想代表的并非一个政党，而是整个国家。纳粹党一直宣扬采取"主动行动"，而其实质则是以永恒、全面的暴力和恐怖为其行动纲领。其暴力工具即为成立于1921年8月的冲锋队，冲锋队员多次用来扰乱其他党派会场，镇压敌对者，恐吓竞争者。

纳粹通过以上的种种手段，使得当时的大批中小资产阶级、知识分子和大学生加入纳粹党。就这样，纳粹党利用 1929~1933 年的经济危机，迅速地从一个微不足道的小党（1928 年国会选举仅获选票 2.6%，共 81 万张）一跃成为国会第一大党（1932 年国会选举中获 37.2%，达到 1370 万张），从而为其进一步侵略扩张捞取了政治资本。

（四）重返大国

就在"道威斯计划"刚刚开始执行的第二年，在德国国内经济情况刚刚好转的情况下，德国的国内统治势力即开始蠢蠢欲动。1925 年 9 月 7 日，德国外长施特莱斯曼写信给当时的前德皇太子，在信中他这样表示：

依我看，近期内德国外交面临着三大任务：

第一，作为加强德国未来地位的前提，赔款问题和保障和平问题要求有一个有利于德国的解决办法；

第二，我在这里要提出侨居外国的德国人，也就是身居异国、遭受外族压迫的 1000 万至 1200 万同胞的问题；

第三，修改东部边界，将但泽和波兰走廊还给德国，修改西里西亚边界，将来合并德国属地奥地利。

德国所期望的不仅仅是重新恢复到其战前的情况，它所期望的远远大于此。

从 1925 年 5 月开始，在德国驻外国的领事馆里，除了悬挂魏玛共和国的国旗以外，还悬挂了德意志帝国时期的黑白红三色旗。这一新动向，是在兴登堡当选魏玛共和国的第二任总统后才出现的。

两个月之前，魏玛共和国的第一任总统艾伯特被卷进了一场政治闹剧，折腾得心力交瘁，不久即病逝。大选过后，4 月 26 日，兴登堡当选为魏玛共和国的第二任总统。

兴登堡可谓是一个老军国主义分子，他生于一个贵族家庭，从 11 岁起，便进入当时的陆军幼童学校，接受军国主义教育。18 岁，兴登堡即成为当时第三护卫步兵联队的少尉级军官，并参加了普奥战争和其后的普法战争。

在普法战争中，兴登堡由于作战勇敢，被授予铁十字勋章。此后，兴登堡一直官运亨通，平步青云，一直升到将军一级，后来退役。第一次世界大战爆发后，他重返部队，先后担任德军东线第八集团军司令、东线部队司令、德军总参谋长。虽然在历次战争中兴登堡并没有体现出超群的军事天才，但他还是得到了当时的德国军国主义分子的一致推崇，将其吹捧为一次大战的杰出元帅。一战德国战败后，兴登堡回到汉诺威，韬光养晦，待机而动。

刚刚登上总统宝座的兴登堡一点也不掩饰自己的军国主义政治立场，一上台他即表达了如下的观点：

"在我任职的时刻，我看一看皇帝的照片，并问我自己，这位至尊的万岁爷在这个问题上作何决定?"

比照一下德国从前老首相（第二帝国时期的普鲁士首相）俾斯麦和从前的威廉二世的言论，我们或许能发现这三者在军国主义和独裁政治方面有着惊人的相似之处。

为第二帝国的建立立下赫赫战功的俾斯麦曾经说，当前的重大问题"是不能用决议和多数表决来解决的——1848 至 1849 年的人们的错误就在这里——而是要用铁和血来解决"。

威廉二世在 1910 年也说过，皇冠"完全是上帝所赐，而不是由议会、人民议会或人民的决定所授予的"，"我将独行其是。"

对德皇的崇拜，对先前俾斯麦首相"铁和血"政策的欣赏，使得德国的军国主义势力有了复苏的可能。

建立于 1919 年，带有军国主义色彩的德国组织"钢盔团"复活了。其行动纲领是：要求修改宪法，建立专制政权，恢复德国的军事强国地位，同共产主义斗争到底。虽不具备正规军实力，"钢盔团"却是一个标准的准军事组织，它在镇压1919 年德国的革命运动中发挥过巨大的作用。在一战战败后，"钢盔团"曾日趋衰落，但在此时，它却积极成长起来，到 1927 年，它的成员已经达到 100 万，成为德国军国主义的支柱，而其外围组织"青年德意志勋章"也有 30 万人。

而此时德国另一支更加壮大的，更加让人不安的组织却是纳粹，在短短的几年中，纳粹迅速成长起来。1925 年纳粹党员只有 2.7 万人，1926 年达到 3.2 万人，到了 1928 年，跃增至 10 万人，1930 年达到了 30 万人，而到了 1932 年，则超过了100 万人，取代了当时"钢盔团"的地位。

逐渐强大起来的德国开始向世界发出了它的声音。1924 年 9 月 29 日，德国政府向战胜国发出了一份照会，表明了德国政府要跻身于国际舞台，以谋求恢复帝国地位的强烈愿望。这是战后经济的复苏和军国主义复活的必然产物。在这份照会里德国政府提出了三项要求：

1. 接纳德国加入国际联盟并给予行政院常任理事席位；

2. 免除德国的战争责任；

3. 取得殖民地委员会统治权和修改《凡尔赛和约》中关于"德国在军备方面的不平等状况"的军事条款。

面对这三条充满挑衅的照会，法国首先发难，加以阻拦。在当时的法国看来，随着德国经济、军事潜力的复活，德国必然会把其斗争的矛头指向法国。法德是世仇，这很简单，德国决不会忘记法国从这里割走的土地，拿走的钱财，更不会忘记战后出兵占领鲁尔地区带给德国人的恐慌和耻辱。因此，法国说什么也不答应让德国这么容易就强大起来。

而此时，《凡尔赛和约》的另一受益国英国却不这么想。在英国看来，战后在包括对战败国德国处理的众多欧洲问题上，法国一直处于主导地位，这一直令英国不安。抗衡法国在欧洲大陆的霸权，是英国政府一直都在默默奉行的政策，而拉拢德国加入国际联盟，对于抑制法国的称霸，或许是一条妙计。因此，英国并不反对德国加入国际联盟，而且打算由此重新缔结一个关于保证德国边界的协定。

在大洋彼岸的美国一直对欧洲这边的事情保持着关注，尤其是德国的事务，这一次更是如此。因为自从大量的美国资本涌入德国境内，这些资本的流向及其是否能带给美国相应的利益，便无时无刻不牵扯着美国垄断资产阶级的神经。扶持德国渡过难关，抑制对德一直有怨的法国，保证投资正常回流，并引诱当时的德国向苏联进军，这也是美国的方针。于是，1925年7月3日，美国总统柯立芝宣布对保证德国本部边界的主张予以支持，这是他第二次做这样的声明了。

1925年10月5日，坐落在瑞士的小城洛迦诺显得异常嘈杂忙乱，这里正在举行关于讨论德国加入国际联盟一事的会议，这次会议是在代表没到齐的情况下举行的。

德国派出了由总理路德和外交部长施特莱斯曼率领的庞大代表团，以一个完全平等的与会国的身份参加了会议。这时的德国与刚刚战败时的德国大不一样，德国代表在会议上态度蛮横，然而，与会的各国代表似乎对此视而不见，仍然实现了德国的愿望。于是1926年9月，德国正式加入国际联盟，不久便"光荣地"成为国联行政院的常任理事国。从此，德国的战败国地位大大改变，跻身于国际舞台，再次成为与英、法平起平坐的大国。

而德国想得到的并非仅仅如此。1925年10月18日，在洛迦诺国际会议的第四次全会上，德国外长施特莱斯曼在对联盟的第十六条提出保留意见时，公开声明：

由于德国处于解除武装状况，它的直接军事参加是不可能的。要知道，德国现在是否拥有军队，或它现在的武装力量应被看作仅是警察部队，根本已成问题。因而，要让德国参加军事措施，至少必须加强其部队的武装。

这一席话虽然说得藏头露尾，但是武装德国、重新称霸的野心已经显示出来，这就是战后德国的最终期望。

（五）要大炮不要黄油

德国的军事力量在一战后大大削弱，《凡尔赛和约》的制定者企图永远消灭德国可怕的军事力量。他们或摧毁或拆除德国的大部分武器和武器生产设施，尤其是禁止德国拥有战争中出现的4种新式武器：飞机、坦克、潜水艇和毒气，并且有步骤地削弱它的武装部队。

《凡尔赛和约》的内容一经公布，其苛刻程度震惊了德国人民，他们义愤填膺，有一种被集体出卖的感觉。要求重新武装起来的愿望愈来愈强了，受影响的不仅是激进的民族主义者，因为和约把武装部队削弱到几乎无法维持国内安全的地步，当然也就无力保卫德国四周的边境，许多德国领导人出于纯粹的爱国主义和对边境担忧的考虑，一些商人受利益驱动，都对重新武装跃跃欲试。而无论什么动机，形形色色的职业军官、政客和大工业家聚集在争取军事自由的"伟大事业"前，为了达到目的，他们准备违反《凡尔赛和约》。

早在1931年秋，希特勒就曾说过："如果我现在掌权的话，就把陆军部长叫过来，问他：'全面武装要花多少钱?'如果他要求200亿、400亿、600亿甚至1000亿，他一定会得到。那时人们就武装、武装、武装，直到武装就绪!"而在希特勒上台后，这一切进行得更加顺利，德国的军费一增再增，掀起了一阵扩军备战的狂潮。

为了能使国内的经济最大限度地为扩军备战服务，希特勒上台后即着手改革经济管理体制。1933年7月15日，希特勒颁布法律，命令一切工业组织成立辛迪加，统治国内市场并操纵物价。就在这一天，希特勒同时还设立了全国最高的经济机构——"德国经济总会"，由12名德国大工业、大银行、大商业代表和5名纳粹分子组成的领导集团，以维持国内的经济秩序为名把持了经济管理权。

1934年3月13日，德国以经济部长施密特的名义发布控制产业的新法令规定：经济部拥有创设、解散或合并所有工业组织的权力；并向各企业派遣领导人，凡违抗经济部命令者，政府立即给予处分。同年11月27日，"德国经济总会"颁布《德国经济有机建设条例》，元首把全德经济划分为工业、商业、银行、保险、能源和手工业6个大组，全国所有私人企业均须加入，分属各组。纳粹还对全国大小公司和企业的董事进行了清洗，一大批犹太资本家及对纳粹持反对意见的人被从董事会赶了出去，而是由清一色的纳粹党领导成员组成了新的垄断资本集团。

就这样，在经济体制上，工业界的巨头们大部分以"国家干部"的身份出面，领导和控制着各经济部门。在各经济部门均实行"领袖原则"，下级要绝对地服从上级，在德国建立起一套适合总体战争需要的国民经济管理体制，以保证国家经济能够最大限度地为战争服务。

在改革改组经济的同时，希特勒开始花更多的时间去争取德国的工商业巨头。早在经济最萧条的1931年，希望破灭的大工业家在寻找代替共和国政府的出路时，希特勒就加紧了行动，同时，约瑟夫·戈培尔和其他纳粹宣传家在群众中大造声势。希特勒乘一辆黑色大奔驰车走遍德国各个地方，和金融界、工业界的巨头秘密会晤。他的一名副官在回忆起这一段往事时说，一些会晤是非常保密的，竟然在"人迹罕至的林中空地"举行，因为当时双方都需要保密。对希特勒来说，他不愿意让人看见他和国家社会主义工人党宣传中经常攻击的目标握手言欢，而对大资本家来说，他们也不想公开自己和希特勒以及他的那些激进的观点有染。

在这些场合，希特勒总是能够尽其所能，专挑大资本家喜欢听的话说，他总是讲那些有利于他们经济利益的话题，利用他们害怕共产主义和厌恶工会的心理，暗示在纳粹政府中两者都不会存在。对那些将从全面扩军备战中获得最大利益的重工业巨头，希特勒暗示他们将得到利润丰厚的订单，生产武器和其他战争用具。

希特勒从大资本家那里得到的不仅是金钱，还有比金钱更有价值的东西，资本家授权的合法性使他没有遇到激烈反对就夺得大权。1933 年 2 月 20 日，刚上任 3 星期，希特勒就在赫尔曼·戈林的柏林官邸会见了大约 20 位工业巨头。希特勒总共讲了 90 分钟，深深触动了这些大工业家。他说："任何文化的好处都必须或多或少地借助铁拳才能传播。"他说工业界和陆军一定要恢复往昔的荣耀。希特勒慷慨激昂地结束了他的演讲，像一个征服者那样离去，而在座的大亨们无不慷慨解囊，起身表示愿意支持纳粹。最先表态的是德国著名的工业家和军火商古斯塔夫·克虏伯，他和其他人一起为希特勒和德意志新帝国更大的荣耀一下子就掏出了 300 万马克。就是这个克虏伯，很快就向纳粹奉献了一腔赤诚，成了一名"超级纳粹党人"。

依靠希特勒给军火商提供的大量订单，商人们也赚足了钱。在希特勒的授意下，官方规定："所有工业企业都必须为军备服务……否则就得关闭。"因此，许多工厂企业转入军工业生产。1934 年初，纳粹德国国防工作委员会批准了约 24 万家工厂来供应战争订货的计划。仅在纳粹执政的头三年，就有 300 多家兵工厂投入生产。在 1929 到 1939 年间，德国军火生产力增加了 9 倍，飞机制造几乎增加了 22 倍。

但是这种工业，特别是军火生产的猛增并没有给德国人民带来真正的实惠，只是让一部分大垄断资产阶级赚足了钱，而德国的工人阶级却承担了最沉重的负担。德国纳粹则煽动受剥削的劳动人民为"生产原料战斗"出钱出力，劝告人们把餐桌上的美味佳肴换成便宜食品，以鱼代替肉，以黑面包代替白面包，以人造黄油代替黄油，正如他们的宣传部长约瑟夫·戈培尔所说：

"我们可以没有黄油，但是不能没有武器，尽管我们热爱和平。我们不能拿黄油射击，只能用枪。"

依靠这种人为的刺激，德国的军火工业得到了迅速发展，而军火工业的发展又带动了整个工业，特别是重工业的发展。在入侵波兰前夕，德国的工业产量仅次于美国和苏联，在世界上居第三位。

与军火生产猛增的同时，军队规模也迅速扩大。1933 年 12 月，在布洛姆贝格主持下，德国制定出新的扩军计划，规定到 1938 年 4 月 1 日建立 21 个步兵师、3 个骑兵师、1 个骑兵旅、1 支装甲部队和 1 个轻装甲师。陆军平时总兵力为 30 万人，战时经动员扩展到 63 个师，其中 33 个野战师。后来希特勒下令将完成期限提前到 1934 年秋，实际上到 1934 年秋，德国陆军已达到 25 万左右。1935 年 3 月 16 日，希特勒公开撕毁凡尔赛条约对德国的军备限制，发表关于重整军备的"声明"，宣布正式建立国防军。同年 7 月 19 日，总参谋部提出一项新的扩军计划。到了 1939 年 9 月 1 日，德国的陆军总数已经达到了 275.8 万人，装备有各型装甲车 3200 辆，反坦克炮 1.12 万门、迫击炮 3340 门，以及大量工程、通信等装备和器材。

希特勒对空军的发展高度重视，40% 的扩军备战经费都被用于空军，因此它在三军中的发展是最快的。希特勒一上台就任命戈林为航空专员，后又改任航空部长。航空部国务秘书米尔希很快就提出了纳粹德国的第一个空军发展计划，规定到 1935 年秋即建成一支拥有 600 架第一线作战飞机的空军，编 51 个飞行中队，其中轰炸机中队 27 个。后来又不断地追加指标。

1935 年，戈林正式向世界宣布，德国已经建立起自己的空军，此时的德国有飞机 1500 架，其中作战飞机 800 架。同年 10 月，米尔希起草的"第一号生产计划"规定，到 1939 年 4 月 1 日前，生产出 11158 架飞机，其中作战飞机 3820 架。到了 1939 年 8 月二次大战前夕，德国空军已经拥有军官 1.5 万名，士官和士兵 37 万人，有 21 个飞行联队、302 个飞行中队，拥有作战飞机 4093 架，已是一支颇具威力的空中打击力量，成为纳粹即将实施的闪击战的重要支柱之一。

在刚开始时，希特勒并未对海军给予足够的重视，这是因为德国一直奉行着"先大陆，后海洋"的扩张战略。在德国领导人看来，未来战争中德国首先要对付的是法国、苏联等大陆国家，而不是英国等海上强国。但尽管如此，德国的海军建设在这一时期也飞速发展。

1934 年，纳粹德国海军制定了第一个造舰计划。根据这一计划，1934 年秋，德军开始建造"布吕歇尔"号和"海军上将施佩伯爵"号重型巡洋舰，以及 5 艘驱逐舰。1938 年 10 月底，德国海军计划委员会提出了德国海军"暂时的最终目标"：将德国海军建设成一支足以与英国对抗的，拥有 10 艘战列舰、15 艘装甲舰、5 艘重型巡洋舰、24 艘轻型巡洋舰、36 艘小型巡洋舰、8 艘航空母舰和 249 艘潜艇的海上武装力量。为此，德国海军方面先后提出了"X""Y"和"Z"的造舰计划，但是由于受脆弱的经济的影响，加上缺少技术熟练的工人，直到世界大战爆发也没有达到所预期的目标。

实际上不仅是海军，就整个德国的扩军备战而言，虽然其规模和速度都是德国前所未有的，但是在其扩军过程中遇到了许多问题，如兵源不足、军官训练不够、武器装备不足等障碍，直接影响了其扩军备战的质量。到 1939 年，德国可以说在各方面都做好了打一场短期战争的准备，但是还未能完全做好同西方国家进行一场大战的准备。

戈林

（六）秃鹰军团在行动

上台后的希特勒一直跃跃欲试，想在国际舞台上一展身手。

这个机会很快就来了。

1937 年 2 月 27 日，法国众议院以 353 票对 164 票，通过了法国和苏联于 1935 年 3 月 2 日在巴黎和 3 月 14 日在莫斯科签署的"法苏互助协定"。希特勒曾假意宣称这个协定使洛迦诺公约成了一个在法律上不安全的因素，并曾就此正式照会过法国政府。现在法国议会已经批准了这个协定，希特勒感到自己大做文章的时刻到了。

1936 年 3 月 1 日，希特勒做出了行动的决定。第二天，国防部长勃洛姆贝格遵从希特勒的指示，向武装部队发出了开始实施"训练计划"的命令。这个所谓的"训练计划"是十个月前勃洛姆贝格指令三军制定的，其核心旨在"以闪电速度的突然一击"，重新占领非军事区。这个"训练"从一开始就不是真正的训练。

3 月 7 日，一支全副武装的德国部队迅速地越过莱茵河桥，向亚琛、特里尔和萨尔布鲁根挺进，并很快占领了莱茵非军事区。就在这一天的上午 10 点钟，德国外交部长牛赖特召见了法国、英国、比利时和意大利驻柏林的大使，向他们通报了德军进入莱茵区的消息，并交给他们一份德国政府的备忘录。这份备忘录中不仅提出了废除洛迦诺公约的要求，而且提出了新的"和平计划"。

两个小时以后，国家元首希特勒在国会讲坛上，对他的崇拜者宣称：

德国不再受到洛迦诺公约的约束。为了德国人民维护他们边界的安全和保障他们防务的根本利益起见，德国政府已从今天起重新确立了德国在非军事区的不受任何限制的绝对主权。

在恢复我们民族的光荣的时候决不屈服于任何力量。

而在这看似嚣张的讲话下面却隐藏着希特勒的心虚，据说他的译员保罗·施密特曾听希特勒这样说过：

在进军莱茵区以后的 48 小时，是我一生中最紧张的时刻。如果当时法国人也开进莱茵，我们就只好夹着尾巴撤退，因为我们手中可资利用的那点军事力量，即使是用来稍做抵抗，也是完全不够的。

但是情况的发展却一直倒向有利于希特勒的这一边。大英帝国尽管一面为德国破坏国际秩序而感到十分遗憾，但他们更关心的是如何防止法国针对此事采取任何举措。英国此时竟然第一个建议法国不要对德国采取惩罚，英国伦敦的《泰晤士报》发表文章说，莱茵是德国的领土，希特勒只是"回到他自己的后花园"。法国政府也没有采取行动，当内阁在讨论要不要对德国进行制裁时，参谋总长甘末林将军说："一个战斗行动，不论多么有限，都可能招致无法预言的意外情况，因此不颁布总动员令，就不能遽然采取。"

因此，最终希特勒还是赢得了这场危险的赌博，他初次尝到了使用自己手中的武装力量的甜头，但他要的不仅仅是这些，他决不会就此满足。

1936 年 7 月 25 日晚，希特勒和许多纳粹军官在巴伐利亚的拜罗伊特市听完歌剧后，回到了他下榻的瓦格纳的别墅中。别墅中已有三位从西班牙属摩洛哥远道而来的代表等待召见，他们是代表西班牙佛朗哥叛军来向希特勒求援的。这对渴望一试身手的希特勒无疑正中下怀。佛朗哥要 10 架运输机，希特勒给了 20 架他自己乘坐的可靠性很高的三引擎的 Ju52，还派了 6 架战斗机护航。接着，元首立刻召见了国防部长勃洛姆贝格和航空部长戈林，向他们宣布了自己的决定。

一场名为"魔火"的运输行动开始了。代号取自瓦格纳歌剧中的一圈火焰，剧中的主人公齐格菲穿过火圈营救被困的布容希德。行动在暗中进行，因为希特勒不想和同情共产党政权的西方民主国家发生正面冲突，特别是在佛朗哥的军队前途未卜之时。

1936 年 7 月 31 日，一批空军飞行员被选出，谎称预备役，连同他们的装备一起乘轮船以游客的身份前往西班牙。8 月的第二个星期，"魔火"行动全面开始，Ju52 穿梭于摩洛哥和西班牙大陆之间的狭长地带。到 10 月初，13000 名士兵已经被运到西班牙，还有大约 500 吨弹药和其他装备，包括 36 门大炮的散件和 127 挺机关枪，这是历史上第一次大规模的军事空运。

开始的时候，被派往西班牙的飞行员只是偶尔参战，但是为了更好地利用这次机会，希特勒和他的将军们准备更主动地介入西班牙冲突。元首和他的将军们都十分清楚，这一次，不仅仅是反对共产主义的战争，而是为了更好地测试新式武器，训练优秀的战斗人员。

德国军方于 10 月底成立了"秃鹰军团"，名字是戈林建议的，象征军团的主要任务在于检验德国的空中力量。先进的战斗机和轰炸机往往刚走下生产线就被火速运到西班牙替代原有的装备，虽然没有出动地面部队，德军还是派出了几组军事顾问团，他们主要负责训练佛朗哥的坦克兵，并检验德国最新坦克的作战能力。

在接下来的时间里，德国的"秃鹰军团"参加了佛朗哥军队的一切战斗，直到佛朗哥获胜。在战斗中，德国的轰炸机和战斗机发挥了极大的作用，特别是在1937年1月，坦克司令托马终于有了机会验证他的老师海因兹·古德里安的坦克战理论。双方把坦克分布在步兵团里，为地面部队提供机动炮火支援。托马计划同希特霍芬战斗机中队协同作战，由集结的德国P—Ⅰ坦克发动空袭。进攻开始时先炮轰敌人阵地两小时，随后He51横扫敌人的空中，炸掉敌人的主要反击点；然后由坦克强行开进，摧毁敌人一切可能的防御力量；最后步兵上场，占领坦克夺取的地盘，这就是坦克战的实质。

事实上，在此以后，"秃鹰军团"一直不断演练并改进他们的这次闪电战式的战术。在进攻的同时，军团指挥官和西班牙同行配合熟练，前沿阵地可以用无线电同地面部队及空军保持联系，先进的通信手段和德国高性能的武器，使得指挥官能够快速而有效地对共和政府的进攻做出有效的回应。如果指挥部知道对方的重型坦克要出战，就不派力量薄弱的坦克去应战，而转用88毫米的机动高射炮平射应敌。就这样，在西班牙战场上真正发挥作用的不是德国的某样先进武器，而是各种装备的密切配合。

1939年的春天，战争结束了，"秃鹰军团"陆续回到了柏林，他们一起游行通过勃兰登堡门，欢庆胜利。当时的航空部长戈林对这次行动十分满意，认为这次行动考验了他的空军，而且空军的表现不负众望，无论是飞行员还是飞机，德国的和其他国家的一样优秀。他的飞行员则在屡次激战中磨炼了技术，同时那些派去当顾问的指挥人员也学到了宝贵的经验，他们认识到高强度的、大面积的轰炸可以在敌人前沿阵地产生毁灭性的效果，而空军的作战，需要和地面部队进行密切的配合。最为主要的是，他们把海因兹·古德里安所提出的坦克战的理论加以部分地实践，德军日后的闪击战已经初具雏形。

6年以前，希特勒刚刚上任时，国家经济萎缩，军事力量脆弱，而现在，希特勒手中的牌越来越大，他手里既有性能先进的武器，又有经过验证的技术，再加上久经沙场的部队。

几个月后，希特勒就要把他的帝国推向一场征服性的战争，尽管无论从人力物力还是从国际环境上，整个国家和军队都没有做好完全的准备，但是在革新派和战术理论家看来，德国的弱势不会在战争初期暴露出来。9月1日，那些在西班牙练就了一身胆略和技术的飞行员和坦克指挥员将入侵波兰，在密切的战斗配合中，展现他们所谓的德国闪击战的奇迹。

（七） 为和平而消失的国家

1937 年 11 月 5 日，纳粹德国武装部队的军官接到通知，下午到总理府开会，讨论军备和原料问题。这次武装部队三军总司令联席会议，是勃洛姆贝格通过希特勒的副官霍斯马赫请求希特勒召开的。

下午 4 时 15 分，会议正式开始，希特勒首先解释了这次会议的意图，并且叮嘱与会者，必须把他的话"看作是他的最后意愿和遗嘱，万一他去世的话"。接着他转入正题，谈起了德国的"生存空间"问题，这是他十几年来一直念念不忘的。

在希特勒看来，雅利安人，特别是日耳曼人是最优秀的民族，"是大自然的宠儿，最勇敢和最勤劳的强者"，而强者统治弱者是上苍赋予的权力，天经地义，无可厚非。因此，由日耳曼人建立的德国应该成为地球的主人。他这次召开会议，就是为了解决这个问题，他提出"万一我们卷入战争，我们的第一个目标必须是同时推翻捷克斯洛伐克和奥地利，以消除对我国两翼的威胁"，而对于当时的大国英、法，希特勒认为他们短期内不会参战，因为"英帝国的内部困难以及将来介入另一次长期的、毁灭性的欧洲冲突的可能性，就足以使它不会对德作战"，"而没有英国的援助，法国的进攻简直是不可能的。"

三军总司令以及外长对于这位雄心勃勃的元首的计划，并没有他那么自信，部分人提出了异议，而希特勒是容不得反对意见的。他再次强调"在我们的计划中，必须把'武力冒险'置于首位"。事实上他也是这么做的，希特勒迅速勾结意大利和日本的法西斯势力，缔结了"柏林—罗马—东京轴心"，这正是希特勒所需要的。在他看来，"我们缔结同盟只是为了进行战争。""缔结同盟的目的如果不包括战争，这种同盟就毫无意义，毫无价值。"希特勒的这种武力或者说是这种武力威胁很快就派上了用场。

1938 年 2 月，希特勒向来访的奥地利总理许士尼格发出了赤裸裸的威胁：

"我只要下达一个命令，在一个晚上你们所有可笑的防御工事将被摧毁成碎片。你是不是认真地以为你能阻止或者拖延我半个小时？谁知道呢？也许一天早上你在维也纳醒来，发现我们就在那里，就像一阵春天风暴。"

这种威胁使许士尼格当时就接受了希特勒的条件，但在回国后，进行了全民投票，看人民是否支持德国和奥地利合并。这使希特勒暴跳如雷，他一面以最后通牒的方式要求许士尼格放弃举行公民投票的决定，并要求他立刻辞职并指定英夸特担任临时总理，一面指示凯特尔和维巴恩等将军拟定进兵奥地利的作战方案，定名为"奥托"方案。

武装部队最高统帅部下达了武装部队总司令希特勒的第一号指令，这也是第三帝国走向战争的第一个完整的作战指令。同时，希特勒又向许士尼格发去一份最后通牒，限定其必须于当天 19 时 30 分前满足德国的所有要求，否则将有 20 万德军进入奥地利。

此时的许士尼格除了投降以外，还有一条路可走，就是下令军队进行战斗，但是他放弃了。事后他这样解释道：作为一个骄傲的日耳曼人，他决定避免出现 1866 年奥地利面对的局势，当时他们与普鲁士人战斗并被彻底击败。"我拒绝成为工具——直接或间接的——再准备为此残杀他的兄弟亚伯。"

正当赫尔曼·戈林在柏林宏大的飞行员之宫举行晚会、招待各国驻柏林的外交官及帝国政府要员时，维也纳的电台里响起摩特·冯·许士尼格最后的、绝望的讲话。

他的声音有些沙哑，他宣布辞职，并下令奥地利军队停止抵抗，"我们决心即使在这个严重的时候，也决不能让日耳曼人的鲜血四溅。"最后，他祈祷"上帝保佑奥地利"。随后，赛斯-英夸特以内阁成员的名义发表了讲话，他成了奥地利的新总理，这位新总理一上台就急着呼吁奥地利市民要保持镇静，不要对发生的事情做任何抵抗。就这样，德国军队被请到了奥地利，总统被迫任命新总理赛斯-英夸特签署了一项新法令，宣布奥地利成为"德意志帝国中的国家"。

而在柏林的飞行员之宫，晚会还在进行，主人戈林在晚会进行到一半的时候出场了，此时他最注意的是这些外交使节对德国吞并奥地利的态度。他对法国似乎不必担心，法国现在处于无政府状态，夏当总理和他的内阁于昨天辞了职，法国人在为他们自身的政府而奔忙。至于英国，亨德森爵士 3 月 3 日告诉希特勒，只要结果可以称为"合理地达到了合理的解决"，英国可以对奥地利问题撒手不管，首相张伯伦 3 月 7 日的讲话也完全给德国取得奥地利开了绿灯。希特勒安插在伦敦的特使里宾特洛甫向戈林的电话报告中称：张伯伦先生给人以"极好的印象，具有互相谅解的可敬意愿"。

很让希特勒担心的是捷克斯洛伐克的反应，捷克斯洛伐克的公使一到飞行员之宫就被戈林召见，戈林向他保证："奥地利发生的事情完全是德国的家务事，对德捷关系毫无意义。对捷克斯洛伐克，德国并无恶意。我可以用我的名誉担保。"接着戈林又向公使提出，作为交换条件，捷克人必须做出不进行战争动员的保证。捷克公使立即向布拉格做了报告。当剧场休息结束，宾主再次进入大厅时，他告诉戈林，他已经和外长通过了电话，外长对德方的善意表示欣赏，并授权他向元帅做出肯定而坚决的保证捷克斯洛伐克不会因德国武装占领奥地利而进行动员。戈林对此表示满意，并再次以元首的名义重申了他的保证。此时的晚会已经进入了高潮，迷人的乐曲继续飘扬，宾主各自怀着不同的心情欣赏着。

"在吞并了奥地利之后，元首表示，他不急于解决捷克问题。必须先消化奥地利。"这是希特勒的下属对当时希特勒的回忆。而希特勒的消化能力是很强的，他怀着征服者的喜悦到奥地利转了一圈之后，奥地利便被他消化了。捷克斯洛伐克是他的下一个目标，而希特勒这次会从捷克的苏台德地区下手，在这里他可以充分利用民族问题做些文章。

首先，希特勒极力拉拢康拉德·汉莱因，他说："你是苏台德德意志人党的合法领导人，我将支持你。从明天起，你将是我的总督。"接着他又说："苏台德德意志人党应当提出捷克政府不能接受的要求。"汉莱因对希特勒的指示心领神会，他说："我们必须老是提出永远无法使人们满足的要求。"希特勒对此很满意，他告诉汉莱因，他会在不远的将来解决苏台德日耳曼人的问题。一回到苏台德区，汉莱因即主持召开了苏台德德意志人党代表大会，提出了苏台德区自治的纲领，并要求释放被监禁的纳粹政治犯。

汉莱因的步伐虽快，却跟不上希特勒的野心。早在勃洛姆贝格元帅任职期间，武装部队就开始制定代号为"绿色方案"的对捷克斯洛伐克发动突然进攻的计划。奥地利的轻易得手，大大助长了希特勒的野心，他告诫手下人，对捷克人的空袭应当以闪电式的速度来进行，并把时间定在1938年。而这次事情的进展远没有上次那么顺利。

1938年5月19日，《莱比锡报》报道了德国调军的消息。对此，捷克迅速做出反应，根据总统的提议，内阁会议决定发布"部分动员令"，召集在一个年限服役的后备人员以及某些技术人员入伍。英国、法国和苏联也对此事表示了极大的关注，纷纷召见使节进行询问或者威胁。这使希特勒像一个被发现的正在偷东西的小偷那样又羞又恼，但是，他并没有停下他的脚步。5月30日，希特勒签发了关于"绿色方案"的新指示。两天后，武装部队指挥官接到了一道指令，规定1938年10月1日为"绿色方案"实施的最后期限。终于，危机从苏台德蔓延到了捷克。

对此，英法的态度是什么呢，会不会像他们事前所表现出的那样的关注呢？出人意料的是，当希特勒顽固地走向战争时，英国人和法国人轮番威逼利诱捷克人让步，在他们看来，只有这样做才能够保持欧洲的和平。

张伯伦，这位年迈的英国首相，此时为了能够争取到宝贵的和平，不断地奔走于各方力量之间。为了能够挽救和平，他不惜用诚心去感动第三帝国的独裁者，曾先后两次去信阐释自己作为调解人的职责。可是在最近的一次会谈中，希特勒简单地用一句德国的谚语来回复这位老首相的苦心："恐怖的结局胜于没有结局的恐怖。"这确实令张伯伦紧张不已，怎么办才好呢？张伯伦像一位吓坏了的保姆一样审视着四周，企图为希特勒这个号啕大哭的婴儿寻找食物。

终于，"和平的曙光"从乌云中射了出来。

1938年9月29日下午，英法德意四国首脑齐集慕尼黑的元首大厦，这里没有长条桌、没有名片、没有纸本和削尖的铅笔，会议在希特勒的私人办公室召开。这次聚会的主题自然是最近捷克斯洛伐克的苏台德问题，希特勒在会议开始时简短地发表了个人讲话，其要点是，德国对苏台德区的占领应当立即开始，最终边界问题则由公民投票解决。值得一提的是，与这件事情有切身关系的捷克斯洛伐克代表自始至终待在他们所住的饭店里，根本就没有让他们参加这次元首大厦的大会。直到他们自己祖国的命运被这四个大国安排就绪以后，这些可怜的捷克代表才像被告人一样被允许去听候宣判。

会议进行的方向似乎是在制定吞并捷克斯洛伐克的具体细节，墨索里尼掏出前一天下午一个德国人发给他的备忘录，作为自己的调解意见交出来并与英法进行讨论。此时的张伯伦和达拉第实际上已经放弃了，尽管他们认识到这一定是按德国的意愿起草的，但是他们也很快意识到这就是希特勒想要的。

最后，9 月 30 日凌晨，《慕尼黑协定》用 4 种语言打印出来，并由四国领导人签字，希特勒的要求得到了满足，但是他很愤怒地胡乱签了名，就"仿佛他在被要求签字放弃他的生存权利"。根据这个协定，苏台德地区被交给了德国，希特勒向其他国家许诺，这是"我在欧洲的最后要求"。

很多欧洲人相信了这句话。法国总理达拉第在坐飞机回到法国时，看到地面上黑压压的人群，他本以为是抗议的人群，结果当他走下飞机时，迎接他的是欢呼"和平、和平"的海洋。张伯伦也一样，欢迎张伯伦的人群达到了狂喜的程度，人们夹道欢迎。并且张伯伦在白金汉宫受到了国王和王太后的接见，晚上，张伯伦站在唐宁街 10 号的首相府阳台上对群众说，"我们这一代人享受和平的新世纪已经到来了。"

希特勒的许诺靠得住吗？当然不！

慕尼黑协定签订的同时，德国的冯·李勃将军即已率领德国军队到达德捷边境，从帕绍北面的格洛克尔堡越过了边界。很快，元首希特勒就来到这里视察整个苏台德地区，在这里，他再次发表了他那具有强烈煽动性的演说，欢呼声震耳欲聋。很快，在希特勒的授意下，戈林强迫贝奈斯总统辞职，否则将对捷克绝不留情，这位博士不得不流亡海外。

接替他的是艾米尔·哈查，一位患有先天性心脏病的 66 岁的法学家，他对政治懂得可以说是少之又少。他上台伊始即想结束当前的分裂局势，可是受到了希特勒的阻挠。1939 年 3 月 15 日凌晨 1 点，哈查到了帝国总理府，当他看到会议室外面守候着的医生时，不由倒吸了一口冷气。会议桌上摆着一份已经拟好的文件，就等着他签字。希特勒照例对他发表了一通谩骂、恫吓式的讲话，然后在文件上签上自己的名字就走了。

哈查虽然不很懂政治，但知道如果签署这份协定就会成为千古罪人。于是留在他身边的戈林和里宾特洛甫像玩老鹰抓小鸡一样同这位老总统追逐起来。这位体弱多病的老总统连续昏迷了两次，都被希特勒的私人医生注射的兴奋剂催醒。最后，在他半死不活的状态下，任人摆布地签下了字。

就在那天上午大约 10 点钟，一辆辆德国的装甲车在猛烈的暴风雪中开进了布拉格，许多捷克斯洛伐克人用手帕擦着眼泪看着那些摩托化部队轰鸣着驶过城市的街道，直到晚上占领完成，开始了 8 点钟的宵禁。

捷克-斯洛伐克已不复存在。

（八）希特勒高举魔刀

占领捷克斯洛伐克给德国带来了巨大的经济利益和武装补给，对希特勒来说，此时的他却有些无所适从，成功似乎来得太快太容易了，必须找到下一个更具挑战力的目标才能满足他。

他很快就找到了，优柔寡断绝不是希特勒的天性。

首先是收回梅梅尔地区，这是德国在第一次世界大战中失去的，曾经参加过一战的元首似乎一直对此耿耿于怀，它在战后被划归立陶宛所有，那里住的大多是日耳曼人。1938 年 11 月，希特勒下令执行侵占梅梅尔计划。德国外长在柏林会见了立陶宛的外长，以强硬的口气要求立陶宛立刻把梅梅尔地区交还给德国，并向立陶宛政府发出正式通知，要求立陶宛全权代表到柏林来签字，并且"绝对不能拖延时间"，否则就将"以闪电般的速度采取行动"。

在德国的恐吓下，立陶宛政府被迫签署了将梅梅尔港及其贸易区割让给德国的条约。希特勒又一次以胜利者的姿态出现在新的领土上，这又是一次不流血的征服，没有在国际上引起任何争议。不久，希特勒想到了更大的更有挑战性的目标：波兰。

1939 年的新年刚过不久，希特勒即接见了波兰的外交部长，这位独裁者以不容置疑的口气向客人提出他的领土要求：但泽是德国人的，永远是德国人的。接着，里宾特洛甫召见了波兰驻柏林的大使，重复了希特勒的这一要求。波兰大使迅速向华沙报告了这些情况，波兰政府拒绝了希特勒的这一要求，这惹怒了德国人，他们扬言"可能会出现严重的局势"。

此时的波兰也不甘示弱，波兰外长向驻波的德国大使表明了华沙的坚定立场，波兰政府的这一决定受到了广大波兰群众的一致支持，这些天里，每天都有表示全国团结一致的集会活动。另外，波兰政府此时向英法求援，并且得到了肯定的答复。英国首相于 3 月 30 日在下院发表演说时宣告："一旦发生任何已威胁到波兰独立，而波兰政府因此也认为亟须动员全国力量以进行抵抗的行动，那么，英王政府

将认为有义务立即给波兰政府以全力支持……我还要补充说，法国政府已授权我明确表示，他们与英王政府采取同一立场。"英法的回复给波兰打了一针强心针，同时这也使希特勒大为恼火，他在办公室里发狂地走来走去，紧攥的拳头捶着大理石桌面，并破口大骂英国人，"要给他们点苦头尝尝，叫他们受不了。"

这一次，希特勒是说到做到了。4月3日，希特勒和最高统帅部下令制定代号为"白色方案"的对波兰作战计划，同时他指示下属："战备工作之进行，务必做到能在1939年9月1日以前的任何时间内发动军事行动。"

这份旨在灭亡波兰的"白色方案"是在极秘密的状态下进行的，为了保密甚至都没有打印，而只是复写了5张。4月11日，希特勒签署了这份"白色方案"。在指令下发时，希特勒还要求："三军作战计划与详细的时间表，务须在1939年5月1日以前交送最高统帅部。"

"白色方案"指令如下：

一、鉴于波兰目前的态度，不仅需要使修改后的东部边界有安全保障，而且还需要进行军事准备，以便在必要时永远消除来自这一方向的各种威胁。

（一）政治上的前提和目的：

德国同波兰的关系仍然要遵循避免引起骚乱的原则。如果波兰改变其迄今基于同样原则的对德政策，转而采取对帝国进行威胁的态度，那么，同它进行最终清算就有可能势在必行。

那时要达到的目的是，粉碎波兰的防御力量，在东面造成一种能满足国防需要的态势。最迟在冲突开始时，宣布但泽共和国为德意志帝国的领土。

政治当局认为自己的任务是：在上述情况下必须尽可能地使波兰孤立，即把战争局限在波兰进行。

这种局面在不太远的将来就可能出现，因为法国的内部危机日益加剧，英国会因此而采取克制态度。

俄国的干预（它有能力这样做）很可能对波兰毫无益处，而仅仅意味着波兰被布尔什维主义吞并。

周边国家的态度如何，完全取决于德国的军事需要。

德国不能轻易地将匈牙利列为盟国。意大利的态度是由柏林-罗马轴心已经确定了的。

（二）军事上的结论：

建设德国国防军的伟大目标，仍然要视西方民主国家的敌对程度而定。"白色方案"仅仅是诸项准备工作的一个预防性的补充措施，决不能将它视为同西方对手进行军事冲突的先决条件。

越能成功地以突然、猛烈的打击开始战争，并迅速取得胜利，就越容易使波兰处于孤立地位，即使在战争爆发以后也是如此。

但是，整个局势要求在任何情况下都必须采取预防措施，以确保帝国西部边界和北海沿岸及其空域的安全。

在进军波兰时，要针对周边国家特别是立陶宛采取警戒措施。

（三）国防军的任务：

国防军的任务是歼灭波兰的军事力量。为达到此目的，必须做好准备，力求达成进攻的突然性。秘密的或公开的总动员，将尽可能推迟到进攻日的前一天才下令进行。

计划用于防守西部边界的兵力暂时不得另行调用。

对立陶宛须保持警惕，对其余边界只需进行监视。

（四）国防军各军种的任务：

1. 陆军

在东线的作战目标是歼灭波兰陆军。为此，在南翼，可进入斯洛伐克地区。在北翼，应迅速在波莫瑞和东普鲁士之间建立联系。

必须做好开战的各项准备工作，以便以现有的部队也能发动进攻，而无须等待动员后组建的部队按计划开到后再行动。现有部队的荫蔽的进攻出发地区，可在进攻日之前予以规定。我保留对此事的决定权。

预定担负"西部边界掩护"任务的兵力是全部调往该处，还是留一部分作他用，将取决于波兰的局势。

2. 海军

在波罗的海，海军担负下述任务：

①歼灭或者打垮波兰海军。

②封锁通往波兰海军基地（特别是格丁尼亚海军基地）的海上通道。开始进入波兰时，即宣布停泊在波兰港口和但泽的中立国家船只离开港口的期限。期限一过，即由海军采取封锁措施。

必须估计到，规定离港期限会给海战造成不利的影响。

③切断波兰同海外的贸易联系。

④掩护帝国——东普鲁士的海上通道。

⑤保护德国至瑞典和波罗的海沿岸诸国的海上交通线。

⑥尽可能以不引人注目的方式实施侦察和警戒，防止苏俄海军从芬兰湾进行干涉。应预先规定适当数量的海军兵力用于保卫北海海岸和濒陆海区。

在北海南部和斯卡格拉克海峡，须采取措施防止西方列强突然对冲突进行干预。采取的措施应局限在绝对必要的限度以内，务必保证不引人注目。关键是应避免采取可能会使西方列强的政治态度变得强硬起来的一切行动。

3. 空军

空军必须对波兰实施突袭，而在西线则可只保留必不可少的兵力。

空军应在极短时间内歼灭波兰空军，此外，主要担负以下任务：

① 干扰波兰的动员，阻止波兰陆军按计划开进。

② 直接支援陆军，首先是支援已经越过边界的先头部队。

开战之前航空兵部队可能要向东普鲁士转场，但这不可危及达成突然性。

第一次飞越边境时，在时间上应与陆军的作战行动协调一致。

只有在给中立国家船只规定的离港期限（参见国防军各军种任务中海军的任务）过了之后，方可对格丁尼亚实施攻击。

对空防御的重点是施特廷、柏林和包括梅伦地区的奥斯特劳和布吕思在内的上西里西亚工业区的空域。

1939 年 5 月 23 日，希特勒召集他手下所有主要的军事头领人物开了一次会。这次会是将先前提出的"白色方案"付诸实施的前兆。一段冗长的讲话后，希特勒切入了正题。他首先指出波兰是德国不得不消灭的敌人，这是因为"但泽问题根本不是争执的目标，问题的关键是要把我们的生存空间向东扩张，是要得到我们的粮食供应，是要解决波罗的海问题"。而这一次，德国要做好真正打一场战争的准备，因为"我们不能指望捷克事件会重演，我的任务就是要孤立波兰"。而对前面说到的英法两国对波兰的支持，希特勒分析说，法国"只不过是英国的追随者"，而英国"是反对德国的主力"，所以德国必须做好准备。

最后结尾时，希特勒这样说：

"我们不会被迫卷入一场战争，但是我们也将不能避免一场战争。"

会后，军事首脑们开始分头为"白色方案"进行准备工作。6 月 14 日，第三集团军总司令勃拉斯科维兹将军发布了"白色方案"的详细计划，一星期后在凯特尔将军签发的一份命令中称：元首已经大致上批准了他收到的初步时间表。

希特勒这时还满怀希望地等待着外交上的另一个"慕尼黑"。而在以后几天中，欧洲各国外交部纷纷提出了各种和解、调停和公民投票的建议，而紧急关头的这些努力没有一个产生实际的效果。其时，德国将军们正提醒希特勒，只要再过一个月，便是无法在波兰平原上调动坦克的秋雨季节。于是"白色方案"即将启动。

作战计划已经有了，但是在希特勒看来，他还不能放手进行，因为还有一个苏联在，德国会尽量避免陷入两线同时作战的危险。而自从一战结束后，德国就和苏联有着一定的暧昧关系。很重要的一点是苏联不是协约国成员国，对苏联，德国并无执行和约的约定，同时苏联疆域辽阔，远离协约国的监视，很容易私下里搞些什么。1922 年，德苏两国通过谈判签订了《拉巴洛条约》，两个本不可能成为伙伴的国家建立了商业和外交关系，德国曾经在苏联建立了两所秘密的军校，而苏联则对德国的武装军队的技术和经济援助很看重。

　　1939年，迫于当时的紧张局势，苏法英三国进行了一次互惠谈判，这令希特勒十分担心，如果这三方面一旦达成了某种程度的一致，即会使他的"白色方案"完全泡汤，因而希特勒开始更加主动地拉拢苏联。因此，德国政府一次次向苏联暗送秋波，希特勒也顾不上脸面，急急给斯大林写了一封长长的电报，声称"德国和波兰之间的紧张关系已经变得不可容忍了"，"不论哪一天都可以爆发危机，德国已经下定决心从现在起以在它支配下的一切手段来保护它的国家利益。"希特勒希望能够同苏联在8月23日左右达成一个互不侵犯条约。出于自身安全的考虑，斯大林同意了希特勒的这个要求。于是，在1939年8月23日上午，莫洛托夫和里宾特洛甫分别代表本国，在《苏德互不侵犯条约》上签了字。

　　在这份条约里，德国人为了让苏联能够到9月1日前完成条约的签署，为苏联提供了许多优惠条件，而这里面最令人不可思议的是，这份条约还包括一个"秘密附属议定书"，在这个议定书里，规定德苏将按一定界限在波兰划分自己的势力范围。值得一提的是，就在这个《苏德互不侵犯条约》签订的同时，英法苏三国军事谈判的代表还正在莫斯科聚精会神地工作着。对于这项条约，英国后来的首相丘吉尔曾经评论：

　　只有两国的极权主义专制制度，才能坦然面对这样一个反对党的行动所引起的公愤。究竟是希特勒还是斯大林最厌恶它，这还是一个疑问。双方都知道它只能是一种权宜之计。这两个帝国和两种制度之间的对立是你死我活的。斯大林无疑是认为，希特勒同西方国家打过一年之后，对俄国来说，将会变成一个"不再是那么可怕的敌人"。希特勒则是采用了他的"一个时候对付一个"的办法。这样一项协定居然能搞成功，这件事本身就表明，几年来英法两国的对外政策和外交的失败，已到了山穷水尽的地步。

　　事实上，也正是这样，英法之所以最近几年一直对希特勒的举动这么容忍，很大的程度上是因为他们极希望能够将希特勒的这股祸水向东引，希望德国能成为社会主义阵营的敌人。而这个条约的签定则使得这两国最近几年的努力化为泡沫。

　　这个条约签订后，希特勒掩饰不住自己的兴奋，他在一次高级陆军指挥官的会议上大谈他的战争理论：

　　在发动战争和进行战争时，是非问题是无关紧要的，紧要的是胜利。心要狠，手要辣！

　　谁若是仔细想过这个世界的道理的话，谁就懂得它的意义就在于优胜劣败，弱肉强食。

　　在这次会议即将结束时，他下令将"白色方案"付诸实施，具体发动的时间定为1939年的8月26日凌晨4时30分，他宣布这个方案的目标是"波兰的有生力量"。然而，正当希特勒踌躇满志，默想着他的策略的成功和他即将给德意志帝国带来的荣耀时，国际形势突然又起了变化。国际反战力量的壮大及声势让希特勒不得不有所收敛。

1939 年 8 月 21 日，英国首相张伯伦主持召开了内阁紧急会议，会议主要就当前德波之间的紧张局势进行了讨论，决定英国是否履行对波兰承担的义务，并颁布各种有关部分动员和国内防御的措施。在随后召开的议会上，工党和自由党的领袖都重申了他们反抗侵略的决心。迫于战争的威胁，英波越走越近，终于，1939 年 8 月 25 日下午 5 点，《英波互助同盟条约》在伦敦签署。在德国，当里宾特洛甫急匆匆地赶到总理府将这一消息告诉希特勒时，希特勒大吃一惊。在此之前，他接到了来自意大利的另一条让他丧气的消息，墨索里尼背信，表示如果德国对波兰发动战争并且引起盟国的关注的话，意大利将可能不会介入。于是，希特勒已经发动的战争机器不得不停了下来。

而在德波前线，接到发动入侵指令的部分先头部队已经开始了动作，渗入到波兰境内的一级突击队大队长赫尔维格已无法得到消息了。他按计划率部队冲向海关站，并开了火。就此而言，德国已经处在一个骑虎难下的尴尬局面。若战，敌方我方盟友态度尚不明晰，若罢，整个德国军队已经蓄势待发。即便是收到了希特勒停止进攻的命令，他们仍然有所疑惑，有的前线指挥官不得不向总指挥部请求是否真的停止进攻，比如"特命空军指挥官代第十集团军司令询问，停止进攻的命令是否适用于第十集团军。"而他们得到的是肯定的答复。

刚刚发动的战争就这么硬生生停了下来。

如果有人认为德国至此为止，那他就实在低估了希特勒。

面对波兰和英国已经缔结的条约，希特勒不得不有所顾忌，但是已经举起的魔刀不会轻易放下。

如果直接侵略会引起国际公愤的话，那么要是能找到合适的理由呢？

在暂时停止了对波兰的"白色方案"后，德国开始了强大的宣传战，其实在德国这样的宣传一直在进行，只是从前是面向国内而已。

20 世纪 30 年代末，世界各国都觉得自己可能会受到德国的伤害，而在德国，人们相信的恰恰是相反的事实。一位在这时到过德国的外国人曾经这样写道：

"在德国，纳粹报纸正在叫嚷的是：'扰乱欧洲和平的是波兰，是波兰在以武装入侵威胁德国'。"

"你也许会问德国人民不可能相信这些谎言吧？你就去和他们谈谈吧。很多人是这么相信的。"

临近战争，这种宣传到了几近疯狂的程度。

8 月 26 日《柏林日报》的标题是："波兰完全陷入骚乱之中——日耳曼人家庭

在逃亡——波兰军队推进到德国国境边缘!"而另一份《人民观察家报》则在头版头条，用头号大字印着这样触目惊心的标题："波兰全境均处于战争狂热中! 150万人已经动员!军队源源运往边境!上西里西亚陷入混乱!"

与报界的这种疯狂相同步的，是希特勒手下顾问在起草的将要发给波兰的文书。如果说前几次希特勒提出来的要求无理的话，那么这次的要求波兰根本就无法实现，因为如果波兰一旦答应了德国的这些要求，那么德国不通过战争也能完成对波兰的占领，如果波兰拒绝了这些要求的话，那么德国也就可以出兵了。而且，就希特勒而言，他对波兰的反应已经不太在意了，他需要的是一场战争。

战争需要的是一个直接的理由，而这一次，希特勒又很快找到了，希特勒是不怕说谎的。

"不要犹豫了，我的将军!我已命令国防军统帅部为你提供足够的波兰军队的制服!"希特勒斩钉截铁地对海德里希讲，言谈举止间流露出他那种特有的、不达目的誓不罢休的狂妄。

没有比这再明确的了。海德里希岂敢怠慢，他心领神会，立即起身告辞。

于是一场名为"希姆莱计划"的行动开始了。

1939 年 8 月 31 日中午，在海德里希的亲自布置下，纳粹集中营里拉出了十几名死囚，他们个个都进行了化装，全都穿上了波兰的军服，并配备了波兰式的武器。德国中央保安局长海德里希亲自为这支队伍壮行。"你们对国家犯有不可饶恕的罪行，但是，我给你们带来了戴罪立功的机会!"海德里希慢吞吞地说道。

接下来，由一小队党卫队小队身着便装，将这一批"波兰"军人拉到一处距离波德边境 16 公里的树林里杀死，他们保留了一名死囚，然后由身着波兰军服的党卫队员阿尔弗雷德·赫尔莫特·瑙约克斯带领小队押着幸存的死囚，冲到靠近波兰附近的格莱维茨电台。在那里，他们占领了电视台，然后由一名会讲波兰语的德国士兵念了一个事先草拟好的提纲，其中充满了煽动性的反德言论，最主要的是宣布波兰已经对德发动了进攻，然后他们打死了那名死囚，开了几枪后离开了那里。

就在同一时刻，在德国克罗伊堡北面的边界林区城市皮琴的森林管理所，在格雷威茨和拉蒂波尔之间地段的德国霍赫林登海关，由党卫军伪装起来的"波兰人"同时发动了进攻。

纳粹吹鼓手戈培尔的手下，立即对各个战斗现场进行了拍照。按照事先的预谋，翌日的德国各大报纸，全都刊登了"波兰人"进攻德国的大幅照片。

战后，据当时的纳粹谍报局拉豪森将军供述，所有参加制造格莱维茨电台"波兰"进攻事件的穿着波兰军服的党卫队人员，全部被干掉了。侵略者不仅对敌人凶狠，对自己人也是一样。

二、意大利墨索里尼乱世崛起

（一）"贝尼托"原来是英雄的名字

当全世界都在经济危机中挣扎时，黑暗也在意大利的上空蔓延。这时，一个人正悄悄浮出历史的水面，开始掀起血雨腥风，那便是贝尼托·墨索里尼。

瓦拉诺·迪科斯塔，属意大利东北部普雷达皮奥省。这个地方早在 13 世纪就已经出名了，文艺复兴时期这里曾诞生了许多知名的人物。1883 年 7 月 29 日，一声啼哭划破了这个古老村庄的宁静，铁匠亚历山德罗·墨索里尼迎来了他的第一个孩子。亚历山德罗·墨索里尼是早期的意大利社会党党员。他的妻子是一个正直、勤劳、受人尊敬的小学教师。当时在意大利，教师的生活是非常清苦的，不仅工资低微，而且不受社会重视，但她总是以"贫可育人"和"自古雄才多磨难"的思想教导学生。

年轻的墨索里尼夫妇希望自己的儿子长大了也像他们一样，正直地生活，正直地做人，于是给儿子起名贝尼托，表示对墨西哥的民族英雄贝尼托·胡亚雷斯的敬仰。胡亚雷斯 1806 年出生于印第安人的一个农民家庭，1858～1872 年任墨西哥联邦总统。在任期间，胡亚雷斯曾进行了许多重大改革。他废除了教士与军官武士的特权，没收用于教堂建筑以外的一切教会地产，剥夺教会的世俗权利。1862～1867 年，他领导人民抗击拿破仑三世组织的墨西哥远征军并获得了胜利，从而推翻了以麦克西米连为傀儡的帝国。他曾兴办印第安人教育，镇压退伍军人暴动与迪亚斯叛乱。亚历山德罗·墨索里尼对胡亚雷斯的英雄事迹十分崇拜，他希望自己的儿子长大成人后要像胡亚雷斯一样，做一个有利于人民的人。然而，美好的愿望被历史扭曲，贝尼托·墨索里尼，却逐渐成为一战以后黑暗意大利的始作俑者。

（二）立志"让世界发抖"的顽童

名人，无论是正面的还是负面的，出名之后，人们都喜欢探究其成长历程，试图探究出一些成为名人的"规律"，墨索里尼也不例外。

墨索里尼完全出乎父母对他的期待，秉性骄野。他小时候不但淘气，而且霸道，在全村都出了名。同别的孩子玩耍时，他总是充当指挥的角色，而且说一不二。假若有谁不服从他的命令，轻者一顿臭骂，重者一通恶打，就连他的弟弟妹妹也不例外。

　　1890 年，墨索里尼被送到一所离家较远但较有名气的学校，但他野蛮与暴戾的秉性却丝毫没有改变：随意破坏学校纪律，不听教诲，屡教不改，更不懂得尊敬老师，班里许多同学都挨过他的打。有一次，他在课堂上把邻座同学拧得嗷嗷惨叫。老师批评他，他却和老师顶撞起来。老师一气之下，打了他的手板。他认为受了委屈，气呼呼地回到座位上，抄起桌上的墨水瓶就向老师扔去，差一点打中老师的脑袋。还有一次，他同班里一位同学为件小事发生争论，由于辩论不过那个同学，便用铅笔刀把那位同学的手割了一道口子，鲜血直流。学校为严明纪律，最终决定将其开除。

　　墨索里尼的父母对他虽然非常失望，但仍然设法将他送进了另一所小学继续读书。在新学校里，墨索里尼仍然是个出名的闹事者，老师和同学都对他头疼不已。不过，他的聪明的确是出众的。老师夸奖他是"栋梁之材"，这更助长了他的狂妄。一天，市政府开音乐会，因为不让他进入，他便翻窗而入，抢占了一个座位。在父母的道歉声中，墨索里尼勉强完成了小学学业。

　　墨索里尼的青少年时代，真是像疾风骤雨，变化莫测。当时社会主义、民主主义、帝国主义、封建极权主义，各种思潮竞相泛滥。在墨索里尼头脑中充斥着种种幻想。他非常向往罗马，希望到罗马一游。不久，他同母亲到拉文纳旅行，瞻仰了大诗人但丁的坟墓，深为但丁的文采所折服。

　　墨索里尼在政治方面受父亲的影响很大，在与父亲一起劳动的过程中，逐渐明白一些穷朋友所讨论的政治社会问题。他那幼稚简单的头脑开始领悟到：警察局为什么要那样地小心防备，立了那么多法规。他看到和他父亲来往的朋友们，多半生活在贫困和颠沛流离之中，他们对社会、对政府充满着愤怒和不满之情。

　　到了十三四岁，墨索里尼的父母希望他将来做个自食其力的劳动者，便将他送到福林波波利的师范学校去学习。这是一座很有名的培养教师的学校，学制六年。进入中学的墨索里尼，似乎变了一个人。他爱好学习，成绩很好，经常受到老师夸奖，尤其是他的口才，有一次口试，他一口气说了半小时，教员给了他一个零分，但是称赞他的口才好。他利用课余时间阅读大量书籍，特别是文学著作，如但丁的《神曲》、雨果的《悲惨世界》等。他文笔犀利，有时写些短文向报刊投稿。他常常替多病的母亲在本村小学代课，或帮父亲抄写社会党的宣传材料，一有空闲还练习演说，问及原因，他说："长大后，我一定要意大利听我指挥。"

　　1901 年 2 月 2 日，意大利天才作曲家威尔第逝世。在学校举行的纪念会上，墨索里尼崭露头角，发表了非常感人的歌颂威尔第的长篇演说，博得了师生们的热烈掌声。意大利社会党机关报《前进报》特意报道了这次纪念会，墨索里尼的名字第一次出现在社会党的报纸上。

　　毕业之后，墨索里尼在哥尔替瑞地方谋到了一个乡村小学校长的位子。但是，他经常幻想有个"光辉灿烂"的前程，一年之后，他决心到社会上去闯荡。为了表示自己的决心，临行前写了一篇题为《坚强的意志乃是成功之母》的文章。从此墨索里尼结束了短暂的教师生涯，开始自己的另一番"事业"。

（三）经营《前进报》

1902～1908 年，墨索里尼背井离乡，经历了各种各样的生活。在两度不成功的教学经历中，他在瑞士待了两年（1902～1904），当过泥瓦匠、脚夫、缝工、帮厨，但都不能持久。有时找不到活儿还得饿肚子。据说他当时曾以行乞和抢劫为生。幸亏侨居瑞士的意大利工人经常给他一些接济，帮他渡过难关。后来在朋友的帮助下，墨索里尼同意大利社会党人在洛桑主办的《劳动者前途报》拉上了关系，成为该报记者，开始了他的记者生涯。根据社会党的要求，墨索里尼经常向侨居瑞士的意大利工人宣讲社会党的主张，并介绍国内形势，很受工人欢迎，却引起瑞士当局的注意。后两年（1904～1906）墨索里尼则回到意大利参军，由此显现了其爱国激情。其后，他先去了瑞士，又因公开攻击教会势力而被驱逐出境。他被迫移居奥地利，并在那里认识了著名的意大利民族主义者巴蒂斯蒂。他在巴蒂斯蒂创办的《人民报》做助理编辑，一再发表文章，鼓吹特伦托地区脱离奥地利回归意大利，因而被奥地利逮捕入狱，最后驱逐出境。

1908 年，墨索里尼从奥地利回乡之后，正式参加了意大利社会党，不久又被选为社会党弗利省委书记，他利用手中的权力，创办了一份名为《阶级斗争》的周刊，开始在弗利的社会党内建立个人影响。墨索里尼对办报十分重视。他说："报纸不是拿文字堆积起来的。报纸是党的灵魂，党的标记。""现在的社会党，实在是尸居余气，没有什么好的理想。""现在的社会主义，变成做官的捷径，为政客奸人所利用，不能谋物质上、精神上的进步了。社会主义，注重人类的合作，非努力工作、洗涤个人的身心是不能实现的。"可见此时，他还是忠实的社会主义者。他四处树敌，既攻击共和党，又攻击社会党的"保守派"，由他随心所欲地解释什么是社会主义。墨索里尼的文字尖锐泼辣，富有煽动性。不久之后就因在《阶级斗争》周刊发表文章反对政府侵略利比亚和鼓动示威游行而被捕，并被判处 5 个月徒刑。这样一来，墨索里尼的威信反而大大提高。1912 年 3 月，他刑满获释，7 月便被社会党全国代表大会选为中央领导机构成员，11 月又被任命为社会党机关报《前进报》的社长，经过他的经营，《前进报》销量猛增，使得社会党在工人群众中的影响力扩大。29 岁的墨索里尼控制《前进报》后，如虎添翼，更加野心勃勃，从而开始了新的个人"奋斗"。

在墨索里尼事业蒸蒸日上的同时，意大利的时局更加动荡不安，第一次世界大战越来越近。早在 20 世纪初，意大利就进入了帝国主义阶段。在军事和经济方面实力薄弱的意大利帝国主义，力图在力量相匹敌的各帝国主义国家和各集团之间随机应变，并利用它们之间的矛盾来实现本国的侵略、扩张目的。意大利早在三国同盟（德、意、奥）期间，便采取了同英、法、俄接近的方针。1911 年，意大利同土耳其开战，并侵占了的黎波里、昔兰尼加和多得坎尼群岛。

墨索里尼

为了巩固意大利帝国主义的社会基础并加强国内实力投入世界再分割的斗争，意大利总理饶里蒂改变了对内政策方针。他企图用微不足道的让步来分化工人运动，并吸引社会党和总工会的改良派领袖同资产阶级合作。为了这个目的，他给予工人一定程度的集会、组织工会和罢工的自由，实行了某些社会保险的措施，对工人合作社提供了某些优待。1912 年，为了减缓意土战争的政治危机，饶里蒂对选举法进行了改革，选举人数从 321.9 万人增加到 856.2 万人。这种政策促进了社会党内部的改良主义和机会主义倾向的发展，并促进了改良派的领袖们同资产阶级政府合作关系的建立。政府的"自由主义"方针是和对工业资本家、农业资本家有利的高关税壁垒保护政策相结合的，而且是和残酷剥削南部地区的劳动人民的政策相结合的。那些被压迫和破产的农民群众、农业工人的运动，则遭到了残酷的镇压。

意大利统治集团进行连年战争和对劳动人民的盘剥，激起了广大群众的反抗。1901~1910 年，意大利约有 300 万人参加了罢工运动。在 1905~1907 年俄国革命的影响下，以及由于 1908 年开始的工业危机，和 1911~1912 年的意土战争，阶级斗争日趋尖锐，群众革命情绪越来越高涨。面对统治阶级的残酷镇压，到处在发生暴动，到处在举行起义，社会党内部反改良派占据了优势，掠夺战争的最公开的拥护者和主张同政府合作的毕索拉蒂和波诺米等人在 1912 年被开除出党。1914 年 6 月 8 日，根据社会党和总工会的号召，开始了抗议安科纳警察击毙参加反帝游行示威的三个工人的总罢工。以"红色周"而著名的这次罢工，有的地方带有疾风骤雨的性质，起义者已经把政权夺到自己的手里。

1914 年第一次世界大战爆发，作为社会党 1910~1914 年左倾路线创始人之一的墨索里尼，最初是忠实地坚持党的官方路线，反对意大利参加欧洲战争。然而到了 1914 年 10 月，他看到德国社会党极力帮助德皇，协约国的力量在扩大，形势对德、奥不利，便转到"积极的中立"立场上，并利用所控制的舆论工具宣扬自己的主张。10月18日，墨索里尼擅自以社会党的名义在《前进报》发表自己撰写的长篇社论，鼓吹"意大利参战的必要性和战争将给意大利带来的好处"。社论发表后，意大利社会党领导机构谴责了墨索里尼独断专行的恶劣做法，决定免去其《前进报》社长职务。随后，社会党米兰支部又通过决议，将墨索里尼开除出党。

从此，墨索里尼同社会党分道扬镳，走向了创建法西斯党的道路，也为世界人民埋下了灾难的种子。

（四）"战斗的法西斯"

墨索里尼惆怅地离开社会党后，并没有陷入万劫不复的境地。1914年11月15日，他受到一些主战的垄断资本的赞助，很快便在米兰创办了一份能同《前进报》媲美的报纸——《意大利人民报》。

该报自我标榜为"社会主义的报纸"，实际上却代表垄断资产阶级的利益，鼓吹参战。其创刊时引用的两句格言："谁有铁，谁就有面包——布朗基。""革命是一种理想，需要刀枪维持——拿破仑。"正是充满了战争的火药味。

墨索里尼曾说："我所以成为一个政治家，一个新闻学家，一个主战派，一个法西斯党的领袖，都与这张报纸有关。"《意大利人民报》就是在墨索里尼的悉心呵护下，成了他的发迹之地、他的工具和他的喉舌。

1915年5月23日，意大利向奥地利宣战，正式参加第一次世界大战。墨索里尼立即借此机会利用《意大利人民报》大造舆论，迎合政府的决定。他大声疾呼："意大利，我的祖国！我决心为你献出生命。我既不悲伤，也不害怕。"

1915年8月31日，墨索里尼带着他的承诺奔赴战争的前线。他的勇猛与顽强助他很快当上了排长。

1917年2月22日，在一次战斗中，墨索里尼不幸因为手榴弹的走火而身负重伤，伤愈之后无法继续作战，因此退役。他又回到了米兰，回到了《意大利人民报》。

这次的回归，墨索里尼抛弃了大战之前新闻记者的角色，他不再是简单的利用办报纸从政，而是披着更为虚伪的外套——以社会活动家的身份登上了意大利的政治舞台。

四年的战争给世界留下了伤口，也挫伤了本就贫穷落后的意大利帝国，国内一片萧条与凄凉，人民群众生活在水深火热之中。此时俄国十月革命的影响传入了意大利，促使无产阶级觉醒，工人罢工，农民起义此起彼伏。然而，曾自诩为中立派类型的意大利社会党却奉行着反工人、反革命的右派路线，他们藐视退伍军人，指责主战派。

国内外的形势正好满足了墨索里尼的胃口，为他提供了大展拳脚的好时机，他开始在《意大利人民报》上不断发表文章，公开为退伍军人和失业青年叫屈，并号召他们组织起来寻找出路，这为法西斯党的建立铺平了道路。

1919年3月23日，在米兰的圣·塞波尔克罗广场，墨索里尼主持了一个主要由退伍军人参与的新政治运动团体——"战斗的法西斯"。

探究法西斯这个词的来源，最早可以追溯到拉丁文"Fasces"。法西斯党的标志是中间插着一把斧头、由红布条紧系着的棒束。早在古罗马共和国时期，它代表着长官的权杖，是一种权力的象征。同时，它也标志着意大利的光荣，认为其中的斧头是领袖的象征，棒束则是人民的象征。

在后来的意大利文中，法西斯又有了"联盟"或"协会"的意思，19世纪末，受到"劳动者法西斯"组织（即劳动者联盟或劳动者协会）曾提出的一个改善矿工劳动条件和反对资产阶级霸占耕地的纲领的影响，法西斯一度被赋予"革命"的含义，在意大利广为流传。墨索里尼在建立"战斗的法西斯"之初，本意就是想借助"劳动者法西斯"对工农群众的影响，以获取人心。

这一新的运动团体同社会党的思想形成了明显的对立，它的纲领是共和的、反教会的和民主的，它主张分权、妇女选举权和比例代表制，将剩余战争收益充公，让工人参加各种工业管理并管理公共设施，使军工厂国有化，实行最低工资和8小时工作制以及取消帝国主义。然而，这一纲领最终只是纸上谈兵，没有起到什么作用，法西斯成员们的士气极为低落，但是墨索里尼并没有因此泄气。

1920年，法西斯进入了一个全新而又重要的复生发展阶段。随着新成员的加入，法西斯队伍的逐步扩大，其暴力活动也得以升级，"战斗的法西斯"便在意大利的土地上掀起了一场旋风，法西斯的讨伐也成了家常便饭。

疯狂的法西斯们或许是为了填补战后的枯燥无味来寻求刺激，或许是为了反抗社会党人，又或许是为了推翻腐朽的统治，抵制一切的压迫，他们最终想从法西斯主义中获取些什么，没有确切统一的说法，也很难用片言只语解释清楚，但随着1921年11月"战斗的法西斯"改名为意大利国家法西斯党，"法西斯"名副其实地背上了"战斗"的名号，残暴与侵略也尾随而来。

（五）决斗，用剑术击败政敌

秉性骄野的墨索里尼为了夺取政权，发展法西斯的队伍，他用欺骗宣传的伎俩得心应手于资产阶级和无产阶级的队伍中，就如他曾对其心腹们所说："我们的政策就是左右逢源，既讨好贵族，又讨好平民，既反动，又革命。"

受尽战后挫伤的意大利充满了喋喋不休的不满与愤怒，墨索里尼除趁此机会利用《意大利人民报》大造舆论，宣扬法西斯主义的种种好处，拉拢广大劳苦大众之外，他对金融财团、工业资本家等资产阶级亦是信誓旦旦地宣称，"法西斯保护私有财产，实行自由经济，反对马克思的阶级斗争学说"。

然而这样的两面政策并没有给墨索里尼带来多少惊喜，1919 年 9 月，狂热的民族主义者邓南遮为了扩张意大利的领土，率领一批支持者进军阜姆。墨索里尼热情高涨，给予大力支持，但还是以失败告终。随后 11 月 16 日的大选中，法西斯的选票惨不忍睹。墨索里尼故作镇定地安抚法西斯党徒们，为了转移人民对于法西斯的注意力，他把矛头指向了当局的尼蒂政府，且大肆宣扬民族沙文主义。

意大利的上空飘起了群众的怒吼，法西斯党徒们的仇恨，暴力成为人们得以宣泄的途径，就像墨索里尼所说"法西斯所需要的是暴力、流血与牺牲"。

墨索里尼不仅仅宣扬暴力，组织暴力活动，他自身对于暴力手段亦是身体力行，这在他从小的残暴行为中便能看出些端倪，就连他的妻子拉凯莱都是通过暴力的途径得到的。

1904 年，墨索里尼认识了小他 9 岁的拉凯莱，后因常年在外的奔波谋生，两人很少见面，随着时间的流逝，拉凯莱越发貌美脱俗。1908 年，墨索里尼返乡，看到受人喜爱的拉凯莱，他顿感受到威胁，便用手枪威胁自己的父亲和继母（即拉凯莱的母亲）同意他与这位没有血缘关系的妹妹结婚。

残忍成性的墨索里尼在生活中习惯使用暴力，甚至在同别人进行政治辩论时，也总喜欢用暴力来解决问题。

1914 年 11 月墨索里尼被开除出社会党之后，继续利用《意大利人民报》鼓吹参战。一位名叫麦里诺的律师，在《前进报》上同墨索里尼展开了激烈的论战，墨索里尼觉得在报刊上的辩论过于憋屈，于是向麦里诺提出了挑战进行决斗。决斗按传统的方式进行，双方都邀请了证人，1915 年 2 月 5 日，墨索里尼拿着利剑，杀气腾腾地出现在这个带着政治气息的决斗现场，经过几个激烈的来回决斗，并没有分出谁胜谁负，最终也只是以一个平局落幕。

虽然这次决斗并没有为墨索里尼带来荣誉，但后来他又以类似的方式先后与政敌西科蒂·斯克日斯和巴斯吉奥等对阵厮杀，在这些决斗过程中，墨索里尼利用其擅长的剑术狠狠地将对方击败。为了鼓舞决斗的精神能够在法西斯党徒中盛行起来，墨索里尼不惜将奥格斯塔的坟场变为罗马的音乐会场，借以发扬武士精神，并以"决战决胜，视死如归"来要求党徒们。

伤痕累累的意大利再加上法西斯分子们狂暴的破坏、搅拌，其经济形势日益恶化，全国陷入了一个难以维系的境况，人们面面相觑，纷纷议论，不知前面是更为深重的灾难还是猛然的觉醒。1922 年 1 月，墨索里尼作为《意大利人民报》总编辑出席了正在法国戛纳召开的国际联盟会议。会上，他对于意大利货币的比值少于法国的一半这一事实感到极为耻辱，认为这是对战胜国的打击，这是意大利帝国危亡的征兆。随后他在《戛纳会议以后》一文中声称："在目前精神与经济恐慌的情形之下，必须往前进，否则就要沉沦下去了。"

前进的方式便是反抗，狂躁不安的法西斯党徒们夺权的欲望在这种前进声中愈加浓厚，为了壮大反革命武装力量，全面夺权，墨索里尼专门组织了一个广招军官和旧军人的军事参议会，主要采取武装训练，并对共产党和革命人民团体进行残酷镇压，制造恐怖气氛。

这群信奉法西斯的人们对其领袖实行无条件的服从，他们以颇具古罗马帝国军人的姿态招摇于意大利街头，就如脱缰的野马，肆意张狂着。1922 年，墨索里尼以威胁的口吻对当局的法克达政府说道："现在法西斯党要自行其是了，或者做一个执政党，或者做一个乱党，何去何从，要看局势的发展了！"

蠢蠢欲动的法西斯党徒们要行动了！夺权的声响开始从四面八方涌入阴云密布的意大利。

（六）黑衫党向罗马进军——夺权

1919 年大选的失败，墨索里尼放弃了通过议会道路夺权的方式，改而借助建立和发展法西斯组织来夺取国家政权。

黑衫党是对法西斯党的另一称呼，因都穿黑色衬衫而得名，它在法西斯运动之前就已存在，本是由意大利退伍士兵组成的一个松散组织，利用社会的混乱和政府的无能，趁机胡作非为。墨索里尼从为所欲为的黑衫党中得到了启示，发现武装力量是镇压反动派和人民大众的有效手段，很快墨索里尼便通过黑衫党的首领费鲁乔·韦基收编了黑衫党，第一支法西斯武装力量就此成立。

由于法西斯的暴力淫威、青年的懵懂无知，再加上当时一些军政团体和大资产阶级的支持，黑衫军得到了快速的发展，逐渐形成了一个颇具规模的准军事组织。

1921 年春季大选中，法西斯党一雪前耻，35 名法西斯成员成为国会议员，组成了议院最右翼的势力。墨索里尼本人亦成为法西斯党拥有无限权力的领袖。

1922 年墨索里尼向政府提出：要么解散政府，要么组建包括法西斯党在内的联合政府，但都遭到了拒绝。随着法西斯势力的猛增，加之政界、农民和商人的支持，法西斯的热情膨胀到了极点，其首脑们策划的最终夺权、进军罗马迫在眉睫。

墨索里尼先在克雷莫纳、米兰和那不勒斯等地检查了政变的准备情况，并于 10 月 16 日，潜伏于罗马，同支持法西斯夺权的军政要员秘密策划进军的编队、行动路线和纲领。同时他还试探了梵蒂冈教皇和意大利国王对他的态度，并对邓南遮等民族主义者进行了积极的争取。

10月20日，法西斯总部下令全国总动员，最高司令部发文宣布"进军罗马"，文中强调其目的只是为了推翻腐朽的统治，改善人民的生活，劝告军警不要和他们作战，声明会保护工农的正当权益，安抚有产阶级不要害怕。他们为了拉拢意大利的保皇党，减少其在夺权过程的阻碍，还宣称会效忠于皇室。

10月24日，墨索里尼在那不勒斯召开了法西斯头目秘密会议。会议讨论了法西斯四路大军将由米提斑琪、德邦诺、意大罗巴波和朱里亚迪分别率领沿第勒尼安海进军罗马，沿路要占领城市、邮电局、政府部门、警察总部、火车站、兵营及其他重要设施等具体事项，决定墨索里尼为最高统帅，进军指挥总部设在交通发达、易于进退的中部城市佩鲁贾。

墨索里尼深知法西斯的暴动多少有些虚张声势，因为真正参加行动的人数并没有吹嘘的多，再加上其简陋的装备，一旦政府抵抗，军队听从皇家的差遣，暴动便会轻而易举地被镇压下去。但意大利国王和其他保守派集团则希望通过支持法西斯来驯服法西斯主义，这倒为夺权扫清了道路。

1922年10月28日，墨索里尼在《意大利人民报》上发表《革命宣言》，宣布法西斯向罗马进军正式开始！

黑衫党进军取得节节胜利，沿途政府军和警察都采取中立立场，没有什么阻力，只遇到了部分共产党领导的革命群众的反抗，但很快便被镇压下去。当天，一群代表资产阶级利益的国会议员曾求见墨索里尼，想用改组内阁的办法试图说服墨索里尼休战或者停战，但墨索里尼的一句："这次我决不放下屠刀，非要获取全部胜利不可。"使得议员们灰头土脸地跑回了罗马城。

10月29日，墨索里尼接到从罗马国王办公处打来的电话，说请墨索里尼速到罗马，国王将委派重要职务给他。然而诡计多端的墨索里尼表示要将这一消息以电报的形式正式通知他，以得到白纸黑字的确认。

很快，一封"米兰墨索里尼阁下：国王陛下请您立即前来罗马，因为他想委任您组建内阁"的电报以号外的形式出现在《意大利人民报》上。

31日，墨索里尼辞去了《意大利人民报》总编辑的职务。随后在黑衫党和其支持者们的欢送下，驱车前往罗马，到达罗马后，墨索里尼便去皇宫会见国王，并陪同国王检阅了进入罗马的10万法西斯大军，以显示法西斯不可战胜的力量。

11月6日，墨索里尼正式宣誓就职，意大利开始进入法西斯统治时代。

法西斯运动，墨索里尼的上台，对于德意志的纳粹运动无疑起到了推波助澜的作用，促使他们也加速了夺权的步伐。

三、日本法西斯上台扰动远东

（一）"开拓万里波涛"，将"国威布于四方"

在世界的东方，一个贪婪而又恣肆的江洋大盗正在崛起，它就是日本法西斯。

早在明治天皇即位之时，日本便制定了用武力征服中国、朝鲜乃至整个世界的"大陆政策"。明治天皇在"天皇御笔信"中还宣布：要"开拓万里波涛"，将"国威布于四方"。从此野心勃勃的日本开始猖獗了起来。

1894 年 7 月 23 日，日军侵略朝鲜，拘禁了国王李熙。同年，打响了甲午中日战争，入侵中国辽宁，占领旅顺口和大连港。1914 年，第一次世界大战爆发，日本利用此次机会对德宣战，出兵中国。

中国，长期以来便被日本视为主要的侵略扩张对象，日本的魔爪在中国的东北地区肆意地飞舞着，在这里它拥有一个东印度公司式的殖民机构——南满铁路公司，殖民扩张的基地——关东州，还有一支推行其殖民政策的军事力量——关东军。同时，为了维护其本身的在华利益，日本还不忘同其他帝国主义列强在中国的领土上展开利益的角逐。如早在 1905 年日俄战争结束以后，日本就取代沙俄，在中国东北攫取了不少殖民特权。

1919 年日本法西斯第一个组织——犹存社成立。

1927 年 6 月，日本首相田中义一在东京主持召开了"东方会议"，这次会议有陆军、海军、外务三省以及驻中国的外交官、军事首脑和行政长官等要员参加，会上，他们就侵略中国的政策和方针进行了周密的策划。会议还通过了《对华政策纲领》，纲领规定把中国东北划为日本"在国防及国民生存上有重大利害关系"的特殊地区，并说，一旦它的这个特殊地区受到损害，"不论来自何方"，"都必须抱定决心不失时机地采取适当措施"。

1929 年，全球性的经济危机爆发，再加上早前关东大地震带来的破坏，日本面临着严重的打击。国民经济的亏损，黄金不断外流。工业萎缩，农业告急，使得日本法西斯对觊觎已久的中国更是垂涎三尺，为了摆脱世界经济危机所造成的深重困扰，转移国内的注意力，日本帝国主义迫不及待地走上了侵略道路。

日本的矛头首先指向的便是中国东北地区。不仅仅是因为它在地理位置上是日本的近邻，还因为这块土地资源丰富，土地肥沃，能够给日本提供充足的原料。侵占东北可以巩固对朝鲜的殖民统治，它还是日本进入中国和北上苏联的跳板，东北地区毫无悬念地成了日本的战略基地和日本军国主义前进的"生命线"。

为了使日本的经济发展能够满足侵略战争的需求，1929 年 12 月，日本政府颁布了《产业合理化纲要》、1930 年 6 月成立了临时产业管理局、1931 年 4 月发布了《重要产业统制法》等措施，通过这些举措日本在许多工业部门强制建立卡特尔，加大国家对经济的控制力度，把国民经济的发展纳入战争经济的轨道。

1931 年 6 月，日本陆军制定了军制改革的方案，增加在朝鲜境内的军事力量，使关东军的编制和配备能够适应战争的需要。此外，日本还计划新建和增建航空队、坦克队和其他机械化兵团。

日本还大力加强军国主义的舆论宣传，为侵略中国进行思想准备。日本在中国大肆宣传要在东北地区建立所谓的"王道立国的新国家"。1931 年六至七月，日本参谋本部制定了侵略计划，就侵略中国东北的行动进行了具体的部署。

1931 年 9 月 18 日，日本帝国主义在经过了一系列的精心策划和准备之后，发动了对中国东北的突然袭击。当晚 10 点 30 分，一声巨响炸毁了一段路轨，这是日军事先就策划好的，并立即以此为借口，污蔑是中国士兵的行径，并用早就从旅顺运来的大口径榴弹炮猛轰北大营。翌日凌晨占据北大营，当天，沈阳城失守。

日军在攻打沈阳的同时，还兵分几路开向了长春、四平、公主岭等中国兵营。

9 月 21 日日军占领吉林市和吉长、吉敦两段铁路；22 日侵占辽源四洮铁路；11 月，黑龙江省沦陷在日寇的铁蹄之下；1932 年 1 月 2 日，锦州被占领，中国军队全部撤至关内。仅仅三个多月的时间，美丽富饶的东北三省便被日本帝国主义者吞噬了。

日本挥舞着屠刀，马不停蹄地冲向中国，国民党当局奉行的不抵抗政策，更是纵容了日本侵略者的侵略行为，使他们肆无忌惮。

1932 年 1 月 28 日，日本的魔爪触及了上海——这个中国沿海的重要经济、政治中心。它想控制上海来建立连接长江流域和中国内地的新侵略基地。

此起彼伏的事端，随处可见的战火硝烟昭示着一场席卷东亚地区的侵略战争已经慢慢地铺展开来。

（二）一代枭雄的"爱国之情"

日本帝国主义为了更好地控制中国东北，不仅大力地对东北地区进行投资，同英、美等帝国主义竞争，还拉拢号称"东北王"的军阀张作霖。

张作霖，字雨亭，远祖时姓李，居于河北大城，后迁山东，清道光年间又迁至今辽宁省海城市，他的祖父过继给舅父张氏，故改姓张。1875 年 3 月 19 日，张作霖生于海城驾掌寺村。张作霖年少时仅仅念过 3 个月的私塾，后因生活所迫而辍学。失学后的张作霖学过木工，卖过包子，当过小贩，学习兽医，甚至在走投无路时，投奔军营当过伙夫。

1894 年中日甲午战争爆发，张作霖应征作为一名谍报员渗入到敌方打探军事情报，这期间，他表现机灵获取了不少重要情报，先后被授以功牌，升为哨长。1895 年中日甲午战争结束，张作霖回到了故乡。

此时的中国在列强的疯狂瓜分下，进一步沦为了半殖民地半封建的国家，而张作霖所在的东北地区更是在帝国主义的掠夺下呈现出一片难民遍野、盗匪横行的局面。人们的生活苦不堪言，生命受到了严重的威胁。混乱的时局下，退伍的张作霖同一帮土匪、散兵流民打成了一片，他们打家劫舍、征粮征饷，大量抢夺财物，渐渐地在东北成了赫赫有名的"红胡子"。

1900 年，张作霖在其岳父的帮助下，成立了一个自保的武装组织，主要负责他所在地和附近几个村子的治安。在其管辖范围内，部队十分遵守规矩，受到了百姓的称赞。

1902 年，社会逐步趋于稳定，鉴于张作霖与民众和绅商的融洽相处，得到了大众的交口称赞，11 月 9 日他的武装团队被政府收编为省巡防营，张作霖任管带（营长）。张作霖由一个民团武装的头目摇身变成了政府的军官，这是他人生重要的转折点，骁勇作战的张作霖开始扶摇直上，飞黄腾达。

1907 年，张作霖因剿灭辽西大土匪杜立三有功，升为奉天巡防营前路统领。1912 年，张作霖被任命为第 27 师中将师长。1916 年 4 月，张作霖升任奉天督军兼奉天巡按使，掌握了奉天省的军政大权，成了封疆大吏，有了相当的地位。1918 年 9 月被任命为东三省巡阅使，利用日本的势力控制了奉、吉、黑三省，成为奉系首领。1926 年 12 月 1 日，张作霖任职北洋军阀安国军总司令。从此，张作霖的势力范围便从东北、华北一直伸展到黄河、长江流域。

就任安国军总司令的张作霖，为了缓解同南方军阀的矛盾，他开始大肆阻挠人民革命的运动，同时派兵与北伐军作战，阻止北伐军北上。

张作霖之所以能长期控制东北，主要是靠日本帝国主义的扶植和支持。

1922 年，在华盛顿会议后，美、英、日等帝国主义列强之间的矛盾表面上得到了缓解，但是在中国他们都紧紧扶住各自的军阀，维持自身的在华利益。随着军阀势力发展，1920 年爆发了直皖战争，1922 年、1924 年又相继发生直奉战争，军阀之间日益尖锐的矛盾使得日本帝国主义加大了对张作霖的扶植，而张作霖本身也非常关注日本对其的态度。

但是随着张作霖在战争中的节节胜利，以及其地位的不断提高，他渐渐的不太愿意被日本政府所摆布，也不太理会日本帝国主义的要求，因此他的名字便逐渐引起日本当权者的注意。

日本开始加紧对张作霖施加压力，并且急于想要索取其在东三省的权益。充满野心的张作霖本想借日本的势力来壮大自身的权力，而不是束缚自己的手脚，所以对日本的逼迫十分不满。再加上他认为自己手中的几十万大军是具备一定实力的，日本人并不能真正把他怎么样。同时，东北人民的反日运动日益高涨，使得张作霖开始拒绝日本提出的要求，这惹恼了日本帝国主义。

随着张作霖与日本的关系恶化，日本决定除掉张作霖。想通过张作霖之死，扫除阻碍，引起社会混乱，乘机出兵，挑起大规模武装冲突，用武力彻底解决问题。

1928 年 6 月 4 日 5 时半，张作霖乘着蓝色铁甲车从北京返回奉天，当火车刚刚开到皇姑屯铁路交叉点时，早已被日本关东军埋好的炸弹炸毁了装甲列车，张作霖身负重伤，当天便去世，享年 54 岁。一代枭雄——张作霖就这样陨灭了。

（三）东三省飘起了青天白日满地红

张作霖被炸死的消息传出去以后，即将登上皇位的日本裕仁天皇欣喜若狂。而张学良由于收集不到确切的证据，在万般无奈的情况下，也只能假装此事已经了结，但他和他的部下暗中仍在追查凶手。

此时，日本政府和军部为了争取张学良继承他父亲继续做其在华代理人，软硬兼施。于是，他们以参加张作霖的葬礼为名，派林权助代表日本对张学良做工作，劝说张学良千万不要因此而误会日本，以免伤了两家的和气。他还说："日本皇军所向无敌，东北土地肥沃，资源取之不尽，少帅年轻有为，如果与大日本合作，那少帅和东北就如日之东升，前途无量。"

美国，一个新兴崛起的帝国主义国家，对中国也有极大的侵吞野心。而此时的张学良不管是在军事实力上还是在政治影响上，都是中国举足轻重的人物，美国为了获取利益，是绝不会放弃他的，因此美国准备抓住张作霖之死这个千载难逢的机会，插手东北的事务。

于是美国派蒋介石去游说张学良："东北地区是中国的领土，涉及我们中国的切身利益，绝对不可以落入日本人的手中，让日本人在这片土地上为所欲为。一旦日本侵占了东北，就会把东北作为他们后方的基地，由此向关内、向全中国内陆进攻，到那时你少帅就被动了。不如把五色旗换为青天白日满地红旗，表示少帅已赞成中国统一，来共同反对日本人的侵略，这可是造福子孙的千秋功业。"张学良被这样的话语所迷惑，他并没有看清这位蒋总司令实际上是位名副其实的亲美派，他这样做不是为了什么中国的切身利益，而是为了自身和美国的利益。

张学良一边与日、蒋代表谈判，一边与其智囊团商量对策。经过反复研究，他们认为，蒋介石鞭长莫及，而日本人则兵临城下，于是决定采取实用主义的态度，先稳住日本再说。可是当这个消息一传出去，马上就引起了美帝国主义的不安。

1928 年 6 月 13 日，美国驻华公使马克谟立即来到了奉天，在奉天的美国领事馆同张学良的心腹杨宇霆见面交谈。他了解了张学良的想法和担心后，分析了日本的情况，从日本军事准备的速度看，要向中国动武，多则需要 5 年时间，少则需要 3 年时间，在这段时间里张学良完全可以与蒋介石合作。接着他分析了美日在中国的势力分配和发展前景，让杨宇霆三思。

张学良因多年旁观父亲同日本人打交道的情景，故对日本人极为反感，认为日本的当权者们无论军界、政界、商界，都是虎狼之辈，对中国人绝不安好心，其要求五条铁路的承建权只是个开头，彻底吞并东北才是目的。

张学良

关于蒋介石，张学良了解到此人有口是心非、不讲信义等弊病，但也算一个坚忍不拔的人物。何况，以目前中国局势，除了蒋某，似无第二人能统一中国。而东北不可能自立，务必靠拢一头。所以与其在日本人的卵翼之下过日子，不如倒向蒋介石的南京政府。至于蒋介石日后将如何对待自己，再说。

于是，6 月 23 日，张学良召开了东三省军民联合会议，讨论保安总司令人选及东北易帜等问题。

6 月 25 日，张学良派邢士廉到达上海，告诉蒋介石："东北三省服从国民政府已不成问题。"

张学良虽然集国难家仇于一身，但他深知要想报仇雪恨，赶走日本帝国主义，仅奉军力量远远不够。他一面采取一些措施来稳定政局，以防日本关东军乘机发动武装进攻；一面积极促进南北议和，统一国家。

1928 年 7 月 6 日，张学良派特使带着他的亲笔信到达北京，商议东三省易帜和撤兵等重大问题。当日，蒋介石、李宗仁、冯玉祥、阎锡山等人正在香山碧云寺向孙中山先生之灵告祭北伐完成。随后召开了会议，研究处理张学良改挂旗帜和军队编造问题。蒋介石对张学良易帜的想法十分赞同，并一再催促张学良尽快易帜。

张学良在南京政府的催促和东北民众的拥护下，易帜的决心更加坚定，遂于1928 年 12 月 29 日在奉天省府礼堂举行了易帜典礼。

12 月 31 日南京政府正式任命张学良为国府委员、东北边防军司令长官，张作相、万福麟为副司令，并通过了东三省及热河省委员名单。

从此，东北三省升起了国民党的青天白日满地红旗。

（四）宁予外贼不予家奴

日本帝国主义为了长期霸占东北，在军事占领的基础上，开始策划在东北建立一个傀儡政权——伪"满洲国"。这个国家以日本为盟主，以日、满、蒙、汉、朝五族组成，以溥仪为首脑，下设五个镇守使。这个政府从 1932 年成立到 1945 年崩溃，经历了长达 14 年时间，日本帝国主义利用它直接对东北人民进行血腥统治，犯下了滔天罪行。

除了建立伪"满洲国"以外，日本侵略者为了维护和巩固自己的统治，在各地驻有关东军外，还把它的宪兵、警察和特务遍布东北各城市和乡村。这些宪兵、特务，动辄以"抗日嫌疑"屠杀、犬食、活埋中国人民，制造了大量惨案。他们还制造了大规模的"无人区"和"人圈"，采用"以华制华""以夷制华"等手段进行统治。

在经济上，日军侵占东北后，大肆掠夺经济资源。他们依照所谓的"日满经济一体化"方针，完全控制和操纵了东北的经济命脉，达到"以战养战"的目的。

为了适应战争需要，日军还极力推行细菌战，组建了进行细菌战的"细菌实验所"，以活人代替动物进行试验，专门培植、制造鼠疫、霍乱、坏疽、伤寒、结核、破伤风、鼻疽、牛瘟等疫病细菌，还进行毒气试验，冻伤治疗试验，真空环境试验，及活人解剖，用各种暴行残害中国人民。

面对日本人的残忍行径，国民党不仅不奋勇抵抗，还一再妥协，纵容日军的侵略行径。如在 1931 年 9 月 18 日，日军发动"九一八事变"，占领了东北。国民党政府"绝对不抵抗"，请西方列强"调停""先以公理对强权，以和平对野蛮，忍怒含愤，暂持逆来顺受态度，以待国际公理之判断"。

此外，1932 年 1 月 28 日，日军发动"一·二八事变"，进攻上海。国民党同样表现懦弱，5 月 5 日国民党政府同日军签订《上海停战协定》，划上海为非武装区，中国不得在上海至苏州、昆山一带地区驻军。

1933 年 5 月 31 日国民党政府签《塘沽协定》，承认了日本对东北、热河的占领，划绥东、察北、冀东为日军自由出入地区。

1935 年 6 月 27 日国民党政府签《秦土协定》，中国丧失了在察哈尔省的大部分主权。

1935 年 7 月国民党政府签《何梅协定》，中国河北省主权大部丧失。

日本吞并整个华北的威胁和国民党政府的投降卖国政策，激起了华北人民和全国各阶层人民的强烈抗议。此时中国共产党，在这国家危亡的关键时刻，挑起了保卫国家，振兴民族的重任。早在 1935 年 6 月 15 日，还在红军长征途中，中华苏维埃共和国中央政府和工农红军革命军事委员会就发表了《为反对日本并吞华北和蒋介石卖国宣言》。

1935 年，党中央和红军主力胜利地到达中国的西北地区同陕甘红军会师之后，11 月 13 日，党中央又发表宣言，揭露了日本帝国主义企图把全中国变为它的殖民地和蒋介石出卖中国的丑恶行径，以及我们中华民族所面临的危险境况，指出抗日反蒋是全中国民众救国图存的唯一出路。宣言号召全国民众动员起来、组织起来，拥护这个唯一正确的救亡图存的主张。

中国共产党的这一宣言很快就在全国范围内流传开来。1935 年 12 月 9 日，在中国共产党的领导下，北平 1 万多大、中学生举行了伟大的抗日救国运动，群众高呼"停止内战，一致对外""打倒日本帝国主义"等口号，并同时向国民党政府提出了抗日救亡的基本条件，即为"一二·九"运动。国民党政府用屠杀和逮捕等各种残酷手段来镇压学生运动，但爱国学生以更大规模的群众运动来回击反动派。12 月 16 日，在中国共产党领导下，北平学生和市民 3 万人在天桥举行大会，会后还开展了声势浩大的爱国游行运动，迫使原本在这天成立的傀儡政府"冀察政务委员会"不得不延期成立。"一二·九"和以后的爱国运动，冲破了国民党政府的恐怖统治，很快得到全国人民的响应，抗日救亡运动迅速扩大到全中国。这一系列抗日爱国运动，表明国人已从沉睡中觉醒过来；表明了他们誓死不当亡国奴的决心。

（五）黄浦江中流的是血

上海是守卫南京的屏障，在政治、经济和军事上具有极其重要的战略地位。而且是长江的门户，是我国最大的商业城市和进出口贸易港口，也是世界东方的金融贸易中心。它通过沪杭、沪宁铁路和长江成为通往内地的枢纽。

日军认为如果在上海挑起事端不仅能够转移中国和世界对其占领东北的视线，又能使中国丧失经济中心，达到迅速灭亡中国的目的，所以他们加紧了侵略行径的策划。

1932 年 1 月，关东军派板垣大佐回到东京，与参谋本部研究发动上海战争的准备工作。板垣大佐利用田中、东珠进行了大量特务间谍活动。尤其是东珠利用与国民党要员的关系，获得大量关于国民党内部派系斗争的情况，了解到国民党正处于分崩离析群龙无首的混乱状态，是日本举事的大好时机。她在上海雇用了很多当地的地痞流氓，充当她的打手，不断为在上海发动事变煽风点火。

后来，日本驻上海领事馆以日僧受挑衅为由，向国民党政府提出抗议，要求中方道歉，严惩凶手，赔偿一切损失和取缔抗日运动等多项无理要求。随后日军又以"保护日侨"为名，加紧调兵遣将。

至 27 日，日军在上海囤积了大量兵力，军舰的数目已增至 30 余艘，飞机 40 多架，铁甲车数十辆，陆战士兵已增至 6000 多人。同时日军还派海军陆战队在上海四川路、闸北、天通庵一带武装巡逻。日军策划好这些以后，在 27 日晚向上海市政府发出最后通牒：28 日下午 6 时前对四项条件予以答复，否则日本海军将自由行动。时任上海市长吴铁城执行了国民党的不抵抗政策，在 1 月 28 日下午 3 时答应了日军所提出的四项要求。

国民党政府的息事宁人并没有换来日军的就此罢休，反而更加滋长了他们的侵略野心。当天深夜 23 点 30 分，日军行到闸北通天庵路时，突然向驻守在那里的 19 路军 156 旅发动袭击，震惊中外的上海"一·二八事变"爆发了。当时驻守在上海的军队主要是由蒋光鼐、蔡廷锴等人领导的国民党第 19 路军。事发以后，蔡廷锴立即指挥全军，以实际行动来反击日军的挑衅。

第一次中日交战，我军毙敌 300 余人、伤数百人，战果不大。但 19 路军依然没有放弃，继续英勇奋战，到 29 日天亮时，陆续击退了日军的猛烈进攻。但此时，日本加大了进攻的力度，盐泽海军大将下令调动两艘航空母舰上的战斗机，空袭我方军队，并在闸北南市一带人口密集的居民区投下大量炸弹。随后，无以计数的妇女、儿童被炸得血肉横飞，大量的房屋建筑轰然倒塌，惨不忍睹。

面对日军的进攻和狂轰滥炸，蔡军长向全军发出号召："纵令血染黄浦江，19路军也要和日军战斗至最后一人。"但由于 19 路军的抗日行动是违背蒋介石的旨意的。当他听到时任上海市长吴铁城的报告后，当夜即同汪精卫返回南京，召见了海军部长陈绍宽，对陈严肃地说："中国海军决不能与日本海军打起来，相反，要友好地相处。"因此，在 19 路军与日海军浴血奋战时，中国海军奉令调入长江躲避。

蔡军长并没有执行这个命令，他义无反顾，继续率领全军与日军展开浴血奋战。由于 19 路军兵官上下齐心协力，抗日英勇行为又得到上海人民的极大支持，日军虽有飞机助战，但各路进攻均被击退，我军截获敌铁甲车 3 辆，打死打伤大量日军。

1 月 28 日打退日军进攻后，为了表明抗日决心，争取全国和全世界人民的支持，19 路军于 29 日凌晨 1 时向全国发出通电："特急！暴日占我东三省，版图变色，国旗垂亡！最近更在上海杀人放火，浪人四出，世界卑劣凶暴之举动，无所不至。而炮舰纷来，陆战队全数登岸，竟于二十八夜十一时三十分公然在上海闸北侵我防线，向我挑衅。——为救国保种而抗日，虽牺牲至一卒一弹，决不退缩，以丧失'中华民国'军人之人格。——19 路军总指挥蒋光鼐、军长蔡廷锴、淞沪警备司令戴戟叩绝。"通电发出后，立即受到全国人民的称颂，各地拥电纷至沓来，上海人民也掀起了反蒋抗日新高潮。这一行动对于蔡军长来说是一个极大的鼓舞，也使他进一步坚定了抗战的决心。

与此同时，日军也加紧调兵遣将，不论是武器装备质量还是军队数量都有了极大的提高。2月4日，敌人经过一段时间的整顿之后，重新向我军发动总攻，战火开始蔓延到江湾、吴淞一带。在这次战役中，各线士兵均同敌人展开了激烈的搏斗。在我军将士的英勇战斗和反击下，闸北地区的日军被迫撤退；江湾日军一个联队也被我军全部歼灭。

经过9个小时的激战，日军的总攻计划被我军完全粉碎。

2月11日下午，日军飞机在闸北地区投下了大量燃烧弹，同时用大炮猛轰，闸北在顷刻间成了一片火海。

正当19路军孤军奋战之时，上海又杀出一员大将：张治中将军。他深深地被19路军的壮举所感动，但认为19路军孤军作战，难以持久，必须动员全军一起抗日。他给蒋介石发了一电，表示"此次奉命抗战，即下了最大决心，誓死报国，并与19路军团结一致……和衷共济"。同时又发布了《告全军将士书》，指出："打倒日本帝国主义，是我们全国一致的呼声，一致的要求，一致的决心。"

经过多次战斗动员，全军将士群情振奋，斗志昂扬，与敌展开了激烈的战斗，打退了敌人的多次进攻。

（六）"兵是有的，不过要留着打红军"

"兵是有的，不过要留着打红军"，这就是蒋介石的一贯思想。

蒋介石在"九一八事变"以后，就遭到全国人民的强烈谴责和反对，又因囚禁胡汉民等卑劣行径，受到两广粤系实力派人物的强大压力，要求他下野。所以他在没有选择的情况下，只好勉强同意了张治中提出的反抗日军入侵上海的意见，并命令军政部长何应钦调动驻京沪、京杭两线上的第87师和第88师，合成第5军，另加中央军校教导队，统一由张治中指挥，援助第19路军，开展抗日行动。

1932年2月20日早晨，敌人又一次发动了总攻，一路进攻张华滨一带，一路由杨家浦进犯，攻势甚猛，从早到晚战斗没有停歇。经过一天的血战，入夜后敌人继续进攻，炮声不绝。

21日，植田总司令亲自指挥进攻，我阵地工事被毁很多。我军官兵深刻总结了同日军作战的经验教训，应该在敌军炮轰时，隐蔽在战壕内，沉着不动，等待敌军的步兵慢慢接近，然后就用手榴弹、步枪迎头痛击，冲锋肉搏，迫敌后退。

22日，敌人又倾巢来犯。这时，张治中亲率教导总队到第88师指挥、策应。

3天以后，蒋介石在写给张治中将军的电报中声称："自经过22日一役，我军声誉在国际上顿时增高十倍。各国舆论莫不称颂我军的精勇无敌，而倭寇军誉则因此而一落千丈也。"蒋介石嘴上讲得特别好听，但他并不增派援兵，使守沪官兵处境依旧十分艰难。

渐渐地，日军也吸取了教训，认识到与我军正面作战不太容易取得胜利，又看出了我军在布局上存在缺陷和漏洞，于是就改变了战术，沿长江沿岸向我军侧背两面同时进攻。

3月1日拂晓，日军又炸毁了吴淞要塞及狮子林地区的全部炮位，从正面发起总攻。与此同时，20余艘战舰携带无数民船和马达船，利用烟幕掩护，在我侧背沿江一线的要地进行猛扑。

张治中将军立刻命令第87师两个团飞驰截击。但是这两个团仅仅只得到11辆汽车，援助途中又遭遇敌人的围追堵截，只得与之展开白刃格斗；运输汽车在前进途中几乎全都被敌机炸毁，部队只好徒步前行，致使一个营一直处在三面围攻之中。

这个营虽然伤亡惨重，但在营长的率领下，全营官兵视死如归，临危不惧，自晨至夜，使敌未能前进一步。但我军一直都是侧背整个战线，猝不及防，且敌众我寡，后续无援，节节败退。战局的突然恶化，使中国守军立即陷入腹背受敌、时刻可能被围歼的危险境地。为了保存实力，3月1日晚9点，蒋介石下达了转移阵地的命令，我军被迫后撤。

凌晨1时，1000多日军忽自浏河猛扑过来。我军与日军激战2小时后，敌军越来越多，我警戒线已丧失二分之一，到上午8时，敌又增加主力4000余人，开始向我阵地突击，并向我右翼包围，情况十分危险。10时，敌又增到七八千人，环绕于娄塘一带我阵地前面。敌军此举的企图是突破我嘉、太中间地区，直下铁路，截断第5军和第19路军退路，并予以包围歼灭。

而我军孤军奋战，弹药已将用尽。到午后，各点均被突破，核心被围，我军死伤逾半。下午，虽然援兵已经到达，但517团战况越陷不利。

这一战役，我军虽然牺牲了近千人，但却粉碎了敌人断我后路、围歼我军的企图，使我军大部分部队撤出重围。

1932年3月3日，国际联盟做出决定，要求中日双方立即停止战争。

国民党政府毅然不顾全国人民的强烈反对，于5月5日与日本侵略者签订了《淞沪停战协定》。该协定规定日军可以在吴淞、闸北、江湾及南翔等广大区域永久驻兵；南市、浦东不准中国任何军队驻扎；把长江沿岸地区包括福山到太仓、安亭及白鹤江起直到苏州河为止的广大地区，交给日本及英、美、法、意等帝国主义共同管理；取缔全国范围内的任何抗日活动；把第19路军调到福建。

（七）"二二六"法西斯军事政变

20世纪30年代，日本军队内部存在着很严重的斗争。由于对政治的看法、理念不同，军队内部逐渐分成两派："皇道派"与"统制派"。"统制派"主要是陆军中央机关内的军官，"皇道派"的人多为野战部队的少壮派军官。

"皇道派"认为，日本天皇已经被周围的"奸人"包围和蒙蔽，无法得知民间疾苦，所以必须起来"清君侧"。其手段就是废除内阁，让天皇成为类似希特勒的直接军事独裁者。"统制派"则完全反对这种主张。不过两派的政治主张虽迥异，目的却都是要将日本进一步转型为法西斯国家。

"皇道派"的代表人物是荒木贞夫、真崎甚三郎、冈村宁次、桥本欣五郎和相泽三郎等人。统制派的领袖则是宇垣一成、杉山元、永田铁山、东条英机等人。两派主张建立军部法西斯独裁的手段有很大区别。"皇道派"为实现目标不惜采用政变、暴动以至暗杀等恐怖手段。统制派则主张运用合法手段，从事合法改革。统制派极力主张建立总体战体制。两派的对立还在于人员安排上的钩心斗角和争权夺利。两派并不是明确的组织，每派内部的行动也往往并不统一。

两派的斗争影响到没有实际权力的年轻军官。1936年2月25日深夜，东京城降下百年一遇的大雪。26日凌晨5时左右，香田清贞大尉、安藤辉三大尉、河野寿大尉、野中四郎大尉等9名政变核心军官率领1400余名官兵，从驻地武器库中夺取了步枪、机枪等武器，然后从位于皇宫外西侧三宅坂的第1师团驻地出发，分头去刺杀"天皇周围的坏人"。

这批"皇道派"的少壮派军官，他们袭击了首相官邸、警视厅（首都警察厅）等重要政府机关，杀死了内阁大臣、前首相斋藤实、藏相高桥是清、陆军教育总监渡边锭太郎，天皇的侍从长铃木贯太郎也被打成重伤。他们试图通过在首都东京发动军事政变来建立军部法西斯独裁。

叛军占领陆军省、参谋本部、国会及首相官邸等一带地区，要求陆军上层对国家实行法西斯化改造。政变激怒了日本天皇，天皇敕令平叛。后来经过上层两派势力激烈斗争后，暴乱在2月底被全部平定下去。

军部对政变的处理极其严厉。参加政变的青年军官中两人自杀，其余19人被起诉，此外被起诉的还有民间人士北一辉、西田税等和士官，共123人。经过不到三个月的审理，7月5日做出了判决，政变的直接策划组织者香田清贞等17人被判处死刑，其他关联人员也分别被判决。

"二二六"兵变之后，"统制派"借机对"皇道派"进行了大规模的清洗和排斥，从此掌握了军部内的主导权。具有讽刺意味的是，"皇道派"发动政变时所设定的目标，在政变失败后反而得以实现。他们的军部独裁、国家政权法西斯化等愿望被同属法西斯派别的统制派逐步实现。统制派从此牢牢掌握了军部大权，而且内阁也被以新首相广田弘毅为首的文官法西斯集团所控制。

法西斯军阀要挟政府说："政治的主导权如不让给军部，就会发生第二、第三个'二二六'事件！"在军部的强烈要求下，日本政府在1936年5月恢复了1900年制定，1913年一度废止的陆海军大臣、次官由大、中将现役军人担任的制度。为了缩小议会权限，消除政党政治，法西斯军阀还提出所谓改革政治制度的"计划"，从而使议会完全变成军部法西斯独裁的附属品。

日本的军部法西斯独裁在"二二六"兵变后，正式宣告确立。之后，日本军部在国内推出了一连串的反动措施。对内加强"特别高等警察"；实行警察的特务统治；压制言论思想自由；迫害共产党人和进步人士等，加紧镇压日本人民。对外则加紧侵吞华北。继1935年8月提出"广田三原则"（对华外交方针三原则：1. 中国方面要彻底取缔反日言行；2. 中国要承认"满洲国"，在这之前日本和中国在华北方面实行经济、文化的交流合作；3. 日本和中国合作，在接近外蒙古的地区内排除共产主义）之后，1936年8月，日本政府通过了《第二次处理华北纲要》，进一步重申要使华北五省（河北、山东、山西、察哈尔、绥远）实现"特殊化"，以达到"华北分治"的侵略目标，意图肢解华北，使其脱离中国，沦为第二个伪"满洲国"。

日本由于国内长期存在军国主义反动传统，军部又在天皇制统治机构中占有特殊地位，所以日本不需要像德国和意大利那样组织法西斯政党来夺权。日本法西斯主义的显著特点是天皇制军国主义的法西斯化。依靠和利用现存的天皇制统治机构，以建立军部法西斯独裁的方式来推行国家的法西斯化。"二二六"兵变是日本军部法西斯独裁确立的标志。从此日本整个国家体制完全纳入战争和法西斯轨道。

（八）对内扩充军备，对外勾结德国

日本军部法西斯独裁体制确立之后，日本向海外扩张的步伐进一步加快了。标志之一即是"国策基准"的制定。1936年8月7日，日本政府召开由首相广田弘毅主持的五相会议。所谓五相会议，就是有首相、陆相、海相、外相和财政大臣五人参加的会议。这次会议在军部提出的方案基础上，讨论通过了一个决定日本国策的纲领性文件"国策基准"。

"国策基准"是日本夺取亚太地区霸权的纲领性文件。它规定，日本的根本国策在于外交和国防互相配合，一方面确保帝国在东亚大陆的地位，另一方面向南方海洋发展。

这是日本官方文件第一次反映出海军对"南进"的要求。日本过去多年的侵略政策都是以"北进"的大陆政策为主导，陆军是方针受益者和支持者。华盛顿体系建立后，日美矛盾日益突出，海军乘机鼓吹"南进"主张。1935年冬召开第二次伦敦海军裁军会议后，日本国内更是掀起"南进论"的热潮。持"南进论"者扬言，日本有三条生命线，第一是中国东北，第二是"内南洋"即太平洋的委任统治地，第三是"外南洋"即荷属东印度、菲律宾等地。并说日本已握有前两条，现在应该夺取"外南洋"。

为保证对外侵略扩张的顺利实施，"国策基准"还规定了"扩充国防军备"的基本方针：陆军军备以能对抗远东苏军为目标，海军以能对抗美国海军、确保西太平洋制海权为目标。对于军部操纵外交工作、改革行政、统一舆论、加强军国主义教育，以及"加速制定国防和产业所需重要资源、原料的自给自足计划"等，都有原则性的规定。20世纪30年代中期日本对外侵略扩张的狂妄野心在这一"国策基准"中充分显露出来。

日本"国策基准"出台之前，军部还修订了《帝国国防方针》等有关军事作战的文件，对军事战略目标、扩军备战和军事作战方针等问题重新做了规定。首先，苏联和美国并列成为第一目标，中国和英国属地也被列入进攻计划；其次，规定在今后10年内大力扩充陆、海、空军，做到上述目标所要求的、足以征服东亚大陆及西太平洋的空前庞大的兵力。具体指标是：陆军常备师团为20个，战争初期所需兵力大体以50个师团为基干。海军对外作战部队，应配备战列舰12艘、航空母舰10艘、巡洋舰28艘、驱逐舰102艘、潜艇77艘。陆军航空兵力在战争初期要有140个中队，海军的常备基地航空兵为65个飞行队。

自1936年下半年开始，日本的扩军备战工作便根据这些文件的规定，"有条不紊"地开展起来。首先是庞大的军事预算，1936~1937年度军费达103亿日元，占当年财政支出的近46%。1936年仅为了入侵华北的军事需要就追加预算1780万日元，制造大口径远射程的火炮，重新装备野战炮兵部队。对军工生产的投资也大为增加，1936年达9.82亿日元，比1935年增加2.2亿日元左右，占1936年工业生产总投资的49.1%。1937年更增为22.39亿日元，在总投资中的比重增长到61.7%。

这样一来，1936年和1937年，日本军队不仅技术装备水平大幅提高，而且人员和武器也都增长迅猛。日本陆军常备编制从1931年的23万人，增长到1936年的38万人，1937年的45万人。海军作战人员编制，1937年扩充1/4以上。1937年日本步兵师团装备的火炮数量超过了法国，几乎赶上英美，并且拥有一批新式火炮。飞机也从1931年的600架增长到1936年的1500架。海军舰艇数量和海军基地建设也加紧扩充。1936年还计划建造世界最大的战舰。

日本在国内扩军备战的同时，在国际上也动作频频，主要是和德意志法西斯加紧勾结。早在 1935 年，希特勒就拉拢日本做侵略伙伴，1936 年广田出任首相后，两国走得更近了。1936 年春天，德日两国在东京、柏林同时举行谈判。德国法西斯外交代表和日本参谋本部人员都参加了谈判。

双方经过几个月的外交谈判，达成协议，于同年 11 月 25 日在柏林签订了《日德关于反共产国际协定》，有效期为 5 年。同时签订附加议定书。"协定"和"议定书"的主要内容，是缔约国双方加强有关共产国际的情报交流、协调反共手段、镇压各自国内为共产国际工作的人和抵制共产主义影响，以及要求第三国采取反共措施及参加本协定。

日德双方同时签订还有《反共产国际协定的秘密附加协定》。它规定：签字国一方受到苏联的进攻或进攻的威胁时，另一方足以减轻苏联负担的一切措施；不经缔约国双方同意，任何一方不得同苏联签订与本协定精神相违背的任何政治性条约。这是一个具有反苏军事条约性质的秘密协定。

协定签订之后，日本法西斯军部和官僚们欢欣鼓舞。著名的法西斯政客松冈洋右兴奋地说："只有大和民族和日耳曼民族即德意志能同这一国际危险物（指共产国际）做斗争，日德两国应以殉情精神携手并进。"

日德两个法西斯国家是一丘之貉，它们同为最富侵略性的帝国主义国家，不论是侵略扩张还是反苏反共，两国都有相同的利益诉求。1936 年日本陆军省发布的一份材料称："国际上的冲突正在加剧，蕴藏着一触即发的危机。现在的国际形势好像有人要把它弄得和上次世界大战前夜的样子"，"纵观目前国际形势，一方面是维持现状国与打破现状国的对立，另一方面是标榜人民战线的自由主义或社会主义国家与昌盛国家主义的全体主义（即法西斯主义）"。"结局，战祸何时爆发，实不可测。"

为了应对世界大战再次迫近的局势，日本终于和德国走在了一起。日德《防共协定》的签订，意味着"东京-柏林轴心"的正式形成。有了西方伙伴的支持，日本在东方的侵略扩张更加肆无忌惮，亚洲上空的战争阴云更加浓厚了。

二战开场：中国抗日

一、关东军制造"九一八"事变

1928 年 6 月 3 日晚 8 时，奉系军阀张作霖乘火车仓促离开北平返回沈阳。为了防备意外，他在专列前面挂了一节压道车，而他本人则待在第八车厢里。就在这天晚上，日本关东军高级参谋河本大佐为了干掉这位不太听话的大元帅，特别准备了 30 包烈性炸药，并指定 3 名得力干将到皇姑屯设伏，其中包括沈阳独立守备队第 4 中队的中队长东宫铁男。4 日凌晨 5 时 23 分，当张作霖的专列行至皇姑屯路段时，东宫铁男迅速按下起爆钮，只听一声巨响，列车被炸上了天。张作霖浑身鲜血地倒在铁路边，咽喉被撕开了一个口子。当时恰从沈阳赶来的一队人马——前来迎接的仪仗队，手忙脚乱地把大帅塞进了一辆汽车。张作霖问："谁干的？"部下回答："除了日本人，还能有谁！"张作霖只说了一个"打"字，就昏过去了，再也没有醒来。

日本关东军本想利用皇姑屯事件吞并中国东北，但由于时机尚不成熟，又没有得到政府批准，这一阴谋未能得逞。

1931 年六、七月间，日本参谋本部制订了名为《解决满洲问题方策大纲》的侵略计划，并在 7 月传达给了关东军司令官本庄繁。9 月 18 日晚 10 时 25 分，日本一小股工兵按照事先的布置，用 42 包黄色炸药，在中国东北沈阳北大营附近的柳条沟，炸坏了日属南满铁路不足 1 米长的一段铁轨，然后向文官屯川岛中队、虎石台大队和沈阳特务机关同时发报："东北军炸毁柳条湖南满铁路，我中队为保路护桥，决定向敌人进攻！"接着，日本兵用事先从旅顺运来的大口径榴弹炮，猛轰中国东北军的营地北大营。其时，驻守在北大营的东北军独立 7 旅共约 7000 人。日军在一阵炮击之后，南满铁路独立守备队第 2 大队第 3 中队的 180 名士兵，率先向北大营发起了攻击，制造了震惊中外的"九一八"事变。日本《昭和史》中摘录了事件亲历者花谷的这段文字：

18 日夜，弯月挂起，高粱地黑沉沉一片；疏星点点，长空欲坠，岛本大队中岛中队的河本末守中尉，以巡视铁路为名，率领部下数名向柳条湖方向走去，一边从侧面观察北大营的兵营，一边选定了离兵营约 800 米往南去的地点。在这里，河本亲自把骑兵团用的小型炸药安放在铁轨下，并点了火，时间是 10 点多钟，爆炸时轰

的一声，炸断的铁轨和枕木向四处飞散。

北大营驻军参谋长荣臻急向北京的东北军总部请示，对方的答复是："要慎重从事，一切听从南京政府，不许抵抗，坚决不抵抗！"于是，荣臻只得含泪向第7旅传达命令："不准抵抗，把枪锁进仓库里，挺着死，大家归天成仁！"次日凌晨，日军穷凶极恶地向中国士兵射击，以武力占据了北大营，进而侵占了整个沈阳城。张学良的东北边防军长官公署被贴上了"大日本国关东军占领"的封条，办公桌和铁皮箱里的文件被统统抢走。事后，张学良亲自拟定了发给蒋介石的电报，但他得到的回答依然是："避免时局恶化，坚持不抵抗。"

9月20日，日军发兵长春。22日，吉林沦陷。前后不到一个星期，除辽西外，辽宁、吉林的千里沃野，全部落入日寇手中。11月，日寇侵占了黑龙江省，次年1月2日又占领了锦州，几十万中国军队被迫全部撤至关内。

在东北沦陷过程中，蒋介石对日本侵略的态度是既痛恨又忍让。9月20日，他在日记中写道："闻沈阳、长春、营口被倭寇强占以后，心神哀痛，如丧考妣，苟为我祖我宗之子孙，则不收回东省，永无人格矣！小子勉之！内乱平定不遑，故对外交太不注意。卧薪尝胆，教养生聚，忍辱负重，是我今日之事也。"

如何"收回"东北？蒋介石在同一天召开干部会议，寄希望于国际仲裁，即把问题提交国际联盟和1928年《非战公约》签字国解决，"以求公理之战胜"。22日，国联做出决定：中日两国停止战事，军队退回原防，听候联盟派员调查裁判。但是，日本根本不把国联放在眼里。24日，日本政府复函国联，蛮横地拒绝调查，声言"满洲事件"不容国联及第三国置喙，而应由日中两国直接交涉。国联的态度随之软化，转而赞成日本的主张。此后，蒋介石虽曾萌生过"与倭寇决一死战"的想法，但他在骨子里仍然是软弱无力的。是年12月22日，在全国民众要求抗日的压力下，他只好下野返里。

美英两国对日本的侵略行径奉行了纵容和姑息的绥靖政策。"九一八"事变的前一天，日本驻美大使出渊与美国国务卿史汀生就达成了一项秘密谅解：美国答应不干涉"满洲事变"，日本则许诺美国在中国"什么事都可商量"。事变发生后，美联社称："全世界都应该感谢日本在远东进行的反布尔什维克的斗争"；英国《泰晤士报》则说：日本的侵略扩张"亦情理所应有"。

1932年1月18日，日本侵略者又在上海制造了所谓"日本和尚"被中国义勇军打伤的事件，在上海燃起战火。1月28日，日本军队在铁甲车的掩护下，从日租界出发，向闸北、江湾、吴淞等处发起进攻。驻守上海的蒋光鼐、蔡廷锴将军自动奋起抵抗，给予日寇以迎头痛击，粉碎了他们在4小时内占领上海的妄言。2月13日，日寇5000多人又疯狂进攻上海北郊的中国军队蕴藻浜阵地，第19路军100名战士组成敢死队，在胸前胸后捆上炸弹，并以火油浇身，分成几路潜入敌阵。当他们周身的炸弹一齐爆响时，敌人被炸得粉身碎骨。与此同时，上海几十万工人举行声势浩大的反日总同盟罢工，各界人民群众也纷纷组成义勇军、救护队、运输队，支援19路军的抗日将士。

同年3月，日本以"自治""独立"的名义，扶植清朝废帝溥仪在中国东北建立了"满洲国"傀儡政权。9月15日，日本胁迫伪满签订了《日满议定书》，用法律形式固定了日本在其领域内所享有的一切特权。

二、长城抗战

1933年年初，日本开始向中国热河（今河北省东北部、辽宁省西南部、内蒙古自治区东南部）、察哈尔和华北其他地区扩张侵略势力。1月3日，日军轻而易举地攻占了中国长城重要关口山海关。2月21日，数千日军和9万伪军分兵3路进攻热河。当时，蒋介石拼命鼓吹"攘外必先安内""救国必先剿共"。在这种形势下，热河守军虽有20万人，但他们放弃抵抗，日本仅用10天时间便占领了热河全省。

3月11日，蒋介石任命其亲信何应钦接替张学良的职务，担任国民军事委员会北平分会委员长。何应钦虽然经过整编和增员，在长城一线组织了8个军的力量，但他仍然惧怕抵挡不住日军的进攻，丢了华北，受到谴责，于是又请求蒋介石大量增兵。此后，何应钦制定了长城抗战部署：商震指挥第32军，守卫东边的界岭口、冷口一线；宋哲元指挥第29军，担任中部喜峰口、马兰峪、罗文峪一线的防守任务；杨杰指挥第8军团拱卫北平，并以主力前出至南天门、古北口方向；傅作义指挥第7军团，担任察东、察南的阻击任务。

日军逼近长城后，略做准备，就从冷口、喜峰口、古北口3个方向，对中国军队发起猛烈攻击。进攻喜峰口的日军混合第14旅团的对手是号称"西北虎"的第29军。3月9日，激战于喜峰口一带的第37师一部，在师长张自忠将军指挥下，深夜摸入敌营，几百名战士肩背大刀，手握步枪，分别把住各处营房。只听一声令下，勇士们破门而入，先是一阵手榴弹，炸得不少日军士兵梦中便回了东瀛。然后连刀带枪，把日本守军全部歼灭。在接下来的10多天里，日军又转攻罗文峪、冷口、古北口，均被中国军队击败。

日军进攻长城各口受挫，便向滦东进攻，强占了滦东大片地区。3月下旬，守卫长城一线的中国军队又遭到日寇的夹击，被迫撤出长城各口。日军乘机大举进关，强渡滦河，进攻滦西、遵化、唐山等26个县。

此时，蒋介石拥有陆海空三军共170万人，理应通过组织几个大的战役，把日军赶回老家去。但是，他把大部分主力集中在江西、湖北、安徽等地，想同红军做最后的决战。在他看来，日本鬼子只要不再发动新的进攻，那就万事大吉了。为了维持北方长期对峙的局面，让他能抽出兵力"剿共"，他委托何应钦与日方代表谈判。5 月 31 日，国民党政府同日本签订了《塘沽协定》，规定"中国军队一律迅速撤退至延庆、昌平、高丽营、顺义、通州、香河、宝坻、林亭口、宁河、芦台线以西、以南地区，尔后不得越过该线，更不得有挑衅捣乱之行为"。这就在事实上承认了日本对东三省和热河的侵占，向日本敞开了华北的大门，使平津受到直接威胁。

何应钦

日本不断扩大对中国的侵略，激化了帝国主义国家之间的矛盾。1933 年，美英法 3 国增加了对国民党政府的经济技术援助，以便与日本的侵略势力相抗衡，保住它们在中国的利益。日本对美英法的行动极为不满。1934 年 4 月 17 日，日本外务省情报局长天羽英二发表声明，声称日本"对于维持东亚的和平与秩序，有特殊使命；对美英法的行动不能置之不理"。

三、全国掀起反日浪潮

国难当头，中国共产党及时发表了反对日本帝国主义侵略和对日作战的宣言，提出"以民族革命战争驱逐日本帝国主义"的主张。大批城市的工人、学生深入农村，同农民一起，形成声势浩大的反日斗争浪潮。哈尔滨各界联合会发表宣言：东北之 3000 余万民众，200 余万健儿，各输其财，各捐其躯，誓与日本帝国主义者做最后之决斗。"宁教白山黑水尽化为赤血之区，不愿华胄倭奴同立于黄海之岸！"

部分没有撤退的东北军在爱国将领的率领下，纷纷组成东北义勇军展开抗日斗争。仅 1932 年，由马占山等率领的东北义勇军就袭击了辽宁、吉林等省的城市 30 多次，并击毁了沈阳和哈尔滨的飞机场，破坏了抚顺的发电站。

1934 年，东北的抗日队伍在中国共产党的领导下，组成统一的东北抗日联军，由杨靖宇、周保中、李兆麟等爱国将领指挥，更加有力地打击了日寇。长白山下、松花江畔，到处燃起了抗日的烽火。抗日联军的爱国将领创造了无数可歌可泣的英雄事迹。后来，杨靖宇将军殉难，抗日联军又在周保中的领导下，狠狠打击侵略者，有力地牵制了日军进攻关内的力量。

1935年6月27日，察哈尔省民政厅长秦德纯同日本关东军代表土肥原贤二通过谈判，达成《秦土协定》，答应日本人可以在察哈尔自由往来，并取消国民党在该省的机关。7月6日，国民党政府军事委员会北平分会主任何应钦致函日本天津驻军司令梅津美治郎，正式承认日寇关于中国方面从河北省撤退驻军和国民党机关，取缔抗日运动等无理要求，出卖了中国对河北省的主权。这就是臭名昭著的《何梅协定》。11月7日，日方策动宋哲元等进行"华北五省自治运动"。11月25日，汉奸殷汝耕在通州成立"冀东防共自治政府"，使20多个县脱离了中国政府的统治。12月7日，国民党政府又决定设立"冀东政务委员会"，欲把河北、察哈尔两省置于中国行政区域之外，成为变相的"满洲国"。

在此民族危难的关键时刻，中国共产党、中国工农红军在长征途中，于1935年6月15日发表了《为反对日本并吞华北和蒋介石卖国宣言》，呼吁各党派抛去成见，以"兄弟阋于墙，外御其侮"的精神，为抗日救国事业共同奋斗。此时，北平学生大声疾呼："华北之大，已安不下一张平静的书桌了！"在中共华北地下党组织发动和领导下，北平1万多大、中学生于12月9日举行了声势浩大的示威游行。数九寒天中，热血青年们迎着警棍、皮鞭和水龙，高呼"停止内战一致对外""打倒日本帝国主义""反对华北自治"等口号，向国民党政府提出了抗日救亡的基本条件。这就是著名的"一二·九"运动。

次年，南京中央大学校长罗家伦代表该校师生前往绥远前线看望抗日将士时，发表了一篇《告绥远将士书》，其中说："经我们血染的山河，一定永久为我们所有。民族的生存和荣誉，只有靠自己民族的头颅和鲜血才可保持。这次我看见各位将士塞上的生活，已认识了我们民族复兴的奇葩，正孕育在枯草黄沙的堡垒中等候怒放。我深信各位不久更可以使世界认识我们中华男儿还是狮子，并非绵羊。我们全国同胞的热血，都愿意奔放到塞外的战壕里，助各位消灭寒威，激荡忠愤。"

四、侵华势力耀武扬威

20世纪30年代，日本法西斯军阀内部分为两大派，即主张以恐怖手段实现军部法西斯独裁的"皇道派"和主张采用合法手段的"统制派"。1936年2月26日清晨，日本陆军中的"皇道派"1400人，在法西斯分子荒木贞夫的率领下，在东京策动军事政变，袭击了首相官邸、警视厅等政府机关。日本内阁大臣、前首相斋藤实，藏相高桥是清，陆军教育总监渡边锭太郎当即遇害，天皇的侍从长铃木贯太郎也负了重伤。东京笼罩在一片血腥的暴乱中。事件发生后，以东条英机为首的陆军"统制派"借机通过所谓"肃军"，掌握了军部的主导权。3月，日本组成了法西斯专政的广田弘毅内阁。3月7日，广田内阁的"五相会议"通过了纲领性文件《国策基准》，规定日本的外交和国防要互相配合，确保日本帝国在东亚的地位。由此，日本国内掀起了海军主张的"南进论"热潮。"南进论"者声称，日本有3条生命线：一是中国东北，二是"内南海"即太平洋的委任统治地，三是"外南洋"即荷属东印度（今印度尼西亚）、菲律宾等地。

是年，日本不断大批增兵华北，在古北口修筑炮台，在北宁路屯驻重兵，并占领了丰台，作为切断华北与南方联系的重要军事据点。11月25日，日本与德国签订了《反共产国际协定》，形成了东京-柏林轴心。此后，日本依仗德国的支持，大举增兵中国。

1937年6月30日，日本贵族院议长、公爵近卫文磨组成第一届近卫内阁。近卫内阁组成的第三天，日本关东军参谋长东条英机即向政府建议："从准备对苏作战考虑，根据当前中国形势，必须立即打击中国国民政府。"在日本军部的策划下，一支驻扎在平津地区的日军于1937年7月7日晚，在北平（今北京）挑起"七七事变"。8月13日，日军又借故进攻上海，全面入侵中国。11月6日，日本同德意法西斯签订3国协议书，意大利正式加入了日德《反共产国际协定》，3个法西斯轴心国侵略集团正式成立。日本法西斯在西方伙伴的支持下，更加肆无忌惮地在东方推行侵略扩张政策。

五、卢沟桥事变

日本侵略者入关以后，在北平、天津两地派驻了重兵。北平外围的3面已由日军或汉奸占有，仅余西南一隅同南方相连。守军宋哲元所部第29军10多万人，布防于平津两地及北平至保定一线。毫无疑问，欲占北平，必须切断该市西南部的唯一通道，而这个通道的咽喉卢沟桥，便成为两军必争之地。

1937年6月29日，日军在卢沟桥附近举行夜战"演习"时，竟向卢沟桥街市进行实弹射击。日本全面侵华战争有如弦上之箭，一触即发。为了防止不测，中国第29军37师师长兼河北省主席冯治安，在省政府所在地保定下达命令，对北平实施夜间特别戒严，各城门增加了卫兵，并加设了流动哨；在长辛店北面高地构筑了新的散兵壕，并禁止日军在龙王庙堤防和该处南面的铁路附近自由行动。

7月3日清晨，冯治安在北平通知日本驻华武官今井武夫，约他去保定参加新落成的外宾招待所开幕式，以便利用同赴保定的机会，提请日方注意29日的实弹射击事件。当列车驶过良乡田野时，今井望着车窗外装模作样地自言自语："啊，多么平静啊！"接着又掉头问冯治安："阁下最近在北平实施夜间特别戒严，不知是何缘故？"冯治安反问："那么请问：日军以夜间演习为名，于6月29日向卢沟桥实弹射击，对此，阁下能否做出令人满意的解释呢？"今井诡辩说："这是根本令人无法想象之事！"

此后一天晚上，日本华北驻屯军司令田代皖一郎等为软化中国官兵，便通过冀察政务委员会在中南海怀仁堂举行联欢宴会，招待日驻北平连以上军官，由驻北平的第29军团以上军官作陪，还邀请了吴佩孚等名人。席间，几名日本军官跳上桌子唱起了日本歌曲，以示挑战。在场的第37师第100旅旅长何基沣也当即跳上桌子，唱了一首中国歌曲，以示应战。接着，一名日军顾问又舞起刀来，中方第38师第114旅旅长董升堂愤然跳上席，打了一套八卦拳，又耍了一套大刀。独立26旅旅长李致远也舞了一趟"滚堂刀"，表明中国军人不可欺。日军目瞪口呆，纷纷上前敬酒，企图将李灌醉。李致远冒死与之对饮。日军见不是对手，又提出比书法，哪知正中中方下怀。吴佩孚挺身上前，当场挥毫泼墨，写出一个大条幅，龙飞凤舞的醉笔，惊得日本人无不吐舌称好。最后，日本人高喊号子，将第29军军长宋哲元及时任北平市长秦德纯高举过头顶，中方军官也把两名日本军官举起。此时，双方剑拔弩张，怒目圆睁，如临大敌，大有一触即发之势。宋哲元见势不妙，忙讲了几句所谓中日应亲善之类的话，才使风浪平息下来。

（一）卢沟桥边突发激战

7月7日傍晚，日军驻扎丰台的牟田口联队第8中队为了滋事寻衅，在中队长清水节郎大尉的指挥下，未向中国军队做任何说明，便来到卢沟桥以北1公里的龙王庙附近，再次进行夜战"演习"。当夜10时，日军队列中突然传出枪声。清水立即集合部队，清点人数，发现一个名叫志村菊次郎的士兵失踪。清水查问，众说不一，其中有人说中国军队从卢沟桥北面向日军开枪。清水马上派传令兵前往丰台，向大队长一木清直报告。一木接报后，打电话给在北平的牟田口，说是演习部队遭遇中国方面的"非法射击"，请示该怎么办。牟田口回答："立即占领宛平城外平汉铁路支线旁边的'一文字山'，做好战斗准备。"

小兵志村因拉肚子"失踪"20分钟后就归队了，但清水没有把这个消息向一木清直报告，而是带队前往宛平东的五里店野营。8日零时20分，牟田口打电话给北平特务机关长松井太久郎，要他同中国方面交涉，允许日军进入宛平搜查"失踪士兵"，惩办"肇事者"。守城部队宋哲元部第 37 师 219 团拒绝了日军的无理要求，双方僵持不下。

为了平息事件，中方提出了组成混合调查组的建议。日方假意应承，派遣顾问樱井和日军在丰台驻军的森田彻中佐会同中国第 29 军参谋周思靖及宛平县县长、冀察外交委员会专员等，驱车前往卢沟桥，进行实地调查。守卫卢沟桥的中国军队，第 37 师吉星文团部下两个连队的指挥官，断然拒绝了日方的指责，申明中国军队既未开枪，也没有俘虏日本士兵。

可是，早有策划，意在挑衅的日方仍蛮横纠缠。他们一面与中国交涉，一面又从丰台派出 300 名士兵赶到卢沟桥。当天深夜，日军在大队长一木清直少佐的指挥下，强占了宛平东北角的沙冈，野蛮地向卢沟桥开炮。

7 月 8 日凌晨 4 时许，中日双方进入宛平县城内继续谈判。正在这时，东门外突然响起了枪炮声，接着西门外也枪声大作，日本蓄谋已久的对中国发动的全面大规模进攻开始了。守卫卢沟桥的 37 师吉星文团的两连士兵，在营长金振中率领下，奋起迎战，响亮地提出战斗口号："我们要把敌人埋葬在卢沟桥！"

8 日下午，战斗更为炽烈。中国的两连士兵部署在卢沟桥南，日军部署在卢沟桥北，双方奋力争夺对卢沟桥的控制。日军凭借优良装备，不断炮轰中国守军阵地，企图阻止中国军队冲上桥头。但是，中国军队毫不示弱，冒着大雨奋勇冲上了卢沟桥，与敌军展开了激烈的白刃肉搏战。与此同时，中国驻北平西苑的 29 军的另一部分战士在五星店、大井村方面切断了敌人的通路，并击退了回龙庙及刘庄一带的敌兵。深夜 12 时，吉星文团的四五百人组成了一支决死骑兵队，冒着黑夜中的蒙蒙细雨，猛然插入卢沟桥西北的敌营，用大刀消灭了数百名敌寇。

当天，中国共产党通电全国，大声疾呼："平津危急！华北危急！中华民族危急！只有全民族实行抗战，才是我们的出路！我们要求立刻给进攻的日军以坚决的反攻，并立刻准备应付新的大事变。全国上下应该立刻放弃任何与日寇和平苟安的希望与估计。"毛泽东、朱德、周恩来等 9 人又联名打电报给蒋介石："红军将士愿在委员长领导下为国家效命，与敌周旋，以达保地卫国之目的。"9 日，彭德怀、贺龙、刘伯承、林彪等人又打电报给蒋介石表示："我全体红军愿即改名为国民革命军，并请授名为抗日前锋，与日寇决一死战！"

当时，中日两国力量悬殊，中国穷得只有蒋介石一人有专车。要不要打？敢不敢打？国民政府内外都有人积极主和，或者提出推迟大战时间，并且问道："拿什么去打？"但是，此时的蒋介石却一改"九一八"事变时的软弱态度，决心应战，就连声名欠佳的戴笠也说："哀兵必胜，猪吃饱了等人家过年，是等不来独立平等的。"7 月 8 日，蒋介石复电时任北平市长秦德纯："应先具必战与牺牲之决心，及继续准备，积极不懈，而后可以不丧主权之原则与之交涉。"

为拯救危难中的祖国，全国民众再次掀起抗日救亡高潮。处于前线的北平，劳苦工人走在支前第一线。7月8日，长辛店工人带着大批枕木、铁轨、麻袋、工具，冒着枪林弹雨，同29军官兵一起筑工事、送弹药、救伤员。北平城内，各行各业组成劳军团、战地服务团、看护队、慰问队，支援前线抗日将士。上海《文汇年刊》就此指出：从卢沟桥事变这一夜，中国开始了它的新生，在全民族的统一与团结中，展开了神圣的全面抗战之序幕。

7月9日，中日军队达成3项口头协议：双方立即停止射击；日军撤退到丰台；中国军队撤退到宛平以西。但是，日军很快就破坏了停火协议。

从11日起，中日双方在平、津两地同时谈判。在天津，负责与日方谈判的是时任天津市长兼第38师师长张自忠。谈判一开始，日方便蛮横地提出，要中国单方面从卢沟桥撤兵，并惩办"肇事者"。日方的无理要求激怒了张自忠，他义正词严地指出："要惩办的不是中国人，而是日本人。至于从卢沟桥撤兵，我们可以把正规军撤走，换上保安队维持治安，不知日军又将采取什么措施？"在北平的谈判中，日军同样提出无理要求，被第29军副军长兼北平市长秦德纯断然拒绝："决不同意从卢沟桥撤退中国军队！"

"七七事变"发生后，日本军国主义分子欣喜若狂，公然叫嚷中国政府和中国军队的生存时间不超过3个月。日本内阁则宣称："政府在本日内阁会议上下了重大决心，决定采取必要措施，立即增兵华北。"

7月11日，日本发表《关于向华北派兵的政府声明》，近卫内阁召开紧急会议，宣布"政府已下定重大决心，关于派兵华北问题，决定采取应该采取的必要措施"。日本陆军参谋总长发布命令，从驻中国东北的关东军和驻朝鲜的部队中抽调两个师团到华北加强前线兵力，还派海军舰队开往华北沿海。14日，日军在平津一带集结了两万军队和100多架飞机，继续对国民党政府施加压力。

初秋，当日本京都第16师团的战船出现在天津大沽口海面上时，该师团第20联队士兵东史郎在日记里写道："昭和十二年九月十二日，船到达大沽海面……这下终于到达了中国。大陆！大陆！憧憬已久的大陆！……真是一片广袤无垠的大地啊！"

（二）国共两党合力抗日

为了共同抗击日本侵略，中国共产党和国民党于7月17日在庐山举行会谈，周恩来代表中国共产党亲临庐山与蒋介石会谈，并提交了《中共中央为公布国共合作宣言》。《宣言》称：

（1）本党愿为彻底实现孙中山先生的三民主义而奋斗；（2）取消一切推翻政

党政权的暴动政策及赤化运动，停止以暴力没收地主土地的政策；（3）取消现在的苏维埃政府，实行民权政治，以期全国政权之统一；（4）取消红军名义及番号，改编为国民革命军，受国民政府军事委员会之统辖，并待命出动，担任抗日先锋之职责。

当日，蒋介石在庐山第二次谈话会上做了著名的《对日一贯的方针和立场》的讲演。他在讲演中说：

万一真到了无可避免地最后关头，我们当然只有牺牲，只有抗战，但我们的态度，只是应战而不是求战，应战是应付最后关头逼不得已的办法。……至于战端既开之后，则因为我们是弱国，更没有妥协的机会，如果放弃尺寸土地与主权，便是中华民族的千古罪人，那时候便只有拼民族的生命，求我们最后的胜利。……总之，政府对于卢沟桥事件已确定始终一贯的方针和立场，且必以全力固守这个立场。到最后关头我们只有抗战到底。我们希望和平，而不求苟安；准备应战，而决不求战。我们知道全国应战以后之局势，就只有牺牲到底，无丝毫侥幸求免之理。如果战端一开，那就是地无分南北，年无分老幼，无论何人，皆有守土抗战之责任，皆应抱定牺牲一切之决心。

7月26日，驻天津的日军司令部向中国第29军发出最后通牒，要求第37师于48小时内撤出北平。未等中方答复，日军便调动200余士兵进攻北平彰仪门，并在四郊挑衅。中国军队分别将进犯的敌人击退。日本受挫后，又耍和平诡计，而第29军军长兼冀察政务委员会主席宋哲元竟答应日方可以派飞机来"视察"第29军阵地，以示中国方面的和平诚意。

28日，日机20架飞临南苑上空，进行所谓"视察"。敌机在空中盘旋几圈后，突然实行猛烈轰炸。中国军队猝不及防，伤亡很重。随即，日军地面部队也配合进攻。一时间，北平城里城外火光四起，日军坦克、步兵协同，向中国守军发动一次又一次攻击。第29军将士浴血奋战，顽强抵抗。双方鏖战竟日，副军长佟麟阁、第132师师长赵登禹壮烈殉国。守军阵地被毁，伤亡惨重。第29军寡不敌众，被迫撤退。7月29日，古城北平沦陷。30日，天津也落入日寇魔掌。从此，日本侵略气焰更为嚣张，一面实行全国的战时动员，一面以其在华北的30万大军，分兵4路，长驱直入，大规模向中国内地侵犯。

日军一路由平绥路、同蒲路进攻山西省，一路由平汉路进攻河南省，一路由津浦路、胶济路进攻山东省，一路由张家口沿平绥路进攻绥远省。此外，日军还分兵一路进攻上海，于8月13日发动淞沪战争，妄图在3个月内吞并中国。日军的暴行和侵略气焰，激发了中国人民的爱国热情，从南到北，从东到西，燃起了全国抗战的烈火，使日寇变成一头闯入火网的蠢驴。

（三） 苏联英美态度迥异

日本 1937 年发动全面侵华战争，激起了全世界人民的极大愤怒。苏联主张制裁日本法西斯，并大力支援中国抗战。1937 年 8 月 21 日，中苏签订了互不侵犯条约。此后不久，苏联政府就以巨额军火贷款，使中国获得了大批飞机大炮等武器装备。然而，美国和英国政府却对日本采取姑息、怂恿的绥靖政策，妄图利用日本侵略军来镇压中国人民的革命运动，以牺牲中国来换取它们自己的利益。

对日本发动全面侵华战争，美国政府不仅不谴责，反而口口声声说要保持"友好公正的立场"。美国国务院甚至宣称，"中日之间的武装冲突给和平和世界进步事业带来严重打击"，双方应负"共同责任"，公然偏袒日本侵略者。

英国政府采取了同美国政府一样的立场。"七七事变"爆发后，英国便邀请美国共同"斡旋"，替日本转达所谓的"和平条件"，即要蒋介石政府投降。1937 年 9 月 12 日，中国就日本全面侵华向国际联盟提出申诉，要求世界各国制裁日本。然而，当时把持国联的英国对此百般拖延和阻挠，敷衍了事，企图把中国的申诉推到国联之外。1939 年 4 月，英国驻华大使往返于日本和蒋介石政府之间，积极策动"中日议和"。与此同时，日本则在中国的沦陷区内进行反英活动，并寻找借口封锁了天津的英国租界。日方声称，若"英国不同日本全面合作"，日本将不解除对英租界的封锁。在日本的强大压力下，英国决定向日本让步。1939 年 7 月 2 日，英国政府发表声明，表示"承认中国的现状和在华日军的特殊需要"。7 月 17 日，英国政府又同意关闭滇缅公路 3 个月，切断了所有通过香港援华物资的运输。

英国和美国不仅在政治上姑息纵容日本侵略者，还在经济上通过贸易渠道向日本提供大批战略物资。据日本官方统计，仅 1937 年上半年，日本就从美国进口钢铁 130 万吨；"七七事变"后的一年内，美国运往日本的军事战略物资竟占日本全部消耗的 92%。英国不仅供给日本大批军用器材，还租船帮助日本进行军事运输。《华盛顿邮报》1937 年 8 月 29 日写道："美国的废钢铁在远东起了可怕的作用。日本用美国的废钢铁在降血雨。枪炮、炸弹、军舰都是用旧金属制造的。"

为了维护各自的利益，日本和美国在亚洲问题上互相利用，讨价还价。日本为了在侵占中国部分领土后继续向亚洲南部推进，提出日美"共同防共"，要求美国承认"满洲国"，同意日军留驻华北和内蒙古，并迫使蒋介石投降等条件，以便独霸中国，为侵占南洋做准备。美国由于其战略重点在欧洲，因此采取了同日本妥协的政策。美国虽然同意"共同防共"，承认"满洲国"，诱使蒋介石投降等条件，但同时表示不能放弃对蒋介石的影响，力图保住它在中国的利益。此外，美国还要求日本遵守"机会均等、门户开放"政策，并极力要求日本维持西南太平洋地区的现状，以保护美国及英法荷等国既得的殖民利益。

从 1941 年 3 月至日本偷袭珍珠港，美日双方共举行了 60 多次谈判，妄图实现美日妥协、牺牲中国、反共反苏的"东方慕尼黑阴谋"。然而，美日之间的肮脏交易最终以日本偷袭珍珠港而中断，美英策划的"东方慕尼黑阴谋"宣告破产。

六、日本炮制伪满洲国

1931 年"九一八"事变后，日本帝国主义侵占了中国整个东北地区，长春沦为日本的殖民地。为了加强日本的统治，关东军司令官本庄繁采纳了沈阳日本军部建川美次的提议："树立以宣统皇帝为盟主而受日本支持的政权。"

是年 10 月底，沈阳特务机关长土肥原贤二奉命到天津哄骗前清废帝爱新觉罗·溥仪说：关东军绝无领土野心，只是诚心要帮助满洲人民建立新国家，由你当元首，"一切可以自主"。按照土肥原的策划，11 月 10 日晚，溥仪逃出天津，乘船到了营口，接着又被转移到旅顺肃亲王府藏匿待机。

1932 年 2 月 23 日，板垣征四郎在旅顺接见了溥仪。一心想当皇帝的溥仪听说是做"执政"，表示异议。板垣大怒，蛮横地警告他说："如果你不接受，日方只有用对付敌人的手段加以答复。这是军部最后的话！"溥仪只好屈服。

溥仪在《我的前半生》中回忆当时的心情说：

我从此开始了对日本人百依百顺的历史。这并非完全由于害怕，也不像后来关内某些报纸上揣测的"迫不得已"。固然自从和板垣打过交道之后，我有了"瓷人"的感觉，觉得处境有如踩着老虎尾巴，但另一方面，有了日本租界的七年生活，我的灵魂的根子已深深扎在这种特定土壤内。我相信要满足自己的欲望——从最低的生命安全到最高的复辟清朝，只有借用日本人的势力，求得日本人的庇护和慷慨。

3 月 6 日，当板垣赴长春途经汤岗子时，将一份标明"三月十日"的《溥仪一本庄繁换文》的密约文本交给溥仪，要他画押。溥仪顺从地在卖国密约上签了字。密约规定：

一、将"满洲国"的国防及维持治安权委托于日本；

二、日本军在国防上认为必要时，得以管理满洲国的铁路、港湾、水路和空运等，并得增设；

三、对于日本军需要的种种设备，"满洲国"须加以援助；

四、推荐日本的贤达名望之士为"满洲国"参议；

五、以上各条，作为两国签订正式条约的基础。

3月9日，一场傀儡戏在长春旧道尹衙门上演：爱新觉罗·溥仪就任"满洲国"的"执政"，年号为大同。长春改称"新京"。

8月8日，日本政府任命关东军司令官武藤信义为驻"满洲国"特命全权"大使"。这个太上皇于9月15日带着伪国务院总理郑孝胥来到"执政府"的勤政楼，煞有介事地宣布日本承认"满洲国"，并同溥仪签署了一份《日满协定书》。协定书规定："满洲国"确认日本在东北的一切既得权益和《溥仪一本庄繁换文》规定的特权：日军驻扎"满洲国境内"，"两国共同担负防卫国家"。协定书签订后，日本以"条约"形式囊括了东北军事、政治、经济上的控制权。武藤和他"保荐"的"总务厅长官"驹井德三以及各部日籍"次长"掌握着"国家"的实权。溥仪在《我的前半生》中说："原来的密约成了议定书不公开的附件，在议定书的烟幕下，日本'主人'从我手里拿走了一切要拿的东西。"

1934年3月1日，溥仪在"新京"南郊杏花村举行登基典礼，改"满洲国"为"大满洲帝国"，溥仪为"皇帝"，年号康德。中国东北遂成为"五族协和的王道乐土"。

伪满洲国的"领土"包括现中华人民共和国辽宁、吉林和黑龙江三省全境以及内蒙古东部与河北省承德市（原热河省），共113万平方公里。据1940年伪满洲国国务院编纂的《康德七年度临时国势调查报告》，当时的总人口为4320万人。

为达到使满洲最终成为日本人国土的侵略目标，日本以开发伪满的名义展开"国策移民"活动，计划在20年内从日本向伪满移民100万户、500万人。1936年4月，日本关东军在长春召开移民会议，制定《满洲农业移民百万户移住计划案》。截至1944年9月，居于伪满各地的日本移民（包括开拓团民）共166万人。1945年后，大部分日本移民被遣返回国。

伪满洲国建立时，一批法西斯政府和其他政府承认了这个"国家"。其中，1941年4月13日，苏联和日本在莫斯科签订《日苏中立条约》，苏联表示尊重伪满洲国地区的领土完整和神圣不可侵犯性。但是，中国南京国民政府一直不承认这一政权，国际联盟也主张中国东北地区仍然是中国的一部分。

七、淞沪会战

卢沟桥事变后，日本立即全面入侵中国。外相伊藤博文在东京召见驻华日军总司令板垣和对华派遣军司令冈村宁次时宣称，日本将集中精锐力量，从陆海两面同时向华北、青岛、上海进攻，通过南北策应，夺取战略要地。伊藤特别指出，上海是中国的经济和政治中心，占领上海就能切断中国的海上补给线，迫使国民党政府

投降。接着，他又传达了"淞沪作战计划"，确定 8 月发起进攻。7 月 8 日板垣返抵中国后，即派特使萱野秘密到了上海，会见驻沪日军司令白川大将，授意他制造事端，为进攻上海寻找借口。

国民政府当然也很警觉。还在卢沟桥事变前的 7 月 5 日下午 4 时，蒋介石就密电上海警备司令杨虎：时局外弛内张，注意发生事变，暗中加强防范，适时报告。7 月 15 日，国民政府同意国共合作，并任命冯玉祥将军为第 3 战区司令。冯玉祥将军受命后，立即召集战区高级将领部署防务：第 9 集团军驻防上海，第 8 集团军驻防杭州湾，第 10 集团军驻防浙江沿海。

（一）日军借"虹桥事件"攻击上海

7 月中旬，白川指挥日本海军陆战队在闸北举行越界演习。月底，日本驻上海领事照会上海当局，诡称水兵失踪，要求中国飞机停飞。国民党当局为避免事态扩大，两次都做出了让步。日军见挑衅未能成功，便策划了新的阴谋。

8 月 9 日下午 5 时，一辆军用摩托车驶出日本海军陆战队驻闸北的兵营，车上坐着两个人：一个是日本上海驻军特别陆战队西部派遣队第 1 中队中队长大山勇夫中尉，一个是一等水兵斋藤要藏。斋藤开摩托，大山挎着相机，坐在跨斗上。摩托车直向军事重地——虹桥机场冲去。两人到机场附近后，大山朝着远处的军事工事一阵拍照。拍着拍着，他发现离目标太远，于是命令斋藤再往前开。斋藤一踩油门，竟朝机场大门撞了过去。守卫机场的一名中国保安战士立即做出手势，要求他们停止前进。大山二话没说，拔枪向中国警卫射击。机场内的保安战士闻声赶来，见战友倒在血泊中，不禁义愤填膺，纷纷开枪还击。此时日军摩托车急向右转，沿机场东面牌坊路仓皇向北逃窜。在中国保安战士的追击下，日军摩托车在距机场大门 100 米处中弹起火，大山饮弹毙命。斋藤见势不妙，弃车向东北方向逃窜，最后也中弹身亡。

"虹桥事件"是淞沪会战的导火线。

日本驻上海领事立即就此事向时任上海市长俞鸿钧交涉，要求惩办"凶手"并赔偿损失。俞鸿钧答称，须先调查真相。当晚 9 时，中日双方代表到达现场勘察。晚 10 时，双方的交涉毫无结果。当夜，驻沪日军司令白川命令日海军陆战队 1.5 万人做好战斗准备。第 3 战区司令冯玉祥将军获悉情况后，于 8 月上旬调驻苏州、无锡、常熟一带的第 87 师、第 88 师进入上海防卫，统由京沪警备总司令兼第 9 集团军司令张治中将军指挥。

8 月 13 日 3 时许，驻沪日军司令白川以中国士兵在虹桥机场枪杀日本官兵为借口，指挥日本海军陆战队炮轰上海闸北、虹桥和江湾。9 时，日本侵略军在坦克的掩护下，沿宝山路向上海进攻，日本海军的舰艇则向人口密集的上海市区进行猛烈炮击。淞沪会战就此开始。张治中将军率领警备区部队奋起抗敌，凭据工事、路障和坚固的建筑物，以严密的火力阻遏日军的进攻。

下午 3 时，日军地面部队在海上和空中火力的掩护下，从租界出发，又一次向闸北地区的宝山路、八字桥和天通庵路发动进攻。《纽约时报》首席记者哈雷特·阿班这样描述被炸后的南京路："路面尽毁，数百死伤者已被抬离，人行道上留下凝结的残血，一片黏滑。虽然铺撒了沙子，又大量喷洒消毒剂，街上仍弥漫着藏尸间的恶臭。跑马场周围，墙上、广告牌上，栅栏上粘挂着人头碎块，依旧未获清理。"

（二）中国军队寸土必争

淞沪会战是中国大地上第一场立体性的大会战。从会战一开始，空中战斗就异常激烈。8 月 14 日凌晨 2 时，驻扬州的第 5 航空队接到封锁长江的命令，即令第 24 中队执行任务。顿时，18 架轰炸机向上海飞去。3 时 30 分，机群飞临吴淞口外白龙港上空，对集结在港湾里的 50 艘日军舰艇发起攻击。500 磅的炸弹自空而下，江面登时化为一片火海，一艘日舰被击沉，其余日舰慌忙向港外逃窜。当天的外电这样报道："中国空军出现在黄浦江上空，向日舰投弹轰炸，日舰纷纷放高射炮，华机毫不畏缩，盘旋于高射炮之烟幕中，奋勇轰炸。市民赴外滩及各大厦屋顶，观战者颇为热烈。这是中国空军成立后的首次空战，一艘日军潜艇被击沉，两艘袖珍军舰烧毁。日本第 3 舰队的旗舰'出云'号也遭重创。但空战中也出了岔子，初出茅庐的中国空军，追击日舰'出云'号时，被日军高射炮击中，误将一颗炸弹掉落在汇中饭店，另两颗掉落在跑马场附近，那里是交通拥挤的十字路口。"

当日，国民党政府通过外交部发表声明："中国之领土主权，横遭日本之侵略——中国决不放弃领土之任何部分，遇有侵略，唯有实行天赋之自卫权以应之。"

15 日凌晨，张治中指挥的第 87 师、第 88 师向日军发动大规模反攻，日军不支，向后逃窜。日空军出动一个大队的战斗机，对中国部队进行轰炸。中国航空第 4 大队起飞还击，双方展开长空激战。大队长高志航右臂中弹，仍坚持战斗。分队长乐立群英勇作战，击落敌机 4 架，其余敌机仓皇逃窜。

8 月中旬的一天早晨，中国第 5 航空队 24 中队见习官阎海文奉命率 6 架轰炸机轰炸通天庵日军司令部。他们冒着日军高射炮喷出的火网，俯冲扫射、投弹，日军司令部腾起了浓烟烈火。激战中，阎海文驾驶的 2 号僚机被高射炮射中左翼，飞机向下坠落，阎海文立即跳伞。他降落到通天庵公墓地带，日军前来搜捕。他勇敢地拔出双枪抵抗，击毙日军 7 人。敌军从四面把他包围起来，喊话要他投降，但他不为所动，继续向日军射击。当他只剩下一颗子弹时，他高呼："打倒日本侵略军！"随即用这颗子弹自尽。

8月20日，国民政府军事委员会发布命令，把淞沪、江苏南部和浙江划定为第3战区，司令长官冯玉祥，副司令长官顾祝同，前敌总指挥陈诚，下辖第9、第15、第19集团军，总兵力后来达70多万人。

同日，第9集团军88师在师长余济时的率领下，突破日军阵地，从虹口公园打到汇山码头的黄浦江边。日军被压缩在通天庵司令部老巢。司令官白川惊惶失措，电告日本当局：进攻上海失利。日本大本营接到急电，立即派松井大将率领10个师团，乘军舰从日本本土向上海进发。

22日拂晓，松井率领的舰队驶进上海海面。23日凌晨，松井命令3个师团登陆，向吴淞、川沙港等地进攻。守卫吴淞口的第9集团军的一个团，在日军进攻兵力数倍于己和炮舰、空军的强大火力攻击下，伤亡很大，防线很快被日军突破。占领吴淞口的日军迅速向纵深推进。

日军另一支登陆部队在火力掩护下，以坦克为前导，向宝山、浏河镇等地猛攻，以威胁上海左翼。为了遏止日军，第9集团军的5个师沿长江南岸一线，与敌军登陆部队展开激烈战斗。24日拂晓，中国航空军第2大队11中队分队长沈崇海，奉命袭击海上日舰。沈崇海率6架轰炸机飞临长江上空，立即向日舰投弹，可惜炸弹未能命中。沈崇海决定撞毁敌舰，轰炸员任云阁也愿与他同死。于是，沈崇海果断地一拉操纵杆，猛地向敌舰冲去。日舰被炸后迅速下沉，而两位英勇的战士也光荣殉国。

9月初，日军自吴淞口溯江调来30余艘战舰，几百门舰炮齐轰宝山县城，试图从中路突破中国军队防线。宝山县城为一弹丸之地，城市建筑多为土木结构，哪经得起如此炮火。成吨的炮弹落地，便削去一片房屋。一时间，宝山城房倒屋塌，满城火光。城内居民扶老携幼，四下逃散。

中国守军第18军583团3营姚子青部500余人，在火光熊熊、硝烟滚滚的城中与日军展开巷战，寸土必争，半步不退。激战两昼夜，全部壮烈牺牲。上海《大美西报》发文赞道："此次姚营全部殉城，其伟大壮烈，实令人内心震动而肃然起敬，此非仅为中国人之光荣，亦为全人类之光荣，其伟业将永垂史册而不朽！"

第14师参谋长郭汝瑰带领8000人奋战几天后，伤亡惨重，军长担心他守不住，就派人去问他是否需要援兵。郭汝瑰在回信中说："我八千健儿已经牺牲殆尽，敌攻势未衰，前途难卜。若阵地存在，我当生还晋见钧座。如阵地失守，我就死在疆场，身膏野草。他日抗战胜利，你作为抗日名将，乘舰过吴淞口时，如有波涛如山，那就是我来见你了。"

（三）800 壮士浴血奋战

9 月上旬，冯玉祥将军鉴于形势的变化，一面急向南京求援，一面召开战区军事长官会议，决定部队由进攻转为防御。张治中将军按会议精神，将第 9 集团军撤退到敌舰射程之外，凭据工事阻遏敌军。

10 月下旬，日军进攻上海的兵力已达 11 个师团，约 30 万人，飞机 100 余架，战舰 30 多艘。鉴于敌众我寡，10 月 26 日，冯玉祥将军下令部队全部撤到苏州河南岸，继续防御。为了顺利完成大部队撤退任务，张治中将军亲自召见第 88 师 525 团团长谢晋元，命他率领所部，坚守苏州河北岸四行仓库阵地，掩护大部队的撤退。

谢晋元是黄埔军校 1926 年毕业生，年方 32 岁，血气正旺。

四行仓库是一座 7 层楼高的钢筋混凝土建筑，墙厚楼高，钢筋扎架，易守难攻。28 日，苏州河北岸的四行仓库内，谢晋元带领 800 壮士浴血奋战。苏州河南岸的公共租界，数万群众隔河相望，每击毙一名日寇，南岸便掌声雷动，欢呼震天。当天下午，上海商会秘书长严谔声接到谢晋元电话，要求送一面国旗过河。女童子军杨惠敏闻讯后，将一面国旗裹在身上，冒着生命危险游过苏州河，将旗送到目的地。美国记者惊叹不已，称杨为"圣女贞德"。不过，由于旗子太小且无旗杆，是日晚，市商会童子军团长叶春年拿了家里两根最长的晾衣竿和商会最大的一面国旗，带了 6 名童子军趁夜色匍匐进入四行仓库。29 日清晨，仓库顶上一面巨大的国旗迎风飘扬。南岸群众欢声雷动，许多人流下眼泪，肃立脱帽。

在四行仓库阵地上，谢晋元在接受了童子军赠送的锦旗后表示，决心和所率 800 名士兵与日军战斗到最后一刻。800 勇士在仓库中，从底楼到顶楼，层层设防。底楼有反坦克火炮，顶楼有高射机枪。谢晋元率领 800 将士日夜坚守，打退敌人几十次进攻。仓库四面的墙壁无一处不留下累累弹洞，多处被火炮打穿。但是，楼房未倒。

日军进攻受阻，便用坦克开路。猛烈的炮火把守军压制在工事后面，情况十分危急。谢晋元当机立断，立即组织了 3 人一组共 15 人的爆破敢死队，去炸毁敌军的坦克。战士们怀抱炸药包，跃出工事，向坦克冲去。前 3 个组的战士先后牺牲，余下的两个组，一组正面冲击做掩护以吸引敌人，另一组从侧面迂回，接近坦克。这一战术果然奏效，敌人坦克终于被炸毁了。

接着，日军又组织了两个连的兵力，强攻中国守军阵地。守军以猛烈炮火封锁，敌军纷纷中弹倒地。狡猾的敌人见强攻无效，便组织了一个连，悄悄从左侧猛攻上来。守军左侧阵地被突破。见此，谢晋元亲自率守军迎了上去，与敌人展开肉搏战，将敌人赶出阵地。

10月28日，日军见屡攻不下，就组织一个十几人的小分队进行突击，企图用炸药包炸毁四行仓库的墙体，打开一个突破口。他们为了防止遭到枪击，就顶着一块厚钢板移动到墙下。敢死队员陈树生情急之下，二话不说，在身上绑满手榴弹，从6楼跳了下去，与10多名敌人同归于尽。谢晋元看着楼下的浓浓烟火，流着泪说："全体壮士早已立下遗嘱，誓与四行最后阵地共存亡，但求死得有意义，但求死得其所！"

经过4昼夜的激战，谢晋元率领的战士牺牲10余人，受伤30余人，毙敌200多人，坚决守住了四行仓库阵地，完成了掩护大部队后撤的任务。

战斗正酣时，谢晋元作诗自勉：

勇敢杀敌八百兵，抗战豪情以诗鸣；

谁怜爱国千行泪，说到倭奴气不平。

10月30日晚9时，天空一片漆黑，谢晋元奉命率部突围，胜利地回到了苏州河一侧的我军阵地。事后，毛泽东高度赞誉"八百壮士"的英勇无畏精神，把他们誉为"民族革命英雄"的典范。还有人编写了一首《八百壮士之歌》：

中国不会亡，中国不会亡，

你看那民族英雄谢团长；

中国一定强，中国一定强，

你看那八百壮士孤军奋守东战场；

四面都是炮火，四面都是豺狼，

宁愿死，不退让，宁愿死，不投降，

我们的国旗在炮火中飘扬！飘扬！

八百壮士一条心，十万强敌不敢挡，

我们行动有力，我们志气豪壮。

同胞们起来！同胞们起来！

快快赶上那战场，

拿八百壮士做榜样，

中国不会亡！中国不会亡！

经过3个月的防御战，第9集团军在击毙敌军9115人，击伤31257人后，自己也筋疲力尽，弹尽粮绝。冯玉祥将军在无奈之下，于11月9日下令放弃上海，向苏州、福山一线转移。第9集团军撤至苏州、福山一线后，立脚未稳，敌兵已至，于是继续向无锡、江阴一带撤退。此后，因仍未能阻止日军的追击，第9集团军又被迫向皖南、南京一带溃退。

战事结束后，《上海生活》杂志署名白华的文章这样写道："时间一年多了，苏州河的血腥气洗刷了？不，没有洗刷，正沉淀在水底层。暂时河面是恢复了平静，可是，可是，河那边的一片焦土，就是劫痕没有磨灭的告诉。"上海名医陈存仁也在《抗战时代生活史》中说："抢购米粮不必说，作为燃料的煤球也贵到几倍，因为上海的存煤越来越少，所以这时电力限制使用，每一户电表，最初限制每月只能用15度，后来最少限到7度。超过限度，要加倍付费。马路上的霓虹灯及电灯装置，几乎全部停用。我们感觉整个上海，快要成为黑暗世界了。"

八、南京保卫战

1937年11月7日，还在日军攻克上海之前，日本统帅部即下达命令，由上海派遣军与第10军编组成"中支那（华中）方面军"，并由松井石根大将担任司令官。命令规定该方面军在苏州-嘉兴一线以东地区作战。20日，当松井发现从淞沪战场上撤退下来的中国军队溃不成军时，便提议立即攻打南京。他认为，"现在敌军的抵抗，各阵地均极微弱"，如不继续进攻，"不仅错失战机，且令敌军恢复其士气，造成重整其军备的结果，恐难于彻底挫折其战斗意志"。24日，日本参谋本部正式撤销了有关华中方面军原作战地区的规定，并于12月1日下令该方面军"与海军协同，攻打敌国首都南京"。松井立即着手部署兵力，令中岛今朝吾中将指挥的第16师团、吉住良辅中将指挥的第9师团、谷寿夫中将指挥的第6师团、末松茂治中将指挥的第114师团作为进攻主力，并调集了获洲立兵中将指挥的第13师团、牛岛贞雄指挥的第3师团，总共6个师团的兵力，分为3路，向南京发动钳形攻势。日军从一开始就企图切断中国军队的退路，使南京守军处于3面被围、背水一战的困境。

在通往南京的路上，日军每进一个村庄，必定先把村民尽数杀掉，然后才开始宿营。离去前，他们则将该村彻底烧毁。第16师团第20联队士兵东史郎在日记里讲述了这样一件悲惨之事：

我们立即扫荡了村子，抓来了五男一女……被绑在树上的人，有的被刺死，有的被斩首，有的被射杀。我们对其中一对青年男女很感兴趣，所以把他们放在最后处死。"把这个女人从男人身边拉开！"中队长下令道。一个士兵扳开女人的手，使劲把她拖开。另一个士兵"嗨"的一声，用刺刀刺进男人的胸膛。女人"啊"地大叫一声，发疯似的冲过去，紧紧抱住男人，哭了起来。她号啕大哭，好像要吐出血来。真是个非常动人的戏剧性场面。不一会儿，她把紧紧地埋在男人胸口的满是泪水的脸抬起来，冲着我们怒目而视。她怀着对倒在血泊中奄奄一息即将失去生命的男人深深的爱，怀着对我们的刻骨仇恨，用手指着自己的胸膛说："刺吧！"不，应该说是她严厉地命令我们。一个普通女人俨然像将军一样以巨大的威严命令我们！又是"嗨"的一声，女人"呜"地倒下了，像保护恋人一样倒在男人的胸膛上……我们当即在村子里放了火，接着便向另一个村子进发了。

上海沦陷后不久，1937年11月16日，国民党政府召集国防最高会议，决定迁都重庆，长期抗战。此时，对于南京是战是守，军中意见不一。高级将领中普遍反对"固守"，甚至有人明确表示，不应在南京做没有"战略价值之牺牲"。蒋介石一时拿不定主意，并在11月17日的日记中写道："南京应固守乎？放弃乎？殊令人踌躇难决。"不过，蒋介石和唐生智都认为，南京既为首都，不可不做重大牺牲。蒋介石还表示，他愿自负死守之责。将领们认为统帅不宜守城，时在病中的唐生智便自动请缨。19日，蒋介石任命唐生智为南京卫戍司令长官、城防总司令官，守城时间为3个月至1年。卫戍司令部设在鼓楼百子亭附近的一栋两层楼内。

11月25日，蒋介石下达了保卫首都的部队战斗序列：共计7个军、14个师及其配属单位，10万余人。参加南京保卫战的中国军队有第78军军长宋希濂等。

11月27日，蒋介石在巡视南京城防工事时叹息道："南京孤城不能守，然不能不守也。"

此时，中国军队不管是兵员素质还是士气，都与淞沪会战时大不相同。有的部队还来不及补充就投入战斗，有的部队补充的大批新兵还没有受过训练，战斗力严重下滑。面对来势凶猛的20万日军，中国守军屡战失利，南京外围战略要地相继陷落。

（一）唐生智声言死守

11月27日，唐生智向外国记者发表谈话说：

中国为一爱好和平之民族，从不侵略他国，"九一八"后，日本以数十年之准备，大举进犯中国国土，中国在物质上虽缺乏准备，但精神上则具无上之抵御决心。自卢沟桥事件以来，我军在各地多遭挫败，但吾人将屡败屡战，至最后胜利为止。本人奉命保卫南京，至少有两事最有把握：第一，即本人及所属部队誓与南京共存亡，不惜牺牲于南京保卫战中；第二，此种牺牲牲定将使敌人付与莫大之代价。

12月4日，蒋介石飞抵南京，向卫戍军师以上将领发表讲话，叮嘱他们抱定不成功便成仁的决心，努力固守南京。

南京的防御工事分为两种："外围阵地"和以城墙为主要依托的"复廓阵地"。12月5日，日军进攻南京的部队已经到达中国卫戍军外围防线附近，进抵南京城郊，不断对中国守军发动攻势。中国卫戍军奋力与日军苦战，损失奇重，节节后退。6日晚，蒋介石偕夫人宋美龄，接见了参与保卫南京的团以上将领。根据速记，蒋介石在训话时说：

唐生智

总理的陵墓在这里……我们不能轻言放弃，轻易放弃。今日，首都已变成一个围城……但现在，各方面的战争形势都在继续发展，我不能偏于一隅，所以责任逼着我离开，这在我内心是感到异常的沉痛。今天我把保卫首都的责任交给唐生智将军，唐将军是身经百战、智勇兼备的将领，他必定能秉承我的旨意负起责任。大家要服从唐将军，正像服从我一样……万一有什么不幸，那也是成了保卫国家的民族英雄。

12月7日凌晨4时，蒋介石就起了床。5时30分，他和宋美龄出现在明故宫机场。快上飞机时，蒋介石似乎想起了什么，于是手写一张字条，叫人交给唐生智。字条上写着："应用火车将岔路口一线堵塞，阻止敌人的战车通过。"10分钟后，他们心情沉重地登上飞机。这时候起飞是最安全的，等天亮了，日本飞机就又来空袭了。上飞机后，蒋介石叫飞行员驾机在南京上空盘旋一圈。他向南京投去最后一瞥。

8日，日军攻陷淳化镇和镇江炮台后，向南京城突进。9日，日军进抵南京城下，并用飞机向城中投撒华中方面军司令官松井石根致中国守军的最后通牒——《劝降书》：

百万日本军已席卷江南，南京处于包围中。由战局大势观之，今后交战有百害而无一利。惟江宁之地，乃中部古城、民国首都，明孝陵、中山陵等古迹名胜猬集，颇具东亚文化精髓之感。日本军对负隅顽抗的人格杀勿论，然对无辜民众及无敌意之中国军队则以宽大处之，不加侵害。至于东亚文化，犹存保护之热心。贵军苟欲继续抵抗，南京将毁于战火，千年文化将毁于一旦，十年苦心经营将化为乌有……

南京卫戍司令唐生智对松井的最后通牒置之不理，并于当日下达命令，作为回答："本军目下占领复廓阵地为固守南京之最后战斗，各部队应以与阵地共存亡之决心尽力固守，决不许轻弃寸土、摇动全军，若有不遵命令擅自后移，定遵委座命令，按连坐法从严办理。"

12月10日下午2时，日军地面部队见中国军队拒绝投降，就在飞机、大炮的掩护下，向雨花台、通济门、光华门、紫金山等阵地发起全面进攻。在城市东南方向，因复廓阵地已基本丧失，日军直接进攻城垣。卫戍司令部急令第83军的第156师增援光华门、通济门城垣的守备，并于城内各要点赶筑准备巷战的预备工事；同时将第66军由大水关、燕子矶调入城内，部署于中山门及玄武门内，准备巷战；另调刚刚由镇江撤入城内的第103师、第112师由教导总队总队长桂永清指挥，负责中山门附近城垣及紫金山阵地的守备。当夜，第156师选派小分队坠城而下，将潜伏城门洞中的少数日军全部歼灭。在雨花台方向，日军两个师团主力和步、炮、坦克及航空兵协同攻击，将第88师右翼第一线阵地全部摧毁。国军残部退守第二线阵地。

同一天，日军攻占芜湖，中国军队后路遂被切断。

11日，日军第16师团猛攻紫金山南北的中国军队阵地。在紫金山及其以南地区，教导总队坚决抗击。激战终日，日军毫无进展，只有右翼部队攻占了第2军团防守的杨坊山、银孔山，进至尧化门附近。日军为使其第16师团便于进攻，并适时切断守军的东退道路，又从正在镇江等船渡江的第13师团中调山田支队，从第16师团右翼加入战斗，向乌龙山、幕府山炮台进攻。日军第10军的第114师团、第6师团主力继续攻击雨花台。中国第88师的第二线阵地又被摧毁，守军被迫据守核心阵地。

（二）蒋介石下令撤退

南京保卫战期间，蒋介石所在的武汉大本营对南京的战况极为关注，每日均有询问及指示的电报。当蒋介石发现撤至南京的部队士气低落、阵地失守时，为避免南京守军被敌围歼，便于11日中午考虑撤退，并要当时在江北的顾祝同打电话把他的想法转告唐生智。当晚，蒋介石又致电唐生智："如情势不能久持时，可相机撤退，以图整理而期反攻。"唐生智马上找罗卓英、刘兴两位副司令长官和周斓参谋长研究，决定于14日夜开始撤退。但是，蒋介石第二天又改变主意，致电唐生智说："经此激战后，若敌不敢猛攻，则只要我城中无恙，我军仍以在京持久坚守为要。当不惜任何牺牲，以提高我国家与军队之地位与声誉，亦为我革命转败为胜唯一之枢纽。"他还说，"如能多守一日，即民族多加一层光彩。如能再守半月以上，则内外形势必一大变，而我野战军亦可如期来应，不患敌军之合围矣！"

然而，形势急转直下。12日，日军5个师团对南京复廓阵地和城垣发动猛攻。中午时分，日军第114师团右翼部队开始攻击中华门，城门被炮火击毁，防守此处的第88师只得撤退。南京失陷已成定局。当时，大批逃难居民与溃退的散兵拥挤在街道上，城中秩序开始陷于混乱。唐生智等决定提前到当夜撤退。17时，卫戍司令部召集南京守军中师以上将领开会，布置撤退行动。唐生智首先简要说明了当前战况，询问大家是否还能继续坚守。与会将领无一人发言。唐生智于是出示蒋介石命守军相机撤退的电令，并由参谋长周斓分发了参谋处已油印好的撤退命令及突围计划。

卫戍作战命特字第一号命令

12 月 12 日 15 时于首都铁道部卫戍司令部

一、敌情如贵官所知。

二、首都卫戍部队决于本日（12 日）晚冲破当面之敌，向浙、皖边区转进。我第 7 战区各部队刻据守安吉、柏垫（宁国东北）、孙家铺（宣城东南）、杨柳铺（宣城西南）之线，牵制当面之敌，并准备接应我首都各部队之转进。芜湖有我第 76 师、其南石炮镇有我第 6 师占领阵地，正与敌抗战中。

三、本日晚各部队行动开始时机、经过区域及集结地区，如另纸附表规定。

四、要塞炮及运动困难之各种火炮并弹药，应彻底自行炸毁，不使为敌利用。

五、通信兵团，除配属外部队者应随所属部队行动，其余固定而笨重之通信器材及城内外既设一切通信网，应协同地方通信机关彻底破坏之。

六、各部队突围后运动务避开公路，并须酌派部队破坏重要公路、桥梁，阻止敌之运动为要。

七、各部队官兵应携带 4 日份炒米及食盐。

八、予刻在卫戍司令部，尔后到浦镇。

自行决定由下关渡江的军、师长，大多未按命令规定的时间开始行动，而是在散会后立即部署部队撤退。有的部队在接到命令前即已撤走，如卫戍司令部第 2 军团负责固守乌龙山，应最后撤退，但徐源泉于 12 日下午即率其第 41 师和第 48 师，从周家沙和黄泥荡码头乘坐预先控制于该处的民船，最早渡至江北，经安徽去江西整顿。乌龙山要塞部队在徐源泉部撤走后，也于当晚毁炮撤去江北。有的将领只向所属部队打撤退电话，或回去安排一下撤退事宜就脱离部队，先行到达下关，随同卫戍司令部和第 36 师乘渡船先到江北。

由于城中部队多沿中山路向下关撤退，而挹江门左右两门洞已经堵塞，仅中间一门可以通行，各部争先抢过，你推我搡，不少人因挤倒而被踩死。下关的情况更为混乱——各部队均已失去控制，争先抢渡。由于船少人多，有的船只因超载而沉没。大部官兵无船可乘，纷纷拆取门板等物制造木筏渡江，其中有些人因水势汹涌、不善驾驭而丧生。同时，日军第 16 师团的一部也乘舟艇进至八卦洲附近江面，切断了中国军队的退路，并出动舰艇横扫江面上利用船只、木排渡江的中国军人，有三四千名中国军人被敌寇枪炮打死或被敌舰撞翻坠入江中溺死，宪兵副司令萧山令即死于半渡之中。

与此同时，日军各师已分由中山门、光华门、中华门、水西门等处进入南京城内；原在镇江的天谷支队已渡过长江，正向扬州前进；国崎支队已至江浦，正向浦口前进。已渡至江北的中国军队沿津浦路向徐州方向撤退。

南京终于沦陷！

13日，当南京城墙四周的枪炮声渐渐沉寂下来时，日军第16师团步兵第20联队的中队长四方藤造，用白漆在中山门城门的铁扉上写下这样一行字："昭和十二年十二月十三日午前三时十分大野部队占领。"然而，当这个疯狂兴奋的少尉手舞足蹈地从废墟上下来时，却踩响了中国士兵埋设的一颗地雷。

12月14日，根据中国大本营的指示，唐生智在临淮关宣布南京卫戍司令长官部撤销，撤至江北的卫戍军部队改隶第3战区。南京保卫战基本结束。

九、徐州会战——喋血台儿庄

全国抗战爆发5个月后，侵华日军已经在关内占领了中国国土南北两大地盘。南以沪浦为中心，北以北平、天津、石家庄、太原为据点。中国陇海铁路一线守军，阻断了日军两部，南北日军如欲合流，向中原侵袭，就非拿下徐州不可。于是，从1937年12月至1938年5月，中国军队同日本侵略军展开了正面战场上大规模的徐州会战。

徐州为苏北重镇，位居黄河、淮河之间的苏鲁豫皖4省相接之处。城中津浦线纵贯，陇海线横穿，为扼东西南北大动脉的要冲。城外丘陵起伏，河川纵横，古往今来为兵家必争之地。

日军统帅部根据侵华战争的新形势，制订了新的作战计划，决定以南京、济南为基地，从南北两端向徐州夹击，首

李宗仁

先攻占徐州，打通天津至浦口的铁路线；把南战场和北战场连成一片，进而夺取武汉、广州。1937年年底，侵华日军最高指挥部调集矶谷和板垣两支精锐部队，海陆并进，企图在鲁南地区的台儿庄会师，然后直驱徐州，一举歼灭中国第5战区的有生力量。

台儿庄距徐州150公里，中方只有少量军队驻守在该庄东南的禹王山上。日军

如占领了台儿庄，则徐州唾手可得。为了加强防备，蒋介石任命国民党桂系领袖李宗仁为第5战区司令长官，李宗仁立即赶赴徐州坐镇。

李宗仁部有12个集团军，约60万人。他将重兵布置于徐州以北，抗击南犯日军；一部分兵力扎营于津浦线南段，阻击日军北上。

（一）临沂之战挡住日军两师团

1938年1月12日，由海路进犯的板垣师团在青岛崂山湾和福岛两处强行登陆，然后沿胶济路西进，至潍县转南，到了2月初，其前锋直指鲁南军事重镇临沂。与此同时，从陆路进犯的矶谷师团也已沿津浦线南下，与板垣师团遥相呼应。

临沂距徐州300多公里。一旦临沂失守，徐州则失去一道外围屏障。然而，在李宗仁连夜召开的紧急军事会议上，由于难调守军，众将一筹莫展。最后，当李宗仁的目光触到地图上的海州时，他才茅塞顿开，计上心来——应把驻守海州的庞炳勋第3军团火速调往临沂据守！

庞炳勋的第3军团是杂牌军队，实际上只有5个步兵团，枪支弹药装备非常缺乏。当李宗仁把军需武器送到庞炳勋军团总部时，士卒一片欢腾。庞炳勋十分感动，表示誓同日军拼个短长，就是为国捐躯也万死不辞！他立即率军开往临沂，只用几天时间就把临沂的防御工事修筑加固完毕。

2月下旬，板垣率日军1万多人，以坦克为前导，骑兵殿后，浩浩荡荡抵达离临沂不到10公里的鹅庄、独树头一带，并命令人称"猪头"联队长的河野满去闯开临沂的大门。不过，河野满的联队刚从土丘后面露头，"轰"的一声，从第3军团防御阵地飞来的一发炮弹，就把日军的膏药旗炸得无影无踪。河野满损兵折将，满脸血污，逃窜回去报告："临沂的中国兵的厉害……"板垣大怒，派出师团的精锐部队，并配属一个山炮团、一个骑兵旅，向庞炳勋部队扑杀过来。

庞军5个团的将士面对气势汹汹的敌人，毫不畏惧，拼死抵抗。日军虽反复冲杀，却不能前进一步。捷报传到徐州，中外记者纷纷拥向李宗仁官邸打听消息，并抢发新闻："名不见经传的中国杂牌军队，痛击最优秀的日本皇军。"

在鹅庄、独树头一带坐镇指挥的板垣感到难言的羞辱，发誓要踏平庞炳勋的第3军团，血洗临沂城，于是下令加紧进攻。第3军团因伤亡惨重，弹药不足，渐感不支。庞炳勋急电徐州请求增援，李宗仁遂令参谋长徐祖贻急调张自忠的第59军由海州开赴临沂参战。细心的李宗仁此时突然想起，张、庞二人之间似有私仇，于是又拿起电话，把张自忠叫到自己的办公室。

谈话中，一提起庞炳勋，张自忠就骂了起来，说是中原大战期间，两人本是在冯大帅的指挥下同老蒋作战，但庞炳勋后来被老蒋收买了，就调转枪口打他。张自忠说："那次战斗我们伤亡过半，我也负了重伤。当时我就发誓，此仇不报，决不为人。"但是，面对气焰嚣张的日本鬼子，经过李宗仁的一番劝解，张自忠最后表示："李长官，我明白了，我服从你的命令，立即开赴临沂前线！"

第二天清晨，当日军向临沂发起猛攻时，忽闻四面枪声大作。庞炳勋站在临沂城上看得真切，高声喊道："兄弟们，援军到了，赶快配合出击！"军号声声，士气大振，士兵们端起刺刀冲出城门，打击敌人，迫使日军狼狈后撤。

3月29日下午，张自忠下达了全军总攻击的命令。在中国军队的强大攻势下，日军被迫撤退。当第59军的官兵追击到沙岭时，日军突然停止退却，凭借已有工事和优势火力顽强抵抗。中国军队几次冲锋，都难以突破日军阵地。张自忠在前沿阵地上，耳边不时传来一阵阵炮声。听到这炮声，将军的热血沸腾了。他猛地拿起笔，写下3条手令，其中说："敌人亦到最后关头，看谁能忍最后之一秒钟，谁就能成功。我困难，敌之困难更大；我苦战，敌之苦处数倍于我。望率所部撑眼前这一极小之时间，甚盼，甚盼。"张自忠的手令转达到部队以后，官兵们争相传阅，部队士气大增。在中国军队的冲杀声中，日军败退了。

持续数月的临沂保卫战，张自忠、庞炳勋两支部队互相配合，挫败了日军两个师团在徐州北面会师的企图，正如李宗仁在回忆临沂之战时所说："临沂一役最大的收获，是将板垣、矶谷师团拟在台儿庄会师的计划彻底粉碎，造成尔后台儿庄血战时，矶谷师团孤军深入，为我围歼的契机。"

（二）王铭章以死报国

板垣师团在临沂的失败，使矶谷感到十分庆幸，认为这是他抢占头功的好机会。3月中旬，矶谷以坦克为前导，以重炮为后盾，只经过小小的交火便占领了邹县。于是，矶谷头脑发热，更加自信和轻敌。他鼓吹："半天拿下滕县，3天占领台儿庄。"

矶谷师团大军压境，滕县人民十分恐慌。百姓眼巴巴指望驻守当地的第122师保护城池。第122师师长王铭章是1937年9月从成都请缨来到滕县驻防的，他当时就立下"誓以必死报国"的遗嘱。

第122师虽说是1个师，但却只有两个旅，每个旅实际只有1个团。日军不仅在数量上占有优势，而且还装备有山炮、野炮、重炮等多种特种兵器，武器装备上的优势更加明显。但是，王铭章师长对抗日满怀信心，他曾坦率地说："以川军薄弱的兵力和窳败的武装，担当津浦路上保卫徐州第一线的重大任务，力量不够是不言而喻的。我们身为军人，牺牲原为天职，现在只有牺牲一切以完成任务，虽不剩一兵一卒，亦无怨尤。不如此，则无以对国家，更不足以赎20年川军内战的罪愆了。"

当时，徐州空虚，援军尚未调到。蒋介石得知敌情后，即向第5战区下达命令："四十一军王铭章，务必死守滕县三日，以待增援部队巩固徐州。"

形势危急。滕县百姓自动组成担架队、运输队、劳军队等，捧茶端酒犒劳部队。122师官兵感动得热泪盈眶，决心与百姓同生死，与城市共存亡。

这是一场惊心动魄的战斗。矶谷命令开炮，猛击县城，城墙被炸坍了，士兵们端起刺刀，与日军展开肉搏战。日军坦克冲上来了，守军缺少爆破器材，就把手榴弹捆在身上，滚到坦克履带之下。师长王铭章把参谋人员和后勤人员组成预备队，哪里战斗最激烈就补充到哪里。在弹药消耗殆尽，人员损失过半的情况下，官兵仍然士气高昂。

当李宗仁看到滕县的战报时，已是血战的第三天了。此时矶谷已派出两支精锐部队，准备随时截击援军。由于增援受阻，李宗仁只得向王铭章说明要以大局为重，坚决死守。王铭章表示要血战到最后一分钟，拖住日军。恰好此时中央军精锐部队汤恩伯的第20军团奉调到第5战区准备参加徐州会战，先头部队第85军已到，李宗仁即刻命令该军速去解滕县之围。然而已经迟了！

3月17日下午，援军仍未到来。王铭章意识到，这是报国的最后关头了。他向司令部发出了最后一份电报："目前敌用重炮、飞机从晨至午不断猛轰，城墙缺口多处，敌步兵屡次登城，屡被击退。"最后，王铭章表示："决心死拼，以报国家，以报知遇。"

当王铭章缓缓向一处阵地走去时，忽然看见滕县县长周同站在身边。他停下脚步，和蔼地说："周县长，你可以走了，你应该走了。守城，由我指挥。"周县长回答说："王师长，守土有责这四个字，我是明白的。抗战以来，只有殉国的将军，没有殉职的地方官。我们食国家禄的，非常惭愧！王师长这样爱国，这样爱民，我们深受感动。我为一县之长，决不苟生。我要做一个为国牺牲的地方官。"

日军从东面和西面攻入县城。王铭章把指挥所设在县城十字街头，亲自督战。看到日军冲过来，他举起枪，怒吼道："弟兄们，我们要坚守到最后一分钟，要拼到最后一滴血！"

蒋介石下达的坚守3天的时限早已过去了，战斗还在继续。突然，一颗子弹击中了王铭章的胸部，鲜血很快染红了将军的衣服。卫士见状，急忙用绑腿为将军包扎。正当卫士要把受伤的王铭章转移时，一排子弹射来，师长光荣殉国。

3月18日，滕县、临城陷入日军之手。3月20日，韩庄、峄县被日军占领。

（三）外围战大败日军

军事上的又一次得手，使矶谷更加骄狂，他竟不顾与板垣原已订好的会师台儿庄的计划，孤军直扑台儿庄。

李宗仁连日召集新近调防徐州的第 2 集团军孙连仲部和第 20 军团汤恩伯部的高级将领开会，针对矶谷轻敌骄狂的弱点，做出相应的部署。会上，孙连仲拍案而起："俺是冯玉祥西北军出身的，防守是俺的拿手好戏，台儿庄的防御战，该俺第 2 集团军露脸了！"第 2 集团军所辖第 30 军军长田镇南、第 42 军军长冯安邦、第 30 师师长张金照、第 31 师师长池峰城等也慷慨激昂地随着请缨。李宗仁当即命令号称"国军精华"的第 20 军团当钓饵，诱敌深入，以便围歼。

这一天，矶谷的先头部队遭到汤恩伯第 20 军团的伏击，津浦线上顿时枪弹横飞，杀声震天。矶谷得知日军咬住了国军的精锐部队，不禁大喜，下令不惜一切代价全歼这支部队。

日军摆出了决战的架势，但 20 军团却打打退退。被胜利冲昏头脑的矶谷越发自信，遂命部队穷追不舍。20 军团让开津浦路正面，退入抱犊崮东南的山区。矶谷哪里知道，20 军团是调转矛头，以截断他与板垣师团的联系，于是率队直奔台儿庄。3 月 23 日，矶谷先头部队抵达台儿庄，于凌晨发动总攻，下午即突破第 30 军田镇南的防线，冲进了台儿庄北泥沟、车站。

此时，孙连仲所部在台儿庄外围各村落，同日军展开激战。两军逐村逐寨争夺，互不相让，打到村中时，最后多以白刃战解决问题。几天下来，台儿庄以北附近村庄多毁于战火，墙垣残破，遍地瓦砾。当地村民为杀日寇、保家园，纷纷让出院落，腾出房屋，搬出家具衣被，供守军构筑工事、街垒之用。

24 日晨，矶谷采用焦土政策，动用飞机、坦克和各种火炮，对蒲旺、辛庄、凤凰桥等一线防御工事实施毁灭性打击。第 2 集团军虽伤亡惨重，但将士们仍以血肉之躯抵住日军的炮火和坦克，死守不退。

守卫台儿庄的第 31 师官兵与日军展开激战，不时以灵活的战术同日军周旋。日军的炮火把台儿庄城寨东北角的城墙炸塌了，日本鬼子看到城墙中的这个突破口，纷纷往城里冲锋。池峰城师长看到情况万分危急，厉声命令："敢死队，跟我上！"突入台儿庄城东北角的日军两面受到威胁，立足未稳，就被中国军队歼灭了。李宗仁看到台儿庄第一天的战斗报告，当即传令：奖赏敢死队银圆 10 万。敢死队队员听到李宗仁的嘉奖令，一致表示："只要抗日，不要银圆！"日军猛攻了 3 昼夜，才于 27 日冲入台儿庄街区。接着，两军展开巷战，争夺每寸土地。

李宗仁数次急催汤恩伯加快南下，但汤恩伯为了保存实力，在姑婆山区逡巡不前。李宗仁大怒，直接驱车前往姑婆山，对汤恩伯当面训诫道："如果再延误战机，当呈报蒋委员长！"汤恩伯不敢再拖，只得遵命。

正当汤恩伯磨磨蹭蹭，带兵南下时，台儿庄的守军几乎已伤亡殆尽。到 4 月 3 日，台儿庄 2/3 的地方已被日军占领。孙连仲的第 2 集团军仍据守南关一隅，伤亡人数超过了 7/10。在此情况下，台儿庄前沿阵地的指挥官、第 31 师师长池峰城请求孙连仲暂时撤出台儿庄，退至运河南岸等待援兵。

当孙连仲请示李宗仁时，李宗仁毅然下令："今夜向日军发动夜袭，以打破敌军明晨拂晓进攻的计划。"孙连仲得知李宗仁的意图后，对池峰城说："台儿庄必须坚守。士兵打完了，你就自己顶上去；你牺牲了，我就顶上去。再言撤退，杀无赦！"池峰城咬紧牙关，坚定地回答："我就把这一腔热血洒在鬼子头上了！"

孙连仲立即进行紧急部署，将轻伤员、炊事员、勤杂人员等组成十几支敢死队，并命令士兵抓紧时间休息，待命出击。午夜，数百名敢死队员臂缠白毛巾，在暮春浓雾的掩护下摸向敌营。疲惫的日军此时正在酣睡，毫无察觉。敢死队勇猛冲杀，日军仓皇败退。第 2 集团军一举夺回被日军占据的 3/4 的地区。矶谷见大事不妙，忙下令部队撤到台儿庄北门，打算坚守到天亮再说。然而黎明刚到，台儿庄北面就猛然响起重炮声——汤恩伯军团已出现在矶谷师团的背后。矶谷如梦初醒："我被包围了！"忙下令撤退，可是已经来不及了。

前来督战的李宗仁见决战时机已到，遂令孙连仲率领台儿庄的守军全线出击，自己的随员也协同作战。霎时杀声震天，士兵个个勇不可当。矶谷师团已成强弩之末，弹药打光，汽油耗尽，机动车辆大部被毁和瘫痪。溃不成军的日寇只好退至峰县。经清点，矶谷共损失 1.7 万人。

（四）台儿庄岿然不动

日军侵华最高军事统帅部不甘惨败，重新拟定了进犯台儿庄的计划。除给矶谷师团补充火炮弹药外，又拨伪军刘桂堂部供其调遣。矶谷稍加喘息，便与板垣率近 4 万日军，分两路向台儿庄杀来。

坐镇武汉的蒋介石一方面为台儿庄初战的胜利感到高兴，另一方面又为下一步的对策大伤脑筋：由于孙连仲已无力投入战斗，据守台儿庄的只剩下汤恩伯军和于学忠的一个师，兵力不足两万，急需增援新军。

这期间，正值滇军第 60 军于 1938 年年初奉调保卫武汉。第 60 军的军长是卢汉，师长有张冲、高荫槐等。该军调到武汉后，蒋介石立即召来卢汉，当面授命 60 军转赴徐州参加会战。卢汉异常激动，表示不负重托，努力杀敌，誓雪国耻。

此时，驻守台儿庄的汤恩伯和于学忠听说矶谷、板垣又来进犯，恐兵力不敌，便于 21 日晚从左右两翼后撤，使得台儿庄一带的防线出现了一个缺口。日军先头部队的两个步兵连和骑兵四五千人，在 30 余门火炮和 20 余辆坦克的掩护下乘隙而入，妄图扩大缺口，撕开我军防线，向南攻占台儿庄。

4 月 21 日卢汉率军抵达徐州后，兵分 3 路向台儿庄疾进。4 月 22 日拂晓，各路人马渡过了运河。8时左右，第183师潘朔端团和陈钟书旅在陈瓦房、邢家楼一带与日军遭遇。卢汉急令不惜一切代价堵住缺口。在陈瓦房，潘朔端团的尹国华营与先期占领该地的一个日军大队展开激烈战斗。尹国华率领尖刀连，用"恶虎掏心"的战术直捣日军指挥部，然后由内向外，分割围歼，终于将陈瓦房夺了回来。

矶谷立即下令日军切断中国军队增援陈瓦房的道路，以优势兵力将尹国华500多官兵团团围住。交战中，尹国华和全营官兵壮烈殉国。卢汉在率领大军顺利进入阵地后，眼含热泪，咬紧牙关，通令三军牢记血债，努力杀敌！

在邢家楼、五圣堂地区，陈钟书旅也同日军展开了艰苦的遭遇战。陈旅长机智果敢，先敌一步抢占了阵地，顶住了日军的多次进攻。激战至下午5时，陈旅长带头跃出战壕，冲入敌群。日军败逃，陈钟书率兵乘胜追击，不料一个倒地装死的日军少佐突向他连开数枪，击中了他的头部。陈钟书怒目圆睁，猛将刺刀插入敌人胸膛，然后拄枪挺身，高声呼道："弟兄们，冲啊！杀啊……"最后英勇牺牲。

经过4月22日一天的激战，60军将士扼住了缺口，稳住了阵地。次日，第183师、第182师又在凤凰桥、五窑路、蒲旺、辛庄一带夺回并守住了台儿庄正面一线的阵地。

自4月24日凌晨起，矶谷、板垣师团又集中兵力，向60军的正面防线发起猛攻。经过反复拼杀，团长云龙阶不幸阵亡。入夜，邢家楼及辛庄等地相继被日军攻陷。卢汉只得命令部队退到第二线阵地，等待援兵。矶谷误认为60军已无力进攻，便于27日午后，用3个联队对60军正面防御据点东庄展开重点进攻。守卫东庄的张仲强营长急令全军隐蔽，待敌人离阵地只有50米时才猛烈开火，歼敌300余人。

面对严峻的形势，卢汉召开军事会议，决定只留一个团的兵力据守台儿庄，而将主力转移到台儿庄东南的禹王山。此地位于运河东岸，左可控制台儿庄，右能控制黄石山，俯视全局。师长张冲在率第184师先期移师禹王山后，迅速沿东、西、北3面赶筑工事，待全军到达后再展开以禹王山为主的阻击战。

60军移师禹王山，使矶谷和板垣预感到局势不妙，于是匆忙调兵遣将，以坦克骑兵为先导，于28日凌晨扑向禹王山。张冲坐镇禹王山顶指挥，见敌人到来，一声令下，漫山遍野枪炮齐鸣。士兵还将事先堆好的石头掀下山顶，砸得敌军人仰马翻。营长魏开泰身先士卒，不失时机地组织小分队出击，不幸被流弹击中倒下。"为营长报仇！"士兵们呐喊着向敌军冲去。到11点左右，终将来犯之敌全部歼灭。

经过8昼夜鏖战，中国军队终于守住了台儿庄。日军迫不得已改变了战略部署，在4月29日后将主力转移到鲁西及苏、皖北部，企图对徐州进行迂回包围。台儿庄战役宣告结束。

台儿庄之役后，日军恼羞成怒，调集了华北方面军和华中派遣军的13个精锐师团，共30余万人，决心一举围歼徐州地区50个师的中国军队。日军此次改用了南北对进、侧翼迂回的战术，很快就攻克了徐州周围的若干重镇。5月中旬，南北日军会师安徽砀山，对徐州形成包围之势。坐镇武昌军委会的蒋介石见势不妙，急令李宗仁火速突围，经皖豫山区，收缩中原。5月19日，徐州陷落。然而，由于中国数十万军队安全撤退，日军围歼中国主力部队的计划宣告失败。

（五）无名英雄夏文运

台儿庄战役的胜利，同准确及时的情报密不可分。事隔多年，李宗仁才在回忆录中透露："何君冒生命危险，为我方搜集情报，全系出乎爱国的热忱。……（何君）未受政府任何名义，也未受政府分毫接济。如何君这样的爱国志士，甘做无名英雄，其对抗战之功，实不可没。"

"何君"是谁？就是夏文运的化名何益之。因在家中排行末位，俗称"夏老九"；又因长得白白净净，聪明腼腆，又被称为"夏大姑娘"。

夏文运是大连市金州七顶山人，1905年生，1929年成为日本京都帝国大学文学部硕士研究生，1932年毕业后回到大连，应聘为奉天冯庸大学教授兼校长秘书，"九一八"事变后日本侵占了东北，冯庸大学被迫迁至北平，夏文运因此失业。后经人介绍进入伪满洲国政府机关工作，很快就担任了侵华日军参谋部第二课课长和知鹰二的随身翻译，因而结识了许多日军高层军官。

1931~1936年，两广处于军阀割据状态，日本侵略军为了利用这种局面，便派夏文运到广州游说桂系军阀李宗仁。李宗仁见他年轻热情、为人正派，就约他一谈。李宗仁诚恳地对他说："我看你是位有德有才的青年，现在我们祖国如此残破，你的故乡也被敌人占据，祖国的命运已经到了生死存亡的边缘，你能甘心为敌服务无动于衷吗？"夏文运经此一问，泪如雨下，当即向李宗仁表示："如有机会替祖国报效，万死不辞！"

机会终于来了。1937年12月27日，日本华北方面军占领济南后，又把目光转向中国南北大动脉津浦线和东西大动脉陇海线的重要枢纽徐州。在此危急关头，第5战区司令长官李宗仁决心在台儿庄一带痛击日军。身居上海的夏文运闻风而动，冒着生命危险收集、传递日军绝密情报。由于夏文运得到和知鹰二的庇护，在沦陷区行动自由，他便从大特务土肥原贤二等处获取了许多极为重要的情报，然后通过设在上海法租界一位日籍友人寓内的秘密电台发出。中国第5战区情报科以专用电台接收、专用密码译出，然后交给李宗仁使用。李宗仁称其情报在抗战初期是"独一无二的"。

1938年2月上旬，李宗仁接到夏文运密报：板垣师团将从胶济线进军蒙阴、沂水等地，李宗仁据此命令庞炳勋军团驰往临沂堵截敌人。庞炳勋军团实际上只有5

个步兵团，浴血奋战到 3 月中旬后，渐渐抵挡不住日军的攻势，急电李宗仁求援。此时南北战线都很吃紧，李宗仁手下无兵可派。正当他一筹莫展之时，夏文运又从上海发来密电：日军北动而南不动。于是，李宗仁迅速抽调张自忠的 59 军北上，庞、张二部并肩作战，在临沂歼敌 3000 多名，使日军后退 90 余里，彻底粉碎了板垣、矶谷两师团在台儿庄会师的企图，从而为台儿庄大捷创造了条件。

此后，夏文运一直为李宗仁和国民党重庆方面提供日军情报。例如，1940 年 12 月，夏文运在致孔祥熙的密函中，就报告了他同年赴日期间收集到的各种秘闻。太平洋战争爆发后，夏文运频繁传递情报的活动引起了日方的注意，因而遭到日军的搜捕，他被迫逃出上海。

1943~1945 年，夏文运在担任伪山西省政府建设厅厅长时，曾利用自己的特殊身份，经常同八路军进行物资交换，并掩护、解救过包括董必武在内的许多共产党人。日本投降后，夏文运在北平被国民党政府逮捕入狱。在此期间，民国山西省政府建设厅曾函复山西省高等法院检察处称："伪建设厅厅长夏文运罪行无案可稽。"1947 年，夏文运经北平行辕主任李宗仁保释出狱，1948 年回上海定居。

20 世纪 50 年代，夏文运辗转去了日本，与日本妻子和孩子定居东京，退休后以经营料理店为生，1970 年 11 月 15 日因脑出血去世，终年 72 岁。现在，他的名字已被载入《大连人物志》，他在大连的故居也被有关部门列入修复规划。

十、武汉会战

武汉会战，中方又称"武汉保卫战"，日方则称"武汉攻略战"。1938 年 6 月 11 日至 10 月 25 日，蒋介石为了保卫武汉，投入了 110 个师、120 万人，而日军前后动用了 35 万人。中国军队在 4 个多月中以伤亡约 40 万人的代价，歼敌 14 万人，最后主动放弃了这座城市。日军惨胜，战争进入长期相持阶段。

1938 年 5 月徐州陷落后，日军气焰更加嚣张，决定进一步扩大侵华战争，将贪婪的目光投向两江相会、三镇鼎立的华中重镇武汉。鉴

武汉保卫战

于武汉当时是中国抗战的政治、军事和文化重心，日本陆军部、参谋本部第二部

（情报部）认为：“从历史上看，只要攻占武汉、广东，就能统治中国”；“攻占汉口作战，是早日结束战争的最大机会”；“通过这一作战，可以做到以武力解决中国事变的大半”。

5月26日到6月3日，毛泽东在延安抗日战争研究会上发表了《论持久战》的著名演讲，正式提出抗日持久战的防御、相持、反攻3个战略阶段。作为中共代表在武汉工作的周恩来也于10月10日发表了《辛亥、北伐与抗战》一文，文中指出：“武汉是中华民国的诞生地，是革命北伐时代的最高峰，现在又是全中华民族抗战的中心。”

当时，中国军队刚刚赢得正面战场第一次重大胜利——台儿庄大捷，有人被局部的胜利冲昏了头脑，认为“中国抗战已越过危险阶段”，再打几次这样的大胜仗，就能把日本鬼子赶出中国。与此同时，又有人散布“亡国论”的主张，说是“再战必亡”。在这种情况下，正是以国共合作为基础的抗日民族统一战线的建立，坚定了全民族以持久战打败日本侵略者的信心。

江南江北　多线作战

1938年5月徐州失守后，全国亿万军民众志成城，严阵以待，做好了保卫大武汉的作战准备。蒋介石最后确定的破敌之策是：徐州作战后，主力退至皖西、豫中，并根据中原形势，在汉口的长江以南成立第9战区，以陈诚为司令长官。江北的鄂北、皖北、苏北仍为第5战区，由李宗仁指挥。江北的马当要塞、湖口对岸及田家镇要塞，还有武汉卫戍区等，均归第9战区指挥。总的作战方针是：以主力在武汉外围，凭依江南之鄱阳湖、九岭山、幕阜山和江北之大别山、桐柏山及长江两岸之丘陵、湖泊地区，进行持久作战，以牵制消耗敌人，粉碎日军的进攻企图。作战区域达10多个省，作战面积达300多万平方公里。

5月21日，蒋介石得知徐州突围出来的部队乱成一团，受到日军围歼，热血直冲脑门，便带着商震等将领急奔郑州。当他在郑州又得知国军无法堵住南下的日军部队时，真的急了，突然踱到地图前面，指着黄河地区问道：“水淹三军，古已有之，我们能不能试试这一招？”商震想了想，说：“这个主意也行……但是，黄河水能淹死敌人，同样也会淹死我们无数的百姓啊。这个办法不能用，不能用。”蒋介石不同意商震的看法，态度十分坚决：“一切服从军事需要，我已经决定了，就这么办！”

实际上，在此之前，蒋介石的德国顾问团团长法肯豪森就已向蒋介石提出建议：一旦日军打到开封、郑州一线，黄河就成为中国军队的最后战线，适宜做有计划的人工泛滥，以增厚其防御力量。蒋介石十分赞同这一想法，并在法肯豪森的建议书旁边批道：“最后抵抗线。”

这一天，蒋介石在下达了炸开黄河花园口的命令后，就匆匆返回了武汉。6月

9日，郑州市北郊17公里处的黄河南岸渡口——花园口被扒开，洪水如脱缰的野马，任意奔腾向前，由中牟、白沙、郑庵越过陇海路，向南面和东南方向泛滥，经贾鲁河直入安徽境内，越淮河、运河奔入长江，灾及河南、安徽、江苏3省的44个县。

对于蒋介石这一举措，军史学家们褒贬不一。从一定意义上讲，它确实给日军造成了重大伤亡。据日本防卫厅防卫研究所战史室编写的《中国事变陆军作战史》记载，洪水之后，日军只能用航空兵团空投后勤物资。决堤后，由于形成黄泛区这一巨大地障，迫使日军在平汉路以东停止前进，从而消除了唐白河流域和汉水中游面临的威胁，并守住了军事重地郑州。

6月15日，日本御前会议再次研究进攻武汉和广州的作战计划，认为进攻武汉的兵力已经准备就绪。18日，日军大本营根据御前会议的决定，下达了第119号命令，全面部署武汉作战。这个命令明确指出，攻占武汉以初秋为期。于是，日军在第11军司令官冈村宁次、第2军司令官东久迩宫稔彦等指挥下，企图以长江两岸的30多万兵力实现"速战速决、征服中国"的美梦。

武汉会战包括马当战斗、九江战斗、黄梅战斗、广济战斗、田家镇战斗、瑞昌战斗、马头镇战斗、星子战斗、万家岭大捷、富金山战斗、信阳战斗，等等。

枪声先从南线响起。日军主力按预定作战方案沿长江西进，第一步是夺取安庆、九江等城市，建立进攻武汉的前进基地。6月11日夜间，日本海军的20多艘舰艇护送波田支队（"台湾"混成旅），驶抵安庆附近水面。12日凌晨下起了倾盆大雨，波田支队的官兵冒雨在安庆登陆后，首先占领了郊区机场。当日18时，川军第27集团军杨森部的防御阵地被日军突破。次日，日军占领安庆。蒋介石大怒，电斥杨森"轻弃名城"，并要他反攻安庆。杨森回电说，徐源泉的第26集团军挡不住日军第6师团的攻击，暴露了他的侧背，他才不得不退出安庆。

波田支队在攻占安庆后，继续搭乘海军舰艇溯江西进，6月下旬抵达江防要塞马当的封锁线外。这个要塞由德国军事顾问设计，耗资无数，坚固异常，蒋介石对它寄予厚望，认为它至少能阻止日军1个月左右。要塞附近的守军为李韫珩的第16军，当时，他不顾形势危急，竟然办了一个为期两周的"抗日军政大学"，并于6月24日举行结业典礼，邀请第16军各级军官和当地士绅参加，大吃大喝。日军得此情报，于当日凌晨在第16军防地登陆成功，然后顺利攻下香山、香口等地。幸亏防守马当要塞长山核心阵地的海军陆战队第2大队没有派人参加结业典礼，在大队长鲍长义指挥下，经过顽强抵抗，才打退了波田支队的多次大规模集团冲锋。

眼见第16军暂时指望不上，鲍长义赶紧发报给在武汉的老上司谢哲刚。谢哲刚一看电报，吃惊不小，立马报告了蒋介石。蒋介石旋即打电话给在田家镇视察的白崇禧，让他快想办法。白崇禧看了看地图，马上打电话到彭泽的第167师，要师长薛蔚英立刻率部增援长山。但是，薛蔚英部未按白崇禧指明的大道及时赶到战场。鲍长义的 2 大队在坚持两天后，伤亡过半，弹药消耗殆尽，不得不撤离阵地。马当炮台随即失守。蒋介石连夜把陈诚叫去臭骂一顿。陈诚命令第 16 军和第 49 军反攻马当，但中国军队屡屡受挫，伤亡惨重，陈诚不得不下令停止进攻，退守彭泽。后来，李韫珩被撤职查办，薛蔚英则吃了枪子。

8 月 22 日，日军大本营下达了进攻武汉的作战命令。日军 24 个师团（占总兵力的 70%）兵分几路发起进攻，声称将通过武汉会战歼灭中国军队，切断中国的国际补给线，达到"将国民政府驱逐于中原之外"的政治目的。

10 月中下旬，日军第 11 军和第 2 军逐渐逼近武汉。长江南岸的日军第 9 师团和波田支队在辛谭铺附近渡过富水河，攻占阳新、大冶，占领葛店后，准备进攻武汉。第 9 师团企图占领贺胜桥，第 27 师团向咸宁前进，企图在咸宁附近切断粤汉铁路，直接威胁武汉右翼。日军 9 个师团 20 多万人从东面、南面和北面对武汉形成了 3 面包围，武汉会战处于最后的关键阶段。

日本侵略军在向武汉进攻的同时，又在广东省大亚湾登陆，驻守广东海防的国民政府第 12 集团军竟然没有发现登陆的日本鬼子，在不利形势下被迫放弃广州。

蒋介石眼见武汉难守，认为武汉在战略上的重要性已经减弱，便决定放弃武汉，撤出军队。撤退前，蒋介石命令军队破坏各种战备设施，以防被日本侵略者利用。10 月 24 日深夜，蒋介石同夫人宋美龄一起乘飞机离开武汉，前往湖南衡阳以北的南岳。谁知飞机在黑夜中迷失方向，飞了 3 个多小时仍然无法找到衡阳机场。机组人员急得满头大汗，不得不冒险飞回汉口。25 日凌晨 1 时 30 分，蒋介石和宋美龄乘坐的飞机在汉口机场降落时，工作人员已经开始破坏机场，日军的炮弹不时落在机场上。敌情严重，蒋介石和宋美龄立即换乘另一架飞机，匆匆起飞，在晨雾中飞向南岳。

10 月 26 日早晨，冈村宁次指挥的第 11 军波田支队侵占了武昌。下午，日军第 6 师团占领汉口。27 日，日军第 106 师团和第 6 师团各一部占领汉阳。武汉三镇丧失，国军保卫武汉失利。至此，中国的北平、天津、上海、徐州、南京、广州、武汉等 7 大城市相继沦入日本侵略军的魔掌。

11 月 1 日，冈村宁次在卫兵们的簇拥下，骑着高头大马踏入武汉。他频频挥手，向街道两旁持枪立正的日本官兵致意。他刻意把司令部安排在第 9 战区司令长官陈诚的官邸。

尽管武汉保卫战没有长时间的城市激战，但街上同样是一片悲惨、凄凉的景象。日军进入武汉时，许多居民早已逃走避难，留下的大多是一些贫苦人和老年人。国民政府的政治、军事机关几乎全部撤退，往日车水马龙的商场和市场现在都用砖块把大门和窗户堵死，有价值的东西几乎都已搬走，就连冈村宁次的司令部所在地、原省政府大厅也是空空荡荡。

武汉会战期间，中国空军和海军也积极参加作战。在苏联志愿空军大队的配合下，中国空军鏖战长空，与日军航空兵空中大战 7 次，击毁日机 78 架，炸沉日舰 23 艘，有力地支援了地面部队的作战。中国海军也英勇作战，击沉击伤日军舰艇和运输船只共 50 余艘，击落日机 10 余架。

10 月 31 日，蒋介石发表了《告全国国民书》：

……吾同胞须认识当前战局之变化与武汉得失之关系，我国抗战根据，本不在沿江沿海浅狭交通之地带，乃在广大深长之内地，而西部诸省，尤为我抗战之策源地。此为长期抗战根本之方略，亦即我政府始终一贯之政策也。……我守武汉之任务已毕，目的已达。……就军事言之，武汉在战事上的价值，本不在其核心之一点，而实在其外围之全面。今我在武汉外围鄂豫皖赣主要地区，远及敌人后方之冀鲁辽热察绥苏浙各干线，均已就持久作战之计划，配置适宜之根据地与兵力，一切部署均已完成。……我军之方略，在空间言，不能为狭小之核心，而忘广大之图，以时间言，不能为一时之得失，而忽久长之计。故决心放弃核心，而着重于全面之战事。

我国在抗战之始，即决心持久抗战，故一时之进退变化，绝不能动摇我国抗战之决心。唯其为全面战争，故战区之扩大，早为我国人所预料，任何城市之得失，绝不能影响于抗战之全局。

往昔敌军本已深陷泥淖，无法自拔，今后又复步步荆棘，其必葬身无地矣。

在整个武汉会战中，双方军队伤亡在 130 万人左右；中国将军以上的伤亡达十多人，日军将校级军官近百人被打死；日军在战争中使用毒气达 375 次之多；中国平民死亡近百万人。较量的结果，中国军队主动放弃了武汉，全师而退，保存了继续与日军周旋的实力，而日军在付出惨重代价之后，仅仅获得一座空城，其聚歼中国军队主力、迫使中国求和的初衷灰飞烟灭。经此一战，日本国力大伤，被迫放弃"速战速决"的战略，中日战争转入对日本最为不利的持久战争阶段。

中国工业大搬迁

蒋介石当时提出的战略思想是"以空间换时间"，把东南方向的物资运至西北、西南，大力建设后方根据地。他说："保卫武汉之军事，其主要意义原在于阻滞敌军西进，消耗敌军实力，准备后方交通，运送必要武器，迁移我东南与中部之工业，以进行西北、西南之建设。吾同胞应知此次兵力转移，不仅为我国积极进取、转守为攻之转机，且为彻底抗战，转败为胜之枢纽。"

上海被日军占领后，占中国"半壁江山"的工业尽落敌手，损失惨重。日军利用这些工厂快速生产，以战养战，而此时，西南、西北等地工业十分薄弱，支撑整个抗战的工业体系走到了悬崖边缘。

国民政府决定立即在西南、西北地区建立新的战时工业基地。在《武汉会战方针及指导原则》中，明确提出通过组织大规模的会战，阻滞日军攻势，为工厂抢运赢得宝贵时间。

此前，由于战事紧迫，组织仓促，沿海仅170余家企业内迁武汉。为了吸取教训，1938年3月，国民政府专门成立了迁建委员会，进行了广泛宣传动员，并提供了1000多万元的资金保障，组织沿海内迁企业以及湖北沿江各大工厂紧急西迁。在短短几个月的时间里，仅从武汉西迁的企业就有223个，10余万吨设备安全抵达川、滇、陕、黔等地。

据当时资源委员会委员兼工业联络组组长林继庸回忆，要搬迁一个工厂，有如下一些严格的步骤：动迁、选择、拆卸、装箱、报关、运输、保险、设站、检验、接收、工人安置，此外还要面对临时出现的各种问题。

这是一次悲情而壮观的罕见大搬迁。时任陈诚机要秘书的郭大风说："江边码头极为繁忙，大小船只来回穿梭，足足运了几个月。人们依依惜别，抱头痛哭。……如果没有这些工厂的安全转移，抗战是不可能坚持8年的。别的不说，子弹就供应不上啊。大批的机关、学校西迁也要经过武汉，要是没有充足的时间，后果不堪设想。"

抢运一直持续到最后一天。一些无法运走的机器、设备被全部炸毁。1938年10月25日，当日军铁蹄踏入武汉时，长江上最后一支满载着人员物资的船队刚刚缓缓驶离，日军只得到一个烈焰冲天的空城。

中国工业的大举西迁，是中国近代工业史上的一次突变。依靠武汉保卫战赢得的宝贵时间，一大批工矿企业最终得迁后方，从而奠定了战时中国工业的基础，为全民族抗战取得最后胜利做出了不可磨灭的贡献。

十一、慕尼黑阴谋

淞沪、太原、徐州、武汉四大会战后，日本侵略军虽然占得中国半壁河山，但其有生力量遭到极大的消耗，中日战争进入战略相持阶段。此时，日本转而采用以战为主，以诱和为辅的两手策略，加紧实施"以华治华"的阴谋，特别是在政治上从反蒋转变为诱蒋投降，分裂国共合作，分化抗日统一战线力量。蒋介石也随之使用两手对付日本，一方面坚持以武力抵抗日军进攻，同时在某些时候、某些方面，也不排斥亲自掌控同日本的谈判。

早在 1937 年 11 月 2 日，日本外相广田弘毅就把日本议和条件告诉德国驻日大使狄克逊，再经由德国驻华大使陶德曼，转告了中国政府。这些条件包括：内蒙古自治；华北不驻兵区域扩大到平津铁路以南地区；上海停战区域进一步扩大，并由国际警察管制；停止排日；减低日货进口关税；尊重外国人在华权利。由于全国人民的坚决反对，日本这次劝降国民党的阴谋未能得逞。不过，日本仍然在同中国某些民族败类的"合作"方面取得了一定成效：1937 年 12 月 24 日，以大汉奸王克敏为首的"中华民国临时政府"在北平成立；1938 年 3 月 28 日，在日本的扶持下，梁鸿志在南京成立了"中华民国维新政府"；日本人还在内蒙古扶植了以德王为首的"蒙疆联合自治政府"。

1938 年 11 月 3 日，日本政府发表声明，再次呼吁以蒋介石为首的"国民政府抛弃以前的一贯政策……参加新秩序的建设……"1939 年 3 月，日本首相平沼在国会演说中提出："蒋介石将军与其所领导之政府，如果能重新考虑其反日态度，与日本共同合作，谋东亚新秩序之建立，则日本准备与之作中止敌对行为之谈判。"

日本的侵华新策略，以只反共不反蒋为核心，这对英美以及蒋介石都有很大的诱惑力。于是，英美劝和、蒋介石愿和的气氛空前地活跃起来。

1938 年冬，一些帝国主义国家就曾互相串通，沆瀣一气，密谋召开太平洋会议，解决中日战争问题。武汉失守后，英国不断示意蒋介石议和，首相张伯伦也表示要参加"远东建设"。1939 年 4 月间，英国驻华大使卡尔频繁往返于日蒋之间，积极策动中日谈判。

欧洲战争爆发后，英国忙于应付希特勒的侵略，东方慕尼黑活动的主角便由美国人来扮演。美国远东政策的基本原则是：扶植日本成为远东反苏反共的有效堡垒；在"门户开放"的幌子下，与日本均分赃物，共霸远东。所以，在日本侵华问题上，美国采取了"坐山观虎斗"的策略。一方面，美国向日本提供大量战略物资和市场，怂恿日本侵华；另一方面，它又接济中国一点东西，让中国做一定的抵抗，等待时机出面干涉，在既保持它的远东利益，又不伤害日本反苏实力的条件下，结束中日战争。

1937 年 8 月，美国总统罗斯福就曾对国民政府特使孔祥熙说：满洲国成立已有 6 年，现在不论法理如何，其存在已为事实。目下各国虽未承认，但将来不免有一二国家与日本在互换条件下，开始承认。1941 年 3 月 8 日，美国国务卿赫尔与日本驻美大使野村举行了第一次会谈；到日本偷袭珍珠港前夕，日美谈判 60 多次。

同时，蒋介石集团与日美的接触也日益频繁。1938 年 2 月 17 日，国民党政府外交部主管对日事务的科长董道宁秘密到了伦敦，会见了日本参谋本部第八课课长影佐祯昭。回国时，他携带了影佐致张群、何应钦的亲笔信。内称：董道宁来英，以身传达贵国诚意，使我当局大为感动。4 月 16 日，国民党政府外交部另一要员高宗武与董道宁又从汉口去香港，会晤了日本人西义显。高宗武称，蒋介石要求日本尊重长城以南中国领土主权之确立与行政之完整，即"恢复卢沟桥事变以前原状"——这就是蒋介石谈判的底线。

武汉失守后，以国民党第二号头目汪精卫为代表的国民党亲日派主张与日本直接谈判投降，而蒋介石集团则主张经英美调停议和。汪精卫得悉日本有意促他另立中央后，野心勃发，梦想成为中国的"一号人物"。1938年，他派亲信高宗武等赴日，签订《中日和平草案》。11月中旬，高宗武又同日本军方在上海会谈，达成一系列卖国协议和防共协定。12月18日，汪精卫根据日本事先制订的计划，率领一伙亲信潜离重庆，假道河内，当了汉奸。于是，原来的日蒋周旋转化成了日蒋汪三角交易。

1939年5月6日，汪精卫等人乘日轮"北光丸"号由河内到了上海。9月19日，在日本主子的撮合下，汪精卫、王克敏、梁鸿志在南京召开会议，商谈成立伪中央政府事宜。自10月底开始，汪精卫与日本断断续续在上海进行了两个月的谈判，于12月30日秘密签订了卖国的《日华新关系调整要纲》。与此同时，日本驻香港武官铃木卓尔也同国民党代表宋子良进行了多次会谈，怂恿蒋汪合流。

1940年1月15日，汪精卫向王克敏、梁鸿志发出了"青岛会议"的邀请。1月24日上午，3方正式进行了第一轮会谈并达成协议，确定新中央政府"以反共亲日和平为宗旨"，定名为"国民政府"，首都设在南京，国旗为青天白日旗加小黄三角布条，上书"和平反共建国"字样。15日上午，三方进行了第二轮会谈，决定了伪中央政府的组织机构和各既成汉奸政权的归宿。伪中央政府为标榜"正统"，遥奉重庆国民政府主席林森为"主席"，汪精卫为"行政院长"兼"代主席"。政府设立行政、立法、司法、监察、考试五院和军事委员会，下设若干部委，与重庆国民政府基本相同。

根据"青岛会议"拟定的日程，汪精卫搜罗了几个前清遗老、北洋军阀余孽，以及效忠于他的少数国民党骨干，于3月30日在南京成立了伪政权，并扬言这是"国民政府还都"。五院院长及华北政务委员会委员有：汪精卫、陈公博、温宗尧、梁鸿志、王揖唐、王克敏。

1940年3月7日至10日，日本代表铃木卓尔、今井武夫等和蒋介石的代表宋子良、章友三、陈超霖等在香港召开了中日会谈预备会议，讨论了中国承认"满洲国"，放弃抗日容共政策，缔结秘密防共协定，日军驻屯内蒙古、华北以及蒋汪合流等问题。3月17日，日方决定板垣征四郎中将等人为正式谈判的全权代表。会后，宋子良回重庆报告了预备会议的情况。4月11日，宋子良重返香港，与日方继续会谈。宋子良等说明重庆对承认"满洲国"和驻兵问题有困难。日方立场强硬，不得结果。及至6月6日会谈结束时，双方终于取得一致意见：蒋介石、汪精卫和坂桓征四郎3人在湖南长沙会谈，一举解决所有问题。但是，汪精卫做贼心虚，不敢去长沙，坂桓于是又想同蒋介石单独会谈，实现中日全面停战。蒋介石要求日本拒绝承认汪伪政权，这与日本"和平谈判以汪蒋合作为前提"的既定方针相抵触。矛盾无法解决，会谈延宕下来。1940年11月29日夜，蒋介石的电报到了香港，任命前驻日大使许世英为正式会谈首席代表，而日本于11月30日签订了日汪基本关系条约，承认了早在1940年3月30日就宣告成立的汪伪政权。日蒋谈判结束中日战争的活动被迫终止。

1937年11月15日，蒋介石对德国驻华大使陶德曼吐露心迹说，如果他接受了日本灭亡中国的条件，他的政府就会被舆论浪潮所冲倒，中国就要发生革命，唯一的结果就是共产党将在中国占有优势。1941年2月，美国总统罗斯福的代表居里访问重庆时，曾向蒋介石提出："本人来渝，常闻传言，某某等秘密对日进行和议，请直言相告。"蒋介石的回答是：

自由中国绝无一人愿与日本言和。倘英、美能继续予以援助，亦绝无人表示不满。此间人士皆决意除最后胜利外，他无所求，何言隔（个）别之和平！我人已做此最大之牺牲，日本已陷无援助、无希望之绝境，英、美已在精神上、物质上予我以一切援助，故不论日本以任何动人之条件向我求和，而此未成熟之对日和平，余将一律视为中国之失败。余可向阁下保证，对日和议必在英、美参加之和平会议席上谈判之，此外无中国可以接受之可能。余愿时机成熟之时，此项会议由美国召集之，一如召集九国公约之华盛顿会议。惟华盛顿会议时，无苏联参加，深盼此会议亦有苏联一席耳。

二战爆发：欧洲沦陷

一、闪击波兰

（一）鹰的攻击

1939 年 9 月 1 日，历史永远不会忘记这一天。

这一天，希特勒起得特别早，并且穿上了那件他成为元首后不常穿的褐色军装，左臂上戴上了党卫队的袖箍，小胡子修剪得整整齐齐，头发也梳得溜光，胸前那枚在一战时获得的铁十字勋章特别扎眼。

不久，扩音喇叭里传出了他在帝国会议上那声嘶力竭但又极富鼓动性的声音。

昨天晚间，波兰的正规军已经对我们的领土发起了第一次进攻。

为了制止这种疯狂行为，我别无他策，此后只有以武力对付武力。

我又穿上了这身对我说来最为神圣、最为宝贵的军服。在取得最后胜利以前，我决不脱下这身衣服，要不然就以身殉国。

显然，希特勒对昨天晚上由党卫队制造的"波兰进攻"事件十分满意，说谎，是他的政治手腕中最为有力的招数之一。在他看来，现在是向波兰、向全世界宣战的时候了。

其实，这时候英国已经从其他渠道得知了德国将要进攻波兰的消息。一位在谍报局的英国间谍秘密复制了一份希特勒 8 月 2 日的讲话，并通过反对派青年领袖赫尔曼·马斯，转交给"美联社"驻柏林办事处负责人路易斯·皮·洛克纳，尔后转送给英国大使馆。因此，英国政府在 8 月 25 日下午已经知道了希特勒制造边境事件，进而向波兰宣战的消息。而英国政府并没有履行自己所签订的条约。

希特勒在和军队高级将领商议后，仍决定进攻波兰，时间定在 9 月 1 日 4 时 45 分。希特勒决心破釜沉舟，不惜冒与英法发生大战的风险，下达了第一号作战指令。

"一号作战令"：

国防军最高司令

国防军统帅部/指挥
参谋部/国防处一组
1939 年第 170 号绝密文件
只传达到军官

柏林
1939 年 8 月 31 日

第一号作战指令

一、通过和平方式消除东部边境德国不能容忍的局势的一切政治可能性既已告罄，我已决定用武力解决。

二、对波兰的进攻应按照为"白色方案"所做的准备工作进行，但陆军方面由于现在几乎完成了集结，因此有所变更。任务区分和作战目标未变。

进攻时间：1939 年 9 月 1 日 4 时 45 分。

与此同时，也对格丁尼亚——但泽湾和迪绍大桥采取行动。

三、在西线，重要的是，让英国和法国单方面承担首开战端的责任。对于侵犯边界的小规模活动，暂时仅以局部行动对付之。

对荷兰、比利时、卢森堡和瑞士的中立，我们曾经给予保证，必须认真予以尊重。

没有我的明确同意，不得在陆地上的任何一个地点越过德国西部边界。

这也同样适用于海洋上的一切战争的或可解释为战争的行动。

空军的防御措施，目前仅局限于无条件地拦阻敌人对帝国边境进行空袭。在拦击单机和小编队敌机时，应尽可能长时间地尊重中立国家的边界。只有在法国和英国出动强大攻击编队飞越中立国家领空进攻德国，西部的对空防御不再有保障时，方可在中立地区的上空实施拦截。

应将西方敌对国家侵犯第三国中立地位的情况，毫不迟延地报告国防军统帅部。这至关重要。

四、如果英国和法国对德国开战，国防军西线部队的任务是，在尽可能保存实力的情况下，为胜利结束对波作战创造前提条件。在此任务范围内，应尽可能地消耗敌人的武装力量和敌人的军事经济资源。无论在任何情况下，只有我才有权下达开始进攻的命令。

陆军应坚守西线壁垒，并做好准备，以阻止（西方列强在侵犯比利时或荷兰领土的情况下）从北面包抄西线壁垒。如果法军进入卢森堡，则可炸毁边界上的桥梁。

海军应重点对英国进行经济战。为了增大效果，可考虑宣布危险区。海军总司令部应提出报告，说明哪些海域适于宣布为危险区以及危险区的范围以多大为宜。

关于公告的文本可与外交部协商拟订，然后呈报国防军统帅部，由我批准。

必须防止敌人进入波罗的海。为达此目的，是否以水雷封锁波罗的海通道，由海军总司令决定。

空军的首要任务是，防止法国和英国空军攻击德国陆军和德国的生存空间。

在对英国作战时，应准备用空军破坏英国的海上补给线，摧毁其军备工业，并防止其向法国运送军队。必须抓住有利战机，对密集的英国舰队，特别是战列舰和航空母舰，实施有效的攻击。至于对伦敦的攻击，则须由我决定。

为做好攻击英国本土的准备工作，必须切记，在任何情况下，都必须避免以不充足的兵力取得不完全的胜利。

（签字）阿道夫·希特勒

希特勒这一关系人类社会命运的决定，是在 8 月 31 日上午做出的。在此之前，帝国元首一直处于焦躁不安的煎熬中，在纳粹陆军参谋长哈尔德的日记中记载道：

下午 6 时 45 分，冯·布劳希奇将军的副官库特·西瓦尔特中校给我送来一个通知，通知上写着：做好一切准备，以便能够在 9 月 1 日拂晓 4 时 30 分发动进攻。如果由于伦敦的谈判而需要推迟，则改在 9 月 2 日发动进攻。果然改期，我们将在明天下午 3 点以前接到通知……元首说，不是 9 月 1 日就是 9 月 2 日。

希特勒向来是善于决断的，这一次也是如此。上午，他同布劳希奇和凯特尔开了一个短会，赶在午饭前做出了战争的选择。当在一号作战指令上签完字后，他如释重负，并怀着无比的快感，享受了午餐。

战争发动者的心情和战争中受侮辱和压迫的人的心情永远不会有相同之处。

8 月 31 日，希特勒发布了向波兰进军的最后命令。同时，他发表了所谓相当有节制的 16 点建议要求波兰政府考虑，这 16 点建议是仅供记录在案用的。在建议送到华沙之前，希特勒就宣布它遭到了拒绝，他企图利用这一欺骗手法来证明这时已发生的对波兰的猛攻是有理的。

几分钟后，波兰人便第一次尝到了人类历史上规模最大的来自空中的突然死亡与毁灭的滋味。边境上万炮齐鸣，炮弹如雨般倾泻到波军阵地上。

呜呼，波兰！

按照希特勒的要求，德军统帅部计划以快速兵团和强大的空军，实施突然袭击，闪电般地摧毁波军防线，占领波兰西部和南部工业区，继而长驱直入波兰腹地，围歼各个孤立的波兰军团，力求在半个月内结束战争，然后回师增援可能遭到英法进攻的西线。

德军轰炸机群呼啸着向波兰境内飞去，目标是波兰的部队、军火库、机场、铁路、公路和桥梁。强大的德国空军，不仅在数量上居欧洲之首，而且在作战飞机的性能上也遥遥领先于其他国家。纳粹军队在首次作战中就投入 2000 多架飞机，对波兰境内的 21 个机场进行空袭，多架波兰的第一线飞机没有来得及起飞就被德国的轰炸机炸毁了。

德国法西斯在轰炸机场的同时，又以大量的轰炸机密集突击波兰的战略中心、交通枢纽和指挥机构。由于波军大部分部署在边境地区，纵深兵力很少，对德军使用大量航空兵对纵深要地实施闪电般的空中袭击茫然无知，没有任何对空防御准备。结果德军飞机如入无人之境，可以自由地飞来飞去，想炸哪儿就炸哪儿。许多飞行员甚至像过节日放鞭炮一样，投下炸弹，急急忙忙返航装弹，又起飞轰炸下一个目标。

不过，即便德国空军在空袭时未遇有力抵抗，但空袭并未取得德国军队先前所想象的那样完全压倒对方的决定性成果。首先，波兰北部上空一直弥漫着浓雾，能见度极差，从而抑制了德军对华沙的大规模空袭，使得飞行员无法随心所欲地搜索地面目标。因而直到早晨 6 时，整个第一航空队从基地起飞的才有 4 个战斗机大队。上午又增加了两个大队，他们好歹能发现目标就已满足了。不得已，空军司令戈林打了退堂鼓，他迅速给各航空队发出了"今天不实施'海岸作战'计划"的电报。所谓"海岸作战"计划，乃是各航空团于当天下午集中攻击波兰首都华沙事前约定的暗语。因天气变化，华沙上空 200 米以上全是云层，云下的能见度不到 1 公里。

当时的空军各大队和各团都在东部的出击基地集结待命，这倒是事实。加满油、装好炸弹的飞机虽说不是几千架，但可装载炸弹的飞机也有 897 架，还有大体和此数相当的驱逐机、战斗机和侦察机。他们全部了解自己的作战目标，并都有精确的地图，这些也都是事实。但他们都没有进行大规模的攻击。至少 9 月 1 日清晨是这样，因为大雾使得大规模攻击没能实施。这也许可以说是第二次世界大战中的一个典型战例吧。花费了几个月的时间，制订了一个动用大量人力物力的计划，几百名参谋军官全力以赴地部署了每一个细节，执行这个计划的数千人都在集结待命。然而最后，却因天气不好而不得不从头搞起。在接下来的几天也是这样，浓雾天气反复无常，可是一俟天气晴朗，德国空军就会发起他们闪电式的攻击。

而在波兰的南方，天气却异常晴朗。在南部的第 10 集团军战线不远的前方，德国空军投下了第一批装有触发引信的小型炸弹。炸弹在地面爆炸，发出沉闷的爆炸声。潘基村周围随即被烈火吞没。这场攻击，从里希特霍芬的战斗指挥部里可以看得一清二楚。随后，著名的战斗机飞行员阿道夫·加兰德中尉的第 2 中队又进入第 1 中队的攻击航线进行轮番攻击。尔后，他们 3 架飞机一组擦着树梢低空飞行，用机枪不断扫射波军阵地。波兰的地面防空武器开始反击了，爆炸声里出现了轻型高炮的射击声，接着，步兵火器也开火了。战斗打得很激烈。强击机走了又来，不断地进行攻击。

德国空军搜索着地面的目标，希望能完全消灭波兰的飞机，但是波兰人已经提前把他们的很多飞机转移到辅助机场跑道上，而且剩下的飞机也勇敢地冲向天空，波兰飞行员的顽强抵抗使得德国的轰炸机付出了一定的代价，但是，这根本不能减缓德军的猛烈攻势。

实际上，波兰的飞机和高射炮击落了超过70架德国的轰炸机，这证明，德国的轰炸机在防卫武器方面是存在缺陷的，当时的亨克尔轰炸机上的3部机枪就连防御波兰的轻型武装飞机也不够用。但是，德国空军在数量、通信和战术安排上与波兰空军相比，则占尽优势。在当时得以起飞并对德军加以还击的波兰飞行员尽管很英勇，但是却只能进行局部的反击。据德国的低空侦察机报告，波兰的轻型防空武器和小型炮火的威力还是相当强的，但是只要德国空军保持在一定高度飞行，这些设施便只有等待被摧毁的命运。

9月1日拂晓，对潘基村进行的这次空袭，是第二次世界大战中德国空军首次对地面部队实施的直接支援。当天晚上，德国最高统帅部在空军战果中加上了这样一条："……几个强击机航空团有效地支援了陆军的进攻。"

除了炸毁波兰空军及其主要军事设施以外，德国的轰炸机还直接对波兰的地面部队进行了空对地式的打击。

就在这天中午，波兰上空的能见度依然不好，但是德军的侦察机回来报告说：已侦察到波兰骑兵部队正在第16军左翼前方的维卢尼附近大量集结。此外，在琴斯托霍瓦以北，沿瓦尔塔河的贾洛申附近，也发现了敌人队伍，并证实在兹杜尼斯卡·伏拉铁路线上也正在向同一个地点运兵。是需要俯冲轰炸机的时候了。第二俯冲轰炸航空团一大队的指挥所和营房，坐落在沃波累附近的施泰因山上。

12时50分，前导的三机组起飞了。不久，大队飞机也相继起飞，取得高度后向东飞去。雾霭中浮现出一座较大的城镇，这一定是维卢尼了。进攻的飞行员全神贯注地搜索着那些微小的地点，注视着攻击的目标。村子的四周冒着黑烟，村子里大路两旁有几所房子正在燃烧。

从飞机上看，这条公路虽然窄小，但清晰可见，那宛如小青虫一样蠕动着的正是波兰的部队。

空对地的进攻开始了！轰炸机开始以一定的角度向地面俯冲了，目标随着飞机的下降越来越大。那已经不再是蠕动的蚂蚁，而是车辆、人群和马匹。俯冲轰炸机对付骑兵，就像不同世纪的两军相交一样，地面上顿时一片混乱。骑兵们企图向辽阔的平原撤退，他们如受惊的蚂蚁躲避着巨人的脚掌。

德国轰炸机瞄准公路，在1200米的高度，按下驾驶杆上的投弹按钮。容克飞机抖动了一下，炸弹离开机身直冲地面飞去。然后，飞机做了个转弯动作，接着又继续爬高。这是一种摆脱对空炮火的动作。往下看，只见炸弹正好落到公路两旁，黑色烟柱冲天而起。接着又一批俯冲轰炸机群扑向目标。有30多颗炸弹相继爆炸。机长们拼命地爬高，钻出了对空火力网，在高空为准备再次攻击重新集合。

第二个目标是维卢尼北门。德军发现一所房屋很像敌人的前线指挥所，周围全是士兵，部队组成一个大方块队形。这一次把作前导的三机组也集中到大队一起进行攻击。从1200米高度开始下降，然后压坡度，继续向下俯冲到800米，投弹。浓烟烈火立即吞没了地面，掩盖了惨象。

炸弹像雨点般地飞向队形密集的波兰骑兵旅，打得该旅溃不成军，完全丧失了战斗力。残散的部队向东溃逃。直到傍晚，他们才在离遭遇空袭地点几公里外的一个地方会集成几股小部队。也就在这天傍晚，德军占领了波兰国境线上的要地维卢尼。

这次作战，空军确实在支援地面作战中起到了决定性的作用。在开战的第一天取得这样的战绩是很了不起的，这是在首先完成打击波兰空军任务之后的又一战果。

而在这一天，对波兰首都华沙的打击，也终于提上了日程。

华沙不仅是波兰全国的政治、军事中心，一个重要的交通枢纽，而且还是一个拥有好几家飞机和发动机工厂的飞机制造业中心。因此，要给波军以毁灭性的打击，就必须首先打击华沙。

上午，德国的飞机从东普鲁士州撒姆兰的波温登出击，袭击了华沙的奥肯切机场。地面的能见度虽然坏得惊人，但还是有几颗炸弹命中了国营PZL工厂。这个工厂是波兰生产战斗机和轰炸机的基地。此后，为了等待好天气，德军待命了好长时间。第27轰炸航空团的出击时间一个小时又一个小时地拖延着。终于，在13时25分，柏林下达了出击命令。

17时30分，3个大队的飞机飞到华沙上空。这里紧张得连喘息的机会都没有。从东普鲁士飞来的第一飞行训练团刚刚在两三分钟前轰炸完华沙的奥肯切、科克拉夫和莫科托夫3个机场。而维尔纳·霍茨尔上尉的第1俯冲轰炸航空团一大队袭击了巴比索和拉茨两座无线电台，以便阻止暗语命令的传送。

在这里，波兰空军终于出来迎战，第二次世界大战中的首次空战在华沙上空展开。波兰"驱逐旅"指派担任华沙防空任务的帕韦利科夫斯基上尉率领两个战斗机中队，大约30架飞机出战。担任德国轰炸机护航任务的第一飞行训练团一大队的驱逐机立刻迎击。

负责指挥的施莱夫上尉发现在离他很远的下方有一架波兰战斗机正在盘旋上升。于是，他作了一个下滑动作向敌机攻击，但波兰战斗机巧妙地避开了。有一架德机好像发生了故障，正在低速脱离战场。波兰飞机立即把它咬住。然而，这架眼睁睁将成为牺牲品的飞机，却把尾后的波兰飞机引来交给了迅速赶来的战友。施莱夫瞄准这架波兰飞机，机枪猛烈开火，终于击落了这架飞机。

这类诱饵战术用了多次。结果，用这种战术几分钟内就击落了5架敌机。以后，波兰飞机就不再上当了，而德机也不得不赶紧返航。

两天后的9月3日，在华沙上空又进行了一场空战。这次迎战的飞机大约也有30架。第一飞行训练团驱逐机大队又击落了5架波兰飞机，德方损失一架。后来，该大队共击落波兰飞机28架，在波兰战役中获得德国战斗机"特等功勋部队"的称号。

虽因天气不佳耽误了一些时间，但在开战的第一天，德国空军一大队共出动了30次，其中17次袭击了波军空军地面设施，如机场、机库、修理厂等。此外，支援地面部队8次，袭击波军海军5次。在地面炸毁波兰飞机约30架，空中击落9架。德军损失14架，大部分是被波军准确的高射炮击中的。

德军在第一天突袭的打击力度远远超过了波兰人所能想象的程度。德国的轰炸机投下成千上万颗铝制和镁制燃烧弹，这种东西一旦击中地面目标即会燃起强烈的火焰。另一种具大规模杀伤力的则是亨克尔轰炸机携带的重达50公斤的高爆炸弹，这种多用途炸弹可以用来炸毁建筑物，还可以在炸断铁路的同时留下深深的弹坑。

德国的俯冲轰炸机在这次进攻中成为"会飞行的炮兵"，可以在进攻的坦克前面俯冲摧毁敌人的要塞，切断敌人的补给线。由战斗机护航的亨克尔和道尼尔飞机使波兰的陆军陷于半瘫痪状态，增援部队、补给和弹药往往还没有抵达前线即被消灭掉了。而由梅塞施密特110战斗机护航的轰炸机则摧毁了波兰的铁路系统，将近100万名响应波兰政府的动员令而集结的士兵被阻塞在铁路线上。

在波兰境内，无数的工厂、学校、商店、军营被炸毁，30多个城镇发生大火。空袭，使美丽的波兰瞬间变得百孔千疮，一片狼藉。无数人被炸死，更多的人流离失所，无家可归。

与德国人当初的想法并不一样，波兰空军没有在第一天即被完全打垮，而是尽其所能进行全力反击。保卫华沙的战斗机一直持续抵抗了3天，还有一些波兰的巡逻战斗机直接飞过了西里西亚和波希米亚-摩拉维亚去轰炸东普鲁士。但是9月3日以后，波兰空军面临着全面瓦解的结局，此后，德国的轰炸机开始没有任何阻碍地横扫整个波兰上空。

9月1日凌晨4时17分，停泊在但泽港的德国海军虽陈旧却仍有战斗力的"石勒苏益格-荷尔斯泰因"号战列舰，以主炮向波兰但泽湾畔的韦斯特普拉特军需库猛烈开火。

当剧烈的爆炸声把波兰守军从酣睡之中震醒时，德军特种攻击部队已经蜂拥而来。战火映红了海面，这比德国地面部队入侵波兰的行动提前了28分钟。此后一个多月里，隆隆的炮声一直持续着，硝烟弥漫在这片曾经宁静的海洋上。

"石勒苏益格-荷尔斯泰因"号战列舰

德军海军选在但泽开战是早有预谋的。

第一次世界大战德国战败后，被迫割让大片土地。但泽是波兰北方的波罗的海出海口，1793 年被普鲁士侵占，第一次世界大战后划为自由市，组织自治政府，经济上处在波兰支配之下，宗主权也属于波兰。通往波罗的海的"波兰走廊"将原本连成一片的德国领土分成了两块，位于"走廊"之东的东普鲁士成了远离德国本土的"孤岛"。这激起了日耳曼民族主义分子的怨恨。因此，消灭波兰人，重新夺回德意志帝国的入海口，是纳粹志在必得的事。

1939 年，德国军队开入布拉格。波希米西和摩拉维亚被宣布为德国的保护国，斯洛伐克也被置于德国的保护之下。同时，希特勒还允许匈牙利入侵、并吞东部的卢西尼亚。肢解了捷克斯洛伐克，德国随即要求波兰归还但泽并解决"波兰走廊"问题，要求波兰把但泽"归还"给德国，同时还要建造一条超级公路和一条双轨铁路经过"波兰走廊"，把德国同但泽及东普鲁士连接起来，遭到波兰的拒绝。这使得希特勒极为恼火，因而在制定打击波兰的"白色方案"时，希特勒即提出了"歼灭或者打垮波兰海军"的作战计划。

韦斯特普拉特是个位于但泽以北 6 公里的古老城堡，波兰人在那里有一处军事设施。

德国早在战前的若干天即在但泽打好了埋伏。

8 月 25 日，德国海军"石勒苏益格-荷尔斯泰因"号老式战列舰以"纪念一战阵亡将士"为名，对但泽自由市进行"友好访问"。但是舰长克雷坎普上校心里很明白此行的真正使命。

在发自海军总司令雷德尔海军上将的指示上写道："在'白色方案'开始后，摧毁波兰海军；封锁波兰海岸，堵塞其港口，破坏波兰的海上航运；确保德国的海上安全。"德国海军东部战区司令、海军作战部长阿尔布雷赫特海军上将指示克雷

坎普将其军舰停泊在但泽市北边郊区、韦斯特普拉特要塞附近的有利位置，等待开战时刻的到来。

或许读者不会相信，但波兰海军在二战爆发前夕的确做出了舰船集体逃亡的决定。

在战争爆发前夕，波兰和德国的海军力量对比悬殊。德国海军当时拥有2艘战列巡洋舰、2艘旧式战列舰、3艘袖珍战列舰、8艘巡洋舰、17艘驱逐舰、20艘鱼雷艇和57艘潜艇。而且在德国扼守波罗的海的出口、并拥有南岸绝大部分海岸线的情况下，波兰海军的舰船根本无法在与占压倒性优势的德国海军交战时幸存。为了保存实力，波兰海军部长斯维尔斯基海军上将准备在战争爆发的前夜，下令海军的主力舰船前往英国和法国避难。英国海军部代表劳伦斯海军上校也向波兰提出了前往英国基地的建议。波兰舰船的逃亡计划取名为"北京行动"。

就在战争爆发的前两天，1939年8月30日，波兰海军总司令约瑟夫·乌恩鲁格接到了华沙海军部发来的绝密电报：

开始北京行动。

当天凌晨2时30分，"暴风雪"号、"雷霆"号和"闪电"号驱逐舰秘密驶出格丁尼亚海军基地，前往海尔基地的碇泊处。当天黄昏，这三艘驱逐舰结伴而行，高速冲出波罗的海，当天午夜向波兰海军部发去电报："我们正在穿越卡特加特海峡"。德国的潜艇在波罗的海发现了这三艘驱逐舰，但是没有发动攻击——此时战争尚未爆发。这三艘驱逐舰在31日抵达苏格兰的利思海军基地。在此之前几天，波兰海军的一艘训练舰和一条帆船也启程前往英国避难。

波兰军方这样的做法本身是出于避免正面碰撞，保存实力的考虑，但这种做法却使得波兰海军的实力大打折扣，从一开始即处于劣势。

此时波兰驻扎在韦斯特普拉特要塞的是隶属于波兰第209步兵团的182名士兵，拥有1门75毫米炮，2门37毫米炮，4门81毫米迫击炮和22挺重机枪。与之相比，德国方面要远胜过波兰，他们至少有4门280毫米炮、10门150毫米炮和4门88毫米炮。

德国方面开火后，要塞的波兰守军同德军展开了激烈战斗。此后，又有18架德国轰炸机摧毁了波兰海空军基地普克，摧毁了基地内的设施和全部水上飞机，只有一架意制水上轰炸机逃脱，但在10天后也被德国空军击落。在德国空军的袭击下，格丁尼亚海军基地和海尔基地的所有舰只全部疏散到海上，只有老式炮舰"马祖尔"号和"努雷克"号留在格丁尼亚，用它们的5门75毫米炮支援但泽地区的波兰卫戍部队。

应该指出的是，当时的但泽是国际联盟管辖下的自由市，市内驻防人员少得可怜。为了攻占要塞，德国人除了"石勒苏益格－荷尔斯泰因"号战列舰上的280毫米和 150 毫米炮之外，还调来了 210 毫米榴弹炮、105 毫米加农炮和空中支援。当时波军留给韦斯特普拉特要塞仅有的 100 多名波兰驻军的指示是：在进行 12 小时象征性的抵抗之后，可以选择体面地投降。但是波兰守军却借助要塞的巨石原木工事，进行了顽强抵抗。

在战斗中，他们多次击退了德国的地面进攻，1/3 的战士受伤，16 人阵亡。德国方面则付出了 20 倍于波兰人的代价，但是他们依然没有得手。这里的波兰驻军一直坚持到 9 月 7 日，即开战的第七天，那时继续抵抗已经变得毫无意义，指挥官苏卡尔斯基下令宣布投降。而韦斯特普拉特要塞在战后成了波兰的国家圣地，被后人瞻仰。

就在德国海军发动攻击之后不久，德军地面部队便从北、西、西南三面发起了全线进攻。德军借着由海军和空军发起的打击，趁势以装甲部队和摩托化部队为前导，很快从几个主要地段突破了波军防线。

就在德国空军对波兰纵深机场和要地进行猛烈炮火攻击的掩护下，德国的地面部队迅速突破波军的防线，向波兰纵深推进。德军的 3800 多辆坦克，在其他兵种配合下，势如破竹，锐不可当，以每天 80~97 公里的速度向波兰境内纵横驰骋。这是人类战争史上第一次机械化部队的大进军。

战前，按照希特勒的要求，德军统帅部计划以快速兵团和强大的空军实施突然袭击，闪电般摧毁波军防线，占领波兰西部和南部工业区，继而长驱直入波兰腹地，围歼各个孤立的波兰军团，力求在半个月内结束战争，然后回师增援可能遭到英法进攻的西线。

在波美拉尼亚和东普鲁士集结了由 21 个师编成的北方集团军群，由陆军一级上将博克指挥，下辖屈希勒中将第 3 集团军和克鲁格上将的第 4 集团军，共 5 个步兵军和 1 个装甲军。其任务是首先切断"波兰走廊"，彻底围歼集结在这里的波军集团，而后从东普鲁士南下，从背面攻击维斯瓦河上的波军，并从东北方向迂回包抄华沙。

在德国的西里西亚和捷克斯洛伐克境内展开由 33 个师编成的南方集团军群，由陆军一级上将伦德施泰特指挥，下辖布拉斯科维兹上将的第 8 集团军、赖歇瑙上将的第 10 集团军和利斯特上将的第 14 集团军，共 8 个步兵军和 4 个装甲军。其任务是首先歼灭西里西亚地区的波军集团，而后从西南方向迂回包抄华沙。

两个集团军群分别由第 1 航空队（司令官为 A. 凯塞林将军）和第 4 航空队（司令官为 A. 勒尔将军）实施支援。

在全长 2816 公里的波兰和德国国境线上，当装甲师隆隆驶向指定目标时，德国人的机关枪发出刺耳的嗒嗒声，和装甲机车运行时的轰鸣声混合在一起。与紧张的战争气氛相对应的，还有德国谈笑风生的士兵，他们不时停下来破坏障碍并协助当时帝国宣传队的摄影师推倒边界标识牌。

在北方，来自东普鲁士由屈希勒中将指挥的德国第3集团军，发动了两个方向的攻击，指派他的第1军和伍德里格军向南朝华沙方向猛攻，派他的第21军向西南"波兰走廊"底部方向猛攻。而由克鲁格上将的第4集团军最先支持机械化作战，他的第19军由海因兹·古德里安中将指挥，这个集团军向东突击，从波麦腊尼亚进入"走廊"。

在这场大进军中，第19军团古德里安中将成功地实践和运用了坦克机动作战，他本人也成为尽人皆知的"闪电英雄"。古德里安当时是德国装甲兵第19军团军长。在人类战争史上规模空前的机械化部队大进军中，古德里安成功地实践了他的装甲兵理论，率领第19装甲军团取得了辉煌的胜利。第19装甲军团隶属北路集团军群第4集团军，辖有1个装甲师、2个摩托化师和1个步兵师。它既是第4集团军的中路，又是集团军的攻击前锋。

古德里安的机械部队是一支极富战斗力的军队，由于上级在战术实施和后勤管理上都放权给古德里安，所以这支部队比其他部队表现出更强的战斗力。第19军团不受步兵拖沓的供给影响，因此它可以像一支完全独立的机械化部队那样行动，这样的部队在战争史上还是第一支。对古德里安来说，这样的部队是保持德国人侵势头的"撒手锏"。

如空袭受到北方恶劣天气的影响一样，这一次，北方集团军群的入侵也受到了天气的阻碍，步兵所得到的炮兵和空中支援没有太大的效果，这多少给第一次在炮火下作战的德国部队带来了混乱。古德里安坐在坦克师部队的一辆装甲车上，这或许是一个装甲军指挥官唯一能够发挥作用的地方。军长在战场上能够使用装甲指挥车，亲临一线与战车一同行动，这是古德里安的一个首创，而更为先进的是，古德里安的战车上都备有无线电设备，这样，这位军长就可以随时与其手下的各个师保持密切的联系。

由于能见度太差，以致时有误伤自己人的事情发生。而且当时的德方部队多是第一次参加战斗，尤其在执行闪击战术这样的新战术方面，先头部队也不是很在行，这也暴露出了当时几近不可一世的第三帝国部队的一些弱点。当时的第3集团军情报官冯·梅伦延曾记述道：

战役一开始，我才知道在真正的战争条件下，即使一个受过良好军事训练的人也会感受到激动和紧张。有一架低空飞行的飞机在战地司令部上空盘旋，每个士兵都顺手抓起武器朝这架飞机开火。一位空军联络官跑过来，要求停止射击，他对这些激动过头的士兵说，那是一架德国指挥飞机——一架老牌的"弗斯勒"式飞机。飞机着陆后，从里面走出了直接指挥我们的空军将领，而他并不感到这件事有什么好笑。

随着浓雾逐渐散去，德军加快了向波兰腹地推进的速度，开进了"波兰走廊"。

第一场恶战发生在曾贝堡以北、大克罗尼亚附近的地区，德国战车与当时波兰防线上的武装人员直接遭遇，当时波兰的战防炮直接命中了好几辆德国战车，德国的1名军官，1个见习官和8名士兵当场阵亡。

突进的第一边境警卫军在北端切断了"波兰走廊"。埃伯哈德旅，这个由党卫队和当地自卫队组成的部队，迅速占领了但泽，除了城市北部的韦斯特普拉特要塞外。第4集团军穿越"波兰走廊"，进入较宽的底部以便切断波兰人撤退的路线并同时与第3集团军会合。而这时的第3集团军则直接向南穿过"走廊"向华沙突击，在东普鲁士边界附近的马拉瓦遭遇到一些波兰最坚固的防御工事，这是装备有反坦克武器的混凝土工事。在这里，第3集团军没有严格执行古德里安的学说，他们没有绕过这个城市迂回解决，而是企图直接冲过去，在遭受到极大的损失后，被迫停止了攻击。

在南方，主要的进攻是由当时的第10集团军来完成的，他们首先向东南朝华沙方向挺进。在第10集团军的左翼，第8集团军向罗兹突击。在他们的右翼，则有第14集团军沿着维斯瓦河向克拉科夫推进。那里天气晴朗，德国的空军可以大展身手，这就给予地面部队以部分的支持，在那里的闪击战几乎是以教科书式的精确程度进行的。装甲部队所做的只是绕过敌人的要塞并且继续前进，然后空中轰炸机呼啸着从空中冲下来轰炸地面的守卫者，随后地面部队迅速对晕头转向的守卫者发起进攻，不给敌方留一丝松口气的时间。在许多情况下，甚至在德国的坦克尚未抵达波方阵地以前，波方的后方防御已经被彻底击溃。进攻的当天下午，第10集团军的部队已经深入波兰24公里。在他们后面，派来维持被占领地区的德方人员也是闪击式地突入，边界自卫队和警察部队马上恢复了对后方地区的控制。

到了9月2日早上，德军的第4集团军的先头坦克部队，德军的精锐，古德里安的第19军，汽油和弹药全部耗尽，这确实令身在前线的士兵和军官大惊失色。可就在与他们交战的波兰人发现这个惊人的秘密之前，德国的支援纵队从混乱中拼死赶到，使得德军的装甲战车再次启动。第4集团军在这时封住了"走廊"的底部，完全包围了波麦腊尼亚军团的两个师和波莫尔斯卡骑兵旅。

这些被包围的波兰骑兵试图突围，但是在德国人的坦克和装甲车的打击下，他们都失败了。所有的人以自杀性的方式飞驰向德军的坦克，以一种英雄式的行动书写了波兰骑兵的不朽传奇。

在马拉瓦受阻的第3军团前线，肯普夫装甲师重新部署，并成功地从侧翼包抄到马拉瓦防线的南部，在此之前，德国第3集团军的先头部队遭到了莫德林军团的暂时阻拦。莫德林军团拥有强大的防御阵地，就是在这里，波兰军队连续抵抗了3天，直到从伍德里格军的部队突破了波兰军队在城东的环形防御圈。到了9月3

日，波兰的莫德林军团不得不全线撤退，在他们身后，留下了1万多名波兰战俘。这时，负责其他地区军事行动的军队也被派给第3集团军，当该集团军向西进攻"波兰走廊"时，在维斯瓦河的一个城镇格罗坦兹遭遇到了波兰军队的猛烈袭击，在往北突进的过程中，德斯查河附近的一座大桥也被波兰军队拆毁。但是，德军很快就在工程兵搭建浮桥后，在维斯瓦河畔的梅威渡过了河。

太过迅速的推进对于德军来说并非完全是件好事，在部队军需补给上，在两线同时作战的防御上，德国面临着更大的压力。事实上，德国军方也认识到了这一点。战场局势的迅速改变要求德军采取新的战术，北方集团军的司令费多尔·冯·博克将军匆匆与陆军司令部的瓦尔特·冯·布劳希奇元帅进行商讨。他们最担心的就是如果装甲部队进展得太快，会使德国面临西线突发事件。但是经过一番思量后，布劳希奇还是批准派第4军团的第19军深入东波兰彻底消灭波军。

在南方，南方集团军在战争的头两三天内突破了波军的警戒线后，准备抢占胜利果实。原本在先头部队中间位置的第10集团军的机械化师，也开始绕过坚固的防守点和大批向华沙方向撤退的波兰步兵，全速前进。

在格·德·伦德施泰特将军的指挥下，德国南方的庞大集团军从西南越过波兰平原，以每天最多16公里的速度缓慢向华沙移动。第14军团的主体向克拉科夫推进，此时它的由斯洛伐克部队扩编的第22军，穿过由精锐的波兰山地团把守的通道，从南面向克拉科夫进攻。

在中部，瓦尔特·冯·赖歇瑙中将指挥的第10军团的第4装甲师的坦克，冲破波兰顽强的抵抗。在他们的北方，约翰内斯·勃拉斯科维兹中将的第8军团的两个步兵军向罗兹推进。

让波兰高层指挥部门感到极为恐慌的是，德国坦克部队总能抢先在波兰溃败的军团之前推进，这使得波兰军方根本没有足够的时间来重新组织他们的部队进行有效的反击。实际上，在德军的追打之下，波兰开始处于惊慌和混乱的状态，根本没有时间搞清楚到底发生了什么事。斯图卡轰炸机在他们发起反攻前就炸散了他们的编队。此前，华沙波兰总司令部直接控制的7个军团的每一个军团不受任何一级指挥干扰，现在总司令部已经同战地军队失去了联系。

波军原以为在其境内的诸条大河可以减缓德军前进的势头，但是他们没有想到，跟在德军的坦克部队后面的是战地工兵，他们的任务就是为德国的部队，特别是机械化部队的前进排除一切障碍。德军的工程兵几乎个个都是造桥的高手，波兰人炸毁一座桥梁，工程兵即能迅速地在河上搭建一座浮桥。德军的一名优秀工程兵，保罗·施特斯曼，每次部队需要渡河时，他都不得不赶在先头部队到达之前组织士兵架桥，而这种工程往往是在敌人的炮火下进行的。

保罗·施特斯曼在他的一本回忆战争的书中，这样记述了当时他们为军队搭建

二战全程

世界传世藏书

二战通史

二战全程

一一〇

　　我们带着木材，坐着橡皮艇前行，各式的枪炮向我们袭来。即使是我们自己人向隐蔽在树林或村庄里的残垣断壁中的波兰军队射击时，我们也感到十分恐惧。我们冲向河中央，用许多绳子捆缚住漂浮不定的树干和木排搭建浮桥。这时，炸弹、枪炮激起的尘土在我们的头顶上飞扬。在我们的步兵过河之后，我们又必须为坦克搭建一座更结实的桥。但当我们刚刚前行到深水域的时候，一挺机关枪向我们猛烈开火，离我最近的一个人被打死了。我看见他掉进水里，漂向远处，但我却无能为力……

　　过了一会儿，敌人的炮火逐渐减弱，我知道一定是我们的俯冲式飞机收拾了敌军。我们继续架桥，终于建好了一座能够让士兵通过的桥。我们刚刚放好最后一块木板，士兵们就冲上了桥，迅速过了河。就在那时，我朝四周一看，才发现我们的指挥官和其他几个人都不见了（在搭桥过程中牺牲了）。对我们这些战地工程兵来说，面对着敌军的猛烈进攻，建造一座浮桥是多么困难啊！

　　德军在突破波军防线后，以每天50～60公里的速度向波兰腹地突进。南路集团军群以赖歇瑙的第10集团军为中路主力，以利斯特的第14集团军为右翼，在左翼布拉斯科维兹的第8集团军掩护下，从西面和西南面向维斯瓦河中游挺进；北路集团军群以克鲁格的第4集团军为主力，向东直插"波兰走廊"，另以屈希勒的第3集团军从东普鲁士向南直扑华沙及华沙后方的布格河。

　　9月3日，德军推进至维斯瓦河一线，完成了对"波兰走廊"地区波军波莫瑞集团军的合围。在围歼波军的作战中，被围的波军显然还不了解坦克的性能，以为坦克的装甲不过是些用锡板做成的伪装物，是用来吓唬人的。于是波兰骑兵蜂拥而上，用他们手中的马刀和长矛向德军的坦克发起猛攻。德军见状大吃一惊，但很快就清醒过来，毫不留情地用坦克炮和机枪向波军扫射，用履带碾压波军。波兰骑士想象中的战场决斗成为一场实力悬殊的屠杀。

　　古德里安坐在装甲指挥车里，指挥部队用坦克炮轰击对方的阵地，用履带碾压对方的人员，冲撞破坏对方的车辆。一队又一队的坦克，在古德里安的指挥下，不停地突进波军的阵地，挺进波军的纵深，很快对"波兰走廊"构成合围。"波兰走廊"是德国通向华沙的交通要道，占领"波兰走廊"，华沙就失去了屏障，因而德军与波军在"波兰走廊"的战斗也异常激烈。

　　古德里安本人在《闪击英雄》一书中对当时的情景描述道：

　　到9月3日，我们对敌人已经形成了合围之势——当前的敌军都被包围在希维兹以北和格劳顿兹以西的森林地区里面。波兰的骑兵，因为不懂得我们坦克的性能，结果遭到了极大的损失。有一个波兰炮兵团正向维斯托拉方向行动，途中为我们的坦克所追上，全部被歼灭，只有两门炮有过发射的机会。波兰的步兵也死伤惨重。他们一部分架桥纵队在撤退中被捕获，其余全被歼灭。

9月5日，德国第4集团军和第3集团军在格鲁琼茨地区会师，切断了"波兰走廊"。至此，"波兰走廊"战役结束。

（二）羔羊的抵抗

我们与装甲兵侦察连一起行动，边境上只有一个海关官员在防守。当我们的一个士兵走近他时，这个吓得半死的人打开了国界栅栏。我们没有遇到任何抵抗，就这样踏进了波兰国土。方圆数里，看不到一个波兰士兵的影子。尽管他们可能一直在为德国"入侵"做准备。

波兰同德国和捷克斯洛伐克接壤的边界全线展开防御。

在北边占领防线的是莫德林集团军（2个步兵师、2个骑兵旅，司令官是普谢德齐米尔斯基-克鲁科维奇将军），沿东普鲁士南部的边界部署，如遇敌有力突击，该军即向维斯瓦河和那雷夫河退却，并在这一地带设防固守。

在维什科夫以北有维什科夫集群（3个步兵师），负责加强莫德林集团军。

纳雷夫战役集群（2个步兵师和2个骑兵旅），则在苏瓦乌基进行防御，负责掩护莫德林集团军的右翼。

在"波兰走廊"的是波莫瑞集团军（5个步兵师、1个骑兵旅，司令官是博尔特诺夫斯基将军），全线沿"波兰走廊"展开，负责阻止来自波美拉尼亚的德军的进攻。

在波兹南省西部的是波兹南集团军（4个步兵师、2个骑兵旅，司令官是库特谢巴将军），其任务是防守法兰克福、波兹南方向，并威胁德国的北方集团军和南方集团军，如有可能，则对由波西里西亚来犯的德军实施突击。

罗兹集团军（4个步兵师、2个骑兵旅，司令官是鲁梅尔将军）担任罗兹和华沙方向的掩护。在琴斯托霍瓦、卡托维采、克拉科夫地域集结了克拉科夫集团军（7个步兵师、1个装甲摩托化旅、1个山地步兵旅、1个骑兵旅，司令官是希林格将军）。保卫南部边界的任务由喀尔巴阡集团军（2个步兵师、2个山地步兵旅和1个装甲摩托化旅，司令官是法布里奇将军）担任。

普鲁士集团军（8个步兵师、1个骑兵旅，司令官是多姆布-贝尔纳茨基将军）为第二梯队，配置在凯尔采、托马舒夫-马佐维茨基、拉多姆地域。

另外，在华沙、卢布林地域的维斯瓦河附近，波军统帅部有一支不大的预备队。但是东部同苏联接界的地区没有任何的防御。

海军的任务是确保对格丁尼亚海军基地和海尔半岛的防御，阻止敌登陆兵登陆，主要有3艘驱逐舰、5艘潜艇、1艘布雷舰、6艘扫雷舰、一些辅助船只，若干沿岸防御营和海军航空兵。

波兰政府在战争来临时是如何面对的呢？

波兰政府在战争来临之前一直试图达到某种妥协，一直想通过谈判来解决问题，他们的言辞一直是很强硬的，而当战争真正来临的时候，他们却选择了逃跑。1939年9月1日，当希特勒的德军刚刚对波兰发起进攻，波兰总统就吓得离开了首都华沙。

军方呢？波兰的军队总司令斯米格威-雷兹也是一个十足的胆小鬼，面对当时德军如潮的攻势，他不是在思考如何在自己的岗位上尽到自己的责任，而是不断地向身边的人散布波兰必败的消极言论，这直接动摇了部下的军心。战争刚刚进入第二天，他就认为波兰已经失败了，几天以后，他再次散布战争的失败"是注定不可避免的"。

9月4日，政府机关撤离了华沙，国家的机要文件和黄金储备也随之运出。

9月5日，政府全体工作人员撤出华沙，逃到了华沙东南的卢布林市。

9月9日，政府机关又从卢布林逃到了克列梅涅茨。

9月13日，再次逃跑到紧靠罗马尼亚边界的扎列希基。

9月16日，波兰政府越过边境，直接逃入了罗马尼亚。

其时，波兰军民还在进行艰苦的抵抗，也就是说，波兰的抵抗是在政治、军事指挥几乎全面瘫痪、全国最高政治领导实际上瓦解的情况下进行的。

在德国进攻波兰的第一天，南方集团军的先头部队就已经深入波兰境内24公里，当时由汉斯·冯·卢克率领的侦察连就是这些率先进入波兰的先头部队之一，他曾对当时进入波兰的情况这样记述：

我们与装甲兵侦察连一起行动，边境上只有一个海关官员在防守。当我们的一个士兵走近他时，这个吓得半死的人打开了国界栅栏。我们没有遇到任何抵抗，就这样踏进了波兰国土。方圆数里，看不到一个波兰士兵的影子。尽管他们可能一直在为德国"入侵"做准备。

事实上，在德波战争的第一阶段，即9月1日到9月7日，波兰的军队受到了重创。

克拉科夫和罗兹两个军团损失惨重，并且开始向东撤退。波莫瑞集团军的情况也很糟，莫德林集团军则受到德军第4和第3集团军的两翼包抄。但是如果他们撤退，就会过早地把通向华沙的道路让给德国。这时的波兹南集团军的情况还算不错，但是他们未能及时后撤以便与其他的集团军保持联系并建立共同防线。这时，波军也再无可供使用的预备队。纳雷夫作战集团由于担负着防御德第3集团军的任务而受到牵制，普鲁士集团军还在集中阶段就遭到德飞机和坦克的袭击而动弹不得。

德军在波兰战局的第一阶段，取得了重大的进展，但在华沙以西合围并彻底消灭波兰军队的企图并没有完全实现。德国军队决定重新部署，并于9月9日以后，开始发起第二次的大举进攻。他们企图把在维斯瓦河以西坚守的波军全部歼灭，然后再由第14和第3集团军从南北两个方面实施深远突击，以求合围维斯瓦河以东或退守该地域的所有波兰守军。.

在波兰方面，前几天德军的猛攻让波兰确实有些手足无措。波兰最高指挥部意识到波军在南、北两线都有全军覆没的危险，于是就于德军发起更大进攻前的9月5日，下达了向维斯瓦河总撤退的命令。但第二天，这一命令却又被改成进行新防御的对策。

这条新的防御线是从东北方向的纳雷夫河到维斯瓦河，最后到桑河。此时的波兰元帅不得不面对战争现实，此时的前线战场已经大败。他唯一的希望就是在波军被肆虐的坦克纵队和德国空军碾压击打成碎片之前，把尽可能多的军队撤退到相对安全的东部地区。这几天的战斗对波军最高指挥部来说，无疑是痛心疾首的。

于是，根据波军统帅部的命令，莫德林集团军和纳雷夫战役集群应撤过华沙以北和东北的维斯瓦河和纳雷夫河，以掩护从西部向维斯瓦河和桑河撤退的基本兵力的右翼。波兹南集团军和波莫瑞集团军的残部则奉命径直退到华沙，以掩护华沙西面的接近地。罗兹和普鲁士集团军的任务是向华沙以南的维斯瓦河撤退，克拉科夫和喀尔巴阡集团军的任务则是向桑河撤退。

此外，8日傍晚，华沙电台呼吁全民参战，保卫他们遭受侵犯的家园，电台号召人们对侵略者施以颜色，比如，指示居民向失去战斗力的德国坦克上浇汽油，烧这些坦克。"波兰人民同波兰战士并肩作战，设置路障，千方百计地粉碎德国的军事行动，进攻德国的军事阵地。"这种建议可以说无异于煽动手无寸铁的人民去送死。

9月6日起，德军的第14集团军向南攻陷了克拉科夫，9月9日，德陆军总司令部下令第22军团突破波军在桑河一带的防线，以期最后与从东普鲁士向南进攻的古德里安的第19军团会合。这样一来，第22军团和第19军团就形成了钳形攻势，可以完成对华沙东面波军的共同包围。

当前线战斗席卷波兰边界地区时，只有库特谢巴将军指挥的波兹南集团军那时还尚未投入战斗。德国陆军总司令部的指挥官决定绕开这支部队，转而迅速地插入波兰的其他地区。德军的这个企图被波兰军队的指挥人员看透，在了解了德军的这个意图以后，波兹南集团军指挥官库特谢巴将军向波军最高指挥部提出，让他的部队从南侧袭击正在东进的德第8集团军的请求。可是，库特谢巴将军的这一请求遭到了斯米格威-雷兹元帅的拒绝，这位元帅此时只想着如何在尽量少的时间里，在维斯瓦河后侧集结尽量多的军队。

所以，在这之后，波兹南集团军开始向东面的华沙方向撤退，在撤退过程中，波兹南集团军遭到了德国空军的打击，但没有遇到德国的地面部队。与此同时，波兰的另一个集团军波莫瑞集团军的余部也开始向华沙方向全力撤退，这两个主力军终于在位于波兹南和华沙中间的库特诺会师，库特诺市是一个重要的交通枢纽城市。

在集结刚刚完成时，库特谢巴将军再一次申请上级允许他指挥波兹南集团军和波莫瑞集团军向德第8集团军发起进攻。此时的波兹南集团军和波莫瑞集团军从整体上说还是一支数量可观的军队，而且编制也比较完整，由10支步兵师和20个骑兵旅组成。虽然波兰军队的任何进攻都会延缓自身的东撤，但倘若不出击，它的军队还会不断地受到比他们速度快得多的德国坦克的袭击，考虑到这一点，此时处于绝望境地的波军最高指挥部不得不做出决定。在他们看来，发动一次大规模的反攻可能会从总体上减缓德国南方集团军群先头部队的进军速度，从而给波兰的其他军队的集结和重整提供一个喘息的机会，以发起更大规模的反击。所以，在考虑再三后，波军最高指挥部最终还是批准了库特谢巴将军的请求，同意他同时指挥波兹南军团和波莫瑞军团向德国的第8集团军发起进攻。

在这次反击之前，由波军发动的较大规模的反击，是由波兰的普鲁士军团完成的。但是那一次反突击不仅整个兵力有限（只有1个步兵师和1个骑兵旅），而且组织得也很糟糕。他们反突击的对象是德军第10集团军的第16摩托化军，但是，普鲁士集团军的指挥官却将本来就不强的兵力分散在两个相互隔绝的方向上行动，对实施反突击的部队也没有任何掩护和保障，同时，反突击行动在罗兹集团军的侧翼进行，却没有组织同罗兹集团军协同作战。结果反突击不仅未能带来预期的效果，反而使自己在退却中被德军完全消灭。

这时，德国方面原来负责保护第8集团军侧翼的军团，已经被加速前进的德军先头部队的主力远远地甩在了后面。当第8集团军靠近布祖腊河时，它的侧翼的保护部队主要是第30步兵师。该师部署在第8集团军前面32公里处，没有处在发动协同防御的有利位置。9月9日，在布祖腊河东南方向，波兰军队开始反击，这也是整个战役中波军唯一的一次主要进攻。

波兰的军队从华沙以西113公里的库特诺附近向南发起了进攻，攻入了德军第8集团军暴露的一翼。当打击来临时，本来被派来保卫侧翼的德国第30步兵师奋力行军以期进入指定位置，这使得步行的士兵和马拉的物资货车延伸了34公里。德国的第30步兵师向第八集团军的司令部报告说，该师已经遭到波兰军队的进攻，人员伤亡严重，正在被迫撤退。

波兰军队的这次进攻，严重地威胁了南方集团军的作战计划。经过两天的鏖战，德军步兵第30师损失惨重，波兰军队俘获了1500名德军，缴获了30门大炮，德军第 8 集团军的左翼掩护部队被击退几公里。如果波兰军队能够切断德国前进的路线，那么第 10 集团军将不得不掉过头来对付这种危险，波兰军队就会有更多的时间来加固华沙和维斯瓦的防线，此后如果德军想占领波兰东半部就不得不付出更加巨大的代价。

9 月 10 日，9 月 11 日，战斗一直在布祖腊激烈地进行着。波兰军队猛攻德第 8 集团军拉长了的战线，尽管在波兰军队的顽强抵抗下德军有后撤的迹象，但波兰军队也付出了巨大的代价。更重要的是，此时的波兰军队面临着缺乏食物、军火弹药以及其他军事供给的问题。一位曾经参加过此次战斗的波兰军官记述了当日他和他的士兵在战斗过程中的一些特殊的经历：

在马路上和建筑物的废墟中，到处都是德军士兵的尸体。我命令士兵们搜查死去的士兵的裤兜，希望能找到我们急需的地图。最后我们的搜查总算有所收获：我们在一名死去的士兵口袋里找到了一张布罗卡-索哈切夫地区的地图。对我们来说，这是整个战争中最有价值的战利品了。

波兰军队在布祖腊的反击的确让第 8 集团军大为震惊，但并没有引起他们的恐慌，而是意图组织更有效的防御，德军司令部下令抵挡住波军的进攻。在南方集团军的司令部里，伦德施泰特和参谋总长曼施坦因认为波军的进攻并不是个大问题，相反，这次进攻恰好给德军提供了一次有利时机，让德军可以完成原来陆军司令部制订的摧毁维斯瓦河两岸波军的计划。到目前为止，在库特诺附近已经集结了大约 17 万的波兰军队，如果能够包围、遏制和摧毁这些部队，那就会一举消灭掉 1/3 多的波兰地面部队。换句话说，波兰人的进攻为德军提供了一次大规模消灭波兰军队有生力量的机会。

而德军目前所需要的就是一次有计划有目的的集结和一次有规模的围歼。为了对付波兰的这次反击，德国军队开始重新部署。对当时德国所有的军队进行大规模的高效的调动与部署，是对当时的德国军方是一次极大的挑战。到了 9 月 11 日，勃拉斯科维兹将军接到命令，开始由他来指挥这次军事行动。于是，他迅速从第 8 集团军右侧的第 10 集团军和从北方开来的第 14 集团军抽调兵力来武装自己，配合作战。这种调动完成之后，第 8 集团军的规模几乎在一夜之间增加了一倍，由一个司令官同时指挥着 6 个军。为了能够集中力量打击波兰的这次反击，德军暂时减缓了对波兰首都华沙的进攻，减轻了对部分波军的压力，同时，德军也减小了在维斯瓦河地区的军事行动的规模。

一条新的德军防线建立起来了，第八集团军的工程兵和反坦克兵部队匆忙赶到，巩固了这条防线。与此同时，指挥南方集团军的伦德施泰特将军并不情愿放弃他已经在波兰首都前方占领的阵地，他想方设法使波兹南军团的进攻转化为他的便利。他命令里特·冯·勒布中将派他的第 11 军的两个师向北穿插切断"波美拉尼亚"军团同华沙的联系，将其驱赶到波苏拉河，并将它以及罗兹军团的幸存者包围起来。而第八方面军转向东北进行战斗。同一时间，第4集团军向南移动，以便形成包围波兰人的一个钢铁包围圈，这就是所谓的"库特诺口袋"。

9月12日，执行反突击的库特谢巴将军得到情报，罗兹集团军的残余部队正在向莫德林集团军的方向撤退，他们之间的军队已经没有会合的希望了。而更令库特谢巴将军感到头痛的是，据说当时的德军正在库特诺附近进行军事演习，这样一来，波兰的军队面临着即将被包围的威胁，而库特谢巴将军的军队也面临着即将被完全剿灭的危险。

也就是在这一天，感到大事不好的波兰军队向东南发起了进攻，开始试图在德军未完成包围圈之前从那里冲出包围。结果，在突围的过程中，德军虽然丧失了一些地面部队，但是却在打击波兰的这次突围的过程中收紧了自己的包围圈。

到了9月15日，波兰军队的进攻已经毫无生气了。就在那一天，德国的第10集团军奉命向北推进，在华沙以西切断从库特诺地区逃往首都华沙的所有退路。到了9月16日，波兰军队又一次试图从东北方向突围，这一次，他们希望渡过维斯瓦河后到达莫德林，但是这一次的突围再次被德国人击退，而且大量的波兰军队的士兵在这次失败的突围中丧生。同时，这次战斗之后，德国第8集团军进一步缩小了他们的"库特诺口袋"，波军不得不在更小的地区内活动，这样，他们再也没有余地周旋来躲开德国空军的打击。

就在9月17日，波兰军队突围失败的第二天，德国空军暂时停止了对华沙的突袭，而是把兵力集中到对库特诺地区的进攻上。在这个地区，德国的空军总共投下了328吨的炸弹，被围困的波兰士兵伤亡惨重。当第10集团军彻底歼灭拉多姆的波兰军队时，波兰的波兹南集团军崩溃了，受到沉重打击的波兰防御部队开始瓦解，当天就有4万波兰军队的士兵被德军俘获，就连最后两支企图突围的波兰军队也被德国第10集团军全部歼灭。最后只有一小股波兰军队突出重围，而且大多也是依靠卡尼彼诺斯森林的天然屏障保护而逃走的。就这样，原本用来进行大规模战役的波兰军队被分化成一支支独立的小分队，最多也只能打游击战争了。德国军队总共俘虏了52万人，占当时波兰地面有效部队的1/3多，保卫波兰的野战部队已经溃不成军了。

虽然希特勒曾因为进军华沙的先头部队的速度太慢而不停地斥责部下，但是对于当时的德军指挥总部来说，布祖腊战役的胜利是里程碑式的，它的意义深远。对于当时德国的普通士兵来说，布祖腊战役却是一场极为激烈的战斗。当时党卫军武装部队的下级军官库特·迈尔——后来成为一名武装党卫军将领——曾跟随第4装甲师参加了这次战役，尽管库特本人是一位比较激进的纳粹党员，但他还是对这次战役中波兰士兵表现出的勇气和精神表示尊重：

我们否认波兰军队的勇敢是不公正的，我们在布祖腊打的每一场战斗都是靠着极大的勇气来完成的。

就在波兰的前方军队还在"库特诺口袋"地区奋勇突围时，波兰后方的军队曾利用这个间隙来完成新的集结。波军最高指挥部采取了最后一项权宜之策，他们希望把波兰当时所有的军队全部撤退到波兰东南部去，进入波兰领土伸入罗马尼亚和匈牙利之间的一个"舌头"地区，在那里组成"罗马尼亚桥头堡"，或许可以坚守到西方盟国支援的到来。尽管德国的第 14 集团军一直在沿喀尔巴阡山脉的北麓向东推进，以利活夫为中心的波兰东南部地区仍然作为建立新防线的最后一块地区。此外，该地区与罗马尼亚、匈牙利接壤，是重要的产油区。

这时，在北方战场上，莫德林集团军开始和纳雷夫军团同时撤退，而德国的第 3 集团军紧随其后。在第 3 集团军的东侧，古德里安的第 19 军团在两支波兰军团的中间打开了一个缺口，纳雷夫军团随后发起了进攻，但是很快就被击败了，不得不撤退，同时大量人员伤亡。与此同时，德国的第 19 军团的两个装甲师和两个坦克师都遇到了燃料和弹药的问题，这种巨大的战争损耗使德国的装甲车辆进退两难。此时，只有古德里安手下的那种小型装甲部队还保持着充足的火力和相当的机动性，能够继续推进。

古德里安最初的计划是向南推进，直接夺取谢德尔堡，但是由于德国陆军总司令部的司令官认为波军正在建立"罗马尼亚桥头堡"，所以古德里安不得不听从上级的指示，完成了从侧翼对波兰军队最后防线的包围。

9 月 14 日，第 10 装甲师的先头部队到达布列斯特-利托夫斯克的边缘地区，这里是北方集团军在最东面的一个目标。9 月 15 日，德军攻占了布列斯特-利托夫斯克。尽管那里的波兰守军建造了一个很有名的防御工事，即赛特德尔防御工事，曾击退了德国第 10 装甲师和第 20 摩托化步兵师的几次进攻，但他们还是没有能够阻拦住来势凶狠的德国军队。9 月 17 日，当守卫在布列斯特一利托夫斯克的最后一批波兰军队企图突围的时候，德国步兵师有了歼灭敌人并占领赛特德尔防御工事的机会。而在接下来的时间里，德军的第 3 装甲师向南前进抵达弗沃达瓦，以期与北方集团军中前往东北方向的坦克先头部队会合。

尽管这两支从华沙东面夹住波兰军队的"大钳子"没有真正合拢，但是它们相隔只有几公里而已，完全可以通过电台保持联系，电台对德国的机械化部队在战争中取胜起到了十分重要的作用。波兰企图再次集结的意图不幸被德军发现，德国的空军立刻开始对波兰的行军纵队不断地加以打击，另外空军还对波兰的铁路进行了狂轰滥炸，大大破坏了波兰的交通，打乱了波军的计划，从而使波兰的计划无从实现。

到了 9 月 16 日，波军的大部分已经被歼灭，波兰西部和中部完全被德军占领，德军推进到维斯瓦河以东地区，德军已经达到了作战的主要目标。9月17日，波兰政府越过边界逃往罗马尼亚，同日，苏联红军入侵波兰，此后，德波战争进入了最后的阶段。

正当波兰境内德军和波军打得不可开交的时候，在德国的柏林，在希特勒的总理府内也是忙做一团。

波兰前方的战事进行得不能再顺利了，即使是处理前线战报或者是发送指挥命令也不会如此兴师动众，原来忙碌的人们竟在搬运东西，总理府为什么会忙成这个样子？

这是因为希特勒要把他的办公地点从总理府高雅宽敞的大理石厅转移到他的"亚美利加"号元首专列上去。希特勒要乘车去前线视察，并准备在火车上处理东线和西线的战事。

1939年9月3日21时，"亚美利加"号元首专列开出了柏林火车站。

希特勒的专列是一列特制的火车，它由两个火车头来牵引，车身超长，加在一起共有15节客车车厢，前后还各配备有一节装甲货车车厢，里面装载着20毫米口径的高射炮，以防不测。在车头方向紧挨着高炮车厢的，即是希特勒的工作车和寝车。而希特勒的工作车厢是这辆元首专列的核心部分，在这里有一个长长的会议室，占据了这个车厢的一半，车厢的另一半则是通信设备。在会议室的中央，是一个大大的地图台，这位第三帝国的元首最喜欢做的事情就是站在地图边筹划下一步的计划。在他旁边的通信中心则不断地用电传打字电报机和无线电话跟前线的各军事指挥部以及柏林保持着密切的联系。

就希特勒而言，他个人不指望在其专列上建立一个井然有序、名副其实的军事指挥班子，但是他对于通信和技术设备，却有着严格的要求。如他所愿，在这辆元首专列上装备了最好的通信设备和其他的技术设施。除了这些当时尖端的设备外，在车上集合了最高统帅部长官凯特尔和作战局局长约德尔及其副官和元首的副官，还有从陆军、空军调来的联络官，这样希特勒就可以开展他的工作了。如同古德里安坐在装甲车里指挥装甲部队一样，希特勒可以坐在列车里指挥整个国家。

在火车上如同在总理府一样，棕色的纳粹党制服主宰着这个地方。它无时无刻不在提醒着人们，这里，乘坐的是一位元首，他所要从事的，是一件至高无上的事情。

一般说来，只有希特勒的副官才能住在那里，就连元首大本营的新任司令隆美尔也不能住在这列火车上。不管怎样，希特勒几乎不干预波兰战役的指挥。他总是在上午9点出现在指挥车厢里，听取约德尔关于上午形势的汇报，并且查阅从柏林空运来的地图。

今天，约德尔向希特勒报告的情况有些长，主要是德国进攻波兰的进程已经进入最关键的时刻。北方集团军群的第 4 集团军已经切断"波兰走廊",到达了维斯瓦河下游地区,而北方集团军群的第 3 集团军则继续向南逼近,现在已经抵达了纳雷夫河,与波兰的首都华沙遥遥相望。南方集团军群的第 10 集团军已经渡过瓦尔塔河,其先头部队已经渡过波利察河,也正在向华沙方向推进。同时第 14 集团军正从两个方向对克拉科夫实施钳形攻势,等等。

听完约德尔的报告后,希特勒先是问了一下西线的形势,这一问题是他现在以及未来一段时间最为关注的一个问题。这主要是因为驻守在 483 公里西线的边防德国军的 30 个师中,只有 12 个师是可以用的,而其他的则极为薄弱。如果当时的法国出兵,出动其庞大的 110 个师前来进攻的话,德国将不得不陷入两线同时作战的危险,这让希特勒极为担心。而当冯·伏尔曼上校总是以"西线很平静"来回答时,希特勒对这样的回答极为满意。

9 月 4 日上午 8 点,元首专列准时停靠在波美拉尼亚火车站,在这里等候迎接希特勒的是北方集团军司令博克将军和隆美尔。希特勒一下车,他们即向他作了简要的汇报,然后三人动身开始对整个战区进行全面的巡视。

此时德军正以锐不可当之势向北朝着托伦推进,海因兹·古德里安的装甲部队正开入他的出生地——切尔诺。这里的土地长期以来浸渍在德国人的血泊之中,古老的德国土地又回到德国人的掌握之中。无论走到哪里,希特勒都被喜气洋洋的士兵团团围住,他们觉得这是个具有历史意义的时刻,凡尔赛的耻辱终于被洗刷。这一天,他巡视了塔克勒海德战场,一个强有力的波兰军团被包围在那里,他们正在拼命突围。

由于双方力量悬殊,屠杀的结果,是在那里的道路上留下一片触目惊心的景象。希特勒从无线电里获悉,克拉科夫现已在德国人手里。正如他预料的那样,大部分波兰军队已陷入维斯瓦河西部的陷阱里了,而调集在波森攻打柏林的强有力的部队现在已是无的放矢,而且又孤立无援,远远离开了主要战场。

到 9 月 5 日,德国的第 10 军团深入波兰 97 公里,并已相当接近首都华沙。第 10 军团的左翼,第 8 军团正向罗兹挺进,在右翼,第 14 军团准备攻占克拉科夫。兴高采烈的希特勒在视察北方战场时对闪击战达到的如此成效又吃惊又高兴。

我们经过了被毁灭的波兰炮兵团,经过希维兹,再紧跟着我们包围部队的后面,驶向格劳顿兹。在那里他停留了一会儿,看看维斯瓦河上面的那些已被炸毁的桥梁。当他看到那些被毁的波兰炮兵团的时候,希特勒向我问道:"这是我们的俯冲轰炸机所干的吗?"我回答道:"不,是我们的战车干的!"他不禁吃了一惊。在希维兹与格劳顿兹之间,凡是不必参加包围作战的第 3 装甲师部队,都调齐了让希特勒亲自视察一番。以后我们又去视察第 23 师和第 2 师的各单位。一边走,我们一边谈论到这一次我军作战的经验。希特勒问我死伤了多少人,我把我最近所得来的数字告诉他：在全部走廊战役中，我所指挥的 4 个师大概一共死了 150 人，伤了 700 人。他对于这样小的死伤数字，不免感到很奇怪，以他在第一次大战中的经验对比：他那一团人在作战的第一天就死伤了两千。我就告诉他这一次敌人固然也很坚强勇敢，但是我们的损失却能这样的小，其主要原因就是因为我们的战车能够发挥高度威力的缘故。战车实在是一个"救命"的武器。由于走廊之战的成功，可以使装甲兵声威大振。敌人的全部损失有两三个步兵师、整个骑兵旅，我们俘获了好几千战俘，数百门大炮。

对于所到之处，希特勒受到了各种各样的欢迎，古德里安这样记述道：

值得注意的是，当战争已成过去之后，那些老百姓从躲避的地方又都钻了出来，他们看到希特勒坐车经过，居然向他欢呼，并且还向他献花。希维兹镇上也都悬挂了我们的国旗。希特勒的访问战地对于前线部队而言是能产生良好的印象。不幸的是当战争打下去之后，希特勒亲临前线的机会也愈来愈小；而到了战争的末期，简直就不再去了。因此他和部队完全丧失了接触，从此他对于他们的成就和痛苦也再不能够了解。

希特勒对于前方部队的成就表示了一番赞扬，就在黄昏的时候离开了，回到他自己的统帅部。

希特勒笨重的专列——"亚美利加"于 9 日开往上西里西亚，最后停在伊尔脑的一条铁路侧线上。走廊里宜人的风停止了，为了伪装，车体都涂上了灰色，车厢内的温度升高了，车厢外的空气弥漫着 9 月中旬的热灰尘。

波兰的空军在此次战争中并没有发挥太大的作用。一是由于遭到了德军的轰炸，损失惨重。二是由于波军在战争初期，力图保留空中力量，而未使用其空军对德军进行有规模的打击行动，而到战争的后期，即便是想进行这样的打击也多因战事吃紧或指挥不力，更因为德国空军强大的制空力而无法展开。

波兰的陆军从一开始便陷入与德军飞机坦克的周旋中，其损失和伤亡程度不必细言。在整个波德战争的过程中，波兰的陆军几乎一直处于被动挨打的境地，地面部队中所有的坦克和装甲部队因其散落在步兵之中，未形成一定规模，因而也没有对德军产生较大的威胁。

而波兰的海军，在这次战争过程中，却是让人刮目相看的。这主要是因为，波兰本具有一定规模的海军力量，另外，就德国而言，直到开战时，德国的海军力量也未像他们的空中或地面部队那样形成绝对的威慑。

尽管波兰海军水面舰艇在战争的最初阶段逃的逃，败的败，几乎已经损失殆尽，但是波兰潜艇仍然是一支十分有威慑力的战斗力量。在开战初期，波兰海军就把所有的潜艇全部派往海上。由于波兰潜艇对德国的巡洋舰和其他军舰构成严重威胁，德国海军下令巡洋舰退出东波罗的海。同时德国海军对波兰潜艇展开了严密的搜索和围剿。9月2日和7日，德国海军的反潜驱逐舰向"威尔克"号投掷了42枚深水炸弹，"威尔克"号的舰体受到了损伤。由于德国空军不断对海尔基地进行轰炸，"威尔克"号在那里修复的希望被破坏了。在这种状况下，波兰海军司令部命令它驶往英国或瑞典。艇长克拉夫齐克少校决定前往英国。9月15日，"威尔克"号向退守到海尔基地的波兰海军司令部发来了电报：

"已经驶过松德海峡。正在加速驶往英格兰。波兰永远不会灭亡！"

"九月"号潜艇也经受了德国飞机和军舰的多次攻击，15日向海军司令部报告：

"柴油机损坏。无法继续战斗。准备驶往斯德哥尔摩。"

燃油和给养消耗殆尽而又伤痕累累的"烈斯"号在9月18日也前往瑞典避难。

这样，仍在海上的波兰潜艇就只剩下了"奥兹尔"号一艘。它在战争爆发之后遭到过德军的攻击，受了轻微损伤。9月10日，艇长科洛茨科夫斯基突然生病，而且病况恶化得很快。同时艇上的空气压缩机也发生了故障。"奥兹尔"号潜艇于14日晚驶进了爱沙尼亚的塔林港，艇长被送进了当地医院。

接下来发生的事情很有戏剧意味。在把艇长送上岸之后，这艘潜艇本来要驶往外海躲避德国的围剿，但是爱沙尼亚政府拖延了潜艇的离港时间，理由是一艘德国商船刚刚离开塔林港，波兰潜艇必须在德国商船离开24小时之后才能出港。在德国的压力下，9月16日，爱沙尼亚开始解除"奥兹尔"号的武装。爱沙尼亚当局拿走了它的大炮尾栓、全部炮弹、10枚鱼雷，以及全部航海图。爱沙尼亚政府还准备拘留船员，但是艇上的波兰水兵在新艇长格鲁钦斯基少校的带领下，准备不惜一切代价继续战斗。

艇上官兵趁停电之机制服了两个爱沙尼亚警卫，砍断了系泊缆绳，然后毫无困难地驾驶潜艇驶离了码头。但是爱沙尼亚方面很快注意到波兰潜艇的消失，港口内的警备军舰和港外的炮台纷纷向"奥兹尔"号开火，"奥兹尔"号悄悄地滑进了港外30米深的海水中。但是艇上的海图全部被爱沙尼亚当局没收，航海官莫科尔斯基少校完全凭记忆绘出了两张波罗的海的海图。大炮已经不能使用，但是艇上还有6枚鱼雷，爱沙尼亚当局没有来得及卸下来。波兰水兵一边小心翼翼地驾驶潜艇向西驶去，一边寻找目标。10月8日晚上，奥兹尔号抵达松德海峡，然后穿过了赫尔辛堡和赫尔辛格之间的狭窄海峡，又穿越了卡特加特海峡。

到了10月12日，"奥兹尔"号潜艇驶入北海。14日，它用微弱的无线电信号同英国海军部取得了联系。皇家海军"勇武"号驱逐舰在福斯湾附近与"奥兹尔"号会合，并一同前往罗塞斯海军基地。在那里，经过修复之后，"奥兹尔"号潜艇参加了皇家海军第二潜艇战队。

而波兰的其他3艘驱逐舰于1939年9月1日抵达英国。在第二次世界大战全面爆发后，英国向波兰海军提供了巡洋舰、驱逐舰和护航驱逐舰等。在斯维尔斯基上将的领导下，在伦敦成立了新的波兰海军，参加了围歼"俾斯麦"号、"沙恩霍斯特"号，以及大西洋护航、诺曼底登陆等著名战斗，击沉了轴心国的 11 艘水面舰艇、8 艘潜艇和 30 多架飞机。

（三）苏联出兵波兰

在德波战争刚刚爆发之时，纳粹德国的领导人就催促苏联出兵波兰，因为在他们看来，苏联出兵将会加强德国的声威，使得英法两国更加不敢轻举妄动，从而使德国可以更加从容地消灭波兰，他们甚至希望苏联的出兵会使英法两国也向苏联宣战。果真如此，德苏关系可能会更深一层，纳粹德国的处境也将会大大改善。苏联准备出兵，但是要选择"适当的时机"。9 月 5 日，莫洛托夫在答复德国要求苏联从东方进攻波兰时表示"这一时机尚未到来"。到了 9 月 8 日，德军已经进抵到华沙城下。次日下午，莫洛托夫向德国人表示，苏联将在几天内采取行动。9 月 16 日，苏联确定了出兵日期。

苏联出兵波兰

9 月 17 日，当德国的第 19 集团军攻陷布列斯克时，苏联的军队约 60 万人开进了波兰，按照苏联人的看法，波兰国家和政府已经不复存在，苏联已经不再受从前的苏波互不侵犯条约的束缚。为了解释当天的行动，苏联政府向波兰驻莫斯科大使递交了一份照会，在这份照会里说道：

波兰政府已经崩溃。

实际上波兰国家和政府已不复存在。因此，苏波之间缔结的条约已归于无效。

苏联政府对居住在波兰境内的同胞——乌克兰人和白俄罗斯人的命运不能采取漠不关心的态度，这些同胞被抛弃，任人摆布而毫无保障。

鉴于这种局面，苏联政府命令红军总司令部所属部队越过国界，去把西乌克兰和西白俄罗斯居民的生命财产置于自己的保护之下。

实际上，整个波兰政府是在 1939 年 9 月 17 日傍晚离开本土的，而总司令部是在 9 月 18 日清晨，即苏联红军进入波兰 24 小时后才离开波兰的。

就在凌晨 5 时 40 分，由米·普·科瓦廖夫率领的白俄罗斯方面军和由谢·康·铁木辛哥率领的乌克兰方面军有 7 个集团军约 40 个师的兵力，由 20 多个步兵师，15 个骑兵师和 9 个坦克旅组成。米·普·科瓦廖夫率领的白俄罗斯方面军的任务是占据从布列斯特－利托夫斯克以北到立陶宛边界的波兰领土，而由谢·康·铁木辛哥率领的乌克兰方面军的任务是进入普里皮亚特河以南的波兰领土，其中利沃夫是它夺取的目标。在乌克兰方面军最南面的一支部队是第十二军，这是一支机械化部队，它的任务是阻拦企图撤退到罗马尼亚和匈牙利安全地带的波兰军队。在越过长达 1000 公里的苏波边境线进入波兰境内后，苏联的快速兵团在 8 个航空兵群的支援下，迅速地突破了波兰边境，当晚即占领了波列西耶地区。

驻守东部的波兰军队仅由国民自卫队、边防警备队和一小部分预备役骑兵组成，因为波兰从未想到过苏联会如此入侵，特别是在这个时候。起初，波兰的军队还以为苏联红军是来帮助他们的。在一处地方，波兰边防兵团的士兵们发现，在清晨大雾中有一队拉着士兵的马车。"别开枪！"红军战士喊，"我们是来帮你们打德国人的。"边防军战士糊涂了，竟在领头的俄国车上插上白旗——这样，苏联人便大摇大摆地通过了许多地方——未遭一枪一弹的还击。波兰东部便这样陷落了。但是随着苏联的红军向波兰内地的深入，有些苏联机械化先头部队在头两天就已经深入波兰境内 100 公里，形势也就趋于明朗化了：苏联人不是来帮波兰的！红军所到之处，波兰的军队即被俘虏，然后很快地被解除武装，如果波兰的军队稍有反抗，即会被苏联的军队镇压。

苏联红军的入侵无疑使当时已经面临绝境的波军最高指挥部雪上加霜，在苏波边境上，波兰军队只有 25 个边防营，这时已经被德国人打得团团转的波兰军队根本没有力气来承受自己背后的这一击。苏军到达利沃夫右侧，波军在该地建立任何形式的桥头阵地的可能性都被摧毁。

1939 年 9 月 18 日，已经逃往罗马尼亚的波兰军队总司令斯米格威－雷兹元帅命令部队全部撤往罗马尼亚和匈牙利，而不要对苏联人进行抵抗，除非苏联人进攻或者企图解除波兰人的武装。这条命令确实下得过于暧昧，而且该命令也未能传达到全部的波兰军队，一些部队由于未收到此命令，仍继续对苏联的红军进行抵抗，特别是在格罗德诺和科布林等地方，双方展开了激战。同时，苏军的先头部队与德国军队会合。两军商定，西进的苏军与西撤德军之间须保持 25 公里的距离。22 日，苏军从西撤德军的手中接管了布列斯特要塞，迫使利沃夫守军投降，并占领了比亚韦斯托克，25 日，苏军进至布格河、桑河一线。

苏联红军进入波兰东部的突然行动，给当时的德军带来了一些特殊的难题。根据当时苏联和德国签订的《苏德互不侵犯条约》的规定，苏德将沿纳雷夫河－维斯瓦河－桑河一线分治波兰，因此，苏联红军入侵波兰后，就告知当时激战正酣的德国军队，他们应该撤离到该线以西的地方。但是在这个时候，大多数德军还在该线以东忙着肃清剩下来的波兰部队，而且如果此时马上撤退，会使波兰军队有机会再次集结，并可能集体撤退到罗马尼亚或者匈牙利寻求避难。

苏联红军的突然进入所带来的另一个深层的问题，是致使两国的士兵很难区分敌友。在很多场合，德军的军队和苏联的军队是互相开火的，造成了双方人员不同程度的伤亡，当然这样的事件或因此造成的伤亡还是很少的。在接下来的时间里，德军的撤退应该说是井然有序的，而且苏德两国军队之间还存在一定程度的友善关系，在两国的宣传资料中也记载了许多这样的事件。例如，9月22日，在布列斯特-利托夫斯克，德苏两国装甲部队联合游行之后，立刻举行了由两军最高指挥官古德里安和克里沃斯基将军参加的正式宴会。这次正式宴会，是两个强大的战胜国在被侵害的领土上进行的一次饕餮之宴，双方并非那么融合，但好在目的一致，也就省去了众多繁文缛节。

对于这次宴会，古德里安在其回忆录里记述道：

一位青年军官，坐在装甲搜索车的里面，做了俄国人的前导，他告诉我们有一个俄国的战车旅就在他的后面。于是我们才知道德国外交部长所同意的分界线就是在那里：布列斯特已经划给俄国人，因为布格河就是界线。我们觉得这种分界线对于德国并不太有利；最后我们又获得通知应在9月22日以前撤回到分界线以西去。这个时间实在是很急促，我们要把全部的伤兵运回，即便是把所有损毁的战车修理好都有一点来不及。似乎关于这些外交上的谈判，根本没有军人参加。

在交接的那一天，我的对手是一位俄国的准将，克利弗金，他也是一位战车军官，懂得一点法文，所以我们勉强可以交谈。因为外交部并未给我们以明确指示，所以我就以友谊的方式办理一切移交的手续。我们自己所有的装备都完全带走，但是所俘获的波兰物资却只好留下来，因为时间太短促，我们无法组织一个必要的运输力量来撤运它们。最后举行了一个临别的阅兵礼，并在俄军之前向两国的国旗敬礼，这样就结束了我们在布列斯特-列托夫斯克的停留。

这时对于驻守波兰南部的德军第14集团军来说，执行撤退决定可能会遇到一定的难度，因为该集团军肩负着阻止波兰军队大批涌往匈牙利和罗马尼亚的重任。9月10日，德军围攻了古城普热梅希尔，与此同时，第14集团军的大部正向利沃夫地区推进。9月12日，德军第一山地师抵达该市，但是他们遭遇到波军的顽强抵抗，德军因此不得不采取一项有限的包围行动。9月13日，德军发起了猛烈进攻，力图夺回这一关键阵地。9月14日，利沃夫被包围。9月20日，德军对利沃夫的包围仍在进行，此时，由伦德施泰特下令，命令第14集团军放弃利沃夫，将其交给苏联红军处理，并向西移动以做休整。然而，此时出乎德军意料的事情发生了，守卫利沃夫的波兰部队突然向德军投降了。

当德国第14集团军向西撤退时，遇到了向南行进的波兰军队，双方发生了几次交战，但大量的波兰军队此时开始绕开德国军队，撤退至安全地带。曾任波兰炮兵军官的斯维克茨基上校回忆说，当时有6万名波兰士兵抵达了匈牙利，另有3万人越过边境到了罗马尼亚，而在北方则还有15000人的军队到达了波罗的海沿岸的立陶宛。

后来这些流亡的士兵大部分都去了法国，他们在那里又组建了一支新编的波兰军队，这些波兰军队在这期间尝够了战败和亡国的痛苦，而这种痛苦必将伴随他们度过漫长的流亡生涯。一位波兰的军官记录下他进入匈牙利时的情景：

在一个秋天的上午，我们穿过秀美的山区，踏上了外国的土地。队伍中的气氛不胜悲哀。我手下的副团长斯大诺茨基少校公然抽泣起来。我们行进了数个钟头都没有见到一个人。在穿过峡谷，前往韦什库夫茨基的路上，到处都是翻倒的车辆和烧掉的文件。骑摩托车到前方探路的团副回来报告说，前面好几公里的路上都没有人。当我们走到离边境只有很短的一段距离的时候，遇到了一队前进的人群和几百辆汽车，再往前是一些山峰和峡谷，然后我们就到边境了。一位热情的匈牙利陆军少校走上来打招呼，他还让我们转告那些长枪骑兵们，他们将在匈牙利过上自在的生活。

在接下来的日子里，德军对剩下的未占领区的波兰军队发起了全力的进攻，而面对德军的强大攻势，波兰依旧固守不降，从库特诺战役中突出重围的波兰军队加强了对首都华沙的防卫。到9月15日，德国第10集团军和第3集团军分别从南方和北方包围了波兰首都华沙。

（四）华沙沦陷，波兰政府流亡

波德战争的进行，大致上有三个阶段。

在战争的第一个阶段，即9月1日到8日，在这一阶段，德国军队对波兰进行闪电式的打击，而波军则力图阻击德国人的进攻，却因德军的猛烈进攻而未能完成。德军在波兰本土迅速推进，使得波兰的军队不得不开始撤退，并力图在自己国家的土地上摆脱异乡人的包围。

第二阶段则是从9月9日到16日，在这几天中，波兰军队开始集结，并由当时的波兹南集团军等发起了反击，却被德军击退，并且德军在华沙以东方向封闭了对波军主力的包围圈，波兰的军政大员此时已经无力控制国内事态或军事行动的进程，而波兰政府竟不顾国家和人民的生死存亡，逃到了罗马尼亚。

战争进行到第三个阶段，是波兰在失去了国内政界和军界的有效指挥下，波兰军民进行的顽强抵抗，波兰的普通劳动者开始同德国法西斯侵略者的战斗。

在当时的波兰，守军所面临的景象是绝望的。他们不少人集中在东南遥远的所谓罗马尼亚桥头堡，没有人准备投降，除了他们的领导人。波兰政府是于 9 月 17 日逃往罗马尼亚的，而军队的领导人武装部队总司令斯米格威-雷兹在此之前既没通知他的政府也没告知他的军队，就逃离了波兰。

德军在沃维、维斯瓦河与布祖腊河等地域击败了波兰军队的反突击之后，剩下的即是对波兰首都华沙的围攻了。留在维斯瓦河以北的第 4 集团军兵团继续向南进攻，从北面和西面合围了莫德林要塞，在"北方"集团军群主要突击方向行动的第 3 集团军已经在维斯瓦河以东进攻，并紧随古德里安的坦克军向前推进，后者在突破图霍拉荒野波军防御后，立即穿越东普鲁士，在第 3 集团军左侧进入战斗，对退却的波兰军队进行平行的追击。

9 月 9 日，该集团军在沃姆扎地域渡过纳雷夫河，随后不可遏止地向南急进，并于 9 月 11 日渡过了纳雷夫河。再接下来，第 3 集团军开始从东面迂回包围华沙，经谢德尔采向西进军，以便与其他部队形成合围华沙的形势，同时切断波兰军队沿维斯瓦河的退路。与此同时，古德里安则以最快的速度发动他的装甲部队向东南推进，德军的一支先遣队于 9 月 14 日突破了布列斯特堡垒防线，逼近了内城堡。但是，直到德军较大兵力赶到，一直都没有攻破，波兰的守军在此进行了顽强的抵抗，到了 9 月 17 日，这种抵抗才被粉碎。同日，该军迂回布列斯特与继续向南进攻的其他部队到达了弗沃达瓦，与第 10 集团军的各先遣队建立了联系。

9 月 13 日，波兰东北部的奥斯韦茨小要塞落入了德军的手中，同时，波兰的一个师被德国人包围，并且被切断了同其他波兰军队的一切联系，而不得不在奥斯特鲁夫-马佐维茨地域放下他们的武器。

对于德国人来说，剩下来要做的工作只是从西面合围华沙了。德国的北方集团军的坦克部队，此时沿西布格河南下，攻占了布列斯特，同时南方集团军群的坦克部队在包围了利沃夫之后，继续向北挺进。

到 9 月 15 日，德国第 10 集团军和第 3 集团军分别从南方和北方包围了波兰，但是希特勒和德军统帅部都不想对防御坚固的华沙发动进攻，因为那将势必导致德军大量的人员伤亡。16 日，在弗沃达瓦地区，南北方集团军群会师，从而完成了对波兰军队的外线合围，波兰军队的主力已经被团团围困在布格河、察河与维斯瓦河的三角地带。也就是在这一天，德国开始在波兰散发传单，要求波兰人投降，但是波兰人断然地拒绝了这一要求，于是德空军开始了对合围中的华沙城进行狂轰滥炸。

在没有政府人员、没有军队的情况下，保卫华沙的波兰军民，写下了波德战争中最悲壮的一页。

保卫华沙的战斗早在 9 月 8 日已经开始，那时，德国的坦克冲到了首都的南郊，在那里，他们企图进入市中心，但是遇到了华沙保卫者的顽强抵抗，这次抵抗迫使德军的指挥部放弃了一举拿下波兰首都的计划，而不得不开始有步骤的准备。

9月10日，德国的坦克部队开始从东面迂回华沙，第3集团军的兵团则进至华沙市的北郊。波兰的守备军被包围，这时防守华沙的只有17个步兵营、10个轻炮连、6个重炮连、1个坦克营，要保卫华沙这样一座大城市，这点兵力是远远不够的。于是，华沙的居民们自愿拿起武器来支援自己的部队，波兰首都华沙将进行的是一场反对侵略战争的人民战争，劳动人民和真正的爱国者临时成立了"保卫华沙指挥部"，并立即发布第一号命令，号召全体军民坚持抗战，命令指出：我们坚守着阵地，除此之外，别的出路是没有的。成千上万的华沙人参加构筑街垒和设置反坦克障碍的行动。华沙成立了许多红十字会救护队、急救站和消防队。波兰的工人表现出良好的爱国素质，他们自9月5日就开始组织工人营，参加人数逾6000人。9月12日，这些营又组成一个华沙工人志愿兵旅，在华沙保卫战中坚守在最艰险的地段战斗。

在德国空军集中兵力摧毁华沙市内的供水系统和发电站的同时，第3、第10集团军也连续对该市进行了炮轰，德国军队企图利用侦察部队找出波兰军队的弱点，然后进行攻击，而波兰军队在前罗兹集团军指挥官鲁梅尔将军的指挥下，坚持英勇反击，致使在战斗的最初阶段，德军根本无法前进一步。华沙城里的弹药还算充足，市内被毁坏的地方被华沙军民改造成了很好的炮兵防御阵地，在这里，防御部队不仅包括常规军队的士兵，也包括一支由华沙市民组成的士气高昂的国民自卫队。

自从9月9日以来，鲁梅尔将军把全部精力全部心智都用在准备抵抗德军对首都的袭击上了。他激励城市居民与武装部队一起参加反对侵略者、保卫城市的战斗。所有的防御工事都已加固；郊区的每座大楼都围上沙袋，砌上水泥，围起带刺铁丝网；大楼的地下室有蜂窝般的地道，连接并沟通各个抵御据点；深深的防坦克战壕直穿华沙主要大街；街上设有用无轨电车、石头、砖头瓦块堆成的路障；公园和广场重炮林立。

而这种努力多是徒劳的，正如勃拉斯科维兹后来报告的："使我们久经沙场的士兵震惊的是，这些误入歧途的人们对现代化武器的效力一无所知，在他们军队领导人的煽动下，将怎样为他们自己的首都的毁灭做出贡献。"

在战斗即将打响以前，希特勒曾把对首都的轰炸限于以俯冲轰炸机和高射炮袭击战略目标，城内100万居民和近200名外交官的存在，可能使他不得不有所克制，但是显而易见，他的时间表迫使他再也按捺不住了。到了16日下午3时，德国空军飞机在华沙上空撒下几吨的传单，要求城市居民在12小时之内从两条特定的道路上撤走，希特勒下令第二天将停止轰炸。可是华沙人民一直没能利用传单所提供的帮助。因为受到某种难以置信的监管，没有人能把这事通知给德国的军事指挥官们。将近午夜时分，希特勒命令停止原计划中的轰炸。

17日中午，德国人从华沙广播电台监听到一条消息，要求他们接待一位打着停战白旗到他们阵线去的波兰军官，他的任务将是谈判释放居民和外交使团。希特勒立刻开始怀疑波兰司令在拖延时间。到了下午6时，德意志广播电台向波兰军队发出一项邀请，让他们派军官到德国前线参加晚上10时开始的谈判。与此同时，凯特尔给布劳希奇打电报说，由于城市居民没能在最后期限到来前早一点离开城市，那项提议现在作废。任何参加谈判的波兰军官都将被告知，要向自己的司令提交一份最后通牒，要求首都在第二天上午8时无条件投降。根据请求，将为外交使团的撤离做好安排，但是市民不得离开。波兰城内于是又撒下了大致相同的传单。

到18日上午11时45分，德国前线还不见波兰军官的到来，希特勒就命令布劳希奇和戈林立即做从普拉加东郊攻打华沙的准备。就在9月22日，希特勒来到了第3集团军的司令部，在这里他视察了部署在华沙东部郊区的普拉加的炮兵部队，尽管希特勒因德军迟迟不能摧毁华沙而大为恼火，但他又反对从维斯瓦河东岸进攻华沙，以免激怒苏联军队。希特勒之所以做这样的决定，除了为减少德国军队的重大人员伤亡之外，还因为根据《苏德互不侵犯条约》的条款，这一地区应该属于苏联的管辖范围，鉴于这些原因，德军批准了一项进攻华沙西部的决定。这一决定将更有利于把华沙军民赶到波兰的东部去，从而使其成为苏联武装部队不得不面对的一个包袱。

进攻华沙的任务落到了刚消灭完"库特诺口袋"地区波军的第8集团军身上。为了部署这一进攻，德军首先要保证任何人都无法突出重围，这样波军对食品的需求就会增加，时间一长，食物供应显然就会变得十分短缺。同时德军又会继续轰炸华沙的自来水过滤站和抽水站，这样就会毁坏城市的供水系统，如此一来，华沙的居民们就不得不直接饮用维斯瓦河中的水，他们很可能会染上伤寒、肠胃病等其他疾病。此外，德军还切断了华沙大部分发电站的电源，并烧毁了该市的面粉加工厂，对华沙军民来说，饥饿的幽灵正在降临。

自9月22日起，德空军开始对华沙进行更为猛烈和密集的突袭和炮击。到9月26日，有上千架德国飞机轰炸华沙，这是第二次世界大战中，希特勒纳粹分子采用的最野蛮的方法来轰炸大城市，而且不是用来轰炸军事目标，而是用来轰炸居民区。

尽管敌机和大炮的狂轰滥炸给这座城市造成了严重的损害，华沙的守军和居民仍继续抗击侵略者，但首都的保卫者在接下来的日子里不得不面对弹药、饮用水、粮食和药品等方面的缺乏。

经过多日的激烈战斗之后，波兰军队要求停火休战，但这一要求遭到了德军的拒绝，因为他们要求波兰人全部无条件投降。此时，对于当时在城内的将军和他们的参谋来说，败局已经不可扭转了，为了不继续使平民百姓受苦，他们被迫接受了德军的条件。于是，9月27日下午2点，驻守在华沙的波军开始放下武器，举手投降。勃拉斯科维兹将军把攻占华沙的胜利归功于该市的防御者们，因为当时他们就要撤离华沙了。

根据波兰历史学家统计，在保卫华沙战斗期间，波兰军队的官兵有5000名牺牲，约1.6万人受伤，居民约有2.5万人被打死，好几万人受伤，华沙卫戍部队在耗尽它可用于防御的全部人力物力后，于9月28日被迫在投降书上签字。

华沙败降后，驻守在华沙北部的莫德林军团仍在顽强抵抗，于是德国调动进攻华沙时用的大炮重新布置，来对付莫德林防卫部队。9月27日，德军发动了一场渗透到波兰外部防线的全面进攻。由于莫德林集团军严重缺水，食品储备也越来越少，因此驻军指挥官汤米将军于9月28日要求休战。于是这2.4万名波兰守军也随之投降了。

德国的军队现在可以放心大胆地集中兵力攻打罗马尼亚桥头堡的残余波兰军队。几天之内，他们在那里杀死及俘虏了15万波兰人，其余的大约10万人躲避到罗马尼亚，但是在那里只有同乌克兰人交战后才能获得安全。

此外，除了少数几支分散的小规模部队仍在波兰的密林丛中进行游击战以外，还在坚持抵抗的地方就是波罗的海的沿岸了。在这里，还驻扎着几支拥有防御基地的波兰军队，尽管有关南方波军被摧毁的坏消息频频传来，但波罗的海沿岸的波兰军队却仍然极为顽强地战斗着。虽然军队的指挥官戴贝克上校成功地把大部分驻军撤离到奥克斯伏特的新据点，但是9月14日，德军还是夺取了波罗的海的主要港口格丁尼亚。9月16日和17日，德军空军发动了猛烈进攻，紧接着在9月18日和19日，德军又发起主攻，经过这场打击，波军被彻底击垮了。在此次战斗中，戴贝克上校在败军之际自杀殉国，而没有像其他人一样投降。

在剩下来的时间里，德国开始全力对付波兰的450名海军和民兵，他们寄身于一个11公里长的伸出到波罗的海的狭长地带，此处即是海尔要塞。在这里，海军少将指挥部下在狭长的半岛上布满地雷，并用岸炮掩护波兰人朝海的那一侧。9月21日，守军们打退了一次德军的进攻。3天后，"石勒苏益格－荷尔斯泰因"战舰加上它的姊妹舰"石勒苏"战舰用口径280毫米的大炮残酷地轰炸波兰人。到了第二天，又有轰炸机轰炸铁路线。到了10月1日，海尔要塞也陷落了。而海尔要塞陷落后，还剩下几个抵抗的包围圈，最后一支有组织的波兰军队，是由库克率领的1.7万名守军，位于华沙东南121公里，在10月6日不得不投降。

华沙虽然陷落，但是，整个德军和希特勒都为攻下华沙费了一番力气。

10月2日，隆美尔将军和施蒙特上校走访了华沙。第二天，这位"沙漠之狐"这样给他的妻子写信：

昨天，一切都按计划进行。飞往柏林，飞往华沙，在那里进行谈话视察，又飞回柏林，在帝国总理府汇报，在元首餐桌上吃饭。华沙满目疮痍，几乎没有一个建筑物不受到破坏，没有一块完整的玻璃，人们一定遭受到很大痛苦。7天来一直没有水，没有吃的……市长估计有4万人死亡或受伤……除此之外，一切都很平静。我们来了，他们的折磨了结了，人们也许得到了援救。NSV（党的民事福利组织）和"巴伐利亚"营救护送队，还有战地厨房正被饥饿的人们围困，他们已精疲力竭。柏林这里正在下雨，乌云低垂。在华沙，天空无云。

华沙的景象让制造这一切的侵略者也感到有些无所适从。9月26日，德军炮兵接连对波兰进行了地毯式的轰炸之后，华沙确实已经成了一片废墟，华沙人没有再进行军事抵抗就投降了。城市已经断水整整一个星期，铁路路线被破坏，食物和电力供应完全停止了，在这片废墟上，来不及掩埋的尸体有几万具之多，这个数字是整个波兰战役中德军伤亡的总数两倍还多。

在这个月的5号，希特勒亲自飞赴华沙，去参加在那里举行的庆祝德军胜利的盛大游行活动。经过部分清理的华沙仍然笼罩在死亡的气氛之中，腐烂尸体的恶臭在整个城市的上空飘荡。

这位元首对此却并无太多在意，在检阅了游行队伍回到飞机场后，希特勒向蜂拥而至的各国记者说：

好好看看华沙周围吧，我能这样对付任何一个欧洲的城市。我有足够的弹药。

这一次，希特勒没有撒谎。

波兰原是一个欧洲强国，17世纪中叶开始走向衰败。俄、奥、普三国便趁机干涉波兰内政和瓜分波兰领土，俄、奥、普三国曾分别于1772年、1793年和1795年3次瓜分波兰。

而现在，华沙面临着第四次被瓜分的命运。

在华沙陷落之后，对于德国和苏联来说，即是如何对其进行瓜分的问题。而这次瓜分，实际上早就开始进行了。1939年8月23日在莫斯科签订的《德苏互不侵犯条约》附带有一个秘密附属议定书，记载了里宾特洛甫和他的东道主就德苏在东欧势力范围的分界线问题举行"绝密会谈"的结果。

议定书对于分属于波罗的海国家和波兰的地区万一发生"领土和政治变动"时做好了准备。在波罗的海国家方面，立陶宛的北方边界将是两个势力范围的分界线。

双方同意（据德国外交部长里宾特洛甫说，这是他主动提出的）维尔纽斯应被认为是立陶宛的一部分；虽然这片地方的界线没有划定，但在议定书的条文中，双方都承认"立陶宛在维尔纽斯地方的利益"。在波兰，分界线大致是沿着"纳雷夫河、维斯瓦河和桑河一线"。

据二次世界大战的一些学者的研究，这次首先提出瓜分波兰的，并非对它进行直接打击的德国人，而是从其背后突施冷箭的苏联人。丘吉尔对此曾经说过：

我对苏联从来不抱任何幻想。我知道他们不承认任何道德准则，只顾他们自己的利益。

在1939年9月19日，也就是在苏联入侵波兰后的不久，舒伦堡发给柏林的电报中曾经有这样一段话：

莫洛托夫暗示，苏联政府和斯大林本人已经放弃了原先允许一个残存的波兰存在的意图，现在想以皮萨河-纳雷夫河-维斯瓦河-桑河为界分割波兰。苏联政府希望立刻就这一问题进行谈判。

而到了9月25日的晚上，斯大林即在克里姆林宫召见了这位德国大使，会见的时间很长。会见结束后，舒伦堡即向柏林报告了斯大林要他通报的几个问题。

第一，斯大林认为当时如果留下一个独立的残存的波兰国家是一个错误的选择。依他看来，最好的办法是从分界线以东的领土中，一直延伸到布格河为止的整个华沙省划归德国所有，而与此同时，作为交换，德国应放弃对立陶宛的领土要求。

第二，斯大林又提出，如果德国政府愿意的话，苏联将会立刻根据1939年8月23日达成的（秘密）议定书，开始着手解决波罗的海各国的问题，表示希望德国政府能在这一方面不要绊手绊脚，而是给予一定的支持。

第三，斯大林还特别强调了爱沙尼亚、拉脱维亚和立陶宛等问题的处理办法，不过，他没有提到即将提上议事日程的关于芬兰的问题。

斯大林

当代西方的一些研究者在评述1939年波兰被瓜分时，并不知道8月23日有一个秘密议定书，也未曾注意到希特勒在他那本成为纳粹德国"圣经"的书中发表的对付苏联的长远计划。他们总认为，由于波兰有很大一部分领土，包括某些最有价值的财富，落入苏联人手中，因而纳粹一定大为不安和不满。事实上，根据战后公布的德国外交文件来看，德国政府与苏联政府达成交易后，主要关心的似乎倒是怕苏联人不去分他们的那份赃物，而使德国人处于尴尬的境地。德军开始进入波兰两天以后，里宾特洛甫就已开始催促苏联人在他们那一边进军了。

9月26日下午6点钟，里宾特洛甫特地乘飞机第二次飞抵莫斯科。这一次来到莫斯科，同上一次来到莫斯科一样，他并不感到轻松。上一次，他是为了说服苏联人在即将进行的德波战争中能够对德国持支持态度，而这次他来要做的，则是想办法使苏联人尽量少地从他们手中夺走德国人经过了一番苦战而获得的成果。

其实，对波兰进行瓜分的谈判在前一天就已经开始了，从当天晚上 10 点一直进行到第二天凌晨的 1 点钟，斯大林亲自参加了会议，并向德国人提到一个月前希特勒曾开给他的账单，而且斯大林提出了自己设想的两个方案。

第一个方案是：按照原先设定的沿皮萨河、纳雷夫河、维斯瓦河和桑河这四条河来划定波兰的分界线，立陶宛归德国所有；

第二个方案是：把立陶宛让给苏联，作为交换的条件，苏联则让德国取得更多的波兰领土，包括卢布林省和华沙以东的土地，这样一来，波兰的领土就基本上全归德国所有了。

斯大林暗示，残余的波兰国家的存在，将来可能在德苏两国之间产生摩擦，如果德国接受他的建议，苏联将"立刻根据 8 月 23 日的议定书解决波罗的海国家的问题，希望在这件事上德国政府慨然给予支持"。

而斯大林极力劝说由德国来选择第二套方案，因为如此一来，德国就将获得波兰的大部分领土，而苏联出兵波兰所受到的国际上的谴责则会降至很低，但苏联实际上得到的东西还是很多的。

就在 9 月 29 日凌晨 5 时，莫洛托夫和里宾特洛甫二人在条约上签了字。斯大林大喜。里宾特洛甫说，苏德两国永不再打仗。这句话带来一阵难堪的沉默。末了，斯大林回答道："理应如此。"由于斯大林语调冷静，措辞特别，里宾特洛甫连忙向翻译要求证实。斯大林的第二句话也同样含混不清。当里宾特洛甫问道，苏联人是否愿意超出友好协定的范围，在未来与西方的战斗中与德国缔结同盟条约，他所得到的答复是"我永不允许德国变弱"。由于这句话说得非常自然，里宾特洛甫便认为，这句话表达了斯大林的信念。事后回到柏林，里宾特洛甫仍在琢磨斯大林的这两句话。希特勒对此尤其关心，把斯大林的话解释为：他们之间的鸿沟太大，无法填平，两国之间必起争端。那时希特勒才解释说，他之所以要在立陶宛问题上做出让步，是因为他要向斯大林证明，"他的意图是要一举解决他与东西邻居的问题，从一开始便建立真正的信心"。里宾特洛甫如同理解斯大林的话一样，也按字面意思理解元首的话。他依然相信，希特勒是真心诚意要与苏联人取得谅解。

由于斯大林曾把华沙地区和卢布林划给德国，以换得波罗的海的国家立陶宛，所以现在这条边界线沿着布格河远远地伸向东方，原来向布格河挺进的德国军队现在不得不又一次向东挺进，三周之内三次跨过不利地形，如古德里安所说：

似乎关于这些外交上的谈判，根本就没有军人参加。

新的瓜分线的最南面一段和 8 月 23 日所划定的那条线是一样的，因此苏联政府保有了利沃夫的制糖和纺织工业，包括德罗霍贝什和博雷斯拉夫的油井，这一部分是两次大战期间波兰产油最多的地方。而由此苏联答应每年供应给德国万吨石油，以补偿瓜分中德国所遭到的小小的不公。

接下来，占领苏瓦乌基地区的苏联军队在第一个星期内撤出，就在接下来的10月14日，德国最高统帅部宣布，划归德国的全部领土已经由德国军队完全占领。10月14日，苏德双方签订了一份议定书，规定为划定地面界线而成立一个委员会，委员会马上就开始了他们的工作。分界工作在1940年2月底完成，分界线全长1500公里，其中三分之二是沿着河流的。而其他未能以河流为界的地方，则统一用界桩明确标出一条分界地带。此后不久，据报纸报道，双方即在分界线的两边开始筑起了防御工事。

10月，在原来波兰的土地上，西乌克兰和西白俄罗斯先后成立了苏维埃政权，并且分别于11月1日和2日加入苏联成为乌克兰加盟共和国和白俄罗斯加盟共和国。而这一切在苏联的宣传机器的操纵下，都是由当地居民经"自由选举"完成的。

波兰作为一个国家还存在于一个小小的由德苏划出的地区，它现在只是一个小小的管辖区，它的首都是克拉科夫，波兰作为一个国家的任何独立活动都已经停止了。

1939年9月1日，德军迅速攻入波兰，德国空军对华沙狂轰滥炸后，波兰政府已无法再留在首都，到了9月的第一个周末，莫希齐茨基总统和他的阁僚们已迁到了卢布林。他们在那个城市只做了短暂的停留，后来又在普里皮亚特沼地中的卢茨克稍稍耽搁，于9月14日到达毗连罗马尼亚边界的扎列希基。9月17日早晨，总统听到红军越过俄波边界的消息，就决定离开波兰。17日晚上，他和那些仍然留在国内的部长们从库特越过国境到了罗马尼亚。

大多数派驻波兰的外交代表，包括英法大使，都跟着波兰政府在波兰转移，在总统离开波兰后几个小时以内，也都出了波兰国境。9月18日，波兰驻伦敦和巴黎的大使在一份正式指控苏联侵略的照会中，声言保留政府"呼吁盟国根据有效的条约而承担起义务"的权利。19日，英国政府就时局发表了一个官方声明，宣称"根据苏联政府提出的理由"，不能认为苏联的进攻"是有理的"。不论发生什么事情，都不能"丝毫改变政府的决心，在全国的全力支持下，去履行对波兰的义务，全力以赴，进行战争，直到达到目的为止"。9月20日，首相在下院重复了这一声明。同一天，法国政府作了不很明确的公开保证，表示继续支持波兰。

罗马尼亚政府立刻受到德国的强大压力，德国要它拘留波兰领导人，波兰的西方盟国则提出相反的建议，但毫无效果。9月20日，布加勒斯特宣布，将照德国的要求把斯米格莱-雷兹拘留在罗马尼亚，直到战争结束。同时罗马尼亚当局宣布，只有不是政府官员的平民难民才能获准离开罗马尼亚。莫希齐茨基进入罗马尼亚不到一个星期，就放弃了在法国重建政府的希望，并决定，必须采取其他措施以保证维持波兰共和国的主权。

9月29日，在巴黎出版的波兰官方报纸《波兰箴言报》发布了一项命令，根据宪法，指定这时在巴黎的波兰参议院前任议长瓦迪斯瓦夫·拉奇基耶维奇为莫希齐茨基的继承人，并宣布莫希齐茨基自9月30日起辞职。9月30日，拉奇基耶维奇在巴黎的波兰大使馆宣誓就任波兰共和国总统，并立即任命了一个新政府。西科尔斯基将军同意担任总理。各部部长的人选，要使内阁能代表不同的政治见解和各阶层的人民。新政权立刻获得了波兰的西方盟国的正式承认，也获得了华盛顿的正式承认。美国国务卿10月2日宣布，美国政府打算同巴黎的波兰政府保持外交关系。10月底，波兰政府决定从巴黎迁到昂热，并宣布曾在华沙派驻外交使节的各国政府（当然除开德苏政府）都将派使节到昂热。

波兰流亡政府在成立后的最初几个星期内，公开地否认与战前在华沙实行的政策有关系。在10月和11月的第一个星期内，它发布了一系列命令，宣布凡因反对政府而被判刑的波兰政治领袖一律完全恢复名誉；宣布解除斯米格莱-雷兹的波兰武装部队总司令兼军队总监的职务，任命西科尔斯基担任此职；宣布解散1935年9月选出的议会上下两院。11月底，拉奇基耶维奇对波兰人民广播，答应战后新波兰将尊重个人的自由和权利，实行社会改革。几个星期以后，政府公布了西科尔斯基1940年1月3日在内阁会议上做出的声明，宣称波兰战前的政权已遭到全国一致的谴责，它的劣迹无疑乃是波兰战败的主要原因之一。

波兰流亡政府一面这样煞费苦心地表明它和过去决裂的立场，一面采取一切可能的措施以维护波兰共和国的主权和保护它的利益。为了这一目的，它正式抗议德国和苏联并吞波兰领土，也准备使波兰武装部队能在陆上、海上、空中参加对德作战。

他们在发布命令指定拉奇基耶维奇为总统的那天（9月29日），就发表了第一个公开声明，声言保留波兰国家的权利。那天驻伯尔尼的波兰公使馆发表了一项声明，宣称波兰政府不承认占领波兰领土的国家采取完全不属行政需要的任何行动。9月30日，又向所有与波兰有外交关系的各国政府递交了一份反对9月28日德苏边界协定的抗议书。10月间，波兰政府向国际联盟抗议德苏瓜分波兰的安排；向国际联盟及其成员国政府提出抗议，反对把维尔纽斯交给立陶宛；又向法国、英国和美国等政府抗议，反对根据1939年10月8日希特勒的命令，把波兰西部各省并入德国。当苏联在占领的土地上举行选举，以及在白俄罗斯和乌克兰的国民议会表决把这两个地区并入苏联时，波兰流亡政府又发表声明，声言保留波兰的权利。法英政府没有和波兰政府联合起来抗议1921年被波兰勒索去的土地回到苏联手中，但是它们同意支持波兰政府的主张，即1939年10月8日德国的命令不能取消波兰国家对其西部各省的权利。1940年4月17日，英、法和波兰政府在伦敦和巴黎发表宣言，呼吁"世界上有良心的人正式并公开地抗议德国政府及其代理人在波兰占领区的行为"，宣言除了指出他们对人和对财产犯下的罪行以外，强调德国违反1907年的第四次海牙国际公约，当战争还在德国和三个盟国间进行时，德国就把波兰共和国的领土并入了德帝国的版图。

在新政权成立之前，波兰已采取一些初步的步骤，在国外重建波兰军队。驻巴黎的波兰大使卢卡谢维奇9月25日发出命令，号召所有侨居法国或路过法国的适龄的波兰男公民服兵役。两个星期以后，住在比利时的波兰侨民即前往法国参军。在10月底前，侨居英国的波兰公民也纷纷应召去法国服兵役。西科尔斯基在10月初宣称，重建波兰军队是其政府的首要任务，他将要在加拿大安排一次征兵运动。1940年1月4日，西科尔斯基和达拉第就在法国重建波兰军队签订了一项协议。协议规定组织几个波兰师（包括炮兵和摩托部队），作为一支独立的军队，由西科尔斯基指挥，在盟军中享有一定的地位。2月中旬，又签订了一项法波补充协议，规定重建波兰空军。

同时，1939年11月25日，西科尔斯基在伦敦进行正式访问时，就波兰军舰与英国海军合作问题与英国政府缔结协定。三艘驱逐舰（波兰的小规模海军中最新式的军舰）在8月底战争开始以前奉派到英国海域；潜水艇"奥泽尔"号冒险从塔林脱逃以后，于10月14日也到了英国。到1940年5月初，可使用的波兰海军人员超过了逃出的舰艇的需要，英国给了一艘驱逐舰供波兰军官和水兵使用。

1940年6月的第三个星期，法国濒于沦陷，波兰流亡政府从昂热迁到伦敦。拉奇基耶维奇总统于6月20日到达英国。他受到国家元首的礼遇，到达时英王前去迎接。根据西科尔斯基和丘吉尔达成的一项协议，把数千名波兰士兵用英国军舰运至英国，使波兰军队能再次重建。这一次是在英国土地上重建军队，继续投入对德战斗。

二、入侵北欧

英法原指望德国在打败波兰之后继续东进，消灭苏联，殊不知德国却在玩弄声东击西的伎俩。

1939年9月27日，即在华沙陷落前夕，希特勒对德国三军司令官说，他已决定尽快在西线发动进攻，因为英法联军现在还没有做好准备。为了迷惑英法两国，希特勒再次老调重弹，呼吁和平。10月6日，他在德国国会发表讲话说："我的努力主要是使我们同法国的关系摆脱一切恶意的痕迹……我一直向法国表示愿意永远埋葬彼此之间的旧仇宿怨,并使这两个具有光荣历史的国家互相接近。"对于英国,他说:"我也做了同样多的努力来争取英德之间的谅解以至友谊……只有德国同英国达成谅解,欧洲和全世界才能有真正的和平。"

然而,仅隔3天,10月9日,希特勒就下达了西线作战的第6号指令,即所谓"黄色方案"。指令规定,德军的目标"在于尽量歼灭法国作战部队以及与其并肩作战的同盟国军队;同时在荷兰、比利时以及法国北部尽可能多地占领土地,以作为对英国进行有利的空战和海战的基地,以及作为经济要地鲁尔的广阔保护区"。

德军抓住英法在西线宣而不战的大好时机,将波兰战场上的部队大量西调。广阔的德波平原上,带着硝烟味的大炮还没有来得及穿上炮衣,便被拖上了火车;一辆辆坦克吱吱嘎嘎地爬过月台,伏在一个个平板车皮上;士兵们则从四面八方赶往集结地,被匆忙塞进闷罐车。

谁料不久,1939年11月底苏联和芬兰之间的冬季战争,使欧洲形势发生了新的变化。希特勒害怕英法军队途经挪威和瑞典开进芬兰后,借故留在那里不走,对德国构成威胁,因而急忙改弦更张,调兵遣将,决意先占北欧再攻西欧。

此时,法国统治集团四分五裂,很多人根本不想打仗,而是静坐观望,同希特勒妥协。戴高乐在《战争回忆录》中说:"占统治地位的党派,又企图把这种观望政策说成是一种卓有成效的战略。政府人员,首先是总理本人,在无线电里大肆吹嘘静守政策的好处,报纸上有许多人也随声附和。他们说:我们多亏这一政策,才能不折一兵一卒而保住了国土的完整。"

希特勒趁西线"静坐"的8个月时间,大肆扩军备战,制造了许多飞机、坦克和大炮,潜艇也从战争初期的60艘增加到100艘。德国陆军扩展到156个师,超过英法两国兵力的总和。

1940年3月1日,希特勒签署了占领丹麦和挪威,代号为"威塞演习"的第一个作战指令。他在三军首脑会议上宣称:"斯堪的纳维亚局势的发展,要求我们的武装部队首先占领丹麦和挪威。这一作战行动,可以防止英国对斯堪的纳维亚和波罗的海的侵犯,保证我们从瑞典得到铁矿石供应……"

消息传到伦敦,英国海军大臣丘吉尔立即要求政府采取措施,英国政府于是制订了两个军事行动计划:一个代号为"维尔弗雷德行动",即4月5日在挪威水域布雷,阻止德国从瑞典经挪威运出铁矿石;另一个代号为"R-4计划",即派一支军队去挪威南部的特隆赫姆、卑尔根等军事基地登陆,阻止德军前进。此外,英国还要采取"尽量有力的措施",减少罗马尼亚对德国的石油供给。

4月2日下午,希特勒召集空军元帅戈林和海军元帅雷德尔会商,发布了一道正式指令,规定4月9日上午5时开始实施"威塞演习"行动计划。当天,德国最高统帅部向外交部部长里宾特洛甫下达了一道命令,指示他采取措施,劝诱丹麦和挪威在德军到达时不战而降。

4月4日，德国情报局中央处处长奥斯特上校把德军进攻日期通知了荷兰驻柏林武官萨斯，但这并没有引起这个受到威胁的国家的重视。

4月5日，盲目自满的英国首相张伯伦在德国第一批海军补给舰已经出港两天的情况下，还在伦敦讲话说："由于希特勒没有在我们尚无准备的情况下进攻西欧，他已经错过了赢得胜利的机会。"

（一）丹麦缴械投降

4月7日，德国负责进攻丹麦的特遣部队参谋长库特·希麦尔将军身着便衣，乘火车到达哥本哈根侦察丹麦首都的地形，并为德国登陆部队做了必要的安排。9日凌晨5时15分，德军开始了"威塞演习"，分别对丹麦和挪威发动了陆海空袭击。11支舰队中有2艘战列巡洋舰、3艘重型巡洋舰、4艘轻型巡洋舰、14艘驱逐舰、8艘鱼雷艇、31艘潜艇和12艘快艇。

当德军的地面部队越过边界，狼奔豕突般冲进丹麦国境时，丹麦人还在蒙头大睡。5时20分，即开始攻击5分钟后，德国驻哥本哈根和奥斯陆的使节才分别向丹麦和挪威政府递送了德国的最后通牒："德国政府希望不要抵抗。任何抵抗都将受到一切可能的手段的打击。"

丹麦地势平坦，又缺乏必要的防御准备，因此，德国两个装甲旅几乎没有遇到抵抗就占领了日德兰半岛。

首都哥本哈根位于日德兰半岛东面的西兰岛上，德军司令希麦尔将军随即派出3艘运兵船，在飞机的掩护下长驱直入，安然停靠在市中心的兰盖里尼码头上。接着，德国登陆部队蜂拥上岸，向国王居住的阿玛连宫和陆军总司令部挺进。

兰盖里尼码头离国王克里斯蒂安十世居住的阿玛连宫很近，离丹麦陆军司令部也只有一箭之遥。德军很快便包围了阿玛连宫，并迅速占领了陆军总司令部。被围困在王宫楼上的丹麦国王和大臣们，在卫队射击敌人的疏疏落落的枪声中慌忙研究对策。会上，多数大臣主张投降，只有陆军总司令普莱奥尔将军请求一战，但他立即遭到首相、外交部部长和国王的否决。国王命令他的卫队停止抵抗，并在王宫的窗户上挂起白旗。此时离德国发动攻击不过才3个多小时。丹麦军队战死16人，而德军死了2人，受伤10人。

当天下午2时，希麦尔将军在德国驻丹麦公使西锡尔·冯·伦特-劳克的陪同下，去阿玛连宫会见了70多岁的丹麦国王，商谈签署丹麦投降协定的问题。希麦尔从公文包中取出已经拟好的"投降书"，请国王过目。2时50分，国王在投降书上签了字，并号召全国人民"不要做任何抵抗"。至此，独立的丹麦成了纳粹德国的"模范保护国"。战争期间，国王每天的工作就是骑着马在大街上跑一圈，以此告诉人们他还健在。

（二）挪威顽强抵抗

4月9日凌晨，挪威国王哈康七世突然在睡梦中被人叫醒。他问明情况后当即表示："咱们作为一个中立国已经被'强暴'，挪威已进入战争状态。"天亮前，当德国驻奥斯陆公使把最后通牒交给挪威政府时，后者立即做出答复："我们决不屈服！我们将以武力对抗武力！"

挪威国王哈康七世

德国用于占领挪威首都和主要港口的兵力有：海军的2艘战斗巡洋舰、1艘袖珍战列舰、7艘巡洋舰、14艘驱逐舰、28艘潜艇以及一些辅助舰艇；陆军3个师的兵力；空军的800架作战飞机和250架运输机以及一个伞兵营。

德军首先把挪威北方重要港口纳尔维克和首都奥斯陆作为攻击目标。4月9日天亮前，德国的10艘驱逐舰已迫近纳尔维克长长的港口峡湾。当时，港内停靠着挪威两艘老旧的装甲舰"艾得斯伏尔德"号和"挪奇"号。舰上的指挥官看见德国舰只逼近，立即下令发炮警告，要求德舰停止前进，并用信号表明身份。狡猾的德国驱逐舰避不作答。指挥德国驱逐舰队的弗里茨·邦迪海军少将还派了一个军官，乘汽艇去向挪威人说明情况。

德国汽艇驶近"艾得斯伏尔德"号，表明他们是来保卫纳尔维克港免遭英法占领的，要挪威军舰立即投降。"艾得斯伏尔德"号上的官兵万分愤怒，谴责了德国人的横蛮要求，并表示决不投降。于是，德国汽艇上的军官只好用信号通知弗里茨·邦迪少将，说挪威人拒绝投降。弗里茨·邦迪立即火了。在德国汽艇离开"艾得斯伏尔德"号后，他下令发射鱼雷，将"艾得斯伏尔德"号击沉。另一艘装甲舰"挪奇"号也向德军舰艇开火，但很快就被德国军舰的炮火击毁。当天上午8时，德国人攻占了纳尔维克港。

为了夺取挪威首都奥斯陆，德军派出了袖珍舰"卢佐夫"号和崭新的重巡洋舰"勃吕彻尔"号率领的庞大舰队。在奥斯陆峡湾的入口处，德国舰队遭到了挪威布雷艇"奥拉夫·特格逊"号的袭击，一艘鱼雷艇被打沉，轻巡洋舰"埃姆登"号被打伤。奥斯陆峡湾的炮台也向德军舰队开火，一些炮弹击中了德军战舰，一些炮弹在水中溅起了浪花，使德军舰队无法前进。

德军舰队于是改变战术，派出一小股兵力从侧面登陆，用火力压住岸上的炮台，再乘机驶进峡湾入口。不久，峡湾炮台上 280 毫米口径的克虏伯大炮，又重新向德国舰队射击，还从岸上发射了鱼雷。德舰"卢佐夫"号中弹起火，万吨级的"勃吕彻尔"号巡洋舰也中弹爆炸，船身破裂沉没。"勃吕彻尔"号上的德国舰队司令奥斯卡·孔末茨海军少将和率领德国步兵师的埃尔温·思格尔布莱特将军，在舰只起火后便跳入海中，拼命向岸上游去。跳水的德军官兵们勉强游到岸上，也成了挪威军队的俘虏。德军舰队在遭此失败后，只好撤退。

柏林最高统率部在接到战报后，立即做出决定：加速派兵占领挪威主要城市，同时派出伞兵并空运步兵，在奥斯陆的福纳布机场着陆，奇袭挪威首都。不过，以国王哈康七世为首的挪威王室、政府和议会议员，在德国空降部队着陆前，就已由首都奔向奥斯陆以北约 80 英里的哈马尔。20 辆载着挪威银行的黄金和 3 辆载着外交部机密文件的卡车也同时撤离首都。

当德军 5 个轻装连的兵力在福纳布机场集结时，惊恐的气氛登时笼罩全城。德军利用挪威军民的惊惶心理，以一支军乐队为前导，吹吹打打、大摇大摆地开进了奥斯陆。

逃到哈马尔的 195 名挪威议员于 9 日下午开会商讨对策。他们情绪激昂，主张坚决抵抗。但是，由于德军逼近，议会只好休会，议员们连同国王哈康七世、王室，一道向离瑞典边境只有几英里的艾尔佛鲁姆小镇转移。

此时，希特勒采用了两手策略：一方面，命令他早已收买、豢养的挪威卖国贼、前国防部部长韦德昆·吉斯林出台活动，发表广播演说，自封为新政府的"首脑"，扰乱民心，从内部进行破坏；另一方面，德国驻挪威公使勃劳耶按照希特勒的训令，于 4 月 10 日下午 3 时单枪匹马赶到国王和政府的临时驻地同国王谈判。勃劳耶对哈康七世说，德国希望保留王室，挪威人对德国军队的抵抗是愚蠢的，只会招致无益的屠杀。他还要求哈康七世批准吉斯林政府，回到奥斯陆。哈康七世对德国公使说："待内阁讨论并做出一致决定后，我会用电话通知您。"于是，德国公使返回奥斯陆等待挪威国王的答复。哈康国王立刻同他的王室、内阁和议员们转移到艾尔佛鲁姆镇附近的纽伯格宋村，在那里的一家简陋的旅馆里召集全体内阁成员举行国务会议。会上，国王发表了激愤的演说，议员们一致做出决定：决不投降！当晚，哈康国王通过村里一个微弱的电台，向强大的希特勒第三帝国说"不"。

德国公使又于 4 月 11 日下午奉命发出急电，要求再见哈康七世，但他遭到拒绝。国王任命鲁盖取代已辞职的洛克任军队统帅，以示决心抗战。希特勒恼羞成怒，决定派飞机轰炸纽柏格宋村，想把挪威国王和内阁成员统统炸死。4 月 11 日晚，德国空军的轰炸机把该村变成一片火海，纳粹飞行员还用机枪扫射那些企图从烈焰中逃生的人。幸运的是，国王和政府成员保持着很高的警惕性，早就躲进了附近的森林。

德军飞机飞走后，挪威政府成员和议员决定撤到积满春雪的山区去。他们沿着崎岖的古德勃兰德斯山谷，越过高山峻岭，向挪威的西北岸走去。4月29日夜间，已经撤退到莫尔德的挪威国王和他的内阁成员，又登上英国"格拉斯哥"号巡洋舰抵达特罗姆索。5月1日，挪威国王在这里建立了临时首都。6月7日，哈康国王和他的政府又乘上英国"得文郡"号巡洋舰去了伦敦，成立了流亡政府。6月9日，哈康国王命令国内军队停止战斗。6月10日，挪威北部的部队投降。此后，哈康国王在伦敦度过了5年的流亡时光。

在整个挪威战役中，德军伤亡5000多人，挪、英、法、波军队伤亡5000人。但在挪威水域的海战中，盟军却稍胜一筹。

（三）瑞典宣布中立

瑞典是德国铁矿石的重要供应国。德国在战争的第一年消耗了1500万吨铁矿石，其中有1100万吨来自瑞典。冬季，这些铁矿石主要通过挪威北部的纳尔维克港出海，沿挪威海面运往德国。早在1939年秋冬，英国海军大臣丘吉尔就曾建议在挪威布雷，切断德国铁矿石的运输线，但由于受到张伯伦反对以及法国担心德国报复，这一建议未被采纳。

瑞典在德国开战后即宣布中立。在德军占领挪威和迫近它的边界时，它的对内对外政策发生了急剧的变化。对内，压制人民的反法西斯运动，禁止出版反法西斯的宣传品和举行群众集会；对外，它倒向德国，向德国提供英法行动的信息。在整个战争期间，瑞典政府将铁矿石和木材源源不断地运往德国，帮助了希特勒的侵略战争。

德国在征服北欧诸国后，便可以在海上近距离攻击英国，其舰队也有了一条经过北海进入大西洋的通道。在这种战略形势下，德国加速了横扫西欧诸国——荷兰、比利时、卢森堡和法国的战争。

三、剑指西欧

（一）"镰割"计划

1940年2月24日，德国陆军总司令部下达了进攻西欧的作战命令，这个作战命令通常被称为"镰割"计划。新计划规定，德军应以一部兵力迅速攻占荷兰和比利时，将英法联军的主力吸引到这个方向；同时，以强大的装甲部队绕过马其诺防线，出其不意地通过阿登山区，实施主要突击，在色当附近形成中央突破，进而直插索姆河口，在右翼的协同下，围歼被割裂的联军主力。

按照"曼施坦因计划"修改后的新西线作战计划——"镰割"计划，对德军的兵力做了如下调整。

1. 两个装甲军（古德里安的第 19 军和魏特夏率领的第 14 军）由一个新成立的装甲兵团来指挥，军团司令为克莱斯特将军。

2. 原属 B 集团军的第 2 军团改属 A 集团军。当第 16 军团向南包抄时，该军团立即插入 A 集团军的界内。

3. 北部的 B 集团军，仍然留有 3 个军团的兵力，足以完成其在比利时北部和荷兰境内的任务。

陆军总司令部要求各部队 3 月 7 日之前完成作战部署，并在调动过程中采取伪装措施，尽量给英法联军造成仍按原计划行动的错觉。

这样，经过周密的部署，德军在西线的战争规模已然全面展开。在北部挪威战役行将结束的 1940 年 5 月，天气转暖的时候，德国人部署了世界上从来没有见过的强大兵力，整装待命，随时准备进攻西线。

德军沿德荷、德比、德卢和德法边界依次展开 B、A、C。3 个集团军群，总兵力为 160 个师（其中包括 10 个装甲师、4 个摩托化师）、2445 辆坦克、3700 架飞机，另有运输机 600 架，75 毫米和 75 毫米以上的火炮 7378 门。

兵力配置上分为 B、A、C。3 个集团军群：右翼的 B 集团军群 28 个师（其中包括 3 个装甲师、1 个摩托化师），由博克上将指挥，担任助攻任务，目的是进攻荷兰、比利时和卢森堡，以吸引英法联军的主力；中路的 A 集团军群 64 个师（其中包括 7 个装甲师、3 个摩托化师），由伦德施泰特上将指挥，担任中间突破阿登山区直冲英吉利海峡的任务；左翼的 C 集团军群 17 个师，由勒布上将指挥，其任务是佯攻马其诺防线，以牵制法军，使其不能北上增援并掩护突击集团的左翼。

为了使主攻方向上的突击力量及时得到加强，德国陆军司令部将 51 个师留作预备队，以便在适当时机增援到主攻方向上去。

德国空军的任务是夺取制空权，破坏敌军的指挥，直接支援进攻的部队。在陆军进攻前 20 分钟内，航空队要以约 1/3 的兵力轰炸对方靠近前线的机场、指挥部、通信中心和交通枢纽。进攻开始时，全力支援地面部队，特别是主攻方向上的装甲部队的进攻。

德国海军的任务是直接或间接地支援陆军的进攻，在荷兰和比利时的沿海水域布雷，占领西弗里西亚群岛，并在北海、英吉利海峡进行破交战。

与英法联军相比，德军的有利条件是：有一个统一的指挥部，操持进攻的主动权；对侵略行动没有道德上的顾忌；特别是他们有着使用新武器新战术的经验，他们知道如何更好地使用俯冲轰炸机和大量坦克。

在 1940 年的这个夏天，德国人甚至还知道，法国人虽然会保卫自己的国土，但他们对未来的发展却毫无信心。

（二）"奇怪的战争"

正当波兰人用"战马与坦克搏斗，骑兵的长枪与坦克的大炮对抗"时，英法却宣而不战，按兵不动，一副无动于衷的样子。一时间，欧洲的战场上出现了东线炮火连天，西线却静悄悄的景观。

英国的军事历史学家富勒明确地指出："世界上最强大的法国陆军，对峙的不过是 26 个德国师，却躲在钢筋水泥的工事后面静静地坐着，眼看着一个堂吉诃德式的英勇的盟国被希特勒消灭了。"当时驻守在齐格菲防线的德军一共有 31 个师，到了 9 月 10 日才增加到 43 个师，但德军几乎没有配备一辆坦克，面对着拥有 90 个师和近 2000 辆坦克的法国军队，却坚实地挺了过来。

从 1939 年 9 月 3 日到 1940 年 5 月 9 日，西线是宣而不战的不正常局面。英法对德国的这场战争被人们称作"奇怪的战争"，美国报刊称之为"假战争"，形象地说明这场战争是虚假的，因为当时英法和德国并没有进行实质的火药接触。英法不愿开战，德国也不愿过早和联军交战，他们似乎已经猜到了联军的意图，希特勒向陆军总司令布劳希奇说：西线战线尚不明朗，某些现象表明并无真正开战之意……

德波战争开战后的 9 月 4 日，德军上校伏尔曼写道："据说法国已经在萨尔布吕肯挂出一面旗，上面写着'我们绝不开第一枪'。"9 月 6 日，伏尔曼向希特勒汇报西线的战况，他说西方"虚张声势的恫吓战在继续进行"。那天晚些时候，他又写道："迄今为止，西方前线一枪也没有打响。双方都只是用高音喇叭互相喊叫，每一方都企图让另一方明白，他们的行动是怎样的徒劳无益，他们的政府是怎样的愚不可及。"

这真是一场"奇怪的战争"，敌军近在咫尺，却没有任何命令要开枪射击。法国陆军总司令甘末林说："向还在干活的德国人开火吗？德国人也只能以开火来回答我们！"西线的形势颇具喜剧的味道，莱茵河两岸的德法士兵隔河相望，彼此都可以看得很清楚。士兵们在野战工事或炮兵掩体里乱七八糟地干着活，还不时停下来"欣赏"一番河对岸敌人的活动。德国人每天通过高音喇叭和巨幅标语来进行宣传，有时法国阵地也会升起一块粗布做的表示同意的标语牌。

在这条奇怪的战线上，有些地方，士兵们在河里洗澡；有些地方，士兵们在互通有无，秘密进行食品交换，法国葡萄酒和德国啤酒不时地换换口味。为了使防线上成千上万的士兵不致太过无聊，法国政府给这所谓的前线设立了军队娱乐服务处，增拨了许多文娱器材，增加了酒类供给，还给士兵们送去了1万多个足球，巴黎歌舞明星们频繁地活跃在前线。此时的"马其诺防线"，真的像一个标准的娱乐场了。

甘末林

就这样，在德国人的炮口下，法军士兵看着电影，踢着球，唱着歌，慢悠悠地消磨着悠闲的战地时光。虽然法德两国对战争的理解有时会不同，但对于足球的理解显然是比较一致的，有时法国士兵踢球时的精彩表演还会得到河对岸德军的大声喝彩。法国士兵天天高唱着"我们要到齐格菲防线去晒衬衣"的流行歌曲，而严谨的德国人也比较配合，他们有时会幽默一下，冲着扩音器大声喊话："英国人是叫法国人打倒最后一个人吧！"

德国宣传部部长戈培尔指示德军，向真空地段那边的法军高声友好地问候，并与法国士兵进行兄弟般的交谈。宣传队用大喇叭广播新闻和消息，以证明德国与法国确实不是敌人。晚间，德军向马其诺防线里的法军播送缠绵的法国歌曲，在节目结束前，广播员大致会说："晚安，亲爱的敌人，与你们一样，我们也不喜欢这场战争。谁该负责呢？不是你们，也不是我们。所以，我们为什么要互相射击呢？又一天结束了，我们大家又可睡上一晚甜觉了。"最后广播还播送出一首录制好的催眠曲。

为了涣散法国士兵们的士气，希特勒命令德国的宣传机构不遗余力地宣传，真正的矛头是对着英国来的。德军在法国战线上曾投下过百万个赭色的"秋叶"，上边印有戈培尔的名言："秋天，叶在落。我们也和叶子一样要落了。叶枯死了，这是上帝的安排。待来春，有谁会记起这枯叶，又有谁会记起倒下去的法国士兵呢，而生命在我们的墓地上犹存。"

据一位英国士兵回忆，当时曾有一支德国宣传部队在前线竖起了一个大牌子，他们大声喊叫："北方各省的士兵们（法国士兵），英国大兵正在和你们的妻子睡觉，他们正在强奸你们的女儿！"另一边的法国士兵立即回应："我们是南方人，我们也不想打仗。"

法军从没有想起要赶走在工事中的德国人，也不去打哑使士气低落的扩音器。两岸部队似乎都在奉命休息。德国人忙着用火车将物资从铁路线上运来，在隔着一条河的对岸，有一尊法国75毫米口径的大炮，炮口傲然指向天空，对德军的动静视而不见，一动不动。法国的逃兵泄露，他们的前线指挥官不许哨兵往枪里装实弹。而德国的指挥官也有严格的指示，不许向法国领土开火，更不允许在边境上空飞行。

夜晚的莱茵河，安静得如同坟墓一般，只有偶尔走过的巡逻兵的声音打破夜晚的宁静，但片刻之后，又溶入更深的黑暗之中。而这种宁静至少延续了3个月。

直到12月9日，战火点燃的3个月后，联军才有了第一次的伤亡——一个英国的巡逻班长被流弹击中而死。这才突破了西线无伤亡的"伟大"纪录。

与德军相比，西线的联军处于绝对优势，他们在西线发动攻势的条件很有利，但法军始终没有发动过认真的进攻。只是在9月7日至8日的夜晚，甘末林才虚张声势地动用了一下他的兵力，法军的进攻沿着萨尔布吕肯东南的"卡登布伦"突出部，在一条24公里长的战线上越过边界，他们以营为单位向前推进，没有遇到什么抵抗，没有激烈的战斗，只是有一些微小的接触。

法军在几天时间里小心地向前推进了大约8公里，并占领了萨尔布吕肯西南的一个小突出部文特森林，还有20多个空无一人的村庄。之后，法军连这小心的脚步都不敢往前迈了，甘末林将军命令他的部队停止前进，一旦德军进攻比利时，法军便会退回到马其诺防线坚固的工事里去。

后来，甘末林将军承认萨尔出击是个小小的试验，一个把戏而已。那时在第5军团任坦克指挥官的戴高乐上校称"萨尔攻势"只是装装样子，以摆出一种对波兰援助的姿态。

9月12日，甘末林发布秘密手令，命令部队放弃一切进攻的打算，实行战略收缩。9月30日他又密令，法国军队深夜撤离，前沿阵地只留少数掩护部队，10月4日全部撤离。他认为德军即将发动大规模攻势，于是在10月14日又发布了一道故弄玄虚的"当日命令"，慷慨激昂地号召法军士兵"磨砺你们的意志！最充分使用你们的武器！记住马恩河和凡尔登！"

可是德国人并没有发动大规模的攻势，连小攻势似乎都不屑进行。他们只是花了两天时间，用很小的代价把法国人花了两个星期才占领的土地夺了回来，然后宣称侵略者已从德国的领土上被驱除出去了。

萨尔的这场假攻势严重地削弱了法军官兵的士气，更没有提高国内平民的斗志，法军从此按兵不动了。法国政府甚至认定"法国这时不应该承受对德国发动攻势的全部担子……决定等到春天或夏天再在法国战线有所作为……"

德军将领一致认为，波兰战役期间西方国家没有在西线对他们发动进攻，是一大失策，"错过了千载难逢的良机"。

德国陆军总参谋长哈尔德将军说："只有完全不顾我们的西部边境，我们才有可能在对波兰的进攻中取得胜利。如果法国人利用我们几乎全部兵力将牵制在波兰这个机会，本来能够在我们无从防备的情况下渡过莱茵河，而且威胁到鲁尔，这个地区对德国进行战争具有决定意义。"

希特勒的最高统帅部作战部长约德尔也心有余悸地回忆："如果说我们在1939年没有崩溃，那是由于在波兰战役中，西线的法国和英国的大约110个师，完全没有用来同德国的23个师作战。"

一位法军将领对此深有同感，他认为德国人在萨尔河西岸几乎什么也没有。从萨尔布吕肯到特里尔犹如无人之境，法军是可以长驱直入的。德军最高统帅部的最高长官凯特尔将军也声称："假如法国进攻，那么他们所遇到的将只会是德国的一道军事纸屏，而不是真正的防御。"

"奇怪的战争"是英法当局推行绥靖政策的恶果，是对波兰等小国利益的背叛。法国政府缺乏果敢的气魄，英国也没有真正想打仗的意图，从某一方面说，正是他们放纵了法西斯，让德军的力量和希特勒的野心不断地膨胀起来。

德军灭了波兰之后，铁骑迅速向西，战场硝烟滚滚。法国人搬起石头砸自己的脚，他们立刻要尝到自己一手种下的恶果了。

（三）"D"计划

法国人之所以不主动进攻德国，一方面是英法政府绥靖政策的影响，更重要的是，他们对自己的马其诺防线抱着很大的信心

马其诺防线——这条曾被吹嘘为"固若金汤"的防线，是法国陆军部长马其诺在任期间修筑的一条在法国东部边境的防御阵地体系。它于1929年开工，1940年全部完工，耗资2000亿法郎，共有5600个永久工事。马其诺防线绵延于法国东部的全部国境线上，全长750余公里。防线内堡垒林立，地下筑有坚固工事，还有地下铁道、隧道公路和各种生活设施。

法国政界和军界一致认为有了这道防线，就可以高枕无忧了。法国前总理勃鲁姆自吹自擂地宣称："我们的体系虽然不宜于进攻，但在防守方面却是呱呱叫的。"这是一种典型的消极防御思想，只有目光短浅或狂妄自大的人才把它奉为至宝。

一战英雄贝当元帅曾对参议院陆军委员会谈及马其诺防线："这一扇形地区没有危险。"他在1938年出版的《两大世界评论》中发表了一篇文章，重申了他对马其诺防线的信心，说有了这条防线就无须担心装甲部队的进攻，同年，他又宣称对法国军队阻击入侵者的能力感到满意。法国人对马其诺防线寄以无比厚望，可以看

看甘末林将军的期待："必须使法国能凭借这个筑城工事系统进行战争，一如英国之凭借英吉利海峡。"

可是，尽管法国人对其抱有极大期望，但其他见过马其诺防线的人并没有这么强烈的印象。后来在英国远征军中担任总指挥的布鲁克将军写道，马其诺防线让他想到战舰，该防线让他感到不舒服，"最危险的一个方面是在心理上的：人们普遍产生了一种虚假的安全感，有一种坐在攻不破的铁围墙之中的感觉。一旦这一防御工事被攻破，法国军队的战斗力也许会随之崩溃"。

法国人虽然曾沿马斯河修筑了许多野战工事，但是并没有像英国人沿比利时边境那样修筑设有碉堡和反坦克障碍的巩固的阵地。而且，驻守马其诺的法国第9集团军主要是由一些低于法国标准的军队所组成的。在它的9个师中，有两个是部分机械化的骑兵师，有一个是要塞师，有两个师是属于第二流的，有两个师比现役师稍差一些，只有两个师是常备正规军。从色当到瓦兹河上的伊尔松，在一条长达80公里的战线上，没有永久性的防御工事，而且只有两个师是职业军队，法国人的战斗准备实在是太不充分了。

从1939年秋天到1940年夏天很长的一段时间，德国人对西线没有采取什么行动。漫长的等待消磨了法国士兵的士气，寒冷的冬天更让他们军心涣散，更糟糕的是，他们的决策者对于战局做出了错误的判断。

1940年，盟军情报部门多次得到德国可能向西进攻的情报，但是他们并不是太在意。也许是得到的类似情报太多了，他们对此类情报已麻木。再加上他们自作聪明地对获得的"黄色方案"进行判断，认为那是希特勒泄露出来的，是他设置的圈套，目的在引诱英、法去破坏荷、比的中立，从而给德国以西进的借口，因而未予足够重视。

正基于此，英法统帅部认为："德国绝不会在当年夏天在西线发动攻势，最早也得到1941年才能发动，而到了那时，英法将能主宰欧洲的天空，到了1942年……就有足够的重炮来攻打齐格菲防线了。"起初推行慕尼黑政策的张伯伦现在转向了，他挖苦希特勒没有在西线及早动手，说什么"希特勒已错过了时机"。这些愚钝的人们，要一直等到德国的大炮在头顶炸响，划破春天黎明前那片宁静的时候，才知道狼真的来了。

直到1940年3月，盟军才嗅出一丝战争的气味，才确认了其前制订的"D"计划。然而，比利时以中立为由不愿同英法公开接近，"D"计划还未开始实施，便遇到了困难。

在法军总参谋长和英、法盟军总司令甘末林主持下，盟军仓促制订了代号为"D"的作战计划，调集135个师、3000辆坦克和1300多架飞机，准备抗击入侵之敌。

在设定作战计划时，根据第一次世界大战的经验，盟军特别重视列日、那慕尔以北的比利时方向，因此，在英法联军向比利时机动的问题上，盟军提出了3个方案。

第一方案规定，英法联军前出到比利时东北部的艾伯特运河筑垒阵地。这一方案最有利于抗击德军入侵，但联军须征得比利时政府同意，在德军进攻西欧前就前出到该阵地。

第二办案（"E"计划）规定，英法联军在比军掩护下从边界向斯海尔德河地区推进一小段距离，以便在德军到来前有时间组织防守。但这样一来，包括首都布鲁塞尔在内的比利时大部国土都将沦落敌手。

第三个办案（"D"计划）是个折中方案，这个方案规定联军在安特卫普、迪尔河、那慕尔、色当一线组织防御。这一方案能保卫比利时人部分国土免遭德军侵占，并使比军主力有可能加入联军对德作战。

经反复比较，"D"计划于1939年11月17日，在盟国最高军事会议上获得通过。稍后，法国陆军总司令甘末林将军又对该计划进行了修订，要求法军左翼第7集团军进至安特卫普附近后，继续前出至荷兰境内的布雷达地域，以便在荷比两国军队间建立起绵亘的防御正面。总之，在德军向荷兰和比利时发起进攻时，英法联军应利用荷比两国军队迟滞德军的进攻，并在荷比两国军队的协同下，依托那里的防御阵地，粉碎德军的进攻。这个修订后的计划被称之为"布雷达计划"。

可以看出，法军的作战计划仍然是十分保守的，他们把马其诺防线当作克敌制胜的法宝，把保卫马其诺防线放在优先的地位。因此，甘末林将军"布雷达计划"的重要执行者，指挥法军东北战线的乔治将军对这个计划颇有意见，他对这个计划几乎是完全不同意。

依照上述计划，英法联军在敦刻尔克至瑞士的法国东北边境展开3个集团军群。

其兵力部署是：法国和英国共有103个师，编为3个集团军群。第1集团军群辖法军第7、第1、第9、第2集团军和戈特将军率领的英国远征军，共51个师，由比约特将军指挥，部署在英吉利海峡至隆吉永一线，任务是增援比、荷军队，将德军阻滞在迪尔河一线；第2集团军群辖法军第3、第4和第5集团军，共25个师，由普雷特拉将军指挥，配置在隆吉永至阿格诺一线，坚守马其诺防线；第3集团军群辖法军第8和第6集团军，共18个师，由贝松将军指挥，部署在阿格诺至瑞士边界，任务是坚守马其诺防线南段。法军战略预备队为9个师。另外，法第10集团军配置在法国与意大利接壤的边境上。

另外，荷兰10个师、比利时23个师分别配置在本国东部国境线上，协助英法共同实施战略防御。

这条东北战线的总司令乔治将军，掌握 17 个师作为预备队，其中 5 个师预定用于加强向比利时机动的部队，12 个师配置在第 2 和第 3 集团军群后面。除此之外，甘末林将军还亲自掌握着 5 个师。

空军的任务是支援陆军，独立进行空战，轰炸敌后军事和工业目标。海军的任务是保障海上交通线的安全，对德国进行经济封锁，并与空军协同作战。

总之，法国东北战线上共集中了盟军的 135 个师。同时，盟军还拥有坦克 3100 辆、飞机 2372 架、75 毫米以上口径的大炮 14500 余门。

这个阵势看起来够强大的，以双方战力对比，盟军的战争前景至少不太糟糕，胜利的天平似乎又一次向法国人倾斜。

由于在波兰旗开得胜而大喜过望的希特勒，仁慈地嘱咐他的海军把战争步子稍微放慢一点。表面的平静，其实往往是孕育着更大的风暴。该来的，总会来的。

（四）突破与闪击

1940 年 5 月 10 日，英国和法国还仍然是《凡尔赛和约》的胜利者，仍然是海上和陆上的霸主。到 5 月 17 日，法国已经是一个被打败的、束手无策的国家，而英国也濒于生死存亡的边缘。从理论上讲，当时的德军并无什么必胜把握，但是经过一番实践，德军的"镰割"计划获得了巨大胜利。1940 年的春夏之交，严格地说来，德国人只花了一个星期，便打破了当时原有的世界秩序。

德国统帅部虽然很有信心，但是在发动战争之前，他们也着实忐忑不安过一阵。对于希特勒和最高统帅部的将领来说，决定何时袭击的主要因素是天气状况，因为德军的进攻主要依靠飞机的空中支持，由于天气的原因，希特勒多次在最后时刻把战争延迟，这对于他个人而言是非常不情愿的。

关于天气预测状况，除了德国空军首席气象学家之外，希特勒的爪牙们也四处努力，希望能为元首分担忧虑：戈林甚至在一个假内行身上花费了一笔钱，因为这个人声称他发明了一个能左右天气的电子机械，其实只不过是一个破收音机而已；哈尔德将军也想入非非地建议要贿赂希特勒的占卜者，好让他占出一个好兆头来。

天气预报具有决定性的意义。德国空军首席气象学家辛勤工作，负起决定何时进攻的重任。5 月 3 日希特勒按他的意见把"镰割"计划推迟一天，延到星期一。4 日，又决定推迟到星期二，到 5 月 5 日星期日预报说，天气仍然变化无常，所以"镰割"计划被延迟为 8 日星期三。此时希特勒已经非常不耐烦了，他认定这是不变的最后期限，并下令给大本营的工作人员印一个特别时间表。时间表表明，5 月 7 日晚他的专列从柏林附近的一个小站发出，第 2 天到达汉堡，要去奥斯陆进行正式访问，现在正在途中。他对于战争的渴盼已经到了无法忍耐的地步了。

希特勒容忍不了因为天气而再度搁置计划。因为 4 月末，党卫军获取英、法首相之间的一次电话会谈抄本，表明他们也在计划军事行动。希特勒后来提到，这就是他担心盟国开进荷兰和比利时的原因（实际上这两位首相商讨的是法国对苏联油田进行轰炸的问题），可是空军气象学家 5 月 7 日同希特勒研究时毫不让步，认为很可能仍会出现晨雾，所以希特勒只得把"镰割"计划又推迟一日，但他警告戈林说，这次只允许再拖延一次。

约德尔将军的日记中曾记载了发动战争前最后两天的情况："5 月 8 日，从荷兰传来令人震惊的消息。那边已取消休假、进行疏散、设置路障，并采取了其他动员措施……元首不愿再等下去了……5 月 9 日，元首决定，一定要在 5 月 10 日发动进攻。17 时与元首同车离开芬肯克鲁格。在得到 10 日天气情况有利的报告以后，在 21 时发出代号'但泽'的命令。"

9 日清晨，值班副官普特卡默给在亚琛最西边的一个军的司令部通了电话，参谋长告诉他有点薄雾，可是太阳已经要出来了，第二天可能还是个晴天。当这位海军副官向希特勒复述这句话时，希特勒说："好，那么我们可以开始了。"三军指挥部接到通知说，关于最后开战（密码用词分别是"但泽"和"奥格斯堡"），最迟不迟于晚 9 时 30 分以前发布命令。

这时，开始采取特别安全防范措施了，即使在希特勒本部之中也实行特别治安。给马丁·鲍曼的印象是要去访问奥斯陆，因为那里纳粹党当局已拟定盛大欢迎元首计划。希特勒下指示让女秘书们清点物品，装好旅行袋，准备长期旅行。当这些头脑简单的女人信以为真，问及希特勒的心腹尤利乌斯·夏勃要去多久时，他摆出一副神秘的样子回答说："可能一周，也可能两周，可能一个月甚至几年！"

事实上，夏勃这位希特勒多年的心腹也一无所知。那天下午，希特勒带着下属驱车驶出柏林，向正北的施塔肯机场驶去。可是，这支车队绕过了施塔肯，向芬肯克鲁格的小火车站驶去，这是个出名的旅游始发站。希特勒的专列正在那里等待着他们。下午 4 时 38 分发车，驶向北边的汉堡，可是黄昏之后，却开进了哈格诺乡村的那个小车站。当火车又开动时，即使那些闷在葫芦里的人们也看得出火车不再向北开了。大约 9 时，火车停在汉诺威外边，接通电话，从波茨坦附近的空军司令部听到了最近的天气预报。天气仍然很好。希特勒下命给各军区发出密码——"但泽"。

尽管大多数德国军队知道大规模进攻不久将要来临，但是直到此时，密码"但泽"发送到各个部队，他们才知道明天就要打仗了。这一年早些时候当"梅克林事件"发生之后，希特勒就要求德军行军必须高度保密，因此直到进攻的前一个晚上德军才接到命令。

现在仍然严守着秘密。晚餐时，施蒙特若无其事地问秘书们："你有晕车药片吗?”大概是坐了一天不知目的的车,坐晕了。过了一会,希特勒开玩笑地说:“如果你们老实一点,就都可以拿回几张海豹皮作纪念。”他早早地躺下了,可是火车的晃动以及对未来的思虑使他久久不能入睡。他长时间地凝视着车窗外面,盯着那有可能酿成雾的暮霭。“镰割”计划的第一步胜利靠的是德国空军的攻击力量,而雾正是戈林的大敌。

5月10日黎明前一小时,4时25分,火车开进了一个站名标牌被拆掉的小站——尤斯基尔先,这里离盟国前线48公里。一队3个车轴的军用轿车正在灰蒙蒙的晨晖中等候他们,这些车在波兰曾为希特勒立下汗马功劳。花了半个小时,希特勒及其随行人员才乘车穿过艾弗尔的几个小村庄,村里的路标都换成了直挺挺的黄色牌子,上面标着军事符号。在车上,大家继续沉默着,只有一次希特勒打破了沉寂,他把脸转向坐在折叠椅上的空军副官冯·贝罗少校,问道:“空军是否考虑到在西线的太阳比柏林晚出来几分钟?”贝罗回答:“考虑到了,请元首放心!”

过了一会,乡村的小路开始往山坡上延伸,通过稀疏零散的灌木林后,轿车停下了,希特勒拖着坐了一天车的僵硬双腿爬了出来。山坡上有一个经重建加固的从前的防空阵地,现在变成了他的战地司令部,这就是著名的“鹰巢”。近处的村庄,居民们已经完全被疏散了,空出的房屋可供他的下级职员使用。现在天已大亮,空中到处是鸟儿鸣叫,它们在报告新的一天已经到来。

希特勒站在暗堡外面,注视着太阳慢慢地升上来,给乡村的大地披上了霞光,这是一个真正春天的天气了。他们听得见西进卡车护送队从山谷和山坡两条主要道路上传来的低沉的隆隆声。一个副官指着表没说话,这是5月10日早晨5时35分,他们听到远处响起重炮声,这声音越来越大,在他们背后,飞机引擎也发出了轰鸣声,因为德国空军的战斗机和轰炸机中队正在靠近。

正如德国空军预测的,1940年5月10日,天气开始转晴。希特勒奖给这次成功预报天气的气象学家一块金表。前一天夜间,德国空军就已经开始在比利时和荷兰的海港布水雷。此时,戈林对70个飞机场进行袭击,击毁了三四百架飞机,为希特勒赢得了两个星期内不遭到挑战的空中优势。不久,通信员给他带来了振奋人心的消息,英国和法国的军队开始涌入比利时。直至1941年10月,他的军队来到莫斯科城下时,希特勒还依然记得这激动人心的时刻:“当传来敌人正沿全线前进的消息时,我简直高兴得要哭了!他们正好掉进了我的陷阱!向列日进攻是我们神机妙算之策的一步棋——我们要让他们不由得相信,我们在忠实于原定的‘施利芬计划’……以后再回顾一下所有这些军事行动该会是多么激动人心啊。那天夜里,我到作战室去了好几次,仔细察看了那些立体地图。”

荷兰和比利时的情报部门都有可靠的军事情报来源,他们也知道战争在所难免。德军军官奥斯特曾在晚餐时告诉他的老友荷兰的武官说,希特勒已下了最后一道进攻命令。晚餐后，奥斯特在最高统帅部稍事停留，并获悉，此次不会在最后一分钟再次推迟，"那猪猡已去了西线"，他对荷兰武官说。荷兰武官首先将此情报转给了他的比利时同事，然后与海牙通话，用密码传达各处说："明日拂晓。严守！"

荷兰和比利时边境沿线都有大量德军行动及其他准备开战的迹象。在布鲁塞尔，比利时政府拖延片刻后，于5月9日23时15分发出全国戒严令，并将此决定告知他们的英法盟友。荷军则决定炸掉其前线桥梁以阻挡德军前进，但是由于通信不便，许多荷兰前线尚不知晓这一情况。

5月10日的清晨，希特勒在他的"鹰巢"外面，面对着冉冉升起的太阳。此时，德军正按照他的命令，在他前面40公里的地方，越过比利时边界长驱直入。从北海到马其诺防线之间的280公里战线上，德军部队已突破了3个中立小国：荷兰、比利时、卢森堡的边境，粗暴地违反了德国人曾经信誓旦旦一再做出的保证。

希特勒的飞机、坦克和大炮，无情地粉碎了小国的中立梦，使西欧的土地四处弥漫战火硝烟，也使英法盟国在政治上变得更加动荡不安。

在这紧要关头，英法盟国正走在政治权力交接的十字路口。在英国，张伯伦政府正处于崩溃边缘，国会议员们正在挑选张伯伦辞职后的新首相。在法国，以达拉第为首的政府也是危机四伏，总理雷诺和法军总元帅甘末林差一点辞职。英国的危机以温斯顿·丘吉尔的当选而暂时化解，而在法国，雷诺得悉德军将要进攻的消息时，决定留任，并要求不要撤换甘末林的职务——虽然他对这位统帅的军事能力不太信任，而未来几周内发生的事件也表明甘末林确实缺乏军事才能。

1940年5月10日，天刚破晓，成群的德军施图卡轰炸机突然对法国、荷兰、比利时和卢森堡的机场、铁路枢纽、重兵集结地区和城市进行猛烈的轰炸。当天5时30分，从北海到马其诺防线之间的这条漫长战线上，德军地面部队向荷兰、比利时和卢森堡发起了大规模进攻，揭开了入侵西欧的序幕。

担任助攻和吸引英法军队主力的德军B集团军群，首先以空降部队对荷兰和比利时境内的重要桥梁及要塞设施实施了袭击，这突如其来的打击立即造成了荷、比军队的慌乱。紧接着，B集团军群的装甲部队趁乱发起了猛攻，由于伞兵部队已经占领了各要道，B集团军群的进展颇为顺利。

德军B集团军群对荷兰和比利时边境的突破，致使集结在法国北部的英法主力立即越过法比边境火速增援。此刻，希特勒正在地下指挥所里焦躁不安地等着前线的消息，当他听说英法主力已经出动时，他兴奋地对周围人说："他们上当了，等着瞧吧，好戏还在后面。"

当博克的B集团军群吸引了英法主力时，勒布的C集团军群也摆开架势，他们对马其诺防线进行的佯攻表演很成功，使得法国从南部撤回部队时一再犹豫不决。

位于比利时境内的阿登山脉，峰峦陡峭、森林密布，它的南面是坚固的马其诺防线，一直延伸到莱茵河，直达瑞士，其北面则紧接宽阔的马斯河。法国人认为，阿登山脉是庞大的现代化军队无法通过的。在甘末林将军的"D"计划中，法国在这一地区主要采取守势。

在这一地区抵挡德军的是柯拉将军的第9集团军，它缺乏正规编制，大部分是劣质的预备师或要塞师，只有两个师是常备正规军，其装备和训练都低于法国的标准水平。这样，从色当到瓦兹河上的伊尔松，在一条长达80公里的战线上，没有永久性的防御工事，而且只有两个师是职业军队。正是法国人倚为天险的阿登山口成了德军入侵法国的主要突破口。

5月10日凌晨，德国人的正面进攻也开始了。德军担任中路主攻的伦德施泰特的A集团军群，向卢森堡和比利时的阿登山区实施主要突击，仅30万人口的小国卢森堡当天不战而降。给伦德施泰特上将打头阵的是克莱斯特将军指挥的装甲兵团，该兵团下辖古德里安的第19装甲军、霍特的第15装甲军和莱因哈特的第41装甲军。第15和第41装甲军仅各辖2个装甲师。其中以古德里安的第19装甲军战斗力最强，它作为克莱斯特装甲兵团的主力和先锋部队编有3个装甲师。古德里安本人虽然以德军第一坦克专家著称，但他火爆的脾气使他只能听命于较为谨慎的克莱斯特将军。

担任克莱斯特装甲兵团北翼护卫的有第7装甲师，其指挥官是当时名气尚且不大显著的隆美尔少将。虽然是步兵出身，但隆美尔对德军装甲部队在波兰战争中的表现印象深刻，于是他向希特勒请求并获准领导一个刚刚升级的轻武装师，在短短几个月时间里，隆美尔就掌握了领导装甲军队的复杂技巧。在接下来的战争中，他从一批原有的装甲将军中声誉鹊起，从而名声大振。

德军的闪击战术首要的一点即是出其不意。克莱斯特将军对他的部队要求："不得休息，不得松懈"，"利用首战出奇制胜，务使敌人乱作一团"，"心中只记住一个目标：突破"。

5月10日，德军大批装甲部队蜿蜒通过阿登山区，德军装甲师多达2000多辆坦克和数千辆其他车辆，这么多车辆一时难以行动，便发生了军事史上最大的交通阻塞。德国人担心盟军会察觉德军正在通过阿登山区，他们用坦克设置了强大的保护屏障。可是，盟军的注意力被比利时方向吸引住了。在阿登山区，古德里安的第19装甲军只遇到了法国骑兵和比利时轻骑兵的轻微抵挡。

这样，德军装甲部队就像决堤之水，向马斯河汹涌而来。一群群德国坦克、装甲车、火炮、装甲运兵车，以及卡车，运载着步兵部队奔袭而至，他们所拥有的力量和速度是以往战争中闻所未闻的。

到了11日，盟军已经发现了德军正通过阿登山区，但不知道德军的确切兵力和进攻意图，他们仍然以为这一路德军是在佯攻，以吸引盟军。其实德军的意图恰恰相反。盟军最高指挥部对这些情况反应迟钝，他们只是采取了"监视情况"的策略。

5月11日傍晚，德军的装甲部队已全线突破了盟军防线。在北线，隆美尔指挥的第7装甲师在比利时马尔什地区击溃法国第4骑兵师的装甲旅，于当天下午即前出至马斯河。在南线，古德里安的第19装甲军全速前进。

第19装甲军轻易突破盟军的松散抵抗，只用了两天时间便穿越了阿登山脉110公里长的峡谷深入法境。5月12日，古德里安在色莫河岸上的一个旅馆里筹划挺进色当的方案时，遭到法军炮袭。他后来回忆道："……一个工兵的供应纵队，携带着地雷和手榴弹等物资，引火焚烧，于是爆炸之声就络绎不绝，墙上所挂的一个野牛头，突然被震落下来，只差一点就把我的脑壳砸开了。玻璃窗也震碎了，我们赶紧离开了这个不愉快的地方。"

5月12日下午，在从迪南到色当的130公里长的战线上，德军装甲部队均前出至马斯河沿线，比预定的时间提前了24小时。在狭窄的山地道路上，德军3天之内推进了近300公里，这是法国统帅部始料未及的。德军装甲部队的突然出现，使得法军在色当至那慕尔之间的马斯河防线，特别是法军第2集团军防守的色当地区面临严重威胁。

当天下午，古德里安的3个装甲师到达马斯河北岸，并攻下了法国著名要塞城市——色当。12日夜里，他们便开始了紧张的渡河准备。克莱斯特将军给古德里安下命令，命令他13日下午4时强渡马斯河，然后，"克莱斯特装甲军群将渡过马斯河并建立桥头阵地"。

德军之所以选择这里，是因为色当附近离阿登山区出口最近。防御最薄弱，马斯河在此北折，然后又南转，形成一个袋形突出部，河的北岸树丛密布，便于隐蔽进攻的准备和观察敌情。"德国人强渡马斯河是法德之战的关键。在以后5个星期中还有其他同样大胆的行动，但是没有哪一次能对事态发展产生过这样惊人的影响。"为此，古德里安把他的3个装甲师全部投入进去了，并且为了争取时间，不等摩托化部队到来就强渡马斯河。

5月13日上午11时，法军遭受开战以来最猛烈的一次轰炸。德军出动近400架轰炸机，分批次对马斯河南岸的法军阵地和炮兵群进行长达5个小时的狂轰滥炸，"施图卡"式俯冲轰炸机俯冲时拖长的警报声，炸弹呼啸着冲下来的爆炸声此起彼伏。德军第1装甲师的一位官员这样描述："我们站着注视这一切，像被催眠了一样，一切都像进到了地狱一般。"

"施图卡"式俯冲轰炸机对法军心理上的作用来得更重要。实际上，这些飞机在多山多灌木的马斯河西岸造成的伤亡相对较少，但是对于遭受这种轰炸的惊惶失措的法军而言，似乎每一架飞机都是冲着自己来的。一位法军军官这样形容他的士兵："他们唯一关心的是将头缩回以求活命。5 个小时的噩梦足以让他们吓破胆，他们根本无力反击敌方步兵的进攻。"

下午 4 时，法军的第一个噩梦终于结束了，可是，第二个噩梦又来了。此时德军飞机返回基地，可是法军炮兵已被打哑，法国士兵的士气已经让德国人的轰炸机轰光了。此时，德军步兵粉墨登场，他们乘着充气筏，一鼓作气地杀上河岸的斜坡，法军几乎是没做任何抵抗就从弹药库之类的防守阵地撤退了，他们害怕自己会被杀死或俘虏。

法军防线开始崩溃。晚上 8 点之后，在离色当 8 公里的布尔森林，法国重炮兵连一片大乱，他们毁掉了大炮和弹药，逃往后方报警。而这时，只有几支德国步兵部队盘踞在马斯河西岸，所有的坦克和重武器还没有过河，但是对德军进攻的恐惧使法军乱成一团，他们提前就撤离阵地了。

当天午夜时分，古德里安的第 1 装甲师已经穿透法军阵地，突入相当纵深。并占领了战略要地——马菲高地，工程兵在河上架起浮桥，让坦克和炮兵过河。德军第 19 集团军第 2 装甲师和第 10 装甲师也在晚间全部渡过了马斯河，到了 5 月 14 日早晨，第 19 集团军已经安全建成一座桥头堡，德军迅速集结军队，以准备新的战斗。

古德里安的部队川流不息地经过桥上渡过马斯河，快到中午的时候，A 集团军群总司令伦德施泰特上将也亲自到此处察看实际情况。古德里安就在桥上的中点位置把当时的情况报告给他听，当时空袭还正在进行之中，伦德施泰特问道："这里的情形总是像这样吗？"古德里安回答他说："是的。"伦德施泰特于是对他部队的英勇表示了赞赏。

同一天，霍特的第 15 装甲军属下的隆美尔第 7 装甲师，也在西面 64 公里远的南特附近渡过了马斯河。虽然他们遇到了一些困难，但是得到坦克和炮兵的增援之后，他们也建起了浮桥，顺利地让坦克军团过河。而莱茵哈特率领的第 41 装甲军也在稍北处的蒙特梅附近强渡了马斯河。14 日下午，古德里安的装甲部队已全部渡过了马斯河。这样，截至 14 日，德国 A 集团军群的 7 个装甲师共 1800 辆坦克均渡过了马斯河。

马斯河防线一失，通往巴黎和英吉利海峡的道路敞开了，在比利时境内作战的英法部队面临被包抄的危险，陈兵马其诺防线的法国大军也将腹背受敌，英法这才感到形势严重。英国迅速增派 10 个战斗机中队与驻法英空军和法国空军一起实施反击。

14 日下午，马斯河上空爆发了开战以来最激烈的空战。英军"布雷汉姆"轰炸机和法军最新式的"布雷盖"轰炸机在战斗机的掩护下，直扑马斯河而来，德军约 5 个联队的战斗机升空拦截，双方投入战斗的飞机各有 500 余架。从中午到天黑，登陆场上枪炮声连绵不绝，双方战斗机上下翻飞，相互追逐，不时有飞机中弹起火，拖着黑烟下坠，英法飞机胡乱投下的炸弹在河面上炸起一道道冲天的水柱，德军高射炮也不甘示弱，不断以猛烈火力射杀低空潜入的英法飞机。

德军密集的地空火力网令英法飞机成了扑火飞蛾，一批批闯来，又一批批被吞噬。大混战一直持续到夜幕降临，损失惨重的英法飞机悻悻败走，德军渡河浮桥大都完好无损。此战德军击落英法飞机数百架，其中仅是德第2高炮团就包办了112架。英军派出的飞机损失了60%。《英国皇家空军史》称："再没有比这种自杀性的战斗造成的损失更令人痛心的了。"这一天被德国人称为"战斗机日"。在这以后，英法空军只敢在夜间升空活动，战区制空权被德国人牢牢控制住了。

盟军空军没能封闭住马斯河上的缺口，法国陆军也是一片混乱，他们进行了两次反突击，都因组织不力无功而返。

5月15日，德军截获了一个法军的命令，德军推断那应该就是法军统帅甘末林亲自下的手令，上面有这样一句话："德军战车的狂潮最后必须加以制止！"这个命令使古德里安等人的战斗信心更加坚定，必须倾尽全力地进攻，以使法国人没有还手之力。对于深入敌军腹地的德军坦克部队来说，这不是犹疑不决的时候，当然更不能够停止前进的步伐。

德军装甲集群长驱直入，其威力与速度是战争史上前所未见的。5月15日下午，古德里安在完成色当突破和强渡马斯河之后，马上决定执行后续任务，即向英吉利海峡推进。古德里安孤军冒进，暴露侧翼。这对于执行反突击任务的法国第24军第3装甲师和第3摩托化师而言，是个绝好的机会，如果法军能够抓住这一时机，从侧翼实施迅速而大胆的穿插，分割包围冒进之敌，有可能改变整个战争的进程。然而，法军指挥官没有捕捉这稍纵即逝的时机，在德军装甲部队挥师西进后，第21军军长弗拉维尼报请集团军司令亨齐格将军同意，下令取消反突击，而把第3装甲师分散部署在一条19公里长的战线上，企图封锁德军向西推进的每一条道路。这样反而分散了兵力，让德军得以各个击破。

古德里安为了加快进攻速度，向先行过河的两个师下达命令：只准集中，不准分散。第1和第2坦克师接到命令后，全体改变方向向西推进，越过安德内斯运河，以突破法国防线为目的。

古德里安的第19装甲军的推进速度不但令联军措手不及，而且也令德军统帅部不安，克莱斯特考虑到：装甲部队过河后不能急于向法国纵深推进，要巩固桥头阵地，站稳脚跟，等后面的摩托化师跟上后再考虑推进，否则装甲部队和步兵前后脱节，刚刚到手的胜利会轻易丧失。何况古德里安的装甲军孤军冒进，缺少侧翼掩护，有被法军围歼之虞。因此，克莱斯特命令第1和第2坦克师停止向西前进，他电告古德里安："严禁超越桥头阵地！"

倔强的古德里安对其上司的命令感到恼火，他不能阻止其坦克纵队向西挺进，他在电话里直截了当拒绝服从命令，他说："这道命令，我既不愿接受，也不能甘心接受，因为这无疑是放弃奇袭，丧失一切初步战绩。"

古德里安向上司述说法军此时不会立即组织强有力的反击，德军坦克只有奋勇向前，才是真正没有危险的。在古德里安的坚持下，克莱斯特最后只好同意"准许再继续进军24小时，以扩大桥头堡"，同时叮嘱古德里安不要冲得"太猛"。

可是，古德里安却完全不理会这一套。他指挥3个装甲师开足马力。到了5月16日晚间，这个部队已向英吉利海峡方向推进了80多公里，将步兵远远地甩在后面。而且，古德里安与他的装甲师师长商定：各部队继续加速前进，直到用完最后一滴汽油。

盟军方面，当德军于5月10日发动总攻的时候，英法联军也按照他们针对德军而设定的"D"计划展开了防守。他们以为德军会向第一次世界大战一样通过比利时中部来发动总攻，于是，第1集团军群主力便火速开赴荷兰的布雷达地区和比利时境内。

其实在当时，法军的侦察机也注意到德军坦克在阿登一带移动的情况，第9集团军的一个师长奥热罗也注意到了德军在马斯、色当的机械化部队的调动，可是，法军司令部对德国军队的意图还是捉摸不清，仍然认为：这是"德军另一攻势的次要方面，主要的攻势继续在比利时展开"。由于联军判断失误和部署失当，战争一开始，联军就陷入了十分不利的境地。

根据"D"计划，由比约特将军指挥的盟国第1集团军群，在德军侵犯国境的时刻，应当向东推进，进入比利时。这一行动的目的是为了拦阻敌军并据守马斯河-卢万-安特卫普一线。在这道战线前面，沿马斯河和艾伯特运河，部署着比利时的主力部队。如果他们能顶住德军的第一次突击，第1集团军群就去接应他们。不过，看来更可能的是，比利时军队会马上被压回来，退到盟军的防线上。事实上，后来的情况正是这样。

联军首领认为，比利时的抵抗可以为英国和法国军队提供短暂的喘息机会，使他们能够布置新的阵地。除法国第9集团军的危急的阵线以外，这一点是做到了的。在战线极左翼即靠海的那一边，法国第7集团军应当占领那些控制着斯凯尔特河河口的海岛，而且，如果可能的话，还应当向布雷达推进，去援助荷兰人。

法国人以为在他们的南面，阿登山脉是不可逾越的壁垒，在阿登山区之南又有巩固的马其诺防线一直伸展到莱茵河，再沿莱茵河伸展到瑞士。因此，似乎一切都取决于盟军北方各集团军，取决于他们由左侧比利时方面反击的速度和力度。一切事情都是这样非常详细地安排好了的，只要一声令下，远远超过100万人的盟军便可向前猛进。5月10日晨5点30分，英国远征军的总司令戈特勋爵接到乔治将军的电报，命令他："戒备一、二和三"，这就是说，立即准备进入比利时。当天早晨6点45分，甘末林将军下令执行"D"计划，法国最高统帅部准备已久的计划立即付之实行。

在德军的闪击战之下，短短几天之内，色当城失陷，马斯河沦亡。而且，德军源源不断地通过那个缺口涌入法兰西大地，色当那条狭小裂缝很快扩展成为一道巨大缺口。

法国内部一时陷入一片无主的混乱中。英法联军感到局势的严重，开始准备向德军进行反攻。5月14日，坏消息传到了伦敦，如果法兰西大地沦亡，那么英伦三岛将被孤立，英国人自然不愿意看到这一切。下午7时，新首相丘吉尔向内阁宣读了雷诺拍来的电报，电报说，德军已经从色当突破，法国人不能抵抗坦克和俯冲轰炸机的联合进攻，要求增援10个战斗机中队，以便重整战线。事实上，德军克莱斯特集团军群以其大量的轻重装甲部队，已经在法军与之直接接触的战线上完全击溃或歼灭了法军部队，以过去战争中从未有过的速度向前推进。几乎在两军交锋的所有阵地上，德军攻势之猛和火力之强都是无法抵挡的。

面对法国的增兵要求，英国战时内阁一天开会数次。空军上将道丁认为，英国必须保留不少于25个战斗机中队，才能保卫英伦三岛。结果，英国内阁决定，在那个限度内，他们可以为战争冒一切风险，但是不管后果如何，绝不能超过那个限度。

英法的飞机被派去轰炸在马斯河上架设的浮桥，但在低空轰炸浮桥时，英国空军由于德国高射炮的炮击损失惨重。法国的装甲部队也向色当反攻过，但法军不是采用坦克和飞机配合的战术，同时，又一再受到德机轰炸，联系中断，前线部队总是处于盲目作战状态。

15日清晨7点半左右，英国首相丘吉尔被唤醒，那是法国总理雷诺打来的电话，雷诺的语音显得非常沉重："我们被打败了！"丘吉尔没有立即回答，于是雷诺又重复说，"我们被打败了，我们这一仗打输了。"丘吉尔问："不会败得这样快吧？"雷诺回答说："在色当附近战线被突破了，他们的坦克和装甲车大批地涌了进来。"也

道丁

许是为了安慰他，丘吉尔说道："所有的经验都表明，这种进攻不久就会停止的。

我想起了 1918 年 3 月 21 日那一天。在五天或六天的进攻以后，他们不得不停下来等待补给，这就给我们提供了反攻的机会。这些话，是我当时听福煦元帅亲口说的。"然而，雷诺十分灰心丧气，一再重复他开头那句话（后来证实这句话是千真万确的）："我们被打败了！我们这一仗打输了！"于是，丘吉尔觉得，他有必要到法国去一趟。当面和法国人谈谈。

这一天，柯拉率领的法国第 9 集团军完全溃不成军，残部分别由在北方接替柯拉的法国第 7 集团军司令吉罗将军和正在南方组成的法国第 6 集团军司令部加以整编。法军的防线被突破了一个缺口，差不多有 80 公里长，通过这个缺口，敌军大量的装甲部队蜂拥而至。5 月 15 日晚间，德军的装甲车已经到了利亚尔和蒙科尔内，这个地方离原来的战线已足足有 96 公里。法国第 1 集团军和英国远征军在各自的战线上都被突破了。德军的进攻和英军右翼的法军一个师的撤退，使英军不得不组成一个向南的侧翼防线。法国第 7 集团军退到斯凯尔特河以西，进入安特卫普的防线，并且被逐出了伐耳赫伦岛和南贝弗兰德岛。深入法兰西平原的德国军队，兵分两路：一路朝巴黎方向逼近，一路沿着宽阔平坦的公路向英吉利海峡推进。

狂胜之余的德军内部，也并非是没有一点问题，如英勇奋进的古德里安和他谨慎的上司克莱斯特，就一再发生冲突。15 日晚的冲突，最终是以克莱斯特的稍稍让步而解决的，于是，古德里安又赢得了 24 个小时的闪击时间。

速度一直是古德里安的看家法宝，克莱斯特叮嘱他不要冲得"太猛"，可他依然我行我素。他指挥手下的 3 个装甲师开足马力，到了 16 日晚间，他已向英吉利海峡方向推进了 80 多公里，将步兵远远地甩在了后面。到达马尔勒附近，其中第 1 装甲师已推进到瓦兹河沿岸的里布蒙，并将继续勇猛前行。

另一块阵地上，隆美尔的第 7 坦克师也是一马当先，隆美尔亲自站在坦克上督促部队前进。炮兵和坦克的猛烈射击使法军阵地沉默下来，坦克通过障碍物和铁丝网碾过了阵地。德军的坦克师一边前进，一边轰击路旁的可疑目标。沿途的许多建筑物被轰出火来，德军坦克经过的路途都成了一条火道，而附近的村庄则成了废墟。

其实古德里安的推进也并非是一路顺风的，除了前几天遇到法军的反突击外，17 日这一天又遭到戴高乐上校指挥的第 4 装甲师的阻击。戴高乐指挥部队往北推进 19 公里，前出至蒙科尔内，在那里顽强地抗击敌人，迫使德军装甲部队放慢了推进脚步。

戴高乐的第 4 装甲师虽然没有从翼侧切断德军的联系。却让德军统帅部受到了震动。希特勒为他英勇的坦克部队忧心忡忡。5 月 17 日中午，在最高统帅部举行的情况分析会议上，希特勒强调主要危险来自南面，他命令应加强南翼的掩护。参谋长哈尔德认为他是神经质的紧张，借口担心左翼，其实是希望坦克部队能够立即停下来。希特勒不希望因为冒进而丧失了目前的大好时机。

19 日，德军陆军情报局未侦察到被他们认为已掉到北方陷阱里的 75 万同盟国士兵，希特勒又一次惊慌起来，在当天的几个钟头里，他一直认为这部分英国和法国部队终于南逃成功。直到 5 月 20 日，这一场主观臆造的危机才算结束。

陆军情报局进行了徒劳的争辩，认为法国目前只关心他们自己的安纳河和索姆河的防线，从无线电情报中，发现了在凡尔登西部有一个新的法国陆军司令部，空中侦察也证明，从法国的运输活动上看，法军很重视防御。

但是希特勒总是不相信，他驱车到伦德施泰特的 A 集团军群司令部，神经质地研究了地图，返回自己的大本营时，他大肆渲染所谓来自南部的危险，并向身边的人散布了他的忧愁情绪。他进一步强调说，南翼不仅具有作战上的重要性，还具有政治和心理上的重要意义，现在，无论在什么情况下都不能有丝毫失误，因为这不仅会从军事上，而且还会从政治上极大地鼓舞敌人。

在他的积极干预下，A 集团军群下达了命令，让先遣部队暂时停止行动。于是，克莱斯特再度命令古德里安暂停前进，好让较慢的步兵师赶上来，在法国穿过去之前，加强侧翼保护。但倔强的古德里安对这个命令依旧不予丝毫理睬。

5 月 17 日上午 7 时，克莱斯特来到古德里安设在蒙科尔内附近的指挥所，训斥这位指挥官不服从命令，他要古德里安立即停止前进，而他本人马上飞回兵团司令部进行工作汇报。

古德里安对上司的命令很生气，他认为此时正是应该一鼓作气，才能打垮盟军士气。气愤之下，他向上司提出辞职。克莱斯特听到古德里安的辞职请求，先是有些惊慌，后来又表示了同意，并且命令古德里安把职务交给一位资深的部将。

但是，A 集团军群总司令伦德施泰特不同意古德里安的辞呈，却也不赞成他原来的冒进措施。他采取了一个折中的方案，向古德里安下达了"继续进行战斗侦察，但军部必须停止原地不动，一边保持联系"的命令。

接到这个命令，古德里安如获至宝。他充分利用他的权力，对"战斗侦察"进行了灵活的理解，用他的整个第 1 和第 2 装甲师进行了"侦察"！他钻了个空子，现在，他的部队正在一路"侦察"着，全力朝英吉利海峡奔赴过去。

德军的进攻十分顺利，但希特勒却心中无底，他担心陆军要毁掉整个战役。对此，哈尔德在日记中写道：5 月 17 日这一天过得很不和谐，这是"很不愉快的一天，元首非常紧张不安。他为自己的成功而担心，不愿冒任何风险，并要约束住我们，这全是由于他对左翼的担心！" 18 日并不比前一天好多少，哈尔德记述："元首对南翼有一种莫名其妙的担心，他狂怒地尖叫着说，我们正走向破坏整个作战计划和冒失败风险的道路，他绝不赞成继续向西进军。"正是这个原因，希特勒和陆军总司令布劳希奇及总参谋长哈尔德不断争吵。

正在前线"侦察"的古德里安当然听不到希特勒的号叫，他的坦克履带转动速度甚至比以前还快，像古德里安或隆美尔这样的人的指挥风格与其敌人采取的缓慢而又墨守成规的战法之间有着天壤之别。古德里安的参谋尼根记述他的上司工作风格，说他每天带着通信兵出发，"这样他就可以直接从前线指挥整个部队的行动。外出时他一直与我们保持无线电联络，晚上他回来后总会召开一个衡量形势的讨论会。他的这些方法被证明很有效率并被推广到整个坦克军"。

法比平原上，德军一支拥有 7 个坦克师的强大楔形队伍沿索姆河北岸向西疾驰，他们每昼夜行进 20~40 公里。德军行军速度太快了，以至于在路上遇到一股股溃散的法军士兵，都不愿耽搁时间下车去俘虏，而是仅用扩音器喊道："我们没有时间俘虏你们，你们要放下武器，离开道路，免得挡路。"英国一个炮兵连正在操场上进行开火演习时被俘，当时炮手们的手里只拿着空炮弹。德军的坦克碾过了一战时的著名战场，世易时移，这里曾经是他们的屈辱地，现在他们从这里找回了光荣，他们将是这块土地上的新主人了。

5 月 19 日，古德里安的部队攻陷亚眠。次日，德国坦克穿过大火熊熊的索姆河口，在阿布维尔港附近抵达英吉利海峡。晚上 8 点，第 2 装甲师的一个营开进海边小镇努瓦耶尔，坦克手们虽然疲惫却很高兴，因为他们可以眺望大海了。仅仅一天时间，他们就令人难以置信地前进了 100 公里。

这时的德军统帅部也没有料想到，在法国境内的战斗会进行得如此顺利。约德尔在其日记中记载道："元首欣喜若狂，他看到胜利和和平都掌握在他手里"德军决策者放松了警觉，因此，一时不知怎样部署兵力才好。等到次日，他们才给坦克部队下令：由阿布维尔向北推进，以占领海峡的诸港为目标。

古德里安一接到命令，便立即决定：第 10 坦克师向敦刻尔克前进；第 1 坦克师向加莱前进；第 2 坦克师向布洛涅前进。古德里安深知，他所在的 A 集团军群构成的从色当到法国西海岸的进攻线，已经切断了法军从北部南逃的退路。而北面博克的 B 集团军群已攻占了荷兰及比利时东部，70 万余英法联军主力的左翼实际上已处在德军的深远包围之中。眼下对方得以逃脱的唯一希望就在包括敦刻尔克在内的法国北部的几个海港了。因此，他一定要迅速占领这几个海港，以彻底切断对方的海上退路，他这样预言："我们浪费了两天时间。但我们将要在敦刻尔克把这两天补回来。"

眼前的一切都在朝对德军有利的方向进行，英法联军的几十万大军，眼看就要被德军围困在敦刻尔克地区了。

（五）征服荷兰

作为法国这道大餐的餐前小吃，对于吃掉荷兰和比利时，希特勒也丝毫不敢大意，事先他就进行了周密详细的计划。

首先，他召集大本营人员就"镰割"计划的细节进行最后一轮秘密讨论：大家都支持要夺取荷兰和比利时的桥梁、要塞，消灭各个据点的滑翔机和伞兵，伪装成"荷兰警察"，要向荷兰女王提交一份要求该国不予抵抗的秘信，约德尔选派的无线电侦察小分队要直接向他报告攻夺桥梁及埃本·埃马尔炮台的军事行动。

其次，由于荷、比两国是中立国家，像历次入侵都要制造冠冕堂皇的理由一样，这一次，希特勒也找到了一个很好的"理由"。

5月9日晚，德国人派出飞机对德国的一所大学城弗赖堡进行恐怖袭击，一所女子寄宿中学和一所医院被炸毁，死伤数百人。德军统帅部诬陷这次行动乃是荷兰和比利时所为，找到了向这两个中立小国进攻的借口，并于5月10日凌晨向两国同时发动进攻。

德军越过边界后，荷、比两国才收到内容相同的德国照会。照会指责两国违反中立法，声称德国政府不愿坐等英法的进攻，不能允许英法通过比利时和荷兰向德国采取军事活动。这真是强盗的逻辑！

荷兰和比利时迅速做出反应，它们试图把抗议德军入侵的照会交给德国外交部，但遭到德国人的拒绝。荷兰女王威廉明娜当天发表声明说："对这一史无前例的背信弃义和破坏文明国家之间一切正当关系的行为提出愤怒抗议。"

说起荷兰的防务，1937年荷兰的柯立恩首相访问英国、会晤丘吉尔时，曾详细讲过荷兰洪水的惊人效力。他不无得意地说，他只需从恰特维尔的午餐桌上用电话传一道命令，就可以按一下电钮用无法抵挡的洪水挡住侵略者。其实，水战在古代的步战中或许有用，在现代战争中是起不到什么作用的。

德国人其实也考虑到荷兰这个低地国家的洪水防御。他们的对策是，主要采取空降部队奇袭广大的洪水防线后方，出奇制胜。

荷军总司令温克尔曼中将对德国空降部队突击"荷兰要塞"的威胁了如指掌。他不断提醒其部下注意防范。但荷军大多数军官对此并不重视，他们过于相信哥雷比-皮尔防线、洪水的威力和盟军实施支援的诺言。

5月10日凌晨，德军博克将军率领的B集团军群奉命入侵荷兰和比利时中部。尽管由于德军A集团军群主攻南部，博克的兵力已被削减，因而令其十分懊恼，但是，该军的战局对德军的全面胜利至关重要。德军此处有两个精锐的空降师——施图登特的第7空降师和斯庞尼克的第22空降师。这两个师将负责攻占荷兰内部的战略要点——桥梁、机场及政府大楼，并等候地面部队的到来。

在荷兰方面，德国人的首要目标是占领首都，俘虏女王和政府人员，这和一个月前进攻挪威的计划是一样的。荷兰政府已有所警觉，机敏地拒绝了希特勒特使基威茨少校谒见威廉明娜女王的要求。

凌晨3时30分，德军对荷兰的瓦尔港、海牙、阿姆斯特丹、希尔维萨姆等地实施航空火力准备。在轰炸海牙兵营时，由于德军未及时发出空袭警报，致使约800名荷兰士兵被炸死在床上。德军的航空火力准备不断，一直持续到运输机进入空降地区。

夺取海牙的任务主要由德军第22空降师执行。晨曦中，德军很难确定机场的位置，许多空降部队从飞机上一窝蜂般落下来之后，落地点与其既定目标相距甚远。随着德军运输机逼近机场，荷兰军才开始觉察，步兵从惊惶中醒来，立即开火，炮兵也赶来支援。两军短兵相接，竟日激战。德国空降部队孤立无援，荷军经过在海牙周围的一系列协同良好的反冲击之后，将主动权从德军手里抢了回来。

德军第22空降师师长斯庞尼克的座机被荷军的高炮击中，受了伤的运输机费了好大的劲才降落在靠近森林的一块空地里。海牙周围到处是德军被迫降落的运输机和空降人员，大部分人员被分割在数个地方，进行独立战斗。天黑之前，斯庞尼克把各小股部队集合起来，约有数百人，在海牙郊外的奥弗赖斯希构筑了"刺猬阵地"，由于兵力太弱，无法向市区进攻，又没有任何控制住的简易机场，其攻占荷军统帅部的任务眼看无法完成。10日傍晚，无奈之下，斯庞尼克放弃了原来的计划，停止了对海牙的进攻，转而向鹿特丹北部挺进。

荷兰人虽然暂时赢得了这场恶战，保卫了首都和重要政府机关。但是，它的大量后备部队被德军部队牵制，不能调到其他迫切需要的地方去支援战争。

相对而言，德军第7空降师的运气则要好得多。着陆的空降部队攻占了鹿特丹南部的瓦尔港机场、马斯河上的莫尔迪克桥梁，以及多尔莱希特镇。而且，由轻武器装备的德军空降部队能够抵挡住荷兰军的反击，并守住这些要地。

第一天的战斗中，最大胆的军队调遣是夺取鹿特丹的威廉姆斯桥行动。当第一抹曙光微现时，德军的12架水上飞机载着150个步兵和战斗机械师，在鹿特丹港口中心区的马斯河上着陆，这些水上飞机驶向威廉姆斯桥，然后将这些部队投入橡皮艇中。德军夺取了大桥两头，但随即遭到荷兰军队的猛烈炮击。德军空降部队及时赶来救援，5月10日一整天，双方为争夺这个大桥进行了残酷的战斗，饱受重创的德军只是勉强守住了阵地。最后，从瓦尔港赶来的德军增援部队赶到。才保证了桥上力量的对垒优势向德方倾斜。

在夺取马斯河上主要桥梁——根纳桥之时，德军采用了狡猾的手段：5月10日拂晓，看守根纳桥的荷兰士兵看见一群身着荷兰警察制服的人（这些人其实是荷兰法西斯分子或会说荷兰话的德国人）正押送着一群德国"犯人"（身藏手榴弹和半自动枪）向大桥走来。接着双方发生混战，荷兰守军寡不敌众，被迫撤退，拱手让出根纳桥。德军装甲部队随后碾过了桥上的防线。

德军正面进攻的第18集团军，于5月11日突破了整个哥雷比-皮尔防线。当荷军企图往鹿特丹撤退时，发现德军已占领了构成主要水上障碍的那些桥梁，于是荷军的退却部队更是溃不成军。荷兰军被切成两段，德军赢得第一阶段战斗的胜利。

在德军驶向鹿特丹的同时，盟军吉罗将军率领的法国第7集团军的装甲先头部队正沿比利时海岸线前进，按指定援助计划进入荷兰。但当吉罗到达布雷达时，发现并无荷兰军队与其会合，因为荷军已北撤保卫遭德军空袭的鹿特丹，吉罗分散了兵力。在5月11日中午左右，法军在鹿特丹南部蒂尔堡附近遭遇德军第9装甲师的先头部队。法军对这么快就与敌军不期而遇感到吃惊，在德国空军袭击之下，法军后退并撤出鹿特丹，留下荷军与德军交锋。实际战斗仅仅进行了两天，甘末林曾大肆吹嘘的"布雷达方案"就这样流产了。

5月12日，德国装甲部队及党卫队与不堪重负的空降部队会合后，死守其毗邻鹿特丹南部的阵地。现在德军地面部队发动对荷兰第二阶段进攻的路线已清晰可见——即进攻荷兰腹地，包括主要城市如鹿特丹、海牙、阿姆斯特丹等。由于德军已完全控制了荷兰领空，第二阶段的行动就显得轻松多了。

5月12日晚，荷兰女王及内阁大臣接到荷军总司令温克尔曼的报告说：已没有任何希望顶住德军的进攻了。

5月13日，德军向海牙、鹿特丹等地发动强攻。威廉明娜女王和王室成员、政府大臣，登上英国皇家海军的驱逐舰逃往伦敦，在那里组织流亡政府，继续抵抗。临走时，女王授权温克尔曼将军作为全权代表在适当时机宣布投降。

此时，"荷兰要塞"鹿特丹仍然在荷兰军民手里。荷兰人封锁了鹿特丹大桥的北端，德军的坦克无法通过。13日16时，德军开始敦促鹿特丹的荷军投降，经过一天的谈判，没有结果。

5月14日清晨，荷兰人的情况非常紧急，但还没有绝望，海牙附近德国强大的空降部队，不是被俘虏就是溃散到周围的村庄去了。德国人为荷兰的顽强抵抗感到大为震惊。焦躁不安的气氛笼罩着希特勒的大本营，约德尔的一位官员带着一辆无线电卡车，直接报告着前线的状况。

鹿特丹还未攻下来，希特勒急了。德军最高统帅部急于从荷兰撤出第9装甲师和支援部队，以便支援在南方——法国那里的更重要的战局。他们对于鹿特丹出现的胶着状态很不满意，想尽快解决荷兰问题。

5月14日凌晨，希特勒发出了他的第11号指令。在指令中，元首指出："在北翼，荷兰陆军的抵抗力比原来设想的要强些。政治上和军事上的原因，要求我们在短期内粉碎这些抵抗。陆军的任务是，以足够的兵力从南面迅速摧毁荷兰要塞，以配合对东面敌人防线的进攻。"为了达到尽快压迫荷兰人投降的目的，他命令从比利时前线的第6军团调来一些空军大队，来帮助进攻"荷兰要塞"的德国部队。

希特勒还向空军元帅戈林下了一道特别命令，要求他出动德国轰炸机群，对鹿特丹实行"地毯式"轰炸，让荷兰人尝尝德国空军"铁拳"的厉害，这样他们就会乖乖地投降。

德军在调兵遣将的同时，又施一计。5月14日上午，德国第39军的一个参谋军官，举着一面白旗，跨过鹿特丹桥，要求守军停止抵抗，向德军投降。他警告说，如不投降，就要遭到轰炸。谈判于是开始进行，一名荷兰军官到了离桥不远的德军司令部讨论详细条款，然后把德军条件带回来。就在这时，德军对鹿特丹实施了突然轰炸。

随着轰炸机令人恐怖的轰鸣声，炸弹如暴雨一般落了下来，爆炸声此起彼伏，鹿特丹上空不时涌起一团团浓烟。轰炸过后，鹿特丹的城市中心成了一片废墟。这次大轰炸，造成大约800名无辜居民死于非命，几千人受伤，七八万人无家可归。法西斯纳粹这种不讲信用、毫无道德的举动，蓄意的残暴行为，荷兰人是永远不会忘记的。

鹿特丹市被迫放下武器，接着就是荷兰武装部队的投降。5月14日黄昏，荷兰武装部队总司令温克尔曼通过广播命令他的部队停止抵抗。5月15日上午11时，总司令与纳粹签署了正式投降书。

从作战开始，到战争结束，仅仅5天时间，荷兰便落到了纳粹的铁蹄之下。但是结束的只是战斗，此后5年，法西斯的恐怖统治就像黑夜一样笼罩着这个文明小国。

"荷兰要塞"的沦陷，荷兰人的迅速败亡，对盟国的战术家们的心理打击着实不小。当荷军彻底崩溃的消息传出后，盟军的士气又一次遭到挫伤。现在，德国的侵略重心掉转了方向，瞄准了比利时。

（六）进攻比利时

也是在5月10日，德军开始进攻比利时，这个进攻是从鲁尔蒙特以南向安特卫普和从阿登向布鲁塞尔两个方向发起的。

第一次世界大战后，西欧各国为了防御德国的侵略，在与德国相邻的边境上都构筑了坚固的防线。在荷兰为哥雷比-皮尔防线，在法国为马其诺防线，在比利时即为艾伯特运河防线。这三条防线自北而南，互相衔接，连绵数百公里。

比利时在战争爆发之前还未最后确定战争的打法，对于固守哪块阵地也还未做出抉择，要根据德军进攻时的兵力再做调整，因为艾伯特运河防线掩护了整个比利时国土，所以军队重点配置在这一线。因此，比军22个师里有12个师扼守艾伯特运河。

由于艾伯特运河是为了防止德国经由比利时发动进攻而专门修建的筑垒运河，河岸陡峭，遍布防御工事，尤其还有运河边的埃本·埃马尔要塞扼守着运河，因而构成了被认为可与马其诺防线相媲美的最可靠的反坦克防线。德军要进攻亚琛-马斯特里赫特-布鲁·塞尔一线，就必须渡过这条运河。如果德军第6集团军在艾伯特运河受阻，那么德军的进攻就会在还没有发挥其锐气之前停滞下来。为此，德军决定首先于1940年5月10日空降突击埃本·埃马尔要塞，并夺取埃本·埃马尔要塞西北部的艾伯特运河上的3座桥梁：坎尼桥、弗罗恩哈芬桥、费尔德韦兹尔特桥。

埃本·埃马尔要塞地处荷兰与比利时国境的比利时一侧，位于马斯特里赫特城和维斯城之间。该要塞是艾伯特运河防线的一个重要组成部分，是马其诺防线北面延伸部的强大筑垒和重要支撑点，同时也是比利时东部防御体系的核心。其炮兵火力可控制艾伯特运河和马斯河16公里之内的所有渡口。要塞建筑在一个花岗岩的小高地上，高地南北长900米，东西宽700米。它的东北和西北面几乎是垂直的断崖峭壁，高约40米，水势滔滔的艾伯特运河流经崖下；南面横隔着宽大的反坦克壕和7米高的防护墙。要塞的各个侧面都被所谓的"运河带"和"堑壕带"包围着，并筑有钢筋水泥碉堡，里面配有探照灯、60毫米反坦克炮和重机枪。要塞东面的马斯河与艾伯特运河平行，形成外围障碍。

埃本·埃马尔要塞实际上是一个精心设计建造的堡垒群。它是仿照马其诺防线的错综复杂的防御工事构筑的。乍一看，每座堡垒仿佛都是零散分布在一块五角形的区域内，但实际上，它是一个把炮台、转动式装甲炮塔、高射炮阵地、反坦克炮阵地、重机枪阵地等巧妙地结合起来的防御体系，各部分之间由长达4.5公里的地下加固坑道和交通壕连接在一起。每件武器都经过精心布设，以便使之发挥最大效力。要塞对任何方向都便于观察。通入要塞的每条坑道都可以阻止敌人的进攻。在要塞的上面没有暴露的石工痕迹，也没有暴露阵地的建筑物，到处长满了杂草。在要塞顶部有4座暗炮塔，用液压升降机供给弹药，并可随时缩入地下。为了迷惑敌人，比军还在要塞各处设置了假炮塔。要塞是在和平时期由一批专家设计，经过3年精心施工，于1935年竣工的。它在当时被列为欧洲最重要的防御阵地之一和世界上最坚固的要塞，并被形象地比喻为比利时东边的"大门"，艾伯特运河防线上的一把"锁"。

人们普遍认为该要塞固若金汤，坚不可摧。在这座现代化要塞的建造上，尽管比利时军队绞尽了脑汁，但因要塞主要是为了防御地面进攻，所以有一点他们没有考虑到，那就是敌人有可能来自空中，降落在炮台和装甲炮塔之间的空地上。

埃本·埃马尔要塞的防守部队共1200人，由桥特兰德少校指挥，属第7步兵师。全部人员均可处于距地面25米以下的掩体内，并备有可供长期使用的饮水、食品以及大量弹药。要塞的武器配备齐全，沿着要塞的外缘，在壕沟和河旁，还有很多掩体和掩蔽壕，以及互相支援的火力发射阵地。对于一般的炮击，埃本·埃马尔要塞无疑是可以经得住的。

埃本·埃马尔要塞西北侧艾伯特运河上的坎尼桥、弗罗恩哈芬桥和费尔德韦兹尔特桥，是由东向西越过运河的必经之途。每座桥梁由1个班防守，包括1名军官和12名士兵。各桥配备有反坦克炮1门和机枪等其他轻武器。为防止万一，桥墩上安放了炸药，随时都可以对桥梁实施破坏。平时这3座桥的守备分队属埃本·埃马尔要塞指挥，在要塞炮兵火力的控制之内，而且增援部队相距不远，一旦桥头吃紧可及时到达。即使桥梁失陷，埃本·埃马尔要塞的大炮也能制止对方的前进，使对方不管夺取哪座桥，都得付出巨大的代价。

1940年5月10日4时30分，41架容克-52飞机拖着DS-230型滑翔机从科隆的厄斯特哈姆和布兹韦勒哈尔机场起飞，战争史上一次极其大胆的作战行动就这样开始了。跑道上，滑翔机被拖曳着向前滑行，很快，起落架的震动声消失了，眨眼之间滑翔机便一架一架地飞越机场围墙，跟着容克-52飞机不断爬升。

容克-52飞机

尽管天色还是一片漆黑，并且拖曳着沉重的滑翔机，但运输机都没出什么问题。这些飞机在科隆南部的绿色地带上空的集合点会齐后，开始向西沿着一直延伸到国境线的"灯火走廊"飞行。飞机下面是埃弗伦附近的十字路口，在那里可以清楚地看到第一个灯标，接着，依次又看见一个又一个灯标。所以尽管是在漆黑的夜色中飞行，飞机仍能保持正确的航向。这些灯标将一直引导飞机飞到亚琛附近的预定"分手点"。41架滑翔机上的突击队员们都倚在横贯中央的大梁上，时而热得出汗，时而又冷得发抖。

10日凌晨3时10分，埃本·埃马尔要塞指挥官桥特兰德少校接到第7步兵师司令部"要严加戒备"的电话，他立即命令部队进入临战状态。监视哨不时地从装甲碉堡中向外观察，严密地监视着漆黑的四周。两个小时平安地过去了，天色开始微微发亮。突然，从荷兰国境的马斯特里赫特方向传来了激烈的炮声。在埃本·埃马尔要塞的碉堡中，比利时炮手已做好高炮的战斗准备，他们以为是德国轰炸机要来袭击这里，可是侧耳细听了老半天，也没有听见飞机发动机的声音。

而就在这时，德军滑翔机利用微明的天色悄悄地从侧后进入，降落下来，夺取要塞表面阵地的突击分队的9架滑翔机，一架接一架地在长满杂草的要塞顶部的预定地点滑行着陆，由于带有减速装置，着陆后只滑行了20米。比利时的哨兵看着这群幽灵似的"巨鸟"突然降落在他们跟前，个个惊得目瞪口呆，竟没有及时发出警报。德军突击队员和驾驶员从滑翔机上冲下来，并按预定计划立即开始突击。在带着大量炸药的工兵带领下，他们直向爆破目标冲去，为了掩护进攻，有几个人投了发烟手榴弹。

顷刻之间，第一声爆炸响彻了整个要塞——这是比军绝大部分守卫部队所听到的唯一警报。紧接着，德军突击队员们使用手榴弹和炸药包，连续快速地逐个对炮塔、碉堡、坑道口进行破坏，用冲锋枪进行扫射。一门门要塞火炮被摧毁，一些比利时士兵战战兢兢地举起了双手。突击队经短促战斗，不到10分钟就炸毁和破坏了要塞顶上的所有火炮和军事设施，并控制了要塞的表面阵地。看不见外面情况而又被巨大爆炸声搞得晕头转向的比利时守军慌作一团，一筹莫展，只能猜想上面所发生的事情。这时要塞顶上的作战活动其实已经完成，只待突击队的工兵为打通坑道网洞口而进行的有组织爆破了。

夺取3座桥梁的突击分队的滑翔机均按计划分别在桥的西端着陆，从哨所背后出其不意地向桥梁猛扑过去。费尔德韦兹尔特桥和弗罗恩哈芬桥的守卫部队还没有来得及做出反应，德军便迅速、完整地占领了这两座桥，而坎尼桥在德军袭击时已被炸毁。德军突击队攻取桥梁的战斗，得到德军高炮营的88毫米大炮以及俯冲轰炸机的有力支援。

当夺取埃本·埃马尔要塞的德空降兵还在进行突击的时候，大批德国"施图卡"式俯冲轰炸机就已到达，它们对通往要塞的道路进行了轰炸和扫射，封锁了通向要塞的所有通路，使其断绝了外援。比军的桥特兰德少校发现要塞顶部已被德军占领，他一方面组织反冲击，一方面要求要塞附近的炮兵进行火力支援，向这里轰击。邻近的碉堡立刻做出反应，火炮开始射击。但是"施图卡"式俯冲轰炸机很快就发现了这些火炮的炮口火焰，便集中全力，迅速摧毁了这些炮兵掩体和火炮。天亮以后，比利时第1军的1个野战炮兵营开到了埃本·埃马尔要塞附近，准备炮击要塞上的德军，但由于没有高射炮兵，这个野战炮兵营还未来得及进入射击阵地，其大炮就被德军的俯冲轰炸机轻而易举地全部炸毁了。

上午7时，德军突击队第2梯队到达。300名伞兵成功地空降到要塞顶上，突击力量得到增强。在这些伞兵空降的同时，德军还在艾伯特运河西部40公里纵深的广大地区投下了假伞兵。这些假伞兵是穿着德国军服的草人，伞具绑在它们的身上，为了模拟枪声，还在假伞兵身上安装了自动点火炸药。这些假伞兵确实起到了扰乱比利时军队的作用，他们只得又腾出一批力量去迎击这些出现在背后的"新敌人"。

桥特兰德少校在要塞里曾组织了几次反冲击，企图把德军从要塞上边赶走，但都没有成功，于是他只好把力量仅限于阻止德军空降兵打进来。要塞尽管失去了大部分火炮，但并没有陷落。因为要塞四周的地下防御体系和运河堑壕连在一起，德军无法从上面接近。这样，德军空降兵也只能控制表面阵地，双方一时间处于相持状态。

从上午 8 时起，比军第 1 榴弹炮兵团开到埃本·埃马尔要塞北面，在要塞外向要塞顶部的德空降兵进行火力袭击，但在"施图卡"式俯冲轰炸机的攻击下，炮兵团的袭击未能奏效就败了回来。随后，比军第 7 师又组织了 1 个步兵营向要塞推进，准备反击，但这支部队也被德军发现，"施图卡"式俯冲轰炸机立即转回来对该营进行轰炸扫射，使其无法接近要塞。

5 月 10 日全天，德军都在埃本·埃马尔要塞进行"拔钉子"战斗，有的战斗小组甚至从高达 40 米的断崖上把炸药吊下去爆破。时间一小时一小时地过去了，收缩在要塞内部的比军痛苦地忍受着德军的折磨。

德军第 6 集团军在德军空降突击的同时，从正面向比利时发动了进攻。由于空降兵控制了埃本·埃马尔要塞外部，使要塞的枪炮不能发挥火力去阻止德军的前进，德军正面进攻部队顺利地突破了比军前沿防线，渡过马斯河，于当天黄昏抵达艾伯特运河东岸，并接替了夺取桥梁的突击队。夜幕降临后，德军派出 1 个由 50 人组成的工兵组用橡皮船偷偷渡过被水淹没的地区，摧毁了那座暗炮台和剩下的另外几座暗堡，11 日凌晨，该工兵营顺利通过了运河，登上要塞，然后在空降兵的协助下，对钢筋混凝土的地下工事、坑道等进行连续爆破。整个 11 日上午，埃本·埃马尔要塞一直在爆破的震撼之下抖动，同时德军工兵手持喷火器和自动武器向要塞纵深推进，中午时分，比利时守军派出了谈判代表，桥特兰德少校请求投降，埃本·埃马尔要塞陷落。

在夺取要塞的战斗中，德军空降突击队以突然的行动获得了巨大战果，打死打伤比军 110 余人，俘虏 1000 余人，而德军仅付出亡 6 人、伤 19 人的代价。这个号称世界上最坚固的要塞，德军在 30 个小时内便攻下了。

埃本·埃马尔要塞的陷落，从军事意义上说，预示着盟军从艾伯特运河至马斯河的防线全面瓦解，这样，德军第 6 集团军就可以顺利地开进比利时内地，更好地控制整个战局。

从心理上说，这次战斗笼罩着一种神秘的气氛。这么强大的要塞为何会轻易地失守？这一问题令许多盟军迷惑不解。特别是法国人，他们开始怀疑其至关重要的马其诺防线是否真的攻不破？希特勒的得力宣传部长戈培尔更不愿放过这么一个好机会，他高效地开动他的宣传机器大肆渲染，说什么埃本·埃马尔要塞是被德军最新式的"秘密武器"攻克的，搞得满城风雨、神秘莫测。

德军空降突击埃本·埃马尔要塞，是战争史上第一次使用拖曳滑翔机作战的大胆尝试。埃本·埃马尔要塞的陷落，使德军突破了艾伯特运河的防线，为地面部队打开了通向比利时心脏布鲁塞尔的大门。

在攻克这个堡垒之后，德军赖歇瑙将军指挥的第6集团军继续向前推进，霍普纳将军的第16装甲军向埃本·埃马尔以西展开进攻。随后，防守艾伯特运河的比利时各师开始向西全面撤退。德军绕过用巨大的壕沟防卫的列日要塞向前猛扑。

5月12日，比军沿马斯河阵地向后撤退，防守他们的第二条防线：安特卫普-那慕尔防线。

盟军虽然惶恐不安，但是依然按部就班地执行了原定的"D"计划，法军第1集团军群开进了比利时。由于"假战争"之后数月期间毫无动静，盟军上阵战斗都有一种轻松的感觉。布鲁克中将这样描述他当时不相信战争迅速降临的感觉："很难相信在这样一个春光明媚、万物复苏的日子里，我们正跨出第一步，去参加历史上最大的战役之一。"他们虽然能够按照原计划行动，可是对突发事件的反应似乎是迟钝的。

5月13日，法军第1集团军的先头装甲部队同德军第16装甲军在日昂布鲁遭遇，展开了第二次世界大战首次大规模坦克战。

这是一次钢铁和钢铁的碰撞，数百辆坦克混战一团，炮弹的爆炸和坦克的吼叫使大地呻吟，尘土飞扬、弹片横飞、浓烟滚滚，大地变成了灰褐色。天空一片昏暗，地平线消失了，阳光失散在烟雾中。

此时，在比利时东南方向的阿登山区，德军A集团军群已在德比边境粉碎了比利时边防部队的抵抗，并渡过马斯河，攻入不设防地带。英法联军的将领们如梦初醒，他们这时才意识到，对于德军主攻方向的判断完全错了，德军的主攻方向在色当。更可怕的是，德军强渡马斯河后如果迅速向索姆河口推进，就随时可能从南面包围位于比利时的英法联军。

5月15日上午，荷军投降的消息传到比利时。为避免英法联军主力被德军围歼，下午5时，联军总司令甘末林命令英法联军从比利时迅速后退。5月16日，英法联军开始撤离比利时。在此情况下，比军只好放弃安特卫普-那慕尔防线，仓促退守到后方没有构筑工事的阵地上。

可以理解比利时人是怀着苦涩的心情接受撤退命令的，因为他们不得不将大部分领土拱手让给侵略者。比利时军副参谋长德鲁索将军对此评论道："这个命令犹如晴天霹雳，接着比利时就投降了，这成为我对这次战役最糟糕的回忆。"

比利时后方的阵地是不堪一击的。比军仓促组成的新防线迅速又被德军突破，5月17日，德军占领比利时首都布鲁塞尔。

此后，比军并没有立即就放下武器，而是且战且退，企图通过梯次防御，为英法联军新任总司令魏刚将军实施其从法国北部和比利时南部南北夹击的反攻计划创造条件。然而，在德军的强大攻势下，魏刚的计划难以实现，比军陷入山穷水尽的困境。他们顺着德军前进的步伐一步步往后退缩。

比利时军队没有空军掩护，严重缺乏弹药和食物，而且由于国内200万人的难民流，使军事行动受到很大阻碍，军队和难民纠缠在一起，无法进行有效的调动和突击。

5月26日，比军情况已经十分危急，比利时国王利奥波德要求英军反击德军侧翼，以减轻比军的压力。而此时，英国远征军正准备向敦刻尔克撤退，戈特勋爵无法满足比利时的要求。在这山穷水尽的时刻，英法联军指挥魏刚将军又告诉比利时，目前无法给予比利时"新的有效援助"。

比利时人感到他们已被其盟友完全抛弃了。

当大臣们来劝说利奥波德国王"一旦军队被迫停止战斗时随政府一起流亡国外"时，国王执拗地拒绝了。他希望他的盟友认识到，他将被迫投降以防止比利时全面崩溃。

当比军给魏刚将军发的最后一封电报"我们的防线像一条被拉断的弓弦，正在溃散"没有收到回音时，利奥波德国王就开始着手打听投降的条件了。

希特勒对比利时人投降条件的回答是："要求无条件投降。"

5月27日的比利时，四周的天地是黑暗的，再也看不到任何可以扭转局面的希望。利奥波德国王再没有什么迟疑，他决定向德军投降。次日凌晨，利奥波德国王不听内阁大臣的劝告，命令比军放下武器，向德军无条件投降。

比利时人的投降对盟军来说犹如晴天霹雳。盟军北线出现了一个从伊普雷到大海之间的宽32公里的通行无阻的大缺口，通过这个缺口，德国人的坦克疯狂地朝海边扑来。

比利时人的失败其实是其多年来奉行中立政策的结果。而对于法兰西战役来说，虽然比利时不是决定性战场，但是由于它牵制了盟军主力，使德军在中线作战中能顺利侵入法国本土，所以它对整个战役的结局其实是起着很关键性的作用。

比利时的投降，使英法联军陷入更为困难的境地。

法军在步步退缩，总司令甘末林将军记起了1914年9月第一次世界大战在马恩河会战前夕法军接到的命令。当时甘末林还是总参谋部的一个年轻军官，现在轮到甘末林对自己的士兵说这些当年曾导致"马恩河奇迹"的慷慨激昂的话语了：

"祖国在危难中！不能前进的军队，宁可战死在坚守的疆场上，也不放弃托付给他们保卫的每一寸法国土地。同祖国的一切历史性时刻一样，我们此时的口号是：不胜利，毋宁死。我们必胜。"

但是很显然，甘末林的这个口号并没有起到什么效果，他是在和1914年毫无共同之处的形势下发出这一命令的。1940年的夏天，法军士兵已经没有什么士气了，他们除了不停后退，已是毫无作为。而他们的总司令甘末林也立刻要交出兵权、黯然下台了。

（七）缔造"魏刚防线"

德军的疯狂进攻使法国上层集团惊慌失措，法国总理雷诺于5月18日进行了政府改组。早在两天前，他就把法国驻西班牙大使——已经83岁的元帅贝当——召回了巴黎，贝当被任命为法兰西共和国的副总理，同时，雷诺把达拉第调去主管外交，由他自己接任国防兼陆军部长。但法军的高级将领已没有信心扭转被动局势了。

在法军节节败退的时候，法国统治集团内部充满了求和的氛围。雷诺在广播中乐观地宣布："贝当元帅将同我一起战斗，直到取得胜利。"但是，年迈的贝当元帅现在想的却不是胜利，实际上，他在很长一段时间里好像已经完全没有余力来思考问题了。随着年事渐高，他越来越陶醉于他的光荣历史，陶醉于一战时期他在凡尔登的经历，他认为自己可以成为一个战败民族的保护人。

雷诺请他入阁，是因为人们认为他代表了1918年胜利的法兰西，还因为他在1917年使抗命不从的法国军队恢复了元气。受到任命时，他还在西班牙大使任上。佛朗哥将军劝他不要接受任命，理由是：贝当没有必要把自己的名字和一场应由别人负责的失败联系在一起。"这我知道，将军，"贝当元帅回答说，"但是，我的祖国在向我召唤，我责无旁贷。也许，这将是我最后一次为国效劳了。"他对佛朗哥说，"我的祖国战败了，所以召我去缔结和约与签订停战协定。"贝当已经完全做好失败的准备了。

19日晚7时，雷诺又任命刚从近东回来的魏刚接替甘末林将军。魏刚这个名字在整个法国再次激起希望的浪花。第一次世界大战时，魏刚是法国福煦元帅的得力助手，1920年8月在华沙战役中，他又巧妙地拦阻了布尔什维克侵入波兰——这是当时对欧洲具有决定意义的一件大事。他曾以自己的天才挽救了华沙，73岁的魏刚办事雷厉风行，精力非常充沛。现在看起来，他似乎把法国的命运置于自己强有力的掌握之下。

但是，这一任免并没有给军队带来什么好处。魏刚的前任甘末林是个穿军装的哲学家，他热衷于纯理论的分析，然而对运筹帷幄既无天赋又无兴趣。

另外，法军新任总司令魏刚或许在军事上还可以，但是他的政治观点极右，决定了他不适合当岌岌可危的法军总司令。在他内心，他认为打赢这场战争不仅不可能，也许还是不可取的。人们普遍认为，如果法国在失败之际爆发一场革命，他定会去打革命者，而不会去打入侵者。而且，他还是个强硬的反英派。人们还有另外一个疑虑：他怎么可以当总司令？因为他从未独当一面指挥部队打过仗，他其实只当了一辈子的参谋，尽管参谋当得很出色。而现在，作为法国军人中保守派和失败主义代表的他，当上了法军总司令。

魏刚甚至认为，英法继续抵抗是徒劳的，他十分悲观，"不出三个星期，英国就会像一只小鸡一样，被拧断脖子"。怀着这样的消极判断，他走上了战场，掌起了三军兵权。

5月20日，甘末林向魏刚移交了指挥权。在此前一天，即19日早晨，他还发出了他在任的最后一道命令，即"第12号秘密手令"。该命令旨在使比利时的英法联军向南突击，穿过兵力薄弱的德军装甲部队，与南边法军会师。与此同时，在索姆地区新建的部队向北推进，协助北线的联军向南突围；如果可能的话，就切断德军向英吉利海峡方向急驰的装甲纵队。

甘末林将军这道用铅笔草拟的命令，完全忽视了德军坦克总队的速度。应该说，它还是比较正确的。但是新上任的总司令魏刚对国内战局并不了解，他需要重新了解情况，做出判断，然后才能下定决心。而就在他作这一判断的几天里，法军反攻的最后一丝机会也被浪费了。

5月20日中午，德军第1装甲师占领索姆河下游的亚眠。晚上，第2装甲师前出至索姆河口的阿布维尔。古德里安装甲军和莱茵哈特装甲军的先头部队推进速度很快，与后面德军装甲部队的距离差不多有160公里。而且，德军的步兵也没有及时跟上来，德军装甲部队的侧后方完全暴露出来，形势非常有利于英法联军实施南北夹击。

然而，魏刚此刻不在他的指挥所里。20日晨，魏刚接任甘末林的职务后，即做出安排，要在21日去视察北方各集团军，当他得悉通往北方的道路已被德军切断后，他决定乘飞机前往。途中，他的飞机遭到攻击，被迫在加莱降落。当晚，他才在前线第一次见到法国陆军参谋长杜芒克将军和东北战线总司令乔治将军，他们一起讨论挽救北线联军的措施和尔后的作战计划，制订了一个与甘末林的"第12号秘密手令"内容大致相同的"魏刚计划"。

21日晨，魏刚乘飞机去比利时，由于中途逗留和出于安全方面的考虑，直到下午3时才到达伊普尔开会，他在那里会见了比利时国王利奥波德和比约特将军。戈特勋爵没有接到开会时间和地点的通知，因而未能出席，也没有其他英国军官到会。比利时国王把这次会议说成"4个小时杂乱无章地谈一阵"。

会上讨论了三国军队的协作问题、"魏刚计划"的执行问题，以及万一这个计划失败后，英、法军队撤退到利斯河和比军撤退到伊塞河的问题。魏刚决定乘德军西进的装甲纵队侧翼暴露之际，以己之长，击敌之短，北线联军向南实施突围，以便同索姆河一带的法军会合。

当天，魏刚乘车回到加莱，乘潜水艇到迪埃普，转回巴黎。比约特驱车回去应付危急的局面，不到一小时，他就因撞车事故而殒命，因此，一切又被搁置起来了。

5月22日，英法盟军首脑在万森召开盟国最高会议。在那里，丘吉尔见到除了甘末林之外的许多熟人正在犹豫地踱来踱去，丘吉尔的副官说："还是原先那班旧人。"只是站在地图前拿着指挥鞭侃侃而谈的人物换了一个而已。

魏刚向大家讲述他的作战计划。他认为，北方各集团军的后方应交给比利时军掩护，由比军掩护他们向东，如果必要的话，掩护他们向北进攻。同时，一个拥有自阿尔萨斯、马其诺防线、非洲和其他各个地区调来的18个到20个师组成的新的法国集团军，在弗雷尔将军统率下，将沿索姆河建立一道战线。他们的左翼要通过亚眠向前推进到阿拉斯，这样，尽他们的最大努力，同北方各集团军会师，必须使敌人的装甲部队不断受到压力。

魏刚说："不允许德国的装甲师保持主动权。"他要求英国空军给予广泛支援。这对取得胜利至关重要，并建议至少暂时停止对汉堡和鲁尔州的空袭。因为这对战争进程毫无影响。

丘吉尔原则上同意魏刚的意见，他强调说："通过阿拉斯，重新取得北方各集团军同南方各集团军之间的联系是非常重要的。"但是在派飞机去作战这一点上，他提请法方注意，配置在英国机场的英军歼击机在作战地区上空的时间不能超过20分钟。他拒绝了用英国皇家歼击机部队支援法国的建议。

魏刚的新计划同撤销了的甘末林将军的"第12号秘密手令"并无根本区别。北方各集团军采取攻势向南进军，如果他们能和弗雷尔将军指挥的新成立的法国集团军群向北的推进相呼应，就能够粉碎德国装甲部队的进攻。只是等到这个命令重新下达，盟军前后已经浪费了3天的时间。统帅决定的一再延迟，使得英法联军坐失良机，陷入重围，蒙受巨大损失。

在统一作战方面，盟军的指挥棒几乎完全失灵了。英国远征军总司令戈特勋爵，甚至曾一连4天没有接到任何命令。

由于最高统帅部迟迟没有下达任何作战命令，战事的演变已经使敌人取得了支配权。17日，戈特已经开始指挥军队转到卢约尔古-阿尔勒防线，驻防阿拉斯，并不断加强其南部侧翼的兵力。法国第7集团军，除在伐耳赫伦岛战役遭受重创的第

16 军以外，已经全部向南转移，与法军第 1 集团军会合。他们曾横断德军的后路，但并没有发生严重的骚乱。20 日，戈特通知法军，建议在 5 月 21 日用 2 个师和 1 个装甲旅从阿拉斯向南进攻，对其两侧实施反冲击。当时，比约特也同意从法国第 1 集团军抽调两个师配合英军行动。

但是实际上，英国人直到 21 日中午，才用 1 个步兵团、2 个坦克营在阿拉斯以南实施反冲击。初始，反冲击进展顺利，一度使德军第 4 集团军陷入十分困难的境地。不过，到了傍晚，由于德军集中使用了大量俯冲轰炸机和歼击机并把高射炮用来消灭地面目标，终于消除了险情。法国人本应和英国人同时采取行动的，但由于法国的两个师来不及占领出发阵地，而未能行动。第 2 天，英国人在阿拉斯地域费了九牛二虎之力才守住了自己的阵地，而法国人却一直没有转入进攻。

在协同作战方面，比利时的军队显得更为执拗，比军不愿按"魏刚计划"的要求从埃斯科特撤到伊塞河，以保护联军向南反击。利奥波德国王担心英军向南反击后会丢下比军，所以他只准备将比军撤至利斯河支流，而不再向伊塞河撤退。这样，就在英比军接合部留出一段空间，那里无人没防，而德军正好可以从那里浩浩荡荡地冲过去，北线英法联军的处境岌岌可危。

英军方面，戈特不但对战争进程越来越焦虑，而且对法国和比利时的同事也越来越不信任了。他认为，"既然他的右翼已被敌人包围，左翼又受到威胁，唯一合理的决定应是朝着海岸撤退"。英军每天所需的 2000 吨弹药及补给品全得经加莱和敦刻尔克等港口运来，但这些港口正在严重地遭受敌人空袭，面临着被全面包围的危险。在这种形势下，戈特决定于 22 日晚把英国远征军撤出阿拉斯地区。

23 日，英军撤退到他们在冬季沿法比边境构筑的防线上。而在 12 天以前，他们曾那么斗志昂扬地从这道防线冲向前去。这一天，英国远征军只发了一半的口粮。从多方得到的有关法国无能的印象，促使丘吉尔向雷诺提出抗议。

但法军现在已没有足够的力量单独发起反击了。由于比军缺乏配合和英军没有信心，加之法军行动迟缓，"魏刚计划"尚未开始认真执行，就已经化成泡影了。

盟军败势已成，只有一味地防守了。5 月 25 日，魏刚将军在军事委员会会议上阐述了一个防御计划，即沿索姆河、安纳河修筑防御工事，以防德军南下，从而保护法国首都巴黎和中部地区。

根据这个方案，他调集了 2 个法国集团军群共 49 个师的兵力，在从英吉利海峡到马其诺防线北端的 400 公里的正面布防。第 3 集团军群（含 2 个英国师）担负海岸至纳沙泰尔的防御，第 4 集团军群防守纳沙泰尔至马其诺防线一段。这道横亘法国北部的防线由魏刚提出并主持构筑，所以被称为"魏刚防线"。"魏刚防线"构筑仓促，很不牢固。

5 月 23 日上午至 24 日，古德里安的装甲部队先后占领了布洛涅和加莱。24 日下午，古德里安的第19装甲军已到达格拉夫林，离敦刻尔克还有16公里了，而在其右翼的莱因哈特的第41装甲军，也已到达艾尔-圣奥梅尔-格拉夫林运河一线。两支装甲劲旅只需再努把力，就可直取敦刻尔克，而后继的几十个步兵师也正源源不断地跟进。古德里安等人踌躇满志，决心率领他们的装甲部队再打一个围歼战，将英法军队的数十万人马彻底消灭在滨海地区。

历史又一次很快证明了，一味防守注定了只能是失败。

（八）敦刻尔克大撤退

由于德军行进速度飞快，盟军的一些后退部队有时会糊里糊涂地加入德国人的行列，但很快也成了俘虏……"德军装甲部队撤至艾伯特河以远的地方待命"，这个命令是由多个因素造成的……英国陆军部通知戈特：今后的任务是"尽可能撤出最大数目的军队"……小型船只的集结……大海里不时掀起数米高的巨浪，将码头边上的人流无情地卷入海中。施瓦茨兴奋得狂叫起来："太棒了，棒极了"……英法联军喊出"挽臂同行"的口号……"这是战争史上一次英勇而成功的撤退。"

可怕的德国坦克军，突破了色当防线后就很少或者根本没有遇到任何抵抗。德军的坦克在田野的开阔地里驰骋纵横、自由来往，在机械化运输的协助和补给下，每天推进的速度达到了30~40公里。沿途经过几十个城市和几百个村庄，如入无人之境。

德军军官们从坦克打开的炮塔伸出头来张望，得意扬扬地向沿途的居民挥手示意。成群结队的法国战俘跟在他们旁边失魂落魄地走着，有许多人还带着枪，这些武器不时被德国人收起来，放在坦克的履带下面被压毁。

德军装甲车辆和机械化部队不断通过这些公路前进，到5月20日这一天，德国装甲部队的先头部队已抵达了海滨。20日下午，古德里安的装甲兵部队已全部赶至英吉利海峡的阿布维尔，顺利完成战前所接受的战略任务。德军装甲兵部队的神速推进，得益于古德里安倡行的以装甲兵部队单独深入为战略渗透的理论。古德里安不仅打乱了法军指挥的时刻表，同时也打乱了德军进攻的时刻表。

前线一旦被突破，法国陆军似乎就像一只被戳破的气球那样全部瘫痪了。

到了5月20日，德国装甲部队的主攻方向已令人惊骇地清楚无疑了：他们果真是在掉头转向西北方的大海。当他们穿过大火熊熊的阿布维尔向前疾驰时，北部军队——包括英国远征军——的交通线无可挽回地被切断了。情况每时每刻都在急剧变化，盟军所有的撤退路线都被难民堵塞了。

而当古德里安的装甲兵部队于5月20日全部抵达法国阿布维尔附近的大西洋海岸时，希特勒根本就没有料到德军的攻势是如此迅捷而顺利。直到一天之后，希特勒才厘清思绪，命令古德里安所部继续向北推进，占领英吉利海峡诸港口。

5月21日，一路畅通的德军坦克部队在阿拉斯附近受到了小小的挫折。这也使神经一贯紧张的纳粹元首惊出一身冷汗。

这天，克卢格将军的第4集团军快速向前进攻。当天下午，其下辖的第16军团集群已抵达阿拉斯以南地区，此时阿拉斯被法军和英军坚守着。第16军必须或向西北面的波尼斯进攻，或向北面的贝顿进攻，为此，必须夺取斯卡佩河的一些渡口，而进一步向北进攻则是第4集团军其他部队的任务。

此时的盟军也预先为进行反击做了准备。

其实盟军根本不清楚德军在阿拉斯南边的兵力情况。德军包括隆美尔的第7装甲师和武装党卫军的"骷髅"机械化师，并有第5装甲师掩护，英军进攻时，隆美尔正带领其部队在阿拉斯侧翼展开行动。英军组织兵力速度缓慢，直到21日下午坦克才上路，该行军包括两队——一队坦克营，一队步兵营，它们以法军第3机械化师作右翼，沿东南方向朝阿拉斯驶来，几乎与此同时，他们遭遇了隆美尔的第7装甲师。

右方的英国军队突然袭击德军，隆隆前进而又强大的英军坦克一到，德军的许多党卫军部队仓皇逃窜。英军进攻时，隆美尔和其参谋正在部队中间前进，他以平稳的声音下命令，将一切可以作战的武器都派上了用场，其中包括88毫米的高射炮。

这种高射炮仅少量配置在火炮阵地，高射炮平射，对准了隆隆逼近的英军坦克，随着一声怒吼，奇迹出现了！竟一举摧毁了英国人的一辆坦克，德军士兵禁不住欢呼起来。

在左翼，英军部队进展则大一些，英军攻占了数个村庄并越过了德军阵地。其一先头部队甚至抵达了科赫河上的万古赫——此次进攻的最终目标，但由于缺乏后援以及德国空军的干预，英军被迫撤退。

隆美尔

此次战争，英军前进了16公里，摧毁了大量德军坦克、枪支和运输车辆，活捉了400多名俘虏。但是像前几次与盟军装甲部队交战时一样，德军88毫米的反坦克炮极其有效地打退了英军坦克，事实上，它们是装甲师中唯一能够穿透英军"马克"Ⅱ型坦克外面装甲的大炮。这次战斗，使88毫米高射炮在以后被称为"坦克杀手"而出名，并且被专门用来对付装甲军。

这天战斗结束时，英军只剩 26 辆"马克"Ⅰ型和两辆"马克"Ⅱ型还能用，英军的进攻结束了。

但是，德军的行动从此之后也趋于谨慎。伦德施泰特承认战役中只有此次进攻真正给他造成忧虑，陆军司令部的注意力从让古德里安冲击英吉利海峡转移到阿拉斯一带的防守上，这当然就给了盟军宝贵的时间，最终使盟军能够选择在敦刻尔克撤退。

希特勒对阿拉斯出现的情况有些担心，5 月 22 日，他派副官施蒙特上校打电话给 A 集团军群，询问作战的发展情况。A 集团军群的作战参谋说：尽管 5 月 21 日实施突袭的敌军曾在一两处地方击退了第 7 装甲师，但总的形势现在已经恢复。

英军进攻阿拉斯的重要性并不在于其实际行动——因为用数字术语来说这只是一次突袭——而在于它对德军心理上产生的作用。这可以从隆美尔的电报中看出来："15 点 30 分至 19 点，数百辆坦克及其掩护的步兵进行了一场非常激烈的战斗。"实际上，隆美尔把数量不多的英军估计为 5 个师。

希特勒对局势更为担忧，他把凯特尔派往阿拉斯重新部署军队。凯特尔在与 A 集团军群参谋长的讨论中，重申了元首的要求，尽快由步兵师代替在索姆河上的机械化师，克莱斯特集团军的装甲师应解除掩护侧翼和在亚眠和阿布维尔之间进行防御作战的任务，而被派往前方。

在希特勒看来，只有机械化部队才能以必要的速度作为先头部队迅速向北进攻。为此，这些部队一定要解除掩护后方侧翼的任务，他们的任务应是增援和接替前方装甲部队。为使这种调解成为可能，各步兵师要以强行军向西运动。元首的这些指示和 A 集团军群的将领们的看法不谋而合，相应的命令随即下达。

德军由第 5 和第 7 坦克师为先导，率领两个步兵师向阿拉斯的两侧进攻，此时只有一小股英国警卫部队仍然坚守着这座城镇，并击退了德军第 11 摩托化旅从三面向它发起的数次进攻。

英军驻扎在阿拉斯周围的特种部队处于被包围的危险之中，5 月 22 日傍晚时分，被迫撤退到运河一线以北和东北方向。到现在，阿拉斯两侧都被德军装甲部队包抄，已不能再作为向南发动进攻的起点了。

晚上 10 点。英军指挥官通知总司令部说，除非他的军队在夜间撤出阿拉斯，否则便无法撤退了。随后，英军的撤出使它北翼的法国第 1 军团处于一个行动更受限制的突出部，战略回旋的余地更小了。

德军进攻的北翼，B 集团军群虽然遇到英军的顽强抵抗，但也成功地在大约 6 公里的正面上渡过了斯凯尔特河。

德军的作战行动尽量缩小了对盟军的包围圈，同时保持了德军在索姆河各渡口的畅通。希特勒觉得消灭盟军的最后时刻来到了，为指导他的部队，元首又签署了第 13 号指令，明确下一步及灭亡整个法国的目标。

一接到指令，古德里安便立即决定：第 10 坦克师向敦刻尔克前进；第 1 坦克师向加莱前进；第 2 坦克师向布洛涅前进。古德里安深知，他所在的 A 集团军群构成的从色当到法国西海岸的进攻线，已经切断了法军从北部南逃的退路。而北面博克的 B 集团军群已攻占了荷兰及比利时东部，70 万余英法联军主力的左翼实际上已处在德军的深远包围之中。眼下对方得以逃脱的唯一希望就在包括敦刻尔克在内的法国北部的几个海港了。因此，他一定要迅速占领这几个海港，以彻底切断对方的海上退路。

德军第 1 装甲师奉命向东开进，到 5 月 23 日晚，该师先锋部队已抵达格拉夫林南面的阿河，在那里遭遇法军的坚决抵抗而停步。当古德里安准备第 2 天进攻时，德军一些高级指挥官又产生了新的疑虑。伦德施泰特对在"装甲通道"南面的法军感到不安，而且他还没从阿拉斯之战的惊恐中缓过来。23 日晚，他命令克莱斯特停止行军，并重新部署装甲部队，准备击退法军可能从南面发起的进攻。

5 月 23 日上午至 24 日，古德里安的装甲部队先后占领了布洛涅和加莱。24 日下午，古德里安的第 19 装甲军已到达格拉夫林，离敦刻尔克还有 16 公里了，而在其右翼的莱因哈特的第 41 装甲军，也已到达艾尔-圣奥梅尔-格拉夫林运河一线。两支装甲劲旅只需再加把劲，就可直取敦刻尔克，而后继的几十个步兵师也正源源不断地跟进。古德里安等人踌躇满志，决心率领他们的装甲部队再打一个围歼战，将英法军队的数十万人马彻底消灭在滨海地区。

5 月 26 日，古德里安曾向他的部队发表了一个文告："我曾经要求你们 48 个钟点不睡觉，你们却一连 17 天都没有好好地睡过。我强迫你们冒险前进，两翼后方都是充满了威胁，你们却从不畏惧迟疑。"他的说法也许能够解释德军的速度为什么那么快。

到现在，德国人完全打破了盟军从陆上突围的希望，他们唯一的出路，只有通过现在仍在盟军手里的敦刻尔克，动用海军力量，由敦刻尔克从海上撤退。

德国装甲部队已经可以遥望到敦刻尔克了，并且在格拉夫林和圣奥梅尔之间摆好阵势，德军士兵士气高涨，准备对他们的敌人来一次更沉重的打击。只要元首一声令下，千军万马便会扑向海边那个港口。

在这一关键时刻，德国的元首又发挥了重要的作用，他在此时下了一个奇怪的命令，使得战局在当时产生了微妙的变化，并且影响深远。

5 月 20 日晚上，当布劳希奇给希特勒打电话，告诉他坦克部队已抵达阿布维尔，由此直通英吉利海峡沿岸时，希特勒喜出望外，对德军和它的指挥官们大加赞扬。他讲话时非常激动，凯特尔记录了他的话，但是记录遗失了。据约德尔说，他讲到了现在要和法国签订的和约——他要求归还近400年来从德国人民手中抢走的全部领土和财产。他要为1918年强加于德国的耻辱条款而报复法国，就在当年签订条约的地方——贡比涅森林，举行第一次和谈。至于英国："只要把殖民地归还我们，英国就会马上得到和平。"

有一些事件导致了德军装甲部队停止前进，发生的先后次序是以5月21日短暂的局部危机为开端，当时英国和法国的坦克出其不意地向在阿拉斯的德国第4军团的内翼发起了进攻。希特勒和伦德施泰特都认为，这证明作为A集团军先锋的装甲部队前进得太快，没有建立起有效的侧翼防卫。他们认为阿拉斯的进攻表明了英法还有能力采取行动。

于是，伦德施泰特命令第4军团和克莱斯特的装甲集团军在英吉利海峡的港口停止前进，直到阿拉斯危机消除。布劳希奇和哈尔德为伦德施泰特对A集团军群的指挥谨小慎微而遗憾——从西南方的英吉利海峡港口开向西北，又没有向希特勒报告，就命令把第4集团军的指挥权转移给博克将军的B集团军群，该集团军正从东方向港口进击。博克将指挥最后的包围行动。

第2天，5月24日上午，希特勒和约德尔、施蒙特走访伦德施泰特的司令部时，听到从当日20时起，第4集团军连同所有机动部队都将由B集团军群指挥后大吃一惊。因为不论是元首本人，还是德军最高统帅部，都不知道陆军总司令部下达的这个命令。希特勒认为这个命令不论是军事上还是心理上都是可笑的，同时他又怒不可遏——他怨恨布劳希奇和参谋总部这样随意改变指挥权却不上报最高元首。

作为最高统帅，希特勒对陆军总司令的新命令简直不能容忍，他怀疑他们这样做是不是别有用心，他们的忠诚更加让他怀疑。他断然废除了他们的命令：第4军团不能交给博克指挥，它将暂时原地不动。希特勒宣称，作战部把作用极为重要的坦克调到沼泽地的佛兰德低地是战术上的蛮干。

伦德施泰特在24日向希特勒提出的建议更进一层，他的装甲部队应原地不动，控制敦刻尔克西部沿着运河线的高脊地带，并给被博克的B集团军赶到西部的敌军以适当的迎击，这将使坦克得到宝贵的喘息时间，至于英军逃往英格兰的可能性，没有得到讨论。

此时，有两种幻象死死缠住了希特勒：要么是他珍贵的坦克正在佛兰德沼泽地里艰难地挣扎，他、凯特尔和约德尔在第一次世界大战中都见过这种景象；要么就是他的坦克在敦刻尔克大街上毫无意义地被打成碎片，就像8个月前在华沙郊区一样。

无论如何，希特勒毫不犹豫地凭借他的权力使伦德施泰特作出停止坦克前进的决定。戈林曾吹嘘，单靠他的空军就能歼灭被围之敌，这话确实给了希特勒一定影响，使他又坚定了信心。无疑，戈林确实给希特勒打电话说过这样的话，后来，希特勒曾告诉他的陆军副官，戈林可能完成这个任务，他甚至还把空军和陆军将领忠诚性的可靠程度做了比较。

5月24日12点30分，元首大本营用电话向集团军和陆军指挥官们下达"停止前进"的命令，这道命令是在伦德施泰特和戈林的怂恿之下，不顾布劳希奇和哈尔德的激烈反对，由纳粹元首坚持发出的：

装甲师团停止在距敦刻尔克中等射程的距离。只准许进行侦察和防卫性的行动。

随后又发来命令：

德军装甲部撤至艾伯特运河以远的地方待命。

英法盟军得到了一个意外的喘息机会！

这一天，希特勒为侵英战役的方针下达了指令，在这个指令中他附带地指示，空军目前在北方的任务是粉碎"被困之敌"的一切抵抗并阻止英军逃过英吉利海峡。约德尔平静地对一位提出强烈反对意见的参谋说："战争胜利了，战争必将结束。如果我们能用空军更为廉价地结束它，那么就连一辆坦克也用不着损失了。"

陆军总司令部对希特勒的命令大吃一惊，不得不做出新的部署，元首还特意提醒陆军总司令部注意他的命令。陆军总司令部对这种直接干涉作战实施的行为极为愤慨，元首的这个命令对他们来说是个沉重的打击。

希特勒下令其装甲部队停止向敦刻尔克开进，这道命令使人难以解释，究其原因众说纷纭。

第一个因素，常常被以往的历史著作所忽视，即也许直到5月26日那天，德国最高统帅部才开始意识到英国在撤离整个战场，这已在伦敦采取这一决定的整整一个星期之后。陆军总司令部小心翼翼地维护自己的业务权限，想不受最高统帅部的干预，是导致这种结果的重要因素。希特勒确信，英国在法国将战斗到最后一个人，因而他必须相应地部署兵力。直到5月26日才意识到这个根本错误，也只是到了这个时候，希特勒才允许装甲部队重新开始向敦刻尔克挺进。

另外一个很重要的因素是军事原因。伦德施泰特对希特勒抱怨说，他的装甲部队已经前进了那么远，速度那么快，力量已经大大减弱了，需要停下来整顿，重新部署，以便对敌人进行最后的打击。而且，他还预见，他的分散的兵力有可能遭到南北两方的夹击，希特勒"完全同意"他的意见。希特勒在上次大战中熟悉这一块的地形，此处泥沼遍地、沟渠纵横，不利于坦克部队作战。而且，德军坦克长途奔袭，磨损厉害，大部分坦克需要修理，冒险前进可能会遭到额外的损失，同时将会削弱对法国其他地区的进攻。

还有人认为这道命令是希特勒受了德国空军元帅戈林的鼓动而发出的。面对着英法主力就要被歼，戈林坐不住了，他有自己的一番打算，他急欲从陆军手中抢夺这个头功，扩大自己的权势。敦刻尔克的盟军显然已成了瓮中之鳖，他不能容忍强大的帝国空军在这种时候无所作为，而把功劳全部记在装甲部队头上。德国空军曾同英、法空军进行过多次交锋，给原本就不太强大的法军以重创，也给英国远征军造成了不小的损失。因此，德国空军常常以"世界最强大的空军"自居。

"出击，出击，坚决要出击"的欲火促使戈林迫不及待地拨通了元首的电话，他焦急地请求道："元首，就让帝国的空军去结束这场战斗吧！光荣的地面装甲部队应在休整后投入更需要的地方去。"

希特勒与约德尔少将商议了戈林的方案，约德尔十分赞同戈林的建议，他认为将装甲部队用于敦刻尔克周围的沼泽地带是不明智的，而应将这股铁流融入对巴黎的进攻。但是这一建议却遭到了古德里安等前方装甲部队指挥官的激烈反对。他们认为：在对敦刻尔克已达成三面包围，但海上退路并未切断的情况下，任何给予敌人喘息机会的行为都可能导致功亏一篑。他们的意见与参谋本部达到了一致。戈林得知这一消息后怒不可遏，大骂他们根本没有把强大的帝国空军放在眼里，这是对他本人难以忍受的侮辱。

终于，凭借戈林在纳粹党内不可动摇的副领袖地位，而且希特勒也想给自己的心腹一个露脸的机会，并借此机会压压陆军的气焰，以防止自己的威望下降，因此，最终使得参谋本部与空军达成了"共识"。

也许还有一个政治因素。希特勒想要给比利时的佛兰德人一种比较友好的印象，使他们的财产不因"镰割"计划的最后行动遭到破坏。因为他坚信佛兰德人是真正日耳曼人的后裔，他曾经设想过建立一个新的佛兰德国家，这个新国家将会包括法国北部和低地国家。希特勒曾经答应佛兰德人的国土不致遭到战争的破坏，现在要在它的最大城市之一——敦刻尔克大肆屠杀，元首认为这是不仁义的。

另一种说法认为是希特勒故意放英国人一马。这是在他视察被打得斑斑驳驳、到处是被扔下的书籍、照片、破鞋、枪支、自行车以及其他物品的敦刻尔克海滩时对林格说的："让败军回家，给老百姓看看他们挨了多重的一顿打，这历来都是不错的。"他也对鲍曼说过，他是故意饶恕英国人的。他抱怨说，"丘吉尔并不理解我的积极精神。我有意不在英国和我们之间制造一条无法修补的鸿沟。"

因为希特勒经常声称：不列颠人是仅次于日耳曼民族的优秀人种，德国无意消灭他们。他放走英国人，是想给英国人情面，为日后和谈留一条退路。希特勒没有向敦刻尔克进攻，也许在他看来，他和丘吉尔有着一个共同的思想基础，那就是反对布尔什维克主义。他放出消息，表示愿和英国诚意谈判，声称他的"目的是能和英国在一个英国认为可以接受而不损自己尊严的基础上媾和"。

但是，英国人曾经上过希特勒"声东击西"的当，慕尼黑政策给大英帝国带来灾难性的后果。丘吉尔比他的前任聪明一些，他再也不敢坐下来和希特勒大谈和平了，而是抓紧时机撤出自己的有生力量，以便以后报仇。

无论如何，希特勒的又一次突然喊停，使英法联军避免了全军覆没的惨剧。希特勒在此犯了一个致命的错误，它影响到日后对英国的入侵，并且使英国人以后在非洲和意大利能继续对德军作战。

正如哈尔德在5月26日的日记中哀叹的那样，德军坦克一直"原地不动"。希特勒也没让坦克开动起来，还有一个新的因素。25日傍晚，他向副官们说明，他特别想让狄特里希手下的党卫军精锐旅参加在敦刻尔克的这个关键行动。他的意图在于向世界表明，他拥有一支精良部队，可以与英国人这样优秀的种族决一雌雄。

于是，古德里安的第19装甲军及其右翼友军莱茵哈特的第41装甲军同时接到了装甲兵团司令克莱斯特发来的命令，要他们停止前进，并称"敦刻尔克之敌将全部留给戈林元帅的空军去解决"。

这个命令对于古德里安和莱茵哈特而言，不亚于晴天霹雳。"希特勒命令左翼停在阿河，"古德里安写道，"元首不允许装甲军渡过这条小溪。没有人告诉我们这么做的原因。命令很简单：敦刻尔克要留给空军来解决。我们哑口无言！"

接到命令后，他们立即向克莱斯特提出了质问和抗议，但得到的最后答复是："这是元首亲自下达的命令，必须执行。"于是，古德里安和莱因哈特只得遵命停在运河一线按兵不动，而眼睁睁地看着英法比联军从敦刻尔克上船逃走。

这一"停止前进"的命令是德军1940年在西线战役中所犯的唯一重大错误。如果德军坦克放手前进，盟军要么被困，要么被迫投降，将永远损失掉英军20万最精锐的部队，而这些部队在以后的战争中起到了非同寻常的作用，它们影响了二战的整个战局。

联军利用这一转瞬即逝的喘息机会，得以实施从海上撤退的"发电机"计划，从5月26日到6月4日，从敦刻尔克先后撤出32.4万人，其中包括法军8.5万人，这些军队成为日后反攻欧洲大陆的主力。

古德里安在战后写道：

假使最高统帅部没有突然制止第19装甲军的前进，那么敦刻尔克早就已经攻克，而且胜利的成果也远非现在的可以比拟，假使当时我们能够停虏到英国远征军的全部兵力，那么未来的战局发展恐怕也很难预测了。无论如何，像这样一个大规模的军事胜利，也可以使外交家多一个讨价还价的机会。不幸得很，这个大好机会却被希特勒个人的神经质弄糟了，并彻底失掉了。他以后所发表的理由，说因为看到佛兰德平原地区是河川纵横，所以才命令他的装甲军不要冒险前进——这实在是不成其为理由。

5月25日，英国远征军司令戈特擅自决定取消已商定的"魏刚计划"，本来他应该派部队占领一个屏障要地以抵抗德军从东南的进攻。戈特这么做等于决定放弃法国北部和比利时的战役。这是个重要的决定，它将令英国的盟友自生自灭。但戈特也有自己的苦衷，作为英军统帅，他的首要任务是要保存英国远征军力量以参加以后的战斗。

当天，戈特向战时内阁发出了一封措辞强硬的电报：如果不想使英国远征军全军覆没，现在唯一要做的事就是利用还在我们手中的敦刻尔克港，将远征军撤离法国。

英国陆军部同意戈特的行动，拍去电报批准他"与法军和比军协力向海岸行动"，并且紧急集中了大大小小的海军船只，随后又告诉他，今后的任务是"尽可能撤出最大数目的军队"。丘吉尔同时通知雷诺，他们要撤退英国远征军，并要求他发出相应的命令。27日下午3时，法国第1集团军司令布朗夏尔对所属各军发出一道命令："在利斯河阵地上战斗到底，绝不后退。"

5月26日，伦德施泰特的参谋部改变了他们的态度。无线电监听表明，他们对敌人意图的判断错了。伦德施泰特的一位参谋将此事用电话告诉他在希特勒大本营的朋友施蒙特，于是希特勒在下午1点30分通知布劳希奇，坦克可以立即继续向东开。但是这个命令已经迟了3天，德军的进攻遇到了困难。此刻在克莱斯特方面，不是坦克手正在休息，就是他们的坦克在彻底检修，进攻需要在好几个小时后才能开始。

当天下午，在英国伦敦的威斯敏斯特大教堂举行了一个简短的祝愿和祈祷仪式。丘吉尔等人在此默默祈祷，愿上帝保佑即将开始的敦刻尔克大撤退顺利进行。英国人不愿意把他们内心的感情溢于言表，但是，丘吉尔后来形容道："我坐在唱诗班的座位上，能感觉到那种郁积在心的激昂情绪，感觉到群众有害怕的心情，不是怕死、怕伤或者怕物质的损失，而是怕英国战败和最后灭亡。"

当晚6时57分，丘吉尔命令拉姆奇中将开始实施"发电机"计划，并特别说明被困于敦刻尔克的法国官兵同样应分享撤退的机会。"发电机"计划就是从敦刻尔克撤离英法军队的密码暗号。

但是，"发电机"计划中的3个港口只有敦刻尔克一处可以利用，况且空中掩护、地面运输等多种设施均很薄弱。因此，凭借现有的力量，在短时间内营救出30余万大军几乎如天方夜谭。

英国海军部急忙派出官兵到各大造船厂筹措船只。焦急已经使英国人顾不上保守秘密，无线电广播里大声向全国呼吁，号召所有拥有船只的人都来加入这支前所未闻的"舰队"。数以千计的业余水手和游艇主驾驶着各式各样的船只闻讯而来，它们大到数千吨位的货轮，小到仅能载数人的游艇，这支奇形怪状的"舰队"很快在英国东南部港口会集起来。

这是一支古怪的"无敌舰队"：有颜色鲜艳的渔船，有运载乘客的旅游船，还有维修船、小型护航船、扫雷艇、拖网渔船、驱逐舰、英国空军救援船、需达哨船……

这支极为离奇、难以形容的船队，由各色各样的英国、法国人驾驶着他们中有银行家、牙科医生、出租汽车司机、快艇驾驶员、码头工人、少年、工程师、渔夫和文职官员；他们中有脸蛋娇嫩的海上童子和白发苍苍的老人；他们中很多人明显是穷人，他们没有外套，穿着破旧的毛衣和卫生衫，穿着有裂缝的胶鞋，在海水和雨水中浑身湿淋淋的，彻骨的寒风中他们饥肠辘辘……

这支船队中有政府征用的船只，但更多的是自发前去接运部队的人民。他们没有登记过，也没有接到任何命令。一位亲身投入接运部队的英国人事后回忆道：

"在黑暗中驾驶是件危险的事。阴云低垂，月昏星暗，我们没带灯，也没有标志，没有办法辨别敌友，在渡海航程一半还不到时，我们开始和第一批返航的船队相遇。我们躲避着从船头经过的船队的白糊糊的前浪时，又落入前面半昏不明的船影里。黑暗中常有叫喊声，但不过是偶然的喇叭声而已。我们'边靠猜测边靠上帝'地航行着。"

通往敦刻尔克的航线总共有3条。航程最短的是"Z"航线，仅需两个半小时，但它位于德国大炮射程之内，不能起用；第二条是稍长的"X"航线，但它几乎被英法的布雷区全部封锁，要扫清这些路障至少需一周时间；那么唯一能够选择的就只有"Y"航线了"Y"航线由奥斯德港出发，绕过克温特的水雷浮标向西南折行，最后到达敦刻尔克港。"Y"航线全长120公里，全程近6个小时，较易航行，水雷较少，这条航线可以躲避德军大炮的射击，但暴露在德军轰炸机下的时间却无疑延长了。当晚，第一批救援船浩浩荡荡驶向敦刻尔克港。考虑到德国空军没有把敦刻尔克当作主要攻击目标，英国空军没有为船队提供空中护航。

德军方面，5月25日晚，目空一切的戈林的空军司令部召开作战会议，对敦刻尔克的空中作战做最后部署。

戈林穿着自己设计的样式奇特的军服，在圆形会议厅的中间显得格外醒目。他细细地环视了一周之后，忽然习惯性地挥起了拳头，猛烈地砸在了桌上。

"各位将军，"戈林以他特有的腔调说道，"亲爱的元首已将最后的决战交给我们完成。我们必须证明：帝国空军同地面装甲部队一样势不可当，可以将英国佬置于死地。要让全世界都知道，德国空军是不可战胜的。"他开始嘶喊起来，尖厉的声音在大厅里回荡。

在场的人显然已经习惯了这种开场白，瞪大了眼睛，紧闭着嘴巴，倾听着戈林的训话。

戈林对计划中仅使用5个航空团的兵力十分不满，他要求把德国西部和驻守荷兰的第 2 航空队的兵力也全部用上，实施一场庞大的轰炸计划。

5 月 27 日清晨，夜幕还没有收起，万籁俱寂。执行第 1 波轰炸任务的两个轰炸航空团和两个歼击航空团从德国西部直飞敦刻尔克，目标是轰炸敦刻尔克港口和主要码头。途中，它们没有遇到任何英法飞机的阻拦。

当德军施瓦茨上校率领他的俯冲轰炸机团首先抵达敦刻尔克上空时，天空已经发亮，通往港口的道路上挤满了各种各样的车辆和惊慌的人群。随着施瓦茨一声令下，一架架俯冲轰炸机猛地扑向毫无防备的英法士兵。刹那间，炸弹像雨点般倾泻在挤满士兵的码头和堤道上，地面上火光冲天，血肉横飞，大海里不时掀起数米高的巨浪，将码头边上的人流无情地卷入海中。施瓦茨兴奋得狂叫起来："太棒了，棒极了！"

紧接着，像乌云一般的又一个黑压压的机群铺天盖日，蜂拥而至。它们忽而向下俯冲，进行低空轰炸；忽而投下威力巨大的高爆弹又急速爬高——这种惊险的垂直俯冲起到了咄咄逼人的恐怖效果，很多缺乏经验的英法士兵似乎感到每一次俯冲都好像是对着自己胸膛开火，以致呆呆地站在空旷的海岸上，居然忘记了卧倒躲避。

由于敦刻尔克第一次遭到这样猛烈的轰炸，地面上的人群乱成一团。英军指挥官大叫着，命令士兵跳入战壕，利用各种轻重武器对空还击。混战中，一架德机被击中，拖着浓烟栽进海里，顿时，码头上发出一片欢呼。士兵们似乎到此时才反应过来：生与死的交锋又一次摆在了眼前。

接到报告后的英国空军立即出动了两个中队的喷火式战斗机和"飓风"式战斗机。但当英国飞机赶到敦刻尔克上空时，德机早已消失得无影无踪。英机漫无目标地在敦刻尔克上空盘旋，企图拦截住德军的某个轰炸机群，但直到油料耗尽也未见到一架飞机的影子，只得飞回本土加油。

然而，就在英国战斗机离开敦刻尔克几分钟以后，德国进行轰炸的第 2 波机群出现了。它们杀气腾腾，如入无人之境，肆无忌惮地对毫无保护的英军舰船进行密集的轰炸。紧靠码头的几艘大型运输船几乎同时起火，并开始慢慢下沉，船上的士兵纷纷无望地跳入漂满死尸的水中。一些小船企图驶离岸边，但德机对它们也丝毫不放过，落在船边的炸弹将一艘艘小船掀翻，撤退工作陷入了一片混乱，被迫暂时停止。为了躲避轰炸，已经开到海上的运兵船采取忽左忽右的"之"字形航行，高速驶过弹雨如注、恶浪滔天的海面。军舰上的大炮一刻不停地开火，猛烈回击。

大约 1 小时以后，英军比·希金上校率领两个中队的 40 余架"飓风"式战斗机再次越过海岸，飞向敦刻尔克。英机刚刚到达敦刻尔克上空，便发现了远处正在逼近的德军又一波次的轰炸机群，几乎同时，担任护航的德军战斗机也发现了英国机群。顷刻之间，一场空中恶战开始了，一架架战机盘旋翻滚，追逐混战，发动机尖锐的啸叫声此伏彼起，充耳不绝。只见英军1架"飓风"式战斗机紧紧咬住1架德国轰炸机不放，突然传来"轰"的一声，仓皇逃遁的德机不幸与另一德机相撞，漫天飞舞的飞机残骸碎片落入茫茫大海之中。

英国皇家空军誓死作战，惊恐的德军轰炸机仓皇投下炸弹，掉头就逃。这次轰炸，德军没有达到预期效果，大部分炸弹丢到海里或沙滩上。但英军为此也付出了沉重的代价，11架"飓风"式战斗机被击落。

德军的轰炸几乎持续了一整天，总共投下了1.5万枚高爆炸弹和3万枚燃烧弹。当夜色降临，德机的轰炸停止了的时候，敦刻尔克地面依然是火光一片、浓烟滚滚。这一天，英军只有7669人被输送回国。大约有40余艘船只被击沉；德军损失了23架飞机，比10天以来德军损失的飞机总数还要多。

27日深夜，德国东部和荷兰境内的各机场灯火通明，各种车辆往来穿梭，忙着为机场上的飞机进行加油挂弹和临时维修，为第2天的轰炸做最后的准备。

28日凌晨，德国空军参谋长耶顺内克少将接到侦察飞机和前线地面部队的报告：敦刻尔克上空大雾弥漫，加上地面浓烟覆盖，空中看不清目标，无法继续进行空袭。耶顺内克赶紧将这一情况报告给戈林。

"不行，我要的是轰炸！轰炸！！再轰炸！！！你明白吗？绝不能让英国佬从海上跑掉，你不能以天气来掩盖你的无能。"话筒里传来戈林疯狂的吼叫，百般无奈的耶顺内克只好命令飞机照常起飞。

5月28日上午，德军派出的两个轰炸机大队由于敦刻尔克上空能见度极低，只好带弹返回。

此时，盟军的撤退正在紧张地进行着。他们运用了一切可以动用的船只，甚至还把驱逐舰改成了运兵船。除了利用仅剩的几处码头外，海滩也被充分利用起来。他们用绳索牵着渡过海峡的小船，让等候在海滩的士兵乘小船渡到海上的大船旁边。岸上的士兵被分成50人一组，每组由1名军官和1名海员指挥。每当有救援船靠岸，他们便一组组地被带到海边，涉过没踝、没膝、齐腰、齐胸的海水，小心避开不断漂到身边的同伴的尸首，艰难地爬上小船。

等着上船的士兵富有纪律性，他们为撤离已战斗了3个星期，一直在退却，经常失去指挥，孤立无援，他们缺少睡眠，忍饥挨渴，然而他们一直保持队形，直至开到海滩，仍服从指挥。这些疲惫的士兵步履蹒跚地跨过海滩走向小船；大批的人马冒着轰炸和扫射涉入水中，前面的人水深及肩，他们的头刚好在扑向岸边的波浪之上，从岸上摆渡到大船去的小船因载人过多而歪歪扭扭地倾斜着……

一些大船不顾落潮的危险，差不多冲到了岸上。沙滩上有被炸弹击中的驱逐舰残骸，被丢弃的救护车……

这一切都辉映在红色的背景中，这是敦刻尔克在燃烧，没有水去扑火，也没人有空去救火……到处是地狱般可怕的喧闹声。炮兵不停地开炮，炮声轰轰，火光闪闪，空气中充满嘈杂声、高射炮声、机枪声……人们不可能正常说话，在敦刻尔克战斗过的人都有了一种极为嘶哑的嗓音：一种荣誉的标记——"敦刻尔克嗓子"。

下午，气象情况仍然很差。耶顺内克少将在办公室里焦急地踱步，戈林一次次的电话催促使他感到一阵阵耳鸣。他早已命令轰炸机群挂弹待发，但面对敦刻尔克恶劣的天气却无计可施。这时参谋为他送来了气象报告，预计近几天内法国东南部仍将持续阴雨天气。耶顺内克有些紧张，他明白如果这几天错过时机，英军将很可能把被围困部队全部撤回本土。他命令气象部门拿出更详细的气象报告，同时接通了作战室的电话。

"各机场待战飞机，立即以3架至5架小型编队对敦刻尔克实施连续轰炸。不管目标上空能见度如何，炸弹必须投下去。"无奈之中，耶顺内克只能出此下策，以求扰乱英军的撤退部署。

敦刻尔克上空又响起了轰炸机发出的隆隆声。新集中起来的几支高炮部队开始漫无目的地对空射击，士兵纷纷跳进附近的战壕。然而，投下的炸弹几乎没有造成什么伤害，不是投进了距岸滩很远的海里，就是投在了无人的空旷地，偶尔有几颗落在士兵聚集的沙滩上，柔软的沙子也像坐垫似的把大部分爆炸力吸收掉了，哪怕是炸弹就在身旁爆炸，也不过是溅起一脸泥沙而已。

这种无目的的零星轰炸一直在不间断地进行，但撤退的士兵很快便对之习以为常了，他们纷纷爬出战壕，做他们要做的事情，排在后面等候上船的士兵，甚至玩起了沙滩排球，就像在英格兰岛欢度周末一样悠闲自得。

29日早上，撤退行动的总指挥拉姆奇海军中将收到来自本土的电报：29日之前共有6.5万人安全返回。但拉姆奇心中却没有丝毫的轻松感，在敦刻尔克岸边等待撤离的部队越来越多，在敦刻尔克西部和北部的德军地面部队又加强了攻势，防御圈在不断地缩小。他只有祈求上帝让这种大雾天气能多持续几天，但遗憾的是上帝并不总是那么如人愿，大约下午2点钟，阳光又洒满了敦刻尔克的海滩。

还不到1个小时，德军3个大队的"施图卡"式大型轰炸机编队便赶到了。一架架德机像饥饿的老鹰一样扑向地面的"猎物"，仿佛要夺回这几天的损失。这次德机只把大型运输船只作为主要轰炸对象。一架俯冲轰炸机追上已经驶离港口的"奥洛国王"号渡船，从高空直插下去，机身就要触到船上的烟囱时迅速打开弹仓，炸弹几乎全部落在了甲板上，在一声声震耳欲聋的爆炸声中，"奥洛国王"号很快使沉入了水中。距岸50米远的一艘英国先进的驱逐舰也未能逃此噩运，两架德机同时向它俯冲下来，舰炮还来不及瞄准，几枚炸弹就已经命中了舰后的动力仓，锅炉开始爆炸，紧接着又1架德机袭来将其击沉。海上的运输船已经完全失去队形，乱作一团，许多船只起火，抛锚在海上。

当天下午 5 点 27 分，新赶来的德军第 2 航空队两个轰炸机团又对英国船队进行了猛烈的轰炸。

这天下午，英国海军损失驱逐舰 3 艘，遭受重创 7 艘，还有 5 艘大型渡船被击毁。当晚，拉姆奇将军不得不把 8 艘最现代化的驱逐舰撤出战斗，因为这些战舰直接关系到即将来临的抗击德国入侵的战斗成败，他不能拿它们来冒险。尽管遭受到如此大的损失，这一天英军仍然从港口撤走了 3.35 万人，从海滩撤走了 1.4 万人，其中包括近 1 万名法军。

30 日，戈特勋爵的参谋人员与拉姆齐会商后通知戈特说：6 月 1 日白天是可望守住东部外围阵地的最后时间，因此，应采取非常的紧急措施，尽可能保证撤退那时还留在海岸上的大约不到 4000 人的英国后卫部队。

后来发现这个数目的兵力不足以防御最后的掩护阵地，于是决定将英军的防御地区保持到 6 月 1 日与 2 日之间的午夜，同时在完全平等的基础上撤退法军和英军。

5 月 31 日，丘吉尔飞往巴黎，参加盟国最高军事会议的一次例会。会上，法国人对撤退的英军人数显然多于法军撤退的人数感到不快。丘吉尔解释道，这大部分是因为在后方有许多英军行政单位，这些单位的人员能够在战斗部队从前线撤下来以前先行登船。此外，还由于法军到现在还没有接到撤退的命令。他同时反复谈到英国人的装备遭到的惨重损失。雷诺对英国海军和空军备加赞许，并共同商定了最后撤退的打算。

丘吉尔说，英军绝不先上船；英军和法军应按同等数字撤退；英军要担任后卫。他强调说："仍在敦刻尔克的 3 个英国师，将同法国人在一起，直到撤退完成。"最后他们喊出了"挽臂同行"的口号。

从 5 月 31 日到 6 月 1 日，敦刻尔克的大撤退达到了最后的高潮，两天来，从敦刻尔克已平安地运走了 13.2 万人。其中将近 1/3 是在猛烈的空袭和炮火下用小船从海滩上撤出的。

5 月 31 日凌晨，天空又下起了小雨。敦刻尔克港又暂时恢复了平静，从英国本土新筹集的大量民船也加入输送的行列，撤

敦刻尔克的大撤退

退的速度明显加快。同时，地面防御部队也顶住了德军的多次进攻，防御圈缩小到 33 公里，以便收缩兵力做最后的抵抗，为海上撤退赢得更多的时间。

5月31日，德国空军作战室的气氛异常沉闷。因为整整两天未对敦刻尔克进行有效的轰炸，希特勒对此非常不满。眼看着一批批英法士兵从他的眼皮底下溜走，他实在气愤难平。这时，气象报告打破了室内死一般的沉静：预计24小时内敦刻尔克上空将出现晴朗天气，轰炸可继续进行。大家顿时忙碌起来。

与此同时，英军也得到了同样的气象报告，战时内阁决定动用大量先进的"飓风"式战斗机和"喷火"式飞机在敦刻尔克上空进行不间断的巡逻，为撤退部队提供安全保障。

一场空中激战又一次拉开了序幕。

6月1日拂晓，英吉利海峡上荡起的阵阵微风，吹散了水面上的晨雾，圆盘似的旭日贴着海面冉冉升起，风平浪静的海面上泛起了粼粼波光。

首批担任警戒任务的28架"飓风"式战斗机从英国南部起飞了。它们穿过英吉利海峡，向着预定的敦刻尔克以西30公里的巡逻空域飞去。当机群刚刚抵达敦刻尔克上空时，领航飞机便发现了正在逼近的德国机群，飞行员们赶忙提高飞行高度，直扑德机。但当他们临近敌机时却被德机强大的阵容惊呆了：德机组成了上、中、下三层的立体编队，下面是40余架轰炸机，中间是担任近距离支援任务的战斗机，最高一层是进行高空支援的战斗机。

"飓风"式战斗机钻入了高空云层，试图躲过敌人强大的掩护机群，然后从背后进行攻击，但为时已晚，敌机显然已经发现了它们的动机，大批敌战斗机急冲下来，死死咬住了它们。英机不得已只好将编队一分为二，一部分直扑敌轰炸机群，另一部分向敌战斗机猛扑过去。

这是一场德军占绝对优势的空中肉搏战。

突然，一架德轰炸机首先被英机击中，拖着浓烟滚滚的尾巴掉了下去。德机见状立即将其余的轰炸机排成圆形方阵，互相掩护尾翼，以消除英机从背后攻击的威胁。英机见状只好迅速拔高，企图从高空打开突破口。

此时的高空更是弹雨穿梭，杀声一片。英1架"飓风"战斗机从背后向1架德战斗机发起了攻击，德机向左一拐，巧妙地避开了"飓风"式飞机的火力，子弹从它的右侧擦过，使英机扑了个空。可就在这时，另一架斜插过来的德机却躲闪不及，被击中坠落。

德机一看形势不好，赶紧变换战术。1架德战斗机急速向下滑行，看起来好像要逃离战场。1架英机立即追了上来将它咬住，正当这架德机眼看要成为战利品的时候，突然从高空射来一束急促的子弹将这架尾追的英机击落。这种德军创造出来的"诱饵战术"使英机频频上当，仅仅几分钟就有3架英国飞机被击落。

战斗进行得相当残酷，英国飞行员以顽强的毅力与数倍于己的德机周旋着。不久，第2批从英国起飞的两个中队的战斗机也加入了空战。敦刻尔克西部的天空充满了战斗的喧嚣声，弹片、硝烟、火光在空中弥漫着，本是晴朗的天空此时却看不到一丝蔚蓝。

这一仗英国空军终于以顽强的行动打退了德军，击毁、击伤德机21架，打乱了德军的空袭计划，狂傲的德意志帝国空军第一次尝到了英国空军的厉害。

然而德军并没有死心，他们派出了更加强大的战斗机群，为轰炸提供空中掩护。6月1日上午，英、德在敦刻尔克的空中交战几乎从未间断，规模在不断扩大。英国空军几乎出动了一切可以动用的飞机——飓风式飞机，喷火式飞机，装有炮塔的双座无畏式飞机，甚至赫德森轰炸机、双翼箭鱼式鱼雷轰炸机及笨重的安森侦察机都从英国起飞，参加空战。但是尽管如此，英国空军仍然未能完全阻止蜂群一样涌来的德机的进攻，一些德轰炸机躲过了英机的拦截，飞到敦刻尔克港上空大肆轰炸。

下午，狡猾的德国人改变了战术，他们利用大编队英国轰炸机离开去加油的机会，发动主要攻击。他们以部分战斗机牵制住警戒的小股英机，轰炸机则迅速飞抵敦刻尔克上空。从较高的高度对地面进行袭击，投弹后则迅速返回。

这一天英军有31艘舰船被击沉，11艘遭受重创，是为时9天的撤退中损失最惨重的一天。

晚上，拉姆奇将军向英军总部报告了当天的损失情况。最后他说："今天，痛苦的经验告诉我们，我们无法阻止德军空袭，白天撤退等于自取灭亡，撤退应改由夜间进行。"的确，英国空军已经倾其所能，歼击机中队轮番出动，有的飞机一天竟出动35次之多。考虑到为以后的作战保存空中力量，英军总部同意了拉姆奇将军夜间撤退的计划。

6月2日以后，撤退完全改在夜间进行，德国空军对此无可奈何，随即转移了空袭目标，开始对巴黎等地进行大规模空袭，对敦刻尔克的攻击又重新交给了地面部队。但此举已为时过晚，被围英法联军已大部撤回英国。

最后，6月4日下午2点23分，英国海军部在法国同意之下，宣布"发电机"作战计划已告完成。

满载着法国士兵的英舰"希卡里"号是最后一艘驶离敦刻尔克港口的船只。在他们的身后，后卫部队眼睁睁地看着最后的船只远去了。一位法国史学家叹道："在敦刻尔克之战中，再也没有比这一插曲更令人伤心不已的了。"

就在这艘弹痕累累的英国驱逐舰在宽阔的海面上破浪前进时，德军坦克小心翼翼地爬入已成废墟的港口。

留守的法国部队打出了他们的最后一发子弹。

6月4日，英军终于实现了从敦刻尔克撤出33.8万余人的奇迹。其中有英国远征军21.5万人，法军12.3万人。为此，盟军被击沉了243艘各种船只，还损失了

1200 门火炮、1250 门高射炮和反坦克炮、6400 支反坦克枪、1.1 万挺机枪和 7.5 万辆摩托车。负责最后掩护的数千名英军和 4 万名法军被俘，他们在德国的俘虏营里度过了艰难的岁月。

空军方面，英国虽然付出了损失 110 余架飞机的惨痛代价，但德国空军损失更大，它不但损失了 150 余架飞机，而且未能阻止登船行动，使盟军为尔后的战争保存了巨大的有生力量。

由于英法人民群众的支持和士兵的努力奋战，敦刻尔克撤退得以成功。从某种意义上说，人们称这次撤退为"敦刻尔克奇迹"也不为过。英国史学家肯德尔赞扬说："这是战争史上一次英勇而成功的撤退。它有助于在希特勒的攻不破的胜利墙上打进第一个致命的楔子。"另一位史学家迪万说："就规模和结果而言，很难找到一个战役可与之媲美。"

英国历史学家评论说："欧洲的光复和德国的灭亡始于敦刻尔克。"而德国决定由空军取代地面装甲部队消灭敦刻尔克的盟军则被视为二战初期"德军最大的失误"。但是我们不能简单地说，希特勒"停止前进"的命令救了数十万英法联军的性命，历史往往在许多偶然因素中曲折地走着自己要走的路。

敦刻尔克的突围和撤退，挽救了英国的军队。但丘吉尔于 6 月 4 日在下院议会中提醒议员们说："我们必须非常慎重，不要把这次援救说成胜利。战争不是靠撤退赢得的。"

丘吉尔随即表示了自己对于战斗的信心："但是，在这次援救中却蕴藏着胜利，这一点应当注意到。这个胜利是空军获得的……这是英国和德国空军实力的一次重大考验……已经证明，我们所有的各种类型的飞机和我们所有的飞行人员比他们现在面临的敌人优越。"

在 6 月 4 日这个著名演说的最后，丘吉尔不仅向英国人民，而且也向全世界阐明了他的战斗决心：

"尽管欧洲的大片土地和许多古老的有名的国家已经陷入或可能陷入秘密警察和纳粹统治的种种罪恶机关的魔掌，我们也毫不动摇，毫不气馁。我们将战斗到底。我们将在法国作战，我们将在海上和大洋中作战，我们将具有愈来愈大的信心和愈来愈强的力量在空中作战；我们将不惜任何代价防卫本土，我们将在海滩上作战，我们将在敌人登陆的地点作战，我们将在田野和街头作战，我们将在山区作战；我们绝不投降；即使我们这个岛屿或这个岛屿的大部分被征服并陷于饥饿之中——我从来不相信会发生这种情况——我们在海外的帝国臣民，在英国舰队的武装和保护之下也将继续战斗，直到新世界在上帝认为是适当的时候，拿出它所有的一切力量，来拯救和解放这个旧世界。"

大海暂时阻挡了德军的追击。希特勒转头南下，深入法国腹地，准备进攻巴黎。

（九）"红色"作战计划

占领法国首都，彻底征服法国，是希特勒早已打定的主意。当敦刻尔克的交战还在进行时，踌躇满志的希特勒就已经开始调动兵力，重新部署，准备进攻法国腹地了。

而当英法盟军从敦刻尔克撤退之后，希特勒的进攻矛头就直指巴黎，法国战争的最后阶段开始了。

当敦刻尔克撤退还未开始，更早一些时候，5 月 20 日，希特勒已和布劳希奇、哈尔德商议法国战役第二阶段的行动纲领，代号是"红色方案"。依照这个方案，德军将从索姆河和安纳河朝塞纳河下游和瑞士边境迅猛南进。

6 月 2 日晚，布劳希奇给希特勒打电话，报告敦刻尔克战役基本定局，拥有 136 个师的德国陆军实际上没有受到什么损失，它将以 2∶1 的优势进行"红色方案"，让法国一败涂地。"红色方案"的尽早实现，对于希特勒而言，还有心理上和政治上的因素：必须尽快占领凡尔登。

希特勒在纳粹党的军官们和私人警卫员的簇拥下，巡视了在比利时和佛兰德的战场。5 月末，意大利的使者曾给希特勒带来墨索里尼的建议，说意大利准备在 6 月 5 日攻打法国的阿尔卑斯山边界。希特勒认为，这一举动很可能使世界舆论产生错觉，仿佛是意大利的"第二战线"而不是他的"红色方案"导致法国垮台，因此希特勒叫墨索里尼少安毋躁。

6 月的头两天，希特勒还召集了将领们开了会，坐敞篷车游览了布鲁塞尔——上一次游览此地时，他还是个巴伐利亚步兵，而今是第三帝国元首，而且刚刚赢得了大战的胜利，希特勒感到无比得意。

第 2 天，希特勒向伦德施泰特和他的将领们讲了话，概括了"红色方案"的要点，并告诉他们意大利即将参战。

"红色方案"预定分 3 个阶段实施进攻。

第一阶段，在海峡和瓦兹河之间向塞纳河下游推进，直指巴黎，旨在以右翼的少量部队配合和掩护晚些时候开始的主要作战行动。

第二阶段，陆军主力发动进攻。强大的装甲部队和摩托化部队经兰斯两侧向东南方向实施突击，打垮位于巴黎-侮斯-贝耳福三角地区的法国陆军主力，摧毁马其诺防线。

第三阶段，及时支援这一方向的主要作战行动，手段是实施辅助作战行动，在圣阿沃尔德和萨尔布吕肯之间敌防守力量最薄弱的地段突破马其诺防线，以较弱的兵力向南锡-吕内维尔方向实施突击。

为了乘德军强大攻势的余威一举占领法国，德军一面向敦刻尔克进攻，一面按照"红色方案"的要求调整兵力部署。

博克将军指挥的 B 集团军群占据了从海岸沿索姆河、瓦兹河到安纳一线的阵地，准备从索姆河地区向南进攻，占领勒阿弗尔和塞纳河边的鲁昂。克莱斯特的坦克集群也由博克将军指挥，该坦克集群的任务是在巴黎以东进攻并占据马恩河的渡口。

伦德施泰特将军指挥的 A 集团军群，占据了沿安纳河东至卢森堡边界的正面，准备在兰斯两侧向巴勒杜克-圣迪济埃总方向实施突击。为了加强伦德施泰特的部队，组建了古德里安将军的坦克集群，该坦克集群准备在朗格勒高原的方向上作战，向马其诺防线的后方迂回。

勒布将军指挥的 C 集团军群，占据齐格菲防线和莱茵河一带的阵地，时刻准备突破马其诺防线。

除了仍须继续对英国本土实施作战外，空军的任务是：当陆军在兰斯方向的主要作战行动开始后，空军除应保持空中优势之外，还应直接支援地面进攻，击溃新出现的敌军集团，阻止敌人转移兵力，尤其应掩护进攻战线的西翼。

为了一举挥师南下，彻底击败法国，德军集结了 140 个师（旅），其中有 11 个坦克师和 2 个摩托化旅。

可见，希特勒用于进攻法国腹地的兵力是十分强大的。那么，盟军方面呢？

由于战争的第一阶段德军在比利时和法国北部实施的毁灭性突击，使比利时全军覆没，法军 30 个师、英军 9 个师也不复存在。这些都使得盟军元气大伤。

法国在战争的开始阶段，损失就已经非常大，即使把其后备部队从意大利边境撤回也丝毫无济于事。法军新任司令魏刚拼凑了 49 个师加上英国的 2 个师，编成了 3 个集团军群，在索姆河和安纳河一线构筑了东西长度 480 公里的"魏刚防线"，同时以 17 个师驻守马其诺防线。两条防线连在一起，企图挽回败局，阻止德军南下。

更糟糕的是，法军的这些部队严重缺乏坦克、大炮和高射炮。空军方面，法国空军早在战争早期就损失惨重，而德国空军则训练有素，指挥得当，相比之下，法国空军根本不能提供什么有效的援助。

从双方的兵力对比来看，兵力悬殊相当大，法军在缺少反坦克武器和没有制空权的情况下，要守住从索姆河口到马其诺防线这条 400 公里长仓促构筑的防线，遏制住强大德军的进攻，是极其困难的。

"魏刚防线"抛弃了色当战役以来就认为应在前线防守的一贯做法，而选择了"刺猬"防御方案，即在每个防线上设立一个个被称为"刺猬"的点，每个"刺猬"都有强有力的防御功能。在每个"刺猬"背后，都有一个灵活机动的后备部队，它们被用来对付德军的渗透，然而，由于缺乏足够的机械化部队，它们无法应付德军坦克师的强大攻势。因此，一旦防线有一处被刺穿，那么德军就很容易下手了。

此外，德国人还拥有决定性的优势：在古德里安猛扑向海边，迫使英法盟军大撤退，和"装甲通道"形成后不久，德军就在索姆河和艾纳河畔夺取了几个桥头堡，他们将以这些桥头堡作为跳板，把法军对他们的所有抵抗都扼杀在摇篮里。当最后的战斗开始时，这些预先占领优越位置的德国军队就像一把锐利的刺刀直指法国的心脏地带。

6月3日，德国空军向法国机场和后方实施了猛烈轰击。

6月4日，即敦刻尔克陷落当天，魏刚将军向法军发布命令："固守索姆河防线至6月15日，届时我的预备队即可进入阵地。"

6月5日，德军最高统帅开始实施吞并法国的"红色方案"。希特勒发表了告军人书，煽动部属加紧侵占巴黎，狂吹这是"历史上最大的一次战役"。当天早晨5时，随着希特勒的一声令下，德军转锋南向，沿阿布维尔到莱茵河上游一线，在整个600多公里宽的横贯法国南部的战线上，发动了强大的攻势。

其实，"红色方案"刚开始执行时并不很顺利。B集团军群在6月5日发动进攻。然而A集团军群等到9日才缓缓行动。这一次，法军表现出前所未有的决心和坚强的意志，他们的气势根本有别于数周之前。德国坦克师非但没有突破这些桥头堡，反而由于受到法军的猛烈强攻而受阻。一位德国士兵这样写道："在那些已被毁的村庄里，法国人坚持抗战到最后一人。当我们的步兵打到他们身后32公里处时，那些'刺猬'仍在浴血奋战。"所有沿"魏刚防线"的法军英勇杀敌，誓死奋战。当法军用那些在一战中就曾用过的武器来抵抗德军的坦克时，德国步兵已在法国防线上就位了。

当日拂晓，博克的B集团军群率先在右翼发起全线进攻，同一天，隆美尔的第7装甲师抢先渡过索姆河。德军利用第一梯队的各坦克集群，开始向法国腹地迅速发起进攻。

这一日，战场上空上千架德国轰炸机盘旋俯冲，地面上200多辆德国坦克横冲直撞，100多个德国师如同一群疯狂的野兽张牙舞爪猛扑过来。尽管法军统帅部浸透了失败主义的情绪，但是法国士兵最初还是坚守阵地，在法军的顽强抵抗下，德军有4个装甲师没能楔入法军阵地。然而，德军霍特装甲军的2个装甲师却在阿布维尔取得重大进展，经过一昼夜的进攻，不仅突破了法军在这一地区的防御，而且向前推进了10公里。

6月6日，战况空前激烈。在索姆河中部，法军顽强抵抗，德军进攻受阻，在西部，霍特装甲军继续向前推进，第 4 集团军利用所属装甲军的战果，迅速扩大突破口，并击退了英国远征军第 1 装甲师的阻击，把法军第 10 集团军分割成两半，将其左翼紧逼到海边，迫使其右翼向塞纳河一带撤退。

法国政府未能组织对德军的抵抗，拒绝了法国共产党中央委员会 6 月 6 日的建议，即动员群众回击侵略者，改变战争性质，使其变为争取法国自由与独立的人民战争。雷诺政府的这个决定，使得法国无可救药地走向了亡国的道路。

这一天，当飞机、大炮、坦克开始喷火的时候，希特勒就"起驾"前往比利时南部的一片森林里，那里刚刚赶造了他的新大本营，代号为"森林草地"。

希特勒为了法国战役的后半部分即"红色方案"的实施，在比利时南部找到了一个新的大本营驻地———块森林空地上的荒凉村庄布鲁里德帕克。在这里，工作人员迅速地为希特勒架起 3 个营房，一个做宿舍，一个做饭厅，一个做约德尔的作战局。近旁的一所教堂改成了供其余人住的房子。到 6 月 6 日希特勒抵达之时，代号为"森林草地"的整个大本营已经准备齐全，设有防止空袭的炮兵连，还围上了带刺的铁丝网。

来到"森林草地"，希特勒觉得这里空气格外清新。虽然战争尚未结束，但他已飘飘然了，荷兰投降了，比利时投降了，英国人侥幸从他的指缝里狼狈地溜掉了，法国虽然还在挣扎，但已被打断了脊梁骨，德国军队不久将会把它撕成碎片。现在，战场指挥的事情已经不太多了，他可以轻松地离开军事地图，多想想怎么收拾敌人。在执行"红色方案"期间，他要做的事情很少了，"黄色方案"期间定期给他打电话的布劳希奇，现在亲自来了。希特勒对他温和多了，从对待他的未来军事计划上看，好像把他当成了自己更知心的人。有一个时期，希特勒甚至放弃解除布劳希奇职务的念头。他曾对一个副官说，对于一个时常得胜的陆军总司令，他很难做出这种事。

里宾特洛甫也是这里的常客。敦刻尔克战役之后，他问希特勒，可不可以起草与英国议和的方案，但是希特勒回答说："不用了，我自己来做。要做的只有几点。第一，不能以任何行为和任何形式损伤英国的威信；第二，英国必须归还我们一两处原来属于我们的老殖民地；第三，我们一定与英国达成一个稳定的暂时协定。"

大本营的一个成员描写等待法国崩溃的那几个星期时写道："这几个星期充满了幸福的回忆。部分原因是军事上的漂亮仗，部分原因是在艾弗尔和比利时的壮丽景色。当然我们有很多事要做，也常常干到深夜，但是从前度过的那些周往往是紧张得难以忍受，对比之下，这儿的工作是愉快的。每天晚上，元首同十来个人在小房间的餐厅里吃饭，通常有一两个德军作战局的军官参加，每隔 8 天到 10 天，就轮到我去。他对世界上的事情很熟悉，十分幽默，我们无所不谈，就是不谈本职工作。还记得我们一起争论过为什么大杜鹃一定要在别的鸟巢里产卵。"

希特勒的一位秘书在 6 月 13 日写道："我们又离开前线，在这荒凉的村庄里待了一个星期了。头几夜我不得不和另外一位姑娘住在一个以前的猪圈里，虽然铺上了地板，但还是非常潮湿。谢天谢地，昨天营房为我们准备好了，于是我又睡在干地上了……每天夜里我们都有同一个节目：12 点 20 分整，观看敌机来到村庄上空盘旋。不知道是他们在寻找我们，还是在寻找通往前线的近路。飞机飞得太高，我们打不下来。要是飞机不来，首长（指希特勒）就要问：'今天我们执行任务的飞行员哪里去了！'无论怎样，我们每天夜里都要和首长及他的下属在露天里站到第 2 天清晨 3 点半到 4 点，观看着夜间的空中演习，直到黎明时，侦察机消失。那个时候的晨景使我想起了卡斯珀·戴维·弗里德里希的一幅油画……"

这一边，希特勒正轻松地想着如何收拾向他投降的国家；那一边，他的百万大军仍在疯狂地向法国腹地挺进。

6 月 7 日，隆美尔师将防守阿布维尔-亚眠一线的法国第 10 集团军拦腰斩断，其他德军各师得以从这个缺口向前涌入。"魏刚防线"开始全面崩溃，魏刚曾企图沿安纳河一线组织新的防线，现在已是完全不可能了。

6 月 8 日，隆美尔师进抵塞纳河畔。同时，德军在香槟境内，降落大批伞兵，骚扰法军后方，双方力量更加众寡悬殊，法军不断后退。

在 B 集团军群发起进攻后，德军左翼的伦德施泰特 A 集团军群也于 6 月 9 日在艾纳河发起渡河攻势，当晚，古德里安装甲兵团的第 1 装甲师强渡艾纳河，6 月 10 日，古德里安兵团击败法军装甲部队，突破了法第 6 集团军的右翼，此后，古德里安挥军南下，一路长驱直入，似入无人之境。

成群结队的法军俘虏失魂落魄地把枪支扔给德军，放在德军坦克下面压毁。魏刚后来心情沉重地写道，使他"最感触目惊心的，就是德军的坦克和飞机，已使法军士兵产生了恐惧的心理现象。这要算是德军的一个最大的成功"。

6 月 17 日，古德里安装甲兵团进抵瑞士边境城镇潘塔里尔，切断了马其诺防线内法军逃往瑞士的退路。自强渡艾纳河以来，古德里安装甲兵团在 10 天中长驱 400 多公里，俘虏法军 25 万之多，创造了战争史上的奇观。

6 月 10 日，隆美尔又转身北向，一口气冲了 80 公里远，以海岸线为目标。当晚就到达目的地，切断了正向海岸撤退的法军第 9 军和英军第 51 师的退路。同日，德法两军在距巴黎仅 50 多公里处展开了一场厮杀。德军在全线投入了 200 万兵力。战况之激烈为开战以来所未有，法军已是最后挣扎了。经过激战，德军强渡塞纳河，占领了巴黎近郊一些防御阵地，法军全面后撤，防线已是整个崩溃。

6 月 11 日，德军占领了兰斯，迫使法军退守马恩河南岸。在德军占领鲁昂后，法军第 9 军和英军第 51 师的退路被切断，它们指望从海上撤退。11 日至 12 日夜间，大雾弥漫，船只不能从圣伐勒里撤退军队，12 日，德军进抵南面的海崖，海滩直接处于德军炮火之下。城里出现了白旗，法国第9军和苏格兰高地师（英军第51师）的残部被迫投降。此仗，仅有英军1350人和法军930人逃脱了，8000名英军和4000名法军落入了隆美尔指挥的第7坦克师之手。

（十）意大利背后一刀

正当法国摇摇欲坠之际，意大利又在法国后面捅了一刀。

6月10日，墨索里尼在罗马威尼斯宫从他的阳台上向组织好了的群众宣称，意大利与法国和英国已处于交战状态。齐亚诺后来曾说：这是"五千年才有一次的机会"。当天下午4时45分，意大利外交部长通知英国大使说，意大利认为它从当天午夜起就与联合王国处于战争状态了。对法国政府，意大利也送达了同样的照会。

对于这次蓄谋已久的行动，墨索里尼厚颜无耻地说："我只要付出几千条生命作代价，即可成为战争参加者坐到和会的桌旁。"

意大利立即进攻阿尔卑斯阵地的法国军队，英国也随即对意大利宣战。当时，法国只能集结3个师的军队以及另外相当于3个师多一点的要塞部队，抵御意大利西部集团军从阿尔卑斯山山口和里维埃拉沿岸发动的进攻。意大利集团军在乌姆贝托亲王的指挥之下，共有22个师，32.5万人，约3000门火炮和3000余门迫击炮。此外，德国强大的装甲部队，迅速地沿罗纳谷而下，马上就要横断法国的后方。

虽然如此，意大利人还是遭到了抵抗，甚至在新阵线的每一点上都被法国的阿尔卑斯部队牵制住，就是在巴黎已经陷落、里昂也落入德军之手以后，意军还无法取得任何进展。意大利以32个师的兵力进攻法国南部，法国守军只有6个师，但即使这样，作战不力的意军前进的速度也只能以英尺计。

当希特勒和墨索里尼于6月18日在慕尼黑会面时，这位意大利领袖显然没有什么可吹嘘的。这一次，意大利独裁者明显地屈服了，他的宣战，在军事上是个欺骗，在政治上是个赌博。希特勒不靠他人帮助，单枪匹马出征，取得了胜利，不用说，今天该是他说了算。

德、意帝国这两个独裁者，还费时在明信片上签名，以作为此次会晤的留念。在一张明信片上，墨索里尼以刚劲的笔触写道："英雄造时势！"下边，是希特勒秀气的题词："时势造英雄！"

意大利于6月20日又发动了新攻势。然而法军的阿尔卑斯阵地被证明是不易攻陷的，意军向尼斯的主力攻击停顿在芒通的郊外。虽然法军在东南边境上保住了它的荣誉，然而德国却从南面抄了它的后路，从而使它不能再进行战斗。

对于意大利进攻法国这一事件，许多人都表示了极大的愤慨。美国的罗斯福总统于10日夜间发表了一篇演说，他强烈地谴责意大利说："1940年6月10日这一天，手持匕首的人将匕首刺进了他的邻人的后背。"

德国方面，希特勒则是提前一个星期知道了这个日期，他曾试图说服意大利等一等，因为他不能抽出空军去援助墨索里尼的师穿过法国的阿尔卑斯山的防御工事。他没有试图掩饰自己的轻蔑，并且不准凯特尔参谋部和意大利军队进行参谋会谈。凯特尔参谋部的一个成员记载："元首的看法是，既然意大利在去年秋天我们危难之时抛弃我们，现在我们对他也不承担什么义务。"外交部官员们一会儿嘲笑墨索里尼是杂技团的小丑，当人家演完节目，他来卷垫子以博得观众对他的喝彩；一会儿又给意大利人起了个"摘桃子"的绰号。

11 日吃午饭时，听说意大利人只是现在才轰炸了马耳他，希特勒不愉快地说："我是会用完全不同的方法干这一切的。"墨索里尼正式对法宣战，对马耳他却没有先发起闪电式的进攻，使希特勒大为恼火，几乎说不出话来，"这一定是历史上最后一次战争宣言。"他喊叫道："我从未想到这位领袖竟停留在愚昧人类的水平上。"他向他的副官们挥舞着墨索里尼宣布自己意图的信，并且又补充说，"我一向认为他天真无邪，可是这封信从头至尾都是对我的警告，要我将来和意大利人打交道时要更加小心。"

6 月 11 日下午 2 时，与前几次一样，1 架"红鹤"式飞机由 12 架"喷火"式战斗机护送，从伦敦飞往战火弥漫的法兰西大地。这是丘吉尔的第 4 次法国之行，这次有陆军大臣艾登先生与他同行，另外还有现任帝国总参谋长迪尔将军，当然还有伊斯梅。

德国空军现已深入海峡，所以英国人必须做一个较大的迂回飞行。几小时后，他们在一个小机场降落，在场的法国人不多，不久，一位上校乘汽车来了，这位法国人却面色阴沉，对英国人颇为冷淡。丘吉尔立刻意识到，自从一周以前他们访问巴黎之后，这里的情况已发生了巨大的变化。

丘吉尔在一座别墅里见到了雷诺总理、贝当元帅、魏刚将军、空军上将维耶曼，还有其他一些人，其中包括级别较低的戴高乐将军，他刚被任命为国防部副部长。

晚上 7 时，英法首脑步入会议室。丘吉尔只重述了他始终一致的印象，他力劝法国政府保卫巴黎，他强调在大城市内进行逐房抵抗对入侵的军队有巨大的销蚀力量。他甚至向贝当元帅追述 1918 年英国第 5 集团军惨败后，在博韦他的列车中他们一起度过的那些夜晚。丘吉尔还故意不提福煦元帅，单单提他如何扭转了当时的局面，并背诵了曾任法国总理的克雷孟梭说过的话："我决定在巴黎的前面作战，在巴黎的城里作战。在巴黎的后面作战。"贝当元帅很平静地以庄严的态度回答说："在那个时候我可以调动 60 个师以上的大军，可是现在一个师也没有。"他说那时战线上有 60 个师的大军，就是把巴黎化为灰烬也不会影响最后的结局。

随后，魏刚将军就他所知的情况叙述了正在距此 80~90 公里进行的战争形势。他要求各方面增援——尤其是英国所有的战斗机队都应当立即投入战斗。他说："这里是决定点，现在是决定性时刻。因此，把任何一个空军中队留在英国都是错误的。"但是，丘吉尔回答道："这里不是决定点，现在也不是决定性时刻。那个时刻将要到来，那就是希特勒调动他的空军向大不列颠大举进攻的时候。如果我们能够保持制空权，如果我们能够保持海上交通畅通无阻（我们一定要这样做），我们将替你们赢回一切。"为了防御大不列颠和英吉利海峡，英国人将不惜任何代价保留 25 个战斗机中队，

戴高乐

无论发生什么事，他们也不放弃。英国人坚持相信放弃这些空军中队，他们就等于将失去生存的机会了。

谈到某一点时，魏刚将军说，法国或许将不得不要求停战。雷诺立刻喝止他说："那是政治问题。"

丘吉尔说："如果法国在苦难中认为最好的办法是让它的陆军投降，那就不必为了我们而有所犹豫，因为不管你们怎样做，我们将永远、永远、永远地打下去。"当丘吉尔提到法军不管在任何地方继续打下去就能够牵制或消耗德军 100 个师时，魏刚将军答道："即便是那样，他们也可拿出另外的 100 个师来进攻和征服你们。到那时你们又怎么办呢？"丘吉尔认为，应付德军入侵大不列颠的最好方法，就是在半路上尽量淹死他们，对余下的人，他们一爬上岸，就敲他们的脑袋。魏刚苦笑着回答道："无论如何，我必须承认，你们有一道很好的反坦克障碍。"

在这次令人苦恼的会谈中，丘吉尔这样叙述他对法国人的印象："贝当在这关键时刻是一个危险人物，他向来是一个失败主义者，就是在上次大战中也是如此。"但是，法国戴高乐将军赞成游击战，他年纪轻，很有朝气，丘吉尔对他的印象很好。

贝当、魏刚之流的投降决心已经定了，无可奈何之下，丘吉尔只好乘着他的"红鹤"，回去了。他刚刚离开，贝当和魏刚就匆匆宣布巴黎为不设防城市。

6 月 13 日，丘吉尔对法国进行他的最后一次访问。法国政府这时已撤退到图尔，形势愈来愈紧张。这次天气晴朗，万里无云，"红鹤"周围有一队"喷火"式

战斗机护航，它们比以前绕了一个更大的弯向南迁回飞行。飞临图尔上空时，英国人发现机场昨夜曾受到猛烈轰炸。虽然机场上有许多巨大的弹坑，但是所有飞机都顺利着陆。英国人立刻意识到事态是更加恶化了，机场上没有人来欢迎他们，法国人像是不希望他们来。他们从机场卫戍司令处借了一部军用汽车，驱车进城，开往市政府，据说法国政府的总部就设在那里，那里没有一个重要人物，但是据称，雷诺就要从乡下乘车赶来，曼德尔不久也要到来。

这时已经快下午两点钟了，英国人开车穿过几条街道，街上拥塞着难民的车辆，车顶上多半铺着床垫，车内塞满了行囊。他们找到了一家咖啡馆，那里已经关了门，经过一番解释后才弄到一顿饭，匆匆吃完。

不久，雷诺先生会见了英国人，他认为：应当趁法国还有足够的军队维持秩序到和平来临的时候，要求停战，这就是军方的意见。他当天还要给罗斯福先生再拍发一封电报，说明最后的时刻已经到了，盟国事业的命运掌握在美国之手。此后，不是停战，就是媾和，二者必取其一。

丘吉尔说："大不列颠认识到法国已经遭受和正在遭受的牺牲是多么大。现在该轮到英国来做出牺牲了，英国对此已有所准备。由于在法国北方采取双方所同意的战略，战事遭受挫折，英国发现它目前在地面作战方面的贡献太小，因而感到悲痛。英国人还没有尝到德国皮鞭的滋味，但是完全知道那是多么的厉害……无论情况如何，英国都要继续战斗。英国并没有、也不会改变它的决心：绝不讲和，绝不投降。对它来说，不战胜，毋宁死！"

雷诺认为，在法国本土上，没有一块地方能使真正的法国政府可以逃脱敌人的俘虏。因此，要对英国人提出这样的问题："法国已经尽了它最大的努力，贡献了它的青春和鲜血；法国已经无能为力了；法国已经再拿不出什么东西贡献给共同的事业了，因此它有权单独媾和，这并不违背3个月前签订的庄严协定中包含的团结一致的精神，你是否承认呢？"

对于雷诺提出的单独媾和问题，丘吉尔认为在这个时候提出来，是非常的严重，所以请求在他做出答复之前，让他和他的同僚出去商议一下。

于是，哈利法克斯勋爵和比弗布鲁克勋爵以及其他随行人员就随丘吉尔走出来，到一个花园中，在那里谈了半个小时。英国人回来以后，丘吉尔又重申了他们的立场，"不论情况如何，我们都不能同意单独媾和。我们的作战目的是要彻底击败希特勒，我们认为我们仍然可以做到这一点，因此，我们不能赞同解除法国的义务。不论发生什么情况，我们都不责难法国；但这和同意解除它履行诺言的责任是两码事。"雷诺同意这样做，并且答应说，法国将要一直坚持到知道他最后呼吁的结果为止。

丘吉尔知道法国人想媾和的想法已经无法挽回了，临行之前，他向雷诺提出了一个特别的请求。有 400 多名德国飞行员（其中大部分是英国皇家空军击落的）现在被囚禁在法国，考虑到目前的形势，应该把他们交由英国人看管。雷诺当时欣然允诺，但是，过了不久，他就已经没有权力履行这个诺言了。

这些德国飞行员后来又都参加了不列颠之战，英国人只得再一次花费巨大的力气击落他们。

（十一）巴黎沦陷

6 月 10 日，雷诺总理致电美国总统罗斯福说："今天眼看敌军就要兵临巴黎城下，我们将在巴黎前方战斗；我们将在巴黎后面战斗；我们将在一个省聚集力量进行战斗，万一被赶出该省，就在北非建立根据地继续战斗，必要时我们将在美洲属地继续战斗。政府一部分已经撤离巴黎。我正准备去前线，目的是让我们所有的部队继续战斗，而不是停战。"然而，法国总理并没有像他对罗斯福所说的那样上前线去，而是在当夜零点撤往巴黎南部 250 公里处的奥尔良市。

在 6 月初的这几天里，法国政府和最高统帅部始终没有决定是否在巴黎城内进行抵抗，它们考虑得更多的是把政府迁出巴黎，以免成为敌人的俘虏。所以直到 6 月 9 日，是否在巴黎抵抗的问题还悬而不决。

为摆出一副保卫巴黎的姿态，6 月 8 日，法军集结了大约 1 万名士兵，配备了200 门反坦克炮和数百挺机枪，驻守在通向首都交通要道上新修的 400 个地堡内。还增加了 30 辆坦克，并设置了长达数公里的反坦克障碍物和壕沟。6 月 9 日，魏刚命令部队沿"巴黎城防工事"建立一道防线，由巴黎卫戍司令赫林指挥新编的"巴黎集团军"防守。

但是战争情形是紧迫的。6 月 11 日，巴黎已经听到隆隆炮声了，德军距离巴黎只有 40 公里了。巴黎人心惶惶，议员、大银行家、商人等达官贵人正在准备逃亡国外。法国政府各机关也纷纷焚毁档案，相继撤退，难民不绝于途。魏刚、贝当之徒把当时的军事形势说得一团漆黑，竭力鼓吹败局已定，再抵抗是"无谓的冒险主义""继续作战会引起革命"，他们力主停战，放弃巴黎，并于当天宣布巴黎为"不设防城市"。

6 月 12 日，在西南，德军在巴黎近郊防御阵地的西段强渡塞纳河，从韦尔农附近直扑埃夫勒，然后又进逼德勒；在东面，德军在马恩河地区以南进抵蒙米赖。这样，巴黎处在德军东西两面的夹击之中，当日晚，法军未经战斗就放弃了巴黎以北的防御。

13 日，法军护城部队撤至巴黎以南的朗布依埃-儒维西一线，将巴黎拱手让给德军。当天下 5 时 10 分，德军先头部队抵达巴黎北郊。随后，德军 B 集团军群所属部队包围了巴黎。

希特勒对于战胜法国，占领巴黎，竟然摆出一副"猫哭耗子"的姿态。也就在这一天，希特勒的一位秘书抄录他的话道："我个人无法相信6月之后战争还将继续下去昨天在巴黎开了一个军事会议：魏刚宣布巴黎之战败了，并提议单独和解，贝当支持他的提议；但是雷诺和其他一些成员声色俱厉地向他提出抗议……准确地知道战争态势，却仍然命令你的士兵继续战斗，直至战死，这说明完全缺乏道义。"

6月14日，法国政府再次迁徙，这一次是从图尔迁往波尔多。巴黎城防司令不战而交出巴黎，严令镇压人民反抗，并向群众宣布：凡从事抵抗者格杀勿论。

也许，抵抗确实只会引发可怕的破坏和大量的伤亡，但放弃首都无疑是对法国人民心理上的沉重打击。当听到政府要放弃保卫首都的命令时，法国作家莫鲁瓦这样说道："就在那一刻，我知道一切都完了，法国失去了巴黎，成了一个无头的躯体，我们战败了。"

德国大军以第9军为前锋，一枪未放便进入了巴黎。德军在第一次世界大战中曾两度逼近却始终未能占领巴黎，这回希特勒达到了目的。

德军参谋总长哈尔德称这天为"德国陆军史上一个伟大的日子"。负责进攻首都的B集团军群总司令博克也兴冲冲地赶到巴黎，很有兴致地在协和广场上举行了第9师的临时阅兵式。后又赶到迷人的香榭丽舍大道检阅了第8师和第24师的部队，德国士兵微笑着迈着正步通过了凯旋门。

此时，法国政府大厦的上空和埃菲尔铁塔的顶端高高飘扬起了第三帝国的"卐"字旗。巴黎人从自己的窗户里望出去，看见这陌生的旗帜，心里都有了一种抓不住什么似的感觉，更有无可奈何的心酸味道。

且让我们看看美联社记者罗西洛描述的当时"死寂的巴黎"，他是紧随德军第一批前锋部队进入巴黎的，亲眼目睹了当时巴黎沦陷、法国人国破家亡的凄惨情景：

在6月14日进入法国举世无双的首都——巴黎时，没有比这种使我心中更难磨灭的经历了。如今我已经站在这里，这个丰富、快活、喧闹的大都市竟成了死城，真是不可思议，然而它真是死城；这一名城竟落在德军手里，真是难以想象，然而它却真是被德军占领了。

……

你若到过巴黎，请想想这种景象，协和广场前，没有了车水马龙按着喇叭的汽车、没有了尖声叫喊的卖报人、没有了一本正经的警察、没有了愉快聊天的行人。这些，原是这个壮丽广场的景色，现在都没有了，只有一片沮丧的沉寂，不时被德国军官座车的声音所打破，他们正驶向克里隆旅馆——当地德军司令部匆匆设立的总部。这家旅社的旗杆上，德国国旗在微风中招展。

协和广场的现象各处都有。以前充满生命力的林荫大道、两旁排列的咖啡馆，以及往常坐满了促进食欲而品啜的巴黎人，现在却杳无一人，香榭丽舍大道只有一家咖啡馆开门；巴黎素负盛名、豪华而灿烂的旅社，都隐灭在百叶窗的后面。我们看到，在埃菲尔铁塔顶端，外交部、市政厅的旗杆上——最奇怪的是，在凯旋门上——德国国旗取代了三色旗。

……

进入巴黎时，恰恰在入暮以前，我们在市区中心做了一次缓缓的巡行。第一处有历史性的位置是凯旋门，献给无名英雄的纪念碑和"长明火"，全巴黎唯独这里聚集了许多的人，他们都是难以形容的可怜的人——悲戚的母亲和妻子、低声饮泣的孩子和泪流满面的白发老翁。

6月16日，星期日，无名英雄墓前另一幕景色，使我深深体味到法国的悲剧和德国的踌躇满志。布鲁森将军麾下素负盛名的一个师，通过凯旋门，在香榭丽舍大道举行分列式，进入福煦路。对法同人来说，这就是羞辱；对德国人来说，这是自凡尔赛条约以后，每一个德国民族主义分子美梦的实现。

（十二）马其诺不再设防

巴黎的陷落，对法国人的军心和民心产生了巨大的反响，许多法国人都为自己祖国的前途和命运担忧。但是，也有不少法国人仍然对战争前景报以很大的希望，他们寄希望于"马其诺防线"。

马其诺防线绵延于法国东部的全部国境线上，自卢森堡附近的隆维起，经提翁维尔、维桑布尔，再循莱茵河西岸南下，经斯特拉斯堡，到瑞士边境的贝尔福，全长750余公里。防线内堡垒林立。地下筑有坚固工事，还有地下铁道、隧道公路和各种生活设施。各火力据点相互配合，组成绵密的火力封锁通道，并设置有各种防步兵和防坦克障碍物。在主要作战方向上，还筑有堡垒据点，堡内大部分配有75毫米炮数门，机关枪10余挺，各种火器皆安置在可以旋转的钢塔内，可以左右旋转，侧射据点之内的死角。据点上面筑有钢筋水泥掩体，厚达3米，据点四周筑有外壕，据点内部架设铁栅，以防步兵强攻，各据点之间有地下走廊相通，可以相互支援。据点内还附设完善的卫生设备、外科手术室和输血室等，地下室内还有大型现代化防毒措施。

就当时而言，马其诺防线可谓世界上工事构筑最完善、障碍设置最完备、火力配系最严密的防线之一。法国政界和军界一致认为有了这道防线，就可以高枕无忧了。法国前总理勃鲁姆自吹自擂地宣称："我们的体系虽然不宜于进攻，但在防守方面却是呱呱叫的。"这是一种典型的消极防御思想，只有目光短浅或狂妄自大的人才把它奉为至宝。历史证明，实际战争中那些单纯依靠防御的一方往往是失败的。最好的防守其实就是进攻。

贝当元帅曾对参议院陆军委员会说过："这一扇形地区没有危险。"他在1938年出版的《两大世界评论》中发表了一篇文章，重申了他对马其诺防线的信心，说有了这条防线就无须担心装甲部队的进攻。同年，他又宣称对法国军队阻击入侵者的能力感到满意。法国人对马其诺防线寄以无比厚望，可以看看甘末林将军的期待："必须使法国能凭借这个筑城工事系统进行战争，一如英国之凭借英吉利海峡。"

法国人仍然陶醉于他们的幻想中，他们认为只要坚守在马其诺防线内，与德军长期对峙，逐渐消耗德军兵力，就可挫其锐气，御敌于国门之外，就可赢得战争的胜利。

然而，这些只不过是法国人美好的一厢情愿。德国人从来就没有把马其诺防线看得那么神乎其神。

当步兵开进巴黎前后，德军坦克师在战场上节节进逼，一鼓作气地拿下了马其诺防线。

6月13日，德军开始对马其诺防线发起总攻击。从比利时的阿尔隆一带突入法境的德军几乎毫无阻碍。当晚，德军从左翼向凡尔登进袭，得手后直向马其诺防线的背后迂回，力图形成对马其诺防线的分割包围。

法军的抵抗毫无组织，德军坦克兵团迅速向法国腹地推进。14日，就在德军占领巴黎的当天，德军A集团军群的左翼已进至马其诺防线的侧背，"因为这条无用的防线，毕竟还存在着数10万没有投降或被消灭的法国军队"。希特勒要求伦德施泰特与C集团军群合作，彻底消灭那里的法国部队。根据希特勒下达的和第15号作战指令，一直在马其诺防线当面执行吸引法军注意力任务的C集团军群，立即选择马其诺防线守军的薄弱处，即阿尔萨斯和格林两筑垒地域的接合部发起进攻。A、C两集团军群前后夹击，通力合作。

德国第1集团军选择法军防御最弱的地区，在萨尔布吕肯地区向马其诺防线正面发动了攻势。当天强渡湖沼区小河未成，次日，德军在重炮和俯冲轰炸机的掩护下以猛烈的火力侧射、压制高地堡垒，同时施放烟幕掩护各部队攻击，入暮时分，法军防守的主要高地堡垒全部陷落。经过两天战斗，德军占领了萨尔布吕肯地区前面全部堡垒，突破了主要防线。

古德里安坦克集群进抵广阔战役纵深后，向南面的朗格高原推进，从西面迂回向马其诺防线开进。现在该坦克集群由A集团军群划归C集团军群，在向东北展开后，开始向厄比纳尔、贝尔福方向推进。这样，马其诺防线处于前后夹击当中。

古德里安实施纵深迂回，一举切断了阿尔萨斯和洛林两地法军的联系。6月15

日，古德里安装甲部队占领了法国古老的要塞朗格勒，第2天，占领了格雷，6月17日，占领了贝尔松。随后，德国坦克逼近蓬塔尔利埃附近的瑞士边界。

就在古德里安完成他的包围圈时，克莱斯特的坦克部队正插入法国中部，它进抵特鲁瓦西北面的塞纳河并继续向里昂方向开进，这支德军于6月16日到达第戎，把正在向克莱蒙菲朗和里昂进军的法国部队切成两截。

法国败亡迫在眉睫，法兰西大地上到处一片骚乱，成群结队惊慌失措的居民和军队一起往后撤退。一位叫汉斯的匈牙利工作者曾经自愿为法军服务，他后来回忆当时的情景，仍然感叹不已："回头望去，后退部队的人流不见尽头。士兵们费力地行进中，形态狼狈不堪，就是与女人同在，恐怕也难分辨出他们的真实性别。当你再仔细看时，还可以发现孩子们绝望地叫喊着，要不然就像死了的一样默默无声；政府官员驾着车子，使劲地按着喇叭；还有疲倦的战马上驮着面无表情、满身灰尘的骑兵战士，他们亮色的制服在队伍中格外引人注目。整个队伍就像一支杂乱的出殡队伍一样。"

6月15日晨，法国北部边境的马其诺防线已被突破，法军节节败退。同日，法国东部边境的马其诺防线被攻破，南下德军挺进到科尔马尔，追上正在退却的法军，使其不得脱身。另一路南下德军进抵贝尔福，东向与科尔马尔的德军会合。

在3天的战斗中，德军在马其诺防线正面不断扩大突破口，把马其诺防线切成两段。德军自西面、西北面绕到马其诺防线的背后，与正面突破东部防线的德军相会合，把来不及向南撤退的法国几十万大军包围在铁圈内，紧接着，马其诺防线中第2个最强大的防区阿尔萨斯筑堤地带也被包围。

6月17日，C集团军群进至马恩河至莱茵运河一线上，A集团军群从侧后推进至瑞士边界。法军第2、第3集团军群被围。50万法国守军被合围在阿尔萨斯和格林南部，已呈强弩之势。对于这些法军，德军正如瓮中捉鳖般容易了。

经过7天战斗，到了19日，整个马其诺防线全部被德军攻占。50万法国守军如釜底游鱼，大部分都投降了，只有极少数的部队逃入瑞士境内。这12000名法国人和6000名波兰人被围在贝尔福以东，他们在圣于桑地域越过瑞士边境后也遭到了德军的扣留。

至此，马其诺防线不可战胜的神话彻底破灭了。

巴黎失陷后，雷诺再一次致电美国总统罗斯福，呼吁全力援助法国，至少让美国舰队参战。他在给罗斯福的电文中说："唯有美国政府改变情况，法国才能继续战斗下去。"但是，罗斯福于15日回答雷诺说："将竭力以资源援助联军"，对出兵问题避而不谈。此时此刻，德军正紧追不舍，不给法军以任何喘息的机会，德军大部队一面由巴黎南下，一面由正背两面全力夹击马其诺防线。

罗斯福复电的第2天，马其诺防线已被突破。此时，德军正大肆驰骋在法国的心脏地带，英美又无法提供直接援助。在内外受困的极度不利形势之下，法国的败亡局势已是无法挽回。

（十三）法国投降

现在，法国人能做的只有两件事：或者投降，或者抢救他们的部队以保存力量，如用船将部队送到法国在北非的殖民地，进行修整，以待将来卷土重来。

他们究竟选择了哪一种呢？

6月12日，丘吉尔致电罗斯福，向他说明自己对法国统帅部领导人的认识："我在法国最高统帅部度过了昨夜和今天早晨，魏刚将军和乔治将军以最严重的措辞向我说明了此间的形势。法国的前线一旦崩溃，巴黎陷落，魏刚将军正式向他的政府提出法国已不能再继续他所谓的'协同作战'，这时候，形势的演变如何，是一个很实际的问题。年老的贝当元帅在1918年4月和7月间表现得并不怎样好，我很担心，他现在要用他个人的名声和威望替法国缔结一项和约。另一方面，雷诺则主张继续打下去，他手下有一位年轻的戴高乐将军，这位将军认为大有可为……据我看，在法国一定有许多人愿意继续战斗，或者是在法国，或者是在法属殖民地，或者是在两个地方同时进行……"

在法国存亡的危急时刻，法国内阁产生了严重的分歧。以总理雷诺为首的，包括戴高乐将军在内的一些人员是主战派，他们呼吁继续战斗；而以魏刚、贝当为首的相当一部分人属于投降派，他们主张立刻投降。

15日晨，法国总理雷诺接见了英国大使，告诉他说，他已断然决定把政府分成两部分，把政权中心设在海外。他这时已经认识到，在法国进行的战争已经完了，但是，他仍然希望从非洲和法兰西帝国用法国舰队继续打下去。确实，被希特勒所蹂躏的国家一个也没有退出战争。

实际上，这些国家都只是本土落入敌人之手，但是它们的政府却在海外竖起了它们的国旗，保持了国家的生存。雷诺愿意步这些国家的后尘，而且他有更多可靠的手段，他想循荷兰投降的途径寻求一个解决的办法。这样做，可以使国家既保持了主权，又可以利用他手中掌握的一切手段继续战斗。

但另一方面，据魏刚看来，在他指挥之下的军队已不愿再打了，所以法兰西共和国应当屈服，并命令武装部队服从他很乐于执行的停战命令。

一直以来，魏刚认为所有继续的抵抗都是徒劳的，因此，他打算，在法国军队还保持着相当的纪律和实力足以维持战败之后的国内秩序时，强迫法国政府要求停战。他和法国总理唱反调，宣称法国军队不能再战斗下去了，应当趁着全国还没有陷入无政府状态以前，停止这场令人恐怖和徒劳无益的大屠杀。

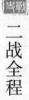

从 6 月 15 日起，法国政府迁到波尔多，在这个省会中，将要上演这出悲剧中的最后一幕。政府各部竭尽所能将其机构安置在各种各样的办公室内和学校中，周围是一群群吵吵闹闹的难民，他们挤满了房屋和街道，使波尔多的人口比平时增加了许多倍，所有党派的政客都聚集到那里，等着瞧最后的这一幕戏。

而此时，贝当、魏刚及其周围的失败主义者为求得法国投降，展开了猖狂的活动，他们"诱劝"摇摆不定的政府成员和议会成员，把他们拉到自己这一边来。

与此同时，远在英国的丘吉尔提出建立一个"法英联盟"的方案，希望能够刺激人心，扭转法国政府对德投降的倾向，以激励他们坚定到北非的法属殖民地继续战斗的决心。

6 月 16 日，雷诺将此方案提交内阁会议讨论。这是雷诺内阁的最后一次内阁会议。

内阁会议是在当天下午 5 时开始的。会议室外雷声隆隆，闪电如银蛇一般，不时划过黑沉沉的夜空。闪电来时，玻璃窗上银光闪烁，不停扭曲、蠕动着，十分恐怖。雨哗哗地下着。窗外不时传来炮弹的爆炸声，机枪的吼叫声。一时之间，雷声、雨声、枪炮声，交织在了一起。

为了加强效果，同时也因为雷雨枪炮声交加，使人听不清楚。雷诺将联盟方案反复读了两遍，会议室里一时间鸦雀无声，无人响应。很显然，英国人的建议并没有得到法国内阁的唱和。

以贝当元帅为首的一帮失败主义者甚至拒绝对方案加以审查，他们提出了种种强烈的指责，说它是"到最后一分钟才拿出来的计划"，是"突然袭击"，是"一个把法国沦为保护国或者夺取它的殖民地的计划"。他们说，这会把法国的地位贬为英国的一个自治省，还有些人埋怨说，连平等的身份也没给予法国人，因为法国人只能取得英帝国的公民身份，而不是大不列颠的公民，但是英国人却可以做法国的公民。

除此之外，投降派还提出了许多其他论点。魏刚几乎没有多费唇舌便说服了贝当，他认为英国已经完了，法国的最高军事当局说"不出 3 个星期，英国就会像一只小鸡似的被人拧住脖子"；而照贝当看来，同英国联盟无异"同死尸结成一体"；伊巴纳加雷在上次大战时曾是那样坚强，现在却大叫大嚷说："还是做纳粹的一个行省好些。我们至少明了那是怎么一回事。"魏刚的一个亲密朋友、参议员雷贝尔宣称，这个计划意味着法国的彻底灭亡，总之分明是让法国隶属于英国。

雷诺虽然回答说，"我宁愿同盟国合作而不愿同敌人合作"，但是他的话已经没有什么号召力了，显然是白费唇舌。曼德尔也向魏刚的同伙诘问："你们宁愿做德国的一个区而不愿做英国的一个自治省吗？"但是，所有这些话都无济于事。

魏刚一再重复说："法军已经崩溃了，崩溃了。"就这样，丘吉尔的这个建议自行消失了。

这对于坚持战斗的法国总理来说，是一个对他本人的致命打击，这标志着他在内阁的影响和威望已经完结。其后内阁的一切讨论便转到停战和探询德国的条件上去了。

英国人一直很关心法国人的舰队，但他们就舰队问题发出的两封电报始终没有提到内阁会议上去，他们要求在同德国谈判前，法国舰队应开往英国港口，这点始终没有获得雷诺内阁的考虑，这个内阁现在已经完全解体了。后来，英国人被迫同他们盟军的那些舰队展开战斗，并不断地击沉它们。

内阁进行表决，有14人赞成与德国妥协，10人反对妥协，支持继续抵抗。而他们的总理雷诺多日以来由于身心紧张已经精疲力竭了，在8点钟左右，他把辞呈递交总统，并建议总统召见贝当元帅。

大约1小时以后，贝当和魏刚的联合势力压倒了政府中抗战的阁员，他们利用革命的恐怖说服了那批阁员。此后，商谈投降条件成为法国贝当政府的头等大事

"法国已无所作为，只有向它不幸的命运屈服了，只有走这条路才是明智的，才能得救——至少可以挽救那些尚可挽救的东西。"谁都可以看得出来，贝当已决意率领他的新内阁向德国投降了。

法国的6月本是最迷人的季节，这时却陷入一片恐慌中，美丽的法兰西就要被卖国政府奉送给希特勒。但是，法兰西独立自由的精神并没有终结，具有斗争传统的法国人民是不会甘心屈服的。

在法国军队中，有一个坚决主张抵抗德国侵略的人，他就是夏尔·戴高乐将军。

戴高乐将军在第一次世界大战时是个中尉，在凡尔登战役中身负重伤被俘，战后才回到法国。第二次世界大战爆发后，他提出了针对德国闪电战战术建设机械化部队的建议，但没有受到重视。

人们说，戴高乐是应运而生的。

就在6月17日，贝当内阁执政，酝酿投降的次日，发生了戴高乐逃亡英国的插曲。

在法国沦陷时，戴高乐坚决要求抵抗德国侵略者，但在当时的法国政府中，他孤立无援。6月17日清晨，戴高乐将军在机场送别英国斯皮尔斯将军。

当两位朋友握手告别，飞机即将缓缓起飞时，戴高乐将军突然敏捷地一跳，跃上飞机舷梯，钻进飞机的机舱，并砰的一声关上机门。飞机立即飞上了蓝天，腾空而去。机场上的人目睹这一幕，大为吃惊，但已无可奈何。

戴高乐逃亡前一天晚上去看望刚卸任的总理雷诺，深夜他来到英国大使坎贝尔下榻的旅馆，说明他打算在第2天到伦敦去，斯皮尔斯将军表示愿意陪同戴高乐前

往。于是，他们串通合作演出了一场戏，其实，再早一点，戴高乐已看出贝当、魏刚等要投降，只有到海外去继续抵抗才是出路。他决定逃离法国，到国外重新组织力量继续抗击德国侵略者。

还在伦敦的时候，这位国防与陆军部次长就超出他的职权范围，电令预定驶向波尔多的法国轮船"巴士德号"改变航向驶往英国港口，这条船上装有从美国运来的1000门75毫米大炮、数千挺机枪和大量弹药。这样，这批重要军火没有落入德国人手里，而重新武装了从敦刻尔克撤回的英国远征军。

丘吉尔早看出了戴高乐所具有的潜在价值。就在几天之前，在图尔初会戴高乐时，丘吉尔几乎是自言自语地低声说，戴高乐是个应运而生的人，他后来描述过戴高乐从法国脱险的经过，并评论道："戴高乐在这架小小的飞机里载着法国的光荣离去了。"

逃离法国的第2天，在英国首相丘吉尔的支持下，6月18日下午，戴高乐将军在英国广播电台发表了《告法国人民书》，他向法国人民和全世界庄严宣布：

"法国的事业没有失败，……法国并非孤军奋战！它不是单枪匹马！它不是四处无援，法国的抵抗火焰绝不应该熄灭，也绝不会熄灭……"

戴高乐将军要求希望自由的法国官兵们和他联系，他高扬"自由法国"的旗帜，以顽强的毅力开始拯救法国的斗争。

戴高乐将军的宣言激励了3000万法国人民的心灵。他们在失败的痛苦中重新昂起头来。巴黎的学生在凯旋门集会，表示他们对戴高乐的热烈拥护。

法国的贝当政府却对戴高乐将军恨之入骨，他们在法国军事法庭对戴高乐将军进行缺席审判，徒刑从4年直至死刑。在戴高乐流亡的同日，领导新政府的贝当已请求德国武装力量统帅部停战。

在贝当政府屈膝前，也象征性地开了一次内阁会议。

6月17日，时针刚过子夜零点，贝当上台后的第一次内阁会议开始了。现在，停战派主宰了政权，投降变得理所当然、冠冕堂皇。会议总共只开了10分钟，睡意朦胧的部长们一致通过决议，请求德军指挥部停止军事行动。

法国真的战败了。

17日午后不久，贝当通过电台对法国人民发表讲话，他沙哑着喉咙说："今天，我怀着沉重的心情告诉你们，我们必须停止战斗。"这一广播使还在继续作战的法军士气沮丧。贝当不等德军司令部答复就发出这一号召，实际上就是下令停止抵抗。

德国人抓住这一点，立即把贝当的号召书印成传单，通过飞机等工具，在法军阵地上广为散发。德军坦克打着白旗去俘虏那些停止抵抗的法军士兵，法国大本营参谋长杜芒克将军急了，为了多少保存军队的战斗力，他不得不给部队发了一份电报："停战协定尚未签订。敌人利用白旗企图突破尚在我方防守之中的地段……各地必须全力作战，保卫祖国领土。"

贝当一意求和。17日当晚，他一夜未眠，坐在一张圈椅上，裹着一条毯子，焦急不安地等待德方的答复，表现出一副卖国贼的猴急嘴脸。然而，德国没有马上给他答复。

6月18日，贝当政府下令各部队不战而放弃所有20000人口以上的城市，不仅禁止军队在各城市内，在城郊也不准进行抵抗和破坏。

贝当的卖国表演终于博得了希特勒法西斯分子的赞赏。法西斯喉舌《人民观察家报》颂扬贝当的投降政策，说他是"一贯正确的老战士，当今唯独他一人还能给法国人民带来慰藉"。

6月17日，贝当求和的消息通过西班牙传给了希特勒。约德尔部门的一个人后来写道："希特勒听到这个消息时，乐得跳了起来。我从未见过他如此开心放纵。"

那是快到当天中午时，希特勒正与其军事顾问们在"狼穴"商讨战局，忽然传来消息说，法国希望停战。听到这个消息，希特勒顾不上尊严不尊严，一拍大腿，高兴得把腿一收，支起了膝部。西方的纪录片将这一短镜头变成了长镜头，据罗伦士·斯达林斯说，这部纪录片是由当时在加拿大陆军搞宣传工作的制片人格里埃森剪接的，他利用把胶片"绕圈"的办法，把希特勒的姿势变成一系列可笑的"趾尖旋转"。希特勒的官方摄影师瓦尔特·弗朗茨将这一情景拍进了镜头。他坚持说，他只拍了8格，并把这些胶片交给了元首，"他欣喜若狂"，施洛德小姐回忆道。人们张口结舌，凯特尔却乘机拍马，"我的元首，"他笨拙地说，"您是有史以来最伟大的指挥官！"

与此同时，希特勒仍命令德军继续进攻，追击败退的法军，并占领法国各最重要的城市和战略要地。德军奉命对战败敌人继续施加压力——名誉上夺取瑟堡和布列斯特，实际上占领阿尔萨斯，特别是斯特拉斯堡，另一快速部队则从英吉利海峡向南推进，在奥尔良和纳韦尔之间强渡卢瓦尔河。

德军正朝着完全控制法国的方向急速发展。

接到法国政府的停战后，希特勒并不急于答复，那是因为他有自己的算盘。

首要原因是，他想利用法军已经停止抵抗的有利时机，加速全面进攻，追击败退的法军，更多地占领法国各重要地域。就在贝当发表面向全国的停战广播讲话后，希特勒命令他的军队急速向前推进，越过卢瓦尔河上游的德军很快就占领了纳韦尔，直抵瑞士边境，另一支装甲部队在3天内也推进了200公里，攻占了维希和里昂。到同法国停战谈判开始之前，德军几乎已完全控制了法国，当19日法国接到德方答复时，德军在法境的"扫荡战"已接近尾声。

6月19日，法军第10集团停止抵抗，德军顺利占领法国的海军基地布雷斯特、圣纳泽尔、南特和拉罗谢尔。

德军C集团军群的部队在"红色方案"行动的最后阶段，也抓紧时间积极进攻。贝当政府停战的消息打消了法军继续抵抗的念头，他们认为抵抗已经无效，于是纷纷放下武器。德军得以顺利进军。

到了6月20日，只有马其诺防线若干地段上的守备部队和孚日山区的独立总队仍在抗击德军。当天，德军出动大批飞机轰炸法国临时政府所在地波尔多。

希特勒没有急于答复法国的第2个原因，是考虑如何对待墨索里尼的领土要求问题。这位头天晚上刚从罗马乘火车赶到慕尼黑的意大利"领袖"胃口很大，尽管意军在战争最后关头才参战，而且经过一个星期的战斗仍然没有取得什么进展，但是，墨索里尼却要求由意大利占领包括法国海军在地中海最大的基地土伦港以及马赛在内的罗纳河流域，并吞科西嘉岛、突尼斯、法属索马里和法国在阿尔及利亚、摩洛哥的海军基地。除此之外，法国还应把它的全部舰队、飞机、重武器和大量的运输工具交给德、意。这些要求倘若如愿以偿，那就意味着意大利独揽地中海区域的霸权。

但是，战争是希特勒赢得的，希特勒意识到，法国政府继续留在法国领土上行使职权是必要的，"这样要比让法国政府流亡到伦敦去继续战斗的形势好得多"。此外，同一个仍然留在法国的合法政府签订协议，就可以省却直接管理这个国家的"不愉快职责"。乍一看，希特勒的这种主张同德国坚持消灭法国这个"宿敌"的计划是自相矛盾的，特别是，他曾在5月20日扬言"只有法国把400年前夺去的领土和其他财富归还德国人民才签订和约"，这个说法和他现在的举止相违背。

然而，希特勒不得不慎重考虑当前的现实情况：法国军队虽然遭到惨败，但法国还没有被摧毁，它还有幅员广阔的殖民地及大量的人力物力，现在德国不可能立即把法国富饶的海外领地攫为己有。希特勒清楚地知道，过分苛刻的要求有可能会引起法国政府的不满和法国人民的抵抗。在没有解决英国这个大敌之前，希特勒还不想冒这个险，以免打乱自己的全盘计划。

于是，墨索里尼想吃掉法国大片土地的美梦破灭了。希特勒为了安抚这位伙伴，给了他一点小小的好处，答应他在法意停战条约签订之前，德法之间的停战条约绝不生效。这算是墨索里尼此行得到的唯一"胜利成果"了。他只好抱着空虚而苦涩的怅然心情，闷闷不乐地离开了慕尼黑。

促使希特勒慎重考虑的第3个原因，是法国的舰队。在这次战争中，法国舰队所受到的损失并不大，除了基本编成中的舰艇34艘（包括1艘巡洋舰、11艘舰队驱逐舰和7艘潜艇）之外，法国舰队仍保存7艘战列舰、18艘巡洋舰、1艘航空母舰、1艘飞机运输舰、48艘舰队驱逐舰、11艘驱逐舰和71艘潜艇，较小的船只不计在内。对于这样一支举足轻重的法国舰队，德国没有足够的海军去夺取它，如果让它投奔英国，那将会使皇家海军的力量增强 2 倍到 3 倍。因此，希特勒要想一个万全之策，确保这支舰队不会投入英国皇家海军舰队的行列。他想先同法国政府达成一项协议，使该舰队不再启用，其他问题，则留待将来解决。

希特勒的上述考虑并不是对法国的"宽容"，而是有着深远的打算。他想要接管整个英吉利海峡和大西洋沿岸，占领直到卢瓦尔河以及瑞士边界以北的法国领土，其中包括通往西班牙的铁路，以控制与西班牙联系的铁路交通。最重要的是，德国经济学家已经草拟了一项计划。把"法国及其殖民地的一切经济资源"都置于德国的支配之下，封锁一切货船，并由德国控制所有的报纸和电台。

与此同时，贝当政府也在积极配合希特勒的行动。他们担心有人在海外建立流亡政府，以控制殖民地和法国舰队，便策划了一场地地道道的欺骗、恫吓和威胁的运动，阻挠那些可能成为流亡政府首领的人到国外去。

在一般的威胁起不到作用的情况下，贝当政府制造了"马西利亚"号事件，把政府的人员一分为二，一部分迁往北非，总统、两院议长、内阁副总理随同前往，其余人员则留在法国本土。最后，在 6 月 21 日乘"马西利亚"号客船前往北非的只是 30 名两院议员，其中包括内政部长曼德尔，他们抵达卡萨布兰卡时，曼德尔曾打算组织一个流亡政府继续抗战，但他们被贝当政府以种种罪名软禁在船上，然后统统被押回了法国。不仅如此，贝当政府还派人恫吓想迁往北非而没有走成的勒布伦总统。6 月 17 日，飞往英国的戴高乐也接到贝当政府的通知，要他立刻回国，不得延误。当然，聪明的戴高乐是不会答应的。

6 月 19 日清晨，贝当政府终于等到它梦寐以求的时刻了。在解决完他认为该解决的事情之后，希特勒通知法国："准备一俟得知法国代表团人员名单，就宣布停止敌对行动的条件。"

贝当早就迫不及待了。当天上午他就指定了法国停战谈判的全权代表，代表团团长是法国第 4 集团军群司令亨齐格将军，成员有前驻波兰大使诺埃尔、海军副参谋长勒吕克海军准将、空军参谋长贝热雷将军，以及前驻罗马武官帕里佐将军。

于是 1940 年 6 月，在阳光明媚的法兰西大地上，德国和法国就要在一个他们曾经都很熟悉的地方，签订他们新的一次停战协定了。

（十四）贡比涅重演历史剧

历史往往有惊人的相似之处。

1918 年 11 月 8 日凌晨，一战战败的德国派出以外交大臣为首的代表团到达了巴黎东北方贡比涅森林的雷通车站。协约国联军统帅、法国元帅福煦乘坐的白色列车正停在这里。德国人一到，福煦未与他们握手，劈头便问道："你们来干什么？

先生们!"德国人回答说:"我们想听听您的停战建议。"福煦傲然地说:"我们没提过任何停战建议,我们很愿意继续打下去。"尴尬的德国人只得表示"无法继续打下去了",于是福煦提出停战条件,并限令德国 3 日内无条件接受。11 月 11 日凌晨 5 时,德国两名代表就在贡比涅森林的"福煦列车"上签订了停战协定。

第一次世界大战以德国战败而结束。之后,胜利的法国人在森林空地上竖起了一块约 1 米高的花岗石纪念碑,上面用法文写着:"1918 年 11 月 11 日,以罪恶为荣的德意志帝国在此屈膝投降——被它企图奴役的自由人民所击败。"

22 年后,又是在这片曾让法国人引以为豪的贡比涅森林里,历史向法国人开了一个莫大的玩笑,但这一次胜利者是德国人,而法国人扮演了 22 年前德国人所不愿扮演的角色。

许多天来,希特勒都在殚精竭虑地思考停战一事:他要邀请法国人来贡比涅森林,经受 1918 年法国在此地惩治战败的德国将领们时的侮辱。这个得意的想法在希特勒心中已经酝酿了一个月之久,他要在这个地点捉弄法国,报德国民族的一箭之仇。最后,他的情绪有所改变:不给法国从北非那里继续打下去的任何理由,是这次停战的主要目的,但最重要的是,希特勒想要让英国人看看,在胜利之时,他会是怎样的宽宏大量。

停战条款展示出希特勒是个深谙此道的老手。在慕尼黑,希特勒秘密地说服墨索里尼在最后签订和约之前,意大利不要对法国提出领土要求,只有法国西北部(一直到西班牙边界)将由德国人占领,其余部分将继续在贝当管辖之下。棘手的法国舰队问题需要很好地处理,因为希特勒不想让法国舰队逃往英国,雷德尔海军上将于 20 日问他德国是否能对法国舰队提出占有权,希特勒回答说,因为法国舰队没有挨打,所以德国海军没有这个权力,此外,法国舰队也在德国海军的活动范围之外。因此,在停战正式条款中取消了对法国舰队的一切要求:法国可以保留一部分舰队,以保护其殖民利益,其余部分要退出现役。否则这些舰只就原地不动——事实上,希特勒只希望这些船能被船上人员凿沉。总而言之,从战略来说,德国的停战条件的苛刻程度不亚于 1918 年法国强加给德国的屈辱条件,或者不亚于不久前法国预期打败希特勒后草拟的停战条件。

1940 年 6 月 21 日,对法国人而言,那是一个充满羞辱的夏日。那天是星期五,太阳从浓厚的雾幕里渐渐露出灰白的脸孔,阳光淡淡地照射着已经疲倦了的,但是还在向德国军队施行阻击的法国士兵,也照射在正在搜寻面包或一点奶酪来给他们无家可归的孩子们充饥的法国主妇。他们的脸色看起来都很苍白。

德军野战司令部里,希特勒起床了。在空中健儿及陆上卫兵的森严警卫之中,他穿上了他那套上等兵的制服,用手摸了摸他那撮小胡子,拢了拢不长的头发。堂堂的德国元首,在战胜签订协定之日,为什么只穿上等兵的制服?原来希特勒誓称，在德国胜利之前他将长期穿着这套制服的。

再看元首的卫士们，个个目光炯炯，如同德国的象征双头黑鹰一般凶猛，他们在巴黎东数公里的贡比涅森林周围形成一个警戒圈，这就是行将开演的一幕历史剧的剧场。

在法国人到达贡比涅森林的前一天，按照希特勒的旨意，德国士兵把当年福煦将军的旧客车从巴黎法国国家博物馆里拖了出来，这辆客车 20 多年来一直是法兰西共和国胜利的象征，现在却烙上了失败的印记。如今，这辆客车被开到饱尝炮火洗礼的古木参天的森林里，停放在古树中间一个适当的地点，在 1918 年 11 月，据说它也曾经准确地停留在这个地点。

再走近一些便有一个帐篷，专为代表法国签署接受希特勒停战条件的代表们而设，他们从波尔多出发，在纳粹统治下的巴黎过了一夜。当法国代表到达森林里边的时候，他们发现德军工程师已给他们装接好了一部电话，它可以通过战场和法国的电线连接起来，法国代表可以和在波尔多的法国政府要员直接通话。

在森林和著名的铁路交叉点的四周预先已布置了一个精悍的警卫线，他们负责保卫会议，使之不遭到意外的袭击。

6 月 21 日中午，希特勒驱车通过法国北部云遮雾罩的公路，前往贡比涅森林。从 4 天前希特勒接到贝当的停战请求以来，希特勒大本营的官员为给世界新闻界和摄影记者布置场地而日夜忙碌。仪仗队也整齐地排成一排，等待希特勒的到来。

希特勒今天的心情格外好，也不发脾气，他尚不急于尝试战胜者的滋味，而是先好好地吃了一顿午餐，直至午后 3 点钟他才在客车两旁的仪仗卫士的鹄立行列中缓缓走来。

他的身后是一群身着笔挺军服的德国高级将领，他们是戈林、布劳希奇、凯特尔、雷德尔以及帝国部长赫斯和里宾特洛甫。

德国人在离空地近 300 米的一座一战结束时树立的雕像前走下汽车，这座雕像上站立着象征霍亨索伦王朝的有气无力的鹰，鹰身上插着一把利剑。为了让希特勒心情舒畅一些，德国士兵特意在这只鹰上覆盖了一面德国军旗。

下车的时候，希特勒表情显得异常严肃。他好像一个学美术的学生走进博物馆一般缓缓地绕行了一周，注视着 1918 年议和的纪念碑，他注视着福煦的半身塑像，而就在福煦的塑像前面，希特勒的手下已给他竖起一尊他本人的塑像了。

然后元首在车厢里巡视了一周，据说元首对这车厢很爱慕。在车厢附近的花岗岩石碑前，希特勒停住了脚步，当时在场的美国记者夏伊勒这样描述道："希特勒读着，戈林也读着，大家站在 6 月的阳光中和一片寂静中读完了它。我观察着希特勒的脸部表情。我离他只有 50 米，从我的望远镜里看，好像他们站在我面前一样……他的脸上燃烧的是蔑视、愤怒、仇恨、报复和胜利。他离开了纪念碑，极力使他的姿态能表现出他的蔑视……突然，他好像感到自己的脸部表情还没有完全表达出他的感情似的，他把整个身子摆出一副与他的心情相协调的姿态。他迅速把双手搭在臀部，两肩耸起，两脚分得很开。这是一种不可一世的挑战姿态。"

希特勒先在"福煦列车"前检阅了仪仗队，然后他昂首跨进车厢，一屁股坐在1918年福煦元帅曾坐过的那把椅子上。

5分钟之后，也就是下午3时30分，法国代表团姗姗来迟，他们迟到了40分钟。希特勒在车厢里接见了看起来萎靡不振但还保持着端庄镇定的法国代表团。希特勒在餐车里长桌的一端坐定，接着，德军参谋长凯特尔将军开始向绷着脸的法国人宣读停战条款的序言。

希特勒亲自写下了这些话作为序言："指定贡比涅森林作为接受这些条款的地点，是为了通过这一举动恢复正义，使人们永远忘却在法国历史上并非光彩的一页、而德国人民却视为有史以来最大耻辱的那些往事。法国是在许许多多流血战斗中经过英勇抵抗后被击败的。因此，德国不打算在停战条件上或者在谈判中使如此英勇的敌人受辱。德国的唯一要求就是防止德法再战，法国应为德国对英国的继续斗争提供必要的保证条款，并使以洗雪德帝国过去所遭受的一切不公正为基本要点的新的和约成为可能……"

当凯特尔读完这12分钟的序言后，希特勒站起来和随行人员退场，凯特尔继续向法国人口授停战条件。施蒙特曾口述了德国军官退场的次序，这充分说明了希特勒的心理状态：紧跟在希特勒后面的是戈林，然后是里宾特洛甫、赫斯和哈尔德，布劳希奇最后离开。

在这以后提出的条款中，要求法国既在本土、也在殖民地和海外领地停止军事行动。为了保障德国的利益，建立了约占法国领土2/3的占领区，而只把东南部留给法国人；准许在法国本土保留一支小型陆军，它类似当年《凡尔赛和约》准许德国拥有的那支军队，一切超出这一范围的武器装备和各种军用物资都移交德国；法国政府已不再需要海军来保卫自己在殖民地的利益，所以全部海军必须受拘留……

谈判在继续进行，当凯特尔宣读完停战条款后，亨齐格马上对德国人说：条件太"冷酷无情"了，比1918年法国在这里向德国提出的条件苛刻得多。他要求把条款报请波尔多的法国政府，之后才能提出意见或签字！凯特尔听了这话，大声吼道："绝对办不到，你必须立即签字！"亨齐格说："1918年法国就允许德国方面和它在柏林的政府联系，我们要求给予同样的方便。"

德国人最后只好同意了法国代表团使用卧车上的电话将停战条款全文发出去，并和他们的政府进行磋商。这时，在树林后面几米远的军用通信车中，德国翻译施奈特博士被指派窃听法国人通话的内容，他听到："是的，我是魏刚将军。""我是亨齐格，我是从车厢打电话给你的——是从你知道的车厢跟你说话。"（1918年，魏刚曾作为福煦的副官在此参加停战谈判）在以后的几个小时内，贡比涅和波尔多之间通了好几次电话。谈判直到天黑仍然在进行⋯⋯

　　第 2 天上午 10 时，双方谈判仍在继续，这使凯特尔越来越恼火。傲慢专横的德国人没有做出丝毫让步，大约在下午 6 时，他冷酷地向法国人发出了最后通牒：如果 1 小时内不能达成协议，谈判就告破裂，他将引导代表团返回德国阵地。他的讲话在法国代表团中引起了极大的骚动。当亨齐格再次和波尔多的魏刚通话以后，法国人最后只得同意在条款上签字。

　　1940 年 6 月 22 日下午 6 时 50 分，凯特尔和亨齐格分别在德法停战条款上签字。仪式结束后，凯特尔叫亨齐格停留一会儿再走。待无他人在场时，两位将军无言地对视着，两人眼中都噙着泪水。凯特尔控制着自己的感情，对亨齐格如此尊严地代表他的国家的利益表示祝贺，接着，他便伸出一只手。亨齐格握了握它。

　　按照停战协定规定，法国军队全部解除武装并把武器交给德国，法国被肢解为两部分，法国北部约占全国 3/5 的富庶工业区由德军占领，法国负担德国占领军的全部费用。其他非占领区表面上由贝当傀儡政府统治，实际上整个法国完全被置于德国人的统治之下。法国从此陷入了亡国的深渊。

　　德国电台对签订条约过程进行了现场广播，将这些事件送回了德国。当精神不振的亨齐格一走下餐车时，那边便传来了有节奏的录音喊声："我们打，打打打，打英国！"这是戈培尔玩的花样，不管什么场合，他都要放音乐。但他这次的做法却惹恼了元首——在整个过程中，他一直在设法给人以相反的印象。

　　当法国代表团从停战谈判的车厢走出去乘车离去的时候，天空下起了霏霏细雨。这时，一群德国士兵正起劲地叫喊着，开始移动那辆卧车——"福煦列车"。

　　"运到哪里去？"一个美国记者问道。

　　"到柏林去！"他们要把这车厢运往柏林当作展品。至于那座在 1918 年竖立的花岗岩纪念碑，则在两天以后，被一队德国士兵奉命用炸药炸毁了，只有福煦元帅的塑像留了下来。

　　这是一个令法国人民很久都不能忘怀的历史插曲。

　　希特勒游览巴黎，他不是普通的观光者，也不是法国邀请的朋友，他是一个复了仇的骄傲的胜利者，"巴黎历来令我着迷。"他对雕塑家阿洛·布雷克说。希特勒承认，他长久以来就殷切期望有朝一日能参观"灯光城"，这是个艺术大都市，首先让艺术家陪他游城的原因就在于此。他确信，他定能在巴黎找到重建德国重要都市的灵感，"我想实地看看那些建筑，因为在理论上我对它们熟悉。"

　　那年夏天，希特勒明白地表示，他更感兴趣的是谈判而不是打仗。在法国，他的武器是劝说和把自己打扮成一位宽宏大量的胜利者，一位主动让法国分享团结和繁荣的法西斯欧洲的果实的胜利者——法西斯欧洲，这个霸权的目的，不但要使精神复活，而且要使它成为反对不信上帝的布尔什维主义的堡垒。在这场运动中，他首先采取的措施之一，是要他的部队当解放者，不当征服者。

"我不希望我的士兵在法国的行为像第一次世界大战后法国士兵在莱茵兰的行为一样！"他对霍夫曼说，谁要是抢劫，就当场枪毙，"我要与法国达成真正的谅解"。

这样，进入巴黎的德国部队便不敢大摇大摆，更不敢要人臣服或白吃东西，凡买东西，他们必分毫不差地给钱。在香榭丽舍大街的咖啡馆门外，他们与法国人一起喝咖啡，分享着 6 月下旬的阳光。这种相处虽然很尴尬，且常常彼此无言，互不理睬，但巴黎人的恐惧慢慢消失了——他们原以为妇女会遭强奸，商店和银行会被洗劫。现在大家都知道了，德国军队在帮法国难民返回首都。在巴黎全城都挂满了路牌，上面画着一个怀抱婴儿的友好的德军士兵，还写着一句广告："法国人！信任德国兵吧！"

希特勒想来会为其士兵感到自豪的。他们穿得整整齐齐，说话和气，甚至有点讨好。他们对妇女彬彬有礼，对男人则尊尊敬敬。在无名将士墓前，他们光着秃秃的脑袋站着，其武器仅仅是照相机。他们更像是坐假日特价火车前来的旅客，而不是刚让法军蒙受奇耻大辱的可怕的人物，这是狡猾的公共关系手段，旨在把法国变为一个既肯干活又有生产价值的奴仆的计划的一部分。

第 2 天下午，法国人和凯特尔签订了停战文件，然后动身去意大利，和意大利人签订和约。现在希特勒该实现他的观瞻巴黎和那里的建筑的终生梦想了，他派人叫来了他欣赏的 3 位知识分子——建筑师艾伯特·斯佩尔和赫尔曼·吉斯勒，还有雕刻家阿洛·布雷克，6 月 22 日那天晚上，他们到达了布吕德佩什。吃晚饭的时候，希特勒不谈别的，一个劲儿只谈论第二天参观的事。

次日早上 4 时，希特勒和凯特尔及一小伙大本营的人，还有穿着不协调的灰军服的宫廷建筑师和雕刻家们，秘密飞往布尔歇飞机场、6 月 23 日是明亮而炎热的一天，希特勒爬进车队为首的一辆敞篷车，与通常一样，坐在司机身旁，其余的人坐在他身后。当他们朝第一个停留地大剧院进发时，街上渺无行人，只偶尔有个把宪兵，这宪兵有如履行公事，朝车队潇洒地敬礼。布雷克是在巴黎度过其最美妙的年华的，看到城市如此死气沉沉，他不禁吃了一惊。

在这里，用石头、钢铁和彩色玻璃建成的纪念碑，终于高高耸立在希特勒的面前，他曾从建筑百科全书上看到它，因而对他来说是非常熟悉的，他真的来到了现代化的巴洛克式建筑的歌剧院，请白头发的招待员领他看看久已忘却的小演奏厅，它们的存在是他从建筑设计图上知道的。看到这一切，希特勒眼中放射出兴奋的光芒，"这是世界上最美的剧院！"他失声对随行人员喊道。他察看了包厢，发现少了一个房间，一直陪他们参观的白发老仆人，既生硬又自豪地告诉他们，这间房子多年前就没有了。"喂，你们瞧，我多熟悉这里的路！"希特勒带着小学生般的自豪说道。

在这黎明后的 3 个小时里，他游览了埃菲尔铁塔、凯旋门和巴黎残老军人院。埃菲尔铁塔位于马尔斯广场。为在 1889 年举行纪念法国大革命 100 周年的世界博览会而建造，由著名建筑师埃菲尔设计建成而得名。该铁塔构思巧妙，技艺精湛，高 300 米，是当时世界上最高的建筑物，也是游览胜地。巴黎的凯旋门原有两座，但位于卡鲁塞尔广场的那座已毁于 1872 年，希特勒观看的是位于星广场的凯旋门，这是为纪念自 1792 年以来法国军队的光荣业绩而建造的，动工于 1806 年，历时 30 年，至 1836 年才完成。拱门高 49.54 米，宽 44.82 米，厚 22.21 米，上面装饰有许多巨型浮雕，还有法国著名雕刻家吕德刻制的《志愿军出征歌》（即《马赛曲》）。在拱门里面刻着自大革命以来，至第一帝国时期参加战争的 386 名将士和军官的名字。1920 年 11 月 11 日，在凯旋门下面埋葬了一位在第一次世界大战中牺牲的无名战士，上面点着长明灯。

凯旋门

希特勒来到拿破仑的石棺前，他以帽捂心，鞠躬行礼，呆呆地望着那圆形的墓穴，面对法兰西第一帝国皇帝的石棺，他深深地动了心。末了，他转身对吉斯勒平静地说："我的墓由你建造。"说完，他便陷入了沉思。后来他指示鲍曼，把拿破仑的儿子的遗骨从维也纳迁至他父亲的身旁。

接着，希特勒一行来到香榭丽舍大街。

香榭丽舍大街始于 1667 年，当时这里种植了长排榆树，辟建了道路。到了 19 世纪后期，巴黎的富人逃避大都市的喧嚣，纷纷搬到这个人口稀少的西街，它成了时髦的住宅区。接着，商业和服务业都兴旺起来。

第一次世界大战后这条大街已经成为宏伟辉煌的名胜了。一位作家写道，它是汽车业、时装业、大旅馆、豪华饭店、高级咖啡馆的王国。这里算得上是全世界最著名的道路了，这条摩登的大街，是举行胜利大游行的地方，有各种俗艳的店铺和形形色色的犯罪。

希特勒一伙来此观光，这里今天店铺关门，行人稀少，一片冷冷清清、凄凄惨惨的样子。

希特勒俯视着延伸在高地下的巴黎城，"感谢命运，我终于看到了历来让我神往的巴黎的魔术般的气氛。"他说。

他来到塞纳河边。他本来要游览这条美丽的河的，这时，街头一个报贩认出了希特勒，吓得目瞪口呆，继而拔腿而逃；当他乘车穿过里尔（他只在水彩画里见过它）时，一个探头窗外的妇女认出了他。"魔鬼，魔鬼来啦!"她惊呼道。他起初觉得这一幕有趣，后来他便发誓要将他这一形象从被征服者的心头抹去。

6 月 23 日上午 10 时，希特勒匆匆飞回在比利时的大本营。"巴黎不是很美吗？"他说，"应该把柏林搞得比它更美。"希特勒也把布雷克拉到一边，滔滔不绝地谈论日前之所见所闻，"我爱巴黎——自 19 世纪以来，巴黎就是个艺术重地——就像你爱它一样。大战前，我对艺术也雄心勃勃。如果不是命运将我推入政界，我也会像你一样，在这里求学的。"当天晚上，他命令斯佩尔草拟一个彻底重建柏林的法令——一定要胜过他在巴黎所看到的一切。3 天后，他签署了文件，命令帝国首都的改建于 10 年后即 1950 年完成。

希特勒走了，塞纳河却在悲泣。

美丽的塞纳河，发源于法国北部，蜿蜒曲折，注入英吉利海峡，全长 776 公里，穿过巴黎的河段，有好多好多的桥，约莫每隔三五百米就有一座。这些桥，桥面宽阔而平坦，构筑别致，风格各异，没有一座是相同的，正如世上没有完全相同的人面一样；游船进入桥孔都要减速慢行，以便让游人饱览两岸迷人的景色。

塞纳河，巴黎人民心中的"母亲河"。往日，这里不时有漂亮的游船驶过，不时传来欢歌、笑语。如今，这里死一般沉寂。希特勒的到来带给巴黎人民的灾难，比塞纳河上的桥还多；巴黎人民的痛苦，比塞纳河水还深。

意大利和法国也达成了协议。希特勒告诉布劳希奇，他相信英国很快会屈服。1940 年 6 月 25 日午夜过后 1 小时，第 1 警卫连的司号兵在元首的村庄大本营的每个岗位上各就各位。希特勒坐在他征用的民舍里毫无装饰的木桌旁，和斯佩尔、他的副官们、秘书们以及私人官员一起等候着；他还邀请了两个第一次世界大战时的步兵战友和他一起——一个是绘画大师恩斯特·施密特，另一个是他的老上司，现在的纳粹党的出版业头子马克斯·阿曼。整个欧洲大地上，成千上万台收音机在收听从这寂静森林中的一小块空地发出的声音。希特勒命令把餐室的灯关掉，把窗子打开。一台收音机用低低的声音不断地说着些什么。凌晨 9 时 35 分，在这规定停战生效的那一刻，司号兵吹响了停战的号角。

这是希特勒一生中最激动的时刻。谁也不会理解这胜利对他意味着什么，作为一个默默无闻的步兵，他曾战斗过 4 年，而现在作为一个最高统帅，他却走向了又一个胜利。过了一会儿，他打破了沉寂，说："责任的重担……"但是他没有说下去，他似乎已经不需要说下去了。

那么，崩溃后的法兰西究竟是怎样的呢？

1940 年 7 月 1 日，贝当政府从波尔多迁至维希城。贝当——这位第一次世界大战时的老英雄——从此充当起德国的傀儡。

停战协定签订后，法国被分割为两个地区：占领区（法国北部和中部）和完全依附于德国的非占领区（法国南部）。

占领区的全部经济潜力都归法西斯德国使用。占领当局除对法国进行直接掠夺外，还采取各种方法让德国资本渗入法国经济，进行全方位的掠夺。在德国人的指挥下，他们和贝当政府的副总理、海军上将达尔朗，订立了契约，原材料和机械源源不断地往德国运去了，并且在法国的工厂中派德国人监督。

现在，达尔朗和贝当已经在江山依旧的法国领土上，建立起来一个"新秩序"——一种灾难与耻辱的秩序。由于这两位上将住在法国南部的小城市维希，故这个政府也被称为"维希政府"。这两人都常常声称：法国工业今日尚得存在者，完全有赖于德国。但是他们不敢说出来，就是这些希特勒的订货，完全是由法国人民支付。法国每天必须向盘踞巴黎的纳粹支付 4 万万法郎，一年合算起来，就是 1460 万万法郎，德国人便以这种款项的一部分，去购买法国工业的制造品。除此之外，法国人还要支付"战争损坏清除工作费"等，法国傀儡政府根本无法支付，结果造成通货的过度膨胀。

贝当希望在国内建立独裁制度后能同法西斯德国建立更密切的接触，维希政府出版过一本小册子，那里边写道："1940 年 5—6 月间的失败是制度的崩溃……法国应有新制度，就像每次大变革之后那样，我们当然愿意建立一种同我们的胜利者的现行制度相似的制度。"法国战败后，国内那些把贝当当作旗帜和盾牌的法西斯分子开始公开向共和制度进攻，这股势力的头子是素以反动观点著称的政客赖伐尔。

随着战争岁月的推移，维希政府变得越发无能、越发专横了。法国人民在失败的情况下，最初都把希望寄托在贝当元帅身上，把他作为未来艰难岁月中能引导他们、保护他们免受德国人之害的父辈人物，他们对他深信不疑、绝对爱戴，但是他们的领袖显然没有给他的人民提供足够的回报。

随着盟军在北非的登陆，法国舰队于 1942 年 11 月 27 日被凿沉，维系政权堕落到无以复加的程度。亲德派的赖伐尔留任总理，贝当日益退居幕后，或者说，他的部长们已不把他放在眼里，他只是一个道具罢了。

从此，维希政府丧失了最后一点独立性。

从 5 月 10 日至 6 月 17 日，号称欧洲军事强国的法国，就这样在 5 周时间内被完全打败了。曼施坦因的构想经过古德里安和隆美尔等人的行动后，最终变成了一个堪称世界军事史上的杰作。希特勒灭亡法国的"镰割"计划有了一个很漂亮的结果。

（十五）戴高乐"应运而起"

法国真的完了吗？法兰西独立自由的精神真的完了吗？

不！这里先讲一个小故事吧。当法国贝当政府逃到南方波尔多，还没有签字投降的时候，有一天傍晚，在一家咖啡馆里，前任总理赖伐尔还在对四座高谈阔论"大局"。他说："我一向主张法国应和希特勒与墨索里尼合作。"他向听众担保，如果政府听他的话，法国一定是个和平快乐的国家。

这时，一位身穿黑礼服的年老绅士打断了他的话问道："你是总理大人赖伐尔先生吗？"赖伐尔还未及回答，这位老先生伸出手来，对准赖伐尔的脸上就是一记响亮的耳光！在众人哗然纷乱之中，老先生不见了。事后听说，这位老先生的儿子是一个飞行员，在对德战争中已经殉国了。一个绅士尚且如此，具有斗争传统的法国人民当然不会甘心屈服了。

在法国军队当中，有个刚刚被任命为国防部次长的人，名叫夏尔·戴高乐。他在第一次世界大战中是个上尉，在凡尔登战役中，他身负重伤，被关在德国俘房营中，战后才回国。第二次世界大战爆发后，他针对德国闪电战袭击波兰的教训，一再提出以机械化部队对抗机械化进攻的建议，但是都被当时法国陆军的元老们一一否定了。他是个坚决主张抵抗德国侵略的人，可是在当时的法国政府中，他是孤立的。

1940年6月17日早晨9时，波尔多机场上一片混乱，人们正在为英国特使斯皮尔斯送行，忽然从人群中闪出一位身材高大的法国将军，还没等人们反应过来，便径直登上了引擎已经启动、正在准备腾空而起的英国飞机。这位将军便是戴高乐。

丘吉尔后来描述过戴高乐从法国脱险的经过，并评论道："戴高乐在这架小小的飞机里载着法国的光荣离去了。"

当天下午，戴高乐飞抵伦敦，开始组建法国的抵抗运动。针对贝当政府的停战求和，戴高乐于18日夜间发表广播讲话。那是一个历史性的时刻，从那以后，特别在法国，人们把戴高乐称为"6·18英雄"。

"6·18英雄"说：事情已经定局了吗？希望已经没有了吗？失败已经确定了吗？没有！

法国并不孤立。它不是单枪匹马！在它的后面有一个庞大的帝国。它可以和不列颠帝国联合起来，不列颠帝国控制着海洋并在继续作战。法国可以像英国那样、充分利用美国巨大的工业资源。

我是戴高乐将军，我现在在伦敦。我向目前正在英国领土上和将来可能来到英国领土上的持有武器的法国的官兵发出号召，向目前正在英国领土上和将来可能来到英国领土上的一切军火工厂的工程师和技术人员发出号召，请你们和我联系。

他庄严地宣布："法国的事业没有失败……无论发生什么情况，法兰西抵抗的火焰绝不应该熄灭，也绝不会熄灭。"

那天，丘吉尔也发表了十分著名的讲演，"略举了我们毫不动摇地继续作战的决心所依据的确实理由"。他说：

"不论法国或法国政府或另外的法国政府将来如何演变，我们在这个岛上和英帝国范围里都将永远保持我们对法国人民同舟共济的感情……如果我们的奋斗换来了最后的胜利，他们也将分享胜利的果实——是的，所有的人都将重获自由。

我们绝不降低我们的正当要求；我们寸步不让……捷克人、波兰人、挪威人、荷兰人、比利时人已经把他们的事业和我们的事业联合在一起了。他们都将复兴他们的家园。"

在结束他的讲话时，丘吉尔说：

"魏刚将军所说的'法兰西之战'，现在已宣告结束。我预计'不列颠之战'就要开始了……因此，让我们勇敢地承担我们的责任，我们要这样勇敢地承担，以便在英帝国和它的联邦存在1000年之后，人们也可以说：'这是他们最光辉的时刻。'"

他们两人的讲演一度使反法西斯的英法听众热血沸腾。

在6月18日发表广播讲话之后，戴高乐就开始着手他拯救祖国的努力。当天他打电话给波尔多，表示愿意继续进行已经开始的关于美国战争物资的使用、德国俘虏的处理以及迁往北非的运输等问题的谈判，但回答他的是一个召他马上回去的电文。6月20日他写信给魏刚，叫他来领导抵抗运动，但魏刚已投降并给自己安上了一个"国防部长"的头衔，这封信于是被退回来，并在上面附了一个签条，打上了"如果退役的戴高乐上校想和魏刚将军通信，他必须通过正式的途径"的话。戴高乐随后向殖民地总督们发出呼吁，然而没有一个总督做出反响。那些高级人物基于等级观念和法统思想，有理由保持沉默。戴高乐，你在法国失败时才被授予将军衔，在官场中是不足挂齿的小人物，你想代表法国，你算老几？也许你是个野心家呢？

接二连三的挫败使戴高乐深深明白，没有武装就没有法国的未来。他说："没有宝剑就没有法国，建立一个战斗部队比什么都重要。"

戴高乐不但着手组建忠于他个人又忠于他心目中的那个法国的运动，而且开始创立一个新法国的雏形。他在伦敦设立了法国抵抗运动中心，并打出了法国国旗。6月29日，有200多名步、炮兵向戴高乐将军报到，从敦刻尔克撤退的200多人投入"自由法国"的运动……到了这个月的最后一天，海军中将米塞利埃也来到伦敦，支持戴高乐将军，这对戴高乐是个很大的鼓舞。

7月13日，戴高乐大胆宣称："法国同胞们！请认准这一点，你们还有一个战斗的队伍存在。"7月14日法国国庆日，戴高乐在伦敦公众赞许的目光下，检阅了他的第一支队伍，随后，他率领这支队伍在福煦元帅的像前献了红、白、蓝三色花圈。同时，宣布"自由法国"投入战斗，并以"洛林十字"作为它的标志。

7月21日，首批自由法国飞行员参加了对鲁尔区的轰炸，并发表了有关这次空袭的消息。到了7月末，自由法国的现役部队发展到了7000人。8月24日，他们荣幸地接受了英王乔治六世的检阅。这7000人的队伍，就是戴高乐的剑，他相信，剑身淬火后，将会变得尖利无比。

英王检阅，这是承认的一种形式。其实，英国早就以一种对戴高乐更为有用的方式承认了自由法国。1940年8月7日，英国与自由法国达成了一项正式协议。这一协议通常被称为丘吉尔-戴高乐协议。这项协议是戴高乐努力建立的那个大厦的基石。

维希政府早已和英国断交了，丘吉尔实际上已经承认了戴高乐的初具雏形的政权。英国人民，从王室成员到普通百姓，一直向自由法国人士表示友好情谊。当伦敦的报纸报道维希政府判处戴高乐死刑并且没收其财产时，马上就有大量的金银财宝不具名地留在了戴高乐居住的卡尔顿花园。还有十几个不知名的寡妇把她们的结婚戒指也寄来了，她们贡献了她们的黄金，来为戴高乐的解放事业服务。

戴高乐怀着钦佩的心情，描述了英国在普遍预感到德国将会入侵时所呈现的蓬勃气氛，而这种气氛在1940年战前的法国是看不到的。戴高乐说："看到每一个英国人似乎都把救亡图存视为己任，的确令人称羡不已。"

英国皇家空军的年轻飞行员也在准备迎击德国人的进攻，英国人在四处修建防空洞。1940年8月的一天，丘吉尔在契克斯会见戴高乐时向空中挥动着紧握的双拳喊道："他们永远不来了吗？"在随后的讨论中，丘吉尔说，戴高乐现在可以明白他当时为什么不让英国战斗机留在法国了吧。但戴高乐在这一点上也丝毫不让步，他反唇相讥道：如果英国战斗机留在法国，法国也许可以打下去，并继续在地中海作战。然而丘吉尔却着眼于更长远的目标，他当时的想法是，一旦德国人开始轰炸英国城市，美国就会受到震动从而放弃中立，支援法国。

若干年后，戴高乐重提这些事时，冷静地写道：丘吉尔先生和我都不偏不倚地从这一系列毁灭西方的事件中，得出一个平凡的，然而是最后的结论：到头来不列颠是一个岛国，法国是大陆的一角，而美国则是另一个世界。

"事情已经定局了吗？希望已经没有了吗？失败已经确定了吗？没有！"

戴高乐的声音震撼着3000万法国人民的心灵。在他的旗帜下，集中了来自各方的法国自由战士，在战败德国法西斯的斗争中做出了重要贡献。

人们从四面八方投入戴高乐"自由法国"的运动。有的从法国绕道西班牙，逃到英国，有的从北非经直布罗陀海峡投奔而来。集中在白城的 2000 名敦刻尔克伤员中，有 200 名决定投靠"自由法国"。一个从地中海东部地区陆军中分拨出来驻守塞浦路斯的殖民地营，也聚集到"自由法国"的旗帜之下。6 月底，有一个渔船队把不列塔尼沿岸塞纳岛上所有身强力壮的男人都运到了科尼什海岸。

"自由法国"总部设在泰晤士河畔的一座大厦里。戴高乐将军筹建了法国民族委员会和武装力量，在简陋的办公室里他接待从各地来的关心"自由法国"的人们。

1940 年 8 月，戴高乐将军率领一支英、法联合舰队向法国进攻，不幸失败。但戴高乐将军并不屈服，他以顽强的精神继续战斗。

之后，为了长远计议，戴高乐将军又在非洲建立了一个可靠的作战基地和精干的行政机构，并出版了"自由法国"的报纸。他派出代表团，深入法属西非和赤道非洲，成功地使这些地区加入了"自由法国"。9 月，法属大洋洲和印度支那宣布支持戴高乐。10 月，戴高乐在布拉柴维尔成立了"保卫帝国委员会"。到了 1940 年年底，他已经控制了约 1200 万人口的地区。

"自由法国"的军队成立伊始，便加入了反法西斯战争的行列，并且取得了可喜的胜利。

1941 年 9 月 24 日，戴高乐为了进一步加强反法西斯的战斗力，正式成立了民族委员会，领导"自由法国"。"自由法国"的行政机构——"法兰西民族委员会"成立，戴高乐自任主席，随即得到英、苏等国的承认，"自由法国"的影响进一步扩大。

四、不列颠之战

（一）希特勒的"和平"幻想

对于希特勒来说，在法国的日子是惬意而愉快的。他非常满意自己的胜利，像其他"游客"一样，他也在巴黎最著名的建筑埃菲尔铁塔前留了影。影像中希特勒身穿双排扣风衣，两手合放在腰部以下，他并没有直视镜头，而是穿过照相机，向后面广大的法兰西大地望去，在纳粹军帽帽檐遮挡下，那双眼睛无比坚毅而傲慢，鼻子下标志性的一撮小胡子似乎也摆出挑衅的姿态，埃菲尔铁塔就矗立在其身后，构成画面最虚弱无力的背景。

在参观荣誉军人院时，希特勒凝视着拿破仑墓，久久没有移开视线。随后他对他的摄影师霍夫曼说："这是我一生中最伟大最美好的时刻。"希特勒和他的将军们还来到第一次世界大战时期的西线战场，马其诺防线失去了曾经的辉煌和荣耀，此时毫无生气地呈现在希特勒面前，故地重游，他百感交集。他转过身来，对霍夫曼得意扬扬地说："那些《凡尔赛和约》的战胜国，

拿破仑墓

以及那些主宰英国和法国政府的'小蛆虫'，现在不知道作何感受！"

霍夫曼似乎被元首激动的情绪所感染，不禁追问道："那么您下一步的宏伟蓝图是怎样的呢？我们什么时候将在英国登陆？"

"下一步我想对付的是俄国佬，如果我们将与英国人开战，就不得不面对东西两线作战的不利局面。到那时，即使占领了英国，对德国又有什么好处呢？日本和美国将渔翁得利，这是我不希望看到的。而且，英国是个理智的国家，我相信总有一天他们会认清自己的处境，来跟我们讲和的。"希特勒的心情格外好，将心里的想法一股脑儿说了出来。另外，希特勒之所以向英国人抛出和平的橄榄枝，也是因为他真心敬慕英国人和他们的文明，并认为英国人作为盎格鲁-撒克逊人，符合优秀民族的标准，不应该被消灭掉。

从西线战场回来，希特勒驱车返回他在克尼比斯的"黑森林"别墅，他给自己放了10天假，做着与战争无关的事，开车兜风，享受美食，一切都妙不可言。不过这也是他人生中最后一段惬意的时光。

在德国纳粹头子沉浸在胜利的喜悦中时，德国士兵们战时紧绷的神经也得到了放松，他们可以在巴黎街头闲逛，在英吉利海峡的岸边洗澡，光顾那些挂着"此处说德语"牌子的餐厅和咖啡馆，餐馆里香飘四溢的肝泥腊肠和啤酒味道使士兵们产生错觉，似乎战争就此停止了。不过，这当然是不可能的。

对于德国的将领们来说，希特勒"不要行动"的命令仅仅意味着目前他们不能进攻英国，但这并不妨碍他们为下一步可能的行动做准备。德国空军把第2航空队和第3航空队调往英吉利海峡沿岸的法国机场，从那里飞到对岸的多佛尔断崖只需20分钟，距伦敦也只有1小时的航程。与此同时，容克-87"斯图卡"式俯冲轰炸机和容克-52型军用运输机正从德同基地开过来。

德国的海军也没闲着，他们集合驳船和小型船只，沿着莱茵河通过荷兰和比利

时的运河向英吉利海峡和北海沿岸的集合点驶进。

人员军备的调动在有条不紊地进行着，而在英吉利海峡上空，人们不时看到几架画着纳粹标志的飞机滑过。它们飞向英国，扔下几枚炸弹后马上掉转机头飞回基地。原来德国空军在通过骚扰性的空袭对德军飞行员进行实战训练。天气状况良好的白日里，德军战斗机以英国港口的护航舰为目标，试图引诱英国皇家空军起飞应战，以试探英国人的技术和胆量。而在夜幕降临后，德国空军的轰炸机小分队借着夜幕攻击一些孤立的目标，以检验他们进攻的准确度和有效性。

在这段时间里，几个欧洲中立国家和罗马教廷正在通过各种方式在英国和德国之间斡旋，谋求停战。6 月 28 日，希特勒收到一封梵蒂冈教皇发来的密电，密电中称教皇愿意为交战双方取得公平、体面的和平进行调节。他已向丘吉尔和墨索里尼发过同样的电报。教皇希望了解各方对他此举的态度和立场。瑞典国王也奔走在希特勒和丘吉尔之间。在西班牙，德国的密使直接敲开英国大使霍尔爵士的办公室大门，劝其认清形势，接受德国的和谈建议。在巴黎，德国将军施图德尼茨对美国外交官墨菲上校称，英军没有任何一个师的编制是完整的，也没有重型武器装备，不可能再做抵抗，德国对英国的战争将在 7 月底前结束。而远在大洋彼岸的美国本土，孤立主义势力也闻风而动，拼命制造英国和德国应该停战的言论。

然而，对于德国人抛出的橄榄枝，英国人的态度如何呢？英国首相丘吉尔在第一时间明确表示拒绝和谈。丘吉尔的语气十分强硬，他致电英国驻华盛顿大使，要求其对德国求和的行为决不给予任何答复。他还通过瑞典国王向希特勒告知：德国须用事实而非空话做出保证，德国应该恢复捷克斯洛伐克、波兰、挪威、丹麦，特别是法国的自由和独立。英国需要的是战争爆发前的和平，而非被德国肢解的和平。

面对希特勒一次又一次"和平攻势"，丘吉尔做出了明确而坚定的回答：决不和谈！这位不久前刚刚接替张伯伦担任英国首相兼国防大臣的丘吉尔，被人们尊敬地称为"战时首相"。6 月 18 日，丘吉尔在下院义正词严地发表讲话："我毫不低估我们所面临的严峻考验，但我相信的是我的同胞们会像巴塞罗那的英勇的人们那样，证明自己能够经受这种考验，至少会像世界上其他国家的人民那样，能够经受这种考验，而且能够坚持下去。……因此，让我们振奋精神履行我们的职责，并且要做到这样。一千年后，如果英联邦和英帝国仍然存在着，那时依然会说：'这段时期是他们所拥有的最美好的时刻。'"

没过多久，这篇名为《我们将战斗到底》的著名演说就通过 BBC 电台的电波传遍英伦内外。值得一提的是，BBC 广播中传出的慷慨激昂的演说声音并非出自真正的英国首相丘吉尔之口，而是由一名叫谢利的演员模拟其声音播发的。原来当时丘吉尔公务缠身，抽不出时间去电台录音。电台急中生智，想出一个大胆的主意：把当时经常在舞台上扮演首相的演员诺尔曼·谢利邀请到广播室，录制了这篇演讲。电台的工作人员忐忑不安地播发后，发现并没有人注意到有什么不同，才长舒了一口气。就连丘吉尔本人听后也大加赞赏："妙极了，模仿得简直一模一样，就连我说话漏风的特点也学会了。"这篇讲话道出了英国政府和人民不向德国纳粹势力低头的勇气与决心，同时也彰显了丘吉尔坚强乐观的性格特点。

在发表演说几天后的一个晚上，丘吉尔在地下总部的一间空房间内召集了一次参谋部会议。这里紧邻国会和政府办公楼，被人称为白厅"地洞"。丘吉尔身着一套黑色西服走进房间，看到将军们和内阁大臣们已经在这里静静地等着他了，排风扇发出微微低沉的噪声。丘吉尔环视四周后，用右手从嘴上拿下他的大烟斗，淡淡的烟雾迅速在空气中飘散。他指向位于会议桌首席位置的一把木椅说："我将在这间屋子里指挥这场战争。如果我们遭到侵略，我就坐在那里，那把椅子上。"手中的烟斗重新回到嘴上，他狠吸了一口又吐出，接着说道，"我就坐在那里，直到德军被赶走，要么到他们把我的尸体抬出去！"

（二）"弩炮"行动

法国贝当政府投降之后，法国海军被纳入德国海上力量，成为其一部分。希特勒并没有直接征用法国海军，他考虑到法国人民强烈的民族感情，同时大片法属北非殖民地也需要法军舰队防守，与其派出德国的兵力驻守，莫不如让法国自己来守。此时，德国与英国之间的大战一触即发，而德国的海上力量远远赶不上大英帝国的海军，仅靠德国自己的海军在英吉利海峡与之抗衡可谓难比登天。但是，如果让实力位居世界第四的法国海军力量与德国海军融为一体，再与英国皇家海军较量的话，胜负就难料了。铁了心要与德国决战到底的英国首相丘吉尔一想到法国海军这枚"定时炸弹"便寝食难安，开战在即，必须尽快解决这个心腹大患。

1940年，法国海军拥有1艘航空母舰、2艘战列巡洋舰、7艘战列舰、18艘巡洋舰、27艘轻型巡洋舰、26艘驱逐舰、27艘舰艇和大量小型船只。法国海军战舰多为20世纪二三十年代建造的新舰。截至6月份，当时海上的军事力量对比为：英国皇家海军有老旧的战列舰14艘，其中还有1艘处于大修状态。法国有9艘战列舰，意大利有6艘战列舰，而德国只有2艘战列舰。

早在6月17日，法军与德军停战的当天，英国向法国重申英国同意法国停战，但要求立即将法军舰队开到英国港口。英国第一海务大臣庞德向英国地中海舰队司令坎宁安上将下达命令："尽力使法军舰队加入我方，不然就消灭它。"坎宁安丝毫不敢怠慢，立即加派"皇家方舟"号航空母舰、"胡德"号和"反击"号战列巡洋舰等到直布罗陀监视法军舰队的一举一动，并及时向庞德汇报情况。

此时的法国海军乱作一团，一些主力舰直接加入了英国舰队的行列，而更多的战舰则逃到北非法属殖民地。英国扣留了正在英国港口的"洛林"号和"库尔贝"号战列舰，"敦刻尔克"号和"斯特拉斯堡"号战列巡洋舰和两艘旧战列舰停在阿尔及利亚的奥兰港。

6月18日，英国皇家海军大臣亚历山大和第一海务大臣庞德专程来到法国，就投降后法国海军的处理办法与达尔朗上将协商。达尔朗郑重承诺：宁可凿沉法军舰队也决不会让它们落入德国人之手。然而，就在两天后，在法国政府收到的德国停战条件中，其中第8条明确写着："除法国保卫帝国利益的船只外，都必须集中到指定港口解除武装。"法国外长博杜安及时向英国大使坎贝尔通报了这一情况，并极力保证说："法国将派舰队去北非，若有危险将自沉。"

虽有法国的保证在手，但要让英国完全把心放进肚子里是不可能的。当天晚上，丘吉尔召开内阁会议，他决定让庞德通过私人信件向达尔朗等法国海军将领进一步发出疾呼：主力战列舰坚决不能落入德军之手。

然而，收到信件的达尔朗却满腹狐疑，他开始重新思量英国的企图，难道英国在打法军舰队的主意，把法军舰队和法国殖民地一并吞灭？这个想法一产生，便在其脑海中挥之不去。"我决不会把舰队派往英国，因为英国一艘船都不会归还。如果英国赢得了战争，他们给予法国的待遇不会比德国的更慷慨。"在一次与美国大使布利特的谈话中，达尔朗这样说。

6月24日达尔朗向舰队下达最后命令："在敌人或英军试图接管我们的军舰时，立即凿沉军舰。决不允许军舰完整无损地落入外国人之手！"而在当天晚上，丘吉尔和内阁议员们正在伦敦讨论歼灭法军舰队计划的可行性。丘吉尔面色凝重地坐在圆桌旁，再次提醒身旁的大臣们："我们不能指望法国当局凿沉舰队的建议，因为不管法国从德国那里得到了什么保证，英国都无法防止德国获取这些军舰。除非它们都被凿沉或接受我们的指挥。"

6月25日，达尔朗请求英国准许停在英国港口的法军舰队离港。停在达喀尔港的法国"黎塞留"号战列舰突然驶出港口。英国政府闻讯后马上命令海军部拦截，必要时俘获该舰。27日，"黎塞留"号战列舰被迫驶回港口。此时，英军再也坐不住了，他们愈加敏感的神经已经禁不起法国任何可以制造危险的挑拨。丘吉尔在当天的内阁会议中做了他自己认为是一生中最"违背天性"的决定——实施"弩炮"行动。

这个计划要求，尽可能地解除法军舰队的武装，夺取、控制法国海军的舰艇或使之失去作用。就这样，英军将枪口对准了昨日的盟友。在利益面前，终究没有永远的朋友。

7月3日凌晨，在直布罗陀海峡以东的海域上疾驶着一支规模巨大的舰队，这支舰队便是英国H舰队。该舰队包括"勇士"号和"决心"号战列舰、"胡德"号战列巡洋舰、"皇家方舟"号航空母舰、2艘巡洋舰和11艘驱逐舰。其中"皇家方舟"号航空母舰上还搭载有一支包括24架"贼鸥"式战斗轰炸机和30架"剑鱼"式鱼雷轰炸机的空中攻击力量。这是除了在斯卡帕湾的本土舰队主力和东地中海舰队外最为强大的一支舰队。

H舰队的目的地是位于法国北非殖民地阿尔及利亚港口城市奥兰以西3海里的米尔斯克比尔港口。在那里停泊着法国海军让·苏尔将军统率的一支舰队,这支舰队包括法国最优秀的战列巡洋舰"敦刻尔克"号和"斯特拉斯堡"号,以及1艘航空母舰、2艘战列舰和一大批驱逐舰等。

天刚刚破晓,H舰队已经到达距米尔斯克比尔港10海里的位置,并在这里静静等待着。他们此次执行的任务正是丘吉尔所说的"弩炮"行动。在这次行动的前一天也就是7月2日上午,英国H舰队的萨默维尔中将曾要求与让·苏尔面谈,但遭到了拒绝。随后他派人向坐在"敦刻尔克"号战列巡洋舰指挥室里的让·苏尔将军递交了英国政府措辞严谨的函件:

我们必须真正做到:法国海军最精锐的舰只不致被敌人用来攻打我们。在这种情况下,英王陛下政府指示我要求现在在米尔斯克比尔和奥兰的法军舰队根据下列办法之一行事:

(一)和我们一起航行,继续为取得对德国和意大利战争的胜利而战。

(二)裁减船员,在我们的监督之下开往英国港口。裁减的船员应尽早遣返。

如果你接受以上两种办法之一,我们将在战争结束时把你的舰只归还法国,如果舰只在作战期间有所损坏,我们将照数赔偿。

(三)另外一个办法是:如果你觉得必须约定,除非德国或意大利破坏停战,你们的舰只就不能用来攻打他们,那么就裁减船员,随同我们一起开往西印度群岛的一个法国港口,例如马提尼克,在那里完全按我们的要求解除舰只的武装,或者交给美国妥为保管,直到战争结束,船员则可先行遣返。

如果你拒绝这些公平合理的建议,那么,我谨以最深的歉意,要求你们在6小时以内把你们的舰只凿沉。最后,如果你们未能遵照上述办法行事,那么,我只好根据英王陛下政府的命令,使用一切必要的力量,阻止你们的舰只落入德国或意大利之手。

让·苏尔将军随即给法国海军部发出两封电报,通报英国方面提出的条件。但不知出于何种考虑,他隐瞒了事情的一些细节,第三个办法——把舰队开往西印度群岛的法国港口——这在电报中根本没有提。

僵持了一天的谈判毫无结果。7月3日的整个下午,丘吉尔都坐在唐宁街10号战时内阁办公室里,与海军大臣和第一海务大臣等时刻关注着谈判的动向。17时26分,他向萨默维尔中将发出最后的电报:"法军舰队必须按我们的行动条件行动,否则就让他们自行凿沉,或者在天黑之前由你们击沉。"

早在当天中午 12 时，萨默维尔中将已派出鱼雷轰炸机在港口出口处布防鱼雷，防止法军军舰出逃。接到电报后，H 舰队立即发起攻击。17 时 56 分，"胡德"号战列巡洋舰首先开炮，随后 H 舰队的 15 英寸重炮纷纷开始向法军舰队射去，这也是自滑铁卢战役以来英国第一次向法国军队开火。

此时驻米尔斯克比尔海港内，沿着港口西北到东南方向防波堤停靠的分别是"敦刻尔克"号战列巡洋舰、"布列塔尼"号战列舰、"斯特拉斯堡"号战列巡洋舰、"普罗旺斯"号战列舰和"塔斯特指挥官"号水上飞机母舰，驱逐舰则停靠在港口内侧。战列巡洋舰和老式战列舰都是舰尾靠向防波堤，两艘战列巡洋舰在受到攻击的时候不能使用舰首主炮，也就是说它们此时没有任何还手的能力！此外，当地还有海岸炮台。附近机场则有 52 架战斗机，而轰炸机基地距离稍远。

让·苏尔将军迅速组织军舰撤离海港，"布列塔尼"号战列舰首先向英舰中的"胡德"号战列巡洋舰发炮还击。当法军舰队旗舰"敦刻尔克"号战列巡洋舰开始松开系泊缆和尾锚链、准备起锚时，"胡德"号战列巡洋舰的一次主炮齐射击中了防波堤，四散飞起的弹片和石子击中了帮助"敦刻尔克"号战列巡洋舰出航的拖轮，同时也击中了停泊在"敦刻尔克"号战列巡洋舰旁边的"普罗旺斯"号战列舰主炮射击指挥仪，使其中大部分人员伤亡，一部分观瞄设备受损，"普罗旺斯"号战列舰仅仅发射 22 发炮弹后就不得不停火。

英军"皇家方舟"号航空母舰位于舰队的最后面，当"斯特拉斯堡"号战列巡洋舰第一个冲出海港时，与"皇家方舟"号航空母舰几乎擦肩而过。"皇家方舟"号航空母舰不得不先向西驶离法舰的火力范围，随后，"皇家方舟"号航空母舰上的 6 架"剑鱼"式鱼雷轰炸机在几架"贼鸥"式战斗轰炸机护航下，对"斯特拉斯堡"号战列巡洋舰进行了轰炸。轰炸机以"斯特拉斯堡"号战列巡洋舰的烟筒为参照物，从 11000 英尺一直俯冲到 4000 英尺进行投弹。不过，全部炸弹都被规避，只有 1 枚炸弹在"斯特拉斯堡"号战列巡洋舰转向规避时落在舰尾 25 米远的地方。英军的 2 架"剑鱼"式鱼雷轰炸机不幸被法军高射炮击落。护航的战斗机也遭遇了法军战斗机群，经过一番激烈的战斗后 1 架"贼鸥"式战斗轰炸机被击落。幸运的是 3 架飞机上的人员都获救了。

20 时，追击法军军舰的"胡德"号战列巡洋舰位于"斯特拉斯堡"号战列巡洋舰后面仅 44 千米处。为了减缓"斯特拉斯堡"号战列巡洋舰的航速，"皇家方舟"号航空母舰派出 6 架"剑鱼"式鱼雷轰炸机再次向"斯特拉斯堡"号战列巡洋舰发动攻击。这次，这些飞机携带的都是鱼雷，攻击也十分精彩，它们以两架为单位被分成 3 组攻击，由海军航空兵布莱克·索尔驾驶的老慢的"剑鱼"式鱼雷轰炸机，竟然飞行在距离海面仅有 20 米的地方！但可惜的是鱼雷均未命中目标。由于燃料不足，加上担心与自阿尔及尔开来的法军舰队遭遇，萨默维尔下令停止追

"皇家方舟"号航空母舰

击。他只能在望远镜中遥望着"斯特拉斯堡"号战列巡洋舰以极高的航速逃离，在海平面上渐渐消失。

这次战斗除了"斯特拉斯堡"号战列巡洋舰逃跑外，英军的表现堪称完美。法军"布列塔尼"号战列舰被击沉，"普罗旺斯"号战列舰和"敦刻尔克"号战列巡洋舰遭到重创，1297名水兵阵亡，341人受伤。英国皇家海军H舰队仅损失3架"剑鱼"式鱼雷轰炸机，2架"贼鸥"式战斗轰炸机，仅有2人受伤。

同一天，在英国的朴次茅斯和普利茅斯港，英国皇家海军以出其不意的方式夺取并控制了停泊在那里的所有法军军舰；在不列颠，除"苏尔古夫"号潜艇有极少伤亡外，其余法军军舰均顺利移交；而在亚历山大港，经过谈判，法军舰队司令戈德弗鲁瓦同意放出自己舰船上的燃油，卸掉大炮装置的主要部分，并遣返部分船员。

7月4日，丘吉尔在下议院中说明了采取这一行动的原因，法国方面在保证舰队不落入德军之手、将俘获的400多名德国飞行员送往英国、不单独签署停战协议、将停战文本事先通知盟国等承诺上，没有一项得到兑现。

7月5日，英国H舰队对"敦刻尔克"号战列巡洋舰再次发起攻击，这次他们决定用"皇家方舟"号航空母舰的舰载机攻击"敦刻尔克"号战列巡洋舰，让其彻底不能出航或将其击沉。6日19时，"剑鱼"式鱼雷轰炸机抛出的1枚鱼雷从"敦刻尔克"号战列巡洋舰的龙骨下方穿过，击中1艘已经沉没的巡逻舰舰尾，鱼雷引爆了舰尾装载的42枚100千克深水炸弹，爆炸产生的浓烟足足飘到海平面上空600英尺的高度。爆炸在"敦刻尔克"号战列巡洋舰右舷舰壳和主防雷壁上撕开了40米长的大口子，海水顺势涌入舱内，全舰共死伤154人。

　　7月8日，英国皇家海军"赫耳墨斯"号航空母舰向法军"黎塞留"号战列舰发动进攻。停泊在达喀尔港的"黎塞留"号战列舰被1枚航空鱼雷击中，遭到重创。而停泊在法属西印度群岛的法国航空母舰和2艘轻巡洋舰经过谈判，根据与美国达成的协议解除了武装。

　　这样，实力曾居世界第四的法国海军在英军的"弩炮"行动下，在短短几天的时间内就丧失了作战能力。希特勒企图依靠法国海军增强德国海军实力的美梦也破灭了。

（三）"海狮"计划

　　希特勒认为德国打败法国后，英国必会俯首称臣，当得知丘吉尔对和谈的坚决态度后，大为恼火。他一直不敢相信英国人竟然对他提出的和平建议置若罔闻。"丘吉尔简直就是一个喜欢大口喝白兰地的农夫，辅佐他的那些顽固不化的笨蛋也好不到哪儿去。"希特勒愤怒地对他的手下说。这时他的耐心即将耗尽，7月2日希特勒下达了更新战前制订的临时进攻计划的命令。恼羞成怒的他终于开始做全面入侵英国的准备了。

　　7月16日，希特勒下达第16号元首令："尽管英国的武装部队已经毫无希望，但依然没有表现出任何期望达成协议的迹象，我已决定进行一次登陆行动，如有必要，即付诸实施。"命令中还指出："这次作战行动的目的是消除英国本土这一对德作战的基地，并在必要的时候全部占领该国。"

　　这次作战的代号为"海狮"。要求准备工作在8月中旬完成。命令下达后，德国高层指挥官开始忙碌起来。这天，在德国陆军司令部作战室中，总司令布劳希奇和参谋长哈尔德、作战处长正在研究希特勒发来的命令。

　　哈尔德用手指了指电文对布劳希奇说道："这次行动，海军和空军的事比较多，等他们扫清了道路，再由我们出击。只是这道命令，让我们如何是好呢？元首所说的'如有必要'是什么意思？难道还有可能不执行此命令？"

　　布劳希奇听完哈尔德的疑问，点点头说："你说得没错，如果空军和海军无法取得英吉利海峡的制空权和制海权，登陆仗是打不起来的。元首大人肯定不愿意把我们的士兵送到海中喂鱼虾。"

　　听到这儿，哈尔德不禁插话道："还有个重要的原因，元首也曾多次提起过：即使打赢了英国，对帝国也并没有多少好处。眼下元首正在筹备和苏联的战争，当我们收拾苏联时，日本和美国佬就会在亚洲、非洲继承不列颠的殖民地，这岂不是为他人作嫁衣！"

　　"就是，就是，"作战处长表示赞同，他接着话茬儿说，"英国和苏联比起来，显然苏联更棘手一些。元首已经多次表示出准备东进的意向，听说凯特尔他们正在拟订计划。等到攻下苏联的那天，英国人在欧洲大陆上就没有任何指望了。"

"有这种可能，不过元首的命令还是必须执行的，当务之急是制定出作战方案来，至于到时候打还是不打，我们还是要听元首的。"布劳希奇总结道。

这项由希特勒亲自拟订的名为"海狮"的行动计划，虽然没有戈林和米尔契以空军部队入侵英国的计划那么轰轰烈烈，但它的构想却十分庞大：它计划将 25 万德国步兵分 3 批送抵英国南部海岸长达 320 公里的战线，其中少量部队使用飞机运送，大多数部队由改装的内河驳船、拖船、汽艇和大型运输船运过英吉利海峡。登陆后的陆军首先抢占滩头阵地，随后立即向内陆推进，首要目标是阻隔伦敦与英国其他地区的联系。当成功占领伦敦后，盖世太保将逮捕包括丘吉尔、作家赫胥黎和伍尔夫、演员科沃德在内的 2000 名英国的上层人物，并将所有 17—45 岁身体健全的英国男子都拘禁起来，送往欧洲大陆。

"海狮"计划得到大多数德军将领的支持，但质疑声也不在少数。海军总司令雷德尔元帅指出：这是德军首次尝试由海路登陆进行作战，缺乏战斗经验，要在英国登陆，必须跨过大浪滔天的英吉利海峡，而那里最狭窄的部分也相距差不多 20 海里；更重要的是，失去法国海军力量的支持后，德国海军并不具备保护和维持"海狮"计划在 320 千米正面海岸线登陆的实力。因此他提出缩短战线的建议，然而这个建议立即遭到陆军将领的反驳——这等于把他们的军队直接送进绞肉机。

与海军总司令雷德尔不同，陆军总司令布劳希奇和陆军参谋长哈尔德却表现出十分推崇"海狮"计划的样子，他们向希特勒保证将全力以赴执行计划。但是他们却提出一个要求：在海上登陆英国之前，德国空军必须削弱并最终摧毁英国皇家空军的战斗力，使之失去空中防御力量。

显然，这是两位陆军将军经过深思熟虑而提出的要求。他们把战争带来的风险巧妙地转移给了空军司令戈林。不过，他们的建议不无道理，杜黑的制空权理论在欧洲盛行为其提供了理论支持，在没有取得英吉利海峡制空权的前提下，德国海军与强大的英国皇家海军进行较量无疑是以卵击石。因此，要想有效地实施"海狮"计划，必须首先凭借强大的德国空军，越过英吉利海峡，摧毁英国皇家空军、海军和其他军事基础设施，并从心理上击垮英国民众的意志，为最后实施登陆创造最重要的前提。

7 月 19 日晚，德国首都柏林的科罗尔剧院内座无虚席，包厢里挤满了来自各国的外交官，在开会之前他们不时小声地议论着。"迈克，原来你在这儿。我听说元首今天要提出一项和平建议，是真的吗？"一位戴着灰色礼帽的男子在落座前似乎遇到了熟人，快走了几步上前搭讪。"哦，是你啊，杰米。好像是的，我听统帅部的人这么说的。别着急，一会儿元首就会给我们答案的。"那位穿纳粹制服的迈克回答说。

当他们说完话正要坐下的时候，会场里突然安静了下来，一阵脚步声由远及近，军靴砸在大理石地面上击出铿锵有力的节奏。只见一行身着纳粹军装的人鱼贯而入，走在最前面昂首挺胸、留着一撮小胡子的正是他们的元首希特勒。他阔步走上高高的讲台，台下众多新闻记者的镜头追随着他的身影。希特勒一改他一贯的歇斯底里、大喊大叫的风格，用一种温和的语调微笑着开始他的演讲。

在他例行颂扬了一番德国在战争中已取得的胜利后，话锋一转，转到在座的外交官们急切想知道的话题上：

"现在我从英国只听到一个呼声：战争必须进行下去！但这不是人民的声音，而是政客的声音。我不知道这些政客对于这场战争继续下去会导致什么结果，是否有了一个正确的判断……他们将继续打下去，并且说即使英国灭亡了，他们也要到加拿大继续进行战争……请相信我，我对于这种想毁灭整个国家的无耻政客，是深感厌恶的。丘吉尔先生无疑会去加拿大，那些特别热衷于战争的人，他们的金钱和子女早就送到了加拿大。但是，千百万人民将遭受巨大的灾难。丘吉尔先生这一次或许会相信我的预言：一个伟大的帝国，一个我从来也不想毁灭也不想伤害的伟大帝国，将遭到毁灭……现在我觉得在良心上我有责任再一次向英国和其他国家呼吁，英国拿出理智和常识来。我认为我是有资格做这种呼吁的，因为我不是乞求恩惠的被征服者，而是以理智的名义说话的胜利者。我看不出有继续打下去的任何理由。"

这次演讲是希特勒给英国最后的一次争取和平的机会，希特勒十分重视，他命令纳粹党不惜人力物力第一次用同声翻译的方式通过广播向全世界播出他的演讲。当天晚上，德军飞机飞越海峡，来到英国上空。它们带来了印着希特勒演讲全文的传单，上面写着：德国要使你们了解你们的政府向你们隐瞒的事实。

事实上英国的广播已经全文播送了这篇演讲，并将其在报纸上全文刊载。英国政府认为没有必要封锁希特勒的战争恐吓，恰恰相反，他的演讲反而会使英国民众加紧进行战争的准备工作。希特勒演讲结束还不到 1 小时，英国广播公司的播音员兼记者德尔默就在广播中用德语斩钉截铁地回答希特勒的问题："对于你所呼吁的理智与常识，让我来告诉你我们英国人是怎么想的吧。元首先生，我们要把它们扔还给你，塞进你那张臭嘴里。"这段讲话是在没有得到政府的任何许可下播出的，这是英国民众自己做出的回答。7 月 22 日，哈利法克斯勋爵通过广播正式拒绝了希特勒的和谈建议："除非自由得到真正的保证，否则我们决不停止战斗。"听到这样的回答，德国政府的发言人向新闻记者们惊呼："哈利法克斯勋爵已拒绝元首的和平建议。要打仗了！"

此时，德国的高级将领们松了一口气，因为他们又可以把战争继续下去了，这其中当然包括十几位刚刚被希特勒提升的陆军元帅。而最兴奋的当属空军司令戈林。"鉴于戈林对胜利所做的重大贡献，我特此授予德国空军的创始人'帝国元帅'的军衔，并授予铁十字勋章。"当他听到元首亲自宣读的嘉奖令时，极大的满足感充斥着他的内心，脸色愈加红润。在接受勋章的仪式上，他敬军礼的手不住地颤抖。

（四）空中对决

1940年7月10日，对于英格兰大部地区的英国人来说，除了是个大雨倾盆的日子以外似乎并没有什么特别之处。英吉利海峡的东南部和多佛尔一带，虽然乌云密布，时有小雨，但过了中午，天空竟出现放晴的迹象。此时一支英国大型沿海护卫船队正从福克斯顿驶往多佛尔，船员们早已熟悉了带着海腥味的海风和偶尔在细雨中低空掠过甲板的海鸥，此时他们看到从大片云朵的缝隙中透出的点点阳光，或许还想起了各自家中花园里的花草，但他们无法预知的是，敌人正在向他们悄悄逼近。因为就在雨刚停时，在海峡上空飞行的德军侦察机发现了这支船队，并迅速将情报发给德国空军。德国空军不顾天空低云密布，立即调集了20架轰炸机和40多架战斗机组成立体编队，向英国船队所在的海域袭来。

德军轰炸机起飞不久后就看到了英国船队，它们立即向船队投掷炸弹，炸弹在海面激起几丈高的水柱，船队遇到空袭后立即散开，并加足马力向前行驶。同时，船上的高射炮也在第一时间以密集的火力向天空射击，炸弹在德军飞机周围爆炸，形成朵朵烟花云，它们与海面上被投弹溅起的高高水花相辉映。在海岸上观战的人们眼里，这俨然就是残酷又唯美的战争画卷。

执行护航任务的是英国皇家空军第32战斗机中队的6架"飓风"式战斗机。在希尔的率领下，它们快速飞向敌机机群迎战。当希尔他们看到德军的阵容时，不禁倒吸了一口凉气。德军飞机共分为3层：轰炸机正在最底层尖厉嘶吼着向船队投弹；梅塞施密特Bf-110型战斗机在轰炸机上一层做近距离支援；更高一层是梅塞施密特Bf-109型战斗机。双方飞机数量比例为70∶6，英军势单力薄。面对敌人如此强大的阵容，希尔决定采取主动，他率领另外5架"飓风"式战斗机保持高空飞行，为隐蔽自己，它们钻进一片厚厚的积雨云，待大批德军战斗机飞远后，英军战斗机抓住这个难得的机会向德军轰炸机发起攻击。其中3架"飓风"式战斗机向轰炸机机群扑去，试图阻止其对船队的轰炸，另外3架"飓风"式战斗机迎战闻风而动的梅塞施密特Bf-110型战斗机。此时，德军轰炸机正在进行第一轮投弹，英国海岸线上的高射炮也开始向这个方向射击。可是由于距离太远，高射炮的火力基本无效。

这时希尔已经盯上了1架德军轰炸机，为了找准最佳射击位置，他紧紧跟在德军轰炸机的身后，任凭德军轰炸机左右摇摆机身，他也不降低速度，反而高速冲了上去，并抓住稍纵即逝的机会，瞄准敌机的同时，按下射击按钮。轰炸机躲闪不及，连中数弹，机尾冒起浓烟，向海面坠落下去。"突突突！"一串子弹从希尔侧后方射过来，希尔没有得到一刻的喘息机会，他敏捷地掉转机头，躲过了后来的子弹。这时他发现大批的德军战斗机正以包围之势向他和队友拥来，情况万分危急。

正当6架"飓风"式战斗机身陷囹圄之时，天空中突然蹿出几架英军的"喷火"式战斗机。不一会儿，越来越多的英军战斗机与德军战斗机厮杀在一起，大约有几个中队数量的战斗机向德军轰炸机扑去，"喷火"式战斗机像雨燕般灵巧的机身在空中翻滚。

原来，在德军飞机刚刚起飞在海峡上空逞威风的时候，多佛尔断崖上的英国雷达监测人员就在屏幕上发现了它们的踪迹，并迅速向设在本特利修道院的战斗机司令部发送报告。很快，附近战区的4个战斗机中队得到命令紧急出动，向海峡上空的6架"飓风"式战斗机增援。

德军眼看战势转瞬间便被大逆转了，轰炸机也顾不得海上船队的位置，开始惊慌失措地投弹。顷刻间，海面上溅起一束束高高的水柱。随着德军飞机仓皇逃窜，这场战斗也进入了尾声。

希尔看到敌机渐渐消失在了天际，他看了看表，战斗从开始到结束还不到30分钟，但在希尔看来这30分钟却有1个世纪那么久。这场战斗，德国损失了2架轰炸机和2架战斗机。英国则损失了3架战斗机，1艘小船被击沉。当希尔飞回皇家空军的机场，与队友们谈起这场战斗时，他说的最多的则是救他一命的雷达。

雷达堪称英国"空军力量倍增器"，英国的官员们则把他们的雷达系统叫作"看不见的堡垒"。

我们都知道雷达可以探明远距离的物体，并通过分析这些物体表面反射回来的超高频无线电波，来判断它们的方位和速度。在1940年，雷达对各国来说还是个新鲜的事物。其实，"雷达"这个名字直到1943年才开始使用。

雷达的出现彻底改变了空战的面貌。英国的有识之士在很早之前就意识到雷达在皇家空军和防空防御中的巨大价值。英国发展雷达技术主要得益于两位主要的人物：一是领导国家物理研究所的雷达研究的苏格兰物理学家沃森·瓦特；二是航空部的科学顾问蒂泽德爵士。1939—1940年春，沃森·瓦特和他领导的一批专家都致力于改进英国各地已建立的雷达网，目的是扩展其监测范围，提高其清晰程度。在不列颠空战前夕，沃森·瓦特向内阁的一个科学顾问委员会报告说，他的雷达站现在已经能够清晰准确地测定在150英里以外升空的飞行物。这一消息令英国当局兴奋不已。

与英国相比，德国人虽然也知道雷达，而且德国的雷达或许比英国的更加先进，但是希特勒却只将雷达用来执行有限的海上侦察任务，他和他的海军将领们认为这种设备在海上侦察中很有用，却没意识到它在空战中的作用。他们把雷达系统称为"弗莉娅"，这是条顿民族传说中专门保护战死者的女神的名字。为了搞清英国在雷达方面的进展，1939 年春季末，德军曾专门派出"齐柏林伯爵"号飞艇飞过北海，在英国海岸监测英国雷达波的范围和频率。就在这时，戏剧性的一幕发生了，由于装在飞艇下面的吊篮里的接收器出了故障，飞艇上的工作人员什么也没听见。据此，德国的技术专家拒绝相信英国的专家已经解决了雷达用于空中侦察时会遇到的问题，并推测英国只拥有用于海岸侦察的雷达而且还设置了不合适的频率。英国得知德国的这一误判后欣喜若狂。

1940 年夏天，从英吉利海峡沿岸的最西端一直到北海的雷达站都已开始密切监视海峡对岸德军飞机的活动情况，一旦有飞机起飞飞向对岸，它们便迅速将这些飞机的活动报告发送给位于本特利修道院内的英国皇家空军战斗机司令部的中心监测室。在那里有一支特殊的队伍——英国空军妇女后援队。这支队伍完全由妇女组成，她们穿着白色的空军制服上衣和裙子，24 小时轮流接收来自雷达站的消息，并在一张巨幅测绘图上及时移动飞机模型的标记，使站在观望台上的指挥人员可以清楚地看到敌机的进攻方向和数量，并立即做出战斗部署。因此，通常英国皇家空军的飞行员在升上天空时就已经知道了自己的目标在哪里。后来，一位德军战区指挥官曾沮丧地说："有的时候，当我们的战士投入战斗时，他们接到的最后指示已经是两小时之前的了，而英国人则可以通过耳机不断获得新的指示，甚至是在作战的过程中。"

7 月 11 日，恶劣的天气依旧延续着，但天气丝毫没有阻挡住德军行动的脚步。德国空军总司令戈林发出新的更加具体的指示：攻击英国海岸护卫队，诱出英国战斗机。英国皇家空军第 85 中队的中队长汤森德一大早就接到命令去拦截 1 架独自执行任务的德军轰炸机，它刚在英国港口投下 10 枚 50 千克重的炸弹。

狂风暴雨中，汤森德驾驶着"飓风"式战斗机艰难地起飞，在空中管制官的指引下，他在 3000 米的云层中费力地搜索敌机的身影。他的目光透过挡风玻璃四处寻觅，可是除了一道道雨水冲刷的痕迹外几乎什么也看不见。他只好揭开座舱罩，把头伸出舱外继续搜寻，任凭倾盆大雨拍打在他的头上，雨水顺着脸颊流进衣领口。终于，在他的左下方不远处，他发现了目标。德军轰炸机的机枪手好像也看到了他，一个年轻的小伙子在座位上大声叫喊："注意，猎人来了。"而就在前 1 分钟，这些德国人还在为庆祝这次突袭的胜利而哼着小曲。

此时，"猎人"汤森德没有浪费一分一秒，他在德军飞机还没做出反应之前紧压住机头，向德军轰炸机扑去，待瞄准具将其牢牢套住后，迅速按下射击按钮，久久没有松手。几百发子弹从机枪中射出来，只听"噼里啪啦"一阵阵声响，德军轰炸机的所有的玻璃窗都被击碎。碎片散落在机舱里，空气中弥漫着火药味，刚刚大喊大叫的右后机枪手此刻已经说不出任何话了。他头部中弹，鲜血汩汩地流出。他旁边的另一名飞行员则头部和喉部中弹，很快就失去了知觉。其他飞行员的脸上也都沾满了血迹。

令汤森德感到意外的是，这架身受重伤的德军轰炸机不但没有坠毁，反而掉转机头继续飞行着，最终竟飞回了德军机场。当幸存者走出机舱，伸手抚摸机身上密密麻麻的弹洞时，他们自己都感到不可思议。其实，这绝非偶然。这除了因为轰炸机有稳固的线路和木质翼梁外，更重要的是这些轰炸机的机身有装甲保护，重要部位甚至有双重装置。自封式油箱是其"大难不死"的关键，这种油箱在外壁增加了由生树脂浇灌的一层保护层，当燃油从弹孔中流出时，生树脂立即溶解并膨胀使漏孔得以迅速封上。

对于汤森德来说，最糟糕的事并不是德军飞机的意外逃脱，而是他的飞机竟被德军轰炸机的机枪射出的子弹击中了冷却系统。当他的飞机距离英国海岸还有35千米时，发动机停止了转动。汤森德在飞机坠毁前的几秒钟带着降落伞包纵身跳入冰冷的海水。不幸中的万幸，一艘拖网船驶进水雷区将他救起。

在这一天德国空军执行了多项侦察任务，结果损失了2架轰炸机，其中1架是被失去双腿的皇家空军王牌飞行员道格拉斯·贝德尔击落的。贝德尔在战前就是一名战斗机飞行员，在一次飞行意外事故后，他永远失去了双腿。但战争爆发后，他再次获准加入皇家空军，与他的战友们并肩战斗。最近贝德尔刚被任命为第242战斗机中队的指挥官。大概7点，贝德尔在用于疏散的小屋中接到电话，空中管制官通告说有1架德军飞机正沿着海岸线飞近英国海岸，希望贝德尔派出"飓风"式战斗机进行拦截。此时不列颠上空阴云密布，贝德尔稍做思考，认定在这样的天气状况下"飓风"式战斗机无法编队飞行，于是他决定亲自出马。

带着必胜的决心，贝德尔升空后经过仔细搜索，终于发现了德军的1架道尼尔-17型轰炸机。此时，德军飞行员似乎还没意识到危险即将到来，因为贝德尔恰好飞在一片云层的下面。他利用云层的掩护一步步向德军轰炸机靠近。此时二者的距离大概只有500米。然而，为了行动万无一失，贝德尔决定靠得足够近之后再开火，他一面小心翼翼地隐蔽前进，一

道尼尔-17型轰炸机

面做好随时进行射击的准备。当他距敌机仅有 250 米之遥时，他被发现了，德军轰炸机的后射机枪手立即向他开火，德军轰炸机飞行员随即掉转机头的方向，钻进云层里。但在转向之前，贝德尔已经将子弹射出。在云层的阻隔下，贝德尔无法跟踪德军轰炸机，他认为良机已经错失，无可挽回，于是转身飞回基地，并报告敌机已逃逸。

出乎贝德尔意料的是，就在他回到基地几分钟后，电话里传来一个令人振奋的消息：德军轰炸机在被击中后不久便坠入海中。贝德尔对向他祝贺的人说，他只是幸运而已。而认识贝德尔的人都知道，除了运气之外，贝德尔的飞行技术和经验才是获胜的法宝。

在本特利修道院里，道丁上将正密切关注着海峡上空激战的情形，他早已看透德军诱敌的意图，因此在这一天以及以后的十几天内，他只派出一小部分战斗机出来迎战。他需要更多的飞机和飞行员来弥补皇家空军在法兰西战役中的损失，他需要更多的时间来进行飞机制造和飞行员培训，也正因为飞行员的紧缺，失去双腿的贝德尔才能回到机舱继续战斗。

自从 7 月 10 日的第一场大战之后，在随后的 10 天内德军不断加派兵力空袭英国运输船队，英国皇家空军损失了 50 架战斗机。仅 7 月 20 日一天，英国皇家空军就损失了 6 名飞行员。这鼓舞了德军的斗志，他们派出的飞机数也越来越多，企图引诱更多的英国战斗机前来迎战。

王牌飞行员阿道夫·加兰德曾是德国空军"秃鹰军团"的成员之一，身经百战的他有一套诱敌上钩的独特战术，即使最有经验的英国皇家空军飞行员，在他的引诱下有时也会"上钩"。

7 月下旬的一天，加兰德独自一人驾驶着他的梅塞施密特 Bf-109 型战斗机在海峡上空飞行，他此行的目的就是引诱英国皇家空军飞行员到法国海岸，为他的大队的新飞行员们制造一次空战的机会。没过多久，一队皇家空军的侦察机就出现在加兰德的视线里。这时他故意飞到侦察机一眼就能看到的位置，并在其射程内绕圈子。这样带有挑衅意味的行为很快就引来 1 架"喷火"式战斗机前来追击，驾驶"喷火"式战斗机的是英国皇家空军的王牌飞行员迪尔。

加兰德心中窃喜，马上掉转方向，飞向法国海岸。在这个过程中，他始终保持在追击的英军战斗机前面飞行。与此同时，他用一种势在必得的口吻通过无线电命令他的两名新手飞行员在法国上空等待，时刻准备出击。

此时，迪尔正紧紧跟在加兰德后面，他们已经越过了英吉利海峡，而迪尔却对此浑然不知，已经追红了眼的他似乎只能看到近在咫尺、却迟迟无法击落的梅塞施密特 Bf-109 型战斗机。当他发现德军战斗机几乎是一头朝下，垂直飞向机场时才恍然大悟，他竟然已经飞到德国空军主要的战斗机基地——加来马克机场了。

"真是个笨蛋，"迪尔一边恨恨地骂自己，一边把加速器开到最大，打算快速逃离这个危险之地。但这个时候，加兰德导演的"好戏"才刚刚开始，两架由新手驾驶的梅塞施密特 Bf-109 型战斗机从不同的方向俯冲过来，对迪尔实施夹击。迪尔一看不妙，知道自己中了敌人的圈套，此时他只能全力躲闪两边的射击，伺机寻找突破口。几次左右冲撞的飞行后，迪尔猛拐过去，逃出了受夹击的不利位置。趁着德军战斗机重组队形时，迪尔终于找到机会掉转机头向英国的海岸线飞去。

就在迪尔马上要到达多佛尔的断崖时，在其身后穷追不舍的梅塞施密特 Bf-109 型战斗机击中了他的仪表盘、座舱盖和油箱。手腕上的手表不知何时已被震掉，随着飞机的摇摆最后躺在了机舱的一角。

被子弹击中的瞬间，一种从未有过的剧烈的灼热感从迪尔背后袭来，没错，战斗机起火了，还冒着浓烟。此时迪尔终于等到了前来援救的飞机，他看到队友已经挡住两架敌机的追击，敌机自知寡不敌众，只好悻悻地飞了回去。外部的警报解除，但迪尔自己随时有机毁人亡的危险，在关乎生死的最后几秒钟里，他奋力将飞机翻转过来，带着降落伞跳出了机舱。

迪尔是幸运的，虽然在脱离机舱时，他的手腕被折断，但在距他落地地点只有50米的地方恰巧就停着一辆皇家空军的救护车，最终迪尔活了下来。但是很多英国飞行员就没有迪尔的运气了，被敌机击落后要么受到重伤不治而亡，要么落到海面溺水致死。对此，道丁上将曾多次对手下各大队指挥官说："我要活的飞行员，而不是死去的英雄。"在道丁眼里，飞行员才是战争胜利的关键。虽然不列颠战役还远未到高潮阶段，但双方的飞行员打得都很艰苦。他们每天有 12 小时以上的时间都处在戒备状态，紧绷的神经丝毫不能放松，随时等待起飞的命令。在紧靠海峡沿岸的战区，皇家空军的飞行中队一天要执行 4 次飞行任务，每次侦察将近一个半小时。德国空军飞行员虽然在数量上占据优势，但他们一天飞行两三次也是很常见的。

另外，落水飞行员的搜救工作对于双方来说同样重要。在一次空战中，皇家空军飞行员佩奇驾驶的飞机不幸被敌机击中着起大火，火焰蹿到他的脸上、身上、手上，钻心的疼痛使他感到阵阵眩晕。危急时刻他用几乎烧焦的手打开降落伞，从飞机上跳下。当他落入海水中时，身上的制服早已被烧毁，佩奇裸露着半个身子在水中挣扎着呼救。他感到自己的身体越来越沉，拍打海水的手臂也越来越没有力气。他甚至睁不开眼睛去搜寻附近有什么可以抓住救自己一命的东西。就在这时，他听到一个声音在向他喊话："你是谁？是德国佬还是自己人？"

佩奇使出最后一点力气把嘴里的海水吐出来，向来人喊道："浑蛋，快把我拉起来！"

佩奇终于得救了，他被几个有力的胳膊从水中拉到一艘船上。那个向他喊话的船员对佩奇说道："伙计，你一张嘴骂人，我就知道你是英国皇家空军的人了。"

在整个战役的过程中，许多小船冒着相当大的风险驶入激战中的海域救起像佩奇这样落水的空军飞行员，这些船往往是沿岸的渔船，而且是自发出海搜救的。而英国官方则大多使用摩托艇进行打捞。当他们遇到落水的德军飞行员时，英国的救生船通常是不会伸出援救之手的。

海峡上空有时会出现印有国际红十字会标志的飞机在海面上盘旋，这些飞机旁若无人地飞越正在激烈交战的两国战机，停在水面上打捞德军飞行员。对此，伦敦航空部发出警告：不管飞机上有没有红十字标记，英军将对所有闯入战区的所谓"救护飞机"发起攻击。他们解释说："之所以采取这一行动是因为德军利用救护飞机报告英国船队的活动，这是违背国际红十字会的协议的做法。"其实，英国更担心的是这些飞机不但会救出德军飞行员，还会把落水的英国皇家空军飞行员抓走。

7月28日，英吉利海峡上空碧空如洗，微风荡漾。当天14点，英德两位王牌飞行员——英国皇家空军的马兰和德国空军的默尔德尔斯，在战斗中狭路相逢，一次空战史上空前绝后的"王牌对决"就这样上演了。

马兰是南非威灵顿人，他身材魁梧，为人随和，人们很难从经常挂着笑容的和蔼可亲的脸上看出他内心对德国的深深恨意。通常他会用实际行动来表达内心的仇恨。马兰曾对同伴说："重创敌军轰炸机，使敌人死在返回基地的路上，或者奄奄一息。这比直接击落敌人还痛快。同时这也是打击敌人士气的好办法。"

在参加空军之前，马兰曾是一名商船官员，也是由于他曾当过水手，战友们都喜欢叫他"水手"。"水手"对英国皇家空军的战术梯队形提出过重要的建议，他的飞行考官称赞他是位天赋过人、异于常人的飞行员。1940年5月时，马兰已是一名飞行小队长。第二次世界大战结束时，他成为盟军中几位战绩最高的王牌飞行员之一。

当天，马兰的对手是德军王牌飞行员默尔德尔斯。在默尔德尔斯看来，7月28日这天本应该是他的幸运日，因为这是他担任德军第51战斗机联队队长的第一天。在钻进他的梅塞施密特Bf-109型战斗机之前，面对他的士兵们，他的嘴角竟划过一丝难得的微笑。

默尔德尔斯年轻有为，他有着一张英俊的脸，眼睛深邃，却不苟言笑。内向的性格和严肃的行为举止使他获得了一个和他年龄不相称的外号"老头"。"老头"默尔德尔斯曾立志当战斗机飞行员，事实上他做到了并表现相当优秀。在1940年之前，他击落的敌机数量已达到18架。此外他还是个优秀的行政官和教官。由于默尔德尔斯信仰天主教，这曾招来许多纳粹党员的异议，但戈林却并不认为信仰是什么严重的问题。1940年，默尔德尔斯成为第一个获得铁十字勋章的德军飞行员，这个勋章是奖励击落敌机20架的飞行员的。在默尔德尔斯29岁生日之前，他已晋升为德军战斗机总监。

默尔德尔斯率领4个中队的梅塞施密特Bf-109型战斗机群飞向英吉利海峡。很快，他们的行动就被英国的雷达探测到，英国皇家战斗机司令部命令"喷火式"战斗机起飞迎战，同时派出"飓风"式战斗机对付德军轰炸机。

马兰作为领队，驾驶着"喷火"式战斗机飞行在最前面。空中能见度极好，不多时，马兰就看到了前方迎面飞来的德军机群。他丝毫没有迟疑，凭着多年实战经验，他迅速瞄准了1架梅塞施密特Bf-109型战斗机，像耐心又心狠手辣的猎人一样向它靠近，然后果断扣动扳机，子弹雨点般射出，马兰看了一眼已经失控地向海面坠落的猎物，知道它必死无疑，便掉转机头搜寻下一个倒霉的家伙。这时马兰看到了默尔德尔斯的飞机，他并不认为这架梅塞施密特Bf-109型战斗机与刚刚那架有什么不同。

默尔德尔斯正在寻找他的第27个目标，此时他也看到了马兰的"喷火"式战斗机。两人的速度都很快，但默尔德尔斯似乎更快一些，在马兰刚转过头时，他就悄悄凑了过去跟在马兰身后。但默尔德尔斯没有料到这位英军王牌飞行员早就觉察到后边的"尾巴"了，马兰立即熟练地做了一个空中规避动作，成功甩掉"尾巴"，并从后面死死咬住默尔德尔斯。这等天赐良机马兰怎能错过，他迅速找准方位，把敌机定格在瞄准具里并按动发射按钮。一串串子弹击穿梅塞施密特Bf-109型战斗机的机身，也击碎了默尔德尔斯的美梦。如果马兰的"喷火"式战斗机上装的不是7.7毫米机枪而是20毫米机关炮的话，默尔德尔斯就休想驾驶他那架千疮百孔的战斗机回到德军空军基地了。

当默尔德尔斯在机场着陆时，从他腿上流出的鲜血已经透过制服裤子染红了坐垫。机舱里弥漫着火药味与血液的咸腥味混合在一起的味道。他被迅速送进医院抢救。毫无疑问，默尔德尔斯的第27个目标只能等到他出院后再完成了。

（五）"鹰袭"计划

1940年7月，海峡上空的战斗远未达到激烈的程度。纵观这一阶段的战局，总体上德国人略占上风，这主要归功于德军飞行员在空战技巧上占有优势。

在英国皇家空军飞行员面对的敌人中，有几十位曾是德国空军"秃鹰军团"的成员。他们自西班牙内战以来，在实地作战中练就了一身过硬的空战本领，他们能够游刃有余地利用天空、光线和敌军弱点，因地制宜地开展作战行动，并具有很强的纪律性和协调性。这些是无法从军事训练和演习中获得的。英国皇家空军第54战斗机中队的飞行员迪尔中尉曾与这些德军飞行员交过手，他说："他们就像一道红色闪电一样向你袭来。在战斗中我亲眼看见一个战友突然被一架梅塞施密特Bf-109型战斗机击中，飞机在火焰中坠毁。对此我无能为力，我只能架着我的'喷火'式战斗机向一架梅塞施密特 Bf-109 型战斗机撞去。随后我的飞机在肯特郡迫降，我的发动机和螺旋桨都坏了。我能活下来真是个奇迹!"

随着战斗的进行，英国皇家空军也意识到他们在战术上存在的严重问题。就像德军"秃鹰军团"的阿道夫·加兰德说的那样："所有空战第一条原则就是要首先找到敌机。要像猎人跟踪猎物那样，秘密地移动到最有利的位置上进行行动。战斗机在空战开始时要尽早地盯上对手，占据有利位置发起进攻。但英国皇家空军却没有这么做。"此时，英国皇家空军还没有从法兰西战役的失败中吸取教训，仍然在使用飞得很密、机翼挨着机翼的队形。这种编队的阵形的优点只是美观而已，既笨重又缺乏机动性，很容易陷入被动挨打的境地。

7 月 11 日—20 日的空战中，英国皇家空军损失了 50 架战斗机。此时，大规模的空战还没有开始，要是这样损耗下去，英国将十分危险。越来越大的损失使英军的指挥官们不得不思考如何改变战略战术才能遏制这种趋势。于是一种新的战斗队形——"四指"队形应运而生。这种队形像一只张开的手，在每个指尖的位置各有1 架飞机。这样就改变了原来死板的队形，为飞行员增加了生还的机会。

整个 7 月间，戈林接到了一份又一份关于英国皇家空军伤亡人数的报告，月底时他根据这些不实的报告得出一个结论：德国已经打赢了不列颠空战的第 1 阶段，英吉利海峡已经被它的空军封锁住，英国皇家空军受到了致命的打击。当然，这个结论是错误的。事实上，英国的船队仍在海峡上往来穿梭着，英国皇家空军现在的战斗机数量比月初时还要多，英国的工人们在 1 个月内就生产了 496 架战斗机，月生产量是敦刻尔克撤退前的 4 倍。

7 月的最后 1 天，戈林穿着白色的空军制服出现在希特勒的办公室里，制服上那枚刚颁发不久的元帅徽章被别在了最显眼的位置上。他向坐在元首席上的人恭恭敬敬地递上一份统计报告，脸上堆满了得意的微笑。正如戈林期望的那样，希特勒看过德国空军的战果清单后顿时眉头舒展，高兴地用右手直拍桌子。"非常好，你果然没令我失望!"他称赞道。希特勒对这位帝国元帅百分之百地信任，从没有怀疑过他的能力。此时，戈林露出他的两排白牙，与希特勒随声附和着，心里早已乐开了花。随后他提出请求，希望允许他为下一阶段的战斗做准备。

就在戈林提出请求的第 2 天，希特勒就给了他一个满意的答案，在这一天希特勒发出全面进攻英国皇家空军的第 17 号战斗命令。

"从现在开始，为创造最后征服英国的必要条件，德国空军应摧毁英国皇家空军和防空力量，并把英军飞机制造工业、生产防空设施的工厂和南部沿海的港口等纳入进攻范围之内……"

戈林拿着这份命令逐字逐句地读着，仔细揣摩每一个句子、单词甚至标点所代表的深意。最后他得出结论，这次行动的目标只有一个，那就是：消灭英国皇家空军。因此戈林下令："一切行动只能针对英国皇家空军进行，对其他目标的袭击暂时停止。"

德国最高统帅部拟定"鹰袭"为从空中全面进攻英国的行动代号，但希特勒并没有对战斗开始的具体日期，即"鹰日"做出规定，在命令里只提到了8月5日是最早的行动日期。

接到命令的戈林一天都不想浪费，8月2日，在东普鲁士那幢以他前妻的名字命名的豪华乡村别墅里，戈林召集空军将领们开会，其中包括刚提升为空军元帅的米尔希、凯瑟林和施佩勒等。

当所有人落座以后，戈林脸上泛着红光，他站起身来对全体人员说："先生们，从现在开始，我们要逐步加强对英国皇家空军的打击，直到将英国皇家空军彻底摧毁。我已经告诉元首，英国皇家空军一定能够及时被消灭，以保证'海狮'计划在9月15日之前进行。那时，我们的士兵将在英国本土登陆。"

他顿了顿，又补充道："我认为我给空军用来消灭英国皇家空军的时间十分充裕，德国空军一定能在9月15日之前将英国皇家空军置于死地！"

戈林讲完话后，待军官们商讨具体进攻目标时，凯瑟林元帅和斯比埃尔元帅两人的观点明显产生了分歧，他们甚至大吵起来。这两个人分别指挥德军第2航空队和第3航空队，他们正是全面空袭英国的主力部队。

"所有进攻力量应集中在一个目标上，那就是伦敦。如果我们炸死几千个伦敦佬，英国肯定就会跪下求和了。"这是凯瑟林的观点。

对此，坐在桌子的另一边阴沉着脸的斯比埃尔则表示反对，他反驳说："在没有完全摧毁英国皇家空军的情况下，把全部兵力都用于进攻伦敦，就会进入英国的圈套，因为这样一来，英国皇家空军就可以把战斗机全集中在伦敦周围，从而破坏我们轰炸机的大规模进攻。"他的参谋长戴奇曼这时帮腔道："没错，要是这样做的话，轰炸机就会飞出梅塞施密特 Bf-109 型战斗机的护航范围，这是极其危险的。"

这时戈林终于发话了，他提醒两位元帅说："我们的元首特别说过伦敦城在进攻范围之外。"

但是凯瑟林仍然坚持自己的观点，他提出："空军的进攻应该集中在英国别的某个大城市，而不应该按斯比埃尔说的那样分散我们的力量，在大范围内进攻多个目标。而且，我们可以晚点进攻皇家空军的基地和军需品工厂。"

戈林有点不耐烦，在他看来凯瑟林的观点明显不符合希特勒的想法。为了缓和会议的紧张气氛，戈林提议去游泳，休息一下。

一行人来到室内游泳池，但还没来得及下水，两位空军元帅又在游泳池边吵了起来。凯瑟林的脸由于激动而微微发红，他依然坚持己见："我从未主张这样打英国。我一直认为，要想打败他们就应该占领直布罗陀，把英国人堵在地中海里。到那时他们才会卑躬屈膝地投降！"

在二人的争吵声中，会议不欢而散。

8月6日，"鹰日"的日期终于敲定在8月12日。同时戈林向各部队下达了随时准备全面进攻的命令。德军飞行员接到命令后个个摩拳擦掌，他们将英国视为囊中之物，一些人把英国地图放在机舱里，以便占领那里后识别方位，有的人甚至把不列颠岛的地图画在机身上，并在旁边用德语写上"伦敦－8月15日－完蛋"的字样。

全面空袭英国的消息很快就通过情报拦截传到英国情报机关那里，他们迅速报告给英国首相丘吉尔。丘吉尔面色凝重地向英国皇家空军战斗机司令部总司令道丁上将转达了这个消息。8月8日，道丁对战斗机司令部的所有成员做最后的战前动员，他的声音冷静而坚定："不列颠空战就要开始了，英国皇家空军的成员们，现在在你们手中掌握着英国几代人的命运！"

在这一天，德国空军愈加凶猛的攻势更加验证了情报的正确性。从日出到日落，德军容克-87"斯图卡"式俯冲轰炸机的厉声尖叫始终环绕在英吉利海峡上空，它们的目标是海峡上行驶的一支庞大的船队。同时，在英国南部海岸的港口上空也到处可见德军轰炸机在肆意地狂轰滥炸。在汉普郡、萨西克斯郡、肯特郡以及海峡上空可以看到纠缠在一起、正在进行殊死厮杀的敌我战机。仅这一天双方加起来一共起飞了1000多架次飞机，德国一天内损失了31架飞机，而英国皇家空军损失了19架。其战斗激烈程度可见一斑。

离"鹰日"越来越近了，但天气状况却越来越差，8月10日这天，英国南部狂风大作，正午天忽然变得乌黑，英吉利海峡上的乌云几乎垂到了海面上，同时还伴着雷电。恶劣的天气使德军的飞机不得不在飞机场上停着，动弹不得。几天前就整装待发的德军飞行员此时也只能缩在活动室里抽着卷烟，打打牌来打发时间，原本高涨的士气似乎被这该死的雨水浇灭了许多。

戈林将这一切看在眼里，如今他每天早上起来的第一件事就是拉开窗帘，将肥大的脑袋探出窗外，看看太阳是不是已经从云彩里出来了。然而随后两天的天气都让他失望透顶。他知道，如果这样拖延下去，官兵们士气大减，战斗力也会随之降低。最终他决定将"鹰日"后延一天，即8月13日向英国发起全面攻击。

8月12日，连续几天的阴霾似乎有了消散的迹象，蓝天在乌云的包围中奋力挤出一些空间。这时，多佛尔海峡上空能见度良好，从海峡上眺望的人能够很清楚地看到一个战斗机编队正贴着海面向西飞去。

这个编队是德国空军鲁本斯德尔法上尉率领的第201试验大队，它也是德国空军仅有的一支试验部队。自开战以来，这个大队一直在执行封锁英国船队航线的任务，并将其试验使命贯穿始终，通过它们的努力，空军司令部验证了一个重要的问题，即战斗机是否能够携带炸弹，是否能用炸弹成功击中目标。事实证明，答案是肯定的。这让空军司令部兴奋不已。

就在昨天，第201试验大队首次用战斗机对英国一支代号"战利品"的海岸护航队进行轰炸。英国船员远远看到有德军飞机飞来，当他们看清来者是战斗机时，并没有放在心上，怎料这些战斗机突然一反常态地进入超低空飞行，并在他们头顶上投下炸弹。结果还没等启动船上的高射炮，就有两艘大船的甲板和上部建筑被炸开了好几个大洞，船身严重受损，几近瘫痪。

今天试验大队再次出发，他们此次要执行一项特殊的任务——炸毁英国东部和南部海岸的雷达站。对德国人来说，在"鹰日"来临之前进行此次空袭具有重要的意义。因为几个月来德国情报部门通过监听英军无线电通信和雷达使用情况，发现英国利用雷达网络可以随时掌握德军的动态，这使德军的空袭失去了大部分攻击力和突然性。因此破坏英国沿海的雷达站对"鹰袭"成功乃至获得整个不列颠空战的胜利就显得尤为关键了。鲁本斯德尔法深知这次行动的重大意义，他现在正带领3个中队向目标进发。

"第3中队注意，前往执行特殊任务，预祝成功。"当飞机飞到海峡中间时，鲁本斯德尔法对着对讲机发出指示。

第3中队队长海因茨收到命令后毫不迟疑地率领8架梅塞施密特Bf-109型战斗机，向多佛尔方向扑去。

鲁本斯德尔法则带着12架梅塞施密特Bf-110型战斗机沿着英国海岸向西南方向飞行。当他的腕表上的时针就要指到11这个数字时，他低头看了看表，然后果断地掉转机头，率领12架战斗机向西北方向飞去，直扑英国海岸。

不多时，海岸线已近在眼前，各中队迅速散开，按计划奔向各自的目标。

第1中队队长卢茨中尉驾驶着梅式战机从伊斯特本进入英国内陆，他飞行在6架飞机组成的方阵的最前端，他第一个看到了只有雷达站才有的天线塔，没错，这就是"佩文西"雷达站，他找到目标了。卢茨即刻通过对讲机指挥其他5架飞机开始行动。

卢茨的梅塞施密特Bf-109型战斗机开始爬升，他发现飞机爬升的速度显然不如往日快，但他转念又想到他的两个机翼下还都挂着500千克的炸弹，要知道这相当于俯冲轰炸机挂弹量的2倍，所以爬升慢了也就可以理解了。想到这儿，卢茨平复了急迫的心情，耐心等待激动人心的时刻的到来。

等待其实并不长．爬升不到半分钟，4根天线塔中最近的1根已近在咫尺了，卢茨将瞄准具对准它，毫不迟疑地投下炸弹。随后，只听见一阵阵密集的爆炸声响彻英伦大地，有 8 颗 500 千克的炸弹命中了目标。其中 1 颗炸弹直接落在天线塔上，还有 1 颗炸断了主电缆。此时，"佩文西"雷达站已变成了"哑巴"，电波就此中断。

这个时候，位于黑斯迁附近的"拉伊"雷达站和位于多佛尔附近的雷达站分别遭到第 2 中队和第 3 中队的袭击。在多佛尔，在那些由海因茨率领的飞机投下的炸弹中，有 3 颗落在天线塔附近，两座天线塔已被炸得歪歪斜斜，但却仍然挺立着。

各队人马在返航时几乎都报告说已完成预定任务。从空中确实可以看到英国沿岸的雷达站都冒着滚滚的浓烟。但事实上，浓烟下的天线塔却没有全部倒下，经过抢修，英国人在遭袭后的 3 小时内就使绝大多数雷达站恢复了工作。此时，聪明的英军想到一条瞒天过海的妙计，他们希望将计就计，让德国人以为他们的袭击真的就像预想的那样成功。于是，英军在雷达站废墟之上发出假信号。这一招果然灵验，德军上当了。他们不久后就完全放弃了对英军雷达站的袭击，这就给他们最终的失败留下了隐患。

虽然德军轰炸机的行动没有真正意义上摧毁英军雷达站，但是在这天，它和它的试验大队却着实给英国皇家空军来了一个突然袭击。

13 时 30 分，英国曼斯顿基地上空突然出现一群德军战斗机，它们像蝗虫般铺天盖地地席卷而来。机场上英国皇家空军第 65 战斗机中队的飞行员一边快速跳进"喷火"式战斗机，一边在心里暗暗咒骂，为什么警报在敌人来袭的前 1 分钟才响起？它们来了，而我们却像蚂蚁一样还在跑道上爬行！

此时，英军的 12 架战斗机开始向跑道滑行，最前面的 3 机编队已经开始起飞滑跑了。奎尔中校驾驶的"喷火"式战斗机就是其中之一。他正盯着前方的跑道，心里默念着"快点，再快点！"这时他忽然听到一阵巨大的声响，这声音甚至压住了他自己飞机的发动机声。他回头一看，原来是后面的机库被炸飞了。"该死，我需要再快点。"随后奎尔开足马力，在烟雾笼罩下的跑道上奋力滑行，滚滚浓烟几乎就要把他吞没，炸弹落在他的左右，冒出的火舌不时挡住奎尔的视线。当他听到机轮咯咯嗒嗒的震动声逐渐消失时，飞机终于飞上天空。他看到越来越多的"喷火"式战斗机飞近自己，远离了敌机的轰炸。奎尔长长舒了一口气，虽然升空只用了短短几秒钟的时间，但对于奎尔来说却漫长如 1 年、10 年，甚至 1 个世纪。

曼斯顿基地上空的入侵者正是上午刚刚袭击雷达站的德国空军第 201 试验大队。此时，英军雷达站依然瘫痪着，不能给英军战斗机提供任何情报，德军战斗机中队长卢茨中尉兴奋地说："敌战斗机都排在跑道上，我们的炸弹就要落在它们中间了！"从他的梅塞施密特 Bf-109 型战斗机的座舱中向下俯视，英国机场俨然已经一片火海。机库和机场宿舍都燃起熊熊大火，卢茨看到机场上剩下的 4 架"飓风"式战斗机和 5 架其他飞机都已经被炸毁，想到又能在报告上添一笔了，嘴角一扬，不禁露出得意的笑。

这天试验大队的突袭的确十分成功，曼斯顿机场损失相当严重。但值得庆幸的是，英国皇家空军第65战斗机中队的"喷火"式战斗机大部分竟然都奇迹般的幸存下来，它们在后方机场降落。

8月13日，"鹰日"这天，德国的气象部门预报说天气不佳。一大早戈林看到窗外树枝摇曳得厉害，狂风吹得天花板沙沙作响。这样的天气是不适合进行大规模空袭的。他想到这儿立即下令取消既定的行动。

但他的命令下得太迟了，凯瑟林元帅通过无线电发出撤回的紧急命令。接到命令后，护航的50架梅塞施密特Bf-109型战斗机很快掉头返回，但芬克上校率领的有74架道尼尔-17型轰炸机的编队已经飞出基地，向海峡对岸扑去。

在起飞后不久芬克上校看到了几架在空中反复做着特技动作的德国战斗机，按照惯例这些动作是示意他们返航的，但芬克上校却没有领会其中的含义，因而继续按原定计划向目标靠近。由于厚厚的云层的阻隔，他甚至都没有发现护航战斗机早已消失得无影无踪，此时他还在窃喜他的轰炸机编队可以仗着这些黑压压的乌云做掩护，神不知鬼不觉地出现在目标上空，给敌人来个突然袭击。

漫天的浓雾和低云也把英国的雷达观测员给蒙蔽了，他们竟把有74架飞机的庞大轰炸机机群说成只有"几架"轰炸机。因此，霍恩彻奇机场的战斗机指挥所只出动了第74战斗机中队的"喷火"式战斗机来拦截。结果，芬克上校轻松突破了防线，并按照计划把炸弹扔到了英国的伊斯特切奇机场。直到"喷火"式战斗机从四面八方向他的轰炸机机群拥来时，他环顾四周，才发现他连1架梅塞施密特Bf-109型战斗机都看不见。于是芬克上校迅速下达撤退的命令，厚厚的云层再一次成为德军飞机的保护伞。

在这一行动中，芬克损失了4架轰炸机，还有4架受伤，其余飞机均飞回了法国基地。在回到基地后，芬克交给戈林一份措辞讲究、内容翔实的报告，报告中称这次行动已使英国皇家空军的一个主要战斗机机场陷入瘫痪，停在机场上的10架"喷火"式战斗机被无情地摧毁。但事实又是怎样的呢？其实伊斯特切奇机场只不过是由二线战斗机和一些轻型轰炸机驻守的机场而已，虽然其受到严重破坏，但经过抢修，10小时以后英国皇家空军的飞机又可以在它的跑道上滑行升降了。

14时，海峡上空的乌云渐渐消散，德军第1飞行训练联队第5战斗机大队接到飞行命令，林斯贝尔格上尉带领着23架梅塞施密特Bf-110型战斗机即刻向英国海岸飞去。当它们飞临法国瑟堡的上空时，英军雷达清楚地捕捉到了德军飞机的方位和数量。

"请注意，后方现'喷火'式战斗机！"就在即将越过英国海岸线时，从编队尾机发出的警报令林斯贝尔格上尉汗毛倒立，虽然他们的飞机上有4挺7-92毫米机枪和 2 门 20 毫米机关炮，实力也是相当了得的。但比起英国皇家空军的"喷火"式战斗机，梅塞施密特 Bf-110 型战斗机显然笨重了许多，要一对一干起来的话，他们常常捞不到好处。林斯贝尔格上尉立即采取行动，他命令编队排成雁行队形，相互掩护尾部。但是喷火的速度超过了林斯贝尔格的预期，还没等他转过弯，飞在高空的英机突然从后方追了上来，几乎是本能的反应，林斯贝尔格向右一拐，避开了英机的进攻，子弹在距他的飞机只有几厘米的地方擦过，林斯贝尔格默念了一句"感谢上帝"，他感到心脏快要从胸口跳出来了。

战斗还在继续，林斯贝尔格看到旁边的 1 架梅塞施密特 Bf-110 型战斗机正被"喷火"式战斗机从后面紧紧咬住，从梅塞施密特 Bf-110 型战斗机压低的机头看，它似乎要做个俯冲动作来规避后面的攻击，但却明显慢了半拍，被"喷火"式战斗机逮个正着，射出的一串子弹一颗都没有浪费，全部打在了梅塞施密特 Bf-110 型战斗机的机身上。林斯贝尔格看到一头栽进大海中的同伴，感到内心像被针扎了一样。当他带着残余部队飞回基地时，他发现有 5 架被击毁，十几架受到重创。他知道交出这样的战绩，戈林的一顿臭骂是在所难免了。

15 时许，在法国北部的空军基地上空刚起飞的轰炸机机群几乎把天空都覆盖住了，150 架发动机一齐发出的轰鸣声对任何人的耳朵来说都是一场灾难。空中这支庞大的轰炸机机群由一群梅塞施密特 Bf-109 型战斗机护航，正向英国最大的港口南安普敦驶去。

英军从雷达上观测到危险正向他们逼近，英国皇家空军立即派出 4 个战斗机中队升空迎敌。

德军轰炸机队由容克-87"斯冈卡"式俯冲轰炸机和容克-88 型轰炸机两种机型组成。容克-88 型轰炸机带有双引擎，作为德国空军速度最快、最新式的中程轰炸机，与守卫在港口附近的英军"布伦汉姆"式战斗机相比占有相当大的优势。容克-88 型轰炸机很快就突破了"布伦汉姆"式战斗机的防线，抵达港口上空，炸弹从它们的肚子里滚滚落下，码头和仓库瞬间火光冲天。

然而，另一方向来袭的容克-87"斯图卡"式俯冲轰炸机似乎就没有那么好的运气了。因为它们遇上了英国皇家空军性能最优秀的"喷火"式战斗机。只见 13 架"喷火"式战斗机敏捷地穿过梅塞施密特 Bf-109 型战斗机，高速俯冲下来，机枪对准容克-87"斯图卡"式俯冲轰炸机一阵扫射。在 40 架容克-87"斯图卡"式俯冲轰炸机之间，"喷火"式战斗机穿梭其中，上下翻腾。不仅如此，"喷火"式战斗机的驾驶员还利用顺着阳光作战的优势，出其不意，攻其不备，打得德军只有招架之功，没有还手之力。不一会儿，就有 9 架容克-87"斯图卡"式俯冲轰炸机不幸被击中而坠落，还有几架不同程度受伤。容克-87"斯图卡"式俯冲轰炸机见势不妙，再继续下去，恐怕剩不下多少飞机能飞回法国基地了。于是，它们将炸弹胡乱地丢下后，就加大马力逃跑了。

英国皇家空军第 609 战斗机中队的一名飞行员回忆起这场战斗时曾说："今年光荣的 12 号我没能去打猎，但是光荣的 13 号却是我有生以来射猎成果最大的一天。"英国人都知道他所说的"光荣的 12 号"即 8 月 12 日，是猎松鸡的季节开始的日子。

"鹰日"的战斗一直持续到太阳落山，这一天德军共出动了 1485 架次飞机，几乎是英国皇家空军出动的飞机架次的两倍。从德军飞行员的报告看，他们的战果颇丰：他们似乎成功地袭击了英军 6 个机场和其他设施，摧毁数十架飞机和几座小工厂，并使英国最大的港口陷入瘫痪的境地。其实，英军只有 3 个并非主要战斗机基地的机场受损严重。在报告里德国人还声称他们击落了大量英军飞机。

当戈林看到最高统帅部发表的战报时，上面的数字令他欣喜若狂：摧毁英国皇家空军 88 架战斗机，其中 70 架"喷火"式战斗机、18 架"布伦汉姆"式战斗机，德国空军仅损失 12 架飞机。戈林太高兴了，以至于他下了一个令全军振奋的命令：宴请战区所有飞行员，并以香槟庆祝。餐桌上，戈林举起酒杯，向那些刚经历过战斗、此时满面春风的飞行员致敬。然而被蒙在鼓里的戈林并不知道，德军战报中的数据已经被严重地夸大了。如果他知道真正的战果是英军只有 13 架战斗机被击落，而德国空军则损失了 23 架轰炸机和 11 架战斗机，不知这位帝国元帅如何咽得下这杯"胜利"的美酒！

（六）"黑色星期四"

1940 年 8 月 14 日清晨，在法国北部空军基地的德国空军总指挥室中，戈林手下的几名指挥官正围在一张巨大的欧洲战区地图旁边，商议下一步作战行动计划。在地图上英德双方各个重要空军基地的位置上插着不同颜色的小旗。"当当！"一阵敲门声打断了他们的讨论，门开了，施密特上校走进来，手里拿着昨日的战果报告，他环顾了一下四周，发现戈林并不在这里，不禁有些失望，他把报告端端正正地放到戈林的办公桌上，转而对地图旁的指挥官们说道："昨天我们击落的飞机，天上和地上的一样多。"他故意顿了顿，接着说，"戈林元帅一定会对我的报告感兴趣，到现在为止，我们已经摧毁了 300 架英军飞机"。他说完便走回门口，在就要关门出去的最后几秒，他似乎想起了什么，突然转身，补了一句："几乎是英国皇家空军一半的飞机啊，先生们。"

看着施密特上校把门关上，指挥官们将视线转移回眼前的地图上。

"随他怎么报告。事实上我们的轰炸机仍然遭到拦截。"一位手里拿着战术杆的指挥官不无怨气地说道。

"因为英国人现在动用了他们的后备力量。"旁边的人解释说。

"刚刚发来的预显示，最近两天的天气状况很稳定，有稳定的高气压层，我们正好可以利用这一点。"他们将话题转移回之前正在讨论的作战行动计划上。"从明天开始，我们将加强对这些机场的攻击。"说话的人用手中的木杆指了指地图上不列颠岛屿上几个摆放着小旗的位置，其他指挥官的视线也跟了过来。然后他接着说道："第5航空队将进攻北部和西北部。"他话音刚落，就有人提出质疑："但那超出了我军战斗机的飞行范围。"

"没错，但是那也同样超过了英军战斗机的范围。"这位指挥官自信地回答说。

很快他们就将讨论出来的作战计划向戈林做了汇报，他们计划将全部空袭兵力分为南、北两路进攻，以南路为主。指挥官们试图将赌注压在驻守在挪威和丹麦的德国第5航空队身上，虽然他们心里很清楚：从那里的德国空军基地到英国北部地区作战目标所在地，他们的飞机要飞650—750千米，另外还有约占全程20%的"战术备份"航程。因此，执行这次战斗任务的飞机就必须具有1800千米左右的续航力。而单引擎的梅塞施密特Bf-109型战斗机的航程只有750千米，执行该任务的结果只有一个，即还未实现目标就会因为燃油耗尽而葬身大海。所以，指挥官们一致认为此次执行为轰炸机护航任务的只能是双引擎的梅塞施密特Bf-110型战斗机。但笨重的梅塞施密特Bf-110型战斗机能打得过英国皇家空军的"喷火"式战斗机吗？想必德国空军的指挥官们比其他任何人都清楚这个问题的答案。但为了达到奇袭效果，他们仍愿意就此一搏。与此同时，南路的攻击仍然由德国空军第2航空队和第3航空队来完成，与北路相比，它们就不存在续航不足的问题。因此，德国空军企图通过猛攻英国南部目标来钳制英军战斗机，使在北路进攻的第5航空队能够尽可能少地遭到围堵。

戈林听过手下的作战计划后，显得十分高兴，在他看来，"鹰日"的行动已经对英国皇家空军造成了重创，明天即将发动的这次全面袭击必定能打得英军措手不及，实施"海狮"计划似乎已经是指日可待的事了。想到这儿，戈林不禁眉头舒展，拍了拍指挥官的肩膀，命令他们马上照此进行作战准备。

收到命令后，北路由施登夫将军指挥的第5航空队的100多架轰炸机和几十架战斗机开始进行战前检查和维护。自开战以来，这支驻扎在挪威和丹麦的队伍几乎没怎么出战过。夜幕悄悄降临，战士们情绪却异常高涨，在挪威空军基地，机库的大门敞开着，里面灯火通明，仍然有许多空军飞行员在检查他们的梅塞施密特Bf-110型战斗机，他们对飞机的每个重要零件都进行仔细检查，连机尾最小的一颗螺丝钉也不放过，以保证飞机在明天的作战中不出一丝差错。

与此同时，驻扎在法国境内的德国第2航空队和第3航空队，共有875架水平轰炸机、316架俯冲轰炸机和929架战斗机已经做好了一切准备，它们只待明天天一亮，就向英格兰南部机场扑去。

8月15日清晨，旭日东升，伴着朝霞，英吉利海峡从睡梦中渐渐苏醒。远眺海峡，碧波万顷，海鸥轻吟着掠过海面，如此美景很容易让人忘记忧愁，陶醉于自然对人类最无私的厚爱中。然而此时同样沐浴在清晨第一缕阳光下的英国皇家空军道丁上将则无法拥有这般好心情，正在早起散步的道丁在接到情报机构发来的关于德军的最新情报后就变得忧心忡忡。他匆匆结束了晨间散步，连早饭也没吃就赶回设立在那座古老的修道院中的英军战斗机指挥中心。

道丁来到通信中心，这里的妇女志愿队员在机台上向他敬礼，并询问要接通哪里。"气象监测中心。"道丁答道。电话很快接通，正如他所看到的，电话里说今天天气晴好，对于英国这无疑是个坏消息。与窗外的明媚阳光正相反，此时道丁的脸上已经阴云密布。他以最快的速度回到司令部，刚跨入大门就看见室内刚值完夜班的工作人员在打瞌睡。

"执勤官！"道丁大喝一声。

"到！"听到喊声，从一个小房间里跳出一位青年军官慌忙应答。

"道尔，你迅速向各前沿雷达站和监测中心站发出命令，要求他们加强空中警戒。告诉他们今天必定有敌机大举进犯，各重要军事基地也要时刻待命。"道丁的语速急迫，声调也比平时高。

道尔听完后1秒钟都不敢耽误，转身奔向电话机，将司令的命令一字不漏地转达给各个机构。这时指挥中心的所有人也都从困顿中清醒过来，他们知道司令的命令也意味着今天必然是个紧张而忙碌的日子。

不一会儿，从电话里传来了第一个敌情通报。英格兰东部雷达站发现北海上空出现一批德军飞机，正朝大队防区靠近。道丁和手下军官等人立即来到指挥中心大厅，修道院大厅中原本放置的一排排长椅早已被一张硕大无比的英伦三岛平面模型代替。在其上面，河流山谷、城镇村落均清清楚楚地展现在人们眼前，英国国土被几条粗黑的线条清晰地分割开，并注明各战斗机大队防区。机场、雷达站、监测中心也用各种颜色标注其上，使人一目了然。只见各色线条以指挥中心为原点向四周呈放射状，宛如一张大网，笼罩着英伦三岛。在模型的外围，备有好几个装有各种颜色小旗的盒子和各式飞机的模型，以用来模拟战场状况。

此时参谋人员已根据敌情通报，在模型的东北方向摆放了代表德军机群的几面蓝色小旗。道丁把一只手放在胸前，一只手托着下巴，眼睛一动不动地盯着这些小旗看了许久，然后对身边的人说："今天有些奇怪，不知道德军在搞什么名堂，为什么第一批德军飞机会出现在这个方向呢？"他略做思考，然后对助手说："通知第13航空大队，命令索尔准备迎战。并让他多加留心，这或许是德军的佯攻。""海峡正面有情况吗？"道丁紧接着问道。话音未落，楼上电话间里传来喊话声："海峡正面出现敌机，至少有 100 架，分别从两个方向向哈里吉、菲利克斯托和奥福德驶进。"这样，模型的东面突出位置上又摆上了些小旗和飞机模型。马上，又有报告说大德里菲尔德方向也发现敌机。参谋长走到道丁身旁，低声说道："司令，只有多佛尔和英吉利海峡沿岸还没有发现敌机，而这却是德国人最短的飞行路线！"

"嗯，继续观察。"道丁说，"命令第 12 航空大队帕克派一个中队缠住大德里菲尔德方向的敌机，重点攻击放在正东方向的敌人！"

就在道丁等人在英国皇家空军指挥部里进行战略部署时，在北海上空，德国空军第 5 航空队在施登夫将军的率领下正保持着较快的速度，向其目标——位于英国东北部泰斯茅斯和约克郡北部之间的英国机场和飞机制造厂前进。此时，他完全忽视了英国雷达的存在，也不晓得英国人已经具备破译德国密码的能力。他并不知道在 1 小时之前他的飞机就被雷达跟踪上了。英国皇家空军的飞行员早已跳进他们的"喷火"式战斗机，向施登夫迎面飞来。两军相遇必不可免，空战一触即发。

13 时 45 分，战斗开始了。当德军第 26 轰炸机联队的两个大队共 65 架亨克尔-111 型轰炸机和几十架梅塞施密特 Bf-110 型战斗机飞临英国海岸时，飞机上的无线电突然传出多个声音同时播报着敌情："右侧发现'喷火'式战斗机。""敌人从太阳的方向飞来。""英军向我们攻击了。"

来者是索尔领导的第 13 航空大队的 5 个战斗机中队。根据雷达的引导，在靠近海岸时他们远远看到前方黑压压的一群敌机。此时，他们已经飞到顺着太阳光的位置，并爬升到有利于进攻的高度。当双方的距离已经近到英军可以看清德军机群的编队分布时，空中指挥官鲍尔看到德军的轰炸机飞在机群的前方，高度略低；护航的战斗机高高在上，位置稍靠后。鲍尔立即下达作战命令，留下 3 个战斗机中队在高空守候，自己率 8 架"喷火"式战斗机俯冲下去，几百米高度一晃而过，8 架"喷火"式战斗机像利剑一样插入敌阵。激烈的对战即将精彩上演。

在轰炸机机群上空肩负护航任务的是德军第 76 战斗机联队第 1 大队的 21 架梅塞施密特 Bf-110 型战斗机。这支队伍在德国空军中声名显赫，它曾在 1939 年 12 月 8 日的德意志空战中击落了大量的英军"威灵顿"式轰炸机。在德军占领挪威时，这支大队最先攻取了位于奥斯陆的福内布机场，为自己又添了一笔战功。今日，与英国皇家空军相遇，可谓棋逢对手。

飞在战斗机机群前面的是 4 架前导机，它们飞在轰炸机上空几百米处。此时，大队长雷斯特曼上尉正坐在编队最前面的 1 架飞机的机舱里，他一边密切观察着英机的方位，一边与坐在身后戴着耳麦、手拿一个方形机器的人在对话。从外表就可以看出，此人并非普通的空军士兵。

"频段调好了吗？"雷斯特曼问道。

"可以了，声音还算清楚。"那人回答，一边不停地扭动机器上的旋钮。

原来此人是德军侦听中队队长哈特维希，他正在使用高性能收音机监听英军战斗机之间的通信联络。这也是雷斯特曼担负的另一项特别任务，即配合哈特维希实施监听，继而掌握英国皇家空军的防御体系，以此为德军轰炸机制定更加有效的空袭战术和飞行航线等。

可是哈特维希只听到了几句来自英军的无线电对话，就被一阵子弹射击的声音打断了。雷斯特曼突然意识到大事不好，因为他看到 1 架"喷火"式战斗机正从阳光照射的方向扑过来。他急忙掉转机头，可是还没等梅塞施密特 Bf-110 型战斗机的机尾转过来，一串密集的子弹就射进了它的机身，在机身表面凿出十几个窟窿。雷斯特曼感到操纵杆不听使唤了，以他的经验判断一定是高空气流的冲压使窟窿越来越大，导致飞机的阻力也越来越大。

"该死，我们完了。"他向身后的哈特维希大喊。但还没等他听到回答，油箱位置就燃起了熊熊大火，或许哈特维希的声音被这大火吞没，也或许哈特维希已经无法发出声音，因为这架飞机以极快的速度向海面倒头栽去，二人都将无法逃脱葬身大海的厄运。

此时双方的飞机已搅在一起，进行混战，随处可见冒着浓烟和遭到重创的飞机。白色的降落伞也时不时出现在天与海之间，那是从即将坠落或爆炸的飞机里跳出的飞行员和机组人员。

里希塔中士驾驶的 1 架梅塞施密特 Bf-110 型战斗机在战斗机编队后部飞行，当 1 架"喷火"式战斗机从他的左上方呼啸袭来时，里希塔还没有反应过来，可当他注意到时却为时已晚，从"喷火"式战斗机里射出的子弹穿透了挡风玻璃，擦伤了他的头部，突然的一击顿时使他失去了知觉，飞机一阵摇晃，在无人驾驶的情况下迅速向下坠落。坐在身后的通信员盖斯黑卡急得满头大汗，他向里希塔大喊，却没有一声回应。情急之下，盖斯黑卡双脚用力一蹬，跳出舱外，在半空中打开了背上的降落伞。

这时，或许是高空强气流起了作用，驾驶座上的里希塔竟然清醒过来。他看到飞机已经掉到了云层下面，用不了几秒钟，自己和这架梅塞施密特 Bf-110 型战斗机就会永远待在这该死的海底了。"决不能就这样死掉。"他对自己说，同时用已经染上自己鲜血的双手重新控制住飞机。他感到一阵眩晕，大量失血和坠落带来的巨大气流都加速了这一症状的蔓延。但他还是强打起精神，不一会儿飞机已经开始爬升，进入安全飞行状态。最终里希塔架着受伤的飞机返回德军占领地区，在丹麦的艾斯堡迫降成功。然而，从此以后他却再也没见过队友盖斯黑卡，每每想起此事，他都会感慨：真是天意弄人啊。

尤伦贝克中尉此时正带领着 5 架德军飞机与英机周旋，他命令这几架飞机组成圆形方阵，以抵挡天空中冒出来的越来越多的"喷火"式战斗机。这一招似乎很有效，就在 1 分钟前，他们刚刚击中 1 架"喷火"式战斗机，尤伦贝克亲眼看到它拖着长长的黑烟"尾巴"栽进大海里。

这时在他的后方又冒出 1 架敌机，子弹从尤伦贝克的左侧呼啸而过，庆幸的是没有碰到机身，当这架"喷火"式战斗机想继续长驱直入时，尤伦贝克的僚机施马赫抓住时机，及时按下发射钮，把"喷火"式战斗机赶跑了。

随后，飞在他们前面的戈洛布中尉又给他们带来了一个好消息。在此之前他已经紧紧咬住 1 架"喷火"式战斗机，并像猫一样悄无声息地接近它。正如他后来和队友聊天时说的那样："一直接近到离敌机只有 50 米处，此时的射击效果比侧面好多了。只见那架'喷火'式战斗机机头上扬，打着转垂直栽了下去。"就在戈洛布中尉击落英军飞机两三秒之后，他自己就被两架"喷火"式战斗机咬住，子弹打在梅塞施密特 Bf-110 型战斗机的机翼上，左发动机也中招冒起黑烟熄火了。他后来的描述给他的队友留下了深刻的印象："我俯冲进云层想躲开它们的追击，但两架敌机似乎并没有放过我的意思。于是，我改变了航向，在 800—1000 米的高度做拉升，终于甩开了敌机。拜它们所赐，我只能用右发动机在云下做单发飞行，当我亲眼看到那两架'喷火'式战斗机中的 1 架冲进了海里时，我才松了一口气，我看了眼手腕上的表，13 时 58 分。两小时后，我在弗尔基地降落。"

在英国皇家空军的阻拦下，德军第 26 轰炸机联队根本无法找到预定目标，空中厮杀耗费了他们大量续航能力，最后他们的亨克尔-111 型轰炸机只好在英国海岸以及纽卡斯尔与森德兰之间的港湾设施附近匆匆投下炸弹后逃回德军基地。

亨克尔-111 型轰炸机

不过，在这天的战斗中，施登夫将军并没有完全失望。他的另一个编队——第 30 轰炸机联队的 3 个大队的表现或多或少给他带来了安慰。这支由 50 架容克-88 型轰炸机组成的编队在没有战斗机护航的情况下，依靠云层的掩护，成功地躲过英军战斗机的阻截，在弗兰伯勒角一带越过海岸，直达预定目标：英军第 4 轰炸机大队的所在地——德里弗菲尔空军基地。

德军 50 架轰炸机所具有的威力是巨大的，当它们出现在基地上空时，虽然英军已经得到消息，"喷火"式战斗机也已起飞迎战，但由于两军飞机数量相差悬殊，虽然经过殊死抵抗，但是基地损失仍然十分严重：4 座机库和好几处其他建筑被炸毁，12 架英军轰炸机在地面起火。而德军则损失了 6 架轰炸机。其中有几架的机组人员连同飞机直接坠毁，还有几个人在飞机爆炸前跳伞落下成为战俘，韦斯便是其中之一。

当韦斯恢复意识时已经在英国皇家空军的消防车里了，他看到除了自己还有包括他的队友豪克在内的4个德国兵，他向豪克使了个眼色，同是双手被绑着的豪克回敬了他一个无助的眼神。汽车行驶得十分颠簸，韦斯感到他的胃在翻涌着，却没有东西可以吐，不过至少有种感觉可以证明他还活着，那就是饥饿感。这时他才想到自从早上出发前吃过一顿早饭，到现在还没有进过食。他看着车窗外残阳正渐渐向这个陌生的地平线下坠落，一想到自己的明天会怎样，还能活几天等问题，他就顿时没有了吃东西的欲望。

车子在几个破败的低矮建筑前停住，一个年轻的英军士兵把他们撵出来，他用英语跟韦斯等人说着什么，但韦斯一句也听不懂。这时，一位戴着军帽的英军军官向他们走过来，脸上愤怒的表情似乎想要杀了他们一样。

"你要把这些家伙带到哪里去?"军官问道。这同样是韦斯想知道的问题，尽管他不会说英语。

"军官带到食堂，其他的带到看守所，长官。"下士回答说。

"你真负责啊，看吧，这都是他们干的好事。让他们去清理!"军官的愤怒终于爆发了。他指了指机场随处可见的弹坑和炸出的沙土。

"那军官怎么办，长官?"下士问。

"给他们把该死的铁锹!"军官说着已经转身离开。

韦斯不明就里地站在那，这时身边的豪克小声在他耳边嘀咕了几句，这位懂英语的朋友告诉了他刚才发生的一切，以及以后他们将遭什么样的罪。

这天德军第5航空队一共损失了16架亨克尔-111型轰炸机和6架容克-88型轰炸机，这是施登夫全部轰炸机数的20%，还有7架护航的梅塞施密特Bf-110型战斗机被击落。

北海上空激战的同时，英国皇家空军战斗机司令部里警报不断。道丁和军官们依然在大厅里目不转睛地盯着岛屿模型，此时模型的正南方也插上了许多面小旗和小飞机，据此显示波特兰、朴次茅斯、霍金吉正面都出现了德军飞机。道丁已经通告皇家空军第10航空大队和第11航空大队：今日作战重点是驱赶敌机，先要打散它们，然后伺机消灭。道丁之所以采取这样的策略，是因为进入英国境内的德军飞机数量太多，倘若大批英军战斗机在某处被德军飞机牵制住，那么其他地方就可能出现空当，给敌人以可乘之机。

下午3时，模型南部已密密麻麻、满是示意敌情的标识。道丁坐在靠椅上，表情凝重地抽着雪茄。工作人员每增加一面小旗，他的神经就会绷得更紧一些，但他向助手下达命令时的语气还是那么平静。道丁知道在这个时候所有人都在看着他，他必须保持应有的冷静和乐观。指挥部里气氛异常紧张，除了接连不断的电话铃和工作人员一遍遍的敌情通告外，偌大的指挥部里几乎没有任何与战争无关的声音出现。

就像模型显示的那样，此时英国南部上空，德军的容克-87"斯图卡"式俯冲轰炸机、亨克尔-111型轰炸机和容克-88型轰炸机正在英吉利海峡上依次来往穿梭着。从朴次茅斯到泰晤士河口直至内陆伦敦远郊的比金山，英国皇家空军的飞机场遭受着轮番轰炸。多处已经燃起大火的机库冒着浓烟、飞机跑道被炸得面目全非，机场消防人员一面紧急救火，一面时刻提防敌人下一次的进攻。

在320千米的海岸线上空，到处都能看见正在激烈交战的双方航空兵。在英国南部田地里劳作的农民此时早已停下手里的活儿，纷纷握紧各自的锄头在田间地头仰望着天空上忽高忽低的飞机，在这种情况下他们赋予了锄头另外一种功用：每当冒着烟的德军飞机在田野里迫降，有活着的飞行员从机舱里爬出来，抑或有跳伞的飞行员落在他们周围时，他们便将锄头当作可以威胁的武器，将敌国飞行员制伏，扭送到最近的空军基地。当然，如果遇到英军的飞行员，农民们则会第一时间把他们救起，并送往安全的地方。

随着交战激烈程度的不断升级，地上的人能够看到越来越多的白色线条在空中或交叉或平行，时隐时现。农民们或许不知道这白线是飞机飞行时留下的雾气痕迹，而一架架冒着浓烟向下坠落的飞机或飞机突然爆炸时绽放的红色火焰似乎更吸引他们的眼球。每看到这一幕，他们便在心里默默祈祷着，祈祷那些去见上帝的飞机是德军的而不属于英军。

虽然人们在地面上看不清几千米的上空进行激战的更多细节，但各种声音还是传到了他们的耳朵里。人们并不能分辨出马达的转动声、螺旋桨和引擎的尖叫声、机枪和枪管的射击声以及击中油箱凌空爆炸的声音，这些声音已经汇聚成一首奇妙的死亡之曲，听得地上的人们与天上的空军士兵心惊肉跳，他们说不准在哪个"音符"上，就有一个或者几个生命离开这个世界。

朴次茅斯城外，英国皇家空军第11航空大队的一个野战机场上，到处都是匆忙的身影。这里的工作人员已经整整忙活了5小时了。此时，塔台上的霍尔特上校正在呼叫留空巡逻的第3战斗机小队准备返航。

"接待命室。"他抓起手边的电话说。他知道第152战斗机中队全体人员正在那里等候着。

"亨特里吗？我是霍尔特。士兵们状态如何？都已经吃过饭了吧？"上校连珠炮似的问中队长，因为这是他真正关心的问题，第152战斗机中队已经升空作战两次了，飞行员的体力消耗巨大，而这场恶战不知还要持续到什么时候。

"先生，我们的队员状况良好，战机也进行了维护、加油。可以随时升空！"中队长亨特里回答说。他的话音刚落，就听霍尔特手边的另一部电话"丁零"地响起来：

"基地注意：你方正面 250 英里处发现一大群敌机，现在命令你马上派出一个中队的'喷火'式战斗机迎敌，另以一个中队在基地待命，随时准备增援。这次行动你方将与邻近两个基地协同作战，共同歼灭敌机！完毕。"霍尔特听出来这是第 11 航空大队司令部参谋长的声音。

"法尔考，你知道吗？我的两个中队刚下来，还没来得及加满油呢，而亨特里的第 152 中队也升空两次了。我从哪里派出两个中队呢？"霍尔特对着听筒大声说。

"上校，这是帕克司令的命令，请问你需要跟他直接对话吗？"法尔考有些不耐烦，故意提到大队长来堵住霍尔特的嘴。

霍尔特听罢，没有回答，气得他丢下电话。时间紧迫，他不得不立即拉响了基地的警报铃，同时向亨特里发出命令："第 152 中队，即刻起飞！"不一会儿，第 152 中队十几架"喷火"式战斗机陆续升空，这是它们今天第 3 次向敌机扑去。

8 月 15 日这天的战斗是不列颠空战中规模最大的一次空战。当天晚上，截至最后一个德军飞行员飞回基地，德国空军共出动飞机 1780 架次，其中 520 架次对英国皇家空军及其设施发动了空袭。德军宣称他们成功地炸毁了英国皇家空军的 12 个飞机场，摧毁 99 架飞机。英军也通过广播和报纸向人们宣扬：英国皇家空军共出动飞机 974 架次，击落了 182 架德军飞机。这样的战报当然含有很大水分，双方都把自己的战果夸大，把损失降到很小。戈林看到战报的数字后十分满意，这也正是统计官希望看到的。当英国民众听到广播员富有磁性的声音播报英国皇家空军的赫赫战果时，他们脸上总是能浮现出些许欣慰的笑，这对于孤立无援的英国来说无疑是十分重要的。事实上，德国空军当天击落的英军飞机数不是 99 架而是 34 架；英国皇家空军击落的德军飞机数是 75 架，也不是他们说的 182 架。然而，由于德军飞机的机组人员大多为 3 人或 4 人，而英军飞机则多为单座飞机，因此德国损失的飞行员更多。但对于本来就缺兵少将的英国皇家空军来说，8 月 15 日确实是个"黑色星期四"。

（七）英国危在旦夕

自"黑色星期四"后，德国的进攻并没有因为巨大的损失而停下脚步。在以后的几天里，戈林继续派出大批飞机飞过英吉利海峡，对英国的重要机场和防御工事进行狂轰滥炸。

8 月 18 日一大早，道丁上将刚走进战斗机司令部的大门，助手怀特便信步跟上，他抓住司令还没走进办公室的这个空当，向道丁报告新进来的飞行员的情况。二人边走边聊：

　　"我们有 6 名志愿者来自海岸司令部，6 名来自海军航空队，每个轻型轰炸机中队又来了 5 个人，有 3 名来自兵工厂。"怀特看着手中的一份资料对道丁说。

　　"一共 30 人，对吧？"道丁顿了顿接着说，"这还不够。我们昨天几乎就损失了这么多。"

　　"而且空军参谋部对削弱轻型轰炸机部队犹豫不决。因为可能要用于反攻欧洲的战斗，长官。"

　　"我们现在需要飞行员。"道丁像是在自言自语。

　　"正在接受训练的外国中队怎么样？"怀特问道。

　　"捷克斯洛伐克的？还是波兰的？"道丁用怀疑的语气反问道。

　　"我知道您对他们语言上沟通困难的担心。"怀特说。

　　"他们一点也不懂战术术语。这样一来给他们自己和我们都会带来麻烦。"道丁说出了内心的隐忧。

　　"我会安排他们尽快结束一些训练计划的，长官。"

　　道丁点了点头，说："飞行员们干得不错。目前敌我损失比是 2∶1，他们负担得起，不是吗？对于我们来说，从现在起再也不能冒险一次出动半数以上的轰炸机了。"道丁叹了一口气，再次强调说，"我们需要更多的飞行员，否则就会输掉这场战斗。"

　　怀特知道他的司令并非危言耸听，从 8 月 8 日到 18 日，英军损失了 183 架飞机，击毁德军 367 架飞机，敌我损失比，确实如道丁所言为 2∶1。而且早就未雨绸缪的道丁仍有 161 架战斗机的后备力量。与飞机数相比，道丁担心最多的仍然是越来越紧缺的飞行员。仅在这 10 天之内，就有 154 名飞行员牺牲或受伤，而补充上来的新飞行员数总共才 63 名，其中包括曾是其他机种的飞行员，他们仅训练了 6 天就登机作战了；还包括那些来自轰炸机司令部、海军司令部和盟军空军积极参战的志愿人员。也正是出于降低飞行员损耗的考虑，在接下来的日子里，道丁命令各防区在与敌军战斗机交战时派出中队的数量要相对少些，而且继续将德军轰炸机作为优先攻击的目标。

　　8 月 21 日，这一天延续了前几天糟糕的天气，德军只派出一些小编队进行骚扰袭击。在这一天，波兰飞行员维托尔·乌尔班诺维茨第一次走进英国皇家空军第 303 战斗机中队所驻扎的基地，成为该中队的一员。

　　英国皇家空军第 303 战斗机中队是一支完全由波兰飞行员组成的队伍。在其成立之前，第一支由波兰飞行员组成的战斗机中队——第 302 战斗机中队已经在 8 月组建起来了。自 1940 年 7 月起，波兰飞行员经过短期培训掌握了英国的"飓风"式战斗机以后，就以个人身份分散编入皇家空军战斗机中队参战。在独立的波兰战斗机中队编组之前，约有 100 名波兰飞行员分散在 27 个皇家空军战斗机中队与德军展开殊死搏斗。

虽然波兰飞行员在参战前十分缺乏驾驶先进战斗机的经验，但他们与生俱来的勇敢而坚定的个性，使他们很快成长为令人生畏的战斗机飞行员和出色的射击手，并得到了英国皇家空军的广泛赞誉。例如英国第501战斗机中队就出了3名波兰王牌，其中格洛瓦奇中士在8月24日3次出击，打下3架梅塞施密特Bf-109

"飓风"式战斗机

型战斗机和2架容克-88型轰炸机，成为波兰飞行员中第一个"一日王牌"。但是波兰飞行员战前极少有人会讲英语，空战中的通信联络和协调成了大问题。英军战斗机司令部总司令道丁上将在一份报告中建议，把分散在英国皇家空军各中队的波兰飞行员抽调出来，专门组建波兰战斗机中队，于是才有了第302战斗机中队和第303战斗机中队。

整个第二次世界大战期间，波兰流亡政府空军总共在英国组建过14个中队，其中有8个是战斗机中队。当时，每个中队都尽量集中战前在同一个单位服役的飞行员，继承战前波兰军队的传统。例如，第302战斗机中队又叫"波兹南"中队，就是因为飞行员多数来自第二次世界大战爆发前驻波兰波兹南地区的波兰空军第3团，而第303战斗机中队又叫"华沙"中队，其飞行员大多来自原华沙战斗机旅的第111中队和第112中队。

第302战斗机中队和第303战斗机中队在不列颠空战期间都使用"飓风"式战斗机，绝大部分人是参加过波兰战役和法兰西战役的老兵，作战经验丰富。新调任到第303战斗机中队的乌尔班诺维茨就是其中之一。他早年在波兰国内担任飞行学院教官时，就因其高超的飞行技艺被同事和学员们称为"眼镜蛇"。1939年9月，德国入侵波兰时，乌尔班诺维茨正在登布林的一个临时组建的飞行中队担任指挥官。苏联开始入侵波兰后，乌尔班诺维茨为苏军所俘虏，但是当天他就和两名学员成功逃脱，并且穿过边境线到达罗马尼亚，再转道前往盟国法国。在法国，乌尔班诺维茨和一批同样幸运出逃的波兰飞行员一起加入英国皇家空军，继续坚持战斗。1940年7月他开始全面接受英国皇家空军的训练，使用"飓风"式战斗机，在完成了所有训练后被编入英国皇家空军第154战斗机中队。8月8日，他驾驶"飓风"式战斗机击落了1架梅塞施密特Bf-109型战斗机，这也是他首次击落该型号的飞机；5天以后他又击落了1架隶属德国第51轰炸机联队的容克-88型轰炸机。

今天，他正式调入第 303 战斗机中队，同时也是他新辉煌的开始。不列颠空战结束时，这位波兰王牌飞行员总共确认击落德军飞机 15 架，仅次于斯卡尔斯基，在波兰王牌飞行员战绩榜上稳稳占据亚军位置。

值得一提的是，1943 年，乌尔班诺维茨跟随美国陆军航空队前往驻扎在中国的美军第 14 航空队。当年 10 月加入第 75 战斗机中队，后来驾驶美制 P-40 "战鹰"式战斗机参加了中国战场上的常德会战，为中国人民的抗日战争做出了贡献。

8 月 21 日这天清晨，乌尔班诺维茨深穿蓝色的英国皇家空军制服站在基地办公室木质大门前，礼貌地敲了敲门，然后推门而入。此刻，屋内的十几名飞行员正在专注地听中队长带来的最新战况，这时看到有人进来，都将目光转移到乌尔班诺维茨身上。当听到熟悉的波兰语从这个人嘴里说出时，飞行员们似乎一下子振奋了，开始一个接一个地与他打招呼致敬。中队长代表中队所有波兰飞行员向乌尔班诺维茨的到来表示欢迎，很快乌尔班诺维茨就被任命为该中队 A 小队指挥员。事实证明，乌尔班诺维茨并没有辜负期望。就在 10 多天后的 9 月 6 日，他就驾驶 "飓风"式战斗机把德军第 52 战斗机联队的 1 架梅塞施密特 Bf-1109 型战斗机送进冰冷的海水中；不久，原第 303 战斗机中队中队长不幸在执行任务时牺牲，乌尔班诺维茨接替他成为第 303 战斗机中队少校中队长。

第 303 战斗机中队在不列颠空战中有着辉煌的战绩，在战事日益吃紧的日子里，从 8 月 30 日开始，第 303 战斗机中队调到战区作战 6 周，在这段时间里总共击落敌机 126 架，在所有参加不列颠战役的皇家空军战斗机中队里排名第一，同时有 9 名新的王牌飞行员诞生。

除了波兰中队以外，英国皇家空军还组建了由其他国家的飞行员组成的专门中队。如第 101 新西兰战斗机中队、第 94 加拿大战斗机中队、第 87 捷克斯洛伐克战斗机中队、第 29 比利时战斗机中队、第 22 澳大利亚战斗机中队、第 14 法国战斗机中队、第 10 爱尔兰战斗机中队、第 7 美国战斗机中队。另外，还有分别来自巴勒斯坦、牙买加和纽芬兰的飞行员也加入了抗击纳粹德国的正义之战。这些 "少数派"虽然数量有限，但是对于陷入孤立的英国皇家空军来说，多一名飞行员就意味着多了一点获胜的希望，此时 "少数派"和英国本土飞行员一样，都为自由与和平的目标努力着，即便献出生命也在所不惜。

当道丁在指挥部里为英国皇家空军飞行员发愁的时候，德国空军基地里的情形也不那么乐观。自 8 月德军发动大规模空袭以来，每天都派出 1000 多架次飞机，虽然德军在飞机数量和飞行员上都比英军占优势，但经过长时间的疲劳作战，德军飞行员的日子并不好过。随着德军的损失一天天增大，德军飞行员们渐渐意识到，他们的元帅戈林口中所描述的宏伟蓝图并不像他说的那样容易实现。如今，并没有如期将英国皇家空军逐出蓝天。而且，他们也一直想不明白一个问题：为什么每次空战英军的损失都比他们少得多，而且英军总是能准确地把握他们飞行的踪迹？

德军试图找出问题的症结所在，德国王牌飞行员阿道夫·加兰德说："我们意识到英国皇家空军战斗机一定受到了地面某种新装置的引导。因为，我们听到英军指挥'喷火'式战斗机和'飓风'式战斗机作战的命令是非常熟练和准确的。""这种新装置对战斗机的控制使我们感到非常意外。"

8月24日，戈林发动全面摧毁英军地面指挥中心的进攻，这些地面指挥中心被他们称为"扇形站"，之所以将矛头指向"扇形站"是因为所谓的扇形站实际上是个地下神经中枢，它根据雷达、地面观察站和飞行员获得的最新情报，用无线电指导空中的战斗机作战。正如加兰德所说的那样，德军能够清楚地听到"扇形站"和天上的空军飞行员之间进行的无线电谈话，并且终于开始认识到这些地面控制中心在空战中起到的重要作用。因此，戈林便改变了战术，要求德军不惜一切代价摧毁"扇形站"。当天，他派出德军轰炸机和梅塞施密特 Bf-109 型战斗机共计 1000 架与英军的 200 架战斗机对阵。根据戈林的命令，德国每次起飞的飞机不得超过 300 架，同时配以战斗机护航。

这一战术的改变，对英军来说是一个灾难性的打击。此时，德军在数量上的绝对优势开始发挥可怕的效力。截止到 9 月 6 日，英国南部的 5 座机场被严重肢解，7 个位于首都伦敦四周发挥关键作用的"扇形站"中就有 6 个遭到猛烈的轰炸，英国皇家空军整个通信系统处于崩溃的边缘，从而导致其战斗力的节节削弱。8 月 19日—9 月 6 日，英国共损失飞机 446 架，飞行员死亡 103 人，受重伤 128 人，这些数字意味着一个残酷的现实：英国失去了四分之一的优秀飞行员。如果这种情况再持续几个星期的话，英国马上就会成为强弩之末，失去防御能力的英国将不得不把制空权拱手让人，并面临亡国的境地。

8 月 24 日上午，英国曼斯汤机场上，1 架"喷火"式战斗机刚刚着陆，原本很简单的降落过程却令飞行员约翰中尉煞费周章。就在 1 小时前，德军轰炸机刚刚来过这里，机场跑道上的大坑和那些要么歪歪斜斜地挺立着、要么已经坍塌的库房就是最好的证据。

约翰走出机舱，看到机场如今这副"尊容"后突然觉得自己这一趟回来实为多此一举，他的中队经过刚才的空战后已经在南部的飞行俱乐部降落，而约翰由于一心惦记着他遗忘在曼斯汤机场休息室内的高尔夫球杆，所以才冒险回来。

约翰硬着头皮说明来因，正在清理地面设施的机场地勤工作人员来到曾经的休息室跟前，他根本没有打开休息室的大门就径直走了进去，因为门已经躺在他的脚底下了。经过德军飞机的洗礼，休息室只剩下一堆木板和被压扁的桌椅摊在那里，地勤人员费力地从桌子底下抽出一个装着高尔夫球杆的袋子，转身递给约翰，然后拍了拍沾在手上的尘土。

"该死，已经断了。"约翰打开袋子看到心爱的球杆已经折成两段，便顺手把它扔到了废墟里。

"太荒唐了，我们每天都要上天四五次。每次回来地上就多了几个坑，坑越来越多，直到我们不能起飞。"约翰愤怒地抱怨。

"我们会让这里再次运转的。"地勤人员保证说。

"不可能，除非某人决定在我们上天时对这里进行保护。"约翰无奈地摇了摇头，转身走回自己的"喷火"式战斗机。

其实第11航空大队的指挥官帕克并不是没有努力过。不列颠空战中的大部分战斗都是在第11飞行大队的管辖地区上空进行的，不过帕克在需要的时候会召唤临近飞行大队的战斗机参加战斗。就在这天上午他在战斗机司令部的通信室里还反复地跟接线员说了不下3次："告诉第12航空大队，让他们明白，起飞后要保护我的飞机场。"可是事情的结果仍然让他暴跳如雷：当德军轰炸机在机场上空呼啸着投弹肆虐时，马洛里的第12航空大队根本没有出现。而且当战斗过去将近半个钟头时，机场的监测站才看到远处空中有一大片飞机朝这里飞来，而这时机场已经变为一片废墟了。

"都是因为第12航空大队没有发挥作用，马洛里和他所谓的大编队或许应该留在地面上发挥作用。"帕克气急败坏地说。

这天晚上，在道丁上将的办公室里，因为此事帕克和马洛里几乎吵了起来。这一次帕克认为他必须站出来指责由于马洛里战术上的错误而给英国皇家空军造成的难以弥补的损失。

"我们起飞了，长官。我们准备击溃所有的敌机，但是在15000英尺高空集结40—50架飞机需要时间。"马洛里对坐在椅子里的道丁辩解道。

"花的时间也太长了吧。等到大编队完全起飞，敌机已经轰炸完目标返航了。"站在一旁的帕克说道。

"关键是大量地击落敌机。我宁可在它们轰炸后击落50架，而不是在它们轰炸前击落10架。"马洛里对帕克的嘲讽进行反攻。在马洛里心里一直认为帕克有时似乎将不列颠空战错当成一场只是由第11航空大队进行的战争，这是他不愿看到的。

"但是你别忘了，德军轰炸的目标是我的机场，马洛里。而且你没有击落50架，你连10架都没有击落。"帕克将肚子里的苦水一股脑儿倒出，说完还狠狠地瞪了马洛里一眼。其实帕克并不是武断地反对大量使用战斗机，但是他认为用小编队快速拦截敌机要比缓慢地集结全部兵力，然后迟迟才到达目的地能收到更好的作战效果。他的实战经验也证明了，集结起一支由3个中队组成的大联队要比集结2个中队多花费1倍的时间。

当马洛里还想继续争辩下去时，一直没有出声的道丁突然发话："先生们，你们忽视了最基本的事实。"他的声音缓慢又沉重，说话时眉头几乎拧成了一股绳，"我们缺少200名飞行员。而且现在的飞行员都十分疲惫、紧张，都在超负荷地工作。"

说到这儿，他摘下眼镜，低头不去看他的两个手下。"我们是在为生存而战。我们要的不是大编队或小编队，我们要的是飞行员和奇迹！"说完他又重新戴上眼镜，从眼眸中发出暗淡的光芒。

（八）误炸伦敦

不列颠空战已经激战了1个多月，战争在1940年8月13日进入第2阶段，德军将突击的重点从英国皇家空军的前方机场以及防空分区的各个机场向英国空军基地和雷达站转移，寻歼英国皇家空军主力。从德国空军总司令戈林接到的部下们的报告来看，英国皇家空军似乎已经被消灭殆尽。但是每当戈林发号施令，大批德军轰炸机壮志满怀地飞越英吉利海峡时，仍会遭遇为数众多的英国皇家空军"飓风"和"喷火"式战斗机，总有德军飞机葬身大海的悲剧发生。因此，戈林不得不从这些自欺欺人的谎言里走出来，他知道英国皇家空军远没有被消灭，而且比想象中的还要强大。

一想到"海狮"计划，戈林的眉头更紧了。随着时间的推移，德国空军的战绩与"海狮"计划的要求差距越来越大。计划要求德国空军削弱英国的战争潜力，并夺取英吉利海峡和英国的制空权。但由于德军的作战进度缓慢，连连失利，实现作战目标变得遥遥无期。无奈之下，"海狮"计划陷入停滞的状态。然而，最让戈林感到害怕的是，他的空军开始令元首希特勒失望了。

气急败坏的戈林召集起空军军官和飞行员，劈头盖脸地骂了他们一顿。望着被训斥得一动也不敢动的士官们，戈林知道，责骂是于事无补的，他还要靠这些人完成下一阶段的作战任务呢，当务之急则是调动他们的积极性。于是戈林决定给手下下放更多的权力，让他们白天黑夜都可以进行轰炸，甚至可以轰炸包括英国城市在内任何与英国皇家空军有关的地方。但是唯一不可靠近的是英国的首都伦敦。因为这是希特勒的特别指示，元首在伦敦城区的外围画了一条线，严禁进攻这条线以内的伦敦城区。

为什么希特勒一再明令禁止袭击伦敦呢？有人猜测他希望在征服大英帝国后，能骑着战马在白金汉宫展现胜利者的姿态，再耀武扬威地骑到国会大厦。有人认为他担心轰炸伦敦会引起中立国家的态度转变。还有人揣度希特勒已经预料到轰炸英国的首都，在战术和战略上德国都捞不到什么好处。

"亲爱的元帅，对伦敦进行轰炸，必然可以瓦解英国人的斗志，士气大落的英国人说不定会回到谈判桌上。"一位空军指挥官说，他代表了相当一部分德军将领的想法。

"德国人会向恐怖轰炸屈服吗？"戈林晃着他的肥大的脑袋，质问将领们。

"同样，英国人也不会屈服的。"戈林肯定地说。很显然，他和希特勒的意见是一致的。

然而在英吉利海峡另一端的英国决策高层此刻却巴不得德国空军出现在伦敦上空。丘吉尔几乎每天晚上都在唐宁街 10 号的花园里等待，当他听到德国空军的轰鸣声和遥远的交战声时，他就愤怒地向夜空挥舞手臂大喊："你们为什么不到这里来？来炸我们，来炸我们呀！"丘吉尔认为，如果伦敦变成废墟，英国就可以得到更多的国际援助，包括来自美国的支持。

英国皇家空军最高指挥官道丁上将也希望德国空军轰炸伦敦。8 月 24 日—9 月 6 日，连续 13 天，德军几乎每天都出动近 1000 架飞机对英国南部机场、空军地面部队及航空工厂实施轰炸。英伦三岛上空的空战达到了高潮，不列颠空战已经进入决定性阶段。双方鏖战，受损最大的是空勤人员。飞行员一旦离开地面便生死难料。激烈交锋时，每天从红日东升到夕阳西下，飞行员只有加油、装弹时才返回地面，每架飞机着陆的时间也只有两分钟左右。有的英军飞行员驾驶飞机被击落数次，成功跳伞回到基地后，不多时又将驾驶 1 架新的飞机冲上云霄。尽管英军飞行员几乎是在挑战生理极限地作战，但德军数量上的优势正在发挥效力。

为了迷惑英国皇家空军的雷达监测人员，德军采取了一种新战术，他们命令德国空军的机队整体在法国海岸上空盘旋，而且正好是在英国皇家空军的雷达屏幕所及的范围内。这样一来，雷达监测人员根本无法准确地预测出哪个方向的飞机会突然转向北方，向英吉利海峡对面的英国发动攻击。这一战术似乎很有效，第 11 航空大队的 5 个前进机场和 6 个战区机场都受到了严重破坏。肯特海岸上的曼斯顿机场和利姆机场因遭袭而多次接连几天无法正常使用。在 3 天内，保卫伦敦的主要战斗机基地比金山就遭到了 6 次轰炸，德军飞机摧毁了调度室，在轰炸中有 7 名地勤人员不幸丧生，严重影响了战斗机中队的正常起降，在 1 周之内它仅供 1 个中队的使用。英国皇家空军战斗机的防御力量不可避免地被减弱了。

道丁深知，如果德军死咬住他的空军机场、雷达站和兵工厂不放，数量剧减而又疲惫不堪的英国皇家空军飞行员撑不了多久了。巧妇难为无米之炊，这位足智多谋的指挥官如今正希冀着德国空军突然改变轰炸目标，以减轻地面空战设施和军需补给基地的压力，给英国皇家空军一点喘息的时间。他把这称为奇迹。"只有奇迹才能挽救不列颠。"

或许是上帝开的一个玩笑，奇迹真的发生了。一个纯属意外的事件挽救了英国。

1940 年 8 月 19 日至 8 月 22 日，天气骤变，空中能见度极低，德国空军不得不偃旗息鼓。戈林利用这个间歇召集空军将领会议，最后决定把对英国飞机制造厂和重要军事目标的袭击变为夜袭。

8 月 24 日天气好转。傍晚时分，晚霞还没有散尽，德军的 170 架轰炸机就迫不及待地朝英吉利海峡席卷而来。它们的目标是英国肯特郡北部直至苏格兰边界的区域。有一部分飞机将目标锁定在泰晤士河沿岸城镇罗切斯特和金斯顿的飞机制造厂，以及距伦敦 20 多千米处的巨型油罐储存设施。这部分飞机只有领航的飞机装有无线电导航。

夜幕渐渐降临，德国空军布兰特上校正驾驶着他的轰炸机，四周是无边无际的黑暗。其他机组人员显得有点不耐烦了，有人拿起地图查看。

"喂，老兄，9 分钟之前我们就在英国目标的上方了，我们这是要去哪儿？"旁边的吉米少尉问道。

被吉米这么一问，布兰特也察觉到不对劲了。他向四下张望，除了一架和他并行的德军轰炸机以外，在茫茫夜空再也找不到其他同伴。

"风向变了，飞机偏离了航线。"布兰特有些不安，此时他也只能这样向其他人解释。

"吉米，那么我们现在是在哪儿？"布兰特说。

轰轰轰！

吉米还没来得及张口，耳边突然传来一阵炮声，这声音越来越近，也越来越密集。

"该死，英军高射炮开火了。天晓得我们在哪儿。"吉米泄气地说。

"伦敦在哪？"布兰特又问。

"应该是在后面西南方距离很远的地方，伙计。"这次吉米似乎有了点信心。

"好吧，先生们，我们去放下炸弹，然后回家。"布兰特认为这是他们目前唯一能做的事。

听到布兰特的命令，吉米和其他机组人员马上开始忙活起来。实际上，在距他们不到百米的另一架飞机上的伙伴也是这么做的。

硬邦邦的炸弹从两架轰炸机的肚子里滑了出来，居然没有人关心它们真正落在了哪里。

为了躲避英军越来越猛烈的防空炮火，布兰特匆匆卸除炸弹，向东掉转机头，朝法国海岸逃去。此时，他并不知道，他的人生以及不列颠空战的命运即将改变。

第 2 天早上，一封电报打破了布兰特难得的酣梦，使他不得不面对噩梦般的现实。

原来昨晚布兰特卸除炸弹的位置并不是什么伦敦远郊，而恰恰就是伦敦城区。

伦敦市中心古老的圣贾尔斯教堂被炸成一片废墟,附近广场上的约翰·弥尔顿雕像也从底座上震落下来,孤零零地倒在广场上。伦敦城北部和东部的伊斯灵顿、芬奇利、斯特普尼、脱坦汉和贝斯纳尔梅林等地区也不幸遭到轰炸,摧毁民房若干,8名伦敦市民被炸死。

这是个意外,德国空军深知这一点。当事情传到元帅戈林耳朵里时,他勃然大怒,立即给执行轰炸任务的第1轰炸机联队发了一封电报:

"立即把向封锁区伦敦投弹的部队名单报上来,让他们来柏林,空军司令要亲自处罚这些指挥官,把他们都转送到步兵营去。"

(九) 向柏林复仇

虽然轰炸伦敦是德国空军的无心之举,但英军认为德军攻击的目标已经超过了战争允许的范围。事实上,丘吉尔情愿认为这是故意的,这样英国皇家空军就可以予以回击,从而左右战争的走向。

"我们要对德国人的行为予以坚决的回击,也让柏林尝尝炸弹的滋味。"丘吉尔在参谋部会议上,斩钉截铁地说。会上全体成员一致同意:对柏林实施轰炸,以示报复。

会议结束后,英国皇家空军轰炸机指挥部便接到了夜袭柏林的命令。

第49轰炸机中队的霍尔中尉在上周的时候还只是在德国领空抛撒宣传单,上面写着"希特勒愿意打多久我们就打多久"。接到命令后,霍尔掩藏不住内心的兴奋,也可能是晚餐时喝了小半杯威士忌的缘故,长满络腮胡子的脸上泛着潮红。

8月26日夜里,繁星闪烁,夏夜退去白日的燥热,银白色的月光洒在机场上,朦胧之中,大战前的繁忙展露无遗。

铃声响起,霍尔和他的队友们迅速向轰炸机跑去。机械师纷纷和飞行员握手告别。"祝你好运,霍尔。""谢谢,哈哈。等我回来别忘了请我喝一杯。"嗜酒如命的霍尔不忘提醒他的机械师。

探照灯打开,跑道的轮廓清晰地呈现在机场上的复仇者面前。飞机启动了,在响彻夜空的轰鸣声中,一架架英国轰炸机滑行、起飞、编好队形。与其他轰炸机一样,霍尔的飞机载着包括他在内的4名机组人员和重磅炸弹,向德国首都柏林飞去。

此时,柏林的市民和平常一样。在工厂干了一天活儿的工人们吃过晚饭,连油腻腻的衣服都没脱,便倒头大睡,对他们来讲,这是难得的幸福时光;可高级餐厅里忙于应酬的社会名媛们却不这么想,夜晚才是她们的舞台;当然,还有小酒馆里喝得醉醺醺的醉汉,现在正晃悠悠地走在回家的路上。然而不论是谁,都想象不到霍尔和他的伙伴们即将给这个夜晚送来恐怖的礼物。

柏林上空阴云密布，霍尔从空中俯瞰地面，柏林的高楼、街道和广场被乌云遮住，若隐若现，很难辨认出哪儿是哪儿。

"我找不到目标了。"霍尔和飞机里的队友说。

"那就别找了，我们只能看到这该死的云彩。你瞧，爱德华是不是已经开火了，真是急性子。"队友鲍勃说。

霍尔隐隐看到下面柏林市区由于爆炸产生的火花，远远传来的轰鸣声更是证实了这一点。

"好吧，德国佬准备吃炸弹吧。"霍尔说。

几分钟前，德国空军布兰特上校刚刚抵达柏林，现在他正走在去国会大厦接受戈林审判的路上。眼前的场景把他惊呆了：每一枚英国皇家空军轰炸机的炸弹落下，都伴随着柏林市民惊恐无助的叫喊。人们像受惊的小猫，四散逃开，然后再挤在一起，瑟瑟发抖。他看到一位满头白发穿黑色长裙的德国老太太被疯狂的人群撞倒，躺在了路边。布兰特慌忙跑过去把她扶起来，老太太嘴里不停地咕哝着，好像是在默念《圣经》。她看见了身着纳粹制服的布兰特，如遇救星。

"戈林元帅不是说柏林永远不会被轰炸吗？年轻人。"老太太瞪着深褐色的眼睛问布兰特。布兰特没有说话。

在云层之上，只有不到一半的英国轰炸机发现了目标。即使如此，霍尔和他的伙伴们还是把所有炸弹扔了下去。

其实，柏林防空并不如霍尔想的那么脆弱。此时，柏林内外两层高射炮正一刻不停地开火，数以百计的探照灯将柏林上空照得如白昼般明亮。柏林城炸开了锅。乌云密布的天气对德军十分不利，对于躲在厚厚云层里的英军轰炸机来说，它们只闻其声，不见其影，无奈之下只好胡乱开炮。当霍尔投掷完所有炸弹，就和队友们飞回汉普登，享受胜利和葡萄酒带给他的喜悦去了。

早在不列颠空战之前，戈林就对元首希特勒以及所有的德国人吹嘘，英国人的飞机绝不可能飞到柏林，他还开玩笑说："如果它们来了，你们就叫我农夫。"一语成谶，如今真的有人在背后叫他"农夫"了。

实际上，这次夜袭并没有给柏林造成多大损失，但却在柏林引起极大的恐慌。戈林狼狈不堪，他信誓旦旦地向希特勒说："我保证再也不会出现空袭了。"可是，8月27日和28日夜晚，英军轰炸机再次夜袭柏林。不仅如此，英国还在德语广播中说道："你们的'空中保护神'戈林不是许诺永远不会遭到空袭吗？不是声称皇家空军已经被彻底击败了吗？先生们，女士们，英国皇家空军的炸弹是对这一切最好的答复。"

（十）伦敦遭袭

此时的希特勒再也坐不住了，他命令戈林为发动大规模报复行动做准备。而这正是丘吉尔所希望的。

在第一次袭击时，希特勒曾命令报纸只用几行字报道柏林空袭的消息，现在却在媒介上大肆宣传"英国皇家空军轰炸柏林手无寸铁的平民"。柏林大部分报纸都用了同样的标题《懦弱的英军空袭》。在第3次空袭后，标题变为《柏林上空的英国强盗》。

1星期以来，英国对柏林的连续夜间轰炸，在物质上并没有给德国造成多大损失。他们的目的也不在于此，而是要在德国人民中间引起消沉和厌战的情绪。民众越相信戈林的保证，如今他们感到的失望越大，自然也就害怕战争、渴望和平。但对于希特勒来说，这是绝对不能容忍的。

9月4日，在英国皇家空军对柏林发动第4次夜间空袭后，气急败坏的希特勒在柏林体育馆举行集会。他身穿纳粹制服站在台上，面对上千德国民众，慷慨激昂地进行演讲：

"丘吉尔先生正在施展他的新招术——夜间空袭，他进行这些空袭并不是因为这些空袭多么有效，而是因为他的空军无法在白天飞临德国上空。"他嘲笑丘吉尔是"一只神经质的老母鸡"。

接着为了让德国人民放心，希特勒表达了他将采取行动的决心："当他们说他们将加强对我们城市的袭击时，我们将把他们的城市夷为平地！我们将制止这些夜间空中的强盗行径，愿上帝帮助我们！当英国皇家空军扔下3000千克或4000千克炸弹时，我们将在一次袭击中扔下30万千克或40万千克炸弹……在伦敦，英国人一直在充满好奇地问：'他为什么不来呀？'别着急，别着急。我们就来了！就来了！……总有一天，我们两个国家会有一个要求饶，但这绝不会是德国！"

台下响起热烈的掌声，观众群情激奋，他们被元首铿锵有力的讲话征服，不由自主地站起来举起右臂，大声呼喊元首的名字："希特勒万岁！希特勒万岁！希特勒万岁！……"狂热的情绪像病毒般迅速在会场蔓延开来。

站在聚光灯下的希特勒此时正沉浸在德国人民对他狂热崇拜的喜悦中，此时此刻他并不知道，今晚的决定——轰炸目标转向伦敦——将成为影响不列颠空战全局的关键性失误。

其实，如果希特勒坚持原来的空袭战略不变，德国很快就会成为这场战争的胜利者。他考虑到英吉利海峡的秋季大风即将来临，如果不抓紧时间，德国入侵的舰船就不能在1940年跨过英吉利海峡，那么"海狮"计划就要告吹。但是，到目前

为止德国还不具备从海上入侵英国的最重要的条件——制空权。

德军并不知道，他们的对手此刻遇到了致命的麻烦，英国皇家空军即将陷入山穷水尽的境地。问题并不是出在战斗机上，而是可以作战的飞行员寥寥无几。8月的最后20天里，英国皇家空军飞行员就有94人丧生或失踪，60人受伤。越来越少的飞行员势必会影响英国皇家空军可以出动作战的飞机数量。为了保存空军最后一点力量，道丁上将已开始将一些飞机调到英国的中部和北部。丘吉尔在白金汉宫忧心忡忡地对部下说："如果敌人再持续下去，战斗机司令部就可能垮台，国家将有沦陷的危险。"

德国人通过统计分析认为，英国皇家空军虽然已经损失了1100架飞机，但并未被摧毁。而德国空军本身也问题缠身。每天可参战的飞机不足500架，而可投入战斗的飞行员数量也日益渐少。在这种情况下，戈林的想法和希特勒不谋而合，在希特勒的严令下，德国空军开始对伦敦进行大规模的轮番轰炸。这一决定不仅是对轰炸柏林的报复，而且更重要的是摧毁英国民众的意志。

9月5日早晨，法国北部空军基地晴空万里，一队驻扎在此的德国空军队列整齐地等待在车站前。不多时一列豪华装甲专列款款进入站台，勤务兵打开车门，一位身材微微发福却神采奕奕的军官走了出来，他挥舞手杖，对向他敬礼的人微笑，露出整齐的牙齿。

"元帅，欢迎你，我们……"

"好了，凯瑟林，谢谢。"德国空军元帅戈林显然心情不错，与其他军官一一握手。

9月6日晚上，在加来港附近铁路的豪华装甲专列上，戈林为基地的官员们准备了最好的法国葡萄酒和法国大餐。几杯酒下肚，他红光满面地说："从现在开始，我亲自指挥这次空战。"军官们与他一起高喊着"胜利"干杯。宴会的璀璨灯光一直闪烁到凌晨，好似他们已经看到了胜利的曙光。

9月7日，戈林下令空袭伦敦。当天德国空军投入625架轰炸机和648架战斗机，兵分两路：一队沿泰晤士河往上，一队直扑伦敦。计划向瓦尔维治兵工厂、煤气厂、发电厂、仓库以及码头投下大量炸弹和燃烧弹。下午，戈林批准了空袭命令后，坐车来到法国格里斯-内兹角的德军前线观察哨。他爬上山头，先是透过望远镜向海峡的另一端远眺，平静的海面嗅不出一丝危险的气息，白色的峭壁在阳光下闪闪发光。随后，他和其他指挥官一起静静地等待着观看令他们振奋的一幕。

大约5分钟后，一架架德军轰炸机隆隆地飞过戈林的头顶，上面还有作为护航的梅塞施密特Bf-109型战斗机和梅塞施密特Bf-110型战斗机，天空很快被它们占领。戈林兴奋得如节日里的小孩子般踮起脚尖，看着天上密密麻麻的黑色影子，用手捂住耳朵，咧开嘴角。这些飞机呼啸着向英吉利海峡对岸扑去。

当戈林和部下们在山头堆满笑容地向空中挥舞手臂时，在海峡的另一端，位于伦敦西北部的本特利修道院里，英国皇家空军总指挥官道丁上将正坐在办公室里，室内窗帘半掩着，此时外面明媚的阳光却不能给道丁带来一丝暖意。

他的助手怀特少尉一脸凝重地向他报告："雷达里出现大批德军飞机，轰炸目标还不能确定。"道丁听完，站起身来径直来到调度室的观望台，一张巨大的英吉利海峡和英国地图摆在观望台的正中央，地图上可移动的红色和黄色的小板块代表着各个飞行编队，不同的颜色当然代表不同的国家。英国皇家空军妇女后援队的女兵们穿着蓝衬衫，头戴耳机，正根据雷达监测站发来的最新情报，用木质长棍推动地图上的板块，板块的位置快速移动着。就像赌博游戏中加注筹码一般，不断有新的板块被放到地图上。

道丁看到德军的飞机来势凶猛，不禁为英国的空军基地捏了一把汗。当他看到由帕克指挥的英国皇家空军第 11 航空大队已经升空后，才松了一口气。

根据既定战术，英国皇家空军飞行员将在 7000 米高空盘旋，静静等待德国空军送上门来，一旦接到地面指挥部发来的最新无线电情报，便迅速寻找到目标，俯冲下来，在德军没有到达目的地上空之前尽可能地击落敌机。

道丁盯着眼前的巨幅地图，突然他仿佛意识到了什么，手里的烟斗不住地颤抖。

"不是很奇怪吗？他们好像并不准备散开，先生。"道丁听到怀特这样问他。

没错，德国空军的大型机队通常是在到达英国海岸上空时就会突然分开，攻击各自的目标。可是到现在为止，地图上的小板块们并没有丝毫分开的意思。难道他们要整体行动？难道他们的目标不是英国皇家空军机场，而是伦敦？可是英国皇家空军并没有对付这种意外的准备啊。

想到这儿，道丁不寒而栗。

9 月 7 日，位于英格兰东南部泰晤士河下游的英国首都伦敦和往日一样在雾气氤氲里开始了新的一天。这座常年沐浴在温带海洋性气候里的城市，也因这雾气而得名"雾都"。20 世纪初，伦敦人大部分都使用煤作为家用燃料，产生了大量烟雾。这些烟雾再加上伦敦的气候，造成了伦敦"远近驰名"的烟霞。在这一天的早上，广播里的天气预报不可能预报今日伦敦的空气将有怎样的变化，就连道丁上将也没有预料到，今日伦敦上空的"烟霞"将会格外浓厚，并且火药味十足。

傍晚时分，在位于泰晤士河南岸的伍尔维奇兵工厂大门旁，刚从流水线上下来的工人们三五成群地向门外走去，大门口前的运输车辆络绎不绝。这里的每个人都清楚地知道，他们在为国家也是在为自己工作，他们做出来的一车车炸弹将被送往英国皇家空军基地，这直接关乎战争的胜利和英国的命运。但不幸的是，德军正将炸弹对准这些军事生命线，就像他们的元首说的那样，他们要对伦敦进行严厉的回击。

就在道丁对着英伦三岛的地图模型心急如焚时，他最坏的担心渐渐成为现实。因为大约有 300 架轰炸机和 600 架护航战斗机正在飞往英国的途中。根据戈林的指示，德国第 1 批编队自东边飞来后直奔泰晤士河。它们沿着河岸飞行，几架飞机在泰晤士黑文的油罐上空丢下炸弹。这些油罐在前一天的空袭中就是德军轰炸的目标，大火一直没有被扑灭。这一次无疑是火上浇油，大火越烧越旺了。另外一批由150 架飞机组成的编队正向伦敦飞去。它们在 5000 米的高空全速前进。梅塞施密特 Bf-110 型战斗机编队在轰炸机的四周为其护航，而梅塞施密特 Bf-109 型战斗机则以梯状队形在轰炸机的上面迂回巡逻，随时准备迎敌。

"英国皇家空军在哪儿？"德军飞机机群已经飞临泰晤士河上空，天空中只能听到轰炸机发动机的轰鸣声，居然没有任何皇家空军的战斗机进行拦截，这让坐在轰炸机副驾驶座位上的查克感到十分奇怪。他们并不知道，英军飞行员正在英国皇家空军的战斗机基地上空寻觅目标，飞往伦敦的通道就这样给德军让了出来。

"鬼才晓得，目标就在眼前了，到时候让伦敦佬吃炸弹吧。"这时驾驶轰炸机的劳尔对查克说。话音未落，就听到从地面传来一阵阵爆炸声，同时还有一团团白色的烟在空中升腾绽放起来。

"这是伦敦佬在向我们敬礼吗？他们难道不知道高射炮根本打不了这么高吗？真是愚蠢。"查克嘲笑道。他们的飞机丝毫没有受到泰晤士河两岸的防空炮火的影响，像一列检阅队伍一样朝伦敦进发。

"伙计们，开始干活儿吧。"不一会儿，伦敦城的轮廓就出现在查克的眼前，随着空中指挥官一声令下，轰炸开始了。

炸弹首先从伍尔维奇兵工厂的厂区上空落下，浓烟和火焰顿时纠缠在一起，直冲天空。此时忙于投弹的查克根本听不到也不想听到地面上那些被吓坏了的英国人发出的哭喊和咆哮。他的下一个目标是伦敦港口区的码头和仓库重地，这里是伦敦物资供应的主要集散地。当炸弹在码头和仓库纷纷落下时，一些轮船被炸沉、桥梁断成了两截、人行道被炸塌，连起重机也栽进了水里，视线所及之处都已成为一片火海。后面飞来的轰炸机几乎用不着费力地搜寻目标，它们只要看见哪里有烟火，就往哪里投弹。在它们的轮番轰炸下，伦敦东区原本就简陋的街道和拥挤的房屋很快就成了废墟。对于西弗尔镇、坎宁镇、莱姆豪斯、巴尔金、泰晤士桥、坡普勒和米尔沃尔区的居民来说，这一天不亚于世界末日。一些侥幸逃过轰炸的人和那些从瓦砾堆里挣扎着爬起来的幸运儿纷纷收拾起包裹，和家人一起逃往城外。他们被炸弹吓坏了，这时候谁敢保证夜幕降临后，那有着尖厉刺耳声音的轰炸机不会再次袭来呢？事实证明，他们的担心并非多余。

道丁此时已经知道了伦敦上空发生着什么，第 11 航空大队的所有飞机都已经飞上天，并全速向伦敦飞去。他们不顾一切地想挽回局面，第12航空大队的马洛里也接到道丁的命令，派出飞机全力攻击敌机。

两个大队的兵力终于撕开了由梅塞施密特 Bf-109 型战斗机和梅塞施密特 Bf-110型战斗机组成的护航网，向正在伦敦上空肆虐的轰炸机俯冲下去。在硝烟弥漫的伦敦街头，一些伦敦人一边踩着瓦砾向防空洞等安全设施奔跑，一边惊恐万状地望向头顶上的天空。他们想不通为什么英国皇家空军现在才来救自己，只有当他们看到冒着浓烟的德军轰炸机摇摇晃晃地栽下来时，他们才感到一丝安慰。

没错，皇家空军来得太晚了。虽然德军飞机在返回基地时被击落了47架，但它们造成的破坏无法挽回。有大约400人在这次空袭中丧命，上千人受伤。伦敦的码头遭到严重的破坏，泰晤士河北岸河滨地带，被德军轰炸机炸出一个近1平方千米的废墟堆；河里的废船烂板堵塞河道；船坞附近布满了断壁残垣。港内情形更加不堪入目：几个调度枢纽被炸毁，停在那里的车头、车皮已经化为一堆废铁；未被炸毁的铁轨也似麻花般躺在那里；调车中心大楼被炸得只剩几面墙在那儿挺立着，四周到处是砖头瓦砾；码头上高大的塔吊也东倒西歪、缺胳膊少腿，仓库几乎被烧成了灰烬；几个大油罐冒着火苗，浓烟直冲高空。伦敦东区损失惨重，满是瓦砾的街道上站满了无家可归的伦敦人。他们看到曾经叫作家的地方转眼成了废墟，咒骂声、孩子的哭喊声、暴怒的吼叫声在流浪的人群中蔓延着。

这一天德军成功夜袭使戈林兴奋异常，他在电话里对希特勒说："伦敦已经变成一片火海。"不一会儿，德国人在广播里也听到了他激动的演讲："伦敦的防空脆弱不堪，我们狠狠地打击了敌人，今后这种打击将会更多。"而他的对手，道丁上将则对这次袭击造成的损失深深自责，他后悔自己在指挥上的一时大意和疏忽。

当天晚上道丁和第11航空大队指挥官帕克站在本特利修道院的门口向伦敦方向的天空眺望，火光依稀可见，爆炸声时近时远。

"他们还在炸伦敦，长官。"帕克说。

"是的，我们什么也做不了。"道丁无奈地说，"但是如果戈林白天也一直盯住伦敦轰炸的话，那就是另一回事了。"他接着说。

"这意味着他不会炸我的飞机场了，对吧？这样的话我不会有任何抱怨的。只需几天的时间，我就有机会恢复所有的力量。"帕克看着道丁的眼睛说。

"没错，而且他们来时所飞行的距离就更远。"道丁说。

"返航的距离也一样。"帕克不禁插话道，"这样我们就有足够的时间来拦截。"

"重要的是，帕克，戈林的战斗机所带的燃料只够在伦敦上空待上10分钟，他的轰炸机会失去很多保护，它们将首次全部进入12大队的攻击范围。也许到现在，我们应该看看马洛里的大编队策略究竟如何。"

帕克不置可否，道丁望着夜空表情严肃地说："发动对伦敦的攻击可能是德国人最大的错误。"

空袭的第 2 天，英国首相丘吉尔为抵御德军的再度空袭和可能降临的入侵，召集参谋长委员会人员开会商讨战局。这时在地道司令部内，大家正在传看一沓照片。

"这是空军侦察机近期从法国西部海岸拍到的照片。"空军参谋长波特尔解释说，"空司人员仅据此做了直观的评估，德国人集结的船只已超过了 1000 艘。根据可靠情报，德国人还准备将包括德国最大的邮船'欧罗巴'号和'不来梅'号在内的 4 艘大船调往布列斯特。"

"谁提供的这个情报？"首相问道。

"军情六处，长官。"波特尔回答。

"先生们，大家也看到了，现在形势十分严峻，不知各位有什么好的建议？"丘吉尔环视在座的各位大臣。随后，海军和空军参谋长发表了自己的看法，要求采取行之有效的反登陆行动。波特尔接着说道："自今晚起，英国皇家空军将尽可能地派出轰炸机攻击德国船只集结地。"这得到了海军大臣的支持。

"关于伦敦防空，"总参谋长布鲁克说，"我将转告道丁上将，他将全权调配高射炮，并立即组织伦敦防空火力网，我们必须顶住德军的攻击。"

"没错，更为重要的是，我们必须从心理上鼓舞民众，使他们树立起必胜的信心。"丘吉尔最后补充说。所有大臣都点头称是。

晚上，不列颠的战争首领们经过一整天的会议，从政府所在的白金汉宫的地道司令部内，向联合王国的国民自卫军发出仅由一个单词代号组成的紧急信息："克伦威尔。"这个单词到底是代表"入侵开始"还是代表"入侵即将来临"一直存在着争议。但无论如何，9 月 7 日这天被大多数人理解为"德国入侵英国的开始"。

虽然政府只想告诉军队对德国入侵保持应有的警惕，但很快每个英国人都知道了这个消息。很快，伦敦教堂的钟声被赋予警报的作用，人们打起精神动员起来，修建路段，炸毁桥梁，在公路和原野里埋上地雷。在几近变成废墟的伦敦东区里，消防员躲避着雨点般的炸弹以最快的速度扑灭熊熊燃烧的大火。如今，德军从对战斗机部队、飞机场的轰炸转向对首都伦敦进行轰炸。英军不用再猜测德军密集进攻的目标在哪里，反而便于英国皇家空军进行拦截和反击。

9 月 8 日当天道丁从战事不激烈的防区抽调最优秀的飞行员到第 11 航空大队，同时，许多重型高射炮连从南部、西部和中部各城镇的防御体系中撤出来，运往伦敦。短短几天内，一道密集的火力网就在伦敦上空逐渐形成了，事实证明它虽然未能击落多少敌机，但它的威慑力却使德军飞机不敢肆意妄为。

9 月 9 日中午，伦敦上空出现了 200 多架轰炸机和为数众多的护航战斗机，它们在正午时分到达，随后炸弹纷纷落下。和上次不同，这天英国皇家空军已经做足了战斗准备。就在雷达站刚刚发出警报说大量敌机向海峡这边飞来的时候，英国皇家空军的"飓风"式战斗机和"喷火"式战斗机已经准备就绪，向敌人来的方向飞去。帕克的两个飞行中队在多佛尔上空迎面遇到德军的轰炸机机群。根据指示，"飓风"式战斗机对付德军轰炸机，而"喷火"式战斗机则对付护航的德军战斗机。海峡之上的万里晴空中顿时交织起令人眼花缭乱的白色雾化尾痕。

与此同时，在苏塞克斯上空，帕克的另外3个战斗机中队也向德军飞机机群发起猛攻。面对空中密密麻麻的英机，四面楚歌的德军飞机落荒而逃，在逃走之前也顾不得瞄准就将炸弹投下，在它们下方是伦敦的西南部以及切尔西和里士满之间的伦敦郊区。

可以说英国皇家空军此次的作战正是战斗机司令部战术改变后的一次试验。"飓风"式战斗机和"喷火"式战斗机不再分开以中队为单位作战，而是采用大机群编队形式和德国空军一较高下，第12航空大队的指挥官马洛里一直以来倡导的"大联队"从此开始发挥真正意义上的作用。

这天，只有不到一半的德军轰炸机飞达了伦敦上空，而且几乎没有重要的军事工业目标被击中。德国有28架飞机被击落，皇家空军则损失了19架战斗机。这样的结果令刚刚尝过一次胜利果实的戈林感到十分不可思议。英国皇家空军表现出来的实力令德军再次对戈林的豪言壮语表示出怀疑。接下来的几天，德国连续不断地对伦敦进行空袭，伦敦上空硝烟弥漫，而两军的损失也在递增。

9月中旬的一天晚上，在伦敦北面的一个军用机场上，一排英国皇家"威灵顿"式轰炸机正静卧在停机坪上。6名机组人员在"弗里茨"号轰炸机的旁边等候着飞机起飞的命令。此时机长泰德和同伴们聊得正欢。

"伙计们，今晚我们不去柏林了，那个鬼地方太叫人倒胃口。今晚我们要去塞纳河，联队长刚刚跟我说在勒阿弗尔停泊着1000多艘平底船，它们都是德国人从法国佬那儿抢来的。"泰德面向大家说。

"我们要是能去法国巴黎香榭丽舍大街逛逛就好了，顺便看看德国佬是怎么同法国姑娘们鬼混的。"航炮手帕格跃跃欲试地说。这时副驾驶冲他拍了拍身旁的降落伞包说："背着这东西去巴黎，人家不把你当成神经病才怪。"众人听完哈哈大笑，帕格正要张嘴继续这

法国巴黎香榭丽舍大街

个打发时间的话题，只听不远处传来一阵阵发动机启动的声音。

"大家各就各位，我们要出发了。"泰德边说，边带头爬上飞机，并再次检查了每一个人的降落伞等救生装置。很快，越来越多的轰炸机升上天空，发动机的轰鸣声在四周回荡，在这苍茫的夜空里渐行渐远，它们飞过英吉利海峡，向法国海岸目标前进。

从"威灵顿"式轰炸机座舱中向下望去，好似几盏闪烁着黄色火焰的小灯在视线里摇曳，可是这灯竟会慢慢变大，最后变成一团火球跃升到空中。这时，投弹手基里对着对讲机大叫了一声，打破了座舱内的宁静："德军高射炮开火了！"对于基里来说，这"鬼火"他再熟悉不过了。霎时间，红光乍现，几个火球同时炸开，进出数道火舌。

城市已经近在眼前了，基里想着，继续朝飞机下观望。一条蜿蜒的银带指向远方，两侧灯光闪烁，他们的轰炸机已经进入法国境内。正当"弗里茨"号轰炸机准备俯冲下降时，十几束白光突然间刺破夜空。"不好，我们被德国佬发现了。"基里再次大喊。

"注意，准备战斗！"泰德下达作战命令，全体机组人员严阵以待。

基里此时瞪大双眼，紧紧盯着窗外。飞机正顺着河的一侧倾斜向下俯冲，银光闪闪的河面很快就出现一个个小黑点并逐渐扩大，化成一艘艘货船和驳船的模样。趁着机头调平的工夫，基里打开身旁的弹舱，一枚枚黝黑的炸弹从传送器上缓缓送出。几秒钟后，在后炮塔内的哈尔顿上士看到这些"黑点"向下坠落，又马上变成烈焰席卷而来。转眼间，河上的船只就燃起了大火。

与此同时，德军的高射炮开始喷吐火舌。"弗里茨"号轰炸机连续机动了3次，成功逃过地面炮火的攻击，躲过探照灯的追踪，与联队其他轰炸机一道完成轰炸任务。在两周的持续轰炸中，英军不仅将德军为了入侵英国而准备的船只炸毁了12%，而且还摧毁了港口附近的登陆器材和通信设备，并阻挠了德军在选定入侵航道上的扫雷工作。

这些天来，泰德和他的队友每天晚上都能看到从布洛涅到奥斯坦德这一带的整个法国海岸一片赤红，无数炸弹源源不断地被基里他们投进这越烧越旺的火海之中。再加上德国高射炮和德军夜间战斗机的反击，在海岸线上空组成了奇异的画面。这被泰德和其他英国皇家空军飞行员幽默地称为"黑潭战线"。

英国皇家空军进行远航空袭时，英国皇家海军并没有置身事外。每到夜幕降临时，各种小型舰队便开到河口外，舰炮朝着港口码头的方向猛轰；大舰则驶到海峡航道中，用主炮对准目标进行狂轰滥炸。BBC电台和《泰晤士报》也专门为此做了连续的报道，将英军的累累战果向全国人民进行宣传："数日以来，入夜之后，从布洛涅到奥斯坦德这一带海岸，几乎被吞噬着各种舰只和港口的设施的烈火染成一片红色，德国在海岸线上打出的火球使这景色更为壮观。英勇的皇家空军飞行员和皇家海军水兵们戏称，这是他们去法国海岸散步的成果。"

（十一）最大的空战

1940 年 9 月中旬，不列颠空战已经到了高潮，经过连日攻击，德国空军依然未能使英国皇家空军丧失战斗力，这使在柏林的国会大厦里的希特勒对戈林越来越失望。12 日这天早上一封来自德国海军的电报犹如火上浇油，令他更为恼火，上面写道：

"由于遭到英军轰炸和炮击的危险，在奥斯坦德、敦刻尔克、加来和布洛涅的港口，都不能供船只夜间停泊。现在，英国皇家海军船只几乎可以不受阻碍地在海峡活动。由于以上原因，预计舰队的集结工作将再度推迟。"

希特勒看罢，直接将电报纸揉成了团向纸篓掷去，大声叫勤务兵。勤务兵闻声推门而入，当视线与希特勒相遇时，元首恼怒的神情吓得他一怔，缓过神后他赶忙敬礼问道："元首有何吩咐？"

"快给我接通戈林的专线！"希特勒厉声说。

电话很快就接通了，只听电话另一头传来戈林洪亮的声音，他刚问声好，就被希特勒无情地打断了。

"元帅先生，你什么时候兑现你的许诺？就从 8 月 13 日算起的话，我们也打了 1 个月了。而英军的飞机非但没有减少，反而夜袭活动更加频繁，甚至连白天你也占不到什么便宜。"希特勒劈头盖脸地问道。

"报告元首，我的确有失职之处，主要是对英国皇家空军力量估计不足。恳请您再给我几天时间，我一定会把英军的飞机赶尽杀绝，请相信我！"戈林用不同于往日的、低沉的声调对希特勒说。电话的另一头沉默了几秒后，一个声音回答说："好吧，再等你 3 天，倘若再拿不到制空权，就唯你是问！"希特勒说完便扔下电话，转身对身边的勤务兵说，"通知凯特尔元帅，告诉他再等戈林 3 天，这是最后的 3 天！"

而远在法国空军基地的戈林在电话挂掉之后仍愣愣地握着听筒，细密的汗珠已经从他的额头流到了脸颊，1 分钟后，他下意识地用衣袖抹了把额头的汗，叫副官给他端来一杯咖啡。

自开战以来，戈林大部分时间都沉浸在德军情报人员提供的统计数字的喜悦中，但时至今日，德国空军的损失越来越大，英军飞机却丝毫没有见少的迹象，这又令他陷入深深的沮丧之中。他为了鼓舞士气，来到德国空军部队里与飞行员谈话，但他只听到了漫天的埋怨声：轰炸机部队强调他们没有得到足够的保护，而战斗机部队则强调伦敦处于其航程极限的边缘，他们只能打 10—20 分钟就得返航，因油箱耗尽而栽到加来的海岸上的飞机并不是个小数目。戈林极尽花言巧语希望使他的这些满腹怨气的部队重振军威，声称再进行一次大规模的白天袭击，就能全部消灭英国皇家空军，但当他耐着性子问他的部下们现在最需要什么样的支持时，德军王牌飞行员加兰德的回答终于还是令他暴跳如雷，因为加兰德说："我们需要'喷火'式战斗机。"

9 月 14 日晚，根据戈林的指示，德国空军指挥部精心制定了第 2 天的作战方案，他们计划派出德国空军第 2 航空队的约 220 架轰炸机对伦敦实施一系列的突击，与此同时第 3 航空队的约 30 架轰炸机突击波特兰和南安普敦郊区的超马林飞机工厂。担任护航任务的德军战斗机出动了 700 架次。他们还计划让突击波特兰的第 3 航空队选择英军兵力空虚的时段实施行动，但这样一来德军的主攻就不可避免地分成了两个明显阶段。令德国空军的指挥官们没有想到的是，在第 2 天的战斗中，英国皇家空军战斗机正好利用了这两个阶段之间的间隙加油装弹，迅速恢复了战斗力。

9 月 15 日这天风和日丽。昨晚，英国皇家空军第 11 航空大队指挥官帕克少将在指挥所里一夜未眠，根据情报他知道今天必有一场恶战，于是他与指挥部的其他人员连夜制定了一个应对方案。待散会后，他匆匆吃过早饭，正要回到指挥室时，他突然注意到日历上显示今天是星期天。"滑铁卢战役也是星期天，那么今天也会是个决定性的日子。"帕克一边自言自语，一边向指挥室走去。

第 11 航空大队作战指挥室位于地下 15 米处，它像一座小剧场，共设两层，纵深 20 米。这天上午，这间小小的指挥室里来了位大人物，他就是英国首相丘吉尔。首相在众人的簇拥下来到楼上的特别坐厢里坐下，在那里可以清楚地看到下面所有人员的活动。只见一张大型地图台被放置在一楼的中央，大约 20 名业务熟练的青年男子和妇女围在地图台旁，在那儿的还包括他们的电话助手。在首相正对着的墙壁上挂了一块大黑板，它被分割成 6 个装有若干灯泡的纵列，代表着 6 个战斗机驻防中心，而且他们的每个战斗机中队都有代表自己的小格，并以横线做出区分。丘吉尔曾经询问过这个装置的用途，有人给他解释说：当最后 1 排灯泡亮起时，就代表中队已经完全做好了准备，能在接到命令后 2 分钟内即刻起飞；倒数第 2 排灯泡亮起的时候代表中队已经准备完毕，能在 5 分钟内升空；倒数第 3 排灯泡亮起的时候则代表 20 分钟内起飞；而倒数第 4 排灯泡亮起时则代表中队已经起飞；倒数第 5 排灯泡亮时，表示中队已经发现敌机；倒数第 6 排的灯泡是红颜色的，当它们发光时则表示中队正在与敌机战斗；而最上面的 1 排灯泡发出光时，则表示中队已经在返航了。

丘吉尔的视线依次望向左右两边，在他左边是一个用透明玻璃隔开的小房间，从外面能够清楚地看到房间内有几名空军军官在对着桌上的一摞摞资料忙碌地工作，他们的职责是分析、判断从对空监视哨收到的情报。首相转过头，他看到右边同样是一个玻璃房间，几位身穿英国陆军制服的军官正在打电话，他们负责报告英国高射炮队的作战情况。指挥部里的每个人都在紧张地工作着，丘吉尔看到这儿稍稍感到一丝宽慰，但脸上的阴云却并未消散。

"首相先生，您来了。我不知道今天会有什么情况发生。到目前为止德军还没有任何动静。"帕克得知丘吉尔的到来后，直奔2楼的特别坐厢，向首相汇报战事。

"好，今天我们要密切监视敌人的行动，做好迎战准备。"丘吉尔看着面前满脸倦意的帕克，深知今日一战对于英国皇家空军、对于大不列颠帝国、对于千千万万大英子民意味着什么，为此帕克等所有空军指挥员正承受着巨大的压力。

事实上，情况比丘吉尔想象的还要遭。仅过了一刻钟，空袭坐标员就开始来回走动，按照情报里显示的敌机入侵情况一五一十地标示在地图台上。

帕克接到的第一个敌情报告称40多架德军飞机正从迪埃普地区的德军机场飞来。很快，墙上的指示牌最底层的灯泡亮起，表明飞行中队接到命令完成了"立即起飞"的准备。随后越来越多的报告纷至沓来，"40多架""60多架"，甚至有一次报告称来袭的敌机有"80多架"，这一个个触目的数字着实令丘吉尔担心。在他下方的那张桌子上，标图员们用不同颜色的箭头和小旗标明所有分批入侵的敌机的行动路线。丘吉尔目不转睛地盯着对面的黑板，越来越多表示"已经起飞"的灯亮起，最后只剩下四五个中队亮着"准备完毕"的灯。不一会儿，只见倒数第6排的红灯一个接一个亮起，毫无疑问，此时第11航空大队的大部分战斗机中队正在空中与敌机进行激烈的厮杀。最紧张的要数帕克上将了，他不时向副手发出战斗指示，副手根据他的指示做成详细命令，迅速传达给各战斗机基地。

"道丁上将，请从第12航空大队抽调3个战斗机中队交由我来调度，以防敌机趁我的战斗机中队补充弹药或加油时，进行突袭。"这时丘吉尔听到帕克在向道丁打电话求援，他望向指示牌，最下面一排的灯都熄灭了，说明已经没有留做后备的中队了。从帕克的表情看，道丁应该满足了他的要求。丘吉尔揣测着，从战斗打响到现在，这位首相大人一直默默地在一旁静观，一句话也没有说。但现在的情形令丘吉尔再也坐不住了，他起身走向帕克，在他耳边轻声问："我们还有其他的后备队吗？"

"一个也没有了，首相先生。"帕克同样用低沉的腔调回答。

丘吉尔不再说话，他清楚得很，经过前一阶段的战斗，此时英国皇家空军的飞机大多数都将返回基地加油。在没有后备队的掩护的情况下，如果敌机机群这个时候突然袭击正在地面加油的飞机的话，那么后果将不堪设想。果然，不出丘吉尔所料，5分钟后根据黑板上的灯泡显示，大部分中队已降落。这时，丘吉尔感到喉咙有些干涩，指挥部内的空气似乎已经凝固了，他发现每个人都瞪着眼睛，屏住呼吸，紧盯着地图台上标示德军飞机动向的箭头。

时间一分一秒地过去，那些移动的坐标也随着时间的推移一点一点向东移动，当它们全部移出地图上黑色的国界线时，没有人怀疑：警报解除，英军胜利了！

丘吉尔看到这儿长长地出了一口气，帕克少将向他走来。

"首相，我十分高兴您能目睹这次空战。在刚刚过去的20分钟里，情况太复杂了，我们已经到达了力量极限。不，应该说我们今天使用的力量已经超过了力量极限。"帕克少将终于舒展了眉头，高兴地对丘吉尔说道。

丘吉尔也露出了今天第一抹微笑，他已经在帕克说话时用手帕拭去了额头上的汗珠，这时他用另一只手拍了拍这位指挥官的肩膀，问道："战果统计出来了吗？"

"还没有。"帕克说。

"统计出来告诉我。"丘吉尔接着说，"今天的空战十分精彩，我向你们表示祝贺。"

"有一点我感到不满意，我们截击到的敌机还不够多。德军飞机显然多处突破了我们的防线。根据最新报告，有几十架德军战斗机和轰炸机飞临伦敦上空。"帕克不无遗憾地说。

"但关键的一点是，我们取得了胜利。不是吗？帕克。"丘吉尔总结道。随后，首相一行人便离开了作战指挥室。

午后两点，英军雷达再次发出警报，在丹季纳斯和多佛尔之间发现大批德军飞机，它们分成3个编队向伦敦扑来。几乎同时，第11航空大队的指挥室里响起急促的电话声，副手接起电话，然后迅速递给帕克。

"海边飞来更加庞大的德军机群，我命令你带领第11大队立刻进行拦击。"电话里传来道丁上将的声音。

"遵命，长官。"帕克放下电话，立即下达作战命令，6个中队接到命令成双起飞，去迎击飞临海面上空的敌机。

当与德军轰炸机机群空中相遇时，英国皇家空军惊奇地发现这次并没有战斗机为轰炸机护航，想必是经过上午的大战，德军的战斗机队元气大伤，不足以支撑下午的护航任务了。

不多时，雷达发出最新警报，原来这次德军飞机一改往日的阵势，像潮水般从南边涌来。自西向东，波特兰、南安普敦、布莱顿、福克斯福、曼斯顿等方向都出现了德军飞机。道丁知道情况不妙，再一次接通帕克的电话："帕克，帕克，你集中力量保护伦敦方向，西面我让布兰德上去。你再坚持一下，马洛里的人也快上来了！"

此时，伦敦上空不知何时飘来大片云朵，为阻拦突袭增添了一丝困难。德军轰炸机在梅塞施密特 Bf-109 型战斗机的护航下向伦敦隆隆飞来。同时，一支保持高空飞行的德军战斗机编队也在飞往伦敦的路上，它们的任务是扫清伦敦上空的英军战斗机。

当这支德军战斗机编队的前锋机群飞抵特福以及肯特周围的村庄上空时，与英国皇家空军约 15 个战斗机中队迎面遭遇，一场殊死搏斗在秋日蔚蓝的晴空中拉开序幕。

"见鬼，怎么还有这么多'喷火'式战斗机!"驾驶着梅塞施密特 Bf-109 型战斗机的马修中尉气恼地说。

"别说那些了，你只要盯住它们的屁股，然后狠狠射击就行啦。"无线电里传来队友卡恩的声音。他说得没错，此时马修的梅塞施密特 Bf-109 型战斗机正旋转翻滚着紧紧咬住前面的 1 架"喷火"式战斗机，"喷火"式战斗机也毫不示弱，左扑右闪做着规避动作，眼看就要从马修的视线里逃走了，此时空中闪烁着两条纵横交错的白色雾化尾迹。突然，另一条"白线"从侧面攻入，与马修一起对"喷火"式战斗机进行夹击。马修趁"喷火"式战斗机躲避突袭的空当，迅速按动射击按钮，一连串子弹击中"喷火"式战斗机的机翼。这架"喷火"式战斗机仍然挣扎着向前飞。此时，前来夹击的梅塞施密特 Bf-109 型战斗机斜刺过去，又给它补了一串子弹。这一次，"喷火"式战斗机终于回天乏术，机尾冒出滚滚浓烟向下坠去。只见英军飞行员打开座舱罩，跳出舱外，在空中打开降落伞，几秒钟后"喷火"式战斗机在爆炸声中化为灰烬。

德军战斗机顽强的护卫使得一部分德军轰炸机冲破英军战斗机的拦截，在目标上空投下炸弹，泰晤士河岸霎时火光冲天。与此同时，轰炸波特兰和南安普敦的德军轰炸机虽然也躲过了英军战斗机的截击，但并没有造成多大的破坏。其中，奉命轰炸南安普敦战斗机工厂的德军轰炸机机群在离地面仅 600 多米的低空投弹，却没有击中目标。

伦敦上空大战正酣时，德军的一支轰炸机编队在没有战斗机护航的情况下，越过海峡飞向波特兰。由于它们选择了一条出人意料的航线，使得全波特兰地区只有一个阵地上的高射炮能够对其进行射击；而且英军的雷达虽然提前半小时就发出了警报，但却估计错了德军的兵力；更糟糕的是当时在米德尔瓦洛普防空分区已经派出相当数量的飞机去增援第 11 航空大队，只剩下 1 个战斗机中队的兵力，当该战斗机中队在空中与德军飞机相遇时，已是在德军飞机返航的途中了。另一件类似的事发生在 6 时左右，另一批德军轰炸机机群在梅塞施密特 Bf-110 型战斗机的护航下渐渐逼近汉普郡海岸。雷达在 20 分钟前发出警报，第 10 航空大队和第 11 航空大队迅速出动了 4 个战斗机中队进行拦截，后来又派出 5 个战斗机中队。但可惜的是，在德军飞机投弹前均未能实施有效拦截。

这一天，皇家空军战斗机司令部在上下午的空战中，两次都出动了300架次以上的战斗机。持续整整一天的大战结束时，德国空军轰炸机飞行员的士气空前低落。他们不得不面对这样一个残酷的现实：仅这一天就有60架德军轰炸机被击落，还不算几十架摇摇摆摆飞回基地、弹痕累累的飞机；每个轰炸机机组都至少有1名人员在空战中阵亡；最让他们泄气的是，那些明明早就应该被撵出天空的"喷火"式战斗机和"飓风"式战斗机居然越来越多。

经过这一天的战斗，他们感到戈林许诺的宏伟蓝图离自己越来越遥远，德军王牌飞行员加兰德这样写道："我们的轰炸机和战斗部队在物质、人员和士气等方面，都蒙受了惨重的损失。每一个飞行员对是否能继续空袭英国都表示怀疑。""事物不可能总是一成不变的，你可以扳手指算一下，什么时候该轮到你了。正如统计学概率的逻辑显示的那样：一个人经过这么多次的飞行，死期也不远了，有些人早一点，有些人晚一点。我们看到一个又一个同伴，饱经战斗考验的老战友相继从我们的行列中消失了……"

的确如戈林所说，9月15日是一个转折点，但却不是像德国人期待的那样。这一天对于英国皇家空军来说具有特殊的意义。因为，在此之后，德国空军再也不敢发动如此规模和强度的空袭。丘吉尔评价说："这一天是世界空战史上前所未有、最为激烈的一天。"为了纪念这一天，英国皇家空军决定将每年的9月15日定为"不列颠空战日"。

（十二）"海狮"计划泡汤

当德军还沉浸在9月15日轰炸带来的沮丧之中时，英国皇家空军趁着高涨的士气对敌人发起反攻。15日当晚，以及16日和17日，英国皇家空军轰炸机队对准备发动入侵的德国军港实施大规模轰炸，德国海军损失惨重。

德国海军将领纷纷向元首报告："在安特卫普，运输船队遭受重大损失，港内有5艘运输轮受到重创，1艘驳船被击沉，1列军火列车被炸毁，仓库多处着火。""在敦刻尔克，有84艘德国大小驳船遭受轰炸。"一条更加令人沮丧的消息来自瑟堡：1座大型军火库被炸毁，1所大型军粮仓库被烧成灰烬，多艘轮船和鱼雷艇被炸沉，人员伤亡惨重。一位海军军官甚至直截了当地对希特勒说："如果继续集结登陆部队，还不如直接把我的士兵送到绞肉机里。"

9月17日，面对海军将领发来的损失报告，希特勒不得不同意海军参谋部的意见，承认英国皇家空军仍然没有被打垮。到目前为止，德国空军并没掌握英国上空的制空权，这位纳粹统帅极不情愿地再次推迟了"海狮"计划。第二天，由于英军轰炸机继续无情地轰炸德军准备用于入侵英国的船只，元首希特勒又命令所有船只立即疏散。至此，德军谋划已久的"海狮"计划已经名存实亡。从此之后，德军最高统帅部放弃了通过白天轰炸以迅速取胜的希望，而恢复采用夜间轰炸和海上封锁的方法以削弱英国的抵抗能力。

戈林对这样无休止的空袭行动也丧失了兴趣，他将指挥权暂时交给加兰德将军，自己则在法国各地游览，收集名人字画和艺术品。戈林的爱好除了吗啡外，就数收藏艺术品了，他对艺术品的喜爱程度近乎疯狂，到第二次世界大战结束时，戈林手中的艺术品价值总和高达数亿美元。他被德占领区的艺术品商人称为"来自柏林的强盗"。而戈林却恬不知耻地对外宣称："我收藏的艺术品，都是通过最合法的手段、最公平的价格得到的。"对戈林的这一行径，希特勒并非一无所知，通常情况下他会睁一只眼闭一只眼。德国军备和战时生产部部长阿·施佩尔在回忆录中这样写道："对戈林掠夺艺术品的行为，希特勒常常怀有愤恨之情，但从未当面责问过他。"

在9月剩余的那些天里，德军每天都会派出轰炸机小编队对伦敦进行突袭，其中有几次成功地突袭了英军飞机制造厂。时至10月，日益变坏的天气条件使德国空军的活动强度大为降低。为了减少损失，戈林下令：从10月1日起，对伦敦的空袭改为夜袭。

10月2日傍晚，当夜幕落下时，1000多架飞机组成的庞大机群趁着夜色，逐渐逼近伦敦，随着德军轰炸机刺耳的尖叫声越来越近，伦敦人很快就意识到敌人又来了，顿时防空警报在城市上空回荡，灯火管制使伦敦陷入死一般的黑暗之中。无数探照灯的光束在空中扫动着。不一会儿，双方的飞机在空中拧咬在一起，时而拉升、时而俯冲，在他们拼杀的同时，接连不断坠落的炸弹正把伦敦这座现代化大都会变成人间地狱。前面的轰炸机将燃烧弹投向目标区域，后面的轰炸机的任务就变得简单多了，它们只需瞄准地面上燃起熊熊大火的地方继续投弹就可以了。德国法西斯将已经在华沙和鹿特丹上演的恐怖剧再次展现在伦敦人民面前，这是对人类正义的又一次摧残和蹂躏。

尽管英国皇家空军在第一时间就做好了迎战准备，但初期的拦截效果却不尽如人意。这显示出英军在夜间城市防空方面经验的欠缺。当时，英军的24个战斗机中队，只有8个战斗机中队可以执行夜间拦截任务，其中包括2个"无畏"式战斗机中队和6个"布洛涅海姆"式战斗机中队。与此同时，伦敦附近的高射炮和探照灯等防空武器数量严重不足，重型高射炮只有92门。在整个英军防空部队中只有32个重型高射炮兵连和22个轻型高射炮兵连，连探照灯也不过14个，且光柱只能照到3600多米高。光靠这些少得可怜的防空武器和部队来保卫偌大的伦敦是不现实的。更令英国人担忧的是，原来在交战中起到至关重要作用的雷达系统，此时也爱莫能助了。因为英国的雷达站大多部署在沿海地区，内陆基本没有。敌机进入内陆后的情报通常是由遍布在各处的对空观察哨提供，可是自从德军改为夜袭以来，对空观察哨的工作人员在无边的黑暗中几乎看不到什么东西。这使得英国的防空陷入被动局面，直接导致了德军夜袭的成功和损失的降低。直到10月底，德军被击落飞机数为325架，明显少于9月份的582架和8月份的662架。

英国皇家空军很快就吸取了教训，高射炮部队的派尔将军抽调各郡的高射炮火速运往伦敦。在两天内，伦敦的高射炮增加了1倍多。丘吉尔首相命令把几门高射炮放到了市中心的海德公园内，以此振奋人心。另外在一些重点防御地区，如泰晤士河口，布置起防空气球。

（十三）超级机密的秘密

1940年11月4日傍晚，霞光褪去，英国一座千年古城同时也是军需工业中心的考文垂市渐渐迎来一个月色如洗的夜晚。结束了一天的劳作，保罗已经从工厂回到家中，在那个靠近鹅卵石铺成的大街旁的公寓里，妻子玛丽已经为他准备好了晚饭。和这座城市里的多数居民一样，保罗此时最希望的是吃完晚饭，美美地睡一觉，但很快他就意识到这样一个简单的愿望竟如此遥不可及。

19时15分，空袭警报的长鸣声在考文垂市各个角落回荡起来，此时在保罗的公寓里，妻子给10岁的儿子端来一杯热腾腾的牛奶，保罗正坐在饭桌前，对着空盘子翻看过期的报纸，想在这些旧闻里找些乐子。虽然战争离这里的人们已经很近了，但人们并不认为它会来得如此迅速。为此，他们将不得不付出惨痛的代价。5分钟后，大批德军飞机已经飞到了保罗的头顶上，他会永远记得炸弹落下的那个瞬间，因为那是他最后一次与他的妻子对视。

考文垂城市上空很快就被毫无阻挡的德军飞机占领，它们的第一个目标是自来水厂。聪明的德国人首先将水源堵死，使在接下来的轰炸过程中，英国人只能眼巴巴地望着火苗越蹿越高却没有水来救火。

接下来它们有目的地袭击了电厂、煤气厂、电话局、下水道和交通系统，将城市的各个重要组成部件一个个击毁，这座被誉为英国汽车工业的发祥地、拥有全国最漂亮的中世纪市政厅的城市此时孤立无援，陷入一片火海。消防车开到街上，橡皮轮胎马上就被地面炽热的余烬熔化掉，空留着铁轱辘向前爬行。保罗带着儿子已经逃出他的公寓，和受惊的人群一起跑向防空洞。而他儿子的母亲，他的妻子却永远地留在了公寓里。他的脸上带着泪痕，因为他对轰然倒下的房梁无计可施，他甚至没来得及再和他妻子说上一句话，只记得最后那一瞥里妻子眼神中的惊恐和绝望。

逃命中的市民当然不会察觉，他们引以为豪的市中心14世纪所建的圣马可教堂在被燃烧弹击中后，便燃起熊熊大火，一直烧到了午夜。第二天，人们才惊讶地发现教堂的圆顶已经坍塌，拱门也倒在地上，只剩下了四壁残垣和一个钟楼。多年以后，人们再也没有看到这座古老教堂原来的面貌，除了后来用烧焦的大教堂梁柱做成一个十字架立在此处，供人凭吊外，那个钟楼和零落的断壁将永远矗立在那里，以铭记战争给这座城市带来的苦难。

纳粹德军轰炸机自 19 时开始对考文垂进行轰炸，直到翌日凌晨 2 时，那尖厉的怪叫声才渐渐远去。德军共投下 5 万枚炸弹，其中燃烧弹 3 万枚。

"我们已经飞离英国海岸，那里距考文垂至少有 180 千米，但还是能够看到考文垂的冲天火光。这个城市肯定完蛋了。"一位德军飞行员这样回忆道。经过炸弹的洗礼，考文垂已经奄奄一息，市中心被夷为平地，有三分之一的工厂失去生产能力，已经无法进行军工生产。最令人心痛的是有 584 人在轰炸中丧生，865 人受伤。但是，悲剧并没有就此完结，当德国的情报部门获知考文垂还有生产能力时，又多次对其狂轰滥炸。到 1941 年 4 月，该市地面设施所剩无几，5 万所房屋化为灰烬，其中位于市中心的 3000 座房屋仅有 30 座幸存。在英国人眼中，考文垂几乎成了"极度毁灭"的同义词。

或许有人会问，英国皇家空军为何不能像保卫首都那样保卫考文垂？他们并非没有那样的实力和机会。其实，在这"恐怖的鬼夜"刚刚拉开序幕的时候，考文垂被炸的消息就传到了丘吉尔首相的耳朵里。丘吉尔先是呆若木鸡，之后怒目圆睁，却出奇地不发一言。首相这样的反应令不明就里的官员们大惑不解，他们不可能知道丘吉尔在此之前已经截获了这次德国空袭考文垂的情报，但他却没有采取任何的防御和转移措施。而这样做的目的恰恰是为了掩盖已获取情报这一事实。换句话说，不幸的考文垂成了"超级机密"的牺牲品。

大战伊始，情报对于每个参战国都是相当重要的制胜筹码。德国为了防止他国窃取本国军事情报特别研制出名为"超级机密"的无线电编码译码机，用作德国统帅部与团以上级别的指挥所直接联系的绝密通信工具。希特勒对其可靠性深信不疑。与此同时，英国也在为能搞到德国的情报绞尽脑汁。最终，英国的情报部门千方百计弄到了 1 部"超级机密"。正是通过这一制胜法宝，英国才一次次抢得先机，做好应战的准备，为最后的胜利奠定基础。而这次，英国虽然已经通过"超级机密"获知德国即将空袭考文垂的消息，但是要如何应对这次空袭却使英国人陷入了两难的境地。倘若采取防御措施，调动英国皇家空军在敌机进犯之初就给予有力的回击，那么德国的空袭一定不会达到既定的效果。事实上，英国当时确实也制订了一项代号为"冷冲"的行动计划。因为当时有充分的时间集中高射炮、探照灯以及烟幕防御设施，加强城市的消防和救援能力。但是，一旦德军的空袭失败，狡猾的德军就很有可能怀疑情报被窃，转而疑心自己的密码已被破译。如果他们更换新的密码系统，原来的"超级机密"将失去作用。那样的话，失去情报来源的英军虽然保住了一座城，却有可能就此输掉整个战争。于是，丘吉尔等人不得不考虑另外一种选择——装作对空袭一无所知，考文垂市也不采取任何防御措施，对空袭做出合情合理的反应，用牺牲一座城市的代价保住"超级机密"。

在英国最高司令部为此召开的紧急会议上，丘吉尔冷静而动情地说："先生们，无疑，我们将牺牲考文垂。但是，如果我们保住了'超级机密'，那么，我们将保护了10个、100个考文垂，直至打败德国法西斯。相反，如果我们今天保护了考文垂，但以后，我们将损失10个、100个考文垂，甚至丢掉我们最后的胜利……"

就像人们看到的那样，丘吉尔做出了艰难的抉择。为此，成千上万名考文垂市民付出了血的代价。但为了整个战争的胜利，丘吉尔别无选择。事实上，丘吉尔的决定是明智的。在后来的北非会战、诺曼底战役中，英军都依靠"超级机密"获取了能决定胜负的重要情报。

在载入英国史册的"不列颠空战日"，丘吉尔首相在雷达预警之前就抵达了第11航空大队的司令部密切监察战争动向，而指挥官帕克少将也在战前一夜未眠制订战斗计划，不仅如此，在此之前包括德国"海狮"计划的制订、德军多次来袭等情报都尽在英国人的掌握之中。其实，这全都归功于英军手中掌握的"超级机密"。通过"超级机密"，德国空军的飞机还没起飞，道丁上将就已经知道德军飞机的数量和进攻目标，从而制订有效的防御计划。

在伦敦郊外的一片树林中，有一幢维多利亚式建筑，这里就是英国密码破译机构的所在地、"超级机密"的大本营——布莱彻利庄园。

别看这片在树林掩映下的建筑似乎并不起眼，这里却聚集了众多杰出的人才。而且涉足各个行业，如数学家、语言学家、国际象棋大师、方格字迹填写专家、电气工程师、无线电专家，甚至银行职员、博物馆馆长等。不同职业的顶级人才会聚一堂，给这个庄园平添了神秘的色彩。事实上，除了在这里工作的人以外，只有英国国家首脑人物和最高级的情报官才能在这里自由出入，其他人等，不管职位、地位有多高，都不得入内。

这些顶级人才的工作其实只有一个，就是利用一种先进的机器，破译德军的密码电报。从布莱彻利庄园发出的情报全部使用一个代号，即"超级机密"。

"超级机密"说来话长，它的缘起是希特勒执政后启用的一种有别于其他国家的特殊军事密码。这种密码并不是由数学家设计出来、可以被其他数学家破译的密码，而是由一台新式机器设计出来的。这台机器的名字叫"英格玛"，中文翻译过来就是"谜"的意思。德国人的言下之意再明显不过，因为他们深信这种密码机像谜一样难以被破解。德国的军事密码都是由该机器设计编程的，其密码的排列组合可能是无法想象的天文数字，但就是这台机器，在不列颠空战之前却被英国人得到了。这又是怎么回事呢？

　　事情发生在 1938 年秋天，英国情报局收到驻柏林代号为 1200 的情报员发来的密电。电文称，德国陆军已试验成功一种名为"英格玛"的密码机，使用方法不详，请投入足够力量予以重视。幸运的是，不久之后，英国军情六处的副处长孟席斯上校就接到了 1 名在东欧的特工人员吉布森少校发来的报告，报告称有 1 名波兰籍犹太人，名字叫理查德·莱温斯基，是位数学家和工程师，曾在德国生产"英格玛"的工厂当过技术员和理论工程师。而身为犹太人的莱温斯基同意与英国政府合作，凭借记忆仿制出"英格玛"密码机。作为交换，他希望英国政府能够给他和他的家人颁发英国护照，允许他们在法国居住，并得到 1 万英镑的生活费。

　　得闻此事，英国情报部门乐不可支，立即派出两名技术专家前往布拉格去验明此事的真假。他们就是著名的密码破译专家阿尔费雷德·迪尔温·诺克斯和数理逻辑专家艾伦·马西森·图灵。在吉布森的安排下，双方秘密见面谈判。图灵提出了一系列有关机器工作原理的问题，莱温斯基都做了简单明了的解答。图灵相信莱温斯基说的是真的。后来莱温斯基被秘密转送到法国，英国情报人员安排他住在一个隐秘的地点，并为其提供必要的设备条件。事实证明，这个犹太人没有说谎。很快，1 台外形酷似老式办公打字机的机器就被他制作出来。一位英国密码分析人员曾赞叹道："那是 1 部完美的密码机，是仿制工程的一个奇迹。"

　　没错，在当时的技术水平下，"英格玛"密码机无疑代表了最先进的密码编译水准。它是德国情报人员的骄傲，德军最高统帅部通信总长费尔吉·贝尔上校说："这种密码机绝对可靠，即使密码被敌人缴获也丝毫不用担心，因为使用机器时每调节一下插头和转子，都会生产出无数不同的密码来。"同时，"英格玛"密码机调节程序复杂且多变，德军自负地认为，即使敌人拿到机器也无法破译其中的奥秘。因此，犹太人仿制的这台"英格玛"密码机更显得重要非常。

　　然而，犹太人的成果并非一劳永逸，仅在 1 年后，德国人又制造出来更加精密复杂的密码机，这样英国的情报人员又不得不绞尽脑汁找出破解之法。这时，幸运之神再次降临英国。出于战略上的考虑，波兰军事情报部门决定将他们的破译成果和仿制的密码机无条件转让给英国，这是波兰数年来对德国密码机研究工作的成果，其中除了"英格玛"样机外，还有能够确定密钥设置、解开其密码的"博姆机"。

　　英国收到波兰的"英格玛"样机和"博姆机"的图纸不过 1 周，纳粹德国的铁蹄就踏过了波兰边界。得知这一消息后，在伦敦郊区的布莱彻利庄园里的专家们默不作声，密码破译专家诺克斯难抵内心的哀痛，他走到窗边，喉咙有些发紧，并喃喃自语："了不起的波兰，像一名武士一样，在倒下之前将自己的利剑递给盟友。"

随后英国情报人员并没有辜负波兰人的信任，在其基础上，德军密码机解密工作有了相当大的突破。其中得益于两个关键人物的贡献，他们便是上文提到过的诺克斯和图灵。

诺克斯是个数学家，在第一次世界大战中他就进入英国皇家海军部密码分析局，和其他专家一同破译了几乎所有德国的外交和军事密码，其中他破译德国由3个字母组成的海军旗语密码的故事已传为佳话，那次是他在洗澡时突然想到的。第一次世界大战后，诺克斯留在了英国外交部下辖的密码分析局。

作为诺克斯助手的图灵，早年就读于皇家学院时就是数一数二的数学尖子。来到普林斯顿研究院后成为爱因斯坦的弟子，后成为一名杰出的数理逻辑学家。他个性古怪不修边幅，平时沉默寡言。不管在什么场合，在想到问题的解决办法时，他都会突然发出一阵尖笑，把周围的人吓一跳，但他却毫不理会。

在二人的共同努力下，一部更加精密的密码机终于研制成功了。它足有两米多高，是一部电动机械式数据处理机。1940年4月，这部密码机取得了英国人盼望已久的对"英格玛"密码电文破译的突破。最先破译的电文是一些关于德国军事人员的任免书，没有多大情报价值。然而它的意义是重大的。在这之后，布莱彻利庄园的精英们不断积累经验并改进技术，使得解密效率越来越高，价值也越来越大。

1940年5月，一个阳光明媚的日子里，英国新任首相丘吉尔正坐在他的办公室里处理公务，这时现为英国情报六处处长的孟席斯推门进来走到首相跟前，把一张纸条递给他。

丘吉尔接过纸条，大概看了一下，便把它随手放在了办公桌上，因为这份情报仅仅是关于德国空军人员的调动情况和驻丹麦德军的补给分配情况的，并没有多大价值。但是，当他抬头看到来者是孟席斯时，似乎突然意识到了什么。他再次拿起那份情报仔细查看，几秒钟后他用试探的口气问道："难道真的是它，'超级机密'？"

孟席斯没有说话，他用脸上难以掩饰的微笑回答了首相的问题。从此，在战争期间"超级机密"成了丘吉尔运筹帷幄、决胜千里的有力武器。

1941年5月，英国皇家海军从俘获的德军U–110号潜艇上搞到一部完整的"英格玛"密码机和一些密钥，破译工作又有了很大突破。"超级机密"成了盟军在整个第二次世界大战时期当之无愧的王牌。

既然"超级机密"如此重要，它的安全就成了孟席斯等英国情报部门首领考虑的第一要务，为此他们采取了一系列严厉措施来保卫超级机密。

首先，要排除破译人员落入敌人手中的危险，以免他们会在敌人的威逼利诱下出卖机密。因此，布莱彻利庄园警卫森严，凡进入庄园工作的人员都被郑重告知，一旦进入就只有等到战争结束才能出去。

其次，所有"超级机密"都被伪装成从其他来源获得的情报，比如情报文件开头写成"从字纸篓中获得下列内容……"或者"据可靠内线来源……"此外，还严格限制它的散发和使用。为此，情报局设立一个特种联络组来管理"超级机密"。特种联络组的负责人是秘密情报局前空军处处长温特伯特姆空军中校。经过分析综合后的情报资料每天都要送给丘吉尔，他依靠这些报告指导战争。

另外，超级机密的分发范围也有严格控制，仅限于秘密情报局局长、海军情报处处长、空军情报局局长和空军参谋部情报处处长。它从不直接下发到集团军司令部以下单位，除非是以作战命令的形式加以伪装之后。

最后，规定凡关于德军舰艇和装甲部队活动情况的"超级机密"都不得以该系统为依据单独采取行动，以防使敌人怀疑其密码安全出了问题。而且，在对德军舰艇和坦克实施轰炸前，必须事先进行空中侦察，并保证能够被德国人发现，使其误会情报来源。正是为了保卫"超级机密"，英国军需工业中心考文垂市终被纳粹炸成了废墟。那里死伤无数，哀鸿遍野，每一片瓦砾，每一缕硝烟，都记载着战争带给人类的深重苦难。但历史不会忘记，考文垂是"超级机密"的牺牲品，英国可以用牺牲一座城市的巨大代价来保存"超级机密"，其重要性不言而喻。

（十四）最后的轰炸

时至 10 月，英国伦敦的夜晚已微微透出些寒意。此时死亡依然伴随在伦敦人左右，但他们好像已经开始习惯有炸弹相伴的夜晚了。在德国一夜夜继续轰炸伦敦的时候，一个名为"大众研究"的研究机构对炮火中的市民进行了一项有趣的研究。其工作人员每周向指定的调查对象收回一份关于自己及邻居的感受、对话和活动的报告。在整理这些报告时，工作人员发现大多数人说德军飞机带来的炸弹爆炸声和轰炸机刺耳的尖啸声使他们恐惧，担心自己被炸死。但令工作人员大感惊讶的是，有相当一部分人表示他们并不怕死，但前提是必须一瞬间就被炸死。还有一些人竟然说自己就是喜欢在空袭时逛大街，飞机的发动机声、炸弹的爆炸声、高射炮的轰鸣声，这所有的声音都能使他们感到刺激。一个名为莫尔的伦敦人说："你可以看到炸弹在建筑物上炸出裂口的过程，还有变形的电车轨道和头顶上乱作一团的电线。那很美妙，不是吗？我兴奋极了，每当这时我都会不知疲倦地画草图。"

丘吉尔首相或许比那些市民对轰炸的夜晚更加痴狂。如今他的府邸，唐宁街 10 号早已成为德军飞机轰炸的目标之一。10 月 14 日，唐宁街旁的财政部草坪被炸弹击中，波及了唐宁街 10 号的厨房和数个房间，事件导致了 3 名值班的公务员殉职。事件发生以后，屋内的家具和贵重文物被移送到安全地方，花园旁的房间就以铁制支撑物加固，窗户也被厚铁板盖上，以防再受空袭。而那些位于花园的房间就被悉数改装为临时的饭厅、睡房和会客室。但事实上，这些加固工程无助于加强房屋的抵抗能力。另外，除了花园的房间，在唐宁街 10 号，只有内阁会议室和私人秘书办公室仍然在使用。

丘吉尔最初搬到了这些临时房间生活，但他很快便表达不满，并坚持要在几近空无一物的唐宁街 10 号工作和用餐。为此，唐宁街 10 号的地底下建造了一个可容纳 6 人的防空洞，以便逃生。一天晚上，防空警报再次响起，正在办公室与大臣探讨国事的丘吉尔闻讯后，骂了声"该死"便抓起椅子上的外套推门向楼上走去，迎面碰见他的夫人克莱门汀。克莱门汀在警卫的护卫下，正赶往地下防空洞。

"温斯顿，你要去哪儿？"克莱门汀问道。

"我马上就回来，马上就回来，马上！"丘吉尔边爬着楼梯，一边急促地回答他夫人的问题。楼梯的尽头便是屋顶了。

"老天，他要干什么？"克莱门汀知道自己无法阻止丈夫，便急切地问身边的警卫。

"首相恐怕已经到屋顶了，他想看看发生了什么。"警卫回答。事实上，丘吉尔并非第一次这样做。为了保护他的安全，警卫曾试图把他的鞋子藏起来，以此阻止首相外出，但每次都落得被他训斥的下场。

"你必须明白，从我小时候起，当我想去格林公园散步时，我的保姆就从来没能阻止了我。而现在我是大人，即使希特勒也别想阻止我！"丘吉尔暴跳如雷地说。

当丘吉尔戴着钢盔站在屋顶上时，敌人的轰炸机时而在他头顶上掠过，此时他仍不忘叼一根雪茄在嘴里，紧锁的眉头下面是一双目光犀利的眼睛在洞察夜空。或许没有人能知道此时此刻他究竟在想什么，他的夫人克莱门汀曾这样描述丘吉尔："昨天晚饭时，我看着他，温斯顿有一肚子的计划和想法，他不停地讲着笑话、吟诗。我当时就想，他就像个小孩子，玩一个假装的极为复杂的游戏，而更让他兴奋的是，这一切突然变成真的了。"

一天下午，丘吉尔正在他的办公室里处理公文，忽然一阵来自伦敦南区的巨大爆炸声震得首相停下了手中的钢笔，他很快意识到发生了什么，立即驱车赶往那里查看。

来到现场后，丘吉尔在众人的簇拥下走进刚刚成为废墟的住宅区，在瓦砾堆上已经插起了一面面小小的英国国旗。看到这儿，丘吉尔的眼睛湿润了，他很少哭，但此时他明白每一面国旗都代表着一个不屈的伦敦人的生命。它们象征着民族精神，象征着胜利的希望。越来越多的居民聚集在首相身边，高声呼喊着，表达对首相的敬意和战斗下去的决心。

当丘吉尔巡视居民区时，他注意到在一个巨大的弹坑边缘，有一个极其简陋的家庭防空掩体，于是他大步踩在瓦砾上走上前去。这时，住在这里的主人迎了出来。这是一个年轻的男子，在他身后东倒西歪的防空掩体入口处依次站着他的妻子和3个孩子。妻子牵着最小男孩的手，孩子无邪的眼睛里满是恐惧。他们虽然没有受伤，但受到不小的惊吓。

在回来的路上，丘吉尔还看到路边一家小饭馆被炸得只剩下一块残破不全的牌子，饭馆老板和他的妻子哭着问丘吉尔以后他们该如何生活。

这次巡查带给丘吉尔相当大的触动，他知道英国的人民并不惧怕敌人，但也意识到如果轰炸持续下去，人民的生活将陷入极度的困境之中，他必须果断采取措施。因此，丘吉尔刚刚回到办公室，就紧急召集财政大臣，经过商议，一项提交议会讨论的方案很快就被起草出来，其大意是：凡因敌人轰炸而造成的损失应由国家负担，政府将赔偿全部损失。

仅1周后，英国政府就制定了一个战争保险方案。该方案犹如一颗定心丸，对动员全体国民抗击德军的空袭起到了重要的作用。

12月29日，是个安静的星期日，又值圣诞节期间。虽是战时，但乐观的伦敦人仍偷偷点亮了节日的小彩灯，尽量营造出欢乐的气氛。但是这一晚，德军却给他们带来了最坏的"节日礼物"，似乎在强调新年的到来并不会放松对英国的压力。这一次，德国出动由224架飞机组成的轰炸机队，它们的进攻恰好选择在英军防守空虚的时候进行，并将目标指向伦敦市中心。

只见隆隆的机群袭来，雨点般的燃烧弹落在首都古老的心脏地区，木质结构的屋顶很快燃起大火，狭长的街道上布满了还在燃烧着的残梁断柱。幸运的人逃出了火海，而有的人则被活生生困在无边的大火中。

其实消防车1秒钟都没有耽误就朝市中心开了过来，无奈火势蔓延得太快，消防员需要足够的水和时间，而那年英国的秋冬季节本就干旱少雨，泰晤士河水位偏低，他们抽干了岸边的水，直到从水龙头里流出稀稀拉拉的泥汤为止。在无水可用的情况下，城中众多年代久远的古老教堂也难逃厄运，在市中心所有礼拜堂中，只有圣保罗大教堂较为完整地保存了下来。

这是古老的伦敦市中心在历史上第二次经历大火的洗礼，第一次是在200多年前的1666年，矗立在普丁巷附近的那个大火纪念碑记载着其惨痛的过去。

丘吉尔对这次市中心由于疏忽大意而造成的损失十分生气。第二天清早，他就召开内阁紧急会议，并在会上厉声斥责道："这种事情绝不能重演！"而英国的普通民众对此事也表现出极度的愤恨。要知道，伦敦市中心可是首都乃至全英国人民最喜欢的地区，那里承载着自己作为伦敦人、作为英国人应有的自豪。一位伦敦妇女在日记里这样写道："太可怕了，只是因为人们对明摆着的危险疏忽大意，就造成了上千万英镑的损失，使成百上千名勇士去冒险，直至牺牲，难道我们是一个白痴的国度吗？"

无奈的英国人只能带着伦敦市中心依然在燃烧着的废墟迎接新的一年的到来。不过，他们已经知道，在战争结束之前，还会有更多的炸弹、更多的困苦和磨难在等待着他们。此时的英国人已经不再恐慌和抱怨，正如丘吉尔在演讲中所说的那样，"那是英国人，尤其是人杰地灵的伦敦人最风光的时候，无论是不苟言笑还是乐观开朗的人，也无论是固执呆板还是圆滑变通的人，他们都以一种不屈的民族骨气，适应了陌生的充满恐怖和动荡的新生活"。

在1941年年初，上帝好似有意帮助英国人，在1月的绝大多数日子里，伦敦的上空都被厚厚的乌云笼罩着，使得德国的轰炸不得不偃旗息鼓，轰炸次数大大减少。英国也迎来了难得的空当，伦敦人终于可以松一口气了。可是，这个休整却产生了一个奇怪的结果：人们的精力不仅没有恢复，士气反而更加低落。原来经过几个月的空中封锁，伦敦的供应每况愈下，人们开始为日益严重的食物缺乏而感到烦恼。政府规定黄油、食用油、肉类、鸡蛋及茶叶都要严格按配额供给。按照这一标准，一般家庭每周只能吃1次肉，更别提水果和罐头食品了。

伦敦一位从事社会福利工作的妇女在日记里抱怨道："我太想吃水果了，可是怎么也买不到。我甚至下定决心，即使苹果卖到1先令1磅的高价，我也会买。但事实上，在诺丁山商店里无论出什么价格，却一个苹果都没有。有的只是萝卜！我的朋友布克从前十分讨厌洋葱，可如今他却说，如果我们还能再吃到洋葱的话，他会大吃一顿。也许等战争结束了，我们都会争抢着吃洋葱。"

英国人不仅受够了短缺的食物供给，也对愈加恶劣的生活条件感到厌倦。德国的炸弹破坏了城市供暖设施，供电也时常中断，夜间还要实行灯火管制，伦敦受损的建筑还没得到修缮，越来越多的垃圾正占据着城市更多的空间。"我们生活在垃圾之城，大家的脾气都很差。有时我甚至有些怀念猛烈的空袭了。"一位妇女回忆说。

在丘吉尔看来，英国人的这种厌倦情绪十分危险，很容易导致战斗意志的松懈。为此，有人建议他多鼓励民众，让他们建立信心；有人建议他采取更多的抚慰措施，安抚民众。丘吉尔听完摇摇头，这都不是最好的办法，他认为严重的敌情刺激才会使目前英国人的厌倦心态扭转过来。2月9日，丘吉尔发表广播讲话，英伦三岛的民众从广播中再次听到首相铿锵有力的声音，他们中几乎没有人会质疑这个声音带来的消息有什么错误：

"希特勒又在计划入侵英国了，他将在很短的时间内发动侵略战争。与去年秋天相比，目前的这一次入侵将有更精良的登陆装备和其他设施做后盾。因此，我们必须做好一切准备，用我们熟练的本领做好对付德军毒气、伞兵和滑翔机的准备。为了赢得这场战争，希特勒一定会运用一切手段摧毁英国，每个英国人都必须充分认识到这一点，斗志千万不可松懈。"

这个消息无疑是把刚刚觉得快熬出头来的英国人又打入了万劫不复的地狱中。丘吉尔自己清楚得很，他对他的人民撒了一个大谎。通过"超级机密"和其他情报渠道，丘吉尔已经获知希特勒已经放弃了从海上入侵英国的念头。他之所以这样危言耸听地吓唬英国民众，只是想以此激励英国人的斗志而已。丘吉尔相信，即使人民最后了解到了真相，也会理解自己的良苦用心的。

1941 年 2 月底，英国的天气渐渐好转。在海峡的另一边，戈林和他的将领们正在计划着新的空袭行动。这天，他带着一大批随行人员抵达巴黎，在这里他将和凯瑟林和斯比埃尔两位元帅讨论今后对英国的空袭方案。

当身着纳粹空军制服的帝国元帅出现在法国外交部所在地——具有历史意义的钟表大厅时，两列仪仗队同时向其行军礼。戈林一路笑着回敬他们，露出两排洁白的牙齿。军靴踏在大理石地面上，铿铿作响。

会议很快就开始了，像往常一样，戈林对德国空军对英的作战表示不满，并激烈训斥了两个空军军团的指挥官和士兵。两位元帅听完内心感到十分委屈，他们极力保持对戈林应有的尊重，同时试图反驳他的无理指责。然而戈林却对他们口中所谓"战斗激烈""任务艰巨"等理由视为逃避责任的借口，根本听不进去。在平息了怒火之后，他们共同制定了一份新的轰炸方案。这一次，他们将轰炸重点放在了英国的大洋航线上。

就在丘吉尔发布完恐吓式广播讲话 1 个多月后，德国的空袭再次拉开序幕。3 月中旬，连续两个晚上，大批德军轰炸机机群光顾了位于克莱德河岸格拉斯哥下游的造船城市克莱德班克。这个城市共有 12000 幢房屋，经过炸弹的轮番轰炸后，仅剩下 7 幢房屋矗立在满是瓦砾的废墟之上。整个城市几乎被夷为平地，幸存下来的市民不得不逃到附近的沼泽地以躲避城中漫天的炸弹。另外，布里斯托尔、加的夫、朴次茅斯和南安普敦也惨遭轰炸。港口城市普利茅斯的市民也经历了最恐怖的夜晚，许多房屋竟被炸了好几遍。

3 月 19 日，英国首都的人民再次经历了一次浩劫，当德军轰炸机的隆隆声渐渐远去时，防空警报也停止了长鸣，伦敦人纷纷从防空洞里钻出来，为自己依然活着表示由衷的高兴。而另外一些人就没那么幸运了，共有 750 名平民在这一天丧生。

4 月份的下半月，德国对英空袭掀起新的高潮，考文垂、布里斯托尔、贝尔法斯特、朴次茅斯和普利茅斯都遭到猛烈袭击。这期间，伦敦两次遭到轰炸，2000 多人死亡，148000 幢房屋被毁坏。

德国连续进行如此大规模的空袭，使英国人愈加相信他们的首相所说的话——德军即将全面入侵英国。这时，在伦敦的地铁里，总能看到聚成小堆的人们忧心忡忡地议论英国的未来。其实，英国人并没有完全猜错，因为此时希特勒确实在为发动全面侵略战争做准备，但目标却不是英国，而是苏联。5 月初，戈林向一直在进攻英国的德军轰炸机和战斗机主力部队发出一道密令，指示他们将转移到捷克斯洛伐克和波兰，为"巴巴罗萨"行动做准备，而"巴巴罗萨"便是德国全面进攻苏联的行动代号。

但在德军飞行员离开法国和北欧国家之前，他们接到了最后的一道对英国进行轰炸的命令。原来，希特勒和戈林决定在调动之前，再给英国一记重击。对此，戈林得意扬扬地说："这样做既可以声东击西，更好地隐蔽对苏联的全面入侵行动；同时也是为了给英国人最有力的警告。"所谓警告，源于1941年5月初英国皇家空军对柏林进行的猛烈轰炸，不仅如此，英国还袭击了汉堡、不来梅和埃姆登。纵观过去的1年，英军对德国城市的袭击也时常发生。戈林对此十分气恼，特别是在德国空军主力即将转战苏联之时，如果英国加强对德国的袭击，必然会影响战争的进程。于是，德军想通过一次临别前的"空前大轰炸"让英国人知道，招惹德国的下场将是十分悲惨的。

5月10日这天上午，德国空军轰炸机和战斗机主力部队在各自的基地做着大战前的准备工作，而此时有一位狂热的纳粹党徒并没有参加这场战斗，却显得比参战的飞行员更加激动，此人便是希特勒的外交部长里宾特洛甫。

"这是最后一次轰炸，也将是这次战争中最猛烈的一次。飞行员只有一个目标，"里宾特洛甫在他的办公室里发出歇斯底里的喊叫，"那就是伦敦！伦敦！伦敦！"

他的助手看到长官如此失态的举动并不感到奇怪，大家都知道里宾特洛甫对英国的仇恨已经深入骨髓，以至于他把这场战争看成了公报私仇的行动。这究竟是怎么回事呢？原来在大战爆发前的几年里，里宾特洛甫曾任德国驻伦敦大使，每年在向英国国王乔治六世递交国书时，他都坚持行纳粹军礼并高呼"希特勒万岁"，这引起英国人的普遍反感。里宾特洛甫在与英国政府和人民打交道时，时常表现出不可一世的恶霸作风，因此不管是在何种场合，总有英国人抓住机会指责、奚落他。日积月累，他对英国恨之入骨也就不足为奇了。

此次，被里宾特洛甫寄予厚望的空袭计划将伦敦分为3个轰炸区。由约翰内斯·芬克上校领导的第2轰炸机师将从法国北部康不累附近的机场起飞，他们的目标是伦敦东部。施塔尔上校的第3轰炸机师将从里尔区起飞攻打伦敦中部，而约希姆的第4轰炸机师则将在荷兰的乌得勒支附近的索伊斯特堡集合，飞往伦敦南部和西部。

这些部队除了攻击战术战略目标外，伦敦市中心地区也再一次成为攻击的对象。德军25岁的飞行员冯·西伯中尉在出发前就信誓旦旦地给自己设定了一个目标：白金汉宫。当得知这座宫殿恰恰位于轰炸范围之内，而第一个击中它的人将荣获由戈林元帅亲自颁发的铁十字勋章时，冯·西伯的脸上已经露出难以掩饰的激动，恨不得立即飞到伦敦上空成为最幸运的那个人。

5月10日下午，德军仍然以为英国人对即将到来的灾难浑然不知。哪料到英国各支部队和救援部门都已得到德军将要进行大规模空袭的警报，并都在马不停蹄地做着迎战准备。当然，这一切都要归功于英国的"超级机密"。

当夜幕降临时，在英国皇家空军的各个基地，飞机都加满油、装满弹，各项技术检查均已完成，飞行员已经穿戴齐全在休息室里等待战斗的命令；在伦敦市所有高射炮阵地上，各高射炮兵部队准备了数量充足的炮弹，并把黑洞洞的炮口对准天空；而在伦敦的消防总部里，副局长杰克逊早在接到预报后的1分钟内就向消防车队下达了增加1000部水泵的命令。此时伦敦全部消防人员严阵以待，守候在消防车旁。

晚上10时15分，在本特利修道院皇家空军战斗机司令部里，道丁上将发出命令：夜航战斗机全部起飞。此时，德军轰炸机机群已经向伦敦飞来。

晚上11时，伦敦的空袭警报响起。半小时后，德国大批轰炸机像蝗虫般飞临伦敦上空。不列颠空战、同时也是整个第二次世界大战中德军最后一次对英国首都的大规模轰炸就这样开始了。在这次行动中，德国共出动了507架飞机，并将总重量为708吨的燃烧弹、烈性炸药和降落伞雷等致命武器投在了伦敦的土地上。

但英国皇家空军并不示弱。不多时，夜间战斗机部队就击落了7架德军飞机，其中还包括冯·西伯中尉驾驶的那架飞机。当他跳伞着陆后做了英国人的俘虏时，他知道他将永远无法实现炸毁白金汉宫的美梦了。

白金汉宫

高射炮的火力从德军进犯之初便保持着猛烈的势头，伦敦高射炮兵以炽热的火力给予德军飞机迎头痛击。"现在，你在伦敦上面飞行时都不用戴手套了，因为他们的高射炮就能让你的手感到暖和。"战斗结束后，1名德军飞行员这样跟队友描述说。

很快，密集的防空炮火迫使德军轰炸机爬升到更高的高度飞行，这样一来它们对目标轰炸的准确度就不可避免地降低了。不过，现在好像没有谁把瞄准目标当回事了，因为它们把炸弹扔在任何位置都会对伦敦这座人口稠密的政治文化中心城市造成严重的破坏，这就达到了轰炸目的，难道不是吗？事实上，德国确实在伦敦的每一个区域都扔下了燃烧弹，熊熊燃烧的大火几乎把整个伦敦连成了一片，尽管消防总部副局长杰克逊召集来所有救火车和消防人员，但面对这场超级大火仍显得力不从心。而且，即使有更多的人力物力，用来浇灭大火的水源仍是一个问题。

伦敦的消防员面对的困境正像一位分区消防长官布莱克斯通说的那样："炸弹从天而降，有很多很多，比我们以前看到的都多。一开始是消防员和救火车不够用，当消防员和救火车陆续赶到时，我们竟然抽不到水了。所以，我们不得不花费更长的时间控制火情，毫无疑问，大火造成的损失是无法估量的。"

在敌人的密集投弹下，消防队员时刻都有被炸死或者被大火吞噬的危险。当布莱克斯通带领车队前往泰晤士河时，他看到纽文顿堤道和纽文顿巴茨以及新肯特路也着起了火。突然，从他的后方传来一声惊天巨响，布莱克斯通转过头去，立即被这惨烈的一幕惊呆了。炸弹不偏不倚地落在了后面的一辆救火车上，车被炸毁不说，还炸死了5名消防队员。他们的尸体横七竖八地躺在车上，有的甚至一半在水槽里，一半在救火车上，红色的血和水的混合物已经沿着救火车的轮胎流到了地面上。

看到此种惨状，布莱克斯通震惊之余并没有失去理智。他命人把尸体抬走放到附近的斯奇普顿街，并用帆布盖好。他知道炸弹没有停止落下，死神还伴随在他们的身边。当他们的车队开到斯伯吉翁礼拜堂附近时，又有一串炸弹在一群消防员中爆炸。"在我眼中，到处都是穿着蓝制服、脚上穿防火靴的人。我们把死去的和受伤的人分开，不幸发现又有5个队员丧生，而那些伤员急需救护车。可上哪儿去找救护车呢？我们没有无线电设备，试遍了周围所有电话亭以及附近建筑中的所有电话，可都打不通。我们站在一座伟大城市的中心，居然完全与世隔绝了。情急之下，我们只好派出一个骑兵通信员给总部送信，请求尽快派救护车来。"布莱克斯通这样回忆当时的情景。

大火还在无情地蔓延着，整个夜空被火光照得如白昼一般。这天晚上，共发生了2200次火灾。其中有7处最大的火灾，平均每处都烧掉了方圆4000平方米的建筑。在首都的每个角落都落下了雨点般的燃烧弹。伦敦塔被击中；国会大厦被炸裂，楼上的走廊被炸塌，供评论员坐的绿色皮面的长凳连同发言人的座椅全部被烧毁了；威斯敏斯特修道院大厅华丽的栎木屋顶也开了天窗；燃烧弹还使不列颠图书馆的内部结构遭到破坏，伦敦市中心最古老的教堂——圣克莱门特·戴恩斯教堂只剩下一片冒烟的废墟。那些敲响古老儿歌旋律的大铃铛——"橘子和柠檬说着圣克莱门特的铃铛"也随着教堂的烧毁而封存在了人们的记忆里。

最后统计表明，在5月10日的空袭中，有1436名伦敦人死亡，约1800人受重伤，幸存下来的人超负荷地工作着。他们所热爱的首都被毁坏，房舍坍塌，圣迹蒙羞。在之后的许多天里，许多伦敦人都生活在茫然的状态之中，他们害怕会有新的空袭来临。

在没有大规模空袭的情况下，4个星期过去了。一日英国的《快报》的头版头条是："希特勒的目标是什么？"对此，丘吉尔必须做出判断。其实，通过"超级机密"，丘吉尔已经知道英国将不会再有大规模的空袭发生，因为德军正在离开西欧的途中。但是，没有人将这一情况告诉伦敦人。1941年6月22日，英国民众终于得到了一个答案。在这一天，德军突然对苏联发起进攻。

伦敦《新闻晚报》用醒目的通栏大标题写道："现在轮到莫斯科了。"听闻这个消息后，英国人奔走相告，他们并不是对苏联幸灾乐祸，而是在庆祝自己的胜利。是的，英国胜利了，德军对英国的轰炸结束了，他们妄图从海上全面入侵英国的阴谋彻底失败了。

"我们赢了！"这一天，英国人不断重复着这句话，声调里充满了惊喜和自豪。只有经历战争苦难的英国人自己才知道这胜利的来之不易。同时这也是自开战以来，纳粹的战争机器第一次受到遏制。英国人以大无畏的战斗精神打破了德军不可战胜的神话。而在不列颠空战中，最不应被遗忘的当然是英国皇家空军艰苦卓绝的战斗。就像丘吉尔在下议院称赞他们时说的那样："在人类战争史上，从未有过这样少的人，为这样多的人，做出过如此重大的贡献！"

五、逐鹿巴尔干

位于欧洲东南部的巴尔干半岛具有重要的战略意义，历来有欧洲"火药桶"之称。第二次世界大战前夕，德意两国都想独霸这一地区。

早在1939年春，意大利首相墨索里尼就开始策划抢在德国之前占领巴尔干半岛，首先是占领阿尔巴尼亚。4月7日黎明，意大利向阿尔巴尼亚发出最后通牒，要该国国王投降。在阿尔巴尼亚政府拒绝了意大利的无理要求后，墨索里尼立即出动突击部队的4个营、1个精锐步兵师、9个空军大队和1支海军舰队，对阿尔巴尼亚发动突然袭击。当日，意大利军队在阿尔巴尼亚的都拉斯港登陆，沿海岸线向

前推进。

阿尔巴尼亚军队抵挡不住意大利军队的进攻，索古国王和王后看到局势危急，迫不得已带着刚出生5天的儿子逃到希腊。第二天，意大利装甲部队开进阿尔巴尼亚首都地拉那。4月12日，阿尔巴尼亚全境被意大利侵占。这一天，墨索里尼的女婿、外交部长齐亚诺在他的日记里写道："独立的阿尔巴尼亚已经不存在了。"

（一）罗马尼亚被绑上德国战车

匈牙利、保加利亚和罗马尼亚3国之间历来存在领土纠纷。罗马尼亚原先受英法的庇护，但是，在英法在西欧战役中失败后，匈保就趁火打劫，向罗马尼亚提出了领土要求。希特勒乘机拉拢匈保，借"仲裁"之名，向罗马尼亚施加压力。1939年11月13日，罗马尼亚国王卡罗尔提出和平调解倡议，遭到希特勒的拒绝。12月8日夜，德国情报局局长卡纳里斯海军上将在访问罗马尼亚时，同罗马尼亚保密局局长就在油区部署一支伪装良好的德国保安部队一事达成一致。

1940年5月27日，在德国西线胜利的压力下，罗德签署"石油-武器协定"。29日，一直保持中立的罗马尼亚终于动摇，站到了德国一边。7月2日，罗马尼亚国王卡罗尔请求德国保障其边境安全，并向罗马尼亚派驻一个军事代表团。7月4日，以吉古尔图为首的亲德内阁在罗马尼亚组成。

7月10日，希特勒在慕尼黑会见匈牙利总理泰莱基伯爵，表示原则同意匈方提出的"修正"匈罗关系的要求。这主要是指特兰西瓦尼亚（旧称"锡本比尔根"）的归属问题。该地区历史上为罗、匈、奥所争，1867年被匈牙利占领，第一次世界大战后被罗马尼亚夺取，1940年8月，经德国"仲裁"，特兰西瓦尼亚的一半划归匈牙利。

7月27日，希特勒又会见了保加利亚首相菲洛夫，表明了德国在北多布罗加问题上的态度。多布罗加地区跨越罗保两国，历史上为多国所争。1918年《布加勒斯特和约》将该地区北部划归罗马尼亚，南部划归保加利亚，但实际上一直在罗马尼亚的占领之下。希特勒为了避免罗保为此大动干戈，进而影响德国的战略部署，便主张将该地区南部划归保加利亚。根据1940年9月的《克拉约瓦条约》，保加利亚如愿以偿。

9月4日，罗马尼亚国王卡罗尔任命安东内斯库将军为享有特别全权的首相，即国家元首。安东内斯库于1882年生于罗马尼亚南部的皮特什蒂城，早年在法国学习军事。第一次世界大战中，他作为一名中级军官在军中服役；战争结束后，他又跟随军队镇压匈牙利苏维埃政权。为此，王室对他器重有加。1937年，他被破格提升为总参谋长，次年又升任国防部部长。

9月6日，希特勒强迫卡罗尔把王位让给他19岁的儿子米哈尔。9月14日，以安东内斯库为首，包括法西斯"铁卫军"代表在内的罗马尼亚亲德傀儡政府组成，"铁卫军"的首领霍里亚·西马担任副首相。此后，罗马尼亚议会被解散，宪法被废止，"铁卫军"被宣布为唯一合法的政党。接着，安东内斯库同德国签订了全面结盟条约。

9月19日，德国陆军总参谋部第4军需部头目在罗马尼亚作了侦察旅行后，返回德国，希特勒立即决定向罗马尼亚派遣一个陆空军代表团，以达到三个目的：保护罗马尼亚油田；使罗马尼亚某些部队实现现代化；为德罗部队在德苏战争中从罗马尼亚出击做好准备。9月20日，德国"军事使团"进驻罗马尼亚的军事要地。10月12日，德军占领了罗马尼亚全境。11月23日，罗马尼亚加入三国同盟条约。12月4日，安东内斯库在柏林同德国签订了《罗德经济10年合作协定》。根据协定，罗方必须按照主要经济产品销往德国的方向来改建本国交通运输系统，并聘请德国专家管理罗马尼亚各个经济部门。

1941年1月14日，安东内斯库在山间别墅拜会希特勒时表示，罗马尼亚将站在德国一边，"如果进攻苏联，将以全部力量参加军事行动"。同年，安东内斯库在希特勒的支持下，清洗了铁卫军中的异己分子，掌握了军政大权，宣布罗马尼亚为"军团国家"，废除宪法，取缔政党，在国内建立了法西斯独裁统治。

墨索里尼对希特勒不给他事先打招呼就占领罗马尼亚大为不满，他对齐亚诺说："希特勒总是把既成事实摆在我的面前。"

在德国诱使和逼迫罗马尼亚落入自己圈套的过程中，苏联也趁机浑水摸鱼。鲍·索科洛夫在《第二次世界大战秘密档案》中写道："（1940年）6月26日苏联向罗马尼亚发出最后通牒，要求按照苏联公使转交的地图，清理比萨拉比亚和北布科维纳的领土。在秘密签订的《苏德互不侵犯条约》中，北布科维纳甚至没有划入苏联的版图，好像它从来就不曾隶属于俄罗斯帝国。但是，这些情况一点也没有让斯大林感到不好意思。1940年6月26日深夜，罗马尼亚驻莫斯科公使达维杰斯克应邀去见莫洛托夫。苏联人民委员交给他一份最后通牒，要求同意在24小时内，把比萨拉比亚和北布科维纳转交给苏联。柏林劝说布加勒斯特做出让步。第二天晚上，罗马尼亚政府接受了苏联的条件。"

朱可夫也在《回忆与思考》中写道："我回到基辅后，很快接到了国防人民委员铁木辛哥打来的电话，他向我传达了政府做出的决定：建立一个包括3个方面军在内的南方军区，以用于解放被罗马尼亚占领的北布科维纳和比萨拉比亚。……经过漫长的谈判，罗马尼亚政府终于同意从北布科维纳和比萨拉比亚撤军，这样，事件最终以和平方式得到解决。"

（二）希腊沦陷

1940 年 10 月 15 日晨，墨索里尼在威尼斯宫秘密召开了一次军事首脑会议。会上，他指着大幅军用地图，讲述了希腊地位的重要性和它对意大利的价值。经过热烈讨论，墨索里尼决定对希腊发动进攻。

10 月 28 日拂晓，意大利驻雅典公使把最后通牒送交希腊首相梅塔克萨斯将军，要求希腊对意军开放全境。与此同时，意军的 15.5 万名士兵、147 辆坦克、656 门火炮和 380 架飞机在普拉斯克将军的指挥下，从阿尔巴尼亚出发，向希腊的卡斯托里亚和弗洛里纳两个方向进发。希腊军队拥有 1 个骑兵师和 14 个步兵师，总动员后有 43 万人。意军当天就突破边境防线，深入希腊境内 50 公里。

英国同希腊订有互助条约，因此，保住希腊对维护英国的海上交通，同德意争夺地中海霸权具有重大意义。意军进攻希腊后，英军即组织 6.8 万人的陆军和 9 个空军大队，由威尔斯将军率领，前往希腊作战。11 月 7 日，英军进驻具有战略意义的克里特岛。11 日，英军又出动海、空军轰炸了意大利南方的海军基地塔兰托，使意大利地中海舰队受到严重损失——3 艘战列舰和两艘巡洋舰遭到重创。

希腊军民英勇抵抗意军的入侵。军队司令部迅速集结了 12 个步兵师、两个骑兵师、3 个步兵旅，在总司令帕戈斯将军的指挥下，于 11 月 14 日在马其顿一线开始了全线反攻。11 月 21 日，意军败退。希腊军队越过希阿边界，踏着厚厚的白雪搜索意军部队，并在阿尔巴尼亚游击队的支援下，大量歼灭敌军，被打死打伤的意军士兵横七竖八地躺满雪地。

11 月 22 日，希军攻占了阿尔巴尼亚境内的科尔察，与意军在平都斯山脉北部的中心战区展开激烈战斗。意军的一个山地师全军覆没。在沿海地区，意军刚一开始进攻就被击退，匆忙从卡拉马斯河沿线逃跑。

墨索里尼恼羞成怒，大骂怯懦无能的意大利陆军总司令维斯孔蒂将军、总参谋长巴多里奥元帅和驻阿尔巴尼亚副总督雅科莫尼，撤换了他们的职务，任命卡瓦莱罗将军为总参谋长。但这未能扭转战局。12 月底，天气更冷，意军始终无法突破希军防线。墨索里尼十分沮丧，不得不乘火车前往德国，于 1941 年 1 月 19 日会见了希特勒。

墨索里尼回国后，马上组织了新的攻势。他调集了 7 个师、160 架轰炸机和159 架战斗机，在长达 22 公里的战线上向希军展开进攻。他一心想在德国介入之前获得成功，但仍被希军击退。

意军在希腊的再次失败，促使希特勒决定赶快派兵去加以占领。按照前一年 12月 13 日下达的进攻希腊的第 20 号指令——"马丽塔计划"，德国将调集罗马尼亚军队，通过保加利亚攻入希腊境内。

第二次世界大战前夕，保加利亚奉行中立的外交政策，与各大国保持友好关系，但在经济上深受德国的影响。德国入侵波兰后，保加利亚政府曾于9月15日发表声明，表示在军事冲突中保持中立。但是，1940年2月15日，保加利亚国王鲍里斯三世任命了一名亲德首相，以取代此前亲英的首相。

保加利亚政府不仅对罗马尼亚有领土要求，而且还想从南部邻邦希腊得到一条进入爱琴海的通道。希特勒答应支持保加利亚对希腊的领土欲望。作为交换条件，希特勒要保加利亚参与"马丽塔计划"行动。于是，德保两国于1941年2月8日签订了让德军通过保加利亚国境的协议。2月28日晚，希特勒命令驻罗马尼亚的30万名德军渡过多瑙河，开进保加利亚境内，进入战略阵地。3月1日，保加利亚加入了德意日三国军事同盟。3月2日，由李斯特指挥的德军第12集团军进入保加利亚，第8航空军转移至普罗夫迪夫和索菲亚。为此，英国断绝了同保加利亚的外交关系。3月9日，德国先遣支队到达保希边境，希腊军队撤出西色雷斯，只留置约7万人防守萨洛尼卡地域。

4月6日，德国第12集团军在意大利军队的配合下进入希腊，从南斯拉夫南下的另一支德军也迅速突入希腊国境。希腊军队为了防备德军突破斯特鲁马河防线并进攻战略要地萨洛尼卡，大大加强了这一地带的防御力量，阻碍了德军的进展。于是，德军改用迂回战术，从南斯拉夫境内沿瓦达河攻抵希军防线侧后。守卫防线的希腊军队和英国援军措手不及，连夜撤退。

4月9日，德军占领了萨洛尼卡，希腊的东马其顿集团军投降。12日，希腊军队总指挥部为形势所迫，下令在阿尔巴尼亚境内作战的本国军队撤回国内。意大利的22个师乘势反扑，进入希腊国境，英国远征军和希腊中央集群在德军的进逼下，向奥林匹斯山以南一线撤退。

军事上的失败使希腊统治集团和军队领导层内部产生了矛盾，为此，希腊首相科里济斯于4月19日自杀身亡。23日，希腊政府向德意轴心国军队投降。27日，德军坦克隆隆地开进雅典，在著名的卫城阿克罗波利斯挂起了"彳"字旗，一批批德国军官得意地在卫城上俯瞰雅典的美丽景色。29日，德意军队占领了除克里特岛以外的希腊全部领土。30日，德国任命特索拉科格罗将军为希腊傀儡政府总理。

（三）英军撤出克里特岛

克里特岛位于爱琴海南面，地处中央位置。对于德意来说，它是扎在两国喉咙上的一根骨刺；对于英美盟国来说，它是埃及和马耳他岛的重要前哨据点。

在希腊政府签署投降书后的第三天——4月25日，希特勒下达了实施"水星"

作战计划的第 28 号指令，准备夺取克里特岛。为了实施这一计划，德军调集了第 7 空军师、第 5 山地步兵师以及第 4 航空队的 1200 架各型飞机，共约 1.6 万人；另有 70 艘舰艇载运 7000 士兵从海上登陆。

从 5 月开始，英国军队即加紧在克里特岛布防，并迅速把各种类型的火炮、坦克以及军用物资运到岛上。此时参加守卫克里特岛的除了英希军队外，还有澳大利亚、新西兰的军队，总兵力为 3.8 万人。他们统由弗赖伯格将军指挥。

5 月 20 日拂晓，克里特岛之战打响。德国空军对克里特岛西部的马利姆机场及其周围的重要据点狂轰滥炸。同时，德国大批滑翔机和军用飞机也在马利姆机场的西面着陆。约有 5000 名伞兵在机场附近降落时被英希士兵击毙，德军尸横遍野。入夜之前，机场仍在英希守军手里。

德军最高统帅部下令从海上实施登陆，并把主要兵力用于进攻苏达湾地区。21 日，英国舰艇遇到了德国空军的猛烈空袭，驱逐舰"朱诺"号被击中，两分钟后沉没，巡洋舰"阿贾克斯"号和"猎户座"号也受到重创。当天夜里 11 时 30 分，英国海军少将格伦尼率领巡洋舰"代多"号、"猎户座"号和"阿贾克斯"号以及驱逐舰 4 艘，在干尼亚以北 18 英里的海域截住了德国运兵船队，激战两个半小时，击沉满载德军士兵的轻帆船 12 只和轮船 3 艘，溺毙的德军达 4000 余人。

尽管如此，由于德军加强了海上封锁，以及岛上双方力量众寡悬殊，克里特岛上的英希守军仍然陷入困境。弗赖伯格司令向他的上司韦维尔将军报告说："我很痛心，不得不向你报告！防守苏达湾的部队已经到了人力所不能忍受的极限了。我们这里的阵地是守不住的。"

5 月 26 日，大批德军在空军的掩护下，分别在克里特岛东部和西部登陆。守岛的英希军队伤亡很大，只好向南撤退。

丘吉尔在获悉一切成功的希望都已破灭之后，便焦急地考虑撤出 2.2 万名战斗人员的办法。当时发现在 500 英尺高的峭壁之下，有一条羊肠小道通到南部海岸的一个名叫"斯法基亚"的小渔村，部队可以集中到那里，隐匿在峭壁边缘等候上船。丘吉尔决定从那里撤出英军。

5 月 28 日夜间，英国阿利斯海军上校指挥 4 艘驱逐舰，偷偷地驶抵斯法基亚。等待在那里的 700 名英军官兵登上了驱逐舰，并在战斗机的掩护下，顺利地撤离了克里特岛。此后几天，英国陆续派出舰只，从那里运送撤退的英军。由于在运送途中不断遭到德国空军飞机的轰炸，英军舰船和士兵均遭受重大损失。

5 月 30 日夜间，英军司令弗赖伯格将军乘飞机离开了克里特岛。

至 5 月 31 日深夜止，英军共撤出 17500 名战斗人员，其中包括希军士兵约 2000 人。来不及撤退的 5000 余名英军官兵除少数向德军投降外，大部分遭到杀害。

6 月 2 日，德军侵占了整个克里特岛。

二战激战：苏德大战

一、各怀阴谋的握手

1939 年 8 月，希特勒正在为闪击波兰做着最后的准备，这时唯一让他感到没有把握的就是背后强大的苏联，他搞不清苏联的实力，更摸不清苏联的态度。而就在这时，德国驻莫斯科的大使舒伦堡给他发来了苏联与英法的合作谈判陷入僵局，并且斯大林开始失去耐心的消息。希特勒敏锐的政治嗅觉立刻告诉他，这是一个天赐良机！他可以借此机会把苏联暂时争取过来，稳定自己的后方。希特勒立刻要求舒伦堡转达他的友好信号，并建议派外交部长里宾特洛甫立刻前往莫斯科签订"互不侵犯友好条约"。此时距离希特勒预定的对波兰发动闪击的时间只有一个星期了，必须迅速在谈判桌上稳住苏联。焦急的希特勒在 8 月 20 日亲自致电斯大林，表示要立即开始谈判。

这份电报被送到斯大林的办公桌上，他仔细地揣摩着电报的最后两段：

德国与波兰之间的紧张关系已变得无法容忍。波兰如此对待一个大国，随时都可能爆发危机……

我认为，既然两国均有意在彼此之间建立新关系，就不宜浪费时间。因此我再次建议您于星期二（8 月 22 日）接见我的外交部长，至迟于星期三（8 月 23 日）接见……如蒙立即答复，我将非常高兴。

斯大林读出了希特勒的暗示，他很可能要在 23 日之后几天以内就对波兰动手了。欧战迫在眉睫，希特勒在最后一次试探苏联的态度，他决定立刻和苏联签约，不然就很可能直接打过来。斯大林反复地思考了与英法的谈判和与德国的接触，他明白，是该站队的时候了，如果站错了队，可能会把苏联提前卷入战火。德国是极富野心的，但是毕竟它还在欧洲大陆上与法国处于对峙状态。英法是靠不住的，即使签了条约，他们也会为了不与希特勒树敌，而不惜出卖我们……可恶的英国人和法国人，只是想让我们和希特勒斗个你死我活，他们在旁边坐收渔翁之利。没门！斯大林下定决心，要以其人之道，还治其人之身！他立刻命令苏联外交人民委员莫洛托夫给希特勒回电：

致德国首相阿·希特勒

1939 年 8 月 21 日

感谢您的来信。希望《德苏互不侵犯的协定》将会创造一个大大改善我们两国之间的政治关系的转机。

我们两国人民需要彼此和平共处。德国政府同意签订互不侵犯的条约，这将为消除政治紧张状态和确立我们两国之间和平与合作奠定基础。

苏联政府委托我通知您，同意里宾特洛甫先生于 8 月 23 日前来莫斯科。

约·斯大林

斯大林和希特勒同样急不可耐地希望立刻签订条约。于是在里宾特洛甫 23 日来到莫斯科的当天，双方就签署了《苏德互不侵犯条约》。在 24 日举办的招待酒会上，斯大林高举酒杯对德国朋友们说："让我们举杯，祝愿希特勒健康！"

《苏德互不侵犯条约》规定：

（1）缔约国双方相约，避免单独地与其他国家联合，以任何暴力侵略或攻击行为加于对方。

（2）倘第三国以类似战争之行动，加诸缔约国之一方时，他方即不得对该第三国予以任何援助。

（3）两缔约国政府今后应就彼此有关之各项问题，保持密切接触，并交换情报。

（4）缔约国之一方，对于直接或间接以反对对方为目的之任何集团，均不得参加。

（5）缔约双方，在某种问题或其他问题上发生分歧或抵触时，不论性质如何，均采取和平方式、友好精神交换意见，于必要时，或组织仲裁委员会，以谋解决。

（6）本约有效期限定为 10 年，倘未经缔约国之一方于期满一年以前通告废止，应自动延长 5 年。

（7）本约应迅速予以批准，批准文件，在柏林交换，但本约签字后，立即生效，本约用苏德两国文字各缮一份。

然而就在签署这个条约的同时，苏德双方又签署了一个瓜分势力范围的"秘密协定"，其中规定：双方势力以波罗的海沿岸地区的立陶宛北部边界、波兰的那累夫河、维斯瓦河为分界线；在东南欧方面，苏联关心它在比萨拉比亚地区的利益，德方宣布它对该地区在政治上完全没有利害关系。这条协定简直就是两个列强在坐分别的主权国家的领地，它充分暴露了条约双方的意图，两个国家都想在未来的战争中捞上一把，但又互相顾忌，因此提前划分好地盘。尽管存在这个极不光彩的"秘密协定"，但是客观地说，这个条约还是有其积极作用的，它确实为苏联争取了宝贵的战争准备时间。

同长期以来政治上视为假想敌、宣传上痛骂为法西斯的德国签订互不侵犯条约，确实令苏联在政治上颇感尴尬。在同希特勒德国进行了长达 6 年之久的政治、外交对立之后"化敌为友"的确不是一件很光明正大的事情。当纳粹外交部长飞抵莫斯科时，全城竟然没有一面可以用来欢迎德国外长的"卐"字旗，最后还是在一家正在拍摄反纳粹电影的制片厂里找到了"道具"。广大党员也很难理解为什么竟然同法西斯签订友好协定。如果同伦敦和巴黎签订旨在制止法西斯侵略的协定，当然比同希特勒签署条约更会受到全体进步力量的欢迎，也更能为国内人民所理解。但是，在当时的情况下，根本没有可能和英法签订条约，英国法国对于谈判毫无诚意可言。而单独面对帝国主义列强是斯大林最不愿看到的情况。应该说是英法将苏联推到了法西斯德国的一边，英法为它们的阴谋诡计付出了代价。在签订条约的当天，里宾特洛甫对他的人说："今天签署了不列颠帝国的死刑判决书，并使我们有可能填上执行判决的日期。"英法想将祸水东引，结果反而被斯大林把这道菜又布了回去。

历史证明了斯大林的判断基本上是正确的。1939 年到 1940 年，希特勒用闪电般的速度摧垮了波兰，荷兰、比利时、卢森堡等国也在纳粹的刀锋前像麦子一样纷纷倒下。而拥有 300 万军队、与德军势均力敌的法国竟然在 30 天之内就彻底崩溃了，只剩下了英国依靠海峡天险据守本土。而苏联在《苏德互不侵犯条约》特别是"秘密协定"的掩护下在东欧窃取了大量土地。唯一超出斯大林意料的就是德国竟然如此迅速地扫平了欧洲，它会不会也同样迅速地扫荡英伦三岛呢？还是英国迫于压力与之媾和？总之留给苏联准备战争的时间不多了。斯大林知道，《苏德互不侵犯条约》早晚有一天会被希特勒团起来丢进废纸篓的。战争只可能被暂时推迟，却无法避免。

二、"巴巴罗萨计划"

早在《苏德互不侵犯条约》签署 3 个月后，希特勒就宣称："我们与俄国之间是签有条约，但它只能在有价值时才予以遵守。"一旦条件具备，德国随时准备把苏德条约变成一堆废纸。他更曾疯狂地叫嚷："不管怎样，要继续向东突进。必须把俄国从欧洲国家的名单中划掉！"事实上，在希特勒灭亡了法国之后，他就已经开始着手准备进攻苏联了。乌克兰的粮食、高加索的石油、整个苏联犹如黑金块的土地，都是希特勒梦寐以求的。

1940 年 7 月的德国高温难耐，希德勒将他的高级将领们召集到了贝尔格霍夫大本营，发表着他的最终决定："英国之所以不肯屈服，是把希望寄托在了美国和苏联身上，纵观国际局势，一旦苏联被打败，日本在远东的势力就会膨胀，就能有效地牵制住美国，从而使英国的希望破灭，不攻自破。所以，当前我们应该尽快消灭掉俄国，期限就在 1941 年春天！我们必须一举将苏联彻底摧毁，迅速攻击，我们的作战才有意义。"陆军总参谋长哈尔德随即做了补充发言，透露"首先攻击基辅，之后进军第聂伯河"的方案。

与此同时，希特勒已经命令陆海军参谋部制订进攻苏联的具体作战计划。并在极保密的情况下，派出大量的间谍情报人员调查苏联的部队、机场、坦克等的分布情况。8 月，哈尔德就拿出了对苏作战的第一份确切方案。德军一贯用的"闪击战"思想是这一方案的基础。方案建议：组建 2 个突击集团，其任务是务必推进到顿河罗斯托夫-高尔基城-阿尔汉格尔斯克一线后抵达乌拉尔，并将战争的重点锁定在"攻占莫斯科"，因为这样才会使苏联停止抵抗。计划预计击溃苏联需要耗时 9 周至 17 周。

1940 年 12 月 5 日，希特勒的办公桌上，一份名为"巴巴罗萨计划"的文件牢牢地吸引住了他的眼球，他几乎一字不落地细细看完文件，思考每一个细节的部署，仿佛整个战役已经在他的脑海里进行立体式的预演。他必须在进攻一开始就把握住战争的主动权。

12 月 18 日，希特勒发布了对苏联作战的第 21 号命令，定名为"巴巴罗萨计划"。"巴巴罗萨"是德国第一个皇帝弗里德里希一世在 800 年前作为强大的帝国奠基人所使用的绰号，意为"红胡子"。希特勒以这个"巴巴罗萨"作为侵略苏联计划的代号，不过是想给这场战争加上一层"圣战"色彩而已。

在发动侵苏战争前，希特勒的德国战车已经征服了大半个欧洲，他以世界霸主的姿态思考着德国的下一步。这一点似乎传染给了德国的情报部门，他们的情报工作几乎是由门外汉们在投入了极少的时间和经费的情况下草草完成和主观估计的，他们认为苏联红军虽然在数量上对德军有 2 倍至 3 倍的优势，但没有能力进行大规模的机动部队作战。

实际上他们对苏联的了解可以说少之又少，在战争开始之前他们甚至还没有搞清楚苏联军队的番号，也不知道苏联的坦克和飞机数量，直到 2 个月后，希特勒才发现，之前他们过低地估计了苏联这个超级大国的实力。更何况，苏联辽阔的地域远远不同于那些欧洲小国，越往东苏联军队的回旋余地就越大，加上漫长的寒冷冬季，能留给德国机械部队作战的时间十分有限。

对于"巴巴罗萨计划"这种风险和规模都无与伦比的大计划，法西斯德国执行了最为严格的保密措施。整个德国只有 9 份计划的文本，其中 1、2、3 号文本呈报了陆海空三军司令部，剩余的 6 份则由德军统帅部存档。除了统帅部的核心成员，其他任何人都无法看到。战争狂人希特勒虽然自大，但也对这个红色的苏联给予了高度重视，他清楚自己即将面对的苏联红军并不同于那些多年来受绥靖政策影响的英法军队。

"巴巴罗萨计划"的理论基础是"总体战"和"闪击战"，于是摆在德国眼前最大的任务是：如何巧妙地掩藏起这一切图谋。希特勒一再跟他的将军们强调"过早暴露我们的目的，会造成政治和军事上的最大劣势"。为此，他制订了一系列的计划掩护"巴巴罗萨计划"，假计划与真计划混合进行，使人真假难辨。

直到苏德大战开始前，德国竭尽所能地制造各种假象迷惑苏联，将他们的注意力引向歧途，让整个世界都以为德国一直在为继续进攻英国而准备。"海狮计划"就是德国最大的掩护。在1940年9月1日，希特勒就已下令"无限期地悄悄推迟'海狮计划'"，而为了"巴巴罗萨计划"，"海狮计划"又重新成为世界的焦点。

德国空军逐步加强了对英国的空中轰炸，为了使世人以为德国一定会在1941年对英国动手，法西斯德国又精心炮制了2份西线作战计划，代号分别是"鱼叉"和"鲨鱼"，其中"鱼叉"计划甚至命令德国驻挪威、丹麦及法国的部队开始准备对英国实施两栖作战。除此，德国还进一步放出风去，说他们的军队将在1941年8月1日前后入侵英国本土。

为了配合各种渠道的舆论，德国在军队中增配了多名英语翻译，并海量印制、发放英国地图，甚至在英吉利海峡和多佛尔海峡的沿岸配置了大量假目标。在此期间，希特勒还下达了出兵干涉伊比利亚半岛的代号为"费利克斯"的计划，目的在于把英国军队赶出西地中海。

在1940年10月至1941年6月间，德军在巴尔干半岛进行了一系列的重大行动，在1940年底，德军第10航空军从挪威调到了西西里，并在1941年1月从西西里起飞，对在地中海和马耳他瓦莱塔港的英国军舰成功地进行了大规模空袭。

为了突袭苏联，希特勒绞尽脑汁策划了一场又一场狡诈的骗局，以扰乱视听。然而，世上没有不透风的墙，更何况是如此大规模的行动涉及一系列的人员调动。事实上，"巴巴罗萨计划"早已被中国、苏联的情报机构所得知，并且通过各种渠道传到了斯大林的耳朵。然而，事实证明，即使在计划已经泄露的时候，希特勒一年来的种种行动，还是干扰了斯大林的决策。这不能不归功于他欺骗手段的高明。

尤其是德军侵占巴尔干半岛的行动，完全是德国进攻苏联的准备工作，却被希特勒当作借口，他成功地使斯大林相信，德军在1941年4、5月间东调是为了征服巴尔干半岛。众所周知，苏联秋季大雨道路泥泞、冬季酷寒皆不利于装甲部队作战，这就排除了德国在1941年进攻苏联的可能。斯大林虽然知道与德国一战不可避免，但他认为他们还有时间。

事实上，在 1941 年 6 月，德国宣传部长戈培尔更是亲自上阵导演了欺骗战的高潮，他撰写了一篇名为《克里特岛就是这样》的文章并发表在了《人民观察家报》上，并假装在无意间流露出了 2 个月内可能进攻英国的动向。而希特勒从外国返回柏林的当天，更下令没收全城所有报纸，事实上很多订户都早已收到了报纸。于是各国的情报机构又费尽心思地看看报纸上写了什么。这场欺骗战看头十足。

在克里姆林宫，斯大林在厚厚的地毯上来回踱着步子，拿着他从不离手的烟斗，他清楚地认识到，战争很可能在苏联还没有准备好的时候就爆发，为此，苏联几乎是不惜一切代价地在争取时间。斯大林对即将要启程去柏林会见希特勒的外交部长莫洛托夫诉说着他心中的疑虑："英国还会抵抗多久？德国什么时候会指向我们？如果英国一直久攻不下，德国会不会两线作战？德国还能留给我们多少时间？我们要做的事情太多了。"

1939 年，苏联与德国签订了互不侵犯条约后仅 1 周，德军就在 9 月 1 日闪击波兰，并迅速打败了这个国家，于是苏德之间从此没有了缓冲地带。为了加强边界安全，斯大林趁局势未稳，与波罗的海的立陶宛、爱沙尼亚、拉脱维亚 3 国签订了互助条约，后又向芬兰提出了领土要求，然而，芬兰却并不愿意放弃自己独立国家的地位，苏芬之战没能避免。

说起来芬兰不过是一个只有 350 万人口的小国，总兵力不过 15 个师，有 60 辆坦克、270 架飞机、29 艘小型军舰，但在战争初期，结果却大大出人意料。尽管苏联动用了 50 多个师、10000 余门大炮、3000 辆坦克和 3000 架飞机攻打芬兰，但被爱国主义激励的芬兰将士们，凭借复杂的地形、气候上的优势和顽强的意志将苏联军队挡在了曼纳林防线整整 1 个月。

直到 1940 年 2 月，苏联调集 30 万部队向曼纳林防线进攻，又历经 2 周的艰苦鏖战，才冲破防线，新组建的苏兰政府将大片的国土割让给了苏联。虽然是战胜国，苏联却在战役中伤亡 26 万余人，是芬兰的 3 倍多。因入侵芬兰，苏联的国际形象大打折扣，被国联开除出了国际大家庭。这场胜利，没有给斯大林带来成就感，反而让他觉得有失颜面，他甚至怀疑，苏联红军的战斗力是否如想象中强大。

从芬兰腾出手来的斯大林，没有过多的时间去思考得失，他的目光又落在了波罗的海 3 国上，这 3 国显然也受苏联侵略芬兰的影响，拒不履行已经签订的互助条约，还颇有对苏联不满的情绪，这让斯大林大为恼火。他安排莫洛托夫、铁木辛哥、贝利亚等人分头行动，运用了一切手段，终于迫使 3 国在 7 月中旬新选举出的国会宣布：在 3 国恢复苏维埃政权，并要求加入联盟。

其间，苏联还成功地使罗马尼亚政府同意将比萨拉比亚和北布科维纳交还给苏联政府。于是，苏联的西部和西北部边界整整向外推移了 250—350 千米，有效地扩大了战略纵深。

莫洛托夫在柏林一行得到了热情的接待,他自然知道希特勒的诡计多端,希特勒的热情只能证明,德国一定会对苏联开战。然而莫洛托夫显然被希特勒精心布置的骗局蒙蔽,加之在柏林亲历的空袭场景,使他感觉到,德国人更需要先清除掉英国!

回到莫斯科,莫洛托夫向斯大林汇报着他此行得出的判断:"德国人不会在攻占英国之前发动对苏战争!"斯大林又来回踱着步,一边思考一边抽着他的烟斗,随后说:"这会给我们多少时间?一个月还是几个月?我们不能再去刺激希特勒,否则一旦他认为我们已经决定对他开战,他就会不顾一切先扑向我们。"斯大林随即下达了命令:"即日起,边境地区的部队调动和向边境地区的部队调动,都要经过我的批准。"

三、大战前夜

1940年2月,在德国法西斯的大本营,柏林首相府的会议室里,希特勒正口若悬河地向他的将领们高喊:"在我们占领了欧洲之后,俄国就成了我们最大的敌人,我对俄国人(希特勒一直称苏联为俄国)从来没有一点儿好感,他们愚昧、自私、贪婪,我们德意志人怎么可以与这样的种族共同生活在地球上?我们要将他们从国家的名单中消灭掉!"一提到苏联他的声音明显高出几个调门,眼里闪烁着愤怒的火焰,就连鼻子下那一撮小黑胡子也跟着情绪一起一伏。

其实早在1924年出版的《我的奋斗》中,希特勒便写道:"不管怎样,一定要继续向东突进。"这种狂言无疑是在昭告天下:报复布尔什维主义,是希特勒毕生的任务。所以,此时希特勒宣称要抹杀苏联,并不令人意外。

于是,陆军参谋总长哈尔德开始介绍他早已烂熟于心的计划:"鉴于苏德战场战线太长,我们在第一阶段,分别在列宁格勒、斯摩棱斯克和基辅3个独立的战略方向上展开南方、北方、中央3个集团军群级战略单位。其中,列宁格勒方向上是北方集团军群,由冯·勒布元帅指挥,辖第16、第18集团军,由第4坦克集群和第1航空队支援,预定作战计划是从东普鲁士经波罗的海3国,攻占列宁格勒;斯摩棱斯克方向上是中央集团军群,由冯·包克元帅指挥,辖第4、第9集团军,第2、第3坦克集群,共50个师,在第2航空队的支持下,由波兰境内分西、北两路发动大开口的钳形攻势,包围歼灭白俄罗斯境内的苏军,沿明斯克-斯摩棱斯克-莫斯科轴线突击,直捣莫斯科;基辅方向上是南方集团军群,由冯·龙德施泰特元帅指挥，辖第 6、第 12、第 17 集团军，第 1 坦克集群和第 4 航空队，从波兰南部的卢布林以基辅为总方向实施进攻，歼灭第聂伯河以西的苏军。"

"另外，罗马尼亚空军的 1300 架飞机也会作为南方集团军的支援并肩作战。此次作战，连同我们的盟国部队在内共计 190 个师、7234000 名士兵，德国将出动 5000 架飞机、4000 辆坦克、50000 门火炮对苏联实施毁灭性的打击！"

听完哈尔德的报告，希特勒按捺不住内心的激动再一次开腔："将军们，我们的存在就是为了征服世界。其中，中央集团军群对莫斯科的进攻将是重中之重，我们要将俄国的中心彻底摧毁！一切战前准备必须在 1941 年 5 月 15 日之前完成！而俄国，很快就会完蛋！"

一场大战蓄势待发，希特勒为了迎接这场或许是世界上最大规模的战争可谓费尽心机。为了不暴露计划，希特勒尽量推迟作战飞机调往东线的时间。虽然由航空兵力组成的空军可以等到进攻开始几小时至几天之前再完成集结，但是陆军 3 个集团军群数百万的兵力却不能如此处理，必须尽早调动，以便赶在预定的进攻日期前完成集结。

从 1941 年 2 月 3 日起，德军总司令部的陆军部队在希特勒煞费苦心的多重欺骗手段掩护下浩浩荡荡地进行了集结。德军首先从德国和法国调动 77 个师到苏联边境线，让待命在波兰、东普鲁士和罗马尼亚的 44 个师靠近东线。此外，德军还不紧不慢地从波兰边境增调了 8 个师到离苏联边境约 165 千米处。

就在希特勒担心下一步调动难以隐蔽的时候，南斯拉夫发生了政变，保罗摄政王的亲德政府被推翻了。希特勒怎么可能错过这千载难逢的好时机，他当即决定进行武装干涉，表面上是为了重拾巴尔干半岛的控制权，实则乘机大量调兵掩护对苏作战计划。

几十万德国军队就这样在光天化日下被送上了运输线调往东欧，打着对付南斯拉夫和希腊的幌子，希特勒完成了 16 个步兵师的东调，这些军队驻防在阿伦施泰因至拉多姆一线，离苏联边境仅仅 70 千米。

到了 1941 年 5 月底，德军将最后一批作战部队调往东线，又从东普鲁士、波兰及罗马尼亚调派 86 个师到离苏联国境线数千米处，并把 47 个师从法国和德国调往波兰和东普鲁士。如此大规模的军队调动，德军要求所有作战师实行无线电静默。所有地面部队白天在树林等掩体里休息，夜间行军，有效地躲过了苏联的无线电和空中侦察。

苏联自知时间有限，其实一刻也没有停止作战准备。直到大战爆发前，苏军一直在制订和修改作战计划，但当时，他们认为最危险的地方是西南方向的乌克兰，而不是白俄罗斯。斯大林认为，一贯奉行以战养战政策的希特勒，一定会先攻占乌克兰及顿河流域，掠夺乌克兰的粮食、高加索的石油及顿巴斯的煤矿。

为了应对可能发生的战争，苏联采取了一系列方针政策：优先发展国防工业；由斯大林亲自部署国防工业生产、增加战略物资储备；在东部地区着力发展重工业，建立机器制造业、石油、化工等企业。

特别是在军事上，苏联采取了4条特别的措施。

其一，动员和扩充武装力量。为此，苏联修改了《普遍义务兵役法》，将新兵应征年龄从21岁降到了19岁；延长了服役期限并改组了兵役委员会；在各自治共和国、州和各地区增设军事人民委员部，这一系列举措使得苏军的规模急剧扩大。从1939年到1941年6月，两年的时间里，苏联新组建了125个师，苏军的总人数从194万人增加到500余万人。

其二，苏联对军队进行了大规模的改编。针对德军进行的改编计划，将陆军放在了优先发展的位置，苏军的陆军从1939年的98个师发展到1941年的303个师；而在1941年2月，苏联通过决议，一年内组建25个航空兵师的指挥机关和106个航空兵团，其中至少半数装备新式飞机。不过，一直到战前，这个目标也远远没有达到。

其三，进行军事演习加强应战能力。1941年1月，苏联专门进行了一次战略性的对抗军事演习。军演分为红蓝两方，红方由西部特别军区司令员巴普洛夫和克利莫夫斯基指挥，而蓝方则由朱可夫和波罗的海特别军区司令员库兹涅佐夫海军上将指挥。最后，仅有微弱优势兵力的红方成功突破了蓝方的防御。

斯大林对这次演习极为重视，专门召开2次讲评会，并当即对演习的结果表示不满，而随着朱可夫提出："白俄罗斯附近，现有的堡垒离边境太近，敌人的炮火足可以覆盖整个纵深，应重新布置以争取主动。"之后，会议的重点转移到了机械化、坦克化、摩托化等现代化作战方式上。斯大林意识到："战争的胜利将属于拥有更多的坦克和部队摩托化程度较高的一方。"

其四，苏联又在1941年春开始陆续向西部边境调派军队，增强西部边境防御力量。5月调往西部边境的军队有28个步兵师和4个集团军，这些师普遍规模在8000人到9000人，且武器装备并不满编。

到开战前，苏联在西部边境5个军区部署兵力268万人，合计103个步兵师，包括40个坦克师、20个摩托化师、7个骑兵师，装备有1400辆新型坦克和大量的旧式坦克、1500余架新型空军作战飞机及大量旧式战机、50毫米以上火炮和迫击炮3.7万门。

斯大林对战争是有准备的，但是他对于战争爆发的时间，以及德军主攻方向的判断，却是十分不准确的，这种不准确直接导致了各项战备措施并未完全落实，莫斯科缺少对战争的紧迫感。直到战争爆发前夕，苏联最高当局仍然没有下达明确的战争指示。

事实上，早在 1941 年 4 月，苏联西部边境地区守军就已经开始意识到，法西斯德国近期正在把部队源源不断地从西线调往苏联边境地区。为了抗击德军入侵，朱可夫着手进行保卫西部边境的详细计划，并报告斯大林，要求从内地军区紧急增调部队以增强波罗的海特别军区、西部特别军区、基辅特别军区和敖德萨军区现有的作战力量。

从 1939 年 10 月到 1941 年 6 月，德国侦察机飞越乌克兰和白俄罗斯边境 500 余次。苏军当然十分清楚敌机的意图，但为了避免与德国发生正面冲突，斯大林还是命令边防部队禁止向德军飞机射击。

朱可夫

虽然在苏德签订互不侵犯条约之后，苏英关系甚远，加之苏芬战争爆发后，苏联的国际形象一落千丈，但在法国败亡后，面临纳粹入侵危险的苏联一直积极致力于改善与英国及美国的关系。这种努力最终得到了回报，出于战略考虑英国首相丘吉尔向斯大林提议："愿意同苏联政府商讨欧洲形势。"美国此时也表示："愿意致力于改善美苏两国的关系。"

1941 年 1 月，美国情报部门得知希特勒将在春季进攻苏联，并告知了苏联；4 月，英国首相丘吉尔亲笔写信给斯大林，告知德国正在频繁地调动军队准备进攻苏联。英国人和美国人提供的这些情报并没有起到后世史学家们所渲染的作用。实际上斯大林自己的消息来源比英美的反应更加迅速，也来得准确许多。就在丘吉尔写信的同时，大量从国境地带发出的令人不安的报告正雪片般飞入斯大林的办公室。基辅特别军区 1941 年 5 月报告称：在其所面对的地区，德国人的坦克、大炮、步兵正源源不断地开来，"战区的准备正在加快进行"。根据该军区的侦察，德国人将边境地区的居民都赶了出去，并把民用医院都改为军用。

西部特别军区的报告则说得更明白："综合一系列经过核实的情报，德国针对苏联的战备工作在近期，特别是从 5 月 25 日以来，进行得更为紧张。"

海上传来的消息同样令人不安，从 6 月 10 日起，德国船只开始离开苏联港口，有些甚至还没有卸完货物。而 6 月 14 日以后，就再也没有德国船只来到苏联港口了。与此同时，在苏联的德国人纷纷离去，到开战时只剩 120 人，而苏联却有 1000 人留在德控地区。

情报也来自德国本土。在柏林，早在 1941 年 2、3 月，德国即将进攻苏联的传闻已经充斥大街小巷。一个德国工人给苏联大使馆送来了正大量印刷的俄语会话手册，上面写着："你是共产党员吗？""举起手来！""我要开枪了！"之类的话。苏联军事武官图皮科夫和海军武官沃龙佐夫收集着德国军列开往东线的情报。在一个外交宴会上，一个不知名的德国空军军官，向苏联驻德外交人员发出警告说，德国可能对苏联采取侵略行动。4 月，一份德国许诺在击败苏联后，将比萨拉比亚归还罗马尼亚的文件也落入苏联之手。这些情况都汇报给了莫斯科。

面对这样紧张的局势，苏联并没有坐以待毙，在德国庞大的战争机器缓缓向东部移动的同时，苏联的军事机器也在发动之中。

德国在战前曾获得过瑞典驻苏武官的情报，宣称苏联早在 3 月就把 60% 的军队集结到了西部地区。战后的苏联史料也承认，在 5 月 13 日，苏联内地军区的第 22、第 19、第 21 集团军和从远东方面军、后贝加尔军区调来的第 16 集团军（2 个步兵军和 1 个机械化军）、1 个步兵军（第 21 军），共计 28 个步兵师，已开始按总参谋部的命令，向第聂伯河和西德维纳河开进并编入基辅特别军区、西部特别军区。另外，第 20、第 24、第 28 集团军也做好了变更部署的准备。为了隐蔽企图，上述部队的转移是在部队野营训练的伪装下，不改变铁路正常运行时刻表而隐秘地进行的。这和德军集结兵力的手法非常相似。

6 月 14 日到 19 日，国防人民委员会命令各军区，在当月 21 日到 25 日内，必须将指挥机构迁入野战指挥所。6 月 19 日，其又下令对机场及其他重要军事目标进行伪装，坦克和汽车必须涂上伪装色。与此同时，苏军总政治部起草了一份《近期红军中政治宣传的任务》，上面明确要求："准备进行一场正义的、进攻性的、无坚不摧的战争。"

在国境地区，苏军西部各军区也开始了大规模变更部署。大量部队以夏季野营的名义在夜间向边境开进。到了 6 月中旬，西部军区的预备队已有一半开始调动，只是这些部队的炮兵因为还未完成打靶训练，大都被留在了后方靶场，这一情况在后来给苏军造成了灾难性的后果。

在战争前夜，接近 300 万人的庞大苏军部队已经集结在了西部地区。他们现在所需要做的，便是命令掩护国境的第一梯队执行开战前部署的防御计划，进入一级战备，领取弹药、油料和补给，开入边境野战工事。但在接到最高层（斯大林）的许可前，他们却只能待在营房里，此外什么也不能做。

可斯大林这时还不想下达让第一梯队进入野战工事的命令，因为这样的命令会给德国人侵一个借口，而苏联军队对战争的准备还很不充分。来自边境部队的众多报告证实苏联军队仍然问题成堆。仅仅坦克部队据说就还有 17 条缺点必须克服，其中包括：摩托化步兵被当成普通步兵训练、炮兵不能在开阔地带熟练地操纵火炮进行瞄准射击、无线电兵水平太差，等等。指挥员的缺乏，即使在释放了大批被捕的军官的情况下也没有得到解决。苏军第二战略梯队虽然已经开始向边境移动，但由于国土面积过于辽阔，因此也无法在德军之前完成战略集中和展开，这将使已经集结的第一梯队苏军处于兵力上的劣势。

在这些因素的制约下，斯大林只能在确定德军进攻日期之后才能下达最后的命令。而各种情报提供给他的日期却有 14 个之多，其中既包括德国人曾经确定但后来又改变的进攻日期 5 月 15 日和 6 月 15 日，也包括最后定下来的 6 月 22 日。

日期是无法确定的，而在斯大林看来拖延时间却做得到。况且，按常理估计，德国应该不会冒两线作战的危险，他们也不大可能在毫无理由的情况下突然发动战争。

就在苏联紧锣密鼓备战的同时，1941 年 5 月。希特勒向他的将军们发表了一篇激情澎湃的演说："6 周以后，一切都会过去，我们所要的不是眼前的那个国家，而是摧毁布尔什维主义。"这番话毫无疑问地证明了，希特勒此时已近疯狂，人类历史上最大的一场战争，即将由他一手发动。

希特勒的狂妄并非没有现实依据：德国在西线战事中取得的胜利，使德国得以一雪前耻的同时，也验证了德国军队的强大实力。挟胜利之威，春风得意的希特勒完全没有把苏联人放在眼里，他认为苏联人素质低下，不值一提；而且苏联又刚刚进行了大清洗运动，元气大伤，没有几个像样的军官；在武器装备上，苏联的火炮和坦克就更不是德国的对手了。

很早的时候希特勒就胸有成竹地预言："到 1941 年春天，我们在指挥和物资等所有方面都将达到一个巅峰，而俄国人则会陷入明显的低谷，他们将不堪一击。"凭他的判断，只要德国对苏联的"闪击战"成功，德军就会像箭一样长驱直入，苏联的军心民心就必然动摇，他们的政治局势也必将陷入混乱。他相信德军将在很短的时间内击败苏联，到时再去消灭英国。

距离 1941 年 6 月 22 日越来越近，希特勒与他的死党希姆莱等将领们每日都在讨论作战问题，他的失眠症也随着战争即将打响而越发加剧，躺在床上，他尝试着从每一个角度思考他的计划有无漏洞，猜测着开战后的种种可能，他不得不承认，实际上他并不了解苏联。

6 月 14 日，希特勒的帝国总理府整整一天都在接待东线各集团军群、集团军、航空队的指挥官。在听取他们的汇报后，希特勒为这28位将军饯行，并发表了长篇演说。在长长的椭圆桌子旁，他宣称这将是最伟大的进军，苏军主力在边境的集结为德军提供了消灭他们的最好时机，而"6周以后，最艰巨的作战就会过去"。

当天苏联塔斯社发表了一篇莫名其妙的声明，宣称苏德关系正常，并无战争迹象。该声明战后曾遭到指责，说它造成了苏联军民思想的混乱。这种说法无疑是夸大的，生活在苏联体制下的人都知道，政府的公开声明如果没有内部指示加以解释，就只具有"对外意义"。事实上，当天苏军副总参谋长的解释就是"战备照旧"。在边境地区，战备步伐加快了。

6月16日，东线德军开始下发作战指导纲要。6月17日，希特勒下达了"巴巴罗萨计划"于1941年6月22日开始实施的最后命令。6月18日，东线德国陆军总兵力已达145个师（包括陆军总司令部东线战区预备队），其主力已经在苏德边境展开部署。同一天，从6月10日开始大规模调动的德国空军主力也在东线集结完毕。由于人员众多，一些空军高级将领也只能将就住在一起。德国海军则在5月29日的作战日记中写道："为'巴巴罗萨计划'进行的预备性军舰调动工作已经开始。"6月19日起，他们的舰艇就开始在东波罗的海布设水雷。

西部国境的苏军已经直接感受到国境线那边庞大的德军武装力量的存在。西部特别军区6月21日发出的密电指出，他们对面的德军已经在夜间拆除了铁丝网，边防军可以听到对面森林里传来的坦克轰鸣声。然而在此前一天，苏联总参谋部作战部副部长华西列夫斯基按斯大林的指示发给该军区的密电仍然不同意部队进入野战工事。10天前，从塔什干赶来的一个军官曾经问这位副部长，战争何时会爆发时，他的回答是："今后15天到20天要是不打起来就算不错了。"

无论斯大林、华西列夫斯基还是西部特别军区，都不知道在6月19日，希特勒已经起草了告东线士兵书，并于20日下发。这个自认为是救世主的人宣称为了"拯救我们整个欧洲的文明"，必须发动对苏联的战争，并希望得到上帝的庇护。随着战争的脚步越来越近，希特勒心头不安的情绪也越来越重。正如他告诉戈林的那样，在这场战争中，德国人将和一个有坚定的信仰的敌人作战，过程会无比艰难。而戈林比他的元首还要悲观，在和希特勒进行上述谈话的当天，他就将德国进攻苏联的时间用密码发给了达勒鲁斯。在日记中，戈林干脆把东线称为"死线"。

尽管充满不安，希特勒仍然不肯（实际上也已经不能）放弃他的疯狂计划。6月20日，他正式通知东线部队，进攻时间定在2天以后，即1941年6月22日。

1941年6月21日的夜晚是一个闷热无风的夏夜，树木在黑暗中纹丝不动。在黑暗的掩护下，由数百万名德军士兵、数十万辆装甲和摩托化车辆组成的庞大集群向上千米长的国境线移动，数千门火炮在阵地展开。机场上，上百架飞机的发动机发出震耳欲聋的吼声。

就在此时，一个德军司务长却抢在他的部队之前渡过布格河进入了苏联境内。这个叛逃者告诉苏联人，德国军队将于22日凌晨发动进攻。早在3天前的6月18日，另一个据说是因醉酒打了上级军官的德军叛逃士兵曾把同样的消息告诉苏联人，但却没有引起足够的重视（1941年春夏带来类似消息的叛逃者不少）。而现在，在战争马上就要来临的时刻，这个神秘的德军叛逃者的话却令苏联人警觉了起来。

在接到朱可夫关于此事的报告后，斯大林最终允许朱可夫起草了总军事委员会第1号令，命令要求苏联西部边境各军区进入一级战备。虽然只要下达事先规定的行动代号，就能通知西线苏军执行战前制订的国境掩护计划，但斯大林还是下达了一个冗长的命令，要求苏军秘密占领发射阵地；将飞机分散到野战机场，并进行伪装；在城市和目标区实行灯火管制。除此之外，苏军什么都不能做。直到此时，斯大林仍然寄希望于维持和平，他发出命令"6月22日至23日，德军或将在列宁格勒军区、基辅特别军区、波罗的海沿岸特别军区、西部特别军区和敖德萨军区对我进行突击，而突击极可能从挑衅开始。我军的任务是，不受任何形式的挑衅影响，避免问题复杂化。"这道长长的命令直到22日0点30分才下达完毕，此时离德国人发起进攻只有2个小时了。后来的事实证明，除了此前就有充分准备的苏联海军外，西部各军区的部队都已经没有足够的时间来执行甚至接到该命令了。

1941年6月21日的夜晚注定成为最后的和平时刻。而苏联外交人民委员莫洛托夫此时还在和德国驻苏大使接洽，在柏林的苏联驻德大使则用了一天时间找寻躲起来的德国外交部长。那天晚上，心神不宁的苏联政治局委员们在开会讨论局势后，聚在一起看了场电影，享受了最后的平静。

6月22日凌晨3点零7分，朱可夫办公桌上的电话铃声突然打破了沉静。黑海舰队司令奥克恰布里海军上将报告，有大量来历不明的飞机正向苏联海岸接近；3点30分，西部军区报告，德军空袭白俄罗斯的城市；3分钟后，基辅军区报告，乌克兰的城市遭到空袭；3点40分，波罗的海沿岸军区报告，敌机空袭考纳斯和其他城市……

战争终于爆发了！

凌晨3点15分，德军早已部署在苏联西部边境上的7000门火炮几乎同时开始了进攻前的火力急袭，到3点30分，德军近千架俯冲轰炸机按计划对苏联的机场、交通枢纽和军事指挥部等既定目标进行轰炸，苏军措手不及，损失惨重。

焦急的朱可夫终于叫醒了电话那头的斯大林。凌晨4点30分的克里姆林宫，政治局全体会议临时召开，斯大林要求莫洛托夫立刻给德国大使馆打电话。话还没等落地，秘书就走了进来："舒伦堡伯爵要求接见，说是带来了紧急通知。"

在刚刚过去的 6 月 22 日凌晨 3 点，德国驻莫斯科大使舒伦堡收到一份来自柏林的电报，命令他去会见莫洛托夫，向苏联通报如下信息："苏军在德国边界附近集结，已经到了柏林无法容忍的地步，因此不得不采取适当的对策。"

莫洛托夫带着答案返回了会场："德国政府已经向我国宣战！"

紧接着进来的是第一副总参谋长瓦杜丁将军，他说："经过猛烈的炮击之后，德国陆军已经在西部和西北部许多地段向我军发起了进攻。"空气一时沉寂起来。

朱可夫建议用边境所有的力量还击敌军，阻止他们继续向前。

铁木辛哥补充道："不是阻止，而是歼灭！"

战斗一开始，德军就牢牢掌握了主动权，早在进攻之前，德军就已派出了大量的破坏小组，专门破坏苏联各军区之间的有线通信，射杀苏军联络人员，致使苏军西部军区的通信系统完全失灵，进一步阻碍了苏军采取应变措施。边境的告急信息无法告知上级，上级的命令也无法顺利下达，加之战争准备严重不足，整个苏联西部边境处在一片混乱之中。

6 月 22 日上午 8 点，铁木辛哥从各部队报上来的零星信息得知，德军空袭了西部军区、基辅军区和波罗的海沿岸军区的许多机场，大量毫无防备的战机来不及分散和起飞就被瞬间炸毁。朱可夫也承认："当时我们完全没有想到德军会在第一天就实施如此毁灭性的打击，而且能如此迅速地将机械化部队投向几乎所有的战略方向，这让我们措手不及。"苏联在第一时间丧失了制空权！

在波罗的海沿岸地区、白俄罗斯和乌克兰的许多城市与铁路枢纽，以及塞瓦斯托波尔和波罗的海沿岸的海军基地都遭到了德军的轰炸。在西部边境上，德军已经突破了苏军多个地段的防御，形势十分严峻。

上午 12 点，莫斯科的广播电台里传出了莫洛托夫的声音："今天早晨 4 点，德国军队未经宣战就对我国发动了进攻，派出飞机轰炸我们的城市，入侵我们的国境。我国人民面对凶恶敌人的进攻已经不是第一次了，我们的人民用卫国战争使拿破仑的进攻失败。如今，面对希特勒发动的反对我国的战争，红军和全体人民一定要把保卫祖国、保卫幸福和保卫自由的卫国战争进行到底。我们的事业是正义的，敌人必定失败，胜利一定属于我们！"莫洛托夫的讲话迅速传遍了苏联上下，举国为之震动。此刻，守卫家乡、保卫祖国，可以说是整个苏联发出的一致声音。

四、苏军惨败

面对突如其来的战争，6月23日上午10时，苏联国防人民委员会做了战略部署，将西部边境的波罗的海沿岸军区改组为西北方面军，由库兹涅佐夫海军上将指挥；西部特别军区改组为西方面军，由巴普洛夫指挥；基辅特别军区改组为西南方面军，由基尔波诺斯上将指挥。至6月24日又组建了北方方面军及南方方面军。

苏共中央和苏联政府宣布成立最高统帅部，由国防人民委员铁木辛哥任主席，斯大林、朱可夫、莫洛托夫、伏罗希洛夫、布琼尼和库兹涅佐夫任委员，朱可夫被派到西南方面军担任最高统帅部代表。

苏军西方面军指挥部位于莫吉廖夫，距离莫斯科500余千米。作为西方面军的司令员，巴普洛夫将迎战的是德军最强大的中央集团军群，其意图为：迅速消灭白俄罗斯的苏军后，从最短的距离直攻莫斯科。

在6月21日晚面对无数德军即将攻打苏联的情报，苏军统帅部向全军下达了动员令，但由于指挥通信系统瘫痪，动员令没有及时到达西方面军。西方面军司令员巴普洛夫面对混乱不明的局势，没有选择与最高统帅部取得联系，而是选择径直离开指挥部到前线了解情况，致使苏军从战争开始就群龙无首。

苏军西方面军的第3、第4、第10三个集团军都并列排在了比亚韦斯托克，那里是一个凸向波兰境内的弧形区域，南北宽100余千米，易守难攻。然而现在既非进攻也非防御的部署存在致命缺陷，一旦德军分两路突向纵深，之后上下一合牙，苏军将全部落入虎口。

巴普洛夫看到紧靠边界线的前方部队有被德军步兵师近距离合围的危险，就下令将所有集团军和方面军的预备队前调，却万万没有料到，古德里安和霍特正打算在他的后方对他实施两翼包围。于是，在极其重要的明斯克地区就留下了一块真空地区，这无疑使德军的计划更容易完成。巴普洛夫就这样把所有的预备队送进了敌军的钳形包围圈。

霍特将军的第2坦克集群和古德里安将军的第3坦克集群，分别沿登布林向考纳斯、布列斯特向日托米尔方向出其不意地插向了西方面军的两翼。突破防线后，他们没有简单地回头进攻红军的边境筑垒阵地，而是继续沿该方向深入迂回，短短10天时间就绕过整个普里皮亚季沼泽，在白俄罗斯州首府明斯克会师。

也就是说，这2支装甲铁臂收紧了钳子口，已经对红军西方面军所有部队完成战略合围，苏军4个集团军50万人被困在包围圈内。与此同时，德空军第2航空队的千余架飞机还配合着地面部队，扫清白俄罗斯地区的所有战机并对包围圈子内的苏军狂轰滥炸。

更为糟糕的是，红军最高统帅部在对复杂的前线形势了解甚少的情况下要求组织反攻。在莫吉廖夫的指挥部里，巴普洛夫得不到前线的全面汇报，不知道德军的分布情况，不知道下一步将如何行动，他更不清楚各个集团军被围的现状，只能坐在指挥部向比亚韦斯托克的部队不停地下达坚守与反击的任务，使本已被围困的西方面军4个精锐野战集团军和6个机械化军不是迅速向东退走突围而是向西对德军的摩托化集群发动自杀式的反突击，致使前线的局势更加恶化。

短短数天，西方面军遭到重创，仓促退往国境线上的第二道防线，而由于军心不稳及德军摩托化集群灵活有力的进攻，战略收缩俨然变成了全线溃退，甚至根本没来得及在第二道防线立足就继续被逼向维捷布斯特至斯摩棱斯克一线。而此时，西方面军已经身陷德军装甲部队的包围圈。而这支部队的指挥员巴普洛夫将军直到大片国土落入敌手，也没有想到应该首先保卫莫斯科的门户明斯克，他没有意识到明斯克一丢整个白俄罗斯也就丢了，并不知道自己的惨败给整体战局带来了怎样的影响，只是在考虑如何向最高统帅部交代。

苏军战士进行了英勇的反击，试图在敌人强大的防线上撕开一个口子，但终究敌不过德军强大的攻击，最后巴普洛夫领导的西方面军主力和西北方面军约30万人被德军俘虏，2500辆坦克及1500门大炮落入德军之手。战后仅1周，苏军就损失了5个集团军。而德军正以每天40—50千米的速度大踏步向苏联国土纵深挺进。开战仅半个月，德军就走完了向莫斯科进军的一半路程。

在莫斯科克里姆林宫，斯大林竟然是从德国的广播里才得知西方面军全面被围的消息，他立即要求朱可夫通过无线电与巴普洛夫联系。到这时才恍然大悟的巴普洛夫不得不承认了这一事实。西方面军的惨败令斯大林拍案而起："立即撤除巴普洛夫的职务，送他到军事法庭接受审判。"当巴普洛夫见到前来接替他的铁木辛哥元帅时仍在试图狡辩："元帅同志，处在我的位置，我想即使是苏沃洛夫来恐怕也无济于事。"

铁木辛哥强压怒火："我当然清楚我军也有许多问题，装备不足、缺乏训练，可是眼看着我们的领土大片地沦陷，5个集团军几乎全军覆灭。你作为司令员难道一点责任都没有？"

"可是您知道吗，仅仅在布列斯特，敌人就有多少个师？整整15个！其中还有5个坦克师！而我们呢，我们只有不满员的7个师，让我如何守得住？"

"行了，你的算术题还是留着以后做吧！"铁木辛哥厉声说，"这是小学生的作业，而你作为一个司令员来做这些东西，难道不觉得丢人吗？！"

结束了与铁木辛哥的对话，巴普洛夫沮丧地走出办公室。门外一位胖胖的中将及两个年轻军人等在那里，胖中将从公文包里拿出了一张纸，稍有迟疑地看了巴普洛夫一眼并将纸交到他眼前："德米特里·格利戈利耶维奇·巴普洛夫将军，还是请您自己看一下这份文件吧。"巴普洛夫稍稍一低头，看清了文件上赫然印着的3个大字——逮捕令，他就这样被送交了军事法庭。

在莫斯科郊区的监狱，巴普洛夫被关押在这里。一路带他来这里的胖中将试探着问他："我有个问题一直不明白，德国发动这么大规模的战争，我们之前就没有一

莫斯科克里姆林宫

点儿准备？当时边境上的士兵都感觉到德军的蠢蠢欲动，您怎么不采取相应的措施呢？您的3个集团军部署在离边境那么近的地方，在上次演习时已经吃了大败仗，怎么还能再犯同样的错误？"巴普洛夫吐了一口烟，才慢慢地说："所有的演习都是按军区的计划安排的，我无权取消，这都是总参谋部批准的。"

"我们军区的飞机还都停在常规的机场，没有发挥一点儿作用就被直接摧毁在地面上，而且还在临战时让德国人自由出入。您就一点儿没有意识到这样做的危险？"中将不吐不快。

"事实上，我没有得到任何情报说战争真的要爆发。"

"难道您本身没有责任去搜集这种至关重要的情报？更何况您亲自到过边境，还说德国军队集结的传闻是造谣和挑拨，这又如何解释？"

巴普洛夫冷汗直流，想了好一会儿才说了一句："我相信了侦察员的话。"

"但您至少先下达最基本的命令，可以让守备部队先撤离营房。"

"如果我下了命令而德军没有进攻那又怎么算，我就得掉脑袋了。"

"那您知道，有多少战士因此丧命？"

几天之后，巴普洛夫被处决。而让他无法接受的是，他的罪名竟然是叛国罪。不过，他已经没有申诉的机会了。

不可否认，开战初期苏军的惨败确实有苏军统帅部在战略上的失误，但让巴普洛夫这位欠缺军事才能的大将来担任如此重要的职位，才是更大的失误。

五、第一个障碍

1941年的劳动节，天空中云层压得很低，但基辅人的情绪似乎并未受到丝毫影响，全城的百姓都聚集在大街小巷，观看10点钟开始的阅兵式，欢乐的气氛蔓延在空气中。

最先接受检阅的是刚刚毕业的军校学员们，这些年轻的中尉是部队的希望，他们年轻而充满活力。小伙子们个个精神十足，在他们之后是伞兵和水兵。受阅队伍排着整齐的队列穿过克列夏季克中央大街，两旁的市民们热烈地朝他们欢呼、招手。摩托化步兵乘着载重汽车驶来，测音器、探照灯、高射炮和四联装机枪，逐一展示在市民面前，颇为壮观。一位将军说："可惜数量较少，等过一两年后就完全不一样了。"

隆隆的轰鸣声由远及近，浩浩荡荡的坦克部队威武地驶过广场，轻型坦克打头阵，3辆1列，中型和重型坦克则是2辆1列。其实，不少展示的多炮塔坦克看起来十分威风，却是已经停产的老式坦克。而新式的T-34坦克和KV重型坦克由于坦克兵们此时还没能熟练掌握驾驶技能而没有参加阅兵式。

远处的天空，低飞的1-16战斗机呼啸着驶过广场，后面是强击机作为掩护，雅克-1和米格-3型飞机也出现在了广场上空，其实当时基辅军区已经有100余架这样的飞机了，只是飞行员还没有完全学会驾驶。

之后的群众队伍五花八门，基辅人热情地展示着他们劳动建设的成果，许多队伍高唱着《假如明天发生战争》。3个多小时的游行，50万人参与，基辅简直变成了欢乐的海洋。

当时的基辅，面对不知道何时会发生的战争，有许多复杂的问题要处理，其中最棘手的要数武器、技术装备及人员的不足。尽管从1939年到1940年，各军事学院招收的学员数量增加了1倍，全部军校的训练期都由3年改成了2年，且苏联在1940年一年就创办了42所新军校，但指挥员的缺口依然很大。到1945年5月，仅基辅军区就缺少3万多名指挥员和技术人员。

为了备战，苏联研制出了"米格""雅克""伊尔"型飞机，以及T-34坦克、KV重型坦克等现代化武器，但是尽管工业部门在马不停蹄地生产，仍不能满足军队对技术兵器的庞大需求。苏联需要时间。

在战斗准备上，基辅做得最好的是配置在军区纵深的步兵师，而在第二梯队的步兵军所属的各师装备都要差很多，包括火炮、迫击炮、高射炮、大口径机枪、轻

机枪和冲锋枪等全都不足。在所有坦克兵中，机械化第4和第8军最有优势，T-34坦克和KV重型坦克都优先配给了他们，但仍缺乏车辆、弹药和技术器材。其实各师拥有的坦克数量不过是计划的一半。

许多摩托化师其实根本没有运送装备、油料和弹药的汽车，而炮兵团一共只有5辆拖拉机，只够牵引一个连。由于汽车和拖拉机只有三成到位，苏军的摩托化步兵只能徒步行军。而那些更晚组建的机械化军，坦克早已陈旧，甚至停产，但在新坦克运来之前他们只能用老坦克练习，一旦损坏，也没有备件修理，只能彻底报废。

此时的法西斯德国则气势正盛，被德军攻陷的欧洲各国都在为它生产各种物资，而且他们的武器和战术都经过了战场的充分检验。一旦法西斯德国对苏联宣战，苏军将在极其困难的条件下迎战。

1941年5月，在苏联西部边境，每天有200余列满载着士兵和物资的军列从德国调到这里，在被占领的波兰领土上，边境的居民都被赶离了家园，德军在修建野战机场、铺路、改建野战医院……战争的味道越来越浓。此时，基辅特别军区才刚刚开建，仍然有很多部队没有组建完成，军械部门也远远不能满足庞大的飞机、新式坦克等装备的需要。

6月中旬，分管防空的副国防人民委员梅列茨科夫来到乌克兰首府基辅，刚好赶上了一场空军警报演习，数十架轰炸机、歼击机、运输机停放在开阔的军用机场，霸气十足。飞机在指挥员的口令下逐一起飞，练习各种战术编队，而此时机场上空竟突然多出了一架纳粹德国的飞机，还大摇大摆地降落在了机场。

专程来视察战备情况的梅列茨科夫简直不敢相信自己的眼睛，他当即问陪在一旁的巴普洛夫："这是怎么回事，怎么会有德国的飞机落在这里？"

"这再正常不过了，根据民航局的指示，这个机场允许接收德国的客机。"巴普洛夫一脸无辜。

"民航局怎么有这样的权力，国防委员会怎么都不知道？这叫什么事儿呀！"梅列茨科夫对基辅战备的松懈简直不能忍受。

他指着不带任何掩体的机场对着航空兵司令员科佩茨质疑："我们的飞机平时就摆在这里吗？"

"是的。"

梅列茨科夫火冒三丈："你们知道现在是什么局势，战争随时都有可能爆发，而现在德国人对我们了如指掌。"他指着德国人的飞机越说越气，"一旦德军战机偷袭我们的机场，我们这些飞机都将变成活靶子，到那时你们怎么办？"

科佩茨被一顿训斥很不爽，高高在上的领导人怎么知道飞行员平时训练的艰苦，"到那时我就自杀！"他近乎赌气地说。

6月22日凌晨，科佩茨被巨大的轰炸声惊醒，大批的德军飞机在头顶上一排排袭来，炸弹雨点一样砸下来，整个基地火光冲天，仿佛世界末日来临。科佩茨在一片爆炸声中赶到指挥部，参谋们正在不停地打电话。这位英雄飞行员瞪圆了眼睛冲着这些参谋大喊："反击，给我反击，升空去迎敌！"可是，铺天盖地的敌军飞机哪里肯给他们喘息的时间，飞行员们还没有来得及起飞就连同飞机一起被炸毁在机场。

参谋一次又一次到科佩茨跟前报告："军区司令部命令我们马上出动飞机对敌军的地面部队实施打击。"然而，就在开战的第一天，科佩茨的空军几乎都没来得及离开地面就全军覆灭。一切都被梅列茨科夫说中了。

军区参谋长克利莫夫斯基赫迈出急匆匆的步子来到指挥部，一进门就大喊着："科佩茨，你们在做什么，为什么不执行军区司令部的命令，为什么不派出空中支援？"当年的苏联英雄飞行员此刻正无力地靠在墙角，他终于缓缓地拿起了他的军帽，弹了弹上面的尘土，又仪式一样戴好，然后朝着一个房间走去，仿佛行尸走肉。过了一小会儿，房间里传来一声沉闷的枪响，等他们冲进屋里，只看见科佩茨少校安安静静地躺在了地上，以死谢罪。

希特勒发动的闪击战，先集中空军力量打击苏联西部重要城市、交通枢纽、陆海空军基地。仅短短半天时间，苏军西部地区66个机场遭猛烈空袭，损失1200架飞机。德军在进行空袭的同时，出动了数千门大炮对苏军的常驻地进行了猛烈攻击，后又以数十个坦克兵团及机械化师开路，在南起里海北至巴伦支海的3000千米战线上发动了对苏联境内的全线进攻。

机场附近到处浓烟滚滚，德军飞机投完了他们的炸弹之后遇见了正在连夜行军赶往塔尔诺波尔的苏军纵队，几架轰炸机向苏军队伍俯冲过来，它们凌厉地超低空飞行并对红军队伍密集扫射，战士们急忙卧倒。

巴格拉米扬率领的这支队伍在早上6点到达了塔尔诺波尔的指挥所，普尔卡耶夫埋怨巴格拉米扬跑到什么地方去了，事实上队伍比预定时间还早到了一些。普尔卡耶夫急匆匆地来了一句："赶快卸车，开始工作。"这时基尔波诺斯司令员也来了："一个小时后，我的桌上需要一张边界情况地图。"他不容置疑地说。

现在最主要的问题是通信，军区的通信主任多贝金将军曾经很自豪地说，新指挥所有多路的通信网络，电话、有线电报和无线电可以同各个集团军司令部甚至是莫斯科直接通话。然而，有准备的法西斯破坏者们早已派出了破坏小组将这些线路一一破坏。要修复线路排除故障，显然是个巨大的工程。分管各个集团军的参谋们都在电话机旁边努力，无线电时不时受到破坏。基尔波诺斯司令员命令："利用一切手段，获取详尽全面的情报。"

在十分艰难的情况下，苏军派出了先遣部队开赴前线。它们分别是：第5集团军所属的第45、第62、第87和124师；第6集团军所属的步兵第41、第97、第159师；第26集团军所属的步兵第72、第99师和骑兵第3师。但是，按计划这些部队到达边境工事并完全进入战斗状态需要2昼夜的时间。

在6月22日入夜前，德军在弗拉斯米尔-沃伦斯基-佩列梅什利地段，第5、第6、第26集团军的正面已经投入了37个师作战，其中步兵师25个、坦克师5个、摩托化师4个、警卫师3个，并有第4航空队的1300余架飞机为其做支援。战争在对苏联极为不利的情况下无情地爆发了。

德军首先对苏联边境尚未完成工事构筑的筑垒地域进行了猛烈的攻击。在通信不利、没有上级命令的情况下，这些分队的指挥员英勇地战斗到了最后一刻，没有一个人在敌人强大的炮火下放弃阵地。

在斯特鲁米洛夫筑垒地域，由库利什少尉指挥的永备发射点从战争开始就陷入了德军的合围，猛烈的火炮、迫击炮狂轰滥炸，但苏军将士们顽强抵抗。德军派出了工兵，直接向发射点投送炸药包，这时已经为数不多的战士们突然发起反冲锋，一举将德军士兵们全部消灭。

恰普林少尉指挥的永备发射点遭到了德军混凝土破坏弹的数百次攻击，战士们的血肉之躯怎么能抵得过猛烈的炮火，他们几乎都被混凝土碎片砸伤，巨大的烟尘几乎让他们窒息，发射点一时安静得吓人。当德军开始再冲锋的时候，这个要塞竟然又奇迹般地复活，苏军依旧在伤亡中战斗，就这样，他们坚持了整整1周，直到打光最后一颗子弹，恰普林和他的战友们全部殉国。

达宁少尉指挥的永备发射点多次打退了敌人的进攻，为了节省子弹，他们不惜与敌人展开白刃战，直到子弹全部打完，德军劝他们投降的最后关头，负伤的2个人拿着最后的手榴弹扑向了敌人，一声巨响之后，一片死一般的寂静。

像这样的边防部队还有很多很多，这些不屈的筑垒守军，是希特勒闪击战计划遇到的第一个阻碍。

由于基辅的指挥系统在6月22日战争爆发伊始还不能完整地掌握前线的信息，在下午3点时，他们向集团军司令部的汇报是片面、笼统的，并没有反映完整的敌军分布。而在晚上10点，基辅的通信部就接到了统帅部根据早先的"乐观"情报发布的任务："坚守苏匈边界，以第5、第6集团军以及5个机械化军在方面军全部飞机的掩护下向卢布林方向实施突击，合围并歼灭在弗拉基米尔-沃伦斯基至克雷斯特诺波尔正面进攻的敌军集团。一定要在6月24日日落前拿下卢布林地区。"

距离下午3点他们上交情报之时已经过去了几个小时，随着收集到的信息越来越多，战况已经越来越清晰，这是一场精心策划的战争，德军重兵压境，并不是偶然在边境上的小规模进攻，他们的目标是整个苏联大地。

为了挡住德军的攻势，前线的指挥部本能地采取了防御行动，为集结兵力赢得必要的时间。如今，最高统帅部要求反攻的电报摆在这里，参谋长普尔卡耶夫看到这份文件时，当即就站了起来，直接去找司令员商议。

"我们该怎么办？以现在的情况看，我们能在边境上顶住敌人的进攻就已经十分艰难了，这又要求我们后天就拿下卢布林，怎么可能。"

基尔波诺斯司令员显然在思考，他吩咐："请方面军军事委员瓦舒金同志到办公室开会。"

看完了训令的军事委员瓦舒金耸了耸肩膀，"这是命令，军人以服从命令为天职"。

"可我们还没有做好准备，暂时还只能考虑防御。"普尔卡耶夫说着起身来到地图前，"我们来分析一下吧，仅仅在卢茨克方向的柳博姆利和索卡利之间地域，德军就派出了 10 个师的兵力，而我们的步兵第 45、第 62、第 87、第 124 师在这里都只展开了 2 个团，其他的团还在行军，到明天最多能再有 2 个师。战斗力最强的坦克第 41 师能不能如期赶到还是个未知数。因此，明天在这一方向，我们最多能集结不足 7 个师，如何对付得了德军的 10 个师。"

没等瓦舒金开腔，普尔卡耶夫就继续发表自己的看法："况且，德国此次开战胃口巨大，今天只是把第一梯队投入了前线，以后几天一定会陆续增加兵力，而且一定比我们迅速得多。事实上，仅在乌斯季卢格西北地区，"说着他用铅笔指了指地图上的点，"我们在下午 4 点就发现了敌人 200 多辆坦克。"说着他停了下来，但他的脑子一直在转，眼睛始终盯着地图。

片刻，他又继续说："还有一个重要问题，我们的第二梯队各部队距离边界远近不一，最快的机械化第 4、第 8、第 15 军最快在 1 天至 2 天可以到达，机械化第 9、19 军最早要过三至四昼夜，而步兵第 31、第 36 军则要五六天以后才能到达。我们的部队不能同时到达交战地点，各部队将在行进中遭遇德军，各自为战，情况将变得错综复杂。我们应该向莫斯科请求改变计划。"

瓦舒金这时终于有机会说话了："我觉得从军事角度讲您的分析是正确的，但您考虑过精神力量吗？如果我们从战争一开始就消极防御，会对我们的士兵和国民造成多大的精神冲击。"

基尔波诺斯司令员沉寂之后发话了："问题摆在这里，但现在命令总归是命令，总是要执行的，当然，要在后天日落前拿下卢布林的可能性并不大，但我们也可以试一试，为此，我们可以调集到近 5 个机械化军。当务之急，是迅速将各机械化军集中到交战战场，同时实施反突击，一定要特别注意对开赴前线的部队进行可靠的空中掩护。南方敌人是在我第5、第6集团军接合部进行主要攻击，应该立即调步兵第37军加速前进，并从西北面掩护塔尔诺波尔。至于已经在行军中的第二梯队部队，继续按原定方向行进，根据战况的进一步发展再做下一步打算。"

6月22日下午1点，斯大林打电话给朱可夫："各个方面军的司令员缺乏足够的实战指挥经验，政治局决定派你到西南方面军去担任统帅部的代表，还要派沙波什尼科夫和库利克去西方面军，你必须马上飞往基辅，同赫鲁晓夫到塔尔诺波尔的方面军司令部去。"

40分钟之后，朱可夫就登上了飞机，在基辅市中心的乌克兰共产党中央委员会大楼，朱可夫见到了赫鲁晓夫，这两位老朋友见面感到颇为亲切。赫鲁晓夫建议："不能再坐飞机了，德军飞机总是追逐我们的运输机，我们得坐车前往了。"当朱可夫和赫鲁晓夫到达方面军司令部时，基尔波诺斯司令员刚刚下定决心准备进行反突击。

这时，整个西线战场上形势最危急的要数西方面军了，那里显然是德军的主要突击目标，西方面军的第4集团军正在普鲁扎内、戈罗杰茨地区战斗，在南方敖德萨军区的德军火力似乎相对较弱，而在布列斯特方向，敌人已经楔入苏军防御。

6月22日夜里，西南方面军司令部同第5集团军司令部的通信再次陷入中断状态，帕纽霍夫将军亲自乘飞机到了第5集团军的波塔波夫司令员那里送去了命令：以机械化第22军和步兵第135师实施反突击，以便粉碎敌军弗拉基米尔-沃伦斯基坦克集团，同时支援步兵第87师被合围的2个团。

穆济琴科将军带领的机械化第8军，由利沃夫地域调到布罗德；第6集团军负责将楔入俄罗

赫鲁晓夫

斯拉瓦筑垒地域的德军消灭；机械化第14军配合机械化第15军向拉杰霍夫进攻。

6月23日，各个方向的战斗都在继续。第5集团军所在的弗拉基米尔-沃伦斯基至索卡利地域，战斗更加激烈。步兵第15军所属的步兵第45、第62师各部队，终于在艰苦战斗之后挡住了德军。步兵第87、第124师在弗拉基米尔-沃伦斯基以南的广大正面战场迎敌，但许多部队陷入了德军的合围，失去了与大部队的联系。

而德军在弗拉基米尔-沃伦斯基以南突破前进的坦克部队，并没能长驱直入，苏军反坦克炮兵第 1 旅与随后赶到的步兵第 135 师及机械化第 22 军的先遣部队共同拖住了这支坦克部队。

卡尔佩佐将军领导的机械化第 15 军各先遣部队在急行军的途中与突向拉杰霍夫的德军坦克兵团遭遇了。由于没有汽车，部队行军困难，卡尔佩佐只得安排徒步前进的第 212 师留在布罗德防备敌军突击，而将坦克第 10 师部署在前线迎敌。苏军用一个不满员且装备陈旧的坦克师对付法西斯德军 350 辆新式坦克，显然差距很大。但苏联红军还是英勇顽强地消灭了德军的 20 余辆坦克，并等来了 1 个坦克团和摩托化团的支援，甚至一度打退了德军。可他们已经没有援兵了，第 10 坦克师的另一个团被阻滞在了沼泽地，由克列梅涅茨开来的坦克第 37 师也未能赶到，这一地域万分危急。

第 26 集团军的步兵第 99 师在中午实施了强大的反突击，将敌人驱逐出了佩列梅什利地域，而第 6 集团军也阻挡住了敌人的顽强进攻。但在卢茨克方向，德军集中了重兵突破，苏军没有足够兵力防御，德军强大的坦克纵队已经深深楔入苏联领土。

6 月 23 日晚，西南方面军军事委员会在制定反突击方案，可惜他们能够调用的兵力少得可怜，普尔卡耶夫参谋长建议："不能让敌军一个一个地击溃我军，我们应该命令被围困的师突围，在纵深地带建立强大集团，到时我们就可以集中优势兵力，2 天以后，我们将有 5 个机械化军，这是很强大的力量。"

而基尔波诺斯认为："不能退后等所有机械化军集中"，因为消极等待只能导致更难控制的局面。他给各部队下达了 6 月 24 日的战斗任务：第 5 集团军的机械化第 22 军和步兵第 135 师向卢茨克方向的德军实施反突击，与步兵第 87 师各团会合；机械化第 15 军除了一小部分留守拉杰霍夫和布罗德地区，其余进攻别列斯捷奇科之后与步兵 124 师会合；第 6 集团军在坚守广大正面战场的同时将机械化第 4 军调出支援拉杰霍夫地区的机械化第 15 军。

6 月 24 日，在卢茨克地区的苏军步兵第 27 军第 135 师各部及反坦克炮兵第 1 旅与德军进行了殊死较量。德军又调来了一个坦克师投入战斗，英勇的红军战士一直战斗到打光最后一发炮弹。图金下士指挥的炮兵班，打到最后只剩下他一个人，他用最后一发炮弹准确地将德军的第 5 辆坦克消灭，后在德军的坦克履带下壮烈殉国。到下午，苏军的步兵第 135 师、机械化第 22 军摩托化第 215 师以及坦克第 19 师各部队赶到了卢茨克支援，展开反突击。苏军的 3 个师靠着顽强的斗志竟然打退了德军的 5 个师。而德军显然没有罢休，调来了航空兵掩护，苏军部队前进受阻。

在南面索卡利-杜布诺方向，德军的坦克第 11 师和第 16 师还在不断地向红军袭击，苏军的机械化第 15 军与德军激战多时，兵力持续减少，但还是抵挡住了德军的进攻，使其在南方的前进速度明显放慢。一场声势浩大的坦克大战就在弗拉基米尔-沃伦斯基、拉杰霍夫、杜布诺这一三角地区拉开大幕，双方陆续有 1500 多辆坦克投入了这一战役。规模空前的苏德激战夜以继日地进行着，占有巨大的兵力和战术优势的德军依然无法使苏军屈服。

直到 6 月 26 日傍晚，苏军将德军阻挡在了科韦利、卢茨克、杜布诺和布罗德一带，但基尔波诺斯已经意识到，他们的力量不足以久持，依眼下的局势看，必须先将分散在广阔地域的各机械化兵团集中成几个足够强大的突击集团。经过商讨，方面军向各部队下达了后撤的决定：将各步兵军暂时沿着斯托霍德河、斯特里河和克列梅涅茨、佐洛切夫等居民地一线进行防御，各机械化军撤至这一地区后面。全线休整，等部队集结完毕，3 天至 4 天后共同实施强大反突击，以消灭卢茨克方向和杜布诺方向入侵之敌。

然而，天还没有亮，莫斯科最高统帅部"禁止撤退"的命令就到了，统帅部要求"继续对敌实施反突击，一天也不能让侵略者安宁"！

命令的变化显然给苏军部队造成了困扰，机械化第 8 军和第 15 军的部分师在接到命令后已经被安排撤离原地、向东移动，而没过多久，又接到了掉头继续向原先指定的方向冲击的命令，仅过了一会儿，他们又被派往新的方向。

由于西南方面军采取了积极的战斗行动，希特勒以"南方"集团军群主力向基辅迅猛突进的计划在战争的头几天就面临破产了。面对惨重损失，德军统帅部从战略预备队向这里调派了大量兵团，并增派了几百辆坦克补充克莱斯特将军所辖的各坦克师。

到 6 月 28 日，苏军的步兵第 15 军和机械化第 22 军不得已放弃了科韦利向斯托霍德河对岸撤退，机械化第 8 军陷入了德军合围，处境极为艰难。这样一来，苏军整个突击集团的希望就都寄托在波塔波夫大集团军身上了，除了方面军的航空兵外，只有步兵第 36 军以及卢金集团军能对该集团军提供支援。基尔波诺斯司令员集中了一切可以调动的军队，于 7 月 1 日开始转入总攻。

六、激战布列斯特

6 月 22 日凌晨 2 点，一列火车隆隆驶过布格河铁路大桥进入了布列斯特火车站，车上满载着德国向苏联提供的物资，这是德国迷惑敌人的老招数。而与此同时，德军第 45 步兵师第一线突击部队已经悄悄潜伏在了布格河西岸，准备向要塞发起猛烈攻击。

苏军在布列斯特要塞的守备部队只有包括第 4 集团军步兵第 42 师和步兵第 6 师的 7 个步兵营，还有 1 个侦察营和 2 个炮兵营。第 17 内务人民委员会边防总队，总兵力约 8000 人，仅是德军第 45 师的一半。在火力上，要塞很多应该放置重型火力武器的地方仍然是空的，守卫要塞的部队没有重型武器。防空部队没有高射炮，炮兵部队没有大炮，士兵们只能使用轻武器和敌人搏斗，处于绝对的劣势。

6 月 22 日 3 点 15 分，德军发动了蓄谋已久的突然袭击，德军集中了 12 个炮兵营轰击布列斯特要塞，德国空军的俯冲轰炸机也准时越过边境对布列斯特市和堡垒进行狂轰滥炸，猛烈的炮火片刻之间将整个布列斯特要塞笼罩于烈火浓烟之中。

在空军强大的火力支援下，德军第 45 步兵师第一攻击波只用了 4 分钟就强渡到布格河对岸。4 分钟后，3 点 23 分，主要由工兵突击部队组成的第二攻击波也成功渡过布格河。两批突击分队相互配合，经过短促战斗，迅速穿过捷列斯波尔堡垒和沃伦堡垒，直扑中心堡垒。

尽管德军之前进行了强大的火力打击，但等他们攻到中心堡垒之下，才发现即使是 410 毫米列车炮发射的重达 1 吨的炮弹对堡垒的破坏效果也十分有限，中心堡垒四周的营垒仍然完好无损。第一批攻入中心堡垒的德军很快被迅速组织起来的苏军反击逼退。在中心堡垒的北门，德军的坦克一度经由中心堡垒北部的布列斯特门冲入中心堡垒内部，然而后续步兵被顽强抵抗的苏军击退，进入堡垒内部的德军坦克一辆被苏军反坦克炮摧毁，一辆被苏军士兵用炸药消灭。战斗异常激烈。

而早在战争爆发的第一天，要塞的 4 座主要堡垒就被渗透进来的德军士兵分割包围，甚至到要塞的通道都已被德军特务切断。随着德军的不宣而战，要塞很快就陷入德军优势兵力的层层包围之中，这些深陷在德军重围中的红军守备部队之间几乎失去了全部联系。没有弹药的供应、没有食品和水、没有任何关于全线战事的消息，甚至遥远的指挥部都不知道这里发生了什么。事实上，此时整个苏军西方面军的通信都已经陷入一片混乱，总参谋部甚至无法和西方面军司令部取得联系，更不用提远在国境线的小部队了。

在捷列斯波尔和沃伦堡垒内的苏军第 125 步兵团和第 84 步兵团军官训练学校的学员和士兵们顽强抵抗并主动出击，将德军突击力量大部牵制在了中心堡垒附近，为中心堡垒和北部科布林堡垒的苏军赢得了宝贵的时间。

到 6 月 22 日中午，德军完全围困住要塞的时候，要塞中坚持战斗的官兵还有近 4000 人，被孤立分割在要塞的四个堡垒内，彼此之间失去了联系。德军的这一招分兵合围，使布列斯特要塞原有的部队建制全被打乱，各个堡垒内留下的苏军官兵来自不同的部队，而他们则在各自的混合团体中靠着各自堡垒内的军官和政治委员们孤军奋战。

被围困在中心堡垒的苏军分成了 3 支队伍。一支聚集在捷列斯波尔门；第二支聚集在霍尔姆门及其附近的兵营和教堂中；第三支则守卫在中心堡垒北部的布列斯特门。中心堡垒的军官们在 6 月 22 日晚召开了一个联席会议，选举出中心堡垒混合守卫部队的最高指挥官，是苏联共产党员祖巴乔夫大尉，团级政委福明是他的助手。他们发布了第一号作战命令，命令要求中心堡垒内所有官兵必须坚决捍卫要塞并勇敢战斗。

6 月 22 日，德军的第 45 步兵师第 135 步兵团和第 130 步兵团对各个堡垒发动了数次猛烈的进攻，也没有能够完全占领任何一个堡垒，但在下午的时候，他们还是按计划，成功地将 4 个堡垒孤立开来，使他们失去统一的指挥，打算逐个击破。在 6 月 22 日白天，德军装甲集群更是浩浩荡荡地从要塞北部滚滚向东开进，并迅速推进到了数十千米外的苏联境内，要塞内的苏军则束手无策。

在布列斯特，争夺要塞的战斗却一直在继续。西南的捷列斯波尔堡垒和南部的沃伦堡垒是德军在 6 月 22 的主要突击对象，在战斗开始时，这 2 个堡垒就遭到德军猛烈的炮火袭击，战斗不久这 2 个堡垒的大部分就落入德军控制之下。

但是在捷列斯波尔堡垒的西门——布列斯特门附近的防御工事内仍有 300 多名苏军官兵幸存下来，他们的指挥官——上尉费多尔·梅利尼科夫带领将士们坚守着捷列斯波尔堡垒的南部，使德军不能随意穿越布列斯特门为堡垒内的德军运送给养。他们是要塞防御战初期战斗条件最艰苦的部队。

在捷列斯波尔门，这个直接通向捷列斯波尔堡垒的大门里，由苏军第 17 红旗布列斯特国境守备总队中尉基热瓦托夫和苏军第 6 步兵师第 333 步兵团波塔波夫中尉领导的小股部队顽强抵抗着德军的进攻，让试图通过这两路进攻中心堡垒的德军不能脱身。

沃伦堡垒的苏军医疗单位在战斗开始时就遭到德军第 45 步兵师第 130 步兵团第 1 营的突袭，幸存的苏军士兵成了战争爆发后的第一批战俘。另外有一些士兵在德军没有封锁连接中心堡垒的桥梁之前撤到了中心堡垒，只有少数幸存者仍在这里坚持战斗。

6 月 23 日白天，德军经过重新部署，在猛烈炮火支援下，将进攻的重点集中在了要塞北部科布林堡垒和中心堡垒，试图将北部科布林堡垒的苏军压缩到北门和东部壁垒一带，破坏其与中心堡垒形成的呼应。

聚集在北部科布林堡垒的苏军约有 1000 人，主要由苏军第 42 步兵师第 44 步兵团的官兵及一些炮兵和高射炮兵组成，是整个要塞中兵力最多的，由第 44 步兵团长加夫里洛夫少校、中尉伊万·阿基姆奇金和大尉级政治指导员尼古拉·涅斯捷尔丘克指挥。

　　23 日下午，进攻科布林堡垒西壁垒的德军第 45 步兵师第 135 步兵团第 1 营在得到布格河对岸德军炮火的大力支援后，终于攻破了科布林堡垒的西部兵营。24 日，德军在这个方向重新发起猛烈进攻，迫使苏军先退守到科布林堡垒北门附近的工事内，后又被压缩到东壁垒。在东壁垒附近有一座苏军军需仓库还没有被完全摧毁，苏军在此得到了几门反坦克炮。

　　这里以前驻扎着苏军第 393 高射炮营第 333 步兵团的一个运输连，还有第 98 独立反坦克炮兵营的一个训练班，这些部队的剩余人员也在堡垒中战斗，现在炮兵们有了顺手的武器了。

　　科布林堡垒是原布列斯特旧城，许多要塞部队的军官宿舍都设在这里，因此除了士兵外，该堡垒里还有相当一部分军官家属。这段时间内，少尉克拉姆科率领一小队士兵在科布林堡垒外廓埋设了大量地雷。从布格河对岸驶来的德军坦克在堡垒外廓被地雷炸毁了数辆，坦克兵在逃出坦克时也被苏军击毙。这一埋雷行动对后来北部堡垒和东部壁垒的持久防御战起了很大的帮助作用。

　　科布林堡垒的战斗进行得最激烈的时候，中心堡垒也没有停止战斗。6 月 23 日凌晨，中心堡垒内团级政委福明指挥苏军第 6 步兵师和第 84 步兵团的剩余官兵，向 22 日白天占领了霍尔姆门和捷列斯波尔门之间区域的德军不断发起夜袭，展开了激烈的肉搏战。德军每到一处都会遇到顽强的阻击，因此进展十分有限。

　　6 月 24 日，德军第 45 步兵师在作战报告中称："单独使用步兵对这片地区进行突击是不可能的，隐藏在坚固的火力发射点和马蹄形防御工事内经过精心组织的步枪和机枪火力，会把一切靠近它的人消灭。只有一个解决办法，那就是通过围困造成饥饿和干渴迫使苏联人投降，我们准备使用这个策略让苏联人筋疲力尽。"

　　为了解决掉捷列斯波尔堡垒内的残余士兵，23 日到 24 日的战斗中，德军增调来 135 团预备队第 2 营加强进攻。苏军士兵外无增援、内少弹药，无法抵挡德军的凶猛进攻，在 25 日凌晨决定向东部的沃伦堡垒方向突围。

　　少数几个突围到沃伦堡垒的红军士兵还是被德军围困在了沃伦堡垒的南门工事里，他们在那里仍然坚持战斗，直到 25 日下午，再也没能响起枪声。没能突围的士兵们在捷列斯波尔堡垒中忍受着饥饿、干渴、缺医少药、弹药匮乏的艰难局面，一直坚持到了 6 月 30 日。他们听着东北方的枪声终于决定再一次突围。

　　这次突围，士兵们甚至摧毁了德军第 45 步兵师第 135 步兵团的指挥所，但面对敌人强大的火力封锁，战士们还是一个个地倒下了，突围依然没有成功。而随后的战斗一直持续到了 7 月初，到最后在捷列斯波尔堡垒内的苏军士兵只有 15 个人幸存下来。

面对惨重的伤亡，6 月 27 日德军开始使用可以发射重达 1.25 吨炮弹的 540 毫米火炮和专门对付钢筋混凝土工事、可以发射重达 2 吨炮弹的 600 毫米火炮。德军指挥部还派出空军向要塞投掷重型炸弹，又从预备队调来第 82 工兵营，专门使用炸药来爆破未被炮火摧毁的建筑，并为进攻的步兵专门配备了火焰喷射器。德军中央集团军群司令冯·包克元帅下了命令："必须在 6 月底一举拿下布列斯特要塞！"

6 月 29 日上午，一枚重达 1800 千克的巨型航空炸弹被德国空军投掷在科布林堡垒，甚至在 3 千米外的布列斯特城内都能感受到巨大的爆炸造成的震荡。

之后，持续了 2 天的炮击一下子停止了，硝烟弥漫的战场上出现了少有的安静。德军的广播里传来了对苏军的最后通牒，称在规定时间内若守卫者还不缴械投降，德军将把整个要塞"碾成粉末"。

在北部科布林堡垒，苏军指挥员们意识到最后的残酷战斗就要开始了。他们决定让所有在防御工事内的妇女和儿童撤出堡垒，向德国人投降，他们必须保住孩子们，希望这些孩子可以坚持活到胜利的那一天。

所有的苏联军人都表示：将坚决战斗到底。失去耐心的德军又恢复了炮击，这一次他们使用了能够穿透 2 米厚钢筋混凝土层的高爆炮弹，德国空军也向重点建筑物投掷了重达 500 千克的重型航弹。一枚炸弹直接命中了中心堡垒指挥所所在地——圣尼古拉教堂，使中心堡垒完全丧失了指挥系统。北部科布林堡垒，德军炮火将东部壁垒的马蹄形防御炮塔完全摧毁，军需仓库也被命中，所有库存物资全部毁于炮火。

之后，德军第 45 步兵师在坦克的支援下对中心堡垒和北部科布林堡垒发起了总攻。中心堡垒的西北壁垒聚集着不少苏军，他们试图向北部科布林堡垒东部壁垒突围，最后全部被德军击溃在运河边，英勇战死。中心堡垒的指挥员、身负重伤的祖巴乔夫大尉和团级政治委员福明在德军总攻后被俘，福明被德军枪决在中心堡垒的霍尔姆门外，祖巴乔夫大尉在 1944 年死于纳粹汉密尔堡集中营。

在北部科布林堡垒，德军步兵冲入了被炮火摧毁大半的东部壁垒，与守卫苏军在地下工事和营房中展开激烈巷战。德军抓获了一些负伤的守卫者，而堡垒内的剩余守卫者被德军分割为各自孤立的几个小部分。

7 月 8 日，在布列斯特要塞作战中的德军第 45 步兵师向中央集团军群报告，称布列斯特要塞已经被占领。但直到 7 月 12 日，加夫里洛夫少校带领的一小部分苏军仍在西北壁垒的外工事继续战斗。在没有弹药和粮食的情况下，他们坚持到了 1941 年 7 月 23 日。这位少校后来被德军抓获，被送到战俘营，他忍受住了纳粹的一切折磨，并且活到了战争结束。

在 1941 年 6 月 22—30 日，德军一线攻击部队一共阵亡了 8886 人，仅在布列斯

特要塞，德军第 45 步兵师就阵亡了 462 人，而整个布列斯特要塞保卫战中苏军阵亡 2500 余名官兵，另有大量官兵被俘。布列斯特要塞的保卫者们，在一个孤立无援的古堡里，面对几倍于自己的敌人，仅用步兵轻武器，就在敌占区抵挡了法西斯德军的强大攻势 30 余天，创造了一个第二次世界大战史上的神话。

保卫战不仅迟滞了德军步兵的进军速度，还挡住了德军第 2 装甲集群唯一的补给通道，并给德军以重大杀伤。直到 7 月底，个别苏军人员还在要塞的废墟中苦战，战后，在要塞的墙壁上，发现了他们留下的最后的话："宁死不屈，永别了，祖国。1941 年 7 月 20 日。"

七、浴血斯摩棱斯克

6 月 26 日，战争爆发 4 天以后，卢金将军来到了重要的铁路中转站舍佩托夫卡，他的第 16 集团军被转给了西方面军，集团军必须立刻向斯摩棱斯克地区进发。而到了这里，他才发现，道路上挤满了向后方逃难的平民和毫无秩序的溃退部队，作为铁路枢纽和后勤补给中心的舍佩托夫卡的前方已经没有任何有组织的部队存在了，一切指挥处在混乱状态，情况不容乐观。

在无法和上级及友邻部队建立联系且他的司令部已经去往斯摩棱斯克的情况下，卢金当机立断，命令还没有上路的第 16 集团军立刻下车。于是他以第 5 机械化军所属的第 109 摩托化师和第 57 坦克师的第 116 坦克团为核心，在舍佩托夫卡建立了一道防线。同时，卢金还派人到公路和铁路上，将那些被打散的部队组织起来，并带人打开了在舍佩托夫卡的各个军需仓库，重新整编、武装这些军队。这支临时拼凑起来的队伍，在接下来的 10 余天里，打退了德军所有突破企图。

于是，原本应该在斯摩棱斯克的卢金将军奇迹般地组织起了一支没有番号的部队，并坚守了一段重要的防线。当西南方面军司令部甚至苏联最高统帅部得知这一事迹之时，开始把卢金将军指挥的这支部队称作"卢金集群"。

随着德国人在白俄罗斯的胜利，斯大林和苏联最高统帅部也愈加担心德军会在苏联还没有准备好的时候就攻到莫斯科。他们还没有完全转入战时体系，没来得及完成预备队组建，没有将西部工业迁移到东方。

斯大林认为，目前的失利完全是某些前线指挥官指挥不力的恶果，因此他下令枪毙了西方面军司令巴普洛夫将军，并命令其他人立刻组织反击。

在苏联最高统帅部的直接指挥下，从 7 月 1 日起，作为原最高统帅部预备队的第 19、第 20、第 21 和第 22 集团军开始在斯摩棱斯克地区占领阵地。而苏联组建的第一批新集团军第 24 和第 28 集团军也开始前往斯摩棱斯克。

7 月初，突降的暴雨使通往斯摩棱斯克的道路泥泞不堪，加之很多桥梁被炸毁，很多道路满布地雷，使德军大部队一时难以前进，给苏军赢得了宝贵的时间，以重组部队。

德军的空中侦察机发现一支苏联装甲部队正沿着斯摩棱斯克-被里索夫公路浩浩荡荡向德军前进方向挺进，便立刻向古德里安汇报。狭路相逢，苏德双方展开了惨烈的较量。

这支队伍是精锐的莫斯科摩托化步兵第 1 师，实力雄厚，配备有 100 多辆坦克，其中包括后来赫赫有名的快速 T-34 坦克和 KV 重型坦克。也是这场战役，让古德里安第一次领教了苏军新武器的风采。苏军体积较小且较易受攻击的 T-26 坦克和 BT 型坦克很快被德军摧毁，而庞大的苏军 KV 坦克却仍在挺进，以强大的火力将德军的坦克部队打散。

这位德军的常胜将军——古德里安所向无敌的坦克大军南征北战曾经创造了多少神话，眼前的一切让他无法容忍。"包围他们，进攻他们，消灭他们！"他在不停地喊着。德军依靠强大的数量优势，向苏军的新宠 T-34 坦克和 KV 重型坦克发起了猛攻，新宠们被围得水泄不通，整个战场弥漫着令人窒息的末日气息。莫斯科第 1 师的反攻宣告失败。

古德里安的中央集团军目标正是斯摩棱斯克，这是向莫斯科推进的必经之地。经过了这一场坦克大战，瞪红了双眼的古德里安指挥大军："向斯摩棱斯克全速进军！"

斯摩棱斯克是一座矗立在从波罗的海到黑海古道上的老城，距离苏联首都莫斯科只有 320 千米，历史上被称为莫斯科的钥匙。因为它控制了西德维纳河、第聂伯河与其他河流之间的陆上桥梁，可以使地面部队在不需架设桥梁的情况下快速推进。就像 100 多年前进攻莫斯科的拿破仑大军一样，发动闪击战后的第 19 天，德国法西斯侵略者们把战火烧到了这里。

斯摩棱斯克老城坐落在山丘之上，四周环绕着修建于 1596—1600 年的城堡。城墙高 15 米，宽 5 米。每到夏日来临，第聂伯河两岸的风光无比迷人。然而这一切，随着德军机械化大部队的到来，被一片死亡的黑烟笼罩了。

古老的第聂伯河，像一道屏障阻挡住德军前进的脚步。在第聂伯河上的主要渡口，苏军正加紧构筑防御工事，莫斯科最高统帅部前后调集了 42 个师部署在第聂伯河沿岸，誓保这一生死防线。"抢渡第聂伯河，向斯摩棱斯克进军！"古德里安终于下令渡河，仿佛是 320 千米外的莫斯科正在向他招手。

运气似乎并不站在苏联一边。德军经过详细侦察，发现旧贝霍夫、科皮斯和什克洛夫 3 处渡口防守力量相对薄弱。于是在旧贝霍夫，德军先派出摩托化突击部队试图乘攻击艇渡河，并迅速夺取了一座桥头堡。而后续工程兵部队则快速架起了浮桥，短短数个小时，德军的 2 个装甲师就顺利渡过了第聂伯河。同样的情况发生在了科皮斯和什克洛夫，苏军接连失手。

苏军虽然也较为及时地重新部署了兵力，但主力部队却仍然还在奥尔沙市至莫吉廖夫市之间的防线上，而随着战场的形势急速转变，苏军高层不得不决定：放弃奥尔沙市，并把该方向上的苏军主力向斯摩棱斯克方向转移，全力保卫斯摩棱斯克。

7 月 3 日，身在莫斯科的斯大林根据当前形势，发表了重要的战争动员广播演说，并向全国人民发出了在不得已情况下的应对办法："当红军部队不得不撤退时，必须运走铁路上的全部车辆，不给敌人留下一部机车、一节车厢，不给敌人留下一千克粮食、一升燃料。集体农庄庄员应当把所有的牲畜赶走，把粮食交给国家机关保管，以便运到后方。凡是不能运走的一切贵重物资，其中包括有色金属、粮食和燃料等，都应当绝对销毁。在敌占区，必须建立骑兵和步兵游击队，建立破坏小组，以便同敌军斗争，以便遍地燃起游击战争的烽火，以便炸毁桥梁、道路，破坏电话和电报联络，焚毁森林、仓库和辎重。在敌占区，要造成使敌人及其所有走狗无法安身的条件，步步追击他们，消灭他们，破坏他们的一切设施。"

7 月 10 日，苏军最高统帅部进行了改组，以斯大林为首，成员有莫洛托夫、铁木辛哥、伏罗希洛夫、布琼尼、沙波什尼科夫、朱可夫和库兹涅佐夫等人。最高统帅部决定将前线划成 3 个战区，布琼尼为西南战区司令、伏罗希洛夫为西北战区司令、铁木辛哥为西部战区司令兼西方面军司令。

莫斯科的克里姆林宫，来回踱步的斯大林停了下来，猛吸了一口烟，声音低沉地说："铁木辛哥同志，眼下整个中央战线的命运就落到你的肩上了。接下来我们要面对的最严重问题就是，如何将德军阻截在第聂伯河和西德维纳河畔，不让德军坦克开到斯摩棱斯克。"说着，斯大林来到一幅巨型的苏联地图前。

此时德军中央集团军群的先头部队已到达斯摩棱斯克。德军的企图是，以强大的突击兵团分割西方面军，将其主力合围于斯摩棱斯克地区，然后长驱直入，进入莫斯科。

铁木辛哥元帅在接受任命的当晚就驱车赶往莫吉廖夫——西方面军指挥部所在地，时间宝贵，德军的装甲车、大炮和满载步兵的卡车每一天都滚滚向东推进，而苏军却在一步步地撤退，那些需要保护的妇女和儿童还在那里，他必须将自己的祖国和人民从深重的灾难中拯救出来。"一定要不惜代价，誓死阻止敌人前进！"铁木辛哥在心里暗暗对自己说道。

在强大的空中炮火配合下，德军的中央集团军群的坦克第2、第3集团军，步兵第2、第9集团军共29个师，向斯摩棱斯克发起了猛烈的进攻，而铁木辛哥在第一线只有24个师，兵力及武器严重不足，西方面军处境极为不利。从7月10日至15日，德军出动了29个师进攻苏军的西方面军，其中包括9个坦克师和7个摩托化师，是苏军飞机、大炮及兵力的2倍，坦克数量的4倍。如果以攻占莫斯科为主要目标，德军投入斯摩棱斯克会战的总兵力则达到了62个师又2个旅。

而苏军则是在准备不足的情况下投入会战的，许多被打散的师要经过整编补充才能投入战斗，西方面军下属的第16、第19、第20、第21和第22集团军还未来得及全部集中和展开，加之有不少兵力还在斯摩棱斯克附近进行战斗，不能调动。实际上参加会战的只有37个师，是德军的一半。在德军的眼里，苏军后方已经没有什么预备队可调动了。

德军拼命要把突击部队调过第聂伯河，在7月11日终于抢渡成功，到达第聂伯河东岸。7月14日，德军的攻击取得了巨大的进展，苏军的15个师有被合围的危险。德军想依靠装甲兵团的强大优势在河的右岸稳住阵脚后拿下斯摩棱斯克北部地区，再以重兵前出至整个苏军西方面军的后方，借此彻底打开通往莫斯科的道路。

当卢金将军于7月15日抵达斯摩棱斯克时，他得知德军已经占领了斯摩棱斯克南部，而第聂伯河上的桥梁已经被炸毁。在战后的回忆录中，卢金将军说在刚刚得知这个消息时他还大怒"哪个混蛋胆大包天，竟敢在没有命令的情况下炸掉桥梁？"而当他了解了战局之后，他又对自己说："感谢上帝，幸亏这些桥梁被炸掉了！"

7月15日拂晓，德军第71步兵团从西南方向沿乡村小道急匆匆地行军，逼近斯摩棱斯克城，并出其不意地一举占领了守军各个重要的重炮阵地。从抓到的俘虏口中，德军得知苏联红军在南边的主要通道上设有重兵防卫，因此德军决定绕道从东南面发起进攻。

一时间，德军的重型火炮、88毫米炮、自动火炮以及喷火坦克集体开火，保家卫国的苏军守卫部队甚至民兵们利用各种建筑做掩体，在漫天的弹雨和火炮声中顽强地坚守。到德军大兵压境，激烈的巷战也没有停止，以至于德军不得不用手榴弹和刺刀逐个建筑地消除苏联人的抵抗。

卢金将军在7月15日刚刚抵达了斯摩棱斯克，就听到了南部失守的消息，于是他立即带领师政委洛巴切夫和几名参谋赶往斯摩棱斯克北区。尽管卢金的第16集团军兵力并不少，名义上有第23机械化军和第32步兵军2个军，但是，第23机械化军不过是个空壳，除了军部和少量直属部队以外一无所有；而第32军则只有2

个步兵师，即第46师和第152师，且都不满员。这样，此时卢金手头总计也只有一个师的兵力，更别提坦克，就连炮兵都少得可怜。集团军参谋长沙林上校眼中流露着凄怆的神情向他报告，其余所有兵团已经转属给库罗奇金中将指挥的第20集团军，该集团军正在奥尔沙地区进行艰苦的防御战斗。

德国人近在眼前，而他拿什么阻挡拥有强大武装的德军铁骑！卢金向总司令铁木辛哥如实做了报告。当听到德军已经占领斯摩棱斯克南区，并且炸毁了第聂伯河上的桥梁的消息后，铁木辛哥的情绪十分激动，立即命令卢金："无论如何要奋起反击，全歼城中之敌。"

卢金正想再解释几句，电话突然就断了。尽管有几分失望，他还是竭力稳定自己的情绪。当他得知部队还没有集结完毕就被调向其他方向投入战斗时，心里说不出的纠结，可是西方面军根本没有预备队了。面临生死存亡的关头，他将没有可用之兵。稳定情绪之后，身经百战的卢金决定不能坐以待毙，应该马上采取措施，调动一切可以调动的资源。

卢金把马雷舍夫上校的几个民兵营调回城内让这支部队投入巷战，又临时组建了两三个由工人组成的民兵团随时增援守城部队，并动员全体市民构筑街垒。

大战之前，顽强的斯摩棱斯克做好了最后的决战准备。由警察及城里男子组成的民兵队伍负责增援守城部队，如果在外围防御阵地上正规部队不能阻止德军，那么每一个只要能拿得起武器的人都要与敌人展开顽强的巷战，在莫斯科还没有做好战争准备之时，要战斗到最后一兵一卒。

据卢金将军后来回忆："1941年7月15日是他一生中最为艰难的日子。"形势紧急，以斯摩棱斯克现有的兵力，卢金面临着无计可施的尴尬处境，然而就在16日凌晨，在卢金几乎绝望的时候，卫兵来报："前方忽然出现一支部队，正全速向我们的方向赶来，好像是我们的援军。"

这正是原属第19集团军的第129步兵师奉命前来增援第16集团军，卢金喜出望外。全师共3个步兵团，2个炮兵团齐装满员！卢金立刻将这些队伍部署到各个重要的方向，在16日一整天，苏军依托工厂区的建筑物，迅速建立起了一道防线。他深知，无论如何也要守住斯摩棱斯克，并保证西方面军和斯摩棱斯克西部的第20集团军的联系畅通。斯摩棱斯克一旦失守，不仅前往莫斯科的通道被打开，而且第20集团军和后方的一切联系都将被切断，整个集团军10多万人将全军覆灭！

对于古德里安来说现在他离成功只有一步之遥了。7月17日，德军向斯摩棱斯克发动了总攻。德军的坦克、火炮、飞机各个方面都占了很大的优势，但苏联人对法西斯侵略者的憎恨和誓死保卫莫斯科、保卫祖国的精神，给红军战士增加了巨大的精神动力。

尽管苏军还无法将德军从已经占领的地区赶走，但保卫斯摩棱斯克的守卫者们将每一座建筑物和每一个高地都变成了几乎无法攻克的坚强堡垒，缺乏步兵支援的德军第18装甲师和第29摩托化师在这里损失惨重。

战场上尸横遍野，夜以继日的战斗进行得异常残酷。直到7月18日夜里，德军的第18装甲师只剩下12辆坦克，古德里安不得不安排第17装甲师上阵接棒，而在此期间，卢金将军率领的第16集团军牢牢守住了防线。

19日和20日，卢金部队继续承受着德军装甲部队的猛攻。到7月20日之后，卢金陆续得到了第46、第127、第158约3个步兵师及炮兵部队的支持，但同时他也接到了向南攻击夺回斯摩棱斯克南部市区的命令。从目前的情况来看，虽然保住了防线，但他的第16集团军损失也相当巨大，以他现有的兵力根本无力组织起有效的反击，这几乎是一个不可能完成的任务。结果也的确如此，卢金的几次试探性反击都以失败告终。

他果断下令停止这种不现实的进攻。很快，西方面军司令铁木辛哥元帅的电报就到了。电报中称："夺回斯摩棱斯克是斯大林同志亲自下达的命令！现在西方面军的部队中弥漫着失败主义的情绪，而他们在把部队撤出斯摩棱斯克的问题上表现轻率，怎么能把如此重要的城市拱手让给德国人。国防委员会命令方面军对此事进行彻底调查，对此负有责任的人将被视为犯有仅次于叛国的重大罪行，并将为此受到严厉惩罚！"

除此，铁木辛哥还命令立即逮捕那个擅自炸毁第聂伯河上桥梁的军官，并送交方面军军事法庭。看着这份电报，几天没有合眼的卢金毅然回电："他是奉我的命令炸毁桥梁的，如果有人要对此负责的话，那就是我本人！"

几天后，卢金再次接到了来自铁木辛哥的电报，这次的态度却完全不同，不仅大加称赞卢金和他的部队一直以来的杰出表现，还许诺为他们申请政府最高奖励，希望卢金部队能够"再接再厉"，迅速发动反击，从德军手中夺回斯摩棱斯克。

又是反击，卢金已经受够了这些胡萝卜和大棒，"无论是送交军事法庭的威胁，还是提前颁发政府奖励都无助于夺回斯摩棱斯克。我们需要的是炮弹和给各师补充兵员！"

与卢金一样，西南方面军将领罗科索夫斯基也被调至西方面军指挥斯摩棱斯克保卫战。由于斯摩棱斯克形势严峻，苏军最高统帅部决定组建几个集团军级别的军群，从别雷、亚尔采沃、罗斯拉夫利向斯摩棱斯克方向反突击，以扭转斯摩棱斯克战局。

7月14日，罗科索夫斯基奉命赶往莫斯科，受领组建新军群的任务，他得到了总参谋部派给他的几名参谋和几名士兵，并被交代"从莫斯科到亚尔采沃，沿途你所遇到的部队，统一由你收编"。军群的任务是不让德军向维亚济马方向推进。罗科索夫斯基在莫斯科只匆匆停留了几个小时，就带领他的司令部抵达了位于维亚济马以北的卡斯纳的西方面军指挥部。

同样无兵可用的铁木辛哥元帅表示："等预备队一到，就给你几个师，但眼下你只能收编一些部队和兵团。"于是接下来的几天内，罗科索夫斯基在前往亚尔采沃地域的途中，一路收编被打散的队伍，组建起了一支抵抗队伍。

7月中旬，古德里安和霍特的坦克集团军已经从两翼迂回绕过了防守斯摩棱斯克当面的红军3个集团军，眼看着又一场合围即将上演，德军却遭遇了罗科索夫斯基的第4集团军。

罗科索夫斯基的第4集团军，其实只有1个不满员的步兵师、1个溃退下来的坦克师、1个重榴弹炮兵团和一些工兵部队。但由于他们合理地配置了兵力以及坦克，将反坦克炮兵部队混编到阵地上，形成了多角度的交叉反坦克火力，使炮兵能更好地为步兵提供火力支援。苏军战士顽强挡住了德军2个装甲师的疯狂进攻，并在得到加强后把他们顶了回去。德军没能完成对苏军的合围歼灭，反而由于消耗太大而不得不暂时停顿下来。

但没想到的是，刚刚稍有好转的形势，让莫斯科的最高统帅部错误地认为德军已经无力前进，现在是反攻的最好时机，便决定借机发动一场战斗向德军进行反攻。然而不幸的是，4个宝贵的红军集团军被这不明智的反突击命令葬送了。

形势急转直下，古德里安同霍特的坦克集群在明斯克-莫斯科公路上又构成了一个袋形阵势，苏军西方面军的第16、第20集团军在城市北部陷入德军的合围之中。

7月30日，当面的苏军由于兵力上的巨大损失最终被合围，斯摩棱斯克陷落了。苏联最高统帅部终于下令放弃斯摩棱斯克，命令被围的第16和第20集团军向东突围。为了防止霍特的第3装甲集群南下，铁木辛哥给罗科索夫斯基补充了一点可怜的兵力——10辆KV重型坦克和几个炮兵营。

德军第7装甲师和第12装甲师于7月30日对斯摩棱斯克北部发动了又一次大规模进攻，他们的第7装甲师甚至一度突破了罗科索夫斯基的防线，但罗科索夫斯基还是用他新得到的那10辆KV重型坦克、一些炮兵和精选的步兵发动了一次漂亮的反击，将第7装甲师打了回去。

7月31日，苏军第16和第20集团军在卢金将军的带领下开始突围，经过1天的奋战，他们竟然成功地从德军的包围圈中打开了一个缺口，形成一条狭窄的"走廊"。从7月31日到8月3日，德军炮兵和空军对这条"走廊"进行了疯狂的轰炸，虽然苏军失去了几乎所有重武器，但最终却带领着10万名官兵通过这条"走廊"冲出了包围圈,为红军保存了一部分实力。

8月初,这2个集团军突出德军的重围。第16集团军并入罗科索夫斯基的部队,仍使用第16集团军的番号,罗科索夫斯基任司令员,下辖6个师,负责保卫斯摩棱斯克-维亚济马一线,防御正面宽50千米。8月4日,斯摩棱斯克地区的战斗暂时平息下来,自开战以来,唯一的一次被围的苏军主力能够成功地突围,这在很大程度上要归功于罗科索夫斯基和卢金。

1941年8月,德军攻占了斯摩棱斯克,拿下这一通往莫斯科道路上的重要据点。斯摩棱斯克地区孤立的守军从1941年7月10日一直坚守至1941年9月10日,共2个月之久,成功地破坏了希特勒的闪击战术并迫使中央集团军群在该战役期间使用了几乎其一半的战略预备队。

虽然德军仍取得了斯摩棱斯克会战的胜利,但如果说以前的战斗德军是比较轻松地取得完胜的话,在这里德军是经过苦战才得以取胜的。

自从苏德战争开始以来,德军第一次在苏军的钢铁防线前留下大量阵亡士兵的尸体和被击毁的坦克,苏军也渐渐开始摆脱被动挨打的局面,并组织了有效的防御。尽管到最后仍然没能阻止德军前进的步伐,但斯摩棱斯克军民在战斗中表现出的顽强不屈的精神,大大提升了整个红军的士气,同时也控制住了纳粹德国闪击战的势头,对德军的计划起到了重大的破坏作用,使希特勒不得不重新考虑他的时间表。更重要的是,斯摩棱斯科会战给莫斯科争取了调入预备队的宝贵时间。否则,按照希特勒原来的计划,莫斯科甚至很有可能会在冬季来临之前即被德军攻陷。

随着斯摩棱斯克的陷落,莫斯科门户洞开,古德里安建议德国陆军总部以莫斯科为目的地发起合围攻势,但陆军总部并没有采纳古德里安和冯·包克元帅等人的建议,而将首要攻击目标定为苏联红军布琼尼的西南方面军以及乌克兰的首府——基辅。

八、基辅大合围

在东普鲁士的德军"狼穴"大本营,冯·布劳希奇元帅正在对希特勒汇报战况:"斯大林始终认为,德军开战后的主攻目标应该是乌克兰,认为我们的目的是夺取那里的粮食、顿涅茨的煤和高加索的石油,于是将大部分的兵力部署在了那里。"

"龙德施泰特将军那里的情况如何了?"希特勒关切地问。

"刚刚得到消息,我军突破了西南方面军的防线,正向乌克兰境内迅速推进。"

事实的确如此，苏联最高统帅部在边界线南部配置了西南方面军和南方方面军2个方面军，西南方面军辖有第5、第6、第26集团军，由基尔波诺斯上将指挥；而南方方面军由秋列涅夫指挥，下辖第9、第18集团军。

最初，德军曾试图仅用1个装甲集群攻占乌克兰的首都基辅。战斗开始后不久，德军的第1装甲集群在苏军第5、第6集团军的接合处打开了一条50千米宽的缺口，这样西南方面军的左翼和中路就有被德军合围的危险。西南方面军在司令员基尔波诺斯上将指挥下奋起迎敌，实施了数次反突击，特别是第5集团军的波塔波夫少将指挥着他的部队对德军实施侧翼反突击，使得德军长期停滞不前。

冯·布劳希奇

6月23日至29日，苏军与德军在杜布诺、卢茨克、罗夫诺、腊迪霍夫地区更是展开了一场规模空前的坦克大战，苏军的猛烈反突击牵制了南方集团军群的力量，使德军迅速突入基辅的计划落空。

但德军随后又改变了战略部署，调来第6集团军等精锐兵团，配合第1坦克集群，打破了苏军在接合部的抵抗，在6月30日夺取了利沃夫和罗夫诺，苏军最终难以抵挡德军的攻势，由西往东，且战且退至科罗斯田、诺夫格勒-沃伦斯基、谢佩拉夫卡、旧康斯坦提诺夫、普罗斯库罗夫和卡梅涅茨-波杜尔斯基筑垒地域一线，退守至1938年的旧边界地区。

德军的南方集群由冯·龙德施泰特元帅指挥，以克莱斯特中将带领的第1装甲集群为先锋，6个集团军20个师为主攻，在第4航空队的配合下一路直扑第聂伯河右岸和基辅。与此同时，在基辅以北，德军的中央集群正在白俄罗斯境内对比亚韦斯托克突出部的苏军实行铁臂合围。其中，由古德里安将军率领的第2装甲集群已经到达斯摩棱斯克一线。

身在"狼穴"的希特勒凝视着餐室的地图，看着一北一南、一上一下的斯摩棱斯克与基辅同在一条线上，古德里安和克莱斯特的两支队伍如同蜿蜒长蛇，在基辅的南北两侧几乎齐头并进，只要两军在第聂伯河的右岸转头相向会师，德军就又能形成一个新的包围圈，将基辅一举拿下。

希特勒兴奋得几乎跳了起来："太好了，这真是千载难逢的好机会。有了这个合围，基辅也是我们的了。不仅如此，布尔什维克的整个西南方面军都是我们的囊中之物了。"他想起什么似的猛地转过头，"现在我命令，中央集群与南方集群必须相互配合，利用现在形成的局势，拿下基辅，不仅如此，要将红军消灭在第聂伯河右岸。"他高兴地宣称，"几周之后，我们将进入莫斯科，然后我要把它夷为平地，在那里修一个水库。莫斯科这个名字必须从地球上抹掉！"

几天之后，里宾特洛甫也用同样的语言向他的高级外交官讲了话："到8月15日，我们将进入莫斯科。到10月1日，对苏联的战争将结束。对英国的战争，可能再继续6个月或10年。"

7月8日，克莱斯特装甲集群突破了旧边境防线，并在第2天占领了日托米尔。经过一番苦战，德军终于兵临基辅，但希特勒却下令暂缓攻城，基辅不过是一个诱饵，他在等待更多的苏军部队进入圈套。

苏军西南方面军为了保存日渐减员的部队实力，把部队陆续撤回到利沃夫以东的新地区，而负责掩护的都是那些最顽强的部队。在机械化第15军，摩托化第212师摩托化步兵第669团在团长巴尔达金上校的带领下，与敌人展开了殊死搏斗，他们的分队数次陷入敌军合围，又数次冲出包围圈，形势十分复杂。摩托化第6连被围住的时候，德军已经到了他们的阵地，排长阿拉克良中尉号令一声，冲上去就跟敌人展开了肉搏战，最后突围而出，一个个一身鲜血与团主力兵合一处。

与机械化第15军同样身处在克列梅涅茨的还有骑兵第14师。为了援救骑兵，英勇的第29坦克排将坦克开到了德军坦克的正面，吸引了德军的炮火，苏军战士用加农炮精准地向德军开炮。这个坦克排每次都冲在战斗最危险的位置，这次也没有退缩。震耳欲聋的炮声就在排长克拉韦茨的坦克边响起，驾驶员当场牺牲，排长浑身是血，耳朵已经听不见声音。他用尽最后的力气，装上炮弹瞄准敌人的坦克继续射击，又打掉了德军的两辆坦克，但紧接着，他就又中了一弹，坦克也失去了开炮的能力。这一次，这位排长推开了身边已经死亡的战友，紧握住操纵杆，开足马力，用同归于尽的方式开向了德军的坦克。

在摩托化步兵第81师撤退的过程中，坦克连负责掩护任务，两个步兵告诉他们有一个受伤的上校仍然躺在田野里时，坦克连果断出击将坦克开向了敌人，面对德军的射击勇往直前，这支红军部队消灭了德军一个迫击炮连和一个步兵连，终于救回了负伤的上校。

当方面军决定放弃茹尔克夫市的时候，那里还有几个大军械库，为了这些辎重不落入敌人之手，第6集团军的炮兵司令部代表伊勒热夫斯基少校下令将其炸毁。少校带领着一个工兵小组刚刚到达仓库就看见德军士兵已经冲了进来。少校临危不惧，派一队人吸引火力，另一队人在军械堆下埋放地雷，之后少校命令战士们突围回到大部队去，而自己选择了留下。一声巨响震撼了整个大地，伊勒热夫斯基少校完成了任务。

西南方面军的司令员和军事委员会决定到别尔季切夫去了解情况，以便就近指挥战斗，而他们刚刚动身，就得知德军的坦克第 11 师已经进入了那里，苏军以机械化第 4、第 15 军的各师混编了一支队伍抗击德军。

这时方面军与第 6 集团军的联络越来越困难，新米罗波尔和古利斯克地域形势危急，第 6、第 12、第 26 集团军面临被合围的危险。于是普尔卡耶夫将军紧急命令，机械化第 19 军调归第 5 集团军指挥，负责与费克连科将军一起在古利斯克地域阻击登陆德军。然而，别尔季切夫和日托米尔接连沦陷，西南方面军已经没有兵力可供分配了，城里只剩下一些铁道兵小分队，通往基辅的大门已经被德军打开。

在 1941 年 7 月，希特勒看到了胜利的希望是完全有理由的。7 月 2 日，他看到了土耳其政府的报告，报告引述了斯大林秘密向外国外交官透露的消息，苏联承认已经把列宁格勒、明斯克、基辅甚至莫斯科从防御地图上划掉。尽管，对于莫斯科他们这样考虑只是一种预测。

7 月中旬，德军实力最强的中央集团军群到达了斯摩棱斯克之后面临着战略方向上的重要选择。是继续向前 320 千米直取莫斯科，还是攻打列宁格勒和基辅，成了摆在希特勒眼前的问题。

在主攻方向的问题上，德军的主要将领几乎达成了一致的意见，无论是陆军总司令布劳希奇还是总参谋长哈尔德，甚至冯·包克元帅的中央集团军群以及古德里安的装甲部队已经向莫斯科方向进军。他们强调莫斯科作为苏联的首都意义重大，不仅是苏联的政治经济文化中心，也具有不可替代的象征作用。同时，作为整个苏联交通枢纽的莫斯科一旦被攻克，苏联的物资供应链将被打乱。加之季节变换在即，应该尽快完成莫斯科之战的集结准备。8 月 18 日，陆军总司令布劳希奇把总参谋部的备忘录提交给了最高统帅。

然而一向独断的希特勒却另有打算，陆军总参谋部方面提出的东线作战建议并不符合他的意图。在他看来，德军在冬天到来之前要达到的最重要目标，并不是拿下莫斯科，而应该是占领克里米亚，顿涅茨盆地的工业区、煤矿区和高加索的石油。

希特勒认为现在是消灭正在基辅以东、第聂伯河东岸的布琼尼部队的绝好时机，自然不愿意错过。而他同样相信，以德军的实力完全可以多路出兵，在北路围困列宁格勒并同芬兰军队会师。综合考虑，希特勒决定从中央集团军群调出部分步兵师和装甲师分别支援南北两路军队，至于何时拿下莫斯科，则不必太心急。

7 月下旬，处在第聂伯河左岸的苏军南方方面军的右翼和西方面军的左翼有被包围的危险，而德军第 11 集团军还在继续向前推进，为了免于被合围，苏军实施了数次反突击，但也只能且战且退。

7月30日起，德军的南方集团军群第6集团军再度出动5个师，发起了对基辅及科罗斯田的进攻，试图摧毁基辅筑垒地域和科罗斯田地域的苏军抵抗。德苏两军在基辅西南展开了异常激战的拉锯战。而为了争取第聂伯河上的一座桥梁，德军甚至派来了一个师的部队前来增援。

苏军西南方面军波塔波夫领导的第5集团军在德军强大的攻势下不得不放弃了科罗斯田筑垒地域及南部的扇形区，但却在正面地带与敌人巧妙地周旋，牵制了德军10个师的兵力达一个半月之久，德军称他为红军第一流防御专家，让老练的龙德施泰特伤透了脑筋，就连纳粹首领希特勒都知道他的集团军很难对付。

苏军第26集团军的右翼，在德军多于自己兵力2倍的情况下被打散，一部撤至第聂伯河对岸，一部撤至筑垒地域，后在8月7日实施反突击成功，而不久前撤至第聂伯河对岸的几个师也一起共同作战。

1941年7月底，朱可夫敏锐地察觉到了德军的战略企图，迅速到克里姆林宫向斯大林汇报，主张立刻从莫斯科抽调兵力去增援西乌克兰方面。

"你是想削弱莫斯科的防御，那一旦首都有危险了怎么办？"斯大林问朱可夫。

"我们可以在半个月内从远东抽调8个师来加强莫斯科的防御，而当务之急，是立即把西南方面军的主力撤到第聂伯河的右岸。"朱可夫试图说服斯大林放弃基辅，但没有成功。想象着西南方面军即将面临的巨大灾难而无能为力，这位总参谋长不禁胸膛起伏，"如果你认为我这个总参谋长不称职的话，可以将我撤职，让我去地方上打一场仗。"

在气头上的斯大林径直回了一句："我们没有你也行！"

经过统帅部的讨论，沙波什尼科夫接替了朱可夫的职务，而朱可夫则被派往叶利尼亚。

8月2日，德军调动坦克第1集群的坦克师和摩托化师，抵达彼尔沃迈斯克地域，苏军的第6、第12集团军20个师往东的退路被切断。德军的第11、第17集团军乘势从南面将苏军的第6、第12集团军包围在了乌曼。此役，德军俘虏苏军10余万人，缴获300余辆坦克和800余门火炮。

8月8日，基尔波诺斯向斯大林汇报了战况："德军调动了3个步兵师向筑垒地域南面展开进攻，在空军支援下突破了筑垒地域。德军昨天一天伤亡4000人，而我军昨天一天伤亡1200人。昨天我们派出2个空降旅，今天还派出了30辆坦克消灭突入筑垒地域的敌军。我和方面军军事委员会正在采取一切措施，无论如何不放弃基辅。"

斯大林说："你能不能有把握地说，已经采取了一切措施，肯定能恢复筑垒地域南段的局势。"

"我想，我所掌握的现有兵力可以保证完成交给筑垒地域的任务。同时也必须向您报告，我们在这个方向上再也没有预备队了。"基尔波诺斯如实回答。

"可以从其他方向抽调兵力加强基辅的防御，等穆济琴科突围以后，就能用腾出来的部队增援基辅。2 周以后情况将要好转，所以 2 周之内，你必须不惜一切守住基辅！"斯大林命令。

针对德军总参谋部 8 月 18 日的备忘录，希特勒还不留情面地发布了一个满纸辱骂的"反备忘录"，说陆军司令部都是一些脑袋被过时理论弄得陈腐不堪的家伙。哈尔德在日记中大发牢骚："简直不能忍受！闻所未闻！"他认为，希特勒的这一决定是东线战役中最大的战略错误。

8 月 23 日，希特勒与刚刚到达最高统帅部的坦克集团军司令古德里安进行了面谈，古德里安仍然建议立即进攻莫斯科！希特勒允许这位将军讲完了自己的观点才缓缓说："这已经不仅仅是军事问题，而是战争经济问题，要知道，克里米亚是苏联进攻罗马尼亚油田的'航空母舰'，要使克里米亚半岛对苏联失去作用。况且，我们十分需要乌克兰的原料和农业物资帮助我们继续战争。"最后，他坚决地说，"我已经下达了进攻基辅的命令，进行一切军事行动时，必须依照战略行事。"于是，古德里安的装甲部队和一些步兵师从中央集团军群被调出参加基辅会战。

莫斯科的最高统帅部对西南方面军也尤为担心，曾多次讨论基辅是守是弃的问题，是否要将部队撤至第聂伯河以东以避免被合围，但到最后都是听从了斯大林的意见，选择坚守基辅。西南方面军的鏖战颇为艰苦。

苏军最高统帅部深知，能否坚守住基辅主要看能否阻止住古德里安的装甲集群南下，于是将整个西南方面军的命运交给了叶廖缅科。8 月 14 日，苏军第 13、第 50 集团军仓促组成了布良斯克方面军，由叶廖缅科率领，负责阻击古德里安。然而在 8 月 25 日，这支部队就被德军第 2 集团军和古德里安的装甲集群迅速击溃。

8 月底，德军第 6 集团军在基辅以北强渡第聂伯河，突向杰斯纳河，并在契尔尼哥夫地域把它的两翼同第 2 集团军连接。至此，德军中央集团军群和南方集团军群会师，将苏军西南方面军的第 5、第 21 和第 37 集团军包围在了契尔尼哥夫、基辅、涅仁的三角地带。

而此时，克莱斯特的装甲集群也在克列缅丘克渡过了第聂伯河开始向北行进，又一次地合围即将上演。苏军在西南方面军的所有预备队已经消耗殆尽，虽然还有从南方方面军调来第 2 骑兵军支援，却已经无力回天。

苏军西南方面军司令部也察觉到了德军正在试图将西南方面军合围。司令员基尔波诺斯与他的将领们仔细分析了军情之后，主张部队撤过第聂伯河。9 月 11 日，当他们把这一建议说给最高统帅部派来督战的老元帅布琼尼时，老元帅提出了坚决的反对意见。

"你们打算放弃基辅，把我们的城市交给德国人吗？这无论如何都不行，我们一路在撤退，如今再放弃基辅，乌克兰怎么办？"

基尔波诺斯坚持自己的观点："目前的局势已经相当危险，克莱斯特和古德里安一南一北对我们实施合围，他们的速度非常快，一旦包围圈形成，方面军面临的将是灭顶之灾。"布琼尼元帅被说服了，决定拍电报向斯大林告知实情。

斯大林看完电报怒火中烧，在这个时候，基辅对苏联而言意义重大。英国和美国正在等着看战争的结果，苏联必须将战线控制在列宁格勒-斯摩棱斯克-基辅沿线以西，如此才能证明他们有能力对抗德军强大的进攻，如此才会获得英、美等国的军事和物资援助。这不是一城一地的得失，这具有全局意义和政治意义，无论如何，基辅不能丢。

莫斯科最高统帅部给布琼尼的回复是："每次未做妥善部署便撤退到无准备地区，常常会导致失败。只有在组成了对付科诺托普集团的突击集团及在朴肖尔河建立防线以后，才可以开始从基辅撤退。"

斯大林一如既往下达了"不许后撤"的命令。未经许可不得放弃基辅，不得炸桥。而此时的苏军，已经没有能力组织防御及建立新阵地了。

随后，斯大林将布琼尼调往了预备队方面军，而就在9月14日，古德里安带领的第2装甲集群和克莱斯特第1装甲集群在基辅以东240千米的洛赫维察成功会师。整个苏军的西南方面军，全部落入了德军的巨型口袋。

直到9月17日，苏联最高统帅部才终于下达了向东撤退的命令，但悲剧已无法避免。9月19日，乌克兰首都基辅失陷。

被围的西南方面军被分割成了小股部队各自为战，只有少数人冲出了包围圈。直到9月26日，困守在"基辅大包围圈"里的苏军第5、第21、第26、第37集团军的大部及第38、第40集团军的一部被歼。德军俘虏苏军66.5万人，缴获坦克824辆、火炮3018门。基尔波诺斯和他的政委布尔米斯坚科、参谋长图皮科夫3位西南方面军的最高指挥官均在突围中战死沙场。方面军司令部各机关也从基辅撤出，向东西方面突围，沿途又与波塔波夫将军带领的第5集团军残部会合，加在一起，也只3000人向外突围。西南方面军几乎全军覆灭。

9月末的基辅，当地的犹太人接到命令，要带上自己最好的衣服和首饰立刻到指定地点报到，在那里将要举行某种仪式。而这让德军的行刑队都感到心有余悸的"仪式"竟然是血腥的大屠杀。仅9月的最后2天，33771个苏联百姓在基辅被枪杀，1个月后，这个数字就上升到7.5万人。

在希特勒眼里，苏联向来是他的死敌，早在进攻苏联前3个月，希特勒即在一次有德军将领参加的秘密会议上声称，对苏维埃的战争并不是一般的战争。"这是一场歼灭战，布尔什维克分子必须除掉。"而纳粹德国炮制出了所谓"东方"计划，意欲在肉体上彻底消灭斯拉夫民族，尤其是俄罗斯人、乌克兰人、白俄罗斯人以及犹太和其他民族。

希特勒一再强调"思想意识之间的斗争必须与武器间的交锋同时进行"，"消灭布尔什维克政治委员和共产主义知识分子"。为此，作战局甚至专门列出了一份针对红军中政治委员的"特殊纲领"，规定凡是"袖子上绣有金色斧头、镰刀和红星的人都可以被认作政委，一旦发现他们搏斗或反抗，立即枪毙"。

消灭，成了这场战争的代名词。"我们务必消灭人口——这是我们天职的一部分。应当记住，在我们占领的这个国家中，人的生命没有任何价值，我们需要发展消灭人口的技术。"希特勒这样训导他的军官们。德国法西斯组成了数十个师的特别队和行动组屠戮苏联人民，以期最终"消灭苏联的生物潜能"！

基辅合围是苏德战争爆发以来苏联红军遭到的最惨痛失败。至此，德军中央集团军群和南方集团军群形成了对莫斯科当面红军西方面军残部的包围态势。但基辅一役却打破了法西斯德国以闪击战击溃苏联的计划，苏联军人用鲜血和生命在基辅战斗了 71 个日夜，用极惨重的代价阻滞了德军向莫斯科的进攻。

古德里安后来写道："基辅的胜利在一定程度上是一次漂亮的战术性胜利，但问题是仍有一个重要的战略性目标在我们面前，现在每一件事情都基于我们能否在冬季及秋雨来临前达到预期的目标。"

德军利用已经取得的有利形势，随即向苏联的南方工业区和克里米亚地区实施了进攻。希特勒觊觎苏联南方的资源已久，况且这里是苏联的农业中心和重工业中心，占领这些地区就意味着摧毁了苏联的军事实力，有不可估量的战略意义。

到 9 月 28 日，法西斯德国的南方集团军群共投入了 51 个师向苏军顿巴斯和克里米亚地区发起了强有力的进攻，这些队伍包括 3 个坦克师、4 个摩托化师和 12 个旅。

苏军被派往守卫南方工业区的是刚刚在基辅保卫战中元气大伤的西南方面军和南方方面军。他们匆匆建立起的薄弱防线根本无法抵挡德军的步伐，南方方面军第 12 集团军在强大的攻势面前不得不后撤了 40—50 千米。而德军的坦克第 1 集团军与第 11 集团军则再次使用合围策略，将苏军第 9 和第 18 集团军的几个师合围，第 18 集团军司令斯尔诺夫在战斗中阵亡。经过艰难苦战的第 9 和第 18 集团军终于突围，并向东后撤 30—35 千米。1941 年 10 月底，德军陆续占领了哈尔科夫、顿巴斯西南部，并前出到顿河和罗斯托夫接近地。

11 月 5 日，德军再次向第 9 集团军发起猛攻，战斗进行得极其艰难，第 9 集团军在司令员哈里顿诺夫的带领下顽强地阻挡住了德军 4 天时间，使法西斯军队付出了巨大的牺牲才勉强推进了 30 千米。

在一望无垠的克里米亚大草原，尽管苏联最高统帅部将陆军与海军合二为一建立了统一指挥部，但在没有任何防御工事的情况下，红军且战且退到了塔曼半岛。

从战争爆发到 11 月底的这 5 个月，德军几乎占据了战争的全部主动，法西斯强大的铁甲部队深入苏联境内 850—1200 千米，他们侵占了哈尔科夫、顿巴斯和克里米亚大部分地区，围困了列宁格勒并紧逼莫斯科，占领了 150 万平方千米的苏联土地。苏联军民为了保卫自己的祖国，顽强地同法西斯军队斗争，战斗到最后一刻。

九、扭转乾坤

随着德军"巴巴罗萨计划"的启动，纳粹的铁骑在苏联广阔的土地上浩浩荡荡地向前推进，他们的"闪击战"取得了辉煌的战果，苏军则从战争一开始就处于被动地位，一溃千里。在战争初期，苏军的损失十分巨大，200 余个燃料、弹药和武器库被德军占领，170 个师损失了 28 个，更有 70 多个师减员半数。而德军同样也为战争付出了代价，到 7 月 19 日德军飞机损失 1278 架，陆军伤亡人数超过 20 万人。在力量对比上，德军仍然占据着优势。

苏联之所以在战争初期长时间处于被动地位，主要在于斯大林对德军进攻苏联的时间上的错误判断，且苏联各个军区尚未完成备战任务，加之，指战员们都缺乏战争经验，致使防御线被突破之后，预备队过早地被投入战斗。

而纳粹德国在发动对苏联的战争之前，几乎已经占领了整个西欧，不仅积累了丰富的战斗经验，更掠夺了大量的物资养战，加上经过长期的备战、突然袭击的战略优势，军事上明显处于上风。

早在 7 月 4 日，德军的一架侦察机就越过防线进入了莫斯科西郊的上空。从那以后，德国空军就不断在莫斯科进行空中侦察，戈林和希特勒更是在柏林扬言："要通过空袭把莫斯科淹没在火海中！"

德军为了保障他们的中央集团军群进攻莫斯科，希特勒还从几个航空大队中抽调并组建了"特别航空群"，由第 2 航空队司令官凯瑟林元帅指挥，下辖曾在 1940 年轰炸了伦敦、利物浦、伯明翰等城市的第 4 "维维尔"轰炸机大队和曾轰炸过西班牙、波兰、南斯拉夫和希腊等城市的第 53 "康巴尔军团"轰炸机大队。

德国空军新修的机场也安置在了离莫斯科越来越近的位置。德军第 28 轰炸机大队在博布鲁伊斯克地区，第 55 "戈利夫"特殊任务轰炸机大队则在巴拉诺维奇地区各机场，数百架德军新型轰炸机随时待命，准备对苏联首都进行毁灭性的轰炸。莫斯科在劫难逃。

为了防备随时有可能进犯的德军，莫斯科出动了 1044 门高射炮和 336 挺机枪，更有 618 盏探照灯可同时向空中照射。苏军还专门将各探照灯团调出了高射炮防区，在莫斯科西北和西南城郊开辟了 6 个专门供歼击机夜战用的拦击照射区。

除此，在莫斯科执委会的指挥下，各企业和房管部门还成立了几百个自救队、千余个医疗救护队，并修筑了成千上万个防空洞，广大市民纷纷响应号召参加消防、救护、防毒和防险等各项工作。为了混淆德军的视线，首都的各个明显建筑及市内的各广场都被涂上了一层伪装色彩，整个莫斯科周围 200 千米以内更在一夜之间出现了无数的工厂、机场、粮仓和桥梁等的模型。

莫斯科的周围，设有 702 个对空情报哨，它们可以监测到距市区 250 千米以内的敌机。在勒热夫－维亚济马一线设置的警戒雷达站能准确测定飞机的位置对其进行 80 千米以内的跟踪，截击敌军轰炸机，并为夜间飞行的歼击机导航。

在斯摩棱斯克会战以后，情况似乎略有好转，其他几个战斗激烈的方向上，红军的力量正在得到加强，战线趋于稳定，而西线战事则逐渐沉寂下来，这一切似乎预示着大战初期苏军的被动境地即将过去。

而在列宁格勒方向，德军仍在持续进攻，距列宁格勒已经不远了。朱可夫与作战部长兹洛宾、华西列夫斯基等将领对整个形势进行了分析。朱可夫认为：西北方向的德军在加强部署之后，将会快速出击列宁格勒，同芬兰军队会合。而希特勒只能等到消除了苏联的中央方面军和西南方向上的部队对其中央集团军群翼侧的威胁以后才会开始大举进攻莫斯科。经过反复的论证分析，朱可夫坚信自己的判断，并觉得应该采取一些措施。

于是在 7 月 29 日，朱可夫向最高统帅汇报了自己的想法，并且向斯大林建议："分别从西方面军、西南方面军和统帅部各抽调 1 个集团军，这样至少给中央方面军增加 3 个得到炮兵加强的集团军，可以由瓦杜丁担任中央方面军司令员。在德军实施对莫斯科方向的重新推进之前，就会有新的部队可以调入首都的防御体系，因此莫斯科的保卫力量不会被削弱。"此时，朱可夫已经萌生了要在叶利尼亚进行一场反击战的想法。他主张，"当务之急，必须将西南方面军调过第聂伯河，在中央方面军和西南方面军的接合部偏后，我们就可以集中不少于 5 师的预备队。"

"那基辅呢？"斯大林问。

"基辅必须放弃。在西部方向应该马上组织反突击以夺回敌方的叶利尼亚突出部。否则，敌人将来很可能利用这个桥头堡来进攻莫斯科。到那时，后果不堪设想。"

斯大林显然不愿意放弃基辅："把基辅交给敌人，亏你想得出来！"

由于意见的不被接受，朱可夫毅然请求解除其总参谋长职务。半个小时之后，由沙波什尼科夫接替了总参谋长的职务，朱可夫则被派到叶利尼亚附近组织战斗，担任预备队方面军司令员，负责把勒热夫-维亚济马防线上各预备队集团军的行动统一起来。

7月31日，朱可夫把总参谋部的工作交给了沙波什尼科夫后就匆匆赶往预备队方面军司令部所在地格扎茨克。朱可夫与参谋长利亚平少将和方面军炮兵司令戈沃罗夫少将一起，研究战局，分析实施消灭德军叶利尼亚集团军战役的条件。

随后，他们一行人共同前往第24集团军司令部，并同第24集团军司令员拉库京前往叶利尼亚地区实地探察。此时，整个叶利尼亚突出部已经成了一个坚固的筑垒阵地，德军在防御前沿和纵深，把坦克、强击火炮等都配置在了掩体内。

对前线做了认真细致的探察之后，朱可夫立即决定增调2个至3个师和炮兵部队并配备各种技术保障器材，另外，他还命令利用各种侦察手段，务必设法搞清敌人的火力配备。准备工作至少需要10余天时间，朱可夫初步确定，进攻日期不早于8月下半月。

备战期间，为了不使德军察觉，朱可夫指示红军继续保持防御行动的姿态，用一贯的方式对敌人实施打击，这样既能尽可能多地消灭和牵制德军，又能对苏军兵力兵器部署的变化起到掩饰作用。

自从到达叶利尼亚前线，朱可夫做了大量的准备工作，每天工作20个小时左右。他不仅亲自察看地形、熟悉部队情况，更亲自审问德军俘虏，更多地了解德军的现状，并精心制订了周密的作战计划。

德军在苏联境内的推进遭到阻滞以后，原定的"巴巴罗萨计划"时间表几乎被全部打乱，苏军顽强的防御大大出乎德国人的意料，他们想早日结束这次会战的信心似乎也受到了打击。到这时，希特勒开始犹豫不决了，他开始考虑，列宁格勒、莫斯科或乌克兰这3个重要目标应该从哪一个开始下手。

8月4日，希特勒亲自来到中央集团军群指挥部所在地，听取了冯·包克元帅对战局的扼要分析和汇报，最终决定，把列宁格勒作为主要目标。而至于下一个目标是莫斯科还是乌克兰，希特勒还没有答案。他早就想占有乌克兰的经济资源，可他更想在冬季来临之前就占领莫斯科和哈尔科夫。而能否除掉克里米亚这个被用来攻击罗马尼亚油田的苏联"航空母舰"，希特勒也是十分看重的。

8月15日，德国统帅部下令从中央集团军群抽出1个坦克师、2个摩托化师支援利布的北方集团军群，以对付苏军在旧鲁萨附近的猛烈反击。这样一来，德军向莫斯科方向的推进在2个半星期之内完全停顿下来。机警的朱可夫很快察觉到德军中央集团军群的部分军队转向南方，并于8月18日向身在莫斯科的斯大林做了德

军战略目标变化的相关汇报：

"敌人获悉我方已在通往莫斯科的道路上集结大批兵力，故暂缓了对莫斯科的进攻，而把所有的快速突击力量和坦克部队用来对中央方面军、西南方面军和南方方面军作战，并对我西方面军和预备队方面军进行积极的防御。敌人的企图可能是粉碎中央方面军，进抵切尔尼戈夫-科诺托普-普里卢基地区，从后方实施突击以粉碎西南方面军。"

为了挫败这一图谋，朱可夫建议在布良斯克地区集结一支强大的部队，用以对敌之侧翼实施突击。电报发出的当天，朱可夫就收到了最高统帅部的复电：

"你关于德军可能向切尔尼戈夫-科诺托普-普里卢基方向挺进的意见，我们认为是正确的。为了防止这种复杂状况的发生，我军已组成以叶廖缅科为首的布良斯克方面军，并正在采取其他措施，我们相信能够阻止德军的前进。"落款的署名是斯大林和沙波什尼科夫。

其实，早在8月初，古德里安就曾打算向莫斯科方向发动进攻，但到最后还是要服从希特勒的决定，把矛头指向南方以消除苏军中央方面军对德军中央集团军群右翼的威胁。

8月中旬，朱可夫准备指挥西方面军的一部和预备队方面军所属第24集团军，对叶利尼亚和杜霍夫施纳地域的德军实施反突击。8月17日，做足了准备工作的朱可夫终于下令："向叶利尼亚地区的德军发起进攻！"

战斗进行得十分激烈，朱可夫动用了方面军所有的飞机、坦克、大炮予以坚决的打击，德军则用密集的大炮和迫击炮火力来阻止苏军的强势进攻，战斗几乎在所有地段同时展开。第24集团军在进攻的整个地段上压倒了敌军，取得了预计的胜利，德军损失惨重，不久便不得不把2个溃不成军的坦克师、1个摩托化师和1个摩托化旅撤出防线。战斗中，苏军还首次使用了一种新研究的武器——"喀秋莎"多管火箭炮，并收到了十分惊人的效果。

8月23日，德军最高指挥部终于在集团军群指挥部的一次会议上宣布："无论是列宁格勒战役，还是莫斯科战役，均暂不进行，当前的目标是夺取乌克兰和克里米亚。"至此，希特勒将乌克兰作为了进攻的主要目标。

古德里安被推选前往希特勒设在东普鲁士的总部，去向最高元首阐述前线指挥官们对战局的看法，他向德军最高统帅建议："关于叶利尼亚突出部，鉴于它现在已经没有占领意义，而且持续在造成伤亡，应予以放弃。"然而，德军统帅部显然没有接受古德里安的这个主张，古德里安只得再次返回了前线。

在8月底的叶利尼亚前线，朱可夫指挥的预备部队方面军利用德军进攻势头减弱之时，发起了大规模反攻，目标直指叶利尼亚突出部。

苏军不惜一切代价猛攻德军位于叶利尼亚的防线，德军第 10 装甲师和第 17 摩托化步兵师虽顽强抵抗，但损失惨重。8 月 28 日，SS 第 2 装甲师师长保罗·豪塞尔接到古德里安的命令，要求该师立刻提前结束休整，开赴叶利尼亚，接替第 17 摩托化步兵师防守。这支一流的部队被称为"帝国"师，几乎百战百胜、永不失败，是古德里安的王牌军。训练有素的"帝国"师在接到命令后 12 小时就已做好了一切战斗准备，并连夜开赴前线。为了鼓励"帝国"师士兵们的士气，拿出英雄主义精神打击苏军，德军最高统帅部还派专机给将士们散发传单，称"元首正等待你们胜利的消息"！

刚刚休整完毕的"帝国"师马不停蹄地到达前线，却发现此时的叶利尼亚已经发生了巨大的改变。1 个月前他们构筑的工事，多数已经被炮弹掀翻，许多战壕也已经被夷为平地，阵地已经变成了一片光秃秃的残破废墟，脚下的土地里满是细碎的弹片。

此时，第 17 摩托化步兵师已经全部撤出了阵地，只留下了一个参谋，他对豪塞尔师长抱怨："苏联人简直疯了！他们把全苏联所有的炮弹都扔到了这里！苏军动用了无数的坦克，这一仗我们的伤亡实在太大了，几乎所有重武器都被毁坏了，好几位指挥官都受了伤。"

豪塞尔的步兵团接手阵地修筑防御工事，并组织了一个加强营的坦克去左侧山坳里，准备伏击敌军侧翼，其余坦克配置在纵深，做炮兵使用，随时等待时机发动反突击。天刚亮，德军就看见前方黄沙漫天，伴随着震天动地的马达声向自己的阵地席卷而来。

这时侦察兵来报："苏军坦克正向我方阵地移动！"豪塞尔拿起望远镜，只见无边无际的苏军坦克渐渐出现在地平线上。他没有命令坦克迎击，而是让步兵利用防御工事进行反坦克作战。

"帝国"师步兵团的将士们早已严阵以待，他们的主要反坦克武器是十几门 Pak 35、37 毫米反坦克炮，该炮可以发射 37 毫米穿甲弹和超口径榴弹，但 37 毫米穿甲弹穿透力不够，而超口径榴弹则命中率较低。

德军反坦克炮兵的十几门 Pak 35 隐藏在阵地一侧，随着苏军坦克越开越近，他们仍然在等待。他们清楚，自己的反坦克炮威力太小，过早开火不但起不到打击效果，反而会暴露目标、葬送自己，于是并不急于开火。

测距兵在不断报告着苏军距他们的距离，1000 米、800 米……此时所有将士都已做好了准备。苏军坦克走到还剩 600 米时，37 毫米穿甲弹齐火发射，顿时打掉了苏军的 3 辆 T-26 坦克。苏军坦克快速反应，立即调整了阵形，十几辆 KV-1 用巨大的身躯护住了其他的坦克。

德军发动了第 2 轮齐射，37 毫米穿甲弹打在 KV-1 坦克 100 毫米厚的正面装甲上，瞬间就弹开了。连长随即命令："使用超口径榴弹！"然而，还没有来得及装弹，KV-1 的 76 毫米坦克炮就已经瞄准了他们，2 门 Pak 35 立刻被炸翻在地。士兵们冒着炮弹掀起的层层灰土打出了超口径榴弹，却无法挡住苏军 KV-1 的汹汹来势。

就在苏军坦克猛烈的炮火对德军的壕沟和火力点狂轰滥炸，德方阵地眼看就要失守的紧急时刻，威力大、射程远的 88 毫米高炮被推上了阵地。有力武器的增援立刻发挥了作用，很快就击毁 5 辆 T-26，并猛击 KV-1，就这样打退了苏军的进攻。

然而，德军还没有来得及喘息，正准备用伏击的坦克追击败退的苏军时，天空中苏军的轰炸机转瞬就已经到了头顶。"立即隐蔽！"师长豪塞尔的话音刚落，苏军的飞机就已将黑雨一般的炸弹投在了德军的阵地上，投光了所有的炸弹后甩一甩屁股盘旋着飞走了。

士兵们躲在战壕里，终于等到安全了想休息一下时，朱可夫的火炮又开始了下一轮猛轰，同时，苏军的步兵也在火炮的掩护下发起了冲锋。每个人身上都带着一种不怕死的精神，向德军凶猛扑来。

这时德军的指挥官们挺身而出，架起 MG 34，端着 MP 40 开始向苏军猛扫，一排人被打倒另一排人上来继续打，苏军士兵也被一排排地消灭，阵地上到处是死尸。"帝国"师就这样顶住了苏军的 7 次强有力进攻。

豪塞尔察觉到苏军的冲锋明显疲惫，密度也有所减弱，决定乘势出击，命令之前埋伏在左侧山坳里的坦克火力全开，扑向苏军，这一反攻起到了决定性作用，为"帝国"师赢得了胜利。

经过与"帝国"师的一场恶战，苏军损伤不小。朱可夫命令次日停止一天全面进攻，积极补充兵员，休整后重新开战。8 月 30 日，朱可夫指挥苏军第 24、第 43 集团军分别从东北和东南 2 个方向同时对叶利尼亚突出部实施突击。

朱可夫的这一招"向心式突击"，出其不意地切断了德军的退路，从而牢牢卡住了叶利尼亚突出部的咽喉。到这时，德军统帅部终于决定放弃毫无意义的叶利尼亚，命令"帝国"师向苏联西南方面军侧后迂回。9 月 6 日，德军残部趁着黑夜，撤出了叶利尼亚突出部，这是自 6 月 22 日战争爆发以来，德军第一次被彻底逼退。

同样在 9 月 6 日，苏军开进了叶利尼亚城，并于次日渡过斯特里亚纳河与西方面军的部队会合，继续追击逃走的敌人。到 9 月 8 日，叶利尼亚突出部对苏军的威胁彻底被解除了。后因为遭遇到德军的抵抗，苏军的进攻才慢慢停了下来。到 9 月

10日，沙波什尼科夫元帅下令"停止进攻"，并命令方面军占据防御阵地，叶利尼亚突出部反击战至此取得了全面胜利。

在这一战役中，德军共损失了近5个师，伤亡无数。这一战是自苏德战争开始以来苏军取得的第一次重大胜利，不仅使苏军的士气大大提高，而且有效遏止了德军对莫斯科方向的攻势。苏军建立起的这条"斯摩棱斯克防线"，为其他部队重新整合并调集保卫莫斯科的兵力争取了时间，破坏了希特勒的全盘计划。

也由于这一场战役，德国领导层就下一步的战略方向问题产生了严重的分歧，为今后矛盾的爆发埋下了隐患。8月底，希特勒正式发布命令：冬季尚未来临之前，必须达到的主要目标，不是夺取莫斯科，而是在南方占领克里米亚和顿涅茨的工业区及煤炭产区并孤立苏联在高加索的石油产区。而在北方，则要包围列宁格勒并同芬兰军队会合。

德国调整了军事目标，不急于攻占莫斯科，而是从夺取南、北方战略目标入手，把列宁格勒作为他们的下一个重要目标。

基辅陷落之后，希特勒就向全世界宣布："苏联的西南方面军已经被彻底消灭，布琼尼各集团军已经不存在了！"而事实上，在9月底的阿赫特尔，那些被打散的部队仍然在阻挡着德军。切斯诺夫将军的支队、拉古京上校的步兵第293师、加斯帕良上校带领的步兵第227师以及谢缅琴科将军领导的坦克第10师部分士兵在90千米宽的地域上正面迎击德军的坦克第2集团军。

9月27号，在列别金以西的森林里，由鲁西亚诺夫少将指挥的近卫步兵第1师到达了这里，他们一直从边界打到了斯摩棱斯克，几次遭遇德军合围，都绝处逢生冲出了包围圈，以赫赫的战功名列第一批近卫军之首。这支部队与骑兵第2军一起从9月21日就展开了对古德里安罗姆内集团的反突击，牵制了德军相当的兵力，缓解了苏军其他几个被围集团军的危急情况。

古德里安集群的坦克第9、第16师及摩托化第10、第25师沿着锡涅夫卡村到什捷波夫卡的道路进攻了别洛夫的骑兵军，苏军骑兵第5师的正面防线被占有绝对优势的德军突破，法西斯的部队得以沿着公路冲向了骑兵第2军司令部所在地瓦西里耶去卡。

中午时分，德军对司令部开火了，苏军在军长别洛夫将军和参谋长格列佐夫上校的带领下迎敌，他们一开始就打退了德军的3辆先头坦克，使得德军一时间不敢上前，只是从远处射击。正在这时，苏军的坦克第1旅听到司令部方向的战斗声后迅速赶来支援。德军有50辆坦克，而苏军第1旅的坦克数量不过德军的一半，但勇敢的亮剑精神让他们在行进间就开始了对敌的战斗，没有丝毫犹豫。2辆被德军打中的T-34坦克起了火，他们也仍在战场上顽强战斗，一边向前推进，一边对德军实施强有力的射击。英雄的团队打退了德军的这一次袭击。

然而德军并没有就此罢休，在经过短暂的休整后调集兵力对苏军发起了进攻，别洛夫命令哈辛阻挡敌人的进攻。由于在此之前，敌人已占领什捷波夫卡，经过局势分析，哈辛决定对经过该镇的德军摩托化纵队进行冲击，这个任务落在了旅参谋长达耶夫上校的坦克部队肩上。

在山丘上，等待多时的达耶夫上校看准了时机下令向德军的纵队射击。德军被突如其来的进攻打得措手不及，匆忙逃跑，一度退到了什捷波夫卡以南的米罗诺夫希纳村，并在那里进行了抵抗。达耶夫上校派分队迂回进攻，迫使德军退回了摩托化第 25 师已经设防的什捷波夫卡镇。

10 月 1 日，苏军的摩托化步兵第 1 师和骑兵第 9 师奉命从东、北 2 个方向对什捷波夫卡发起了冲锋，哈辛上校率领的坦克旅则从西南方向实行迂回。由于利久科夫的近卫军遇到德军的顽强抵抗，别洛夫派出了他的预备队骑兵第 5 师参战。

占据主动优势的苏军步步为营，德军步步后退，战线退到该镇的东北部和北郊之后，哈辛上校的坦克从西南方向杀出，炮火声隆隆震天。维索茨基少校的骑兵则从东南方向冲向德军，战士们挥舞着马刀以必杀的气势冲散了德军的部队，德军士兵吓得四散奔逃。由于此时苏联正值秋雨季节，德军的汽车陷在泥地里派不上用场，越着急越逃不了的德军士兵干脆扔下了车辆落荒而逃。之后的几天中，苏军乘胜追击，一举解放了 20 多个村庄，路上到处是德军抛弃的汽车、摩托车和德军士兵的尸体。他们还缴获了 150 多门大炮和 5 个迫击连，战果颇丰，在整个局面不利于苏军的情况下给苏联军民一个巨大的惊喜。重建的西南方面军同整个苏联正在一步步走出困境。

十、保卫列宁格勒

列宁格勒原称圣彼得堡，乃鼎鼎大名的彼得大帝于 1703 年始建，被称为"西方的窗户"，之后 200 多年一直是疆域广大的俄罗斯帝国的政治文化中心，直到 1917 年十月革命的第一声炮响从这里传出，列宁格勒成了第一个社会主义国家的第一任首都，是苏联最重要的海港和重要的工业、文化中心。尽管后来苏联迁都莫斯科，但列宁格勒仍然被视为第二首都，是苏联第二大城市，有 300 多万居民。

希特勒当然很清楚列宁格勒的重要战略意义，也早已将其列为重点打击对象，要求尽快占领这一城市。事实上，在开战不久，希特勒就决定将列宁格勒和莫斯科夷为平地。德国海军司令部还下命令说："元首决定把圣彼得堡从地球表面抹掉。

应将城市严密封锁，并用炮兵和不停地轰炸将它摧毁。如果他们要求投降，也应予以拒绝。"

德军在列宁格勒一线的主要战略单位是由冯·勒布元帅指挥的北方集群，该集群下辖屈希勒尔大将的第 18 集团军和布施大将的第 16 集团军共 2 个集团军 20 多个师的基本兵力；另外配属该集群的由赫普纳大将指挥的第 4 装甲集群下辖莱茵哈特的第 41 装甲军和曼施坦因的第 56 装甲军，计 3 个装甲师、1 个摩托化师和 1 个步兵师的快速兵力。

列宁格勒保卫战

为该集群提供空中掩护和支援的是科勒尔大将指挥的第 1 航空队，下辖 400 余架战斗机。

苏军负责守卫列宁格勒以南地区的是由海军人民委员、红海军司令员库兹涅佐夫海军少将兼任指挥员的西北方面军，下辖第 8、第 11 和第 27 集团军；防守列宁格勒以北地区的则是由原列宁格勒军区就地改编的北方方面军，而为了统一在列宁格勒的总体作战行动，苏军还特意成立了兼管 2 个方面军的西北方向总指挥部，并由伏罗希洛夫元帅担任总指挥，日丹诺夫担任军事委员会委员，扎哈罗夫少将则被任命为西北方向的参谋长。

为了备战，苏军紧急调动了一切可以调动的资源，每天发动 50 万军民围绕列宁格勒筑起 3 道防线。最外面的一道，是以卢加城为中心的卢加防线，它南起伊尔门湖西岸的西姆斯克，基本上沿卢加河道前行，直至卢加河注入芬兰湾的入海口金吉谢普，全长 300 千米。防守此战线的有 4 个正规军步兵师、3 个列宁格勒民兵师、1 个步兵旅和一些军校学员。

自从德军于 6 月发动突然进攻以后，战火不断地蔓延在苏联大地上，到夏季快要结束的时候，列宁格勒面临的形势也越来越危险。德军统帅部为了夺取列宁格勒，投入了大量军队参加战斗。到 7 月初，原先拥有 30 个师的苏军西北方面军只剩下 5 个装备齐全的满员师。

7 月下旬的一天晚上，希特勒登上了去往苏德前线的专列，他想亲自去已经占领的苏联土地上享受他的战果，同时也为了督促冯·勒布元帅尽快攻破防线，拿下列宁格勒。虽然在 7 月上旬，北方集群占领了普斯科夫，但他们向前推进的步伐明显被苏联军民的拼死抵抗阻挡住了，一时间北方战线裹足不前。

在北方集群司令部所在地——普斯科夫，希特勒的专列停在了那里，冯·勒布元帅刚要汇报现阶段战况，希特勒就打断了他："我不想听糟糕的战局，更不想听你解释！我给了你 2 个集团军、1 个航空队，给了你占领布尔什维克第二首都的机会和光荣，难道就是来听你解释苏联人的防线是如何坚不可摧吗？法国赫赫有名的马其诺防线阻挡不住你，为什么在苏联老百姓的临时防线前你就止步不前了？你简直太让我失望了！"

勒布顶着希特勒劈头盖脸的训斥，低着头一语不发，听他后面还有什么指示。这位情绪化的元首又急匆匆地来到了地图前，继续开口："现在，我命令你，立即停止对卢加防线的正面攻击，改为在防线的西翼集中力量猛攻，就在诺夫哥罗德和金吉谢普，要狠狠地打他们，列宁格勒一定要在最近几天拿下来！"

这次谈话后的 3 个星期时间里，勒布出动了 29 个师的兵力，配合 1200 架飞机、1500 辆坦克和 1200 门大炮，对卢加防线展开了一次又一次的猛烈轰炸，双方损失可谓惨重，而没有人员和装备补充的苏联守军根本无法顶得住敌人的轮番进攻。

德军首先在金吉谢普附近突破了卢加防线，4 天后又在中路突破苏军阵地。虽然德军此后向列宁格勒的推进，每前进 1 千米都要付出很大代价，但是仍然以每昼夜 2 千米的速度步步逼近。到 8 月，德军已经占领了列宁格勒州的大部分地区，并绕过了卢加防线，推进到了赤卫队城附近，形势严峻。

然而德军的强大攻势并没有停止下来，接下来德军的第 1 军几乎完好无损地占领了采多沃的铁路桥和公路桥，切断了其通往莫斯科的铁路。8 天之后，他们又攻占了托斯诺，向穆加车站、亚米若拉和伊万诺夫斯科耶挺进，随即，列宁格勒通往苏联其他地区的最后一条铁路线也被德军切断。

德军第 16 集团军开始从东面包围列宁格勒，沿着涅瓦河左岸向拉多加湖方向推进，9 月 6 日，近 300 架德军轰炸机袭击了内务人民委员会所属的第 1 师防守的一小段地域，给苏军人员和武器装备造成了重大损失。为了冲破防线，德军即使在狭窄地段也出动了大批飞机。

之后，德军指挥部更投入了强大的装甲部队试图夺取施吕塞尔堡，战斗进行到 9 月 8 日，德军已把列宁格勒 3 面包围起来，只剩下拉多加湖一边还留下一条通路，苏军的第 1 师终被切成了 2 段。随着德军进抵拉多加湖南岸，占领施吕塞尔堡，他们对苏军的陆上封锁宣告完成，其包围圈缩小到用大炮就能直接轰击列宁格勒市区的程度。

接下来，法西斯德军开始收紧对列宁格勒的巨大的钳形包围圈，他们的空军派出一批又一批轰炸机不断炮击市区。几乎所有人都已经预见到接下来将要发生什么，列宁格勒被攻破似乎只是旦夕之间的事了。

在莫斯科，列宁格勒的形势也越来越让斯大林不安，他对伏罗希洛夫在战斗中的表现十分不满意，认为他作为方面军司令员并没有发挥出应有的作用。斯大林解除了伏罗希洛夫担任的列宁格勒方面军司令员的职务，后来把他调到国防委员会。

斯大林手里依然拿着他的烟斗，思来想去来回踱着步。必须派一个能力强一点儿的去接替伏罗希洛夫，可是派谁去呢？列宁格勒一旦失守，德军就会和北边的芬兰军队会合，之后大兵就会直扑莫斯科，到那时，苏军将更加被动。

总参谋部这里离不开沙波什尼科夫，斯摩棱斯克的西方面军还需要铁木辛哥，梅列茨科夫正在对芬兰作战前线……数算着手中的棋子，他想到了朱可夫，眼下似乎只有他是最佳人选。尽管1个月前，两人曾因为是否放弃基辅的事闹得很不愉快，时任总参谋长的朱可夫还主动请辞去叶利尼亚指挥地方战斗，但西方面军的形势仍然十分不利，况且现在是用人之际。

1941年9月9日，正在指挥夺取斯特里亚纳河西岸登陆场的战斗的朱可夫，忽然接到沙波什尼科夫的急电，最高统帅部命令他在当晚8点之前赶到克里姆林宫。朱可夫短暂考虑之后回电："请报告最高统帅，由于这里的形势紧张，我将会迟到1个小时。"

朱可夫驱车来到莫斯科克里姆林宫，卫队长已经在黑夜中等候他多时了。朱可夫一进屋，正赶上斯大林与莫洛托夫、马林科夫等人在吃晚饭，斯大林示意朱可夫落座，并给他介绍了列宁格勒方面的情况："最高统帅部与列宁格勒的陆上联系已被全部切断，芬兰军队从北面进攻卡累利阿地峡，德军北方集团军群在坦克第4集群加强下，从正南向该城攻击。"他看着地图，问道，"朱可夫同志，你对莫斯科方向的形势有什么看法？"

"照这样的打法，德军的伤亡也很大，如果列宁格勒战役一直打下去，让德军无法与芬兰军队会合，他们未必能够立即在莫斯科方向展开进攻。"

斯大林显然很满意朱可夫的回答："你这一次打得很不错，现在想上哪儿？"

"我服从命令。"朱可夫给了军人式的回答。

"去列宁格勒吧，接替伏罗希洛夫的指挥，那里的处境十分困难，但列宁格勒绝对不能丢。"

朱可夫表示坚决服从，但他要求带两三位得力的军官一同前往。斯大林没有阻拦："你愿意带谁就带谁去吧！"说罢，他走到办公桌边给朱可夫写了一张字条，要他亲手交给伏罗希洛夫。他提醒朱可夫："你们要飞越德军空军的控制区才能到达列宁格勒，务必处处小心。"

对于各方面军领导的安排情况，朱可夫建议由铁木辛哥继任司令员，而西方面军的司令员的职务，可以由现在第19集团军的司令员科涅夫中将接任。斯大林几乎立即就采纳了他的建议，并让沙波什尼科夫当即照办。随后，朱可夫依然不忘再次强调乌克兰方面的危险局势："斯大林同志，无论多么令人痛心，基辅也必须放弃。我们别无出路。"斯大林则又一次固执地拒绝了："基辅不能丢！"临别，他用力地握了握朱可夫的手，"祝你成功"。

朱可夫握着斯大林给他的字条，上面写着："请将方面军交给朱可夫指挥，然后立即飞回莫斯科。"朱可夫就这样临危受命，担当起保卫革命摇篮——列宁格勒的重要任务。朱可夫在叶利尼亚的出色表现得到了斯大林的认可，这位将军处事果断，在苏军的将领中可以算得上是对德军的军事理论和机械化作战研究最深的一位了。似乎哪里有危险，他就会在哪里出现，苏联人民亲切地叫他"救火队员"。

在 7 月和 8 月的西北方向战斗中，德军已经占领了列宁格勒州的大部分地区，到 8 月 20 日，德军已经绕过了卢加防线，前进到了赤卫队城，夺取了采多沃的铁路桥和公路桥，并切断了其通往莫斯科方向的铁路线。

到 9 月 6 日，德军派出 300 架飞机对苏联守军进行空袭，后又出动装甲部队攻打彼得要塞。到 9 月 8 日，德军将苏军第 1 师切成 2 段后进抵拉多加湖的南岸，开始收紧对列宁格勒的包围圈，每天派出大规模的轰炸机炮轰市区。

1941 年 9 月 10 日早晨，朱可夫带领亲自挑选的霍津中将、费久宁斯基少将和科科佩夫少将来到莫斯科中央机场，乘专机飞往列宁格勒，在途中他们便着手拟订作战计划。从空中飞往列宁格勒需要穿过德军的占领区，恰好天空中阴云密布，正适合掩护他们的飞机。

从莫斯科到拉多加湖的飞行路线一直都在下雨，但就在他们飞临湖面的时候，天空突然开始放晴。朱可夫他们乘坐的运输机遭到了 2 架德军"梅塞施密特"式歼击机的追踪，于是被迫采取了超低空飞行，以躲避对方的攻击。幸好德军没能及时占据有利攻击位置，他们才得以脱险。

朱可夫一行 4 人下了飞机直奔列宁格勒指挥部，并顺利完成了同伏罗希洛夫的交接，此时的列宁格勒，形势已经万分危急。军事委员会甚至已经提议讨论，万一守不住列宁格勒将采取怎样的措施。朱可夫强调："坚决保卫列宁格勒，暂时不采取任何放弃城市的措施。"朱可夫提出了响亮的口号，"不是列宁格勒惧怕死亡，而是死亡惧怕列宁格勒！"

西北方面军司令部参谋长戈罗杰茨基上校向朱可夫汇报着战况："在列宁格勒北方，芬兰军队突入并切断了卡累利阿地峡；在南面，新组成不久的第 42 集团军和第 55 集团军经过几天苦战之后，被迫后撤到普尔科沃高地一线；西面整个波罗的海沿岸都已被敌人占领。由于施吕塞尔堡失守，列宁格勒同苏联其他地区的陆路交通均被切断。"

朱可夫几乎是用最短的时间做出了决定："普尔科沃和乌里茨克方向是全线的

防御重点，我命令，立即为第42集团军补充兵力，马上从第23集团军中抽调一部分兵力给第42集团军，立即执行!"看着眼前的地图，他已经明显地看出，德军正把大量兵力集结在普尔科沃高地和乌里茨克，并企图以此为突破口冲进列宁格勒。而之前的部署图上，苏军几乎是在全线分散地布置兵力，没有分辨出敌人进攻的重点所在，一旦德军大规模攻击一个点，苏军则全盘皆输。

"还等什么! 快去执行吧!"随即，他换掉了戈罗杰茨基，任命霍津中将为方面军参谋长，费久宁斯基少将接任第41集团军司令。

朱可夫到达列宁格勒后的短短几天，就在原有的基础上，在列宁格勒近郊，迅速形成了一道新的防线。北起芬兰湾斯特列尔纳附近，经西南的乌里茨克，正南的普尔科沃，东南的科尔皮诺，然后沿涅瓦河到拉多加湖西岸的什利谢尔堡。在这道防线上，双方展开了反复的拉锯争夺战，苏军成功地牵制住了德军的强大进攻，德军始终无法摧毁这道防线。

9月13日，德军2个步兵师、1个坦克师和1个摩托化装甲师突破苏军防御，占领了康斯坦丁诺夫卡、索斯诺夫卡和芬兰科伊洛沃，并向乌里茨克方向推进。朱可夫并不示弱，在14日早晨，第10步兵师在苏联空军的配合支援下，沉重打击了德军，迫使其放弃了索斯洛夫卡和芬兰科伊洛沃。

之后，另一股德军拿下了普尔科沃高地，他们的机械化第41军的步兵师和坦克师又扫平了戈列洛沃车站，驻守这里的苏联红军民兵第5师奋起反抗，组织有力进攻，终于在1小时以后又夺回了戈列洛沃。

到9月15日，苏德两方在乌里茨克的战斗愈加激烈，许多阵地在短短的一天之中数次易手。到晚上8点，德军第18集团军终于成功在斯特列尔纳和乌里茨克之间突入芬兰湾，从而将苏军第8集团军与列宁格勒隔开。这样，守卫列宁格勒的就只剩下红军第42和第55集团军了。为了争取胜利，德军统帅部分两路出击，派8个师对付第42集团军，派3个师对付第55集团军，发动了钳形攻势。

为了防止敌人突破乌里茨克，朱可夫动员列宁格勒的市民临时组织了2个民兵师和2个步枪旅，火速增援第42集团军。9月16日，这些部队被安排在第42集团军防线之后，从芬兰湾沿岸经利戈沃、肉类联合加工厂、雷巴茨科一直到涅瓦河的第二梯队就这样被朱可夫建立起来。

然而，这道临时组织起来的防线能否拖住德军的步伐，朱可夫心中也没有答案，苏军面临的巨大压力，让每一个人都身心紧张，似乎每一个失误都关乎生死。

形势越来越紧张，斯卢茨克和普希金公园相继失守，随后，列宁格勒一条电车线路的终点站亚历山大罗夫卡也落入了德军的囊中，接着，德军突破到芬兰湾，紧逼基洛夫工厂。同时，有可靠消息称，德军又调来了大量的装甲部队和摩托化部队。

即便在这种时刻，朱可夫也表现得足够冷静不失大将风度，他站在地图前一动不动，突然眼睛一转，猛地发现了什么。"你们看，"他对将军们说，"德军的左翼延伸得很长，而此时第8集团军的位置正好可以从敌人的侧翼实施反突击！"

苏军把第10、第11、第125和第168步兵师以及民兵第3师集结起来，迅速建立起一支突击力量，同时重新编成了预备队。9月17日，朱可夫命令第8集团军司令员"收复沃洛达尔斯克居民点，向红村方向突击"！

列宁格勒方面军还得到了波罗的海红旗舰队的强大火力支援。舰队航空兵配合列宁格勒方面军空军对德军进行轰炸，为苏军做了有效的火力掩护。而靠近芬兰湾前线的第8和第42集团军则得到了海岸炮和舰炮的支援，以炮火反准备等方式展开了对德军炮兵的作战。赤卫队城筑垒地域和沿海桥头堡则使用了舰炮，弥补了机动炮兵的不足。

与此同时，德军6个师在北方集团军群空军联队支援下，从南面向列宁格勒强攻；第42集团军还在乌里茨克地区奋战；第55集团军则受命夺回斯卢茨克和普希金公园。战斗无休无止。一直到9月23日，苏军发现，德军在普尔科沃方向只有20辆坦克参加进攻，第42集团军成功地打退了敌人的继续进攻。而苏军在利戈沃、下科伊洛沃和普尔科沃的防线也巩固下来。经过多日的战斗，德军投入列宁格勒的有生力量消耗大半，而他们还是没能突破列宁格勒防线。

德军最高统帅部大本营，希特勒大踏着步在地图前走来走去，他刚刚得知了乌里茨克和普尔科沃高地攻击列宁格勒的计划彻底失败的消息，此时心急如焚。时光一天天地流逝，而德军停留在列宁格勒的时间已经太长了，他不能再等下去了。

希特勒猛地一拍桌子，说："如果武力不能取胜，我们就把列宁格勒围起来，把他们饿死，好腾出手去对付莫斯科。再这样下去，苏联将争取到足够的时间制造更多的武器，到时我们就将失去优势。"

此时，北方集群总司令勒布元帅也万分焦急，希特勒每天数次派人来打探消息，而且语气越来越不客气。参谋长哈尔德也拿他起哄，寄来了一位英国记者的报道，上面写着："勒布元帅接到了迅速占领列宁格勒，不惜一切代价的命令。毫无疑问，他正在执行这命令的下面一半。"勒布怒发冲冠，拍着桌子大叫："一个耍笔杆子的小记者，轮得到他来数落我，我在战场上冲锋陷阵的时候，千万人的生死都握在我的手上，我要面对的是全苏联的人，是那个可恶的朱可夫。"

9月18日，哈尔德在日记中这样写道："列宁格勒周围的包围圈还没有收得像人们希望的那样紧……考虑到我军在列宁格勒的严重消耗，而敌军又在那里集结了大量军队和武器，所以直到饥饿发生作用以前，局势仍将是困难的。"

9月22日，德国海军司令部发布了元首秘密指令，决定通过封锁、连续空袭和炮击等手段把列宁格勒夷为平地，并申明：如对方要求投降，将予以拒绝。一向视希特勒为"神明"的德军开始不折不扣地实施这一计划，连续不断地对列宁格勒进行炮击和空中轰炸。从9月21日到23日，德军指挥部为了消灭驻扎在喀琅施塔得要塞的波罗的海红旗舰队的主力，前后出动了400架轰炸机进行大规模的空袭。

9月至10月间，疯狂的德军对列宁格勒实施了100余次空袭，投掷了几万颗燃烧弹和爆破弹，直到后来苏联红军防空兵第2军和歼击航空兵第7军参加对德军的防空袭任务，才使这里的情况有所好转。

饥饿、轰炸、战斗一波又一波地考验着列宁格勒，这座城市面临着前所未有的困境。他们还能坚持多久呢？列宁格勒的军民没有被法西斯无情的轰炸和进攻打败，他们在极其困难的条件下，顽强地将敌人挡在了列宁格勒郊外，然而更大的难题却日益将他们包围，由于经拉多加湖的交通线遭到了战火的破坏，他们的给养正面临严重的缺乏状态。

面对着日益复杂的紧张局势，朱可夫把他的主要精力放在了拟订列宁格勒外围防御准备工程的详细计划上。他把全城划分为6个防御地段，在每个地段都建立了以营防御区为基础的坚强阵地，共建立了99个营防御区。同时苏军在第23、第42、第55集团军和涅瓦河集群负责防御的地段，以及最靠近城市的地区都修筑了大量的工事对抗德军，而朱可夫更是要求全城设置路障，并在路障前面挖掘防坦克壕沟。事实证明，这些工事对保卫列宁格勒起到了重大的保障作用。

由于希特勒改变了套路，大肆对列宁格勒展开猛烈的空袭，甚至还把空降兵调到了前线。朱可夫专门组织了针对空军的防御措施，将防空武器分布在了各个地区，甚至在芬兰湾里的平底船上也不放过。除此，朱可夫还给居民发放了武器装备，一旦敌人入城，列宁格勒全城将展开巷战，坚定死守到最后一个人。他还命令在工厂、桥梁和公共建筑内部埋设地雷，如果城市失守，就连同敌人一起将城市毁掉。

为了完成如此庞大的修筑任务，列宁格勒几乎全城动员，城内的女性们也都披挂上阵，每天进行超强度的体力劳动，但只能得到少量的面包充饥。然而这些辛苦没有白费，他们用汗水将这座城市变成了坚不可摧的堡垒。战士们在前线一次次地击退了德军的进攻，牢牢稳住了防线，完全打乱了希特勒企图从南北2个方向正面突击列宁格勒的计划。

红军方面军侦察处处长叶夫斯季格涅耶夫走进了指挥部，看见朱可夫正在聚精会神地看着地图。此时，苏军刚刚打退了德军迂回普尔科沃高地的进攻，重任在肩的朱可夫正在思考着敌人下一步的动向。

"司令员同志，有一个非常重要的消息，昨天夜里德军的 2 支坦克部队隐蔽地撤出了阵地，并沿姆加至莫斯科铁路线，向莫斯科方向开去了。"

"撤出？"朱可夫脑筋迅速地开动，"我需要你再查一遍，必须确认消息的真假，这关系重大。"

"我已经核查过了。"叶夫斯季格涅耶夫坚定地说。

朱可夫的眼睛发亮："你再派人去查一次，一定要确定消息的来源，确保不是德军的计谋。否则我送你上军事法庭。"

"好。"

尽管他不想面对结果，但事实已经摆在眼前。朱可夫简直不敢相信自己的耳朵，他知道这一切意味着什么，德军已经绕过了他们直奔莫斯科而去。他再也坐不住了。

十一、台风在行动

1941 年 7 月 16 日，德军的中央集团军群攻占了斯摩棱斯克，自此踏上了通往莫斯科的路途。但希特勒却出人意料地命令中央集团军群暂时停止向东行进，并抽调了主力部队去列宁格勒和乌克兰方向支援。随着基辅会战的展开，加上列宁格勒这块硬骨头久攻不下，希特勒不得不调整了他的战略：尽快结束基辅会战，对列宁格勒实施围困，将战略重点重新锁定莫斯科。

早在 1941 年 9 月 6 日，希特勒在他的"狼穴"大本营就发布了第 35 号训令，代号"台风"行动，确定于 10 月 2 日起展开莫斯科会战。向莫斯科方向的进攻由包克元帅领导的中央集团军群实施；正在列宁格勒作战的原中央集团军群的霍特第 3 装甲兵团以及北方集团军群的赫普纳第 4 装甲兵团于 9 月 15 日南下；正在乌克兰方向作战的原中央集团军群的古德里安第 2 装甲兵团和魏克斯第 2 集团军最迟在 9 月 30 日北返，两军在斯摩棱斯克附近会合。

在"台风"行动前夕，希特勒向他的 300 万名士兵发表了一篇激情洋溢的动员讲话："6 月开战以来，我们的部队修建了 2000 座公路桥，400 多座铁路桥，并修复了 29000 千米铁路，现已通车。现在我可以对所有普通柏林人讲，我们在俄国运输上的困难已不复存在了。我们要一鼓作气，在冬季来临之前把敌人彻底消灭干净。"

德军的各军队都按照最高统帅的指示集结，到了 9 月底中央集团军群已经先后集结了 74 个师 180 余万人，其中还包括 14 个装甲师、8 个摩托化师、1700 辆坦克、

14000 门大炮和迫击炮及 1390 架飞机。陆军元帅冯·包克的中央集团军群按照希特勒的指令，执行"巴巴罗萨计划"的最后一步——进攻莫斯科。

身在列宁格勒的朱可夫得到可靠消息，德军的装甲部队已经悄悄地绕过列宁格勒，向莫斯科方向进军了。他急匆匆地准备给莫斯科统帅部汇报情况，却几乎是在同一时间得到了消息：斯大林同志要在 1 小时之后与他通电话。

斯大林接起电话，直接对朱可夫说："朱可夫同志，莫斯科现在很危险，我们最高统帅部需要与你商量一下对策，你能不能立刻飞到莫斯科来？"

朱可夫没有犹豫："请允许我 10 月 6 日早晨起飞。"

"列宁格勒那边你就交给霍津吧。"斯大林继续说。

"霍津不在列宁格勒，我建议由费久宁斯基接替我的职务。"朱可夫说。

"好。那明天见，我在莫斯科等你。"

计划不如变化快，由于前线出现了紧急情况，朱可夫不得不将出发日期推迟到了 10 月 7 日，焦急万分的斯大林不时询问朱可夫前线的情况。

朱可夫如实报告："德军的进攻有所减弱，据我们抓到的俘虏交代。德军在列宁格勒附近正在转向防御，现在每天用空军和炮兵对城市进行轰炸和炮击。同时据侦察，德军的摩托化纵队和坦克纵队正在绕过列宁格勒向莫斯科方向前进。"之后，他又问斯大林，"我是否还按原定日期飞往莫斯科？"

"你还是乘飞机来一趟吧。"斯大林说。

朱可夫的飞机如期到达莫斯科，来接机的是斯大林的卫队长，他直接将朱可夫引到了斯大林的住所。斯大林正在等朱可夫，短短 1 个月没见，斯大林生病了，看上去十分憔悴也明显有些苍老，整个苏联的存亡都压在他的肩上，压力可想而知。

朱可夫和总参谋长沙波什尼科夫连日来都处于极度疲惫和休息严重不足的状态，沙波什尼科夫泡了一壶很浓的茶提神，给他讲解全线的最新情况，同时朱可夫也得到了最高统帅部的新任命：他被调往西方面军作为最高统帅部代表。

他没有时间睡觉，哪怕 1 个小时他都觉得无比珍贵。带着最高统帅部为他准备的地图，朱可夫匆匆出发了。路上，他回想着沙波什尼科夫的话："现在最大的愿望就是能好好睡一觉，哪怕四五个小时，没有人打扰，没有电话，没有战情。"自己又何尝不是呢，为了不睡着，他只能时不时将车子停下来跑一会儿步。只希望把法西斯快点儿打发了，还自己一个好觉。

9 月 30 日，德军南路古德里安的装甲部队拉开了"台风"行动的序幕。10 月 2 日，德军从中部突破了苏军防线，妄图在莫斯科前沿歼灭苏联红军主力，继而一举攻克莫斯科，摧垮苏联武装力量，乃至苏维埃政权。

10 月 7 日，德军的第 4 坦克集团军从南面突入维亚济马防线，将苏联的 4 个集团军南北合围，希特勒似乎已经胜券在握，他的新闻发布官狄特里告知全世界各大媒体：苏联最后一支完整部队，已被围困在德军于莫斯科城下设好的 2 个钢铁包围圈中；布琼尼的南方部队已经溃不成军；伏罗希洛夫的 70 个师也已经被围困在列宁格勒。苏联已经被打垮了。

眼前的胜利让希特勒心情不错，在他"狼穴"的餐室里，他一边切着牛排一边与秘书、副官们兴高采烈地议论战局，并不屑地说："就算英国拨出 1 周生产的坦克也救不了俄国人的命，俄国 1 天损失的坦克比英国 1 周的产量还大。现在俄国唯一的希望只有英国。除非英国向我们进攻，才能迫使我们把坦克和飞机从东线撤回来，可是丘吉尔已经回绝了斯大林的要求。"

沙波什尼科夫

希特勒处心积虑的"台风"行动，延续了德军一贯的快速追击风格，在 10 月初取得了较大的进展。在莫斯科正面的维亚济马方向，知己知彼的德军成功绕过了苏军的主力，德军的装甲部队分别从雅罗斯拉夫和杜霍夫希纳对苏军防御纵深实施了猛烈的攻击。于是在"台风"行动实施的第一天，苏军在维亚济马的防线就被逼退了近 30 千米。

在亚尔采沃郊外与维亚济马之间有一大片树林，罗科索夫斯基带领的苏军第 16 集团军临时司令部就设在这里。此时，罗科索夫斯基正透过望远镜看着各个方向敌军的动静，突然他拿着望远镜的手定在那里。他瞪大了眼睛，只看到前方原本平静如水的公路上突然卷起了重重灰土，他们脚下的大地开始有隐隐的颤动，树梢在摇动，叶子纷纷掉落。

面对来势汹汹的德军，苏军第 16 集团军集中所有炮兵，其中包括 1 个"喀秋莎"火箭炮团实施了预先计划好的炮火反击，他们在这一地段顽强抵挡住了德军前进的步伐。

第 2 天，不甘心的德军再一次向第 16 集团军的阵地发起了炮火猛攻，然而这一次似乎有所不同，因为除了炮火的打击，德军并没有打算正面前进。原来，德军将他们的重点转移到了第 16 集团军右边的第 19 集团军方向，那里由名将卢金将军领导。

德国法西斯派出了数量庞大的 12 个满员师的兵力对付第 19 和第 30 集团军，

德军的坦克、大炮、飞机数量都是苏军的十倍，双方兵力悬殊。尽管卢金从罗科索夫斯基将军那里借来了2个步兵师、1个坦克旅和1个炮兵团，但在德军的狂轰滥炸和猛烈攻击之下，苏军的防线被打开了一条30—40千米长的口子。

10月3日，德军占领了奥廖尔，并沿着奥廖尔-图拉公路向前推进，中途遭遇了苏军第1集团军部队的抵抗，刚刚得到了最高统帅部大本营预备航空兵第6集群和方面军航空兵支援的这支部队，在战斗中表现出了英勇的气概。特别是卡图科夫上校带领的坦克第4旅，利用坦克设伏，对德军的纵队实施火力突袭，之后又迅速转移阵地，使德军不敢向前，将德军牵制在别廖夫-姆岑斯克一线达2周之久。

在维亚济马的南面，罗斯拉夫利-尤赫诺夫方向，预备队方面军的第43集团军的防线同样被拥有巨大优势兵力的德军第4野战集团军和第4坦克集群突破，这样一来，在维亚济马外围的几个苏联集团军就有被德军合围的危险。然而，他们还并不知道形势的危急。

根据"台风"行动计划，德军中央集团军群应由绍斯特卡地域和罗斯拉夫利以南地域实施向心进攻，迅速突破布良斯克方面军对其围歼后从南面和东南迂回莫斯科。而布良斯克方面军在兵力上明显处于劣势，武器装备分布的密度极小，不能建立纵深防御。德军的坦克第2集群在狂轰滥炸后，突破了苏军第13、第50集团军的薄弱防御，开始从南北两面迂回包围布良斯克方面军，并前出其基本兵力后方。

10月5日，在相对平静了2天的第16集团军司令部里，罗科索夫斯基接到上级的命令，把部队移交给第20集团军司令，让他带着他的司令部到维亚济马去组织反突击。面对着不明朗的局势，罗科索夫斯基片刻也不敢耽误。就在赶赴维亚济马的路上，他的司令部还试图联系卢金中将，却怎么也联系不上。而突然接到的从南面组织反突击的命令让他们心事重重，到底各个方向的战事如何，敌人又在哪里呢，他们只觉得肩上的担子似乎越来越重了。

此时，德军的坦克正从南北两面同时扑向维亚济马方向，就在维亚济马以西和西南的森林里，他们合围了第16、第19、第20、第24和第32集团军各部队，没错，又一次合围上演了。

14日，苏军布良斯克方面军彼得罗夫少将领导的第50集团军、克列伊泽尔少将领导的第3以及第13集团军被德军合同在了布良斯克的南北地区。德军统帅部为消灭被合围的苏军，动用了坦克第2集团军5个军中的4个军。这些陷入战役合围的布良斯克方面军各集团军，除了一小部分在10月23日前突围后退到了别廖夫、姆岑斯克、波内里、法捷日、利戈夫一线外，其余大部被歼灭。

当朱可夫被任命为西方面军司令之时，西方面军形势异常严峻，他陆续得到了14个步兵师、16个坦克旅和40多个炮兵团。而苏联最高统帅部也将莫斯科预备队方面军的所有战斗部队和设施交给了朱可夫和经过他改组的西方面军。

朱可夫来到西方面军司令部时，西方面军司令员科涅夫与军事委员、参谋长和作战部长等人正在开会，而此时已是午夜，每个人都心事重重。听着马兰金的前线战况介绍，朱可夫心头一紧。

"我军设置的勒热夫-维亚济马防线已于10月2日被德军突破，昨天传来消息，我西方面军第19、第20集团军和预备队方面军第24、第32集团军在维亚济马地区陷入合围。"又是合围，朱可夫向地图上仔细看了看兵力部署情况，顿时知道了症结所在：处处设防，平均配置兵力，无法及时准确地判断出敌人的主攻方向。

事实上，勒热夫-维亚济马防线从勒热夫以北经维亚济马，南到布良斯克以北，纵贯南北，于莫斯科正西方绵延横亘400余千米。在这么宽的正面战场上，苏军原部署等于是将本就没有优势的兵力处处设防，如同撒在肉锅里的盐一般分散开来，这样的部署完全无法抵御敌人集中于一个方向进行突破时的强大火力，最终结局极可能就是战线被多处突破，部队被分割、包围，进而被逐个歼灭。苏军的部署失误，使得希特勒用惯了的合围招数又一次得逞。

"两翼的情况呢？"朱可夫焦急地问。

"也不太好。左翼的布良斯克方向，第3和第13集团军随时有被合围的危险，而右翼的加里宁方向，敌人对我预备队方面军的防线施加了很大压力，在司切夫卡至格道茨克一线，我军已被迫后撤。"

战况发展到这个地步，朱可夫心想，现在这道勒热夫-维亚济马防线已经没有意义了，我们只能尽全力保住下一道莫扎伊斯克防线了。

莫扎伊斯克防线距莫斯科150千米，地处勒热夫-维亚济马防线和莫斯科的中间，有300千米的绵长距离。朱可夫向斯大林汇报了他的想法："现在主要的危险是莫扎伊斯克防线的掩护兵力薄弱，且修筑阵地的工作还没有完成，因而敌人的装甲坦克兵可能突然出现在莫斯科附近。应尽快设法从别处抽调部队增强莫扎伊斯克防线。"

斯大林赶忙问："我想知道现在西方面军的第19、第20集团军在哪里？预备队方面军的第24、第32集团军在什么地方？"

"他们被合围在了维亚济马以西和西北地区。我正准备去找布琼尼。"

结束了向最高统帅部的汇报，朱可夫立即去预备队方面军找布琼尼了解情况。10月8日拂晓，朱可夫来到距莫斯科106千米的奥布宁斯克车站，正巧看见2个通信兵在拉线，从他们口中得知，此时西方面军的司令部已经转移到了森林的小屋里。

然而在预备队方面军的司令部朱可夫并没有找到布琼尼，他决定乘车去尤赫诺夫方向了解情况。在马洛亚岁斯拉韦茨市，整个城市如同废墟，但在区执行委员会大楼附近，他却意外发现了布琼尼的汽车。

两人热情握手，朱可夫告知他方面军司令部已经转移到了森林左边、普罗特瓦河桥的后面。而现在，西部战线有相当一部分军队已经被合围。

布琼尼这边的情况也不比其他地方好，第 24 和第 32 集团军已经被德军切断，敌人向维亚济马调集了大量坦克和摩托化部队，试图包围那里。

朱可夫告别了布琼尼，又一路向交战前线驶去，他要知道第一手的战况，又走了 10 多千米，他遇到了特罗茨基带领的坦克旅。他从那里得知，德军已经占领了尤赫诺夫和乌格拉河桥，正在卡卢加地区进行激烈的战斗，步兵第 5 师和第 43 集团军一些撤退的部队在那里作战。

朱可夫终于摸清了兵力分布，此时担任首都接近地防御的有 3 个方面军：科涅夫上将领导的西方面军；布琼尼元帅带领的预备队方面军；以及叶廖缅科中将任司令员的布良斯克方面军。至 10 月初为止，这 3 个方面军的作战部队总共约有 125 万人，990 辆坦克，7600 门火炮和迫击炮，677 架飞机，而德军的兵力却超过苏联了个方面军的总和。部队超过 0.4 倍，坦克超过 0.7 倍，各种火炮和迫击炮超过 0.8 倍，飞机超过 1 倍，力量对比悬殊。

斯大林与朱可夫通话："最高统帅部决定任命你为西方面军司令员，预备队方面军和莫扎伊斯克防线上的部队都归你指挥。"朱可夫在电话里接受了这一新的任命，他说："我只请求尽快增派新锐部队到这里来支援。"

朱可夫召集科涅夫和参谋长李科洛夫斯基开会研究如何加强部队的协调配合，最后决定把西方面军司令部迁到阿拉比诺。科涅夫带人前往加里宁协调那个极其重要方向的各支部队的行动，朱可夫则同军事委员布尔加宁一起前往莫扎伊斯克，现场视察防御状况。

重任在肩的朱可夫，得到了包围圈中所有部队的指挥权，却陷入了深深的忧虑。多日的战斗，这些部队已经遭遇到了严重的损失，人员严重不足，武器弹药极其有限，伤员无数、药品奇缺，只靠着不死的欲望和保卫家园的斗志支撑。该如何突破敌人机械化部队的强大包围圈，找到敌人的软肋，成了朱可夫日夜思考的问题。

德军的飞机几乎是毫无顾忌地对包围圈内的苏军进行轰炸，面对敌人不断收紧的包围圈，朱可夫下令将仅有的炮弹集中在一起使用，他组织了 3 个方向的突围，都被德军挡了回来。他们只剩下 2 个高炮营，根本无法提供足够的火力掩护。无奈之下，朱可夫过无线电联系了菲利普·阿法纳赛维奇·叶尔沙科夫，要求两军联合行动，突破包围圈。直到 10 月 11 日，他们反复尝试突破合围，但仍然没能成功。

此时，包围圈内苏军的形势已经恶化，食物和水的匮乏已经让部队只能靠马肉充饥，炮弹已经很少，子弹也不足了。药品已经用完，床单、衬衣都撕成了绷带。救护站的帐篷和病房里满床满地的伤员，战士们受了伤无法得到及时的医治，甚至只要还能拿得起枪，他们都不离开前线半步。

德军试图通过围困的方式将苏军赶尽杀绝，但多日的战斗也同样给德军带来不小的消耗，当希特勒询问为什么还不向莫斯科前进时，第 7 装甲师师长冯克说："我的部队被苏军的第 19 集团军缠住了，很难一下子消灭掉；而且虽然应该进攻并突破，但现在的情况是，我们的弹药明显不足了。"

10 月 12 日，朱可夫召集了最后一次指挥员会议，决定背水一战，集中所有炮弹，做最后一次近卫迫击炮的齐射。他派步兵第 2 民兵师实施突破任务，由瓦什科维奇少将带领的这个师在此之前还未在战斗中受到大的损失，得以保存实力，如今再配给他 800 名海军官兵加强实力。同样参加突破的还有由西伯利亚人组成的第 92 师。

朱可夫选择了在格扎茨克方向的博格洛德茨克耶村方向进行"喀秋莎"火箭炮最后一次齐射，他几乎将所有的希望都寄托在了这一次行动上。如果在这一天他们还不能实现突围，所有被围困的集团军在第 2 天将难逃被歼灭的命运。

等到太阳下山，朱可夫的部队开始行动，他们选择了一片宽度为 6—7 千米的沼泽地作为突破口，因为在这里德军的坦克将无法动弹。事实证明，他们的选择是对的，"喀秋莎"怒吼着向德军发起了进攻，并在强大火力的掩护下成功地冲开了敌人的包围圈。

反应过来的德军已经向突破口开始了猛烈的炮火攻击。朱可夫命令沃尔科夫上校带领他的师，守住突破口的两翼。但没过多久，德军又增派兵力堵住了刚刚轰开的突破口，苏军再一次陷入合围。

这时，德军已经将所有的部队都集中到了东面，而将苏军挤在了一个狭窄的区域。朱可夫心里清楚，此时，他们只有一个选择了。他们只能朝着第 20 集团军方向，向维亚济马以南突破，还有一丝成功的希望。他命令部队分散突围！

10 月 13 日，部队被分成每支 1000 人的小股分队，开始分散突围，按照朱可夫的命令，被围困的苏军战士炸掉了大炮、坦克，朝着第 20 集团军的所在地——维亚济马西南方向前进。

维亚济马的突围最终只取得了部分成功，但苏军还是成功地拖住了德军，随后，朱可夫还命令在威胁最严重的道路上，建立了许多反坦克支撑点和火炮支撑点，并且特别注意可能进行伏击的阵地。10月17日，苏联最高统帅部组建了加里宁方面军，由科涅夫任司令。朱可夫的主要任务是集中力量来保卫通往莫斯科的最直接接近地。在整个10月中旬，通往莫斯科的所有重要路段上激烈的战斗都在上演。

十二、莫斯科危急

　　莫斯科局势岌岌可危，急需大量援军增援，在朱可夫接受作为西方面军司令员任命的时候，只对斯大林提出了一个要求："请尽快派新锐部队到这里来！"斯大林何尝不知道援兵的重要性，可是要从哪里调人呢，战火在各条战线上蔓延，强化了一个地区就是弱化了另一个地区，他站在地图前，眼睛不自觉地盯住了漫长的东方防线。

　　为了防止日本法西斯的入侵，苏联不得不在远东地区部署了大量的部队，但此时作为轴心国成员的日本，是否会出兵苏联，使苏联陷入两线作战的困境，众说纷纭，斯大林也不敢轻举妄动。此时，一位至关重要的谍报大师拯救了苏联的命运，他就是佐尔格。

　　佐尔格化名"拉姆齐"，德俄混血裔，父亲是德国人，在巴库一家德国石油公司当工程师，母亲是普通的俄国妇女。佐尔格出生在南高加索，但在年幼时就搬到了柏林。在第一次世界大战爆发后不久，19岁的佐尔格志愿入伍，加入了德军的炮兵野战部队，但在1916年的西线战斗中身负重伤，断了3根手指，双脚终生微跛。他亲身经历了帝国主义战争给人民造成的巨大灾难，他憎恨战争。在医院治疗期间，他与一位女护士坠入爱河，并开始阅读马克思著作，渐渐接受了共产主义理论，加入了德国共产党。

　　佐尔格是在日本对中国发动"九一八事变"之后开始从事情报工作的。他先在中国住了几年，然后回到莫斯科，又从莫斯科到了德国。1933年法西斯政变之后不久，趁希特勒刚上台，他积极表示效忠法西斯，从而争取到了去东京当记者的机会，并以记者身份作为掩护，为莫斯科提供了大量关于远东战场的消息。

　　一个偶然的机会，身在日本的佐尔格结识了来自德国的军事观察员——欧根·奥特。佐尔格借机与他攀谈，见他正在为冯·包克将军写军事评论，而对于相关的外交部分却很难下笔，正需要帮助。如鱼得水的佐尔格与他纵论古今："早在半个世纪以前，明治天皇就说过，大和民族只有实现了3个阶段的计划才能征服世界。

这就是，第 1 步占领台湾；第 2 步合并朝鲜；第 3 步占领满洲，乃至全中国。不管怎么说，日本人从来没有忘记他们称霸全球的传统政策。在他们眼里，欧洲不过是亚洲的一个半岛。"

此时，奥特其实还接受了德国政府的绝密任务，为日本和德国双方的谍报机关建立联系。他正迫切地渴望结识像佐尔格这样有见识、有才干的朋友，帮他分析预见未来的形势和前景并提出有建设性的意见。佐尔格见奥特与德国的上层领袖有联系，更不能放过试一试的机会，或许能为工作带来意想不到的收获。他们相见恨晚，一拍即合。

当被问及对日德关系的看法时，佐尔格说："日本需要一个军事盟国来实现它的大陆政策，这是显而易见的。它能指望谁呢？苏联？不行！美国和英国？也不行！那还有谁呢？只有德国。而元首的德国也需要盟国，这就是今天的日本。"身为观察员，奥特当然清楚他的报告对自己前途的影响，事实也果真如此，他的报告甚至得到了希特勒的认可，被提升为武官后又晋升为上校，直到当上了德国驻日本大使，可谓扶摇直上、一路高升。荣耀背后佐尔格功不可没，奥特对佐尔格当然也视为心腹。利用奥特，佐尔格成功上位，甚至在日本东京的德国使馆内还有自己单独的办公室，并能自由出入使馆的机要室。

1940 年的一天，从柏林来了一位信使，刚好路过莫斯科到达日本，佐尔格随口问了一句："苏联人对德国向西扩张有什么反应？"信使耸了耸肩说道："管他有什么反应呢！反正元首在 7 月的会议上，已经批准了消灭苏联有生力量的计划！"

佐尔格经过筛选判断，发现原来德国预定要进攻英国的计划只是骗局，希特勒早已把第 4 和第 12 集团军秘密调往东线，接近苏德边境。早在 1940 年 12 月 30 日，佐尔格就给莫斯科发去电报："德军在苏联边境地区已集结了 80 个师。德军打算沿哈尔科向列宁格勒一线挺进，直至占领苏联全境。"利用奥特这层关系的掩护，佐尔格把希特勒准备在 1941 年 6 月进攻苏联、德意日三国军事同盟的谈判等重要情报及时发到了莫斯科。

在克里姆林宫，斯大林在办公室里刚点着了他的烟斗，波斯克列贝舍夫就敲门进来，交给斯大林一份重要的情报，内容简洁明了："据悉，日本政府不会在 1942 年秋季以前对苏开战，相反，日本将会在下几周内向美国开战。"这正是佐尔格最后的消息，也是他为这个国家做出的最重大的贡献。在苏联的危急时刻，对于后备兵员几近枯竭的苏军最高统帅部，东线兵力的调动将会给战局带来至关重要的影响，甚至决定成败。

这一情报的来源全靠奥特的关系。1941 年 10 月上旬，佐尔格到使馆找奥特，看他紧皱眉头、若有所思的样子，便问道："大使先生，您今天的气色看起来可不太好，出什么事了？"奥特心事重重，见到佐尔格更是愿意将难题一同分享："佐尔格先生，您来得正好，我正有事想请教您。柏林一直在催我，问我日本政府什么时候对苏发动战争，可是日本的近卫内阁就是不开窍。现在柏林对我很不满，甚至要把我召回国去，据说还要把我派到前线去，我真不知道该怎么办了，怎样才能让日本这些傻瓜行动起来呢？"

佐尔格不动声色，而今天的话题，恰恰是他最关心的，他表现出同情又无奈的神情，说道："我很同情您现在的处境，根据我对日本人的了解，或许不能太逼他们，他们不愿意被人歧视、受人摆布。现在最聪明的办法是欲擒故纵，不去催促日本对苏开战，而尽量淡化这个问题，或许能有意想不到的效果。"佐尔格不忘问出他最想问的话，便不紧不慢地拿出一支烟点上，接着说，"不过，您得先能确定日本政府不打算对苏作战。"他继续抽了一口烟，等待着奥特的回答。

"这无须怀疑，据可靠消息，日本政府打算再维持一段时间中立，至少1942年秋季之前不会对苏开战。"奥特果然拿佐尔格当自己人。听到这一消息，佐尔格犹如注入了一针兴奋剂，他抽了口烟，想起了什么似的看看表，说："差点儿忘了，我是顺路来看您的，一会儿还有个记者招待会，发布关于日本金融和资源的消息，我得去参加，告辞了。"

从德国使馆出来，佐尔格直奔存放电台的秘密地点，尽管当时风声已经很紧，佐尔格还是一刻也没有耽误地将情报传到了莫斯科。日本警察局特高课的成员们正在加紧搜捕活跃在东京的最大间谍网的活动，佐尔格小组的核心成员之一宫城与德被捕。宪兵对其严刑拷打，宫城跳楼自杀，被树枝挡住，骨折重伤。宪兵继续用刑，宫城供出了尾崎、克劳森和安娜。10月15日，尾崎被捕，供出了佐尔格。10月18日，克劳森和佐尔格被捕。后来，佐尔格与尾崎一起被秘密绞死在东京拘留所，也就是巢鸭监狱。

斯大林看到这份情报时，还不知道佐尔格出事了，他再三考虑后，终于下决心赌一把，马上给总参谋长沙波什尼科夫打电话："我刚刚得到一份我们在东京的情报人员发来的情报，据说日本人不会在1942年秋季之前参加对苏作战，这具有重要意义，它使我们可以从远东军区调来一些部队，多少满足一下我们的需求了。请您迅速与远东军区联系，让他们抽调若干个师，做好出发准备，最高统帅部安排特别军用列车负责运送，要快，1分钟也不要耽搁。"

苏联最高统帅部下令从东部转移11个师，共计25万人。远东地区的精锐步兵和坦克部队被一列接着一列、日夜不停地调往西部前线保卫莫斯科。幸亏有佐尔格在东京提供的情报，这些部队才能在千钧一发之际，增援莫斯科，解救了苏联。

从朱可夫大将接任西方面军司令员开始，最高统帅部陆续从远东和友邻方面军向莫扎伊斯克防线派来了增援部队。先后有 14 个步兵师、16 个坦克旅、40 多个炮兵团和其他部队约 9 万人到达前线，并重新组建了第 5、第 16、第 43 和第 49 集团军。这已经是此时斯大林所能提供的极限，尽管还不足以建立一条坚固战线，但毕竟可以有所缓解。

德军在 1941 年 10 月 10 日，就沿着布良斯克、维亚济马一线向莫斯科方向进军，进攻的重点在博罗季诺，德军与朱可夫仓促组建起来的首都防御部队展开了激烈对战，2 个德军装甲集群再一次从苏军防线的两翼进攻，以期对莫斯科形成战略合围。

但是，苏联不断地从远东和中亚调集新的部队赶往莫斯科却令希特勒很不安，他在他的大本营咆哮着："现在已经越发清楚，我们不仅低估了苏联巨大的经济力量和运输力量，最重要的是，我们低估了他们的军事力量。"德国的情报部门最初计算，苏军大约有 200 个师，然而现在已经查明番号的有 360 个师。事实证明，一旦有十几个师被消灭，苏联人就又投入十几个师。而随着战争的推进，德军的战线在苏联广大的疆土上分布愈加分散，就显得兵力愈加有限。

除此，苏军的新式装备也大大超乎德军将领们的预料。古德里安、布鲁门特里特等德军高级将领在他们的作战报告中就对初次碰到的苏联 T-34 坦克表示了高度的重视。这种坦克装甲很厚，德军的反坦克炮弹奈何不了它，而在此之前他们对 T-34 坦克闻所未闻。另外，早在战争开始的当天，德军就将大部分的苏军飞机直接炸毁在了地面上，而天知道斯大林又从哪里搞来了这么多飞机。由于战线太长，德军的空军基地离前线相对较远，就不能有效配合地面部队在前线的进攻，使得装甲部队的挺进也遇到了极大的困难。

尽管如此，德军在 10 月上中旬还是在以胜利者的姿态向前推进。10 月 13 日，他们占领了莫斯科西南 160 千米的卡卢加，之后又占领了莫斯科东北 150 千米的加里宁。德军强大的装甲部队切断了莫斯科到列宁格勒的铁路线并占领了许多横跨伏尔加河的桥梁。也就是说，德军已经从南、西、北三个方向包围了莫斯科。

德军在国际上宣称，他们已经俘虏了 65 万名苏军、5000 门大炮和 1200 辆坦克。柏林广播电台说，莫斯科已经完了，进入莫斯科的仪式已经安排好了，希特勒要骑着一匹白马从波克隆山方向进入莫斯科，文武官员甚至都已做好了礼服和白手套。当时，几乎所有的德军将士和西方国家的人都以为，莫斯科真的指日可破。到 10 月 20 日，德军装甲部队的前锋已进抵莫斯科城外 60 千米处。一切的一切似乎都在印证：德军在苏联的严冬到来之前拿下莫斯科似乎是不成问题的。

事实上，从 10 月 13 日起。所有通向莫斯科的重要作战方向上都在进行着激烈的战斗。在这个艰难的 10 月，苏联西方面军军事委员会发表了告军队书："同志们！在我国面临危险的时刻，每一个军人的生命都应该属于祖国。祖国要求我们每一个人贡献出最大的力量，发扬英勇顽强和坚韧不拔的英雄主义精神。祖国号召我们要成为无法摧毁的铜墙铁壁，堵住法西斯匪帮去往莫斯科的道路。现在比以往任何时候都需要加强警惕性、铁的纪律、组织性、坚决果断的行动、必胜的信心和随时准备自我牺牲的精神。"

在莫斯科，苏联政府的国家机构和外国使馆迁往距莫斯科 800 千米的古比雪夫。为了撤离，莫斯科的许多工厂关闭、许多工人失业，商店和食品店也停止营业，有轨电车已经不再运行，正在建设的地下铁路也停工并做好了炸毁的准备，向东方向的路上挤满了车辆，社会秩序一度陷入混乱。

莫斯科市党委书记发表演说，向广大市民保证不会放弃莫斯科，10 月 19 日，莫斯科宣布戒严。作为领袖的斯大林同志仍然选择留在莫斯科，给留守的莫斯科军民强大的精神力量。

博罗季诺是距莫斯科 120 多千米的古战场，早在 1812 年拿破仑大军进犯莫斯科时，巴格拉季昂公爵曾率领军队在此地与法军决战，两军 20 万人浴血拼杀，后俄军大胜，顽强地守住了阵地，博罗季诺也因此铭记史册。然而就在 130 年后，苏联人民在这里再一次坚守祖先战斗过的阵地，与侵略者展开了一场恶战。

斯大林对博罗季诺寄予了厚望，为此专门调集重兵。最高统帅认为，库图佐夫的后代们会像他们的先辈一样，给法西斯侵略者重重一击。

刚刚从远东军区日夜兼程赶到博罗季诺的步兵第 32 师和由莫斯科"镰刀锤子"工厂的工人组成的 3 个民兵营及 2 个不满编的坦克连共同负责守卫博罗季诺，都听从波洛苏欣上校的指挥。

德军的第 40 装甲军浩浩荡荡地向博罗季诺的守军发起了进攻，波洛苏欣上校指挥着战斗，苏军先用炮火猛烈打击德军前进的坦克，苏军的无线电出了故障，就用人喊，一个接一个地将命令传下去，传令的战士倒下了，另一个战士补上去，直到命令准确地传到了每一个炮位上。待德军露出其侧翼后，苏军又派出事先埋伏好的坦克营袭击德军两翼。而德军也不甘示弱，又发挥了空军的优势，将波洛苏欣的坦克营逼退。

正在战斗胶着之时，师部观察所门外来了一个名叫叶戈罗夫的高个子，到这里寻找指挥员。一见到波洛苏欣，他当即一个立正："第 59 独立炮兵营营长叶戈罗夫向您报告，我营路过此地，带了'喀秋莎'来慰问大家了。请问是否需要帮助？"说着，他神秘地看看波罗苏欣。这位指挥员显然没明白"喀秋莎"的意思："你能提供什么帮助？"

叶戈罗夫微笑着用手指了指外面："就是那火箭炮。"

听了"火箭炮"3个字，波洛苏欣顿时眼前一亮："能发射吗？"

"当然了，您还没有见过'喀秋莎'的风采吧，如果需要，我马上为您安排一次齐射，让您和战士们开开眼，给德国鬼子点儿颜色看看！"叶戈罗夫胸有成竹。

"就一次齐射？太少了吧，可以多打几发。"波洛苏欣显然还不知道"喀秋莎"的厉害。

"相信我，上校同志，一次就足够了。对了，您最好先派人跟我们前沿的战士们打个招呼，'喀秋莎'干起活儿来动静可不小，别吓着他们。"这个大个子说完就转身出去安排他的齐射了。

"喀秋莎"多管火箭炮共有8条发射滑轨，每条滑轨上下各悬挂一枚火箭弹，可发射口径为132毫米的火箭弹16发，最大射程8.5千米，既可单射，也可部分连射，或者一次齐射。其完成一次齐射仅需7—10秒。

这种火箭炮的发射筒上标着字母"K"，这是沃罗涅日共产国际工厂出厂时的标记，"K"即是俄文单词共产国际的第一个字母。由于火箭炮这种新型武器当时严格保密，红军战士也不知道它的正式名称，就根据这个字母"K"，索性给了它一个女性的爱称——"喀秋莎"。

"喀秋莎"火力凶猛，杀伤范围极大，是一种大面积消灭敌人密集部队、压制敌人火力配系和摧毁敌防御工事的有效武器，在战场上发挥了巨大的作用。

波洛苏欣向部队通报，让战士们对火箭炮做好心理准备，之后继续拿起望远镜观察着前线的情况，此时德军已经恢复了进攻的队形，七八十辆坦克正向自己的阵地冲过来。忽然，脚下的土地剧烈地颤动了一下，头顶上响起一串撕心裂肺的可怕鸣响，师部观察所的棚顶和墙壁上灰土直落，随即一条条刺眼的火龙划破天空向德军的前进部队袭去，像一大串霹雳同时砸向了远处的大地。师部观察所里的所有人都还没站稳，刺目的闪光把天地晃得茫茫一片亮白，巨大的声响裹挟着沙石、草皮和树叶四处乱飞。世界仿佛在那个瞬间毁灭了一遍。

是"喀秋莎"，缓过神来的将士们都将自己的目光集中在了战场上，刚才还声势浩大的德军坦克部队此时已经找不到踪影，眼前是一片连一片的火海，火焰升起老高，变成一道道火墙，上空笼罩着滚滚浓烟。

"喀秋莎，喀秋莎……"

短暂的沉静之后，苏军的阵地上发出了振奋人心的欢呼，那是属于胜利者的欢呼。仅仅一次齐射，至少打掉了德军20辆坦克。整个博罗季诺的苏军沸腾了。就这样，波洛苏欣上校带领他的部队把敌人阻挡在了博罗季诺达5天之久，终因寡不敌众被德军攻破。在非常时期，他们为莫斯科赢得了宝贵的时间。

几乎与博罗季诺之战同时，北方的沃洛科拉姆斯克的阻击战也进行得异常惨烈。德军第4装甲集群出动了2个师，200辆坦克发起了进攻，受命守卫沃洛科拉姆斯克地区的是第16集团军所属的第316步兵师，由潘菲洛夫任师长。他们也刚从中亚地区调到前线，齐装满员，有强烈的战斗欲望。朱可夫将西方面军航空兵的200架歼击机和200架轰炸机及强击机集中在这一带，对第16集团军进行支援。

在沃洛科拉姆斯克方向上，苏军将有限的反坦克炮分成了2组，一组先出手吸引敌人火力，另一组则借机充分打击敌人。眼看着德军的那些钢铁机器一步一步地爬进了苏军的炮火范围，连长基洛夫斯基指挥他的炮手瞄准了德军的一辆坦克就是一炮，当即就把那部绿壳机器定在了原地。随着这突然响起的一炮，他们也暴露了位置，德军的数十台坦克几乎是同时调整方向，炮弹向第一小组袭来。

这样一来，德军的坦克就将自己的侧身留给了苏军的另一组反坦克炮，没有给他们喘息时间，另一组反坦克炮已经完成了一次干净利落的齐射，五六辆坦克或原地打转，或黑烟直冒动弹不得。德军阵形全乱，没了章法。这时，苏军预先埋设好的地雷发挥了极大的作用，接连被接近的德军坦克轧响，更帮了苏军的大忙。见势不好，德军剩余冲锋的坦克和吉普车悄悄退了回去。

连续2天，德军先是派加强的第5集团军后又增加2个摩托化军向苏军发动了一拨拨的进攻，都没能突破第316师在沃洛科拉姆斯克的防线。经过周密的侦察，德军又把目光集中在了第316师的右翼，这里由军事学校的学员们组编成的部队负责防御。这个学员团从索尔涅奇诺戈尔斯克出发，急行军85千米，刚一到达沃洛科拉姆斯克地区，就进入阵地投入了紧张激烈的战斗。

他们的校长兼团长姆拉金采夫就对他们说："凶恶的敌人要闯入我们祖国的首都莫斯科。我们应该阻断他们的道路，保卫神圣的首都。现在没有时间进行你们的毕业考试了，你们将在前线、在与敌人的战斗中经受考验。我相信，你们每个人都会光荣地通过这次考试。"学员们顽强地守卫着整个沃洛科拉姆斯克最重要的防御地段，英勇地抵抗着法西斯的入侵，使德军前进的速度十分缓慢。

十三、红场阅兵

"起来，巨大的国家！"

在希特勒"不惜一切代价必须攻下莫斯科"的指令下，德军虽然遭受了巨大牺牲，仍取得了一些进展。10月13日，德军占领了莫斯科西南160千米的卡卢加；后又攻克了莫斯科东北方向150千米的加里宁；而他们的装甲部队不仅切断了莫斯科和列宁格勒之间的铁路线，更保有了许多横跨伏尔加河的桥梁。德军从西、北、南 3 面包围了莫斯科，德军兵临莫斯科的情形已经是不争的事实。180 万德军、1700 辆坦克、1400 架飞机和 1400 门火炮，德军的机械化先头部队已经挺近到距莫斯科 25 千米处，莫斯科处在万分危急之中。

10 月中旬，苏军两方面军的几个集团军被严重削弱，其基本力量集中在沃洛科拉姆斯克、莫扎伊斯克、小雅罗斯拉韦茨、卡卢加几个重要方向，分别是第 16、新编第 5、第 43、第 49 集团军防守。

然而从 10 月中旬开始，苏联的秋雨季节就将坏天气和坏心情一起带给了希特勒。面对已经变成一片稀泥的平原，德军的机械化部队几乎寸步难行，车辆动不动就陷进泥地，一门大炮要动用许多匹马来拉动，士兵们深一脚浅一脚地跋涉在泥地里。他们已经几个月没有洗澡，没有干净的换洗衣服，在潮湿的掩体里休息，双脚因长期泡在积水里而浮肿，情况越发艰难。

到 11 月，莫斯科的气温在寒潮过后降到了零摄氏度以下，土地终于不再潮湿泥泞，德军的大机器们终于可以离开泥沼前行，他们的燃料供应却迟迟无法满足。而士兵们的日子也更加不好过，凛冽的寒风刺骨地吹着，德军仍然穿着夏天的单衣。

在希特勒看来，他的军队只差四五十千米就能轻取莫斯科，而此时的苏联首都却不如他想象中的不堪一击，斯大林奇迹般地调来了源源不断的援兵。希特勒万万没想到的是，自己的闪击战计划会一直被拖延到了冬天，莫斯科这该死的天气竟会让他的军队陷入如此艰难的境地。

德军兵临城下之时，莫斯科城内出现了恐慌、混乱的局面，10 月 15 日，斯大林为首的苏联政府做出了战时重要决定，将部分党政机关、外交使团撤往古比雪夫，大批工厂、企业以及 100 多万名居民撤出莫斯科。末日气氛蔓延，有人还趁火打劫，趁乱洗劫市民财物、破坏社会秩序。

根据斯大林的命令，10 月 17 日苏军建立了加里宁方面军，从莫斯科西北面阻击敌人。在 10 月 19 日，国防委员会宣布：莫斯科戒严！对所有奸细、间谍和煽动内乱的敌人就地处决。号召首都民众不惜一切代价保卫莫斯科！

10 月 20 日的《真理报》上还发表了《阻止敌人向莫斯科前进》的社论，动员全市人民在敌人到来之前，用自己的鲜血把他们埋葬。莫斯科市委还召开了全市积极分子大会，号召全市人民"把首都变成一座攻不破的堡垒"。

在莫斯科面临生死存亡的危急关头，以斯大林为首的国防委员会做出了"在莫斯科近郊歼灭德军"的决定，苏联红军依靠前线防御工事系统，组织起坚强的防御，削弱和消耗敌人的有生力量，以便赢得时间集中后备力量，为转入反攻创造条件，到最后一举给德军以沉重打击。

全市人民积极响应最高统帅部的号召，表现出了临危不惧、誓与敌人决一死战的英雄主义精神。短短 3 天时间，莫斯科就组建了 25 个工人营，12 万人的民兵师，169 个巷战小组和数百个反坦克班。工人、工程师、技师、作家、学者甚至艺术工作者，怀着一颗保卫祖国的心和英勇无畏的精神加入民兵师。除了所有符合条件的男性公民，甚至还有成千上万不符合条件的人要求上前线参战。许多自发的民兵组织加入了袭扰敌人军营和截击敌人军车的游击队，积累了战斗经验后组成战斗兵团独当一面，担任正规的攻防任务。

那段时间，整个莫斯科有 45 万人参加修筑防御工事，其中有四分之三是妇女和少年。他们在莫斯科附近修筑了 7.2 万米的防坦克壕、8 万米的崖壁和断壁，挖掘了近 13 万米的战壕和交通壕，并设置了 5 万米长的桩砦和许多其他障碍。他们在寒冬里在硬土上，用自己的双手，挖出了 300 多万土方，上演了一场轰轰烈烈的全民战争。

德军接连对莫斯科进行狂轰滥炸，莫斯科的空袭警报每天都要响起，为了最大限度地减少损失，留住经济根基，莫斯科对市内以及市郊的大型工业区的企业进行大规模的疏散。8.8 万列铁路货车，满载着设备、金属材料及各种半成品，满载着企业的工人和家属，迁往伏尔加河中下游以及乌拉尔、西伯利亚、中亚和哈萨克等地区。留在莫斯科工厂里的工人和工程技术人员，同样表现出了大无畏的牺牲精神。由于当时全部贵重设备都已撤出莫斯科，他们坚持用旧的设备和生产线供给前线的武器装备。时间紧、任务重、人员严重不足，他们就加班加点，夜以继日，甚至冒着敌机不断轰炸的巨大危险坚持生产，仅负责生产 7.62 毫米冲锋枪枪机的第一轴承厂 12 月的产品就比 11 月份多出 34 倍！

为了支援前线，几十家根本不是军工厂的工厂里，工人们自觉地开始生产战时武器和其他军用产品。无轨电车修理厂开始生产手榴弹，机械厂转产坦克和炸药，甚至原来生产居民服饰用品的小厂也能为前线生产反坦克手雷。成千上万的苏联家庭主妇、女学生都主动进入工厂帮助生产，迫击炮、自动步枪、炸弹、炮弹一批批地被生产出来。汽车厂则大量生产越野汽车、救护车、火炮的部件和铸件以及雷管。甚至许多市民纷纷捐献金银珠宝，还有汽车、摩托车、自行车，甚至是打字机、缝纫机……据统计，国防基金会共收到战时捐献达 1 亿 4200 余万卢布现款，1500 克白金、约 8000 克黄金、500 千克白银。

在大疏散之前，莫斯科共有 7.5 万台金属切削机，疏散后只留下 2.1 万台。战前，莫斯科供电系统发电能力超过 1400 万千瓦，到 1941 年秋，已经不足这个数字的一半。但是，顽强的莫斯科市民硬是克服了种种困难，保证了前线所需。

敌人对莫斯科的狂轰滥炸日甚一日，几乎每夜都有空袭警报，千百万莫斯科人一面井然有序地继续工作、生活，一面积极参加反空袭的战斗。甚至是老年人和舞女都在防空服务队里工作，他们每夜都要站岗，当德军空袭结束之后，他们就迅速行动起来，扑灭德军投下的燃烧弹。

大街小巷都有民兵团巡逻，他们头戴钢盔，持枪荷弹，许多人走路时肩上还戴着防毒面具，去前线的士兵们坐在运兵车上合唱歌曲。博物馆和列宁墓等地方也都无可争议地关闭了，街头到处是沙袋，围墙上到处是标语、漫画。大概是战争极大地激发了艺术家们的创作热情，每1周都有新的漫画被张贴出来，有苏联的飞行员驾着飞机翱翔在柏林上空，有白衣护士正在前线照顾伤员，十分传神。

朱可夫大将在他后来的回忆录中也说到这段时期："当我们谈到莫斯科保卫战的英勇战绩时，我们所指的不仅仅是军队里英勇的战士、指挥员和政治工作人员的战绩。西方面军以及以后各次战役之所以能取得胜利，完全是首都及莫斯科军民团结一致和共同努力的结果，是全国、全体苏联人民对军队和首都保卫者进行有效支援的结果。"

到 1941 年 10 月底，经过莫斯科军民的浴血奋战，德军被拖在了土耳其诺沃-沃洛克拉姆斯克-多罗霍沃-阿列克辛以西一线，进攻能力已大大减弱。德军参战的所有步兵师都减员 2500 人左右，相当于实际兵力的三分之一，装甲部队的兵力更减少了半数以上，平均每个装甲师的战斗力只有正常的三成，可谓元气大伤。

1941 年 10 月 28 日，斯大林突然召见莫斯科军区司令阿尔捷米耶夫将军和空军司令日加列夫将军："再过 10 天就是十月革命纪念日了，我们要不要在红场上举行阅兵式？"

这两位将军被突如其来的问题搞得不知所措，如今的莫斯科正在慌乱地大撤退，各个机关都在焚烧文件，怎么可能举行阅兵式呢。

"我再问一次，要不要举行阅兵式？"斯大林坚定地重复着。

阿尔捷米耶夫略带迟疑："形势很严峻，我们所有的炮兵和坦克都在前线，莫斯科也没有军队可用，这合适吗？"

斯大林将烟斗送到嘴里，仿佛早已料到他们的说法，他将身子靠在椅背上说道："但是国防委员会认为，必须举行阅兵式。尤其是在这种民族危亡的关头，这不仅会对莫斯科市民，而且还会对全军和全国起到巨大的精神鼓舞作用。"在最高统帅不容置疑的要求下，这两位司令在绝对保密状态下，匆匆开始筹备阅兵式。

1941 年 11 月 1 日，朱可夫乘坐的小轿车又一次驶进了克里姆林宫，他刚刚接到斯大林的电报就火速从前线赶来，不知道这一次最高统帅有什么新的指示。门口的警卫见了他急忙立正行礼，他大踏步地走上台阶，穿过走廊、楼梯，来到会议室的门前。正了正军帽和军服，深吸了一口气，朱可夫敲开了大门。

此时，会议室里几乎坐满了所有政治局委员和国防委员会成员，永远拿着烟斗的最高统帅坐在长桌的一端。见到朱可夫，斯大林眼里掠过了一丝不易察觉的亮光，即示意他坐下，并征求他的意见："朱可夫同志，政治局和国防委员会有一个提议，今年的十月革命纪念日，除了要召开庆祝大会之外，还想在莫斯科举行阅兵式。我们请你来，就是想听听你有什么想法？目前前线的形势允许我们搞阅兵式吗？"

朱可夫的脑子迅速地转动着，他当然知道在德军兵临城下的情况下搞阅兵式的危险性，但他也清楚莫斯科的用意，此时的苏联需要一次振奋，这将是给德国法西斯的重重一击，甚至拥有超过几个集团军的力量。他当即回应："我认为这个想法是可行的。近日各条战线上的进攻也基本都已停止，德军正在全线构筑他们的防御阵地，这说明在最近几天内敌人不会发动大规模的进攻。前一段作战的严重损耗，以及不利于机械化部队行动的恶劣天气，再加上补给不足等原因，一切都不允许他们马上发动地面进攻。但是，危险性是有的。"朱可夫话锋一转，"那就是敌人有可能对我们进行空袭。"

"这一点我也想到了，"斯大林继续问，"你有什么好办法吗？"

"我建议加强对空防御，增大高射炮的密度，同时，把友邻方面军的歼击机调派到莫斯科附近待命，以构成空中和地面的双重打击力量。"

与会的将领们纷纷表示同意并提出了建设性意见。斯大林最后坚定地说："我们的意见是一致的，阅兵式一定要搞，并且要通过无线电向全国直播。"他当即做出部署，阅兵式由布琼尼元帅检阅部队，由阿尔捷米耶夫将军指挥，并交代："一旦德军飞机冲过空中防线对部队进行轰炸，要迅速清除死者和伤员，无论如何，阅兵式必须进行到底。我们要在红场、在列宁墓旁，给希特勒一记响亮的耳光，让全世界知道莫斯科的英勇顽强。"

11月6日上午，苏联首都人民首先在马雅科夫斯基地铁站大厅隆重举行了十月革命胜利24周年庆祝大会。在人民群众雷鸣般的掌声中，斯大林来到会场，并发表了重要的演说："同志们，从我们取得十月革命胜利、建立社会主义制度以来，24年已经过去了。如今我们的国家正在经受着外敌的侵略，敌人占领了乌克兰，占领了白俄罗斯、立陶宛、爱沙尼亚等地区，侵入了顿巴斯，像乌云一样笼罩了列宁格勒，并威胁着我们光荣的首都莫斯科。德国法西斯正在屠杀和蹂躏我们的平民，连妇女、儿童和老人都不放过，在敌人的占领区，我们的兄弟姐妹正在德国压迫的枷锁下痛苦呻吟，等待我们的解救。"说到这里，他稍有停顿，或许是话题太过沉重，整个马雅可夫斯基地铁站异常地安静，许多市民低下了头。

"法西斯的闪击战计划是十分轻率的，他们想在一个半月到2个月的时间里消灭苏联，而在过去 4 个月的战争中，我军阵亡了 35 万人，失踪 378 万人，负伤 102 万人，同一时期德军被打死打伤和俘虏达 450 万人以上。最重要的是，战斗进行到这里，我们苏联的后备力量才刚刚扩充起来，而德军的后备力量正面临枯竭，德军实力已经比苏军大大削弱。事实证明，希特勒的闪击战计划已经彻底破产，而德国帝国主义军队也终将灭亡！"随着情绪的进发，斯大林也不自觉地提高了声调。会场上响起了热烈的掌声。德军逼近的时候，这位统帅还留在首都，留在战争前线，与人民群众在一起，这本身就给了莫斯科市民甚至整个苏联人民莫大的安慰和精神鼓舞。

斯大林继续分析着他的理由："希特勒打错了算盘，他以为我们红军是脆弱的，是不堪一击的，我们的军队固然年轻，但他们在这场战争中正锻炼得日渐成熟、强大，成为新一批的红军战士和指挥员，他们明天将成为德军最大的威胁。"

"在国际上，苏联得道多助，得到了英国和美国等国的支持，在国内苏维埃制度稳固如初，红军士气高涨；而德国法西斯发动的战争是非正义的，他们失道寡助，他们不仅遭到被侵略国的反对，甚至遭到他们本国人民乃至全世界所有富有正义感的人民的反对，这一切都注定了德国法西斯难逃灭亡的命运。"

最后，斯大林以激昂的语调向莫斯科民众高呼："我们的事业是正义的，胜利一定属于我们。"暴雨般的掌声在地铁大厅里响起，巨大的感染力通过无线电传遍苏联各地。

11 月 7 日上午，塔楼上的大钟敲了 8 下，国防委员会和政府成员陆续登上列宁墓，克里姆林宫外的红场上，红军战士们排成方阵整齐威武，等待接受祖国的检阅。没有掌声、没有欢呼，偌大的红场安然寂静，片片银白的雪花适时地飘落，随着风在空中翩翩飞舞。

塔楼的大门缓缓开启，阅兵式正式开始，担任此次阅兵式检阅官的是布琼尼元帅，他骑着高头大马，身披一件黑色披风，在卫队的护卫下，策马进入白雪覆盖下的红场，来到列队的红军方阵前。

队列中一位中将骑马迎上前来，他勒住马，向布琼尼举手行礼："受阅部队指挥官阿尔捷米耶夫中将向您报告，受阅部队整队完毕，请检阅！"

布琼尼庄重地还礼之后，骑马检阅部队。他端坐着身子，每到一个方阵前都勒住马，大声向部队将士问候。各个方阵此起彼伏地传递着干脆有力的喊声："为苏联服务！"

检阅完毕，布琼尼回到克里姆林宫并登上列宁墓，向最高统帅报告。斯大林接受报告后，缓缓地走到麦克风前，向全世界发表演说："红军战士们，指挥员和工作人员们，工人们，集体农庄庄员们，智力劳动者们，在敌后暂时处在德国强盗压迫下的兄弟姐妹们，破坏德国侵略者后方的我们光荣的游击队员们，你们辛苦了。"

整个阅兵式都是在雪中进行的，雪花将整个红场包裹得分外肃穆，整齐列队的指战员们双肩都落着雪，各个方阵的坦克、大炮和汽车仿佛都包裹了一层神秘的白纱。士兵们站得笔直，屏住呼吸，全神贯注地聆听从列宁墓的讲台上传出的稳重、低缓的声音：

"今天我们是在危急的情况下庆祝十月革命24周年的。德国强盗背信弃义的进攻和强加于我们的战争，造成了对我们的威胁。我们暂时失去了一些地区，而敌人的大军来到了列宁格勒和我们莫斯科的门口。不过，这并不可怕，我们的国家曾经经历过比现在的处境更加艰难的日子。想想1918年的情形吧，那时我们没有红军、粮食匮乏、服装匮乏、没有武器装备、失去了四分之三的领土，有14个国家围攻我们。相比之下，我国现在的状况要比23年前好得多。因此，我们能够而且一定会战胜德国侵略者，这是不用怀疑的！"

斯大林深深地吸了一口气，看了一眼整齐的队列，激昂地说："全世界都注视着你们。处在德国侵略者压迫下的欧洲各国人民都注视着你们。伟大的解放使命已经落在你们身上。你们不要辜负这个使命！你们进行的战争是解放战争、正义战争。让我们伟大的先辈——亚历山大·涅夫斯基、季米特里·顿斯科里、库兹马·米宁、季米特里·波扎尔斯基、亚历山大·苏沃洛夫、米哈伊尔·库图佐夫的英勇形象，在这次战争中鼓舞我们！让伟大的列宁的胜利旗帜引导我们！彻底粉碎德国侵略者！消灭德国占领军！"

斯大林强调指出："希特勒德国一定会由于其罪行累累而崩溃。这一群丧尽天良、毫无人格、充满兽性的人恬不知耻地号召消灭伟大的俄罗斯民族，消灭养育了普列汉诺夫和列宁、别林斯基和车尔尼雪夫斯基、普希金和托尔斯泰、格林卡和柴可夫斯基、高尔基和契诃夫、谢切诺夫和巴甫洛夫、列宾和苏里科夫、苏沃洛夫和库图佐夫的民族！……德国侵略者想对苏联各族人民进行歼灭战。好吧，既然德国人想进行歼灭战，他们就一定会得到歼灭战。从今天开始，我们的任务，苏联各族人民的任务，我们的陆海军战士、指挥员和政治工作人员的任务，就是把侵入我们祖国领土的所有德国人——占领者一个不剩地歼灭掉！"

斯大林的演讲结束，整个红场沸腾，全场起立高呼着："伟大的斯大林同志万岁！""乌拉！"口号声一浪高过一浪。

斯大林身材不高，说起话来有浓重的格鲁吉亚口音，他的父亲是一位鞋匠，母亲是农奴的女儿，是地道的穷人家的孩子。而艰苦的生活环境却培育了他坚韧不拔的品质，他读书很多，知识渊博，有敏锐的洞察力，特别善于从复杂的情况中抓住要领，采取对策。

随后，举行了盛大的分列式表演，全副武装的苏联红军迈着矫健的步伐从列宁墓前走过，接受最高统帅的检阅，然后从红场直接开赴前线。最先走过列宁墓接受检阅的是身穿呢大衣、戴着皮军帽的军校学员方队。接着是穿着白色带帽雪地伪装服的摩托化步兵方队和穿着深蓝色呢大衣的水兵方队。

列宁墓

最后，坦克编队驶入红场，马达的轰鸣伴随着履带转动的金属响声，撼动着大地，让在场的每一个人心潮澎湃。红场阅兵大大激励了苏联人民的爱国主义热情，也增强了他们战胜德国法西斯的强烈信心，在德军兵临莫斯科的关头，大灭了希特勒的锐气，在全世界树立了英勇无畏的榜样。后来斯大林曾说，这个非常时期的阅兵式，不亚于增加几个师的军力。国难当头，莫斯科表现出了勇敢与智慧，创造了1941年一个冬天里的奇迹。

这一天，在前线的各个苏军部队里，收音机成了抢手货，有的几个人、有的几百人凑在一起，调好了波段等着斯大林的讲话，屏住呼吸生怕错过扬声器里传来的每一个字。同样，每个军区也都召开了短暂的会议通报莫斯科举行的重大活动，即便在战斗最为激烈的南方面军，也在敌人2次冲锋的间隙抽出了10分钟时间开会，这一场阅兵式无疑给他们带来了极大的精神鼓舞。在莫斯科红场进行阅兵的同时，铁木辛哥元帅带领重组的西南方面军在沃罗涅日也举行了隆重的阅兵仪式。整个苏军斗志昂扬。

德国的情报部门之前没有打探到苏联准备红场阅兵的消息，直到广播电台向全世界直播，而身在"狼穴"里的人个个感到意外，却一时不知道怎么办才好，他们害怕向希特勒报告这个消息，他们甚至能想象这位元首发怒的样子。倒是希特勒自己打开收音机发现了，起初他还没有搞清楚状况，后来听到俄语的讲话和口令才意识到发生了什么。他简直不能相信自己的耳朵："难以置信，斯大林竟然能在帝国空军机翼底下检阅部队！这是对帝国空军的公然蔑视！蔑视！"他越想越来气，一时难消心头之恨，歇斯底里地冲向电话，对哈尔德大喊道："哈尔德，你马上与包克联系，问他为什么在今天放过了俄国人？难道他对俄国连最起码的认识都没有吗？不知道11月7日这一天对他们多重要，因而对我们来说也十分重要吗？红场阅兵，这是对我们德国军队赤裸裸的挑衅！对这种挑衅，我们只能用炸弹加倍惩罚！告诉包克，现在马上对莫斯科实施最猛烈的空袭！立刻！马上！"

陆军参谋长哈尔德当然知道，在这样重大的纪念日举行这样重大的阅兵式，莫斯科一定是做了万全的防备。德军若在这时进行空袭只能是自投罗网，但他了解最高统帅的脾气，知道在这个时候说什么都是没用的。

尽管有雪天气并不适合飞行，但是得到命令的第12轰炸机联队还是迅速地出发了，他们每3架轰炸机1组，组成了临时编队，朝莫斯科方向飞去。然而，果然不出所料，20余架飞机在接近目的地时被苏军击落，其余的轰炸机不得已返航。